大足石刻全集

第一卷
北山佛湾石窟第1—100号考古报告
上册

大足石刻研究院　编

黎方银　主编

DAZU SHIKE
QUANJI

THE DAZU ROCK CARVINGS

Vol. I
FOWAN (NOS. 1—100), BEISHAN
Part One

EDITED BY
ACADEMY OF DAZU ROCK CARVINGS

EDITOR IN CHIEF
LI FANGYIN

总 策 划　郭　宜　黎方银

《大足石刻全集》学术委员会

主　　任　丁明夷
委　　员　丁明夷　马世长　王川平　宁　强　孙　华　杨　泓　李志荣　李崇峰
　　　　　李裕群　李静杰　陈明光　陈悦新　杭　侃　姚崇新　郭相颖　雷玉华
　　　　　霍　巍（以姓氏笔画为序）

《大足石刻全集》编辑委员会

主　　任　王怀龙　黎方银
副 主 任　郭　宜　谢晓鹏　刘贤高　郑文武
委　　员　王怀龙　毛世福　邓启兵　刘贤高　米德昉　李小强　周　颖　郑文武
　　　　　郭　宜　黄能迁　谢晓鹏　黎方银（以姓氏笔画为序）
主　　编　黎方银
副 主 编　刘贤高　邓启兵　黄能迁　谢晓鹏　郑文武

《大足石刻全集》第一卷编纂工作团队

调查记录　黄能迁　邓启兵　刘贤高　陈　静　郭　静
现场测绘　刘贤高　周　颖　毛世福　黄能迁　邓启兵　郭　静　陈　静　张　强
　　　　　吕　品　陈　杰　潘春香　余倩倩
绘　　图　周　颖　毛世福　陈　杰　潘春香　余倩倩
图版拍摄　郑文武（主机）　郭　宜　周　瑜　吕文成　王　远　张　勘
拓　　片　唐长清　唐毅烈
铭文整理　赵凌飞
资料整理　赵凌飞　张媛媛　朱小妹　李朝元
英文翻译　姚淇琳
英文审定　Tom Suchan　唐仲明
报告编写　刘贤高　黎方银　邓启兵　黄能迁
统　　稿　刘贤高　黎方银
审　　定　丁明夷

《大足石刻全集》第一卷编辑工作团队

工作统筹　郭　宜　郑文武
三　　审　杨希之　李盛强　王怀龙
编　　辑　郑文武　夏　添　周　瑜　吕文成　王　远
印前审读　曾祥志
图片制作　郑文武　周　瑜　吕文成　王　远
装帧设计　胡靳一　郑文武
排　　版　肖蜀侠
校　　色　宋晓东　郑文武
校　　对　唐联文　刘小燕　李小君　何建云

百年伟业　千秋功德

——贺十一卷十九册《大足石刻全集》问世

（代序）

丁明夷

多年前，黎方银同志对我说，他们正在马世长先生的指导下开展《大足石刻全集》的编写工作。当时我只是姑妄听之，并未深问。不料，去年告之，已陆续完成，明年即可告竣，并嘱我逐卷审定。大喜过望之际，认真披阅、审读，感慨万千，遂欣然命笔作序，权当贺赞。

在印度，佛教之前即有耆那、婆罗门等教派开凿石窟。印度佛教石窟早期以"支提窟"为主，如阿旃陀石窟等。佛教石窟沿丝绸之路传入中国后，其演进历程大体经历了"龟兹模式""凉州模式"和"平城模式"等发展阶段。

龟兹佛教艺术，以凿于公元三、四世纪的克孜尔石窟为代表。按小乘佛教"唯礼释迦"的思想，克孜尔石窟壁画主要绘本生、佛传及因缘故事等。克孜尔石窟对中国乃至世界石窟的巨大贡献，在于首创中心塔柱窟和大像窟。中心塔柱窟其后沿为中国石窟的主要窟型之一，而凿造大佛始于新疆，其影响远及阿富汗的巴米扬。

凉州是十六国时期的一大佛教圣地，至沮渠蒙逊时达于极盛。他于州南百里凿"凉州石崖瑞像"，即凉州石窟。唐道宣《集神州三宝感通录》记载，沮渠氏认为"以国城寺塔，似非云固。古来帝宫，终逢煨烬，若依立之，效尤斯及。又用金宝，终被盗毁。及顾眄山宇，可以终天。于州南百里，连崖绵亘，就而斫窟，安设尊仪，或石或塑，千变万化"。这表明，在山崖石壁开窟造像，他们看中的是石材远优于土木建筑、金宝之类，具有浑然天成、绵延悠远的特质。应该说，这是中国石窟之继往开来、长盛不衰的原动力所在。

邯郸响堂山北齐《唐邕写经碑》记，唐邕"眷言法宝，是所归依。以为缣缃有坏，简策非久，金牒难求，皮纸易灭"，乃刻石经于石窟。中国石窟刻经历史悠久，传承不歇，是为护持法宝。

十六国以来，战乱频繁，社会动荡，民不聊生，佛教"末法"思想甚嚣尘上，为求佛、法、僧"三宝"不灭，开窟凿像刻经，成为一代风尚，石窟艺术也乘势而兴。

北魏昙曜主持开凿云冈石窟，翻译《付法藏因缘传》等佛经，雕造过去、现在、未来三世佛，富有深意，希冀佛法永驻，世代传承。其如《大金西京武州山重修大石窟寺碑》所云："虑不远不足以成大功，工不大不足以传永世，且物之坚者莫如石，石之大者莫如山，上摩高天，下蟠厚地，与天地而同久，是以昔人留心佛法者，往往因山以为室，刻石以成像，盖欲广其供养，与天地而同久，虑远而功大矣。与夫范金、合土、刻木、绘丝者，岂可同日而语哉"。

当然，山川可以终天、石窟永久不坏只是古人的良好愿景。即使是在今天，虽然我们利用自然科学手段，积极开展石窟保护，在很大程度上减少了自然的损害和人为的破坏，延缓了石窟衰老的步伐，但毕竟岁月无情，石窟永存只是一个神话传奇。从更宽广的空间和更久长的时间角度看，即使是石窟，其最终消失也难以避免。因此，运用自然和人文科学之方法，全面、系统地科学记录石窟遗迹、遗物信息，编写石窟考古报告，重现其历史风貌并传承后世，既是石窟保护的需要，也是开展研究的基础性工作，且为重中之重、当务之急。

编写石窟考古报告，是一项科学而又浩繁的系统工程。在石窟三维空间的维度中，存在多层关系。有石窟的空间层次，空间层次之间的打破关系，山体崖面的纵横交错，崖壁造像等。因此，要展开多学科的综合研究，并借助人文科学的方法，以开阔研究志趣，扩展学科领域。这就要求石窟考古从业者，要有扎实的专业基础，广泛的人文科学与艺术素养，文理结合的思维模式，考古层位学与类型学的融会运用。显然，石窟考古报告的编写是一项具有挑战性的工作。

中国石窟考古报告的扛鼎之作，是日本人在抗战前后完成的《云冈石窟》。该书由当时日本著名的考古学者长广敏雄、佛教史学者水野清一合作编写，一流摄影师羽馆易担纲拍摄。全书文、图各十六卷，最近又出版图片补遗二本，合计三十四本，可谓洋洋大观，叹为经典。调查、拍摄、试掘八年。战后八年，完成编纂出版。该书每卷文字部分分为序文、序章、石窟记述、终章、附录等。

其中序章载有若干篇论文,主要包括云冈石窟分期与造像年代、云冈石窟历史背景、云冈石窟装饰纹样、云冈石窟图像学、从云冈样式到龙门样式、云冈石窟雕刻的西方样式、昙曜与云冈石窟、云冈的开窟次序、中国的石窟寺院等。应该指出,此前日本学者还曾对龙门和响堂山石窟做过调查,各出书一本,积累了石窟调查的经验。

日本人在上世纪三十至五十年代完成的《云冈石窟》,代表了当时云冈石窟研究的最高水平。

多年以前,中国佛教考古的奠基人、我的恩师宿白先生,就力倡编写石窟考古报告,不断强调考古报告对于佛教考古研究的重要意义,并身体力行,主持编写了克孜尔石窟第一部报告。长远的目标是,石窟不存,报告仍可重现历史原貌。不必亲临现场,一卷报告在手,即可窥其奥秘风华。

据我所知,多年来,除出版了《义县万佛堂石窟》《麟溪桥与慈善寺——佛教造像窟龛调查研究报告》《天龙山石窟》《敦煌莫高窟北区石窟》《莫高窟第266—275窟考古报告》等石窟考古报告外,针对一个大型石窟群比较全面、系统的考古报告,依然只有这部《云冈石窟》。

可贵的是,大足石刻研究院勇于担当,敢挑重担,从2003年开始,组建起以黎方银为首的课题组开展大足石刻考古报告的编写。此正如宿白师在《新疆克孜尔石窟考古报告(第一卷)》序言中指出:"石窟考古报告的编写应以石窟管理单位为主,他们最有条件。"我得知,这个课题组最初由八人组成,后来陆续增加到十三人,在长达十四年的时间里,人员不仅未减少,反而不断增加,使其保持了长期稳定,专心致力于这项工作;且全院上下支持,凝聚成一种集体共识,共同推进这项工作的开展。在今天这个稍显浮躁的社会里,作为基层文物单位,大足石刻研究院这个有朝气、有活力、有凝聚力的大家庭,能有这种远见和坚持,确实令人敬佩。

"十年磨一剑",课题组的同仁们,历经十四个寒暑,坚韧不懈,不舍昼夜,终至完成全书十一卷十九册逾百万言的皇皇巨作。据闻,全书主编、大足石刻研究院院长黎方银,亲历亲为,十几年如一日,白天处理院务,每晚八点到凌晨二点审改全书文稿,其努力程度可见一斑。

关于该书的前期准备和漫长艰辛的编写过程及体会,黎方银同志在全书后记中已有详叙,兹不赘言。

作为该项目的合作者重庆出版集团积极策划,成功将该出版项目申报列入国家"十二五"重点出版规划项目、国家出版基金资助项目、重庆市出版专项资金资助项目。为了该项目的顺利实施,重庆出版集团与大足石刻研究院共同组建团队编撰、出版,组成文本、摄影、测绘三个项目小组开展各项工作。工作组长驻大足,背负繁重的设备,有时步行数里,有时攀爬崖壁,长期坚持在环境恶劣的野外作业。要保证《全集》的科学性、史料性、文献性、记录性、艺术性,《全集》的编辑内容和难度远超预期,但重庆出版集团六年来始终坚守文化担当,践行出版人的责任,克服各种困难,圆满地完成了《全集》出版的各项工作。

全书体例精当,编排得宜。有总有分,有主有次。既尊学术规范,又重大足实际。既以记录为主体,又配以专论及历史图版,堪称国内石窟考古报告里程碑式的代表。目前来说,谓之为我国针对一个大型石窟群编写的第一部比较全面的考古报告集并非过誉。它不仅可与日本《云冈石窟》比肩,在研究深度、拍照水平、测图质量和编排次第上,也有一定的突破,代表着二十一世纪大足石刻研究的新成就。

全书文字精练,用语规范。大量采用列表的方式,删繁就简,清晰明了。在考古测绘上,大胆采用多基线数字近景摄影和三维测绘两项新技术,不仅方便了考古绘图,且为建立大足石刻数字化信息系统奠定了基础。

除第九卷、十卷、十一卷外,其余每卷报告分为文本和图版两册,文图对照,阅读方便。在处理大量碑刻题记时,将拓片与实物照片并列刊载,令人印象深刻。书中图版精美,描摹清晰的线描图和主体造像的等值线图、三维效果图,与高清彩色照片相互比对,为全书增色不少。

全书各卷各章皆分别署课题组成员名,文责自负。他们肩负使命,工作中精益求精,兢兢业业。今大功告成,子孙宝用,功盖千秋,可喜可贺。

而如前述,考古报告的编写是一项繁杂的系统工程,作为基层文物工作者从事这项工作本身存在诸多难以想象的困难,报告也难免存在这样或那样之不足,以至于错误,但整体而言,瑕不掩瑜,值得充分肯定,也请读者理解和宽容。

以上为审稿而发,是为序。

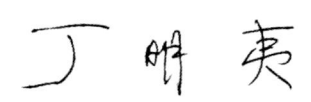

丁明夷

2017年7月于北京

总目录

第一卷　　　北山佛湾石窟第1—100号考古报告

第二卷　　　北山佛湾石窟第101—192号考古报告

第三卷　　　北山佛湾石窟第193—290号考古报告

第四卷　　　北山多宝塔考古报告

第五卷　　　石篆山、石门山、南山石窟考古报告

第六卷　　　宝顶山大佛湾石窟第1—14号考古报告

第七卷　　　宝顶山大佛湾石窟第15—32号考古报告

第八卷　　　宝顶山小佛湾及周边石窟考古报告

第九卷　　　大足石刻专论

第十卷　　　大足石刻历史图版

第十一卷　　附录及索引

GENERAL CATALOGUE

Vol. I   FOWAN (NOS. 1–100), BEISHAN

Vol. II   FOWAN (NOS. 101–192), BEISHAN

Vol. III   FOWAN (NOS. 193–290), BEISHAN

Vol. IV   DUOBAO PAGODA, BEISHAN

Vol. V   SHIZHUANSHAN, SHIMENSHAN AND NANSHAN

Vol. VI   DAFOWAN (NOS. 1–14), BAODINGSHAN

Vol. VII   DAFOWAN (NOS. 15–32), BAODINGSHAN

Vol. VIII   XIAOFOWAN AND SURROUNDING CARVINGS, BAODINGSHAN

Vol. IX   COLLECTED RESEARCH PAPERS ON THE DAZU ROCK CARVINGS

Vol. X   EARLY PHOTOGRAPHS OF THE DAZU ROCK CARVINGS

Vol. XI   APPENDIX AND INDEX

目 录

百年伟业　千秋功德——贺十一卷十九册《大足石刻全集》问世 1
总述 1
　　第一节　大足概况 1
　　　　一　位置与交通 1
　　　　二　历史与沿革 1
　　　　三　地质与地貌 5
　　　　四　气候与灾异 5
　　第二节　石窟开凿 5
　　　　一　石窟分布 5
　　　　二　造像题材 8
　　　　三　开凿历史 8
　　第三节　石窟保护 9
　　第四节　考察研究 10
　　第五节　本报告集编写的缘起和内容体例 13
　　　　一　报告集缘起 13
　　　　二　内容和体例 14
第一章　概述 16
　　第一节　地理状况 16
　　　　一　位置与环境 16
　　　　二　地形地貌 16
　　　　三　地层岩性 16
　　　　四　地质构造 19
　　第二节　石窟构建与分区编号 19
　　　　一　石窟构建 19
　　　　二　分区与编号 19
　　第三节　前期保护维修与调查研究 24
　　　　一　保护维修 24
　　　　二　调查研究 25
　　第四节　本卷报告内容、体例规范与编写经过 28
　　　　一　报告内容 28
　　　　二　体例规范 29
　　　　三　编写经过 34
第二章　第1—12号 35
　　第一节　本章各编号位置及相互关系 35
　　第二节　本章各编号所在岩体软弱夹层和裂隙的分布 35
　　　　一　软弱夹层 35
　　　　二　裂隙 35
　　第三节　第1号 38
　　　　一　位置 38
　　　　二　形制 38
　　　　三　造像 40
　　　　四　晚期遗迹 40
　　第四节　第2号 40
　　　　一　位置 40
　　　　二　形制 40

三　碑刻 40
　　　四　晚期遗迹 45
　第五节　第3号 45
　　　一　位置 45
　　　二　形制 45
　　　三　造像 48
　　　四　晚期遗迹 48
　第六节　第3-1号 49
　　　一　位置 49
　　　二　形制 49
　　　三　造像 50
　　　四　晚期遗迹 50
　第七节　第4号 51
　　　一　位置 51
　　　二　形制 51
　　　三　造像 51
　　　四　晚期遗迹 52
　第八节　第5号 52
　　　一　位置 52
　　　二　形制 53
　　　三　造像 53
　　　四　晚期遗迹 57
　第九节　第6号 60
　　　一　位置 60
　　　二　形制 60
　　　三　造像 61
　第十节　第7号 62
　　　一　位置 62
　　　二　形制 62
　　　三　造像 62
　第十一节　第8号 63
　　　一　位置 63
　　　二　形制 63
　　　三　造像 63
　　　四　晚期遗迹 63
　第十二节　第9号 65
　　　一　位置 65
　　　二　形制 65
　　　三　造像 65
　　　四　铭文 73
　　　五　晚期遗迹 73
　第十三节　第9-1号 75
　　　一　位置 75
　　　二　形制 75
　　　三　造像 75
　第十四节　第9-2号 77
　　　一　位置 77
　　　二　形制 77
　　　三　造像 77

第十五节　第10号 78
　　一　位置 78
　　二　形制 78
　　三　造像 78
　　四　晚期遗迹 86
第十六节　第11号 87
　　一　位置 87
　　二　形制 87
　　三　造像 87
　　四　晚期遗迹 87
第十七节　第12号 87
　　一　位置 87
　　二　形制 89
　　三　造像 89
　　四　晚期遗迹 89
第十八节　本章小结 89
　　一　形制特点 89
　　二　年代分析 91
　　三　题材内容 92
　　四　晚期遗迹 93

第三章　第13—29号 94
第一节　本章各编号位置及相互关系 94
第二节　本章各编号所在岩体软弱夹层及裂隙的分布 94
　　一　软弱夹层 94
　　二　裂隙 94
第三节　第13号 95
　　一　位置 95
　　二　形制 95
　　三　造像 95
　　四　晚期遗迹 95
第四节　第14号 95
　　一　位置 95
　　二　形制 95
　　三　造像 100
　　四　晚期遗迹 100
第五节　第15号 100
　　一　位置 100
　　二　形制 100
　　三　造像 100
　　四　晚期遗迹 102
第六节　第16号 102
　　一　位置 102
　　二　形制 102
　　三　造像 102
　　四　晚期遗迹 102
第七节　第17号 104
　　一　位置 104
　　二　形制 104
　　三　造像 104

四　晚期遗迹	104
第八节　第18号	**104**
一　位置	104
二　形制	104
三　造像	107
四　铭文	107
五　晚期遗迹	108
第九节　第19号	**108**
一　位置	108
二　形制	108
三　造像	108
四　铭文	110
五　晚期遗迹	110
第十节　第20号	**110**
一　位置	110
二　形制	110
三　造像	110
四　晚期遗迹	120
第十一节　第21号	**120**
一　位置	120
二　形制	120
三　造像	120
四　铭文	122
五　晚期遗迹	122
第十二节　第22号	**122**
一　位置	122
二　形制	122
三　造像	124
四　晚期遗迹	124
第十三节　第23号	**124**
一　位置	124
二　形制	124
三　造像	124
四　晚期遗迹	125
第十四节　第24号	**126**
一　位置	126
二　形制	126
三　造像	126
四　铭文	126
五　晚期遗迹	126
第十五节　第25号	**127**
一　位置	127
二　形制	128
三　造像	128
四　铭文	128
五　晚期遗迹	128
第十六节　第26号	**128**
一　位置	128
二　形制	129

三　造像 131
　　　四　铭文 131
　　　五　晚期遗迹 131
　第十七节　第27号 131
　　　一　位置 131
　　　二　形制 131
　　　三　造像 133
　　　四　铭文 133
　　　五　晚期遗迹 133
　第十八节　第28号 133
　　　一　位置 133
　　　二　形制 133
　　　三　造像 135
　　　四　晚期遗迹 135
　第十九节　第29号 135
　　　一　位置 135
　　　二　形制 135
　　　三　造像 135
　　　四　晚期遗迹 137
　第二十节　本章小结 137
　　　一　形制特点 137
　　　二　年代分析 137
　　　三　题材内容 138
　　　四　晚期遗迹 138

第四章　第30—35号 139
　第一节　本章各编号位置及相互关系 139
　第二节　本章各编号所在岩体软弱夹层的分布 139
　第三节　第30号 139
　　　一　位置 139
　　　二　形制 139
　　　三　造像 143
　　　四　晚期遗迹 143
　第四节　第31号 143
　　　一　位置 143
　　　二　形制 143
　　　三　造像 143
　　　四　晚期遗迹 145
　第五节　第32号 145
　　　一　位置 145
　　　二　形制 145
　　　三　造像 145
　　　四　铭文 145
　　　五　晚期遗迹 147
　第六节　第33号 147
　　　一　位置 147
　　　二　形制 147
　　　三　造像 147
　　　四　晚期遗迹 147
　第七节　第34号 148

　　　　一　位置 148
　　　　二　形制 148
　　　　三　造像 150
　　　　四　晚期遗迹 150
　　第八节　第35号 150
　　　　一　位置 150
　　　　二　形制 150
　　　　三　造像 152
　　　　四　铭文 153
　　　　五　晚期遗迹 153
　　第九节　本章小结 153
　　　　一　形制特点 153
　　　　二　年代分析 153
　　　　三　题材内容 153
　　　　四　晚期遗迹 154

第五章　第36—48号 155
　　第一节　本章各编号位置及相互关系 155
　　第二节　本章各编号所在岩体软弱夹层和裂隙的分布 155
　　　　一　独立岩体东壁 155
　　　　二　独立岩体北壁 158
　　第三节　第36号 158
　　　　一　位置 158
　　　　二　形制 158
　　　　三　造像 158
　　　　四　晚期遗迹 162
　　第四节　第37号 162
　　　　一　位置 162
　　　　二　形制 163
　　　　三　造像 163
　　　　四　铭文 163
　　　　五　晚期遗迹 163
　　第五节　第38号 165
　　　　一　位置 165
　　　　二　形制 165
　　　　三　造像 166
　　　　四　晚期遗迹 168
　　第六节　第39号 169
　　　　一　位置 169
　　　　二　形制 169
　　　　三　造像 170
　　　　四　铭文 171
　　　　五　晚期遗迹 171
　　第七节　第40号 172
　　　　一　位置 172
　　　　二　形制 172
　　　　三　造像 174
　　　　四　晚期遗迹 174
　　第八节　第41号 175
　　　　一　位置 175

二　形制 175
　　三　造像 176
　第九节　第42号 176
　　一　位置 176
　　二　形制 176
　　三　造像 176
　第十节　第43号 178
　　一　位置 178
　　二　形制 178
　　三　造像 178
　第十一节　第44号 179
　　一　位置 179
　　二　形制 179
　　三　造像 179
　第十二节　第45号 180
　　一　位置 180
　　二　形制 180
　　三　造像 180
　　四　晚期遗迹 182
　第十三节　第46号 182
　　一　位置 182
　　二　形制 182
　　三　造像 182
　　四　晚期遗迹 184
　第十四节　第47号 185
　　一　位置 185
　　二　形制 185
　　三　造像 185
　　四　晚期遗迹 187
　第十五节　第48号 187
　　一　位置 187
　　二　形制 187
　　三　造像 188
　　四　晚期遗迹 189
　第十六节　本章小结 189
　　一　形制特点 189
　　二　年代分析 189
　　三　题材内容 190
　　四　晚期遗迹 191

第六章　第49—67号 192
　第一节　本章各编号位置及相互关系 192
　第二节　本章各编号所在岩体软弱夹层的分布 192
　第三节　第49号 192
　　一　位置 192
　　二　形制 192
　　三　造像 193
　第四节　第50号 193
　　一　位置 193
　　二　形制 193

　　　　三　造像 193
　　　　四　铭文 193
　　　　五　晚期遗迹 198
　第五节　第51号 198
　　　　一　位置 198
　　　　二　形制 198
　　　　三　造像 198
　　　　四　铭文 206
　　　　五　晚期遗迹 207
　第六节　第52号 207
　　　　一　位置 207
　　　　二　形制 207
　　　　三　造像 209
　　　　四　铭文 210
　　　　五　晚期遗迹 211
　第七节　第53号 212
　　　　一　位置 212
　　　　二　形制 212
　　　　三　造像 214
　　　　四　铭文 215
　　　　五　晚期遗迹 216
　第八节　第54号 216
　　　　一　位置 216
　　　　二　形制 216
　　　　三　造像 217
　　　　四　铭文 217
　　　　五　晚期遗迹 217
　第九节　第55号 217
　　　　一　位置 217
　　　　二　形制 217
　　　　三　造像 217
　　　　四　晚期遗迹 219
　第十节　第55-1号 219
　　　　一　位置 219
　　　　二　形制 219
　　　　三　造像 220
　第十一节　第56号 220
　　　　一　位置 220
　　　　二　形制 220
　　　　三　造像 222
　　　　四　晚期遗迹 222
　第十二节　第57号 223
　　　　一　位置 223
　　　　二　形制 223
　　　　三　造像 225
　　　　四　晚期遗迹 225
　第十三节　第58号 226
　　　　一　位置 226
　　　　二　形制 226

三　造像	226
四　铭文	229
五　晚期遗迹	230

第十四节　第59号 230
　　一　位置 230
　　二　形制 231
　　三　造像 231
　　四　晚期遗迹 231

第十五节　第60号 232
　　一　位置 232
　　二　形制 232
　　三　造像 232

第十六节　第61号 234
　　一　位置 234
　　二　形制 234
　　三　造像 234
　　四　晚期遗迹 234

第十七节　第62号 236
　　一　位置 236
　　二　形制 236
　　三　造像 236
　　四　晚期遗迹 236

第十八节　第63号 236
　　一　位置 236
　　二　形制 238
　　三　造像 238

第十九节　第64号 238
　　一　位置 238
　　二　形制 238
　　三　造像 238
　　四　晚期遗迹 238

第二十节　第65号 240
　　一　位置 240
　　二　形制 240
　　三　造像 242
　　四　晚期遗迹 243

第二十一节　第66号 243
　　一　位置 243
　　二　形制 243
　　三　造像 244
　　四　晚期遗迹 244

第二十二节　第67号 244
　　一　位置 244
　　二　形制 245
　　三　造像 245

第二十三节　本章小结 246
　　一　形制特点 246
　　二　年代分析 246
　　三　题材内容 247

	四 晚期遗迹	248
第七章 第68—80号		249
第一节 本章各编号位置及相互关系		249
第二节 本章各编号所在岩体软弱夹层的分布		249
第三节 第68号		249
	一 位置	249
	二 形制	249
	三 造像	249
	四 晚期遗迹	252
第四节 第69号		253
	一 位置	253
	二 形制	253
	三 造像	254
	四 晚期遗迹	254
第五节 第70号		254
	一 位置	254
	二 形制	254
	三 造像	255
第六节 第70-1号		256
	一 位置	256
	二 形制	256
	三 造像	257
第七节 第71号		257
	一 位置	257
	二 形制	257
	三 造像	257
第八节 第72号		259
	一 位置	259
	二 形制	259
	三 造像	260
第九节 第73号		260
	一 位置	260
	二 形制	260
	三 造像	262
	四 晚期遗迹	262
第十节 第74号		263
	一 位置	263
	二 形制	263
	三 造像	263
	四 晚期遗迹	264
第十一节 第75号		264
	一 位置	264
	二 形制	264
	三 造像	264
	四 晚期遗迹	265
第十二节 第76号		266
	一 位置	266
	二 形制	266
	三 造像	267

  四　晚期遗迹 ... 267

第十三节　第77号 ... 267
  一　位置 ... 267
  二　形制 ... 267
  三　造像 ... 268

第十四节　第78号 ... 269
  一　位置 ... 269
  二　形制 ... 269
  三　造像 ... 270
  四　晚期遗迹 ... 270

第十五节　第79号 ... 270
  一　位置 ... 270
  二　形制 ... 270
  三　造像 ... 272
  四　晚期遗迹 ... 273

第十六节　第80号 ... 273
  一　位置 ... 273
  二　形制 ... 273
  三　造像 ... 274

第十七节　本章小结 ... 274
  一　形制特点 ... 274
  二　年代分析 ... 274
  三　题材内容 ... 274
  四　晚期遗迹 ... 275

第八章　第81—100号 ... 276
 第一节　本章各编号位置及相互关系 ... 276
 第二节　本章各编号所在岩体软弱夹层和裂隙的分布 ... 276
  一　软弱夹层带 ... 276
  二　裂隙 ... 276
 第三节　第81号 ... 276
  一　位置 ... 276
  二　形制 ... 277
  三　造像 ... 277
  四　晚期遗迹 ... 277
 第四节　第82号 ... 277
  一　位置 ... 277
  二　形制 ... 277
  三　造像 ... 277
  四　晚期遗迹 ... 282
 第五节　第83号 ... 282
  一　位置 ... 282
  二　形制 ... 282
  三　造像 ... 284
  四　晚期遗迹 ... 285
 第六节　第84号 ... 285
  一　位置 ... 285
  二　形制 ... 285
  三　造像 ... 286
  四　晚期遗迹 ... 287

第七节　第85号 287
　　一　位置 287
　　二　形制 287
　　三　造像 289
　　四　晚期遗迹 289
第八节　第86号 289
　　一　位置 289
　　二　形制 289
　　三　造像 289
第九节　第87号 291
　　一　位置 291
　　二　形制 291
　　三　造像 292
　　四　晚期遗迹 292
第十节　第88号 292
　　一　位置 292
　　二　形制 293
　　三　造像 294
　　四　晚期遗迹 294
第十一节　第89号 294
　　一　位置 294
　　二　形制 294
　　三　造像 294
　　四　晚期遗迹 294
第十二节　第90号 296
　　一　位置 296
　　二　形制 296
　　三　造像 297
第十三节　第91号 297
　　一　位置 297
　　二　形制 297
　　三　造像 298
　　四　晚期遗迹 299
第十四节　第92号 299
　　一　位置 299
　　二　形制 299
　　三　造像 300
第十五节　第93号 300
　　一　位置 300
　　二　形制 300
　　三　造像 300
第十六节　第94号 302
　　一　位置 302
　　二　形制 302
　　三　造像 303
　　四　晚期遗迹 303
第十七节　第95号 303
　　一　位置 303
　　二　形制 303

三　造像 304

第十八节　第96号 305

　　　一　位置 305

　　　二　形制 305

　　　三　造像 306

第十九节　第97号 306

　　　一　位置 306

　　　二　形制 306

　　　三　造像 307

第二十节　第98号 308

　　　一　位置 308

　　　二　形制 308

　　　三　造像 308

第二十一节　第99号 309

　　　一　位置 309

　　　二　形制 309

　　　三　造像 311

第二十二节　第100号 311

　　　一　位置 311

　　　二　形制 311

　　　三　造像 311

　　　四　晚期遗迹 311

第二十三节　本章小结 312

　　　一　形制特点 312

　　　二　年代分析 312

　　　三　题材内容 312

　　　四　晚期遗迹 313

Catalogue

Foreword 1
Overview 1
 Section One A Brief Introduction to Dazu 1
  1.1 Location and Transportation 1
  1.2 History 1
  1.3 Geology and Topography 5
  1.4 Climate and Environmental Hazards 5
 Section Two Stone Carvings 5
  2.1 Distribution of the Stone Carvings 5
  2.2 Subject Matter of Carved Images 8
  2.3 History of the Stone Carvings 8
 Section Three Preservation of the Stone Carvings 9
 Section Four Investigation and Research 10
 Section Five Rational and Content Organization 13
  5.1 Project Rational 13
  5.2 Content, Guidelines and Organization 14

Chapter One Overview 16
 Section One Geography 16
  1.1 Location and Environment 16
  1.2 Topography 16
  1.3 Stratum Lithology 16
  1.4 Geological Structure 19
 Section Two Structural Formats, Distribution and Numbering of the Stone Carvings 19
  2.1 Structural Formats 19
  2.2 Distribution and Numbering 19
 Section Three Early Stage Preservation and Restoration, Investigation and Research Findings 24
  3.1 Preservation and Restoration 24
  3.2 Investigation and Research Findings 25
 Section Four Content, Editorial Guidelines and Organization, Writing and Editing Process of Vol. Ⅰ 28
  4.1 Content 28
  4.2 Editorial Guidelines and Organization 29
  4.3 Writing and Editing Process 34

Chapter Two Nos. 1-12 35
 Section One Locations and Interrelations of Nos. 1-12 35
 Section Two Distribution of Inter-layer Soft Rocks and Rock Mass Fissures 35
  2.1 Inter-layer Soft Rocks 35
  2.2 Fissures 35
 Section Three No. 1 38
  3.1 Location 38
  3.2 Dimensions and Layout 38
  3.3 Carved Images 40
  3.4 Alterations and Additions 40
 Section Four No. 2 40
  4.1 Location 40
  4.2 Dimensions and Layout 40

  4.3 Stele Inscriptions 40

  4.4 Alterations and Additions 45

Section Five No. 3 45

  5.1 Location 45

  5.2 Dimensions and Layout 45

  5.3 Carved Images 48

  5.4 Alterations and Additions 48

Section Six No. 3-1 49

  6.1 Location 49

  6.2 Dimensions and Layout 49

  6.3 Carved Images 50

  6.4 Alterations and Additions 50

Section Seven No. 4 51

  7.1 Location 51

  7.2 Dimensions and Layout 51

  7.3 Carved Images 51

  7.4 Alterations and Additions 52

Section Eight No. 5 52

  8.1 Location 52

  8.2 Dimensions and Layout 53

  8.3 Carved Images 53

  8.4 Alterations and Additions 57

Section Nine No. 6 60

  9.1 Location 60

  9.2 Dimensions and Layout 60

  9.3 Carved Images 61

Section Ten No. 7 62

  10.1 Location 62

  10.2 Dimensions and Layout 62

  10.3 Carved Images 62

Section Eleven No. 8 63

  11.1 Location 63

  11.2 Dimensions and Layout 63

  11.3 Carved Images 63

  11.4 Alterations and Additions 63

Section Twelve No. 9 65

  12.1 Location 65

  12.2 Dimensions and Layout 65

  12.3 Carved Images 65

  12.4 Inscriptions 73

  12.5 Alterations and Additions 73

Section Thirteen No. 9-1 75

  13.1 Location 75

  13.2 Dimensions and Layout 75

  13.3 Carved Images 75

Section Fourteen No. 9-2 77

  14.1 Location 77

  14.2 Dimensions and Layout 77

  14.3 Carved Images 77

Section Fifteen   No. 10 78
  15.1 Location 78
  15.2 Dimensions and Layout 78
  15.3 Carved Images 78
  15.4 Alterations and Additions 86
Section Sixteen   No. 11 87
  16.1 Location 87
  16.2 Dimensions and Layout 87
  16.3 Carved Images 87
  16.4 Alterations and Additions 87
Section Seventeen   No. 12 87
  17.1 Location 87
  17.2 Dimensions and Layout 89
  17.3 Carved Images 89
  17.4 Alterations and Additions 89
Section Eighteen   Chapter Conclusion 89
  18.1 Structural Characteristics 89
  18.2 Periodization and Dating 91
  18.3 Subject Matter and Content 92
  18.4 Alterations and Additions 93

Chapter Three   Nos. 13-29 94
Section One   Locations and Interrelations of Nos. 13-29 94
Section Two   Distribution of Inter-layer Soft Rocks and Rock Mass Fissures 94
  2.1 Inter-layer Soft Rocks 94
  2.2 Fissures 94
Section Three   No. 13 95
  3.1 Location 95
  3.2 Dimensions and Layout 95
  3.3 Carved Images 95
  3.4 Alterations and Additions 95
Section Four   No. 14 95
  4.1 Location 95
  4.2 Dimensions and Layout 95
  4.3 Carved Images 100
  4.4 Alterations and Additions 100
Section Five   No. 15 100
  5.1 Location 100
  5.2 Dimensions and Layout 100
  5.3 Carved Images 100
  5.4 Alterations and Additions 102
Section Six   No. 16 102
  6.1 Location 102
  6.2 Dimensions and Layout 102
  6.3 Carved Images 102
  6.4 Alterations and Additions 102
Section Seven   No. 17 104
  7.1 Location 104
  7.2 Dimensions and Layout 104
  7.3 Carved Images 104

	7.4 Alterations and Additions	104
Section Eight	**No. 18**	**104**
	8.1 Location	104
	8.2 Dimensions and Layout	104
	8.3 Carved Images	107
	8.4 Inscriptions	107
	8.5 Alterations and Additions	108
Section Nine	**No. 19**	**108**
	9.1 Location	108
	9.2 Dimensions and Layout	108
	9.3 Carved Images	108
	9.4 Inscriptions	110
	9.5 Alterations and Additions	110
Section Ten	**No. 20**	**110**
	10.1 Location	110
	10.2 Dimensions and Layout	110
	10.3 Carved Images	110
	10.4 Alterations and Additions	120
Section Eleven	**No. 21**	**120**
	11.1 Location	120
	11.2 Dimensions and Layout	120
	11.3 Carved Images	120
	11.4 Inscriptions	122
	11.5 Alterations and Additions	122
Section Twelve	**No. 22**	**122**
	12.1 Location	122
	12.2 Dimensions and Layout	122
	12.3 Carved Images	124
	12.4 Alterations and Additions	124
Section Thirteen	**No. 23**	**124**
	13.1 Location	124
	13.2 Dimensions and Layout	124
	13.3 Carved Images	124
	13.4 Alterations and Additions	125
Section Fourteen	**No. 24**	**126**
	14.1 Location	126
	14.2 Dimensions and Layout	126
	14.3 Carved Images	126
	14.4 Inscriptions	126
	14.5 Alterations and Additions	126
Section Fifteen	**No. 25**	**127**
	15.1 Location	127
	15.2 Dimensions and Layout	128
	15.3 Carved Images	128
	15.4 Inscriptions	128
	15.5 Alterations and Additions	128
Section Sixteen	**No. 26**	**128**
	16.1 Location	128
	16.2 Dimensions and Layout	129

  16.3 Carved Images 131

  16.4 Inscriptions 131

  16.5 Alterations and Additions 131

 Section Seventeen No. 27 131

  17.1 Location 131

  17.2 Dimensions and Layout 131

  17.3 Carved Images 133

  17.4 Inscriptions 133

  17.5 Alterations and Additions 133

 Section Eighteen No. 28 133

  18.1 Location 133

  18.2 Dimensions and Layout 133

  18.3 Carved Images 135

  18.4 Alterations and Additions 135

 Section Nineteen No. 29 135

  19.1 Location 135

  19.2 Dimensions and Layout 135

  19.3 Carved Images 135

  19.4 Alterations and Additions 137

 Section Twenty Chapter Conclusion 137

  20.1 Structural Characteristics 137

  20.2 Periodization and Dating 137

  20.3 Subject Matter and Content 138

  20.4 Alterations and Additions 138

Chapter Four Nos. 30-35 .... **139**

 Section One Locations and Interrelations of Nos. 30-35 139

 Section Two Distribution of Inter-layer Soft Rocks 139

 Section Three No. 30 139

  3.1 Location 139

  3.2 Dimensions and Layout 139

  3.3 Carved Images 143

  3.4 Alterations and Additions 143

 Section Four No. 31 143

  4.1 Location 143

  4.2 Dimensions and Layout 143

  4.3 Carved Images 143

  4.4 Alterations and Additions 145

 Section Five No. 32 145

  5.1 Location 145

  5.2 Dimensions and Layout 145

  5.3 Carved Images 145

  5.4 Inscriptions 145

  5.5 Alterations and Additions 147

 Section Six No. 33 147

  6.1 Location 147

  6.2 Dimensions and Layout 147

  6.3 Carved Images 147

  6.4 Alterations and Additions 147

 Section Seven No. 34 148

  7.1 Location 148

  7.2 Dimensions and Layout 148

  7.3 Carved Images 150

  7.4 Alterations and Additions 150

 Section Eight No. 35 150

  8.1 Location 150

  8.2 Dimensions and Layout 150

  8.3 Carved Images 152

  8.4 Inscriptions 153

  8.5 Alterations and Additions 153

 Section Nine Chapter Conclusion 153

  9.1 Structural Characteristics 153

  9.2 Periodization and Dating 153

  9.3 Subject Matter and Content 153

  9.4 Alterations and Additions 154

Chapter Five Nos. 36-48 155

 Section One Locations and Interrelations of Nos. 36-48 155

 Section Two Distribution of Inter-layer Soft Rocks and Rock Mass Fissures 155

  2.1 Eastern Cliff of Independent Rock Mass 155

  2.2 Northern Cliff of Independent Rock Mass 158

 Section Three No. 36 158

  3.1 Location 158

  3.2 Dimensions and Layout 158

  3.3 Carved Images 158

  3.4 Alterations and Additions 162

 Section Four No. 37 162

  4.1 Location 162

  4.2 Dimensions and Layout 163

  4.3 Carved Images 163

  4.4 Inscriptions 163

  4.5 Alterations and Additions 163

 Section Five No. 38 165

  5.1 Location 165

  5.2 Dimensions and Layout 165

  5.3 Carved Images 166

  5.4 Alterations and Additions 168

 Section Six No. 39 169

  6.1 Location 169

  6.2 Dimensions and Layout 169

  6.3 Carved Images 170

  6.4 Inscriptions 171

  6.5 Alterations and Additions 171

 Section Seven No. 40 172

  7.1 Location 172

  7.2 Dimensions and Layout 172

  7.3 Carved Images 174

  7.4 Alterations and Additions 174

 Section Eight No. 41 175

  8.1 Location 175

  8.2 Dimensions and Layout 175

  8.3 Carved Images 176

Section Nine No. 42 176

  9.1 Location 176

  9.2 Dimensions and Layout 176

  9.3 Carved Images 176

Section Ten No. 43 178

  10.1 Location 178

  10.2 Dimensions and Layout 178

  10.3 Carved Images 178

Section Eleven No. 44 179

  11.1 Location 179

  11.2 Dimensions and Layout 179

  11.3 Carved Images 179

Section Twelve No. 45 180

  12.1 Location 180

  12.2 Dimensions and Layout 180

  12.3 Carved Images 180

  12.4 Alterations and Additions 182

Section Thirteen No. 46 182

  13.1 Location 182

  13.2 Dimensions and Layout 182

  13.3 Carved Images 182

  13.4 Alterations and Additions 184

Section Fourteen No. 47 185

  14.1 Location 185

  14.2 Dimensions and Layout 185

  14.3 Carved Images 185

  14.4 Alterations and Additions 187

Section Fifteen No. 48 187

  15.1 Location 187

  15.2 Dimensions and Layout 187

  15.3 Carved Images 188

  15.4 Alterations and Additions 189

Section Sixteen Chapter Conclusion 189

  16.1 Structural Characteristics 189

  16.2 Periodization and Dating 189

  16.3 Subject Matter and Content 190

  16.4 Alterations and Additions 191

Chapter Six Nos. 49-67 192

Section One Locations and Interrelations of Nos. 49-67 192

Section Two Distribution of Inter-layer Soft Rocks 192

Section Three No. 49 192

  3.1 Location 192

  3.2 Dimensions and Layout 192

  3.3 Carved Images 193

Section Four No. 50 193

  4.1 Location 193

  4.2 Dimensions and Layout 193

  4.3 Carved Images 193

  4.4 Inscriptions 193

  4.5 Alterations and Additions 198

Section Five No. 51 198

  5.1 Location 198

  5.2 Dimensions and Layout 198

  5.3 Carved Images 198

  5.4 Inscriptions 206

  5.5 Alterations and Additions 207

Section Six No. 52 207

  6.1 Location 207

  6.2 Dimensions and Layout 207

  6.3 Carved Images 209

  6.4 Inscriptions 210

  6.5 Alterations and Additions 211

Section Seven No. 53 212

  7.1 Location 212

  7.2 Dimensions and Layout 212

  7.3 Carved Images 214

  7.4 Inscriptions 215

  7.5 Alterations and Additions 216

Section Eight No. 54 216

  8.1 Location 216

  8.2 Dimensions and Layout 216

  8.3 Carved Images 217

  8.4 Inscriptions 217

  8.5 Alterations and Additions 217

Section Nine No. 55 217

  9.1 Location 217

  9.2 Dimensions and Layout 217

  9.3 Carved Images 217

  9.4 Alterations and Additions 219

Section Ten No. 55-1 219

  10.1 Location 219

  10.2 Dimensions and Layout 219

  10.3 Carved Images 220

Section Eleven No. 56 220

  11.1 Location 220

  11.2 Dimensions and Layout 220

  11.3 Carved Images 222

  11.4 Alterations and Additions 222

Section Twelve No. 57 223

  12.1 Location 223

  12.2 Dimensions and Layout 223

  12.3 Carved Images 225

  12.4 Alterations and Additions 225

Section Thirteen No. 58 226

  13.1 Location 226

  13.2 Dimensions and Layout 226

  13.3 Carved Images 226

  13.4 Inscriptions 229

  13.5 Alterations and Additions 230

Section Fourteen No. 59 230

  14.1 Location 230

  14.2 Dimensions and Layout 231

  14.3 Carved Images 231

  14.4 Alterations and Additions 231

Section Fifteen No. 60 232

  15.1 Location 232

  15.2 Dimensions and Layout 232

  15.3 Carved Images 232

Section Sixteen No. 61 234

  16.1 Location 234

  16.2 Dimensions and Layout 234

  16.3 Carved Images 234

  16.4 Alterations and Additions 234

Section Seventeen No. 62 236

  17.1 Location 236

  17.2 Dimensions and Layout 236

  17.3 Carved Images 236

  17.4 Alterations and Additions 236

Section Eighteen No. 63 236

  18.1 Location 236

  18.2 Dimensions and Layout 238

  18.3 Carved Images 238

Section Nineteen No. 64 238

  19.1 Location 238

  19.2 Dimensions and Layout 238

  19.3 Carved Images 238

  19.4 Alterations and Additions 238

Section Twenty No. 65 240

  20.1 Location 240

  20.2 Dimensions and Layout 240

  20.3 Carved Images 242

  20.4 Alterations and Additions 243

Section Twenty-one No. 66 243

  21.1 Location 243

  21.2 Dimensions and Layout 243

  21.3 Carved Images 244

  21.4 Alterations and Additions 244

Section Twenty-two No. 67 244

  22.1 Location 244

  22.2 Dimensions and Layout 245

  22.3 Carved Images 245

Section Twenty-three Chapter Conclusion 246

  23.1 Structural Characteristics 246

  23.2 Periodization and Dating 246

  23.3 Subject Matter and Content 247

| | | 23.4 | Alterations and Additions | 248 |

Chapter Seven   Nos. 68-80 249

    Section One   Locations and Interrelations of Nos. 68-80 249

    Section Two   Distribution of Inter-layer Soft Rocks 249

    Section Three   No. 68 249

        3.1   Location 249

        3.2   Dimensions and Layout 249

        3.3   Carved Images 249

        3.4   Alterations and Additions 252

    Section Four   No. 69 253

        4.1   Location 253

        4.2   Dimensions and Layout 253

        4.3   Carved Images 254

        4.4   Alterations and Additions 254

    Section Five   No. 70 254

        5.1   Location 254

        5.2   Dimensions and Layout 254

        5.3   Carved Images 255

    Section Six   No. 70-1 256

        6.1   Location 256

        6.2   Dimensions and Layout 256

        6.3   Carved Images 257

    Section Seven   No. 71 257

        7.1   Location 257

        7.2   Dimensions and Layout 257

        7.3   Carved Images 257

    Section Eight   No. 72 259

        8.1   Location 259

        8.2   Dimensions and Layout 259

        8.3   Carved Images 260

    Section Nine   No. 73 260

        9.1   Location 260

        9.2   Dimensions and Layout 260

        9.3   Carved Images 262

        9.4   Alterations and Additions 262

    Section Ten   No. 74 263

        10.1   Location 263

        10.2   Dimensions and Layout 263

        10.3   Carved Images 263

        10.4   Alterations and Additions 264

    Section Eleven   No. 75 264

        11.1   Location 264

        11.2   Dimensions and Layout 264

        11.3   Carved Images 264

        11.4   Alterations and Additions 265

    Section Twelve   No. 76 266

        12.1   Location 266

        12.2   Dimensions and Layout 266

        12.3   Carved Images 267

12.4 Alterations and Additions 267

Section Thirteen   No. 77 267

13.1 Location 267

13.2 Dimensions and Layout 267

13.3 Carved Images 268

Section Fourteen   No. 78 269

14.1 Location 269

14.2 Dimensions and Layout 269

14.3 Carved Images 270

14.4 Alterations and Additions 270

Section Fifteen   No. 79 270

15.1 Location 270

15.2 Dimensions and Layout 270

15.3 Carved Images 272

15.4 Alterations and Additions 273

Section Sixteen   No. 80 273

16.1 Location 273

16.2 Dimensions and Layout 273

16.3 Carved Images 274

Section Seventeen   Chapter Conclusion 274

17.1 Structural Characteristics 274

17.2 Periodization and Dating 274

17.3 Subject Matter and Content 274

17.4 Alterations and Additions 275

Chapter Eight   Nos. 81-100 276

Section One   Locations and Interrelations of Nos. 81-100 276

Section Two   Distribution of Inter-layer Soft Rocks and Rock Mass Fissures 276

2.1 Inter-layer Soft Rocks 276

2.2 Fissures 276

Section Three   No. 81 276

3.1 Location 276

3.2 Dimensions and Layout 277

3.3 Carved Images 277

3.4 Alterations and Additions 277

Section Four   No. 82 277

4.1 Location 277

4.2 Dimensions and Layout 277

4.3 Carved Images 277

4.4 Alterations and Additions 282

Section Five   No. 83 282

5.1 Location 282

5.2 Dimensions and Layout 282

5.3 Carved Images 284

5.4 Alterations and Additions 285

Section Six   No. 84 285

6.1 Location 285

6.2 Dimensions and Layout 285

6.3 Carved Images 286

6.4 Alterations and Additions 287

Section Seven　No. 85 287
 7.1 Location 287
 7.2 Dimensions and Layout 287
 7.3 Carved Images 289
 7.4 Alterations and Additions 289

Section Eight　No. 86 289
 8.1 Location 289
 8.2 Dimensions and Layout 289
 8.3 Carved Images 289

Section Nine　No. 87 291
 9.1 Location 291
 9.2 Dimensions and Layout 291
 9.3 Carved Images 292
 9.4 Alterations and Additions 292

Section Ten　No. 88 292
 10.1 Location 292
 10.2 Dimensions and Layout 293
 10.3 Carved Images 294
 10.4 Alterations and Additions 294

Section Eleven　No. 89 294
 11.1 Location 294
 11.2 Dimensions and Layout 294
 11.3 Carved Images 294
 11.4 Alterations and Additions 294

Section Twelve　No. 90 296
 12.1 Location 296
 12.2 Dimensions and Layout 296
 12.3 Carved Images 297

Section Thirteen　No. 91 297
 13.1 Location 297
 13.2 Dimensions and Layout 297
 13.3 Carved Images 298
 13.4 Alterations and Additions 299

Section Fourteen　No. 92 299
 14.1 Location 299
 14.2 Dimensions and Layout 299
 14.3 Carved Images 300

Section Fifteen　No. 93 300
 15.1 Location 300
 15.2 Dimensions and Layout 300
 15.3 Carved Images 300

Section Sixteen　No. 94 302
 16.1 Location 302
 16.2 Dimensions and Layout 302
 16.3 Carved Images 303
 16.4 Alterations and Additions 303

Section Seventeen　No. 95 303
 17.1 Location 303
 17.2 Dimensions and Layout 303

	17.3	Carved Images	304

Section Eighteen　No. 96 305
	18.1	Location	305
	18.2	Dimensions and Layout	305
	18.3	Carved Images	306

Section Nineteen　No. 97 306
	19.1	Location	306
	19.2	Dimensions and Layout	306
	19.3	Carved Images	307

Section Twenty　No. 98 308
	20.1	Location	308
	20.2	Dimensions and Layout	308
	20.3	Carved Images	308

Section Twenty-one　No. 99 309
	21.1	Location	309
	21.2	Dimensions and Layout	309
	21.3	Carved Images	311

Section Twenty-two　No. 100 311
	22.1	Location	311
	22.2	Dimensions and Layout	311
	22.3	Carved Images	311
	22.4	Alterations and Additions	311

Section Twenty-three　Chapter Conclusion 312
	23.1	Structural Characteristics	312
	23.2	Periodization and Dating	312
	23.3	Subject Matter and Content	312
	23.4	Alterations and Additions	313

插图目录

插页一　北山佛湾石窟总立面图
插页二　北山佛湾石窟总平面图
插页三　1945年大足石刻考察团绘制北山佛湾石窟部位图
插页四　北山摩岩造像部位图
插页五　北山佛湾石窟分卷图

图 1	大足在中国的地理位置图	2
图 2	大足在重庆市的地理位置示意图	2
图 3	大足古代交通示意图	3
图 4	大足历代地域变化图	4
图 5	大足石刻分布图	6
图 6	北山石窟分布图	17
图 7	北山佛湾石窟环境关系图	18
图 8	北山佛湾保护长廊平面图	20
图 9	北山佛湾保护长廊俯视图	22
图 10	北山佛湾第1—100号分组图	30
图 11	北山佛湾石窟龛窟外立面示意图	32
图 12	北山佛湾石窟龛窟结构形制部位名称示意图	32
图 13	第1—12号在本卷龛窟中的位置图	36
图 14	第1—12号位置关系图	36
图 15	第1号龛立面图	38
图 16	第1号龛平、剖面图	39
图 17	第2号龛立面图	41
图 18	第3号龛立面图	46
图 19	第3号龛平、剖面图	47
图 20	第3号龛右侧像效果图	48
图 21	第3-1号龛立面图	49
图 22	第3-1号龛平、剖面图	50
图 23	第4号龛立、剖面图	51
图 24	第4号龛平面图	52
图 25	第5号龛立面图	54
图 26	第5号龛剖面图	55
图 27	第5号龛平面图	56
图 28	第5号龛造像展开图	57
图 29	第5号龛主尊像等值线图	58
图 30	第5号龛左侧壁立面图	59
图 31	第5号龛左侧壁第1像效果图	59
图 32	第5号龛右侧壁立面图	59
图 33	第6号龛立、剖面图	60
图 34	第6号龛平面图	61
图 35	第6号龛主尊像效果图	62

图 36	第7号龛立面图	63
图 37	第8号龛平、立、剖面图	64
图 38	第9号龛立面图	66
图 39	第9号龛剖面图	67
图 40	第9号龛平面图	68
图 41	第9号龛造像展开图	70
图 42	第9号龛左壁立面图	71
图 43	第9号龛右壁立面图	74
图 44	第9号龛龛顶仰视图	75
图 45	第9-1号龛平、立、剖面图	76
图 46	第9-2号龛立面图	77
图 47	第10号龛立面图	79
图 48	第10号龛剖面图	80
图 49	第10号龛平面图	81
图 50	第10号龛造像展开图	82
图 51	第10号龛左侧壁立面图	83
图 52	第10号龛左侧壁菩萨像等值线图	84
图 53	第10号龛左侧壁内侧天王像效果图	84
图 54	第10号龛右侧壁立面图	85
图 55	第10号龛龛顶仰视图	86
图 56	第11号龛平、立、剖面图	88
图 57	第12号龛平、立面图	90
图 58	第12号龛剖面图	91
图 59	第12号龛主尊佛像效果图	91
图 60	第13—29号在本卷龛窟中的位置图	96
图 61	第13—29号位置关系图	96
图 62	第13号龛平、立、剖面图	98
图 63	第14号龛平、立、剖面图	99
图 64	第15号龛平、立、剖面图	101
图 65	第16号龛平、立、剖面图	103
图 66	第17号龛平、立、剖面图	105
图 67	第18号龛立、剖面图	106
图 68	第18号龛平面图	107
图 69	第19号龛平、立、剖面图	109
图 70	第20号龛立面图	117
图 71	第20号龛壁面造像编号图	118
图 72	第20号龛平面图	118
图 73	第20号龛剖面图	119
图 74	第21号龛平、立、剖面图	121
图 75	第21号龛造像效果图	122
图 76	第21号龛主尊像等值线图	122

图77	第22号龛平、立、剖面图	123
图78	第23号龛平、立、剖面图	125
图79	第24号龛平、立、剖面图	127
图80	第25号龛平、立、剖面图	129
图81	第26号龛平、立、剖面图	130
图82	第27号龛平、立、剖面图	132
图83	第28号龛平、立、剖面图	134
图84	第29号龛平、立、剖面图	136
图85	第30—35号在本卷龛窟中的位置图	140
图86	第30—35号位置关系图	140
图87	第30号龛平、立、剖面图	142
图88	第31号龛平、立、剖面图	144
图89	第32号龛平、立、剖面图	146
图90	第33号龛平、立、剖面图	148
图91	第34号龛平、立、剖面图	149
图92	第35号龛平、立、剖面图	151
图93	第35号龛主尊像效果图	152
图94	第36—48号在本卷龛窟中的位置图	156
图95	第36—48号位置关系图	156
图96	第36号龛平、立面图	161
图97	第36号龛剖面图	162
图98	第37号龛平、立面图	164
图99	第37号龛剖面图	165
图100	第38号龛平、立面图	167
图101	第38号龛剖面图	168
图102	第39号龛立、剖面图	169
图103	第39号龛平面图	170
图104	第39号龛主尊像等值线图	171
图105	第40号龛立面图	172
图106	第40号龛平、剖面图	173
图107	第40号龛主尊像效果图	174
图108	第41号龛立、剖面图	175
图109	第41号龛平面图	176
图110	第42号龛平、立、剖面图	177
图111	第43号龛立、剖面图	178
图112	第44号龛立、剖面图	179
图113	第44号龛平面图	180
图114	第45号龛平、立、剖面图	181
图115	第46号龛平、立面图	183
图116	第46号龛剖面图	184
图117	第47号龛平、立、剖面图	186
图118	第48号龛立、剖面图	187
图119	第48号龛平面图	188
图120	第49—67号在本卷龛窟中的位置图	194
图121	第49—67号位置关系图	194
图122	第49号龛立、剖面图	196
图123	第50号龛平、立、剖面图	197
图124	第51号龛立面图	199
图125	第51号龛平、剖面图	200
图126	第51号龛主尊像等值线图	201
图127	第51号龛左侧壁立面图	202
图128	第51号龛右侧壁立面图	204
图129	第51号龛顶仰视及乐器编号图	205
图130	第51号龛右沿力士像效果图	206
图131	第52号龛平、立面图	208
图132	第52号龛剖面图	209
图133	第52号龛主尊像等值线图	210
图134	第52号龛主尊像效果图	210
图135	第52号龛左侧壁立面图	211
图136	第52号龛右侧壁立面图	211
图137	第53号龛立面图	212
图138	第53号龛平、剖面图	213
图139	第53号龛左侧壁立面图	214
图140	第53号龛右侧壁立面图	215
图141	第53号龛右胁侍菩萨像等值线图	215
图142	第54号龛立面图	216
图143	第54号龛右侧视图	216
图144	第55号龛平、立、剖面图	218
图145	第55-1号龛立、剖面图	219
图146	第55-1号龛平面图	220
图147	第56号龛平、立、剖面图	221
图148	第56号龛左侧壁立面图	222
图149	第56号龛右侧壁立面图	222
图150	第57号龛立面图	223
图151	第57号龛平、剖面图	224
图152	第57号龛主尊像等值线图	225
图153	第57号龛左侧壁立面图	226
图154	第57号龛右侧壁立面图	226
图155	第58号龛平、立面图	227
图156	第58号龛剖面图	228
图157	第58号龛左壁立面图	229
图158	第58号龛右壁立面图	230
图159	第58号龛右壁菩萨像等值线图	230
图160	第59号龛立、剖面图	231
图161	第59号龛平面图	232
图162	第60号龛平、立、剖面图	233
图163	第61号龛平、立、剖面图	235
图164	第62号龛平、立、剖面图	237

图 165	第 63 号龛平、立、剖面图	239
图 166	第 64 号龛平、立、剖面图	240
图 167	第 65 号龛平、立、剖面图	241
图 168	第 65 号龛左侧壁立面图	242
图 169	第 65 号龛右侧壁立面图	242
图 170	第 66 号龛立、剖面图	243
图 171	第 66 号龛平面图	244
图 172	第 67 号龛立、剖面图	245
图 173	第 67 号龛平面图	246
图 174	第 68—80 号在本卷龛窟中的位置图	250
图 175	第 68—80 号位置关系图	250
图 176	第 68 号龛平、立、剖面图	252
图 177	第 69 号龛立、剖面图	253
图 178	第 69 号龛平面图	254
图 179	第 70 号龛平、立、剖面图	255
图 180	第 70-1 号龛平、立、剖面图	256
图 181	第 71 号龛平、立、剖面图	258
图 182	第 72 号龛立、剖面图	259
图 183	第 72 号龛平面图	260
图 184	第 73 号龛平、立、剖面图	261
图 185	第 73 号龛右侧菩萨及供养人像效果图	262
图 186	第 74 号龛立、剖面图	263
图 187	第 74 号龛平面图	264
图 188	第 75 号龛平、立、剖面图	265
图 189	第 76 号龛立、剖面图	266
图 190	第 76 号龛平面图	267
图 191	第 77 号龛平、立、剖面图	268
图 192	第 78 号龛立、剖面图	269
图 193	第 78 号龛平面图	270
图 194	第 79 号龛平、立面图	271
图 195	第 79 号龛剖面图	272
图 196	第 80 号龛平、立、剖面图	273
图 197	第 81—100 号在本卷龛窟中的位置图	278
图 198	第 81—100 号位置关系图	278
图 199	第 81 号龛平、立、剖面图	280
图 200	第 82 号龛平、立、剖面图	281
图 201	第 83 号龛立面图	282
图 202	第 83 号龛平、剖面图	283
图 203	第 83 号龛左侧壁立面图	284
图 204	第 83 号龛右侧壁立面图	284
图 205	第 84 号龛立、剖面图	285
图 206	第 84 号龛平面图	286
图 207	第 84 号龛左侧壁立面图	287
图 208	第 84 号龛右侧壁立面图	287
图 209	第 85 号龛平、立、剖面图	288
图 210	第 86 号龛平、立、剖面图	290
图 211	第 87 号龛立、剖面图	291
图 212	第 87 号龛平面图	292
图 213	第 88 号龛平、立、剖面图	293
图 214	第 89 号龛平、立、剖面图	295
图 215	第 90 号龛立、剖面图	296
图 216	第 90 号龛平面图	297
图 217	第 91 号龛平、立、剖面图	298
图 218	第 92 号龛立、剖面图	299
图 219	第 92 号龛平面图	300
图 220	第 93 号龛平、立、剖面图	301
图 221	第 94 号龛立、剖面图	302
图 222	第 94 号龛平面图	303
图 223	第 95 号龛平、立、剖面图	304
图 224	第 96 号龛立、剖面图	305
图 225	第 96 号龛平面图	306
图 226	第 97 号龛平、立、剖面图	307
图 227	第 98 号龛平、立、剖面图	308
图 228	第 99、100 号龛立面图	309
图 229	第 99、100 号龛平、剖面图	310

总　述

第一节　大足概况

一　位置与交通

大足位于四川盆地东南，重庆市西部。东邻铜梁，西连安岳，北与潼南接壤，南同永川、荣昌毗邻，地理坐标为东经105°28′06″—106°01′56″，北纬29°22′28″—29°51′49″（图1、图2）。

在历史地理上，大足自古介于巴蜀、两川之交，居成渝之间，历来为交通要道（图3）。从成都到重庆的东大路和小川东道两条陆路大道均跨境而过。东大路经简阳、资中、内江、隆昌、邮亭铺（大足南）、永川、来凤驿至重庆，全长1071里，为川内四大驿道之一。小川东道自东大路简阳分出，经乐至、安岳、大足、铜梁、璧山至重庆，全长815里，比大路近250余里，为成渝间交通捷径。唐宋时期，此道穿越昌州（大足）、普州（安岳）转遂州（遂宁）可达东川（宋为梓州路、潼川府路）首府（三台），为成渝间主要的邮递、军事、商旅要道。元明以后，昌州、普州、潼川府路不存，小川东道衰落，成渝驿道移向东大路。而东大路仅经邮亭擦边而过，故明清大足交通不如唐宋。民国年间沿东大路，修通成渝公路，但从邮亭到大足城未通公路。中华人民共和国成立之初，修通大足城至邮亭的公路，与成渝公路、铁路相接，后又修通大安路（大足至安岳）、大潼路（大足至潼南）等，交通状况始获改善[1]。

二　历史与沿革

大足，秦以前属巴国，秦属巴郡。汉属益州巴郡垫江县（今合川）。东晋十六国南北朝时期先后为梁州（荆州、益州、楚州）巴郡垫江县、宕渠县（今合川）、合州垫江郡石镜县（今合川）地。北周时期，今境东北部为合州垫江郡石镜县地（今合川），西南部为普安郡永康县地（今安岳）。隋代东北部为涪州石镜县地，西南部为资阳郡隆康县地（今安岳）。初唐东北部先后为合州石镜县、铜梁县、巴川县地，西南部为普州隆康（普康）县地[2]（图4）。

唐肃宗乾元元年（758年），左拾遗李鼎祚奏"以山川阔远"置昌州[3]，隶剑南东川；并置昌元、静南、大足三县以属，治昌元[4]。大足系析合州巴川县绥仁乡地，以横贯县境东西的"大足川"为名置[5]。广德元年（763年）废东川道[6]，昌州改隶剑南西川。大历元年（766年）复置东川，隶属复故。大历六年（771年）州治为狂贼张朝等所焚，州县俱废，其地各还故属。大历十年（775年），西川节度使崔宁奏请复置昌州，以"镇押夷獠"，州治徙静南。次年置永川县，隶昌州。自此昌州辖静南、大足、昌元、永川四县。光启元年（885年），昌州治所由静南县徙治大足[7]。

五代时期，蜀地先后属前蜀（907—925年）、后唐（925—934年）、后蜀（934—965年）。除取消道制外，州县建置及隶属一如唐制，大足仍为昌州治地。

1　大足县县志编修委员会编纂：《大足县志》第十二篇《交通邮电》，方志出版社1996年版，第417页。
2　大足县县志编修委员会编纂：《大足县志》第一篇《建置》，方志出版社1996年版，第56页。
3　《舆地纪胜》卷一百六十一载："李鼎祚，资州人，明皇幸蜀时进《平胡论》，后召为左拾遗。"中华书局1992年影印本，第4371页。李主张对少数民族加强统治，而其时泸、资、合、普等地多獠人，故昌州之置当与此有关。
4　昌州及属县建置时间有乾元元年和二年之说。《元和郡县志》卷三十三《剑南道下》注165道：王象之曰，元年奏置，二年建州，甚得其事。今多从乾元元年（758年）。
5　大足县名由来，旧说不一。《蜀中广记》："取丰足之义也，或云县之宝顶山有巨人迹"。《元和郡县志》铜梁县条下有长安四年（704年）"大足川侨户辐凑"之记载。《元丰九域志》："大足县有牛斗山、大足川。"《太平寰宇记》：大足县"以界内大足川为名"。大足川即今境内濑溪河。大足其名，今多从"大足川"说。
6　《资治通鉴》载，广德二年（764年）"合剑南东、西川为一道，以黄门侍郎严武为节度使"。
7　昌州徙治大足时间，历代史志载录有异。《新唐书》《舆地广记》谓光启元年（885年）徙治大足。《太平寰宇记》谓景福元年（892年）移理大足。明清以后各代史志多从"光启元年"。

图1　大足在中国的地理位置图　〔审图号：GS(2018)3605号〕

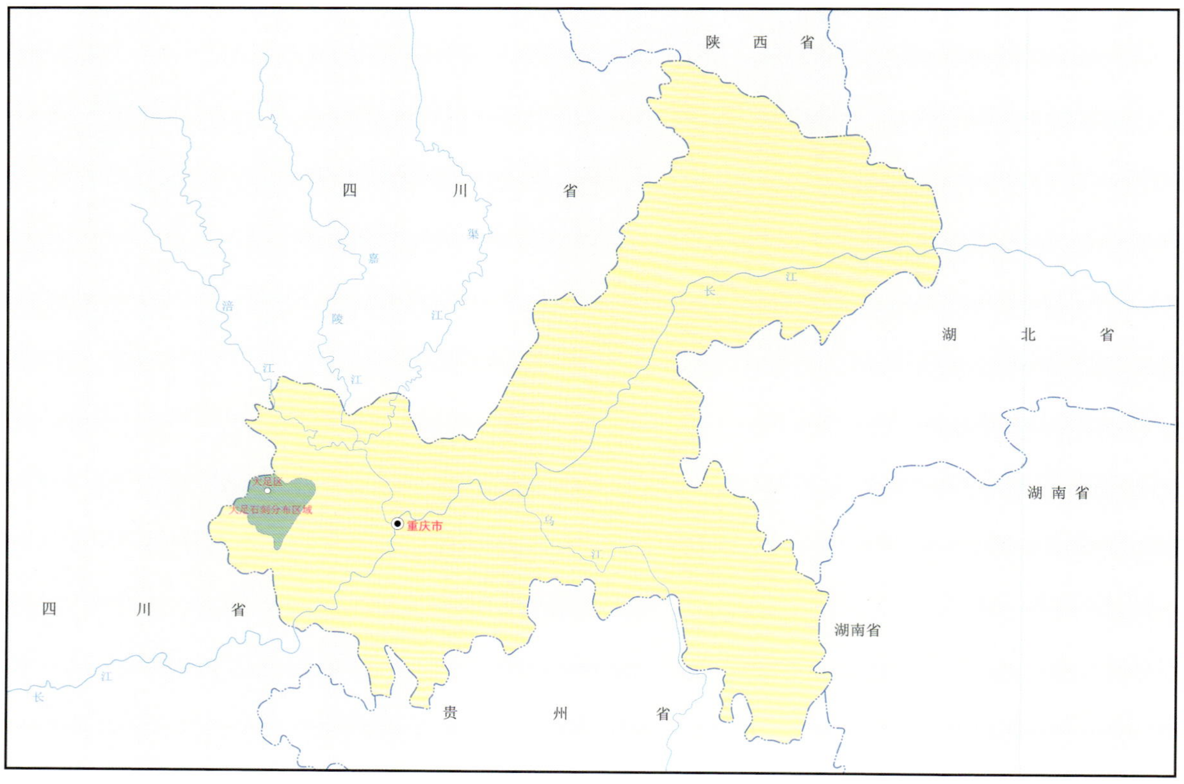

图2　大足在重庆市的地理位置示意图

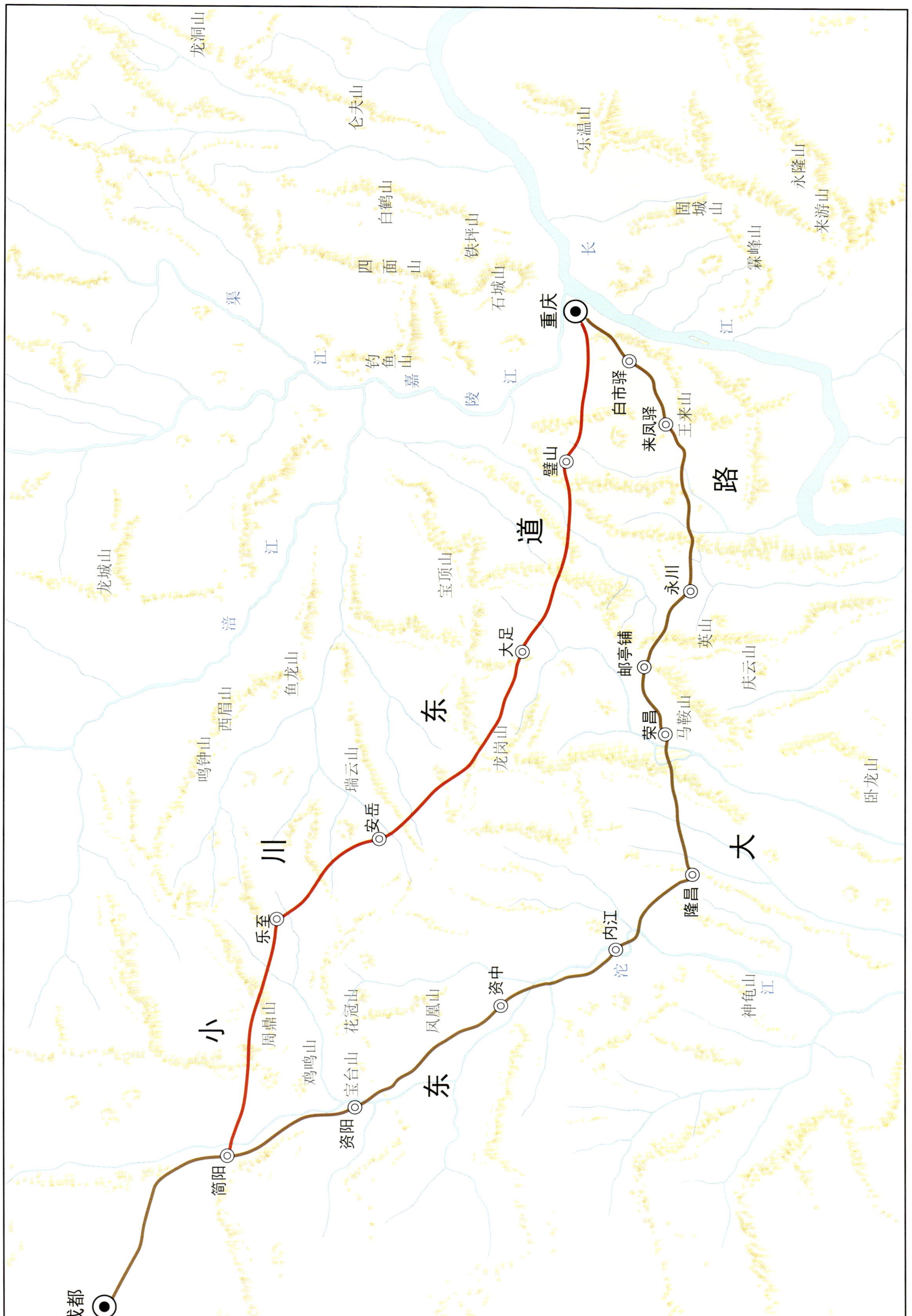

图 3 大足古代交通示意图

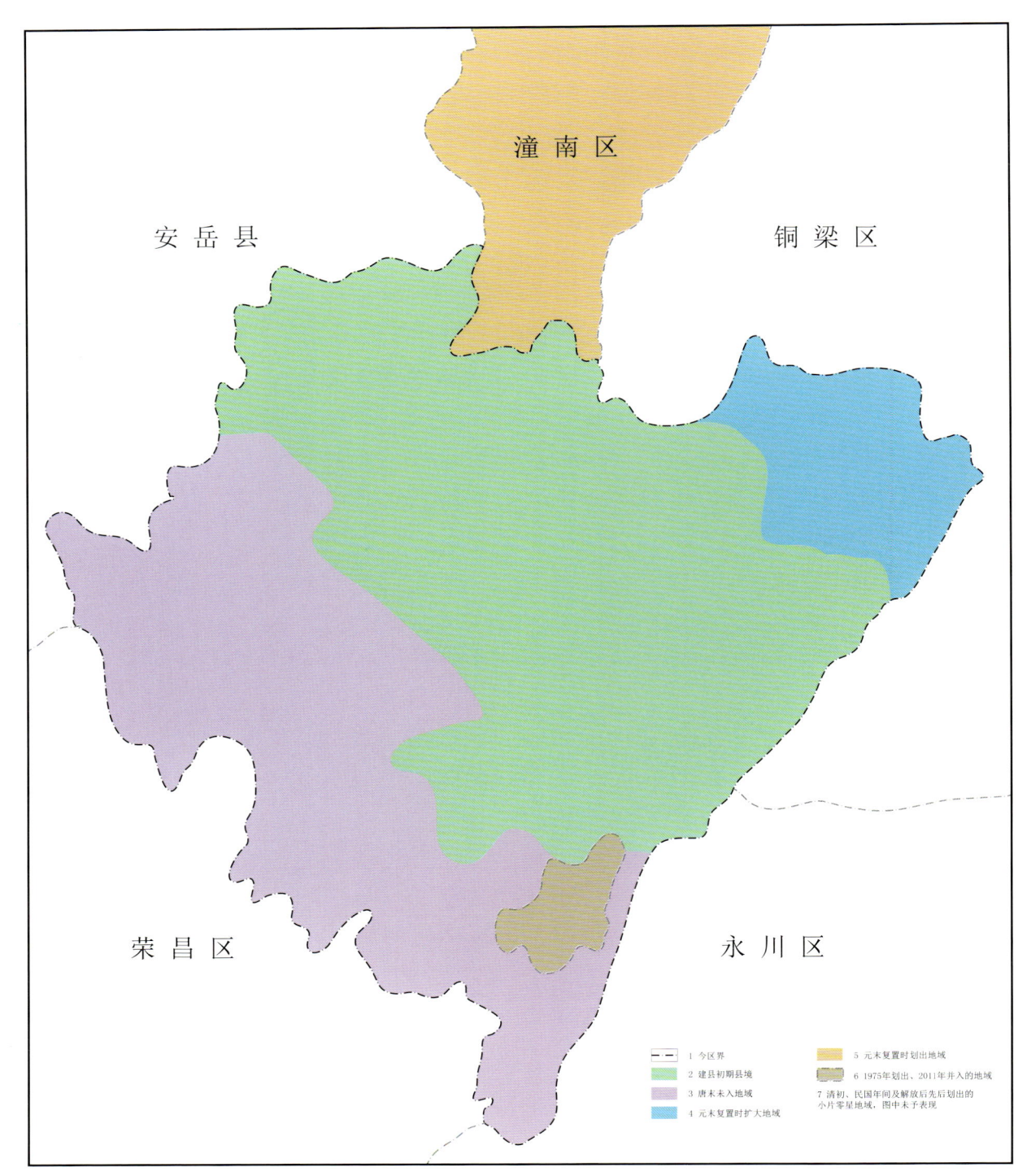

图4　大足历代地域变化图

宋乾德三年（965年），宋灭后蜀。四川约240县省并为180县，大足仍置，且升为上县。除昌州上隶迭有变化外，有宋一代大足一直为昌州治地。

在大足四百多年州治中，有三百多年几无战事，他地兵祸亦少有波及。北宋元丰时，昌州人口密度每平方公里约24人，超过合州（约21人）、渝州（约6人）。《元丰九域志》载：巴蜀诸路177县，14镇以上者仅七县，大足居其一，为五乡十四镇。《图书集成·食货典》载：熙宁十年（1077年）前，诸州商税额，昌州达五万贯以上，而渝州为五万贯以下。宋时大足不仅场镇经济处于四川领先地位，且富贾云集，庄园林立。清乾隆《大足县志》：南宋大足"人文之盛，棠与渝敌"。人丁兴旺，生产发展，经济兴盛，为大足石刻的崛起准备了充分条件。

经过南宋末年蜀地的长期抗元战争，元至元十九年（1282年），元世祖"以川民仅十二万户，所设官府二百五十余，令四川行省议减之"[1]。至元二十二年（1285年）撤昌州，省昌元、永川二县入大足，继撤大足入合州铜梁县。至正十七年（1357年），明玉珍攻占重庆，二十三年（1363年）称帝，建国号大夏。分蜀地为八道，更置州县官名，复置大足，隶合州。

明太祖洪武四年（1371年）灭大夏国，六年（1373年）析大足地复置永川、荣昌县，隶重庆府。次年大足改隶重庆府。明崇祯十七年（1644年），张献忠在成都建立大西政权，据有四川广大地区。清顺治二年（1645年），清军进占四川，翌年大西政权灭亡。嗣后张献忠、李自成余部联合南明政权在四川与清军连年攻战，终顺治一朝至康熙初年方休。四川因地旷人稀实行并县管理，或合二县为一县，或令一官兼摄二县事。清康熙元年（1662年），始设荣昌知县兼摄大足县事。雍正八年（1730年）复置县治，隶重庆府。

1　《元史》卷十二《本纪第十二·世祖九》。

民国元年（1912年），重庆蜀军政府与成都大汉四川军政府合并为四川军政府，重庆设镇抚府。大足设县行政公署，隶重庆镇抚府（旋改设川东观察使）。民国二年（1913年）撤销府州厅，以道辖县，大足隶川东道（次年改称东川道）。民国五年、六年（1916、1917年）四川先后组织护国军、护法军讨伐北洋军阀，继而川内军阀混战不休，各地归属无定，大足先后为川军刘湘、邓锡侯、刘文辉等部防区，政由军出。民国十九年（1930年）颁行地方组织法，废道府厅，以省辖县，改行政公署为县政府，大足为三等县，隶四川省。民国二十四年（1935年）川政统一，全川划为18个行政督察区，大足属四川省第三行政督察区（先后驻璧山、永川）。民国二十七年（1938年），大足划为二等县。民国二十九年（1940年），实行新县制，县分六等，大足划为三等县。民国三十五年（1946年）简化县等，县分甲乙丙三等，大足划为乙等县。

1949年12月大足解放后，先后隶川东行署巴县专区（旋更名璧山专区）、四川省江津专区、四川省永川地区。1983年国务院决定将永川地区合并于重庆市，大足隶之。1997年，设立重庆直辖市，大足隶之。2011年12月，国务院决定撤销大足县、双桥区，设立大足区。

三 地质与地貌

大足为典型的丘陵地区，自然地理结构呈多元状态。地质结构分属川中台拱与川东褶皱两大构造单元。地形地貌分为川中丘陵与川东平行岭谷两大地貌单元。盖层分为川中平缓褶皱带与川东南强烈坳褶带。出露地层主要为中生界三迭系、侏罗系，总厚度约374—1750米，余为新生界第四系河岸堆积物。山脉分条形背斜低山和坪状侵蚀低山。河流分属沱江和嘉陵江两大水系。总体而言，大足自然地理的特征是"两两多元分合，独峰突兀盆中，六丘三山一坝，巴岳屏障东南"[1]。

四 气候与灾异

大足属亚热带温暖湿润季风气候，热量较充足，雨量充沛，四季分明，季风气候明显。境内0℃以下、40℃以上的极温日极少，温差变化小，对石刻造像影响不大。但由于相对湿度大，使裸露的石刻造像易滋生苔藓霉菌，易导致石刻风化。

据近、现代《大足县志》和历代碑刻等文献记载，大足县境内的自然灾害，主要有地震、风雹和洪水。洪灾，公元1135年至今发生过26次，大足石刻造像由于地处高山翠岭，未受影响。现已在造像区周围修建排水系统，以防山洪冲刷石刻。风雹灾，1922年至今发生过50次，但所经路线都偏离大足石刻造像区。据碑文记载，历史上仅17世纪中叶间，宝顶山大佛湾毗卢洞顶因"猛风拔木"崩残，至20世纪50年代方修复。为防止再度发生类似情况，现已对造像周围有可能危及其安全的树木进行了清理。有记载的较大地震，公元1001年至今有9次，大足均远离震中，仅有震感，未造成危害[2]。

第二节 石窟开凿

一 石窟分布

大足石刻是大足区境内所有石窟造像的总称，现被列为各级文物保护单位的石窟多达75处（图5），造像5万余尊，铭文10万余字。其中尤以北山、宝顶山、南山、石篆山、石门山石窟最具特色[3]。各石窟相关信息详见表1。

1　大足县县志编修委员会编纂：《大足县志》第二篇《自然地理》，方志出版社1996年版，第84—89页。
2　国家文物局编：《申报大足石刻列入〈世界遗产名录〉文本》，1998年印制。
3　在历史上，大足境内的造像无统一称谓。民国之前的县志涉及造像者，多散记在山川、寺观或胜迹中。1945年杨家骆等率"大足石刻考察团"到大足考察，始以"大足石刻"名统称大足境内造像。1999年申报大足石刻列入《世界遗产名录》时，亦用"大足石刻"称谓。在出版物或学术论著、宣传文章中，有用"大足石窟"者，但多习惯用"大足石刻"名，鉴于此，本报告仍从此名。但从规范学术用语出发，在涉及具体造像点时，则从"石窟"名，如称北山石窟、宝顶山石窟等。有关大足石刻的基本情况，请参见重庆大足石刻艺术博物馆编：《大足石刻铭文录·概述》，重庆出版社1999年版；国家文物局编：《申报大足石刻列入〈世界遗产名录〉文本》，1998年印制；郭相颖主编：《大足石刻雕塑全集》，重庆出版社1999年版；李巳生主编：《中国石窟雕塑全集·大足卷》，重庆出版社1999年版；黎方银著：《大足石刻艺术》，重庆出版社1990年版；黎方银编著：《大足石刻》，重庆出版社2012年版。

图5　大足石刻分布图

表1　大足石刻主要石窟简表[1]

序号	名称	时代	题材	级别	所在地	备注
1	北山摩崖造像	唐宋	佛教	国家级	龙岗街道龙岗社区	包括佛湾、营盘坡、观音坡、佛耳岩
2	宝顶山摩崖造像	南宋	佛教	国家级	宝顶镇香山社区	包括大佛湾、小佛湾、广大山、龙潭、松林坡
3	南山摩崖造像	南宋	道教	国家级	棠香街道棠香社区	
4	石门山摩崖造像	两宋	佛道	国家级	石马镇石门村	
5	石篆山摩崖造像	北宋	佛道儒	国家级	三驱镇佛会村	含佛会寺
6	尖山子摩崖造像	唐	佛教	重庆市级	铁山镇建角村	原宝山乡
7	妙高山摩崖造像	南宋	佛教	重庆市级	季家镇曙光村	含妙高寺
8	舒成岩摩崖造像	南宋	道教	重庆市级	中敖镇三桥村	

1　本表据陈明光《大足石刻档案（资料）》所附"大足石刻各级文保单位75处一览表"整理编制。见陈明光：《大足石刻档案（资料）》，重庆出版社2012年版，第1—4页。各石窟点名为公布文物保护单位时的称谓。

续表1

序号	名称	时代	题材	级别	所在地	备注
9	圣水寺摩崖造像	唐宋	佛教	大足区级	高升镇胜光村	
10	前进村摩崖造像	南宋	佛教	大足区级	高升镇太和村	原石梯村
11	陈家岩摩崖造像	南宋	佛教	大足区级	金山镇天河村	
12	佛安桥摩崖造像	南宋	佛道儒	大足区级	珠溪镇八角村	
13	玉滩摩崖造像	南宋	佛教	大足区级	珠溪镇玉河村	
14	七拱桥摩崖造像	南宋	佛教	大足区级	珠溪镇正龙居委	
15	半边寺摩崖造像	南宋	佛道	大足区级	珠溪镇凉水村	
16	佛耳岩摩崖造像	南宋	佛道儒	大足区级	珠溪镇马王村	原沙坝柏木村
17	张家庙摩崖造像	南宋	佛教	大足区级	龙石镇新生村	
18	保家村摩崖造像	南宋	佛教	大足区级	龙石镇保家村	
19	青山院摩崖造像	南宋	佛道	大足区级	龙石镇万福村	
20	佛耳岩摩崖造像	南宋	佛教	大足区级	邮亭镇水利村	原元通乡宝香村
21	普和寺摩崖造像	南宋	佛教	大足区级	邮亭镇新红村	原新利乡石鼓村
22	佛耳岩摩崖造像	南宋	道教	大足区级	邮亭镇长河村	原名"佛耳岩"
23	兴隆庵摩崖造像	南宋	佛教	大足区级	三驱镇白坭村	
24	灵岩寺摩崖造像	南宋	佛教	大足区级	宝兴镇黄桥村	原青果村
25	三教寺摩崖造像	北宋	佛教	大足区级	宝兴镇金竹村	原大堰村
26	兴福寺摩崖造像	南宋	佛教	大足区级	铁山镇西北村	
27	三存岩摩崖造像	南宋	佛教	大足区级	中敖镇观世村	
28	普圣庙摩崖造像	南宋	佛教	大足区级	中敖镇金盆村	
29	玉皇庙摩崖造像	南宋	道教	大足区级	中敖镇金盆村	原麻杨柿花村
30	桂花庙摩崖造像	南宋	佛道	大足区级	中敖镇长源村	原天山长源村
31	潮水寺摩崖造像	南宋	佛教	大足区级	中敖镇长源村	原天山毛店村
32	峰山寺摩崖造像	南宋	佛道	大足区级	中敖镇峰山村	原天山乡
33	板昌沟摩崖造像	南宋	佛道	大足区级	中敖镇双溪村	原黄桷村
34	老君庙摩崖造像	南宋	佛道	大足区级	高坪镇高峰村	
35	石佛寺摩崖造像	南宋	佛教	大足区级	高坪镇高峰村	
36	石壁寺摩崖造像	北宋	佛道儒	大足区级	高坪镇新兴村	原天宝乡
37	千佛岩摩崖造像	明	佛教	重庆市级	三驱镇千佛村	
38	大石佛寺摩崖造像	明	佛教	大足区级	棠香街道三合村	原城南乡永岸村
39	七佛岩摩崖造像	明	佛教	大足区级	龙石镇石龙村	
40	先进村摩崖造像	明	佛教	大足区级	高升镇先进村	
41	真武祖师摩崖造像	明	道教	大足区级	石马镇石门村	原新胜村
42	多宝寺摩崖造像	明	佛教	大足区级	石马镇先锋村	原团结乡
43	塔耳山摩崖造像	明	佛教	大足区级	智凤镇黄莲村	原米粮乡
44	新农村摩崖造像	明	佛教	大足区级	龙水镇新龙村	原顺龙乡
45	宝丰寺石刻	明	佛教	大足区级	季家镇石桥村[1]	原宝丰村
46	灵角寺摩崖造像	明	佛教	大足区级	珠溪镇马王村[2]	
47	朝阳洞摩崖造像	明	佛教	大足区级	珠溪镇马王村[3]	
48	西沟村摩崖造像	明	佛教	大足区级	邮亭镇烈火村	
49	白岩寺摩崖造像	明	佛教	大足区级	国梁镇三凤村	风化殆尽
50	老（古）佛洞摩崖造像	明	佛教	大足区级	三驱镇长坪村	
51	新南村摩崖造像	明	佛教	大足区级	三驱镇新民村	
52	无量寺石刻	明	佛教	大足区级	铁山镇麒麟村	含舍利塔
53	大佛寺石刻	明	佛教	大足区级	铁山镇麒麟村	
54	桂香村摩崖造像	明	佛教	大足区级	铁山镇桂香村	
55	卫平村摩崖造像	明	佛教	大足区级	中敖镇麻杨村	
56	雷公嘴摩崖造像	明	佛教	大足区级	中敖镇麻杨村	原麻杨乡
57	麻杨村摩崖造像	明	佛教	大足区级	中敖镇麻杨村	
58	龙凤山摩崖造像	明	佛教	大足区级	中敖镇转洞村	
59	玄顶村摩崖造像	明	佛教	大足区级	高坪乡玄顶村	
60	九蹬桥摩崖造像	明	佛教	大足区级	高坪乡高峰村[4]	
61	九龙村摩崖造像	明	佛道儒	大足区级	高坪乡青龙村	

[1] 宝丰寺石刻原所在地为宝丰村，大足县第二次全国文物普查时定为宋。搜集大足石刻铭文资料时踏勘，无宋风可征。据明成化、嘉靖题记，改订为明。

[2] 灵角寺摩崖造像原所在地为沙坝乡，大足县第二次全国文物普查时定为宋。搜集大足石刻铭文资料时踏勘，像无宋风可言，改订为明。

[3] 朝阳洞摩崖造像原所在地为沙坝乡，20世纪50年代已发现，但未记载。大足县第二次全国文物普查时定为宋。搜集大足石刻铭文资料时踏勘未发现题记。按造像风格，早不过明。

[4] 九蹬桥摩崖造像在大足县第二次全国文物普查时定为清。据明嘉靖《修路记》碑附记旁证，改订为明。

续表1

序号	名称	时代	题材	级别	所在地	备注
62	光明殿摩崖造像	明	佛教	大足区级	高坪乡冒咕村	原天宝三界村
63	眠牛石摩崖造像	明	佛道	大足区级	高坪乡冒咕村	原天宝三界村
64	杨施庙圆雕石刻	清	佛教	大足区级	金山镇红旗村	
65	龙神村摩崖造像	清	佛教	大足区级	宝顶镇古佛村	
66	东岳庙摩崖造像	清	佛道	大足区级	宝顶镇东岳村	原化龙乡
67	全佛岩摩崖造像	清	佛教	大足区级	智凤镇阮家村	原登云乡
68	双山寺摩崖造像	清	佛道儒	大足区级	国梁镇双山村[1]	
69	青果村摩崖造像	清	佛教	大足区级	宝兴镇黄桥村	原柳河乡
70	天星村摩崖造像	清	佛教	大足区级	宝兴镇转龙村	
71	星火村摩崖造像	清	佛道	大足区级	铁山镇西北村[2]	
72	柿花村摩崖造像	清	佛教	大足区级	中敖镇金盆村	原麻杨柿花村
73	斗碗寨摩崖造像	清	佛道	大足区级	中敖镇峰山村	原天山乡
74	梓桐沟摩崖造像	清	佛教	大足区级	高坪镇玄顶村	
75	新兴村摩崖造像	清	佛教	大足区级	高坪乡新兴村[3]	

上述石窟中，北山、宝顶山石窟为1961年公布的第一批全国重点文物保护单位。1996年，南山、石篆山石窟及北山多宝塔作为北山石窟的扩展内容，石门山石窟作为宝顶山石窟的扩展内容，被公布为全国重点文物保护单位。1999年，以这5座石窟为代表的大足石刻被列入《世界遗产名录》。此外，尖山子、妙高山、舒成岩、千佛岩等4处石窟为重庆市文物保护单位，其余为大足区文物保护单位。

按时代划分，75处石窟中，唐代3处，宋代33处，明代27处（寺院圆雕像3处），清代12处（圆雕1处）。宋代33处石窟，几乎包括所有的大、中型石窟，其数量占大足石刻造像总数的80%左右，道教、"三教"造像窟大多建成于此期。明、清石窟中，除明永乐年间开凿的千佛岩、七佛岩、大石佛寺等3处为规模较大的佛教造像外，其余多为10龛以下的小型石窟。

二　造像题材

总体而言，大足石刻以佛教造像为主，兼有道教、儒教，以及释、道合一和儒、释、道"三教合一"造像。在唐宋36处石窟中，佛教造像区有20处（唐代3处、宋代17处，包括北山、宝顶山两座大型石窟在内），道教造像区有4处，儒、释、道"三教合一"造像区有5处，佛、道合一造像区有7处。明、清39处石窟（明代27处、清代12处）造像题材多雷同而庞杂，其中，佛教造像区有24处（明代16处、清代8处）；佛、道造像区8处（明代6处、清代2处）；道教、"三教"造像区各有1处（均为明代）；其他造像区5处（明代3处、清代2处）[4]。

三　开凿历史

大足石刻中，已知最早的造像为开凿于初唐永徽年间（650—655年）的尖山子石窟，其后200多年间仅新开凿圣水寺石窟一处。这两处初、中唐造像总共不过20龛。直至唐光启元年（885年）昌州迁治大足后，石窟造像方渐大兴。

唐景福元年（892年），昌州刺史，充昌、普、渝、合四州都指挥，静南军节度使韦君靖，在县城北龙岗山营建"粮贮十年，兵屯数万"的永昌寨的同时，首先在北山凿造佛像。此后，当地官绅士庶、僧尼等相继效法，直到前蜀、后蜀时期（907—965年）营造佛像不断，形成大足石刻史上第一个造像高潮。

北宋乾德至熙宁（963—1077年）的百余年间，石窟造像停滞，至今在大足未发现一窟一龛当时的纪年造像。此时寺院内圆雕造像兴起。今有遗迹可寻或有文可征者，县东有大钟寺，县西有石壁寺，县北有延恩寺等多处。至20世纪80年代，仅大钟寺一处遗址，

---

[1] 双山寺摩崖造像在大足县第二次全国文物普查时定为明。据清碑改订为清。
[2] 星火村摩崖造像在大足县第二次全国文物普查时定为宋。视其风格改订为清。
[3] 原所在地为天宝乡新兴村，大足县第二次全国文物普查时以村为名，定为明。按光绪九年镌记，改订为清。
[4] 重庆大足石刻艺术博物馆编：《大足石刻铭文录·概述》，重庆出版社1999年版。

就出土佛教圆雕造像百余件。

北宋后期的元丰至南宋初期的绍兴、乾道年间（1165—1173年），大足石刻造像掀起第二个高潮。自元丰五年（1082年）大庄园主严逊舍地开凿石篆山释、道、儒"三教"造像区起，县境内石窟造像就此起彼伏，先后开凿出佛教、道教和"三教"石窟32处。南山、石门山石窟区和北山多宝塔均于此间建成。始凿于唐景福元年（892年）的北山石窟，历时250多年，亦至南宋绍兴十六年（1146年）建成。

南宋淳熙至淳祐（1174—1252年）的七十余年间，时称"六代祖师传密印"的大足僧人赵智凤，承持晚唐川西柳本尊创立的佛教密宗教派，于宝顶山传教。他以弘扬佛法为主旨，清苦七十余年，四方募化凿造佛像近万尊，建成中国石窟史上最后一座大型石窟群，使大足石刻造像达其鼎盛。其间县境他处造像基本停滞。

从晚唐景福至南宋淳祐（892—1252年）的360年间，大足先后建成佛教、道教和"三教"造像区36处，造像数量占大足石刻总数的80%左右。其中除北山石窟始凿于晚唐景福元年（892年）外，其余均为北宋元丰至南宋淳祐（1078—1252年）的170余年间建成。

南宋末期，因战乱石窟造像中断。至明永乐年间，石窟造像方渐复苏，一直延及晚清。明、清两代的500年间共有石窟造像39处，其中虽不乏佳品，但多为小型造像区，造像数量也不足今大足石刻造像总数的20%。

第三节　石窟保护

13世纪末和17世纪中叶，大足曾两度遭受兵燹，除宝顶山圣寿寺迭遭焚毁、两度重修外，境内石窟造像未受大的破坏。元明以后，大足交通衰落，失去中心地位，偏居一隅，石窟又多掩于荒山野岭之中，故亦未遭受人为和自然灾害的重大破坏。至今除个别龛窟早年崩残，部分造像因受风雨剥蚀，肢体局部残损及细部溦蚀外，大多保存完整。

大足石刻目前存在的保护问题主要有三方面：一是由于重庆为重工业基地，所处位置海拔低、湿度大，且处于重庆—贵阳高酸雨区，大气环境对大足石刻的影响较大；加之大足石刻岩体石质均为砂岩，雕像多以摩崖造像形式表现，为开放式空间，历经千百年风吹、日晒、雨淋、冷暖交替等自然因素作用后，风化日益明显，需采取科学保护措施防护。二是石窟造像岩体裂隙纵横交错，早年龛窟渗水未得到有效治理，致使部分龛窟雕像溦蚀严重，20世纪50年代以来虽采取多种措施治理，但尚待根治。三是大足石刻造像区环境尚需进一步整治，优化植被，绿化美化，以创造一个更有利于雕像永久保存的环境空间。

20世纪50年代前，大足石刻主要由僧、道管理。1952年，大足县人民政府批准成立大足县文物保管委员会，下设大足县石刻保管所。1953年四川省文化局将其更名为大足县文物保管所，为当时四川最早成立的四个文物保管所之一，其职责是专门负责以大足石刻为主的全县文物保护管理工作。其后，又在有重要石窟的区乡成立文物保管小组，聘请文物保管员，依靠区乡政府对大足石刻进行保护。1984年，四川省人民政府批准建立大足石刻艺术博物馆，与大足县文物保管所实行一套班子、两块牌子的管理体制。1990年，重庆市编委批准将其更名为重庆大足石刻艺术博物馆，升格为由大足县委、县政府直属的县处级事业单位（业务工作由重庆市文化局领导）。2011年，又将其更名为大足石刻研究院。

1953年，大足县人民政府划定北山、宝顶山、南山、石篆山（含千佛岩）、石门山（含陈家岩）、舒成岩、佛安桥、七拱桥、玉滩、妙高山等10处石窟区的保护范围。1964年，大足县人民委员会发出"进一步加强我县文物保护和管理工作明确划定保护范围"的通知，再次明确划定重要石窟区的保护范围，并安置界桩及保护标志。1994年，大足县人民政府为有效保护文物，对北山、宝顶山、南山、石篆山、石门山石窟的保护范围，在1953、1964、1991年划定的基础上，又依法具体划定为重点保护范围、一般保护范围和建设控制地带，并报重庆市人民政府批准实施。

为造就一个有利于石刻永久保存的环境空间，1993年编制《大足宝顶山、北山、南山石刻文物名胜区保护建设总体规划》，1994年经专家论证并报重庆市人民政府批准实施。1997年，重庆市人民政府颁布《重庆市大足石刻保护管理办法》，以加强对大足石刻的保护管理。

在历史上，大足石刻的维修保护主要是依靠僧俗祈福装绚佛像。中华人民共和国成立后，大足石刻的维修保护工作可以分为三个阶段。第一阶段，为基础性维修保护阶段（1952—1966年）。此阶段主要是针对大足石刻年久失修所存在的安全性问题，重点开展了加固造像龛窟岩基、修建保护廊檐、治理水害等工作。对水害的治理，即使是在1966—1976年的十年中也未停顿。第二阶段，为有计划地抢救性维修保护阶段（1977—2007年）。此阶段在国家文物局的大力支持下，除继续开展基础性的保护工作外，重点针对石刻造像岩体加固、防渗水、防风化等三大任务，有计划、有系统地开展了数十项维修保护工程。第三阶段（2007年以后），为以科技为支撑的维修保护阶段。此阶段在保护方式上，正在从抢救性保护向预防性保护转变；在保护手段上，正在从传统的工程性保护，向科技保护跨越；在保护内容上，正在从更宏观的真实性原则出发，向文物本体所依存的自然、人文环境及其历史信息的保护拓展。具体的保护工作突出了"一重点三中心"。一重点，即重点实施了宝顶山千手观音造像抢救性保护工程；三中心，即建成了覆盖大足石刻30多处石窟区的安全技术防范中心、大足石质文物保护中心和大足石刻监测预警中心。

大足石刻维修保护的技术手段，主要是依据历史文献、碑刻和造像题记，严格遵守"不改变原状"的原则，采取传统工程手段与现代科学技术手段相结合的方式进行。在龛窟岩体加固中，主要采取垫砌、支撑、铆固等工程手段，兼采用化学材料灌注岩石裂隙加固。在防风化剥蚀方面，采用近景摄影测量技术和三维测量技术建立档案；对少数风化较重的龛窟造像或碑刻，试用化学材料封护表层渗透加固。在水害治理方面，主要采取堵截、引导，较大规模地改善造像区周边环境，以减轻对石刻的污染；同时在龛窟中建立渗水观测点，对洞窟内的温度、湿度变化进行观察记录，以为根治水害提供科学依据。

从20世纪80年代开始，相继开展了一系列保护科研工作。如中国文物研究所、四川省考古研究所于1982年开展"潮湿环境下石窟岩裂化学灌浆材料研究"，1981—1996年开展"防风化加固试验研究"；1986年地矿部南江水文地质队、中国地质大学（武汉）开展"工程与水文地质勘察研究"；1991—1994年重庆建筑工程学院与重庆大足石刻艺术博物馆合作开展国家自然科学基金项目"大足石刻保护研究"；2002—2006年中国地质大学（武汉）分别开展石门山、南山、石篆山石刻区"工程地质勘察研究"；2007—2011年中国文化遗产研究院联合敦煌研究院、大足石刻研究院、清华大学环境学院、中国地质大学（武汉）等开展"宝顶山千手观音造像前期勘察研究"；2011—2012年中国科学院武汉岩土力学研究所开展"宝顶山综合治水前期勘察研究"。此外，建设部综合勘察研究设计院于1983—1985年利用近景摄影测量技术对北山、宝顶山造像进行了测绘记录。2011—2015年大足石刻研究院联合武汉华宇世纪科技发展有限公司利用多基线近景摄影技术对北山（含多宝塔）、南山、石门山、石篆山，以及宝顶山小佛湾、转法轮塔等进行测绘记录；2013年中国文化遗产研究院、大足石刻研究院又联合北京帝测科技股份有限公司利用三维测绘技术对宝顶山大佛湾进行了测绘记录。

在开展维修保护工作的同时，对北山、宝顶山等重要石窟区进行了多次环境整治。如宝顶山、北山、南山造像区林木，在1977年前曾受到不同程度的破坏。1978年，大足县人民政府及时成立宝顶山、北山、南山绿化专业队，进行植树造林。经过历年栽培管护，今已绿树成荫。1997—1999年，在开展申报大足石刻列入《世界遗产名录》工作中，拆迁了北山、宝顶山等重要石窟区内与文物环境风貌不相协调的建筑物和构筑物，并进行了绿化美化。2005—2015年，分别实施了大足石刻保护设施、旅游基础设施、宝顶山石刻景区提档升级、北山石刻环境整治等生态保护、风貌改造工程，不仅极大地改善了石刻文物区的保存环境，也使石刻景区的品质得到了极大提升。

第四节　考察研究

追述大足石刻的研究史，不能不首先说到清代著名学者张澍。因为在他之前，尽管南宋王象之在《舆地碑记目》中已有关于北山佛湾石窟《唐韦君碑》《吴季子墓碑》《高祖大风歌碑》《古文孝经》《画维摩石碑》等碑目的记载，但未录碑文。其后，明清的《蜀中广记》《金石苑》《图书集成》《四川通志》《语石》等虽有所记，然亦仅限一时一事、一碑一刻，甚或语焉不详、多有错讹[1]。大足现存的四部清代（乾隆、嘉庆、道光、光绪）县志中，亦仅有数处对石窟造像有所记载，但略而不详，并散见于山川、古迹、寺观条中。

清嘉庆二十三年（1818年）夏至二十四年（1819年）正月，大足知县张澍在半年多的时间里[2]，写下了《前游宝顶山记》《古文孝经

---

[1] 清初《图书集成》《四川通志》等关于大足石刻造像无只言片语，且把大足北山的唐碑、宋碣载入荣昌。

[2] 张澍（：776—1847年），出生于甘肃武威，一生仕途多变。从嘉庆六年(1801年)至道光十年(1830年)，历三十年仕宦生涯，曾任玉屏(今属贵州)、泸溪(今属湖南)等县知县。他喜寻幽探胜，一生游迹半天下，曾涉足晋、鲁、豫、江、浙等十余省。作为乾嘉朝著名的考据学家，他一生著述颇富，有《姓氏寻源》《姓氏辨误》《西夏姓氏录》《续黔书》《蜀典》《大足县志》《养素堂文集》《养素堂诗集》《二酉堂丛书》等30种、203卷；未刊遗稿有《姓韵》《辽金元三史姓氏录》《凉州府志备考》《大足金石录》等30种之多。他在西安时，曾将北山石窟中的《韦君靖碑》拓本赠与陆耀遹，刊行于《金石续编》，保存了这通唐碑的早期拓本。但在他参与纂修的嘉庆《大足县志》中，涉及石窟造像的内容却不多。

考释》《跋赵懿简公神道碑后》《登多宝塔记》等有关大足石刻的文章十余篇，所撰成的《大足金石录》一书（原稿现存西安碑林博物馆），至今也是研究大足石刻的珍贵文献[1]。他作为第一位考察、研究大足石刻的学者，筚路蓝缕，功不可没。

1939年9月，中国营造学社的梁思成、刘敦桢、莫宗江、陈明达等赴四川进行古建调查。同年11月16日自成都沿川陕公路北上顺嘉陵江南下，于1940年1月18日到达大足，其后调查了"报恩寺山门"（现称北塔寺）、"北崖北塔"（现称多宝塔）、"北崖摩崖造像"（现称北山佛湾石窟）、"周家白鹤林摩崖造像"（现称北山观音坡石窟）、"宝顶寺摩崖造像"（现称宝顶山石窟）及古建筑。1947年，梁思成在美国首次把大足石刻介绍给了国际学术界[2]。此次调查的成果主要见于《西南建筑图说》[3]《川康古建筑调查日记》[4]《西南古建筑调查概况》[5]《佛像的历史》[6]等论著中。

在大足石刻研究史上，第一次有组织的科学考察活动，是杨家骆先生在抗日战争胜利前夕组团考察大足石刻。当时，重庆作为国民政府的陪都，不仅达官贵人云集，且一大批文人雅士亦避乱于此。1944年，中国辞典馆馆长杨家骆先生因大足县志事与大足耆儒陈习删先生通函，商陈先生邀同大足县长郭卓吾先生邀其组团前往考察大足石刻，以藉征其在我国文化史上之地位。陈郭两先生乃联合大足县政府等机关派刘承汉先生携柬专迎。

1945年4月25日，杨家骆率"大足石刻考察团"从重庆北碚启程，乘轮船、坐滑竿，经合川、过铜梁，于27日晚抵大足县城[7]。他们在大足历时8天，对北山佛湾、多宝塔、宝顶山大佛湾、小佛湾、广大山、圣寿寺、广大寺，以及石门山、南山石窟等作了重点考察，第一次全面、系统、科学地进行了"编制其窟号，测量其部位，摩绘其像饰，搨拓其图文，鉴订其年代而论其价值"的工作。其主要成果包括：影片1部，照片200帧，部位图2种，摩绘200幅，拓片100通，石刻目录两种[8]。考察结束后，考察团成员相继撰文在国内各大报刊上发表，同时在重庆、上海等地发表演讲，并将发表的文章和讲演稿汇编成《大足石刻图征初编》，作为《民国重修大足县志》卷首[9]。

1954年，四川省文管会第一调查组与大足县文管所联合组成"大足县文物调查小组"，历时33天，对大足部分地区50余处石刻造像及其文物进行了调查[10]，并逐处编号登记，整理后汇编形成约9万余字的《大足县文物调查小结》资料[11]。同年，西南美术专科学校（四川美术学院前身）组织师生赴大足北山、宝顶山，在原作上翻制雕像50余尊。1955年，时任大足县文物保管所负责人的陈习删先生，集毕生之研究，呕心沥血，撰成《大足石刻志略》一书，油印80本分送有关单位和个人[12]。1956年，中国美术家协会组织的以大足石刻为中心的"四川石刻考察团"，又着重从艺术的角度对大足石刻作了全面考察，之后，在《人民日报》《文物参考资料》《美术》等刊物上发表多篇大足石刻文章，并于1958年编著出版《大足石刻》一书[13]。1962年春，北京大学考古系阎文儒教授率中国佛教协会石窟调查组一行6人，历时半月，实地考察了大足北山、宝顶山、南山、石门山、石篆山等5处石窟，除逐龛考识辨析其内容外，还对部分重点龛窟作了测绘、拍照，事毕撰成《大足龙岗山石窟》《大足宝顶石窟》两篇考察文稿[14]。同年，由四川美术学院雕塑系编

---

[1] 《大足金石录》共一册，手抄本，纸捻装，高26.8厘米，宽20.8厘米。蓝格本抄录，共五十五页，面十行。"共计收录碑刻铭文、摩崖题记等四十五则，末尾另附有'大足人物志'，共录有二十三条大足籍人物的生平简介。所录大足境内的石刻铭文按其分布的区域包括北山石刻、南山石刻、宝顶山石刻、多宝塔石刻和其他寺院石刻。"见张安兴、张彦：《西安碑林博物馆藏张澍〈大足金石录〉考略》，大足石刻研究院编：《2014年大足学国际学术研讨会论文集》，重庆出版社2016年版，第491—499页。

[2] 中国营造学社的此次调查虽重在古建，但梁思成先生对大足唐宋造像十分注重。1947年4月，他在参加美国普林斯顿大学建校二百周年纪念活动时，受邀担任"远东文化与社会"学术研讨会主席，并在会上作了"唐宋雕塑"和"建筑发现"两场学术专题报告。"与会期间，他举办了一次图片和照片展。接着，以从未有人报道过的四川大足石刻为主题，作了一场讲演。"与会的美国汉学家费慰梅女士说："正是他首次把四川大足的雕塑艺术介绍给国际学术界的。"参见林洙：《梁思成、林徽因与我》，清华大学出版社2004年版，第164—165页；[美]费慰梅著，成寒译：《中国建筑之魂》，上海文艺出版社2003年版，第194—196页；梁思成著：《中国雕塑史·前言》，百花文艺出版社1997年版。

[3] 梁思成著：《梁思成全集》第三卷，中国建筑工业出版社2001年版，第236—244页。

[4] 刘敦桢著：《刘敦桢全集》第三卷，中国建筑工业出版社2007年版，第319—322页。

[5] 刘敦桢著：《刘敦桢全集》第四卷，中国建筑工业出版社2007年版，第17—20页。

[6] 梁思成著、林洙编：《佛像的历史》，中国青年出版社2014年版，第158—182页。

[7] 参加者有齐鲁大学国学研究所所长顾颉刚及夫人张静秋、故宫博物院院长马衡、立法委员何遂、北碚复旦大学教授朱锦江、北碚修志委员会副主任傅振伦、教育部中华教育电影制片厂摄影师冯四知、画家梅健鹰、故宫博物院科长庄尚严、国民参政会副秘书长雷震、中国辞典馆青年学者吴显齐及何康、程椿葳、苏鸿恩等十四人。约而因事未往者有孙科、李清悚、金梓、罗香林、汪长炳、黄大受诸先生。参见吴显齐：《大足石刻考察团日记》，载《民国重修大足县志》卷首。

[8] 吴显齐：《大足石刻考察团日记》，载《民国重修大足县志》卷首。

[9] 不仅如此，考察团曾拟将考察中所得之拓片、摩绘之佛像、摄制之照片，进行整理轮流展览，展览时并放映所摄制的《大足石刻》电影；在顾颉刚先生主编的《文史杂志》上刊出一期《大足石刻考察专号》，且拟定了研究题目，确定了撰写人，但所有这些均因抗战胜利"国府"迁回南京，中国学典馆（中国辞典馆于1945年秋更名为中国学典馆）随迁而未竟。参见吴显齐：《大足石刻考察团日记》，载《民国重修大足县志》卷首。

[10] 此次调查仅对当时大足一、二、三、五、九、十区等七个区内的文物开展了调查。

[11] 该档案资料现存大足石刻研究院资料室。

[12] 1985年，四川省社会科学院胡文和、刘长久校注后，刊于《大足石刻研究·中编·大足石刻志略校注》，四川省社会科学院出版社1985年版。

[13] 该书为32开本，图文并茂。文物出版社1958年版。

[14] 两文稿及考察时的照片均存中国佛教协会。1978年初，大足县文物保管所陈明光、王庆煜赴北京抄回手稿刻印，1986年经阎先生再次整理后，刊载于《四川文物》1986年石刻研究专辑。

著的精装大八开本《大足石刻》出版[1]。这一时期，刘开渠、王朝闻、常书鸿、罗哲文、钱绍武、王临乙等也先后来到大足考察，或搜录资料，或拍摄照片，或翻塑雕像，或著书撰文，对大足石刻的研究做了大量工作。然而这样的势头后来曾一度中断，整个考察研究工作基本处于停滞状态。

20世纪80年代后，大足石刻对外开放，专家学者为之瞩目，一时著家四起，成果不断。1984年春，四川省社会科学院、大足县政协、大足县文物保管所、大足石刻研究学会组成课题组，对大足县13处重要石窟和多宝塔进行调查，并于1985年编撰出版《大足石刻内容总录》[2]。1993—1995年，为了抢救大足石刻中的文字史料，重庆大足石刻艺术博物馆组成课题组，对分布于大足当时28个镇乡境内的75处石窟、2座古塔及数处寺院遗址出土石刻上的铭文进行了全面搜集，后整理成《大足石刻铭文录》一书，于1999年由重庆出版社出版，首次完整地保存了第一手铭文资料[3]。1998—1999年，重庆大足石刻艺术博物馆与重庆出版社共同组成课题组，编撰出版《大足石刻雕塑全集》[4]。2000—2002年，重庆大足石刻艺术博物馆组成课题组，对北山、宝顶山、南山、石篆山、石门山石窟等进行调查，并形成调查资料[5]。2004年，按照国家文物局印发的《全国重点文物保护单位记录档案备案工作实施方案》及《全国重点文物保护单位记录档案工作规范》，重庆大足石刻艺术博物馆全面完成了宝顶山、北山、南山、石门山、石篆山等属于全国重点文物保护单位的重要石窟的记录档案备案工作[6]。2004年10月下旬至11月初，为筹备召开2005年大足石刻国际学术研讨会暨大足石刻首次科学考察60周年纪念会，北京大学马世长教授率"大足石刻考察团"在大足进行了10余天的学术考察，并于研讨会上发表了一批重要成果[7]。2007—2010年，在大足县第三次全国文物普查中，对其境内包括石刻造像在内的地上地下文物进行了全面普查，其中新发现石刻造像点49处[8]。

20世纪80年代以后，较为重要的专题调查报告及考古研究成果主要有：黎方银、王熙祥的《大足北山佛湾石窟的分期》[9]，邓之金的《大足县大钟寺宋代圆雕石刻遗址调查》[10]，重庆大足石刻艺术博物馆的《大足宝顶山小佛湾祖师法身经目塔勘查报告》《大足尖山子、圣水寺摩崖造像调查简报》《大足宝顶山小佛湾"释迦舍利宝塔禁中应现之图"碑》[11]《大足宝顶山大佛湾第14号窟调查报告》《大足宝顶山转法轮塔调查报告》[12]，陈明光、胡良学的《四川摩崖造像"唐瑜伽部主总持王"柳本尊化道"十炼图"调查报告及探疑》[13]，陈明光的《大足多宝塔外部造像勘查简报》[14]，胡良学、陈静的《大足石篆山、妙高山摩岩造像的调查研究》等[15]。

除上述外，从1945年至今70年来，国内外学者还从历史、考古、美术、宗教、音乐、舞蹈、戏剧、建筑、服饰、兵器、雕塑、绘

---

1 该书由李巳生先生主持编撰，朝花美术出版社出版，为大足石刻研究史上第一本大型图录，记录了20世纪50年代大足石刻的状况。
2 此次联合调查参加人员有四川省社会科学院李永翘、胡文和，大足县文物保管所陈明光、邓之金，大足县政协覃玉泉等。见四川省社会科学院、四川省大足县政协、大足县文物保管所、大足石刻研究学会编：《大足石刻内容总录》引言，四川省社会科学院出版社1985年版。
3 此次考察由郭相颖主持，参加者有陈明光、邓之金、黎方银、唐毅烈、胡良学、唐长清等人，张文刚负责后期室内拓片摄影。考察历时三年，风里来、雨里去，翻山越岭，行程万里，攀悬崖，登高架，剥苔拂尘，寒暑风餐，采用搭架拓片、测量、照相、记录、考订等文物考古之方法，对分布于大足当时28个镇乡境内的75处石窟、2座古塔及数处寺院遗址出土石刻上的铭文进行了全面搜集，共获拓片2033张，最大者达9.8平方米；现场拍摄照片2500多张，实地测量、考订、记录文字数据35万多字。在此基础上，历时两年的室内整理、研究，四易其稿，纂成《大足石刻铭文录》一书。该书为大16开精装本，共计91万字，配图片340幅。
4 该书的编撰、出版与申报大足石刻列入《世界遗产名录》工作同步进行，成为大足石刻列入《世界遗产名录》后第一项最新、最重要的科研成果。全书总主编为郭相颖、李书敏，按分布点分为《北山石窟卷》（主编黎方银）、《宝顶石窟卷（上）》（主编陈明光）、《宝顶石窟卷（下）》（主编邓之金）、《南山、石门山、石篆山等石窟卷》（主编童登金）四个分卷，为大8开精装本，是一项多学科、综合性的研究成果。
5 此项调查由童登金主持，参加者有胡良学、陈静、郭静、毛世福等，调查资料现存大足石刻研究院资料室。
6 该记录档案内容包括对文物保护单位本身的记录和有关文献史料，可大致分为科学技术资料和行政管理文件两部分。全国重点文物保护单位记录档案备案工作，是摸清不可移动文物家底的一项重要举措，也是在一些极端情况下，如自然灾害、盗窃、战争等，文物遭到破坏后对文物进行维修、追索等提供可靠依据的重要措施，是履行法律赋予职责的重要内容。整理完成的宝顶山、北山、南山、石门山、石篆山石窟记录档案共计75套，包括一百多万字的文字记录、上千张的拓片及照片、上百张的维修保护工程图纸等，涵盖了石窟保护、维修、研究、宣传、利用等各个方面的档案资料。在大足石刻保护、研究史上，进行如此全面、系统、规范的记录档案整理尚属首次。
7 参加者有北京大学考古文博学院教授马世长、龙门石窟研究院研究员温玉成、中国社会科学院世界宗教研究所研究员罗炤、中国社会科学院世界宗教研究所研究员张总、敦煌研究院研究员王惠民、清华大学美术学院教授李静杰、云南省社会科学院研究员侯冲、深圳市博物馆副研究馆员暨远志、北京大学考古文博学院副教授李志荣。其主要考察研究成果刊于重庆大足石刻艺术博物馆编：《2005年重庆大足石刻国际学术研讨会论文集》，文物出版社2007年版。
8 本次普查在对第二次全国文物普查登记的630处文物进行复查的基础上，共计新发现各类文物遗存449处。其中：古遗址27处、古墓葬293处、古建筑63处、石窟寺及石刻49处、近现代重要史迹及代表性建筑17处。参见大足县第三次全国文物普查办公室编：《大足县第三次全国文物普查工作报告》。
9 载《文物》1988年第8期。
10 载《四川文物》1989年第5期。
11 以上三文均载《文物》1994年第2期。
12 以上两文均载大足石刻研究院编：《2009年中国重庆大足石刻国际学术研讨会论文集》，重庆出版社2013年版。
13 载《佛学研究》第4期，1995年刊。
14 载重庆大足石刻艺术博物馆编：《2005年重庆大足石刻国际学术研讨会论文集》，文物出版社2007年版。
15 载《四川文物》1998年第1、2期。

画、石窟保护等多方面、多角度对大足石刻开展了广泛深入的研究，发表、出版了大量论著，取得了丰硕成果[1]。特别是1982年大足石刻研究会成立后，先后召开六届年会[2]；2005、2009、2014年又三次召开大足石刻国际学术研讨会[3]，极大地推动了大足石刻的学术研究和交流。

第五节　本报告集编写的缘起和内容体例[4]

一　报告集缘起

　　石窟寺考古学研究是开展石窟寺研究的基础，这已是不争的事实。它既为当前研究服务，也为今后长期的研究提供科学依据并逐渐成为研究对象。更为重要的是，虽然当今科学技术日新月异，文物保护的观念和理念不断发展，文物保护的手段和方式不断丰富，文物保护的技术和能力不断提高，但仍难以完全阻挡历史遗迹消亡的脚步。我们今天的所有努力，都只能是在时间上加以延缓。从更宽广的空间和更长久的时间角度看，历史遗迹的最终消亡将是一种必然。因此，尽其所能，科学、完整、全面的记录和保存我们所处的时代所能见到的历史遗迹信息，已经不仅仅是人文科学工作者的研究范畴，它同样是文物保护科学工作者致力的目标。事实上，石窟寺考古学研究作为文物保护观念和保护手段不断拓展的重要内容之一，已经越来越受到文物保护工作者的重视，且为文物保护专家们所共识，而这也正是我们不遗余力编写和出版本报告集的重要意义之所在。

　　1949年以来，中国石窟寺考古学研究取得了丰硕的成果。以其奠基人宿白先生为首的一大批石窟寺考古学家，如马世长、樊锦诗、丁明夷、温玉成等诸先生，为石窟寺考古学研究营造了浓厚的氛围，引领和推动了各地石窟寺的考古学研究工作，为中国石窟寺考古学的发展和进步做出了卓越贡献。自《新疆克孜尔石窟考古报告》（第一卷）出版后，又先后出版了《义县万佛堂石窟》《麟溪桥与慈善寺——佛教造像窟龛调查研究报告》《天龙山石窟》《莫高窟第266—275窟考古报告》等。这些报告的出版，不仅极大地激励了我们编写本报告集的热情，还为我们提供了十分重要的借鉴。

　　大足石刻作为中国后期石窟的重要例证，从1945年以来，调查研究工作从未间断。尤其是1984年春，四川省社会科学院、大足县政协、大足县文物保管所、大足石刻研究学会组成课题组对大足县13处重要石窟和多宝塔的调查，以及1993—1995年，为抢救大足石刻中的文字史料，重庆大足石刻艺术博物馆组成课题组对分布于大足当时28个镇乡境内的75处石窟、两座古塔及数处寺院遗址出土石刻上的铭文进行的全面搜集，在大足石刻研究史上，都是具有重要意义的开拓性工作。但同时我们也注意到，限于人力、物力、技术条件等种种限制，此前所开展的调查工作在综合运用考古学理论、手段和方法，以及现代科学技术，进行全面、系统地考古学研究方面还有待深入。

　　有鉴于此，20世纪90年代末，重庆大足石刻艺术博物馆在编纂出版《大足石刻铭文录》后，即从石窟研究的发展趋势和文物保护工作的实际需要出发，提出了对大足石刻进行考古学研究的设想，并开始送培和调配人员，进行人才方面的准备。2000年，在重庆大足石刻研究会第五届年会期间，这一规划设想得到北京大学马世长教授的充分肯定和鼓励。2003年，以"大足北山石窟考古学研究"为题，分别申报"重庆市哲学社会科学重点科研课题"及"2003年度全国文物保护科学和技术科研课题"，相继被批准立项，并获得了重庆市社科基金和国家文物局的经费资助。随后，重庆大足石刻艺术博物馆组建了以黎方银为组长的课题组，成员包括刘贤高、

---

1. 陈明光：《大足石刻研究述评——20世纪90年代前之研究回顾》，载《大足石刻考察与研究》，中国三峡出版社2002年版；陈灼：《大足石刻百年研究综述》，曹中建主编：《中国宗教研究年鉴1999—2000》，宗教文化出版社2001年版；本报告集第十一册《附录及索引》附录二《大足石刻研究文献目录》。
2. 大足石刻研究会成立于1982年，后改名为重庆大足石刻研究会。1982年年会参会代表50余人，收存论文10余篇，编辑出版《大足石刻研究通讯》首期。1986年年会参会代表110余人，收存论文33篇，编辑出版《大足石刻研究通讯》第2、3期。1992年年会参会代表110余人，收存论文36篇，编辑出版《大足石刻研究文选》。1995年年会参会代表120余人，收存论文43篇，汇成《大足石刻研究会第四届年会资料汇编》。2000年年会参会代表150余人，收存论文72篇，载重庆大足石刻艺术博物馆：《大足石刻研究文集》（3），重庆出版社2002年版。2004年年会参会代表130余人，收存论文102篇，载重庆大足石刻艺术博物馆编：《大足石刻研究文集》（5），重庆出版社2005年版。
3. 2005年8月18日至22日，"中国重庆大足石刻国际学术研讨暨大足石刻首次科学考察60周年纪念会"在重庆隆重召开。来自13个国家的97名专家学者出席了本次会议，共收到71篇论文。2009年10月30日至11月3日，"2009年中国重庆大足石刻国际学术研讨会暨大足石刻列入《世界遗产名录》10周年纪念会"亦在重庆隆重举行，来自15个国家和地区的129名专家学者与会，共收到82篇论文，其中人文社科类49篇、保护类33篇。2014年11月24日至27日，"大足学国际学术研讨会暨大足石刻首次科学考察70周年纪念会"在大足隆重召开，来自12个国家和地区的80多名专家学者出席会议，共收到论文75篇。三次会议后，均出版论文集。
4. 2011年重庆出版社申报国家"十二五"重点图书出版项目时，将本书定名为《大足石刻全集》，但其内容实为大足石刻考古报告集，故在文中凡涉及对《大足石刻全集》的整体介绍时，均以"本报告集"称之。

黄能迁、邓启兵、周颖、毛世福、陈静、郭静等[1]。2004年10月下旬至11月初，为筹备召开2005年大足石刻国际学术研讨会，北京大学马世长教授率"大足石刻考察团"在大足进行了10余天的学术考察。考察期间，鉴于北山佛湾第245号龛在大足石刻考古学研究中极具代表性和典型性，故马世长教授建议课题组首先开展包括第245号龛在内的第237—249号龛的考古调查工作。其后，在马世长教授的具体指导下，课题组在完成现场调查、图件测绘、图版拍摄等相关工作后，整理编写成《北山佛湾石窟第237—249号龛考古报告》。在2005年大足石刻国际学术研讨会期间，马世长、杨泓教授审阅并修订了该报告，并对进一步开展北山石窟考古学研究提出了十分具体的指导意见。课题组则按照指导意见，制订了文字记录、图件测绘、图片拍摄、文本编写等相关技术规范和工作程序、工作计划。

2005年6月至2007年，课题组对北山佛湾第1—100号龛进行了现场调查记录，但由于人工测绘十分困难、缓慢，仅测绘完成北山佛湾总立面、总平面图及第1—50号龛平、立、剖面图。2008—2010年上半年，又因开展大足县第三次全国不可移动文物普查，课题组多数成员被抽调到文物普查办公室从事普查工作，北山石窟的相关考古调查工作时断时续。2010年下半年，大足县文物普查结束，课题组全部成员恢复工作，按原定计划开展对北山佛湾其余石窟的考古调查。并鉴于人工测绘已经成为开展此项工作的瓶颈，经前期反复试验，决定由武汉华宇世纪科技发展有限公司运用多基线数字近景摄影测绘技术，按照考古线图测绘的总体要求，制订专门的技术规范和标准，在课题组的直接参与下实施测绘工作。尤值一提的是，在前期试验性测绘中，马世长、李崇峰、李裕群、雷玉华等诸先生都给予了很多具体的指导，终使该技术不断趋于完善，并在其后运用到大足北山、南山、石门山、石篆山和宝顶山小佛湾石窟，以及北山多宝塔和宝顶山转法轮塔的考古测绘中。2012年，"大足宝顶山大佛湾石窟三维测绘与数字化项目"经国家文物局批准立项，并于2013年4月开始，由中国文化遗产研究院联合北京帝测科技股份有限公司正式实施该项目，获得了包括正射影像在内的宝顶山大佛湾石窟三维测绘成果，为其后利用该成果绘制测绘线图奠定了基础。

按照最初的计划，是首先开展北山石窟的考古学研究，并出版相关报告，之后再视情况开展大足其他石窟的考古工作。但由于运用多基线数字近景摄影和三维测绘两项现代技术，基本解决了考古测绘缓慢的瓶颈问题，因此，课题组认为将北山石窟以外的南山、石篆山、石门山、宝顶山石窟及北山多宝塔纳入此次考古学研究的基本条件渐趋成熟，应将其全部纳入使之形成一项系统性的工作。而恰在此时（2011年），重庆出版集团申报的国家"十二五"重点图书出版项目《大足石刻全集》，于次年3月获得国家出版基金立项资助。鉴于申报的《大足石刻全集》也是以造像图版、拓片、文字、线图等纪实手段来展示大足石刻，而北山石窟的考古学研究已有很多成果，大足石刻系统的考古学研究已具初步的条件和很好的基础，为使两者不重复，拓展北山石窟以外的考古学研究，故大足石刻研究院在与重庆出版集团具体商议出版规划时，提议将北山石窟考古学研究扩展为大足石刻考古学研究，仍用《大足石刻全集》书名，但以大足石刻考古报告集的形式出版。这一提议经过出版和文物专家的评估论证，得到重庆出版集团的充分理解和支持。自此，大足石刻系统的考古学研究得以全面开展，以考古报告的形式来编写和出版《大足石刻全集》得以正式确立。

有关大足石刻考古学研究整体和各卷报告编写的具体情况，在各卷概述和出版后记中作了说明，兹不赘述。

二　内容和体例

如前所述，大足石刻是大足区境内所有石窟造像的总称，现被列为各级文物保护单位的石窟点多达75处，造像5万余尊，铭文10万余字。要在较短的时间内完成所有石窟点的考古调查似不可能，特别是测绘工作难以完成。为此，经课题组与重庆出版集团反复商议，决定将此次考古调查和出版的范围确定在列入世界文化遗产，且为全国重点文物保护单位的北山[2]、石篆山、石门山、南山、宝顶山等5处石窟，以及与北山石窟密不可分的多宝塔。待此次考古调查和编写工作完成后，可视情况继续对大足其他石窟开展相应工作。

按照上述原则，《大足石刻全集》共分为十一卷十九册。其中，北山佛湾石窟和宝顶山石窟各分为三卷，石篆山、石门山、南山石窟合为一卷，北山多宝塔、大足石刻专论、大足石刻历史图版、附录及索引等分别单列一卷。具体分卷情况是：

第一卷　　北山佛湾石窟第1—100号考古报告
第二卷　　北山佛湾石窟第101—192号考古报告

1　此后赵凌飞于2011年，米德昉、李小强、张媛媛于2015年，朱小妹于2016年先后加入课题组。
2　北山石窟中的营盘坡、观音坡、佛耳岩等几处小型石窟因时间关系，测绘工作难以完成，亦未包括在本次考古调查中。

第三卷　　　北山佛湾石窟第193—290号考古报告

第四卷　　　北山多宝塔考古报告

第五卷　　　石篆山、石门山、南山石窟考古报告

第六卷　　　宝顶山大佛湾石窟第1—14号考古报告

第七卷　　　宝顶山大佛湾石窟第15—32号考古报告

第八卷　　　宝顶山小佛湾及周边石窟考古报告

第九卷　　　大足石刻专论

第十卷　　　大足石刻历史图版

第十一卷　附录及索引

除第九卷、十卷、十一卷外，其余各卷均分为上下两册。其中，上册为文本册，主要包括报告文本、测绘图、地图、示意图等；下册为图版册，主要包括造像、铭文及拓片等摄影图版。第九卷主要收载相关专题研究论著，第十卷主要收载部分大足石刻历史图版，第十一卷主要包括"大足石刻年表""大足石刻研究文献目录""异体字与简化字对照表""铭文总目"和索引。

需要说明的是，由于所涉考古研究的对象和规模、体量不同，同时需要照顾整体与局部、共性与个性的关系，以及阅读的方便，故对各卷报告的内容体例，在整体上保持基本一致的前提下，根据实际情况作了局部调整，具体情况请参见各卷报告编写的体例规范说明。

第一章　概述

第一节　地理状况

北山石窟是大足石刻群中开凿时代较早，造像较集中，规模较大，艺术价值较高的一处造像群。它以佛湾为中心，四周另有观音坡[1]、营盘坡[2]、佛耳岩[3]等三处小型石窟及多宝塔[4]等（图6；图版Ⅰ：1）。

一　位置与环境

北山佛湾石窟位于大足城北约1公里处，开凿于佛岩坡西侧半山腰之崖壁上。从城北到石窟区，有两条道路可达。一条沿北山西脚过山王庙至石窟区，为古今通达石窟区之主路，1996年已改建为旅游专用公路。另一条沿北山南麓过望城坡、桐梓湾蜿蜒而至石窟区，原为狭窄的泥泞小道，20世纪70年代末方改建为石梯大道（图7）。

二　地形地貌

北山佛湾石窟所在的佛岩坡山脊呈南北走向，至高点海拔545米，由三级陡崖和缓坡叠置而成。坡顶部呈浑圆状，沿山脊向南收敛变窄，止于大足城北（图版Ⅰ：2、图版Ⅰ：3、图版Ⅰ：4、图版Ⅰ：5）。西向隔冲沟与北塔坡相望（图版Ⅰ：6），冲沟切割深度最深达100米左右，朝上变浅。原冲沟东侧为农房，1996年迁出农房改建为停车场。坡顶部由厚层砂岩组成，产状近水平。斜坡由砂、泥岩叠置而成。砂岩地形上为直立陡壁或陡坡，泥岩组成缓坡。

北山佛湾石窟位于佛岩坡最上一级直立陡壁的西侧，为一"坪状"丘陵地形，平均海拔高度500米左右，相对切割深度50—100米。其前后均为泥岩缓坡，区内沟谷不发育（图版Ⅰ：7）。

三　地层岩性

根据中国地质大学（武汉）潘别桐、方云先生的调查，北山佛湾石窟造像所在区内除零星分布有第四系崩、坡、残积物外，均为侏罗系上统蓬莱镇组（J3P）、遂宁组（J3S）。岩性为不等厚互层的红色砂岩、泥岩[5]。

---

[1] 北山观音坡石窟位于佛湾西面约1.5公里处，造像崖面长约34米，高约6米，通编为42号，其中造像龛40个，皆残损甚重；造像不存的空龛2个。

[2] 营盘坡石窟位于佛湾东北龙岗镇上游村营盘坡半山腰上，距离佛湾石窟约1.5公里。1994年重庆大足石刻艺术博物馆搜集石刻铭文资料时，剔去营盘坡第6号释迦佛龛苔藓，发现左壁门楣内侧上部镌记："（港）文兴（港）之日新生男小师解绊之日命僧看□""宁三年闰十二月初五日题记。"据残文"宁三年"及该处造像风格，判为唐乾宁三年镌记。调查时另于石窟前发现一圆雕残像，通高41厘米，其背屏下部竖刻："□□造此□""会妆□""舍此一部""乾宁□年□□月造□""□何氏女""娘女夫满"次孙男□"□元正记。"据此可定，营盘坡于唐乾宁年间已有雕像。造像崖面长约30米，高约4米。石窟因早年上岩土石崩塌，埋下半部造像。1955年陈习删先生著《大足石刻志略》，记其有12龛窟。1984年编撰《大足石刻内容总录》时，将其编为10号。1990年当地群众掘土露出下部造像，1994年重庆大足石刻艺术博物馆调查时，重新将其编为17号。各号内容为：第1号释迦佛龛，第2号佛像龛（《总录》编为第1号），第3号空龛（《总录》编为第2号），第4号阿弥陀佛龛，第5号空龛，第6号释迦佛龛（《总录》编为第3号），第7号残像龛（《总录》编为第4号），第8号无字碑，第9号文殊普贤龛（《总录》编为第5号），第10号残像龛（《总录》编为第6号），第11号千手观音龛（《总录》编为第10号），第12号摩崖线刻图（《总录》编为第7号），第13号观音龛（《总录》编为第8号），第14号地藏龛（《总录》编为第9号），第15号摩崖碑，第16号一佛二菩萨龛，第17号佛像龛。1996年当地农民又在距原石窟约50米处之崖下新掘出保存较好的水月观音龛，将其编为第18号。其中造像龛13个，造像不存的空龛2个，摩崖线图1幅，单独编号的碑铭1通。

[3] 佛耳岩石窟位于佛湾西南面约2公里处，造像崖面长约34米，高约6米，通编为26号，均为龛窟造像。

[4] 多宝塔与北山佛湾一涧之距，遥相对峙。建于南宋绍兴十七年至二十五年（1147—1155年），塔立于地表石上，塔身、塔刹计高约30.5米，为八边形砖塔，状似腰鼓。第一级塔身以上，出檐12重，皆以砖叠涩挑出。塔内8层，形成8层回廊。砖砌蹬道为塔心，穿过塔心可拾级而上。塔内回廊两壁及塔外隔层檐下镶嵌石刻造像，计100余龛。塔前崖下，刻释迦、多宝并坐。

[5] 按新老顺序，第四系残坡积物主要分布在造像区底部海拔高度506米以下一线及北区造像立壁顶部的凹地内，主要岩性为砂质黏土和粉砂质重亚黏土，夹有碎石，厚度为0—5米。第四系崩积物主要分布于由砂岩层组成的直立陡壁之下，为块径不同的块石和碎石堆积。侏罗系上统蓬莱镇组仅残留在底部层位，零星分布于山顶。其岩性为灰白色厚层、块状细粒长石砂岩，残留厚度为10米左右。遂宁组仅出露上段，主要为一套紫灰、灰紫色厚层、块状细粒长石项砂岩与紫红色泥岩、粉砂质泥岩组成。按其成层规律，从上至下可划分为五层泥岩。参见潘别桐、方云、尉本立：《大足北山石刻区渗水病害成因分析及防治对策》，潘别桐、黄克忠主编：《文物保护与环境地质》，中国地质大学出版社1992年版，第87—98页。

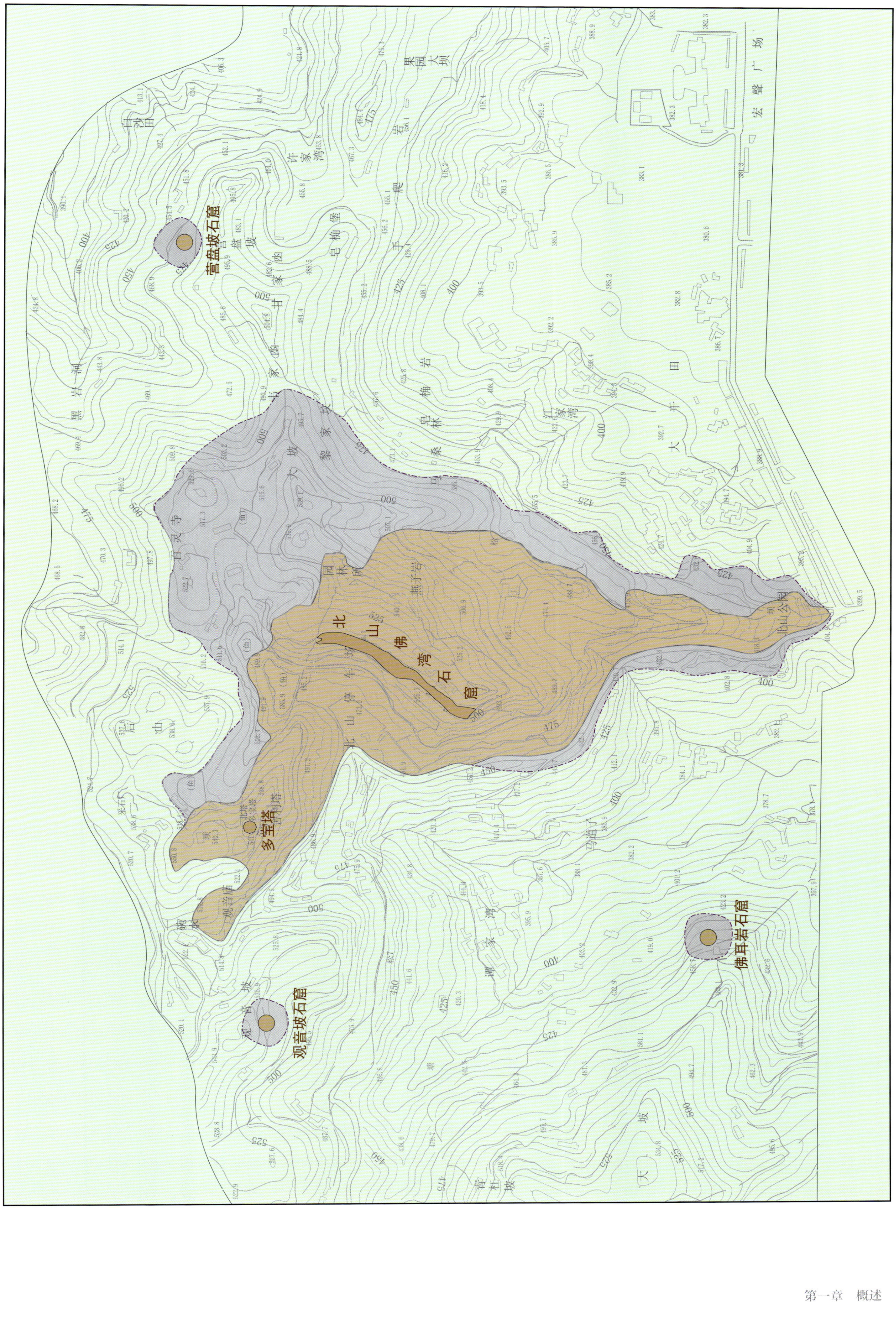

图 6 北山石窟分布图

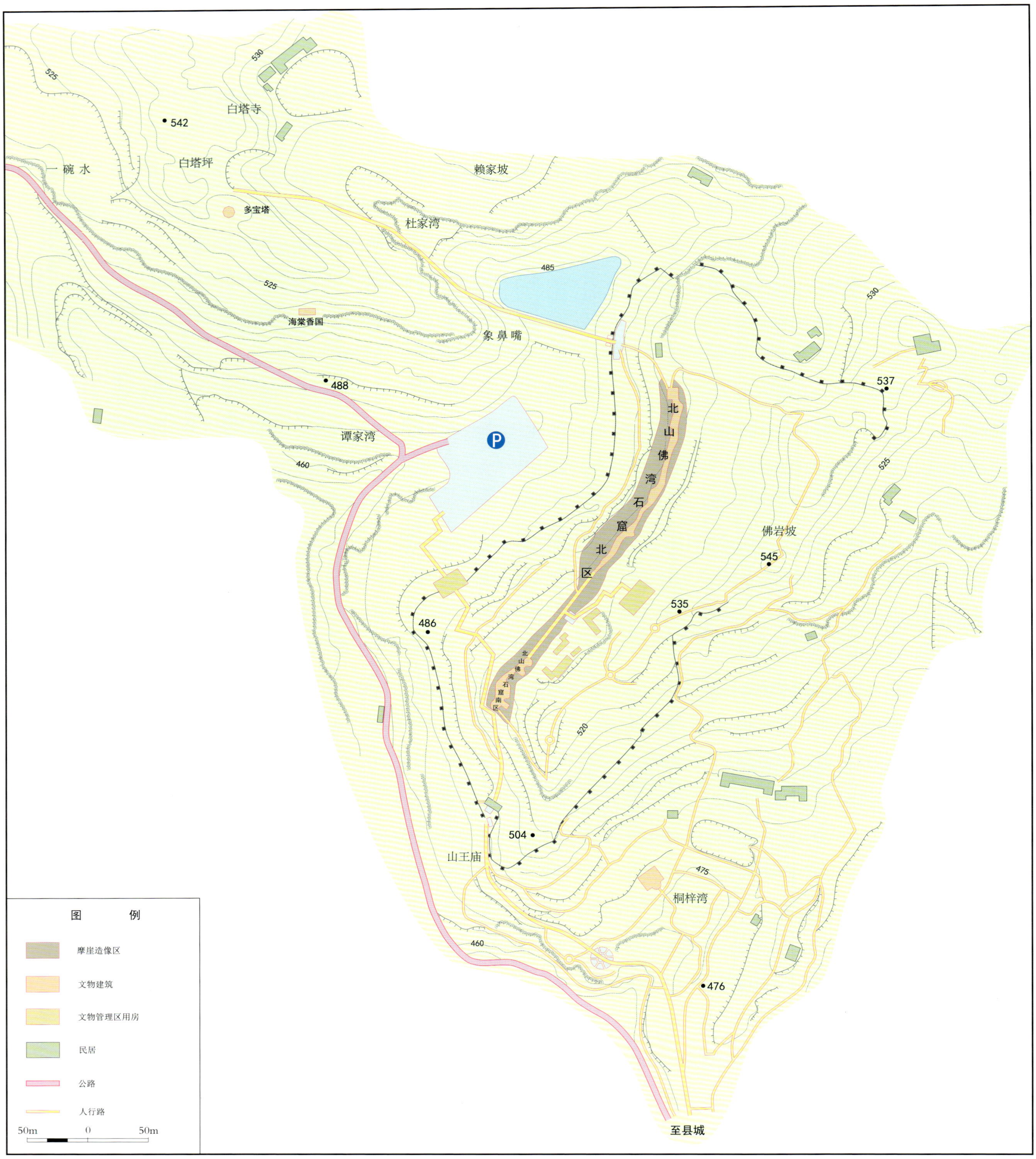

图 7　北山佛湾石窟环境关系图

四 地质构造

北山佛湾石窟造像区地质构造简单，地层产状平缓，为近水平岩层。总体分析，造像区处于一平缓开阔的向斜构造内，向斜轴近NNE，向斜西翼产状为SE1400＜20—30，东翼产状为NW3200＜30—50。

造像区地质无断裂发育，仅发育三组构造节理和一组层面节理。根据南江水文地质大队对造像石壁裂隙的调查测量，39%的节理有泥质充填，43%的节理均有渗水或水浸现象。造像区的层面裂隙发育。层面裂隙与构造节理交切，构成了造像区的裂隙网络系统。此外，造像区岩体表层还发育有风化裂隙。据观察，风化裂隙的发育深度一般小于8米[1]。

第二节 石窟构建与分区编号

一 石窟构建

北山佛湾石窟略呈南北向，沿山崖立壁、顺山势曲折开凿。其顶部岩体多受裂隙切割呈不规则块状。龛窟前地面，现为方形石板铺砌（图版Ⅰ：8、图版Ⅰ：9），未作考古观察[2]。

北山佛湾石窟所在崖面中偏南部位为泥岩缓坡，仅有两小龛造像（编为第99、100号）。崖前地面道路，现以石板铺砌，连接南、北造像区，相距81.24米。石板路从南至北，海拔高度约为506—509米。在其中部偏南石板路上部的缓坡地带，经平整后新建有两个独立的庭园式单层平房，现为大足石刻研究院北山石刻管理中心办公区域。

按其总体构筑情况，可将上述石板路以南龛窟统称为南区石窟，即习惯上所称的佛湾南段；以北龛窟统称为北区石窟，即习惯上所称的佛湾北段。而在这两个大的区内，又可区分出若干小的造像区域（本册书末插页一、插页二）。

南区石窟南端呈近南北向展开，北端呈北东向布列。其立壁顶部地形为平缓山梁。龛窟前地面标高，从南端的509.68米转折向北至第9、10号龛前，降至509.01米，而后向北至北端抬升至510.08米。崖壁高约6—8米（图版Ⅰ：10、图版Ⅰ：11）。

北区石窟呈北东布列，南端偏北位置略向西偏转（图版Ⅰ：12、图版Ⅰ：13）。其立壁顶部地势平坦，形如围椅状，局部形成一地表汇水面积约0.04平方公里的洼地，地形上构成了地表水和地下水汇水和储水地段，这种特定的微地形地貌差异，对北山佛湾石窟的渗水分布有重要影响。龛窟前南端地面标高约507.97米，向北从第109号龛至123号龛抬升为508.90米左右，再向北从第124号龛至北端下降为505.94—507.22米左右。崖壁中部高约9米，向南北两端降低为6—7米。

1952年沿南、北两区石窟前，新建保护长廊遮护（图8、图9；图版Ⅰ：14）。长廊为砖木混合结构。其前檐柱用青砖砌筑，下做石柱础，上搭木梁架，交接部分没有相应的构造处理措施。梁架的主体结构为抬梁式，局部穿斗式。梁架很多是直接搭接在窟檐、窟壁或岩体上，甚至个别梁尾直接插入造像龛窟附近，将造像窟檐作为梁承重体系的一部分。局部梁架跨度较大，结构混乱，构造复杂，致使屋顶转折面较多，且个别梁架未做榫卯连接。屋顶形式为传统前后檐做法，即板椽上直接铺小青瓦，脊做灰质塑化。局部屋顶搭接于石窟或石窟后坡砌筑的石墙、砖墙或砖柱上。从保护角度看，长廊挡阳光、蔽风雨，起到了较好的保护作用。

二 分区与编号

北山佛湾石窟的编号肇始于1945年。时由杨家骆、顾颉刚、马衡等组成的"大足石刻考察团"在考察北山石窟时，将其编为255

---

1 三组构造节理的产状为：①NE100—200＜800—850；②NE400—600＜700—800；③NW2700—2800＜680—850。其中以前两组最为发育，构造节理密度为0.1—0.4条/米，节理最大张开宽度在近地表为2—10厘米，往深处渐变闭合，可见延伸长度为3—6米。参见潘别桐、方云、谢本立：《大足北山石刻渗水病害成因分析及防治对策》，潘别桐、黄克忠主编：《文物保护与环境地质》，中国地质大学出版社1992年版，第87—98页。

2 据邓之金、陈明光先生回忆，在1952年未建北山佛湾石窟保护长廊前，龛窟前地面为高低不平的田土，农民尚在土地上种庄稼。1952年建成长廊后，在长廊内局部铺砌石板。1974年，再次铺砌，至1980年方全部铺完。

北区石窟

图8 北山佛湾保护长廊平面图
采自李先逵等编著《大足石刻与古建筑群》，重庆大学出版社，2015年

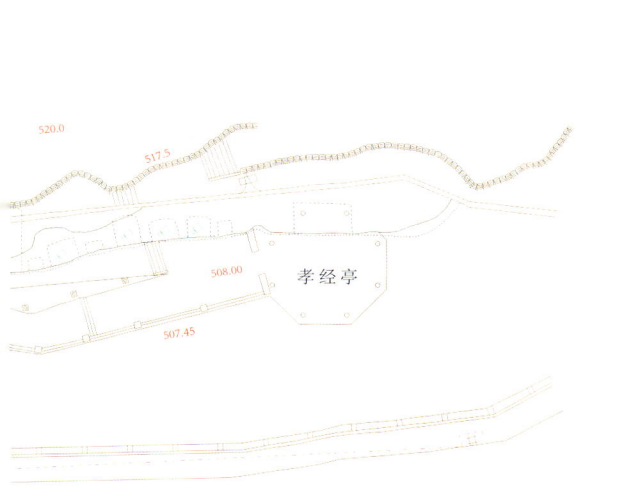

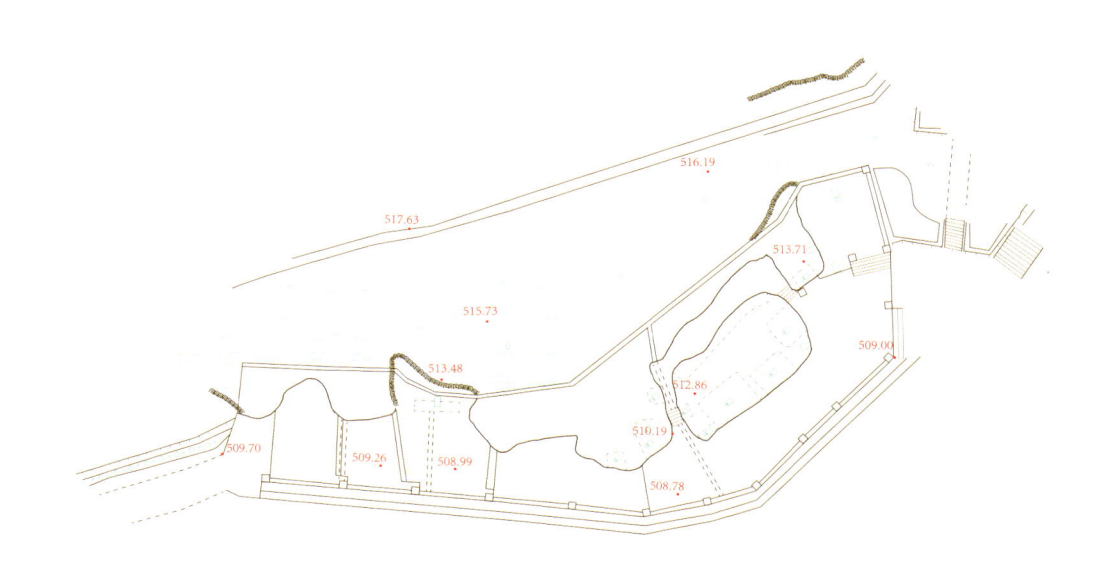

南区石窟

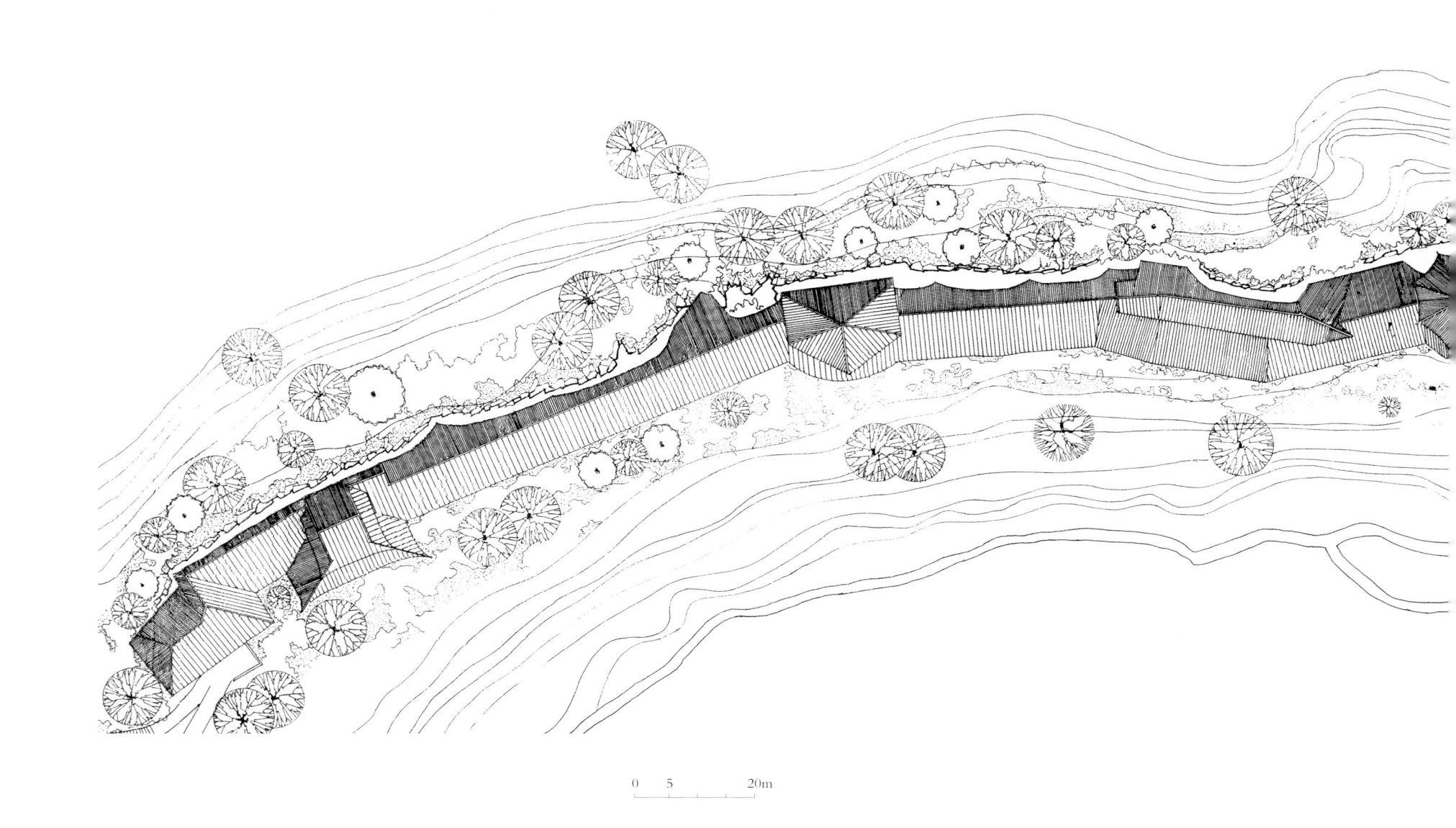

图9 北山佛湾保护长廊俯视图
采自李先逵等编著《大足石刻与古建筑群》，重庆大学出版社，2015年

第一章 概述　23

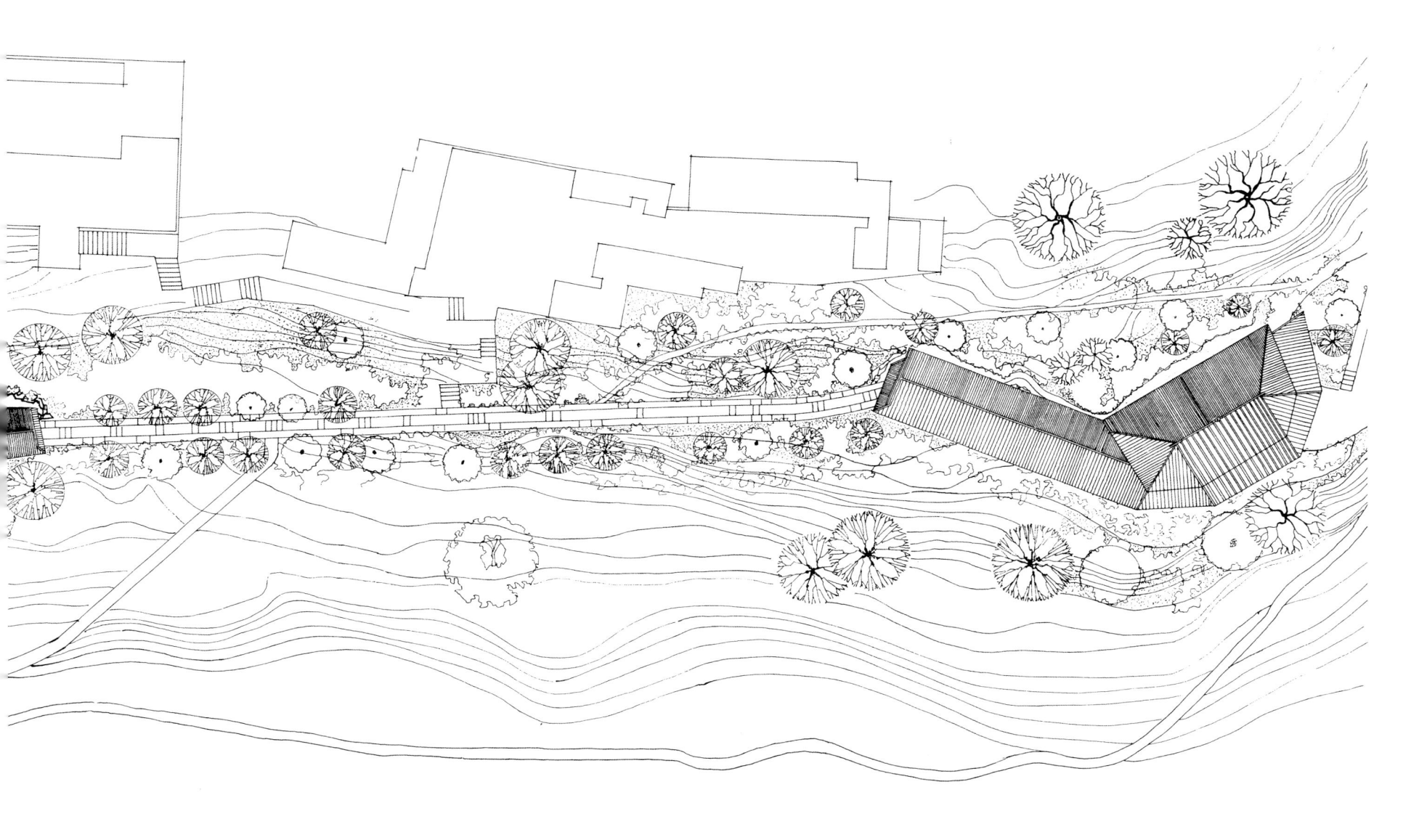

号[1]。1954年，四川省文物管理委员会第一调查组与大足县文物保管所共同对其调查，重新编号，最大号为290号。1982年，大足县文物保管所在1954年编号的基础上再次编定。此次编号除原编号外，仅增加了一些附号，且附号多为空龛，现用白石灰书写在相应龛窟中的编号即是此次编定的。此后，对个别新发现的造像，均以附号编列。几次编号的原则基本一致，即：以独立龛窟及碑刻铭记为编号单位，从南区南端起向北依位置顺序编列，多层并列的由上至下编定，空龛或新发现的造像，以最邻近的龛号为主号，其余则为附号。本次调查，遵循1982年编号，仅增加了部分附号。

南区石窟最大号为98号（本册书末插页一、插页二、插页四）。其最南端为一西向尖突岩体，岩体南壁及西壁造像和碑刻编为第1—3号。从第3号北侧开始，沿构造裂隙开凿出一个"U"形巷道，使其西侧的岩体脱离山体，形成一面积约45平方米的长条状的独立岩体。独立岩体南壁向西壁，编为第4—12号；"U"形巷道南壁经东壁至北壁，编为第13—35号；巷道西壁（独立岩体东壁）编为第36—44号；巷道北口南壁（独立岩体北壁）编为第45—48号。从"U"形巷道北口转至南区石窟北端崖壁，中间有四条竖向构造裂隙，将崖面分为五个部分。第一部分编为第49—67号；第二部分编为第68—80号；第三部分无造像，仅在壁前立"文物保护标志碑"；第四部分编为第81—88号；第五部分编为第89—98号。

在连接南北两区的石板道路中部崖壁底部，有两小龛造像，分别编为第99、100号。

北区石窟最大编号为290号（本册书末插页一、插页二、插页四）。为记述方便，按其分布特点，将其分为南段、中段、北段三个造像区域。从北区石窟南端，沿抬升地坪至地坪下降崖壁，为北区石窟南段。其偏南处一条构造裂隙将此段分为两部分，第一部分编为第101—104号，第二部分编为第105—123号。从第123号地坪下降处至前方竖向构造裂隙（处在同一地坪标高上）崖壁，为北区石窟中段，编为第124—145号。从此构造裂隙再至北区石窟北端崖壁，为北区石窟北段。其间因有五条大的竖向构造裂隙，故将此段分为六部分。第一部分编为第146—164号；第二部分编为第165—171号；第三部分编为第172—184号；第四部分编为第185—187号、第189—191号，以及第188、第192号；第五部分编为第193—280号；第六部分编为第281—290号。

上述崖壁上的竖向和横向构造裂隙，宽窄不一，现多以条石砌成排水沟。

第三节　前期保护维修与调查研究

一　保护维修

据现有遗迹判断，公元12世纪之后，北山佛湾石窟大规模的开凿已基本停滞。在其周围，至今也未发现宋代寺院建筑的遗迹[2]。元、明两代的状况，因缺乏史料记载，无从考察。至清嘉庆时，佛湾残碑断碣，湮于蔓草荒野中，叁有石磴古道，历年无人行，已十分凋敝[3]。民国时，佛湾石窟部分龛窟被堆积泥土掩埋。至民国末年，仍可见新出土的五代、宋初佛龛[4]。从佛湾岩体及龛窟中现存的一些凿孔，以及1945年"大足石刻考察团"所绘制的北山佛湾石窟部位图和考察团成员吴显齐所著《大足石刻考察团日记》看，部分龛窟前原建有建筑物遮护[5]（本册书末插页三）。

在历史上，北山佛湾石窟并未遭受重大人为和自然灾害的破坏。至今除个别龛窟早年崩残，部分造像因受风雨剥蚀，肢体局部残损及细部溃蚀外，大多保存较好。但因其岩体石质均属砂岩，雕像大多裸露崖面，历经千百年风雨侵蚀，风化日渐明显；加之岩体裂

1　考察团将北山佛湾所有龛像和碑刻通编为255号。据吴显齐《大足石刻考察团日记》和杨家骆《大足石刻图征初编序》（均载《民国重修大足县志》卷首），考察团完成部位图两种、石刻目录两种，但在考察团绘制的"大足龙岗唐宋石刻部位图"中未标注龛窟编号，仅在考察团日记中罗列了30号造像纪年明确为唐代、五代、宋代的碑刻和龛窟，其余龛窟的编号和定名未见刊布，其后考察者也未见采用此次考察团的编号。

2　与北山佛湾石窟隔沟相望的北塔坡上现存有三重寺院遗迹，包括柱础、墙基等。两地直线最短相距约1公里。《民国重修大足县志》卷一载："山顶有庙，曰北塔寺，清康熙四十四年建。"

3　《民国重修大足县志》卷一《清知县张澍游佛湾记》云："嘉庆已卯正月初五日，余卸篆无事，闻北山有佛湾，雕镂佛像，仪态俶傥，意或有残碑断碣，沈霾于蔓草荒湮，遂往寻焉。出北门二里所，路新危岩，有石磴古道，似历年无人行。"

4　林洙：《梁思成、林徽因与我》，清华大学出版社2004年版，第146页，载1939年梁思成所拍第279龛药师净土变，图片右下壁可见堆积泥土。吴显齐《大足石刻考察团日记》中说："里面有新出土的五代宋初的佛龛，完整如新。"载《民国重修大足县志》卷首。陈习删《大足石刻志略》中说："第125龛数珠手观音，1933年才出土。"见陈习删：《大足石刻志略》，1955年油印本，第65页。

5　"摄影的时候，因为千手观音、孔雀明王窟和观无量寿佛经变窟都藏在殿堂里，光线暗淡，不便工作，陈习删议长叫人暂时揭开屋瓦，拆掉窗上的木板，真是热心可佩。""这里的石窟，仅仅四个地方有瓦殿的建筑，内中有两处是住保管人的。"见吴显齐：《大足石刻考察团日记》，载《民国重修大足县志》卷首。

隙纵横交错，早年龛窟渗水失治，使部分龛窟雕像溃蚀严重，且这种不同程度的破损，至迟在民国之前就已存在[1]。

历史上，无北山佛湾石窟大规模培修情况的记载。对个别单龛单窟或造像的装绚也仅十余件铭文记载[2]，主要系世俗僧众为祈福所为，官府少有问津。

北山佛湾石窟大规模的保护工作始于20世纪50年代。1952年，大足县文物保管委员会成立，下设石刻保管所。当年西南军政委员会即拨专款1.2万元人民币，在窟檐外建长廊加以保护，此为北山佛湾石窟第一次大规模的修缮[3]。

1979—1980年，为便于北山佛湾石窟的保护管理，在距石窟约200—500米不等的外围修建高3米左右的围墙，全长约2000米。

对石窟本体而言，垮塌、渗水、风化是北山佛湾石窟主要存在的三大病害。为此有针对性地主要开展了以下保护工作：

1. 加固岩基、岩体及造像龛窟，以防垮塌。如1952年在修建北山佛湾石窟保护长廊的同时，对190米长的龛窟岩基进行了加固处理；1982年，对第3号毗沙门天王龛右壁、第10号释迦佛窟顶、第104号《赵懿简公神道碑》窟顶、第130号摩利支天女窟右壁窟口、第133号水月观音窟左壁窟门、第136号转轮经藏窟内的转轮藏、第149号如意轮观音窟顶、第155号孔雀明王窟顶、第168号罗汉窟右壁窟门、第176号弥勒下生经变相窟口及顶部、第177号泗州大圣窟右壁等，或用灌浆材料封护，或用钢筋混凝土支撑加固。

2. 龛窟防渗水治理。北山佛湾石窟北区后山原有2亩多的水田，称"佛岩田"，形成积水洼地，造成北区龛窟渗水不止。1952年，将水田放干，并沿南区、北区后坡开挖出深、宽各1米，共计长约130多米的排水土沟。1956年在南区、北区后坡以石板及条石砌筑水沟，长230米。1990年，沿南区、北区龛窟后部及长廊后檐修建排水沟，全长290米。在此基础上，1991年，完成自第104号至第155号龛窟顶后坡排水明渠工程。该地面为洼地，是一层厚约3—4米的含水土层，对下部龛窟危害甚大。工程分两条主渠和三条支渠[4]，基本解决了石窟后坡地表水的排泄问题。同年，为导出北区中部龛窟后壁地下水，在对北山佛湾石窟进行全面地质勘察的基础上，经过多种方案的比较，制订并实施了"北山隧洞排水工程"[5]。此工程实施后，经长期观察，效果较好。

从20世纪50年代开始，还对单龛单窟进行渗水治理。如1974年，以堵填之法，取走北区第136号转轮经藏窟顶泥土，用水泥堵填表面渗水裂隙治水，但渗水问题未得到根治。1982年，对转轮经藏窟渗水裂隙作化学材料灌浆处理，并在后距该窟50米处开凿出30余米深的深井，以导排地下水；同时，还对第149、155、176、177号龛窟作防渗处理，使北区石窟防渗功能不断改善[6]。

3. 防风化保护。20世纪80年代，采用有机硅化学封护材料，对北山佛湾第12号龛作表面加固封护保护实验。经过监测观察，效果较好。1996年，又用同样材料对第103、104、137号等碑刻及阴刻图作防风化保护处理。

此外，自20世纪50年代以来，还不断进行环境整治工作。如1979—1980年，建北山佛湾南、北门，铺砌从石窟南端过南门、望城坡至北山南麓，以及从石窟北端至北门的石梯大道。1997年下半年至1998年上半年，将石窟围墙西段、北段一带原农房全部拆除改为绿地，且在围墙西段中部新建大门，并相应对环境进行整治。

北山佛湾石窟区的林木在1977年前曾受到不同程度的破坏，几无树木，十分荒凉。1978年后，成立专业绿化队不断进行植树造林，今已绿树成荫。

二 调查研究

北山佛湾石窟最早的记载出现在地理类著作中。成书于南宋中期的《舆地纪胜》收录了《唐韦君靖碑》《吴季子墓碑》《高祖大风歌碑》《古文孝经碑》《画维摩石碑》等碑目。其中对北山造像亦有提及："画维摩石碑，绍兴间北山刻云：郡之惠因寺藏殿壁阴，有水墨画文殊诣维摩问疾一堵，意全相妙，合经所说，恐浸漫灭，故石刻于此"[7]。明代曹学佺《蜀中广记》卷十七记载："北岩，在治北

---

[1] 吴显齐：《大足石刻考察团日记》："佛湾石刻纯用红色砂岩作材料，龛窟凿在岩上，大部分没有建筑物保护，时长日久，受水的化学作用、和风雨、气温、有机物的机械作用，已呈销蚀的趋势；加以人为的劫厄，造像和题记、碑图等，大半残毁。"载《民国重修大足县志》卷首。
[2] 重庆大足石刻艺术博物馆编：《大足石刻铭文录》第一编《尖山子、圣水寺、北山石窟》，重庆出版社1999年版，第72—75页。
[3] 该工程于1952年6月兴工，次年7月竣工。参见邓之金：《大足石刻维修工程四十年回顾》，《四川文物》1994年第2期；另见本报告集第十一卷《附录及索引》附录一《大足石刻年表》。
[4] 两条主渠全长50.80米，断面深2.50米，上宽4米，下宽1米；三条支渠全长37.60米，上宽2米，下宽0.50—1米，深1—1.5米。
[5] 该工程的主要内容是：在距第136号窟后壁6米，距第155号窟5米处，开凿了一条南北向的排水主隧洞，并分别在第124、145、163号窟前方，开挖3条支洞为出入口。隧洞全长157米，断面高2.5米，宽1.5米。隧洞内的排水沟底最高点，低于石窟地面40厘米，凡隧洞两侧泥岩层均用砂岩条石补砌。顶为圆弧形，为充分扩大排水面，在隧洞顶部打放射孔170个，孔径42厘米。洞内安装照明设备，三个出入口均安装了铁栅栏门。
[6] 分别参见贾瑞广：《北山石窟治水工程技术总结报告》，载重庆大足石刻艺术博物馆：《大足石刻研究文集》（2），重庆出版社1997年版，第547—553页；蒋思维、谢本立：《大足北山石窟的水害和治理》，《工程勘察》1995年第6期；邓之金：《大足石刻维修工程四十年回顾》，《四川文物》1994年第2期。
[7] 《舆地纪胜》卷一百六十一，中华书局1992年影印本，第4375—4376页。

三里，唐韦君靖建寨其上，曰永昌。有石刻，沿岩皆浮图像"，除引用《舆地纪胜》收载的碑目外，还首次录写了《韦君靖碑》的部分碑文。清代关于北山佛湾石窟的记载主要见于嘉庆、道光、光绪三部《大足县志》和相关金石学著作中。嘉庆《大足县志》首次对北山佛湾石窟作了较为详尽的记载："北山在县北三里，直列如长几，山尾盘绕，而西连龙岗山。崖岩悉镌佛像，千仪万态，巧妙寡俦。"[1]该书不仅收录部分题记录文，还收入了张澍所撰写的大足北山佛湾石窟调查游记、考据文章、诗词等。其后道光、光绪《大足县志》所载几乎与前志无大异。这一时期的金石学著作，当以现藏于西安碑林博物馆的张澍《大足金石录》为代表。该书收录的北山碑刻题记，包括第一篇《唐昌州刺史韦君靖碑》、第三篇《刊刻冯大学施钱造塔记》、第二十一至二十七篇摩崖题记、第三十四篇《西域坐化禅师纪事》[2]。此外，刘喜海《金石苑》和陆耀遹《金石续编》等亦收录部分北山佛湾石窟的碑刻题记[3]，如《宋赵懿简公神道碑》《唐韦君靖碑》《蜀种审能造地藏菩萨龛记》等。

20世纪30年代，近代学者开始对北山佛湾石窟展开更加深入的调查。1935年3月，《东方杂志》第32卷第5号刊刘蕴华摄"四川大足之古代雕刻"照片8张，并作说明："日人大村西崖所著《中国美术史》中，数称大足北山有唐宋以来之摩崖佛像。其实，该县唐宋石刻颇多，不仅北山一所。……兹选摄北山、宝顶山二处石像之一部于此，以供考古家、艺术家之察考。"

1940年1月，梁思成、刘敦桢等中国营造学社古建调查组成员对北山佛湾石窟等进行调查，拍摄了大量照片。大足耆儒陈习删在所撰《民国重修大足县志》卷一"山脉（附古迹）"之下立"北山"条目，收录碑文题记颇丰[4]。1945年4月，杨家骆组织的大足石刻考察团于北山用时4天半[5]，对北山佛湾石窟及多宝塔进行了详细调查，开展了"编定窟号，鉴定窟名，统计碑像数，并丈量窟像尺寸"等工作[6]。其主要成果如马衡《大足石刻古文孝经校释》、傅振伦《大足南北山石刻之体范》、吴显齐《大足石刻考察团日记》等，均载于《民国重修大足县志》卷首《大足石刻图征初编》。此外，杨家骆还撰写了《大足龙岗区石刻记略》，介绍北山佛湾石窟："计窟凡二百五十五号，内有碑二，摩崖四，图一，石经一，经幢四，立体造像三千六百六十四躯，附见之题记亦多"[7]。

20世纪50年代至60年代初，北山佛湾石窟的调查研究最重要的成果有五项。一是1954年6月，四川省文管会第一调查组与大足县文管所联合组成的"大足县文物调查小组"对北山佛湾石窟进行调查，将其编定为290号，成为此后历次编号的基础。在其汇编的《大足县文物调查小结》中，还逐龛记载了北山佛湾石窟的基本情况。二是1955年大足县人民政府油印刊发的陈习删撰著的《大足石刻志略》中，除在第二章下单列"佛湾"收录造像、碑刻题记外，还分门别类、旁征博引，对北山佛湾石窟进行了深入的研究。三是1956年11月，中国美术家协会组织的"四川石刻考察团"12位成员从艺术的角度对北山佛湾进行考察，其后发表《大足等地古代雕刻给我们的启发》等文章[8]。四是1962年1月至2月，北京大学考古系阎文儒教授率中国佛教协会石窟调查组一行6人实地考察龙岗山（北山）石窟，除逐龛考识辨析其内容外，还对部分重点龛窟作了测绘、拍照，事毕撰成《大足龙岗山石窟》考察文稿[9]。五是1962年，四川美术学院雕塑系李巳生主持编撰的八开本《大足石刻》大型图录由朝花美术出版社出版，作为大足石刻研究史上第一本大型图录，其中公布了大量北山佛湾石窟的图片。此外，这一时期，两位日本学者还据《韦君靖碑》对唐末东川的历史进行考察[10]；辜其一则对北山佛湾第245龛中的建筑图像作了研究[11]。

20世纪60年代中期至70年代末，北山佛湾石窟的调查研究基本停滞。20世纪80年代初至90年代末，北山佛湾石窟的调查工作更加深入。1982年，浙江工艺美术学会传统雕刻考察小组从工艺美术的角度对北山佛湾石窟作了短暂考察，并发表了考察报告[12]。1985年出版的《大足石刻内容总录》[13]，从名称、时代、形制、内容、石质等五个方面，对北山佛湾290号龛窟、碑刻、题记等，首次作了全面刊布。1994年，重庆大足石刻艺术博物馆组成的铭文搜集课题组，对包括佛湾在内的北山石窟铭文进行调查，捶拓碑刻、题

1　（清）张澍、赵时、王松修纂：《大足县志》卷一"舆地·山川"，卷三"祠祀志·寺观"，第3、216页。
2　张安兴、张彦：《西安碑林博物馆藏张澍〈大足金石录〉考释》，大足石刻研究院编：《2014年大足学国际学术研讨会论文集》，重庆出版社2016年版，第491—499页。
3　（清）刘喜海：《金石苑》，道光丙午来凤堂本。（清）陆耀遹：《金石续编》，清同治十三年毗陵双白燕堂刊本。
4　陈习删等修纂：《民国重修大足县志》卷一"舆地志·山脉（附古迹）"，中国学典馆北泉分馆印刷，中华民国三十四年。
5　考察团于4月28日、4月29日、5月2日（部分成员）、5月3日下午、5月4日考察北山佛湾及多宝塔。见吴显齐：《大足石刻考察团日记》，载《民国重修大足县志》卷首。
6　杨家骆：《大足龙岗区石刻记略》，《文物周刊》第20期，1947年。
7　同前引。
8　孙善宽、林家长：《大足等地古代雕刻给我们的启发》，《美术》1957年第7期。
9　文稿及考察时的照片均存中国佛教协会，1978年初陈明光、王庆煜赴北京抄出手稿刻印，1986年经阎先生再次整理后，刊载《四川文物》1986年石刻研究专辑。
10　[日]栗原益男：《论唐末土豪的地方势力——四川韦君靖的情况》，《历史学研究》第243号，1960年7月。[日]日野开三郎：《唐"韦君靖碑"中应管诸镇寨节级的一点考察》，《和田博士古稀纪念东洋史论丛》，讲谈社，1961年。
11　辜其一：《四川唐代摩崖中反映的建筑形式》，《文物》1961年第11期。
12　浙江省工艺美术学会传统雕刻考察小组：《四川大足石刻艺术考察报告》，《浙江工艺美术》1983年第1期。
13　四川省社会科学院、四川省大足县政协、大足县文物保管所、大足石刻研究学会编，四川省社会科学院出版社1985年版。

记206方，拓片347张，其后全面整理为106则，编入《大足石刻铭文录》第一编，并附拓片53幅[1]。1999年出版的《大足石刻雕塑全集·北山石窟卷》刊布北山佛湾石窟图片162张[2]，成为此期最重要的图录类著作。

历史进入到21世纪，涉及北山佛湾石窟的调查主要有三项：一是2000—2002年，重庆大足石刻艺术博物馆组成的《大足石刻内容总录》课题组对北山佛湾石窟进行调查，所形成的调查资料[3]，后于2004年作为全国重点文物保护单位北山石窟的记录档案备案存档。二是2003年，"大足北山石窟考古学研究"分别申报"重庆市哲学社会科学重点科研课题"及"2003年度全国文物保护科学和技术科研课题"，相继被批准立项，并于此后开展了大量工作[4]。三是2004年10月下旬至11月初，北京大学马世长教授所率"大足石刻考察团"成员对北山佛湾石窟进行了重点考察，并在2005年召开的"中国重庆大足石刻国际学术研讨会"上发表了一批重要成果[5]。除上述外，还刊布了部分考古调查新发现[6]。

20世纪80年代以来，北山佛湾石窟的专题研究成果丰硕。在分期断代方面，除此前阎文儒的《大足龙岗山石窟》外[7]，《试论大足北山五代造像》也以纪年题记为划分依据[8]，并于其后讨论窟龛形制、题材内容、艺术风格等。而《大足北山佛湾石窟的分期》则采用石窟寺考古分期的方法[9]，通过对造像组合、题材内容、窟龛形制、艺术风格、所处位置等方面的综合分析，划分其发展阶段，并根据纪年题记判断各个阶段的绝对年代。在碑刻题记方面，很多学者围绕《唐韦君靖碑》，或注释、校补碑文[10]，或对碑文中记载的人名、地名、身份进行考释[11]，或通过碑文与历史文献的相互印证来考察唐末东川的历史人物和事件[12]，从比较宽泛的历史学研究集中到政治史，尤其是韦君靖控制东川之后的机构架设和职官配置方面[13]。另有学者聚焦《赵懿简公神道碑》上石年代，以及转刻于北山佛湾的原因[14]，并以文史资料和历代拓片补正《赵懿简公神道碑》[15]。舒大刚先生则校订了《古文孝经碑》并考察其重要价值[16]。还有学者在收录北山造像题记的基础上，论及纪年龛像、供养人身份、供养目的等[17]，并结合历史文献对有关镌匠情况进行具体的考察研究[18]。在造像题材研究方面，大多集中在对北山佛湾石窟某类造像题材的全面搜集和整理，并在此基础上参照经典对其特征、组合等进行分析和梳理，考察其相关信仰及其背后的社会历史因素，在空间维度上与其他地区同类造像进行比较，在时间维度上探讨其来源与流

---

[1] 重庆大足石刻艺术博物馆编：《大足石刻铭文录·编后记》，重庆出版社1999年版，第483页。
[2] 黎方银主编：《大足石刻雕塑全集·北山石窟卷》，重庆出版社1999年版。
[3] 未出版刊行，调查资料现存大足石刻研究院资料室。
[4] 该课题申报时以重庆大足石刻艺术博物馆研究馆员黎方银为组长，成员有副研究馆员郭兴建、刘贤高等，后郭兴建因工作调动未参加，且该课题其后并入"大足石刻考古学研究"课题一并进行。
[5] 如马世长《大足佛湾176与177窟——一个奇特题材组合的案例》、王惠民《北山245窟的图像与源流》、姚崇新《对大足北山晚唐五代千手千眼观音造像的初步考察》、李志荣《大足北山佛湾245龛观无量寿佛经变相石刻建筑的调查》等，主要考研究成果刊于重庆大足石刻艺术博物馆：《2005年重庆大足石刻国际学术研讨会论文集》，文物出版社2007年版。
[6] 温玉成、张雪芬：《大足北山石窟考察的新收获》，大足石刻研究院编：《2009年中国重庆大足石刻国际学术研讨会论文集》，重庆出版社2013年版，第83—90页。黄能迁、刘贤高、邓启兵：《大足北山佛湾石窟考古调查新收获》，大足石刻研究院编：《大足学刊》第一辑，重庆出版社2016年版，第1—23页。
[7] 阎文儒：《大足龙岗山石窟》，《四川文物》1986年石刻研究专辑。
[8] 刘笑平、尹建华：《试论大足北山五代造像》，《四川文物》1992年第4期。
[9] 黎方银、王熙祥：《大足北山佛湾石窟的分期》，《文物》1988年第8期。
[10] 陈明光：《唐〈韦君靖碑〉校补》，重庆大足石刻艺术博物馆编：《大足石刻研究文集》（2），重庆出版社1997年版，第351—368页；刘蜀仪：《〈韦君靖碑〉注》，重庆大足石刻研究会、重庆大足石刻艺术博物馆等编：《大足石刻研究文选》，中共四川省委第二党校印刷厂1995年印制，第149—162页。
[11] 刘蜀仪、张划：《有关〈韦君靖碑〉中的几个疑点浅析》，《四川文物》1986年第1期；陈汝宽：《韦君靖名讳辨证》，《四川文物》1991年第2期；陈灼：《北山石刻〈韦君靖碑〉"颍川"辨》，《四川文物》1999年第2期；龙腾：《大足北山石刻〈韦君靖碑〉"颍川""河内"辨》，《四川文物》2000年第5期；王滔韬、雷娟：《大足石刻〈韦君靖碑〉题名研究》，《重庆交通大学学报（社会科学版）》2006年第1期；陈明光：《唐韦君靖"节度使"辨证——与〈大足石刻韦君靖碑题名研究〉作者商讨》，《重庆交通大学学报（社会科学版）》2007年第3期；王滔韬、雷娟：《再论韦君靖并非"静南军节度使"——与大足石刻研究会陈明光先生商榷》，《重庆交通大学学报（社会科学版）》2008年第6期。
[12] 刘豫川：《"韦君靖碑"与唐代昌州的历史地理问题》，《大足石刻研究通讯》1986年第3期；龙腾：《大足唐代韦君靖摩崖碑探讨》，《四川文物》1996年第3期；王家祐、徐学书：《〈韦君靖碑〉与韦君靖史事考述》，《四川文物》2003年第5期。
[13] 胡道修：《从〈韦君靖碑〉将校题名看唐末巴渝地区州县的镇寨化、军队的家族化和韦君靖的主要控制区域》，重庆大足石刻艺术博物馆等编：《大足石刻研究文集》（3），中国文联出版社2002年版，第224—232页；唐志工：《韦君靖碑反映的晚唐地方行政机构与职官》，《唐史论丛》第十二辑，三秦出版社，2009年。
[14] 虞云国：《大足〈赵懿简公神道碑〉考》，重庆大足石刻艺术博物馆等编：《大足石刻研究文集》（2），重庆出版社1997年版，第386—395页；陈明光：《大足"懿简公神道碑"考略》，《考古与文物》1986年第4期。
[15] 邓之金：《宋〈赵懿简公神道碑〉校补》，重庆大足石刻艺术博物馆等编：《大足石刻研究文集》（5），重庆出版社2005年版，第314—317页；胡昌健：《关于〈宋赵懿简公神道碑〉拓本的鉴定》，大足石刻研究院编：《2014年大足学国际学术研讨会论文集》，重庆出版社2016年版，第482—490页。
[16] 舒大刚：《范祖禹书大足石刻〈古文孝经〉校定》，《宋代文化研究》第十一辑，2002年；舒大刚：《试论大足石刻范祖禹书〈古文孝经〉的重要价值》，《四川大学学报（哲学社会科学版）》2003年第1期。
[17] 黎方银：《大足北山石窟供养人题记》，重庆大足石刻艺术博物馆编：《大足石刻研究文集》（2），重庆出版社1997年版，第308—350页。
[18] 邓之金：《简述镌造大足石刻的工匠师》，重庆大足石刻艺术博物馆编：《大足石刻研究文集》（2），重庆出版社1997年版，第423—428页；张划：《大足宋代石刻镌匠考述》，重庆大足石刻艺术博物馆等编：《大足石刻研究文集》（2），重庆出版社1997年版，第411—422页。

变。如对北山佛湾石窟中的维摩问疾图[1]、文殊[2]、地藏[3]、万回[4]、药师变[5]、地狱变[6]、净土变[7]、毗沙门天王[8]、不空羂索观音[9]、摩利支天女[10]、龙树菩萨[11]、复数大悲观音[12]、千手千眼观音[13]、玉印观音等[14]，或作为专题，或被用作重要例证加以考察研究。此外，在建筑[15]、军事[16]、乐器[17]等多方面也有涉及。北山佛湾石窟一些比较独特的题材和组合，也催生了个案研究的兴起。如第136窟转轮经藏[18]，第51龛三世佛、十二光佛和天龙八部[19]，第176和177窟的组合[20]，第245窟两种净土变的组合[21]，第288、290龛林俊碑像[22]，第254龛十王造像[23]，第279、281龛药师与地藏组合[24]等。在艺术研究方面，部分学者对北山佛湾石窟的艺术风格[25]、窟形[26]、晚唐造像的样式[27]、样式来源[28]、头冠装饰纹样[29]等进行分析探讨。

第四节　本卷报告内容、体例规范与编写经过

一　报告内容

本报告集根据北山佛湾石窟分区、分段及报告体量等情况，将北山佛湾石窟分为三卷，第一卷介绍第1—100号龛窟，第二卷介绍第101—192号龛窟，第三卷介绍第193—290号龛窟（本册书末插页五）。除每卷每章设小结外，第三卷第六章另专设北山佛湾石窟

1　曹丹：《一幅名画到石刻艺术——谈大足北山〈维摩问疾图〉》，《文史杂志》1987年第6期；胡文和：《四川摩崖造像中的"维摩变"》，《考古》1988年第6期；李小强：《关于大足北山石刻〈维摩变〉作者之浅见》，《文史杂志》2014年第5期；米德昉：《大足北山宋刻〈维摩诘经变〉及其相关问题考察》，《中国国家博物馆刊》2015年第3期。

2　孙修身：《四川地区文殊菩萨信仰述论》，《敦煌研究》1997年第4期。

3　胡良学、蒋德才：《大足石刻的地藏造像初识》，《四川文物》1997年第2期；王玲娟、邓新航、龙红：《大足石刻北山地藏组合造像管窥》，《南京艺术学院学报（美术与设计版）》2014年第1期。

4　罗世平：《四川石窟现存的两尊万回像》，《文物》1998年第6期。

5　胡文和：《四川摩崖造像中的〈药师变〉和〈药师经变〉》，《文博》1988年第2期。

6　胡文和：《论地狱变相图》，《四川文物》1988年第2期。

7　胡文和：《四川唐代摩崖造像中的"西方净土变"》，《四川文物》1989年第1期。

8　黎方银：《四川及大足石刻毗沙门天王像研究——大足密教造像研究之一》，重庆大足石刻艺术博物馆等编：《大足石刻研究文集》（5），重庆出版社2005年版，第82—93页；[日] 北进一：《四川石窟中的毗沙门天王诸相——以邛崃石笋山石窟第28号龛和大足北山石窟佛湾第5号龛为中心》，《表现学部纪要》2002年第3号，第111—131页。

9　黎方银：《大足石刻不空羂索观音像研究——大足密教造像研究之二》，重庆大足石刻艺术博物馆等编：《大足石刻研究文集》（5），重庆出版社2005年版，第94—103页。

10　陈玉女：《大足石刻北山摩利支天女像的雕凿时局》，重庆大足石刻艺术博物馆编：《2005年重庆大足石刻国际学术研讨会论文集》，文物出版社2007年版，第23—36页；邹建林：《多维语境中的护女神——从后期演变看大足北山石刻中的摩利支造像》，大足石刻研究院编：《2009年中国重庆大足石刻国际学术研讨会论文集》，重庆出版社2013年版，第280—300页。

11　李小强：《重庆大足北山多宝塔龙树菩萨造像初探》，《长江文明》2008年第2期。

12　颜娟英：《大足石窟宋代复数大悲观音像初探》，重庆大足石刻艺术博物馆编：《2005年重庆大足石刻国际学术研讨会论文集》，文物出版社2007年版，第434—448页。

13　姚崇新：《对大足北山晚唐五代千手千眼观音造像的初步考察》，重庆大足石刻艺术博物馆编：《2005年重庆大足石刻国际学术研讨会论文集》，文物出版社2007年版，第449—468页。

14　Tom Suchan: A Re-examination of the Iconographic Identities of the Seal-bearing Bodhisattvas of Beishan, Dazu，大足石刻研究院编：《2009年中国重庆大足石刻国际学术研讨会论文集》，重庆出版社2013年版，第200—240页；Henrik H. Sorensen: The Talismanic Seal Incorporated: A Discussion of Seal-Bearing Bodhisattvas in Chinese Esoteric Buddhism with Special Reference to the Buddhist Sculptures in Dazu，大足石刻研究院编：《2009年中国重庆大足石刻国际学术研讨会论文集》，重庆出版社2013年版，第241—258页；王天祥：《大足石刻观音造像考察：以北山佛湾为中心》，《美术观察》2009年第8期。

15　李显文：《大足北山佛湾摩崖造像第245窟中反映的唐代建筑及结构》，《四川文物》1986年石刻研究专辑；李志荣：《大足北山佛湾第245龛观无量寿佛经变相石刻建筑的调查》，重庆大足石刻艺术博物馆编：《2005年大足石刻国际学术研讨会论文集》，文物出版社2007年版，第58—75页。

16　宋朗秋：《大足石刻北山佛湾石窟艺术中有关古代军事问题的初探》，麦积山石窟艺术研究所编：《石窟艺术》，陕西人民出版社1990年版，第100—103页。

17　秦方瑜：《北山石刻乐器考略》，《大足石刻研究通讯》1986年第3期。

18　胡良学：《大足北山佛湾石窟转轮经藏窟之管见》，《中华文化论坛》2001年第1期。

19　李小强：《大足北山石刻第51号龛探析》，《敦煌研究》2006年第2期；李小强、邓启兵：《大足北山石刻第51号龛天龙八部造像论略》，《重庆历史与文化》2008年第2期。

20　马世长：《大足北山佛湾176与177窟——一个奇特题材组合的案例》，重庆大足石刻艺术博物馆编：《2005年重庆大足石刻国际学术研讨会论文集》，文物出版社2007年版，第1—22页；王天祥、李琦：《也论大足北山176与177窟：一个独特题材组合的案例——以"妇人启门图"为中心》，《民族艺术》2008年第4期。

21　王慧民：《北山245窟的图像与源流》，重庆大足石刻艺术博物馆编：《2005年重庆大足石刻国际学术研讨会论文集》，文物出版社2007年版，第37—57页。

22　方珂：《大足石刻北山288号、290号龛林俊像与碑文研究》，《文物世界》2010年第6期。

23　李小强：《大足北山石刻第254号造像题材探析——兼及大足五代十王造像的相关问题》，《敦煌研究》2011年第4期。

24　姚崇新：《药师与地藏——以大足北山佛湾279、281号龛造像为中心》，大足石刻研究院编：《2009年中国重庆大足石刻国际学术研讨会论文集》，重庆出版社2013年版，第259—279页。

25　郭相颖：《试谈大足北山"心神车窟"的艺术特色》，刘长久、胡文和、李永翘编：《大足石刻研究》，四川省社会科学院出版社1985年版，第136—138页。

26　董广强：《大足石刻北山窟形探源》，重庆大足石刻艺术博物馆编：《大足石刻研究文集》（5），重庆出版社2005年版，第318—322页。

27　[韩]崔圣银：《对大足石刻北山晚唐雕刻的考察》，重庆大足石刻艺术博物馆编：《2005年重庆大足石刻国际学术研讨会论文集》，文物出版社2007年版，第76—87页。

28　金申：《大足北山第12号、第176号龛造像佛座所反映的印度影响》，敦煌研究院编：《段文杰敦煌研究五十年纪念文集》，世界图书出版公司北京公司1996年版，第180—184页。

29　杨乐、马健：《大足石刻北山"转轮经藏窟"中的头冠装饰图形分析》，《艺术与设计》2014年第4期。

结语，对北山佛湾石窟开凿情况、题材内容、造像特征、妆绘遗迹等作了整体介绍，并于该卷末附《北山佛湾石窟造像一览表》。

本卷报告所涉龛像包括第1—100号龛，以及第3-1、9-1、9-2、55-1、70-1号等5个附号龛，共计105龛。除第99、100号龛位于佛湾南北两区之间的空隙地段中部崖壁上外，其余均位于佛湾南区。

佛湾南区最南端为一向西凸出的狭长岩体。其中，第1、2号龛位其南向壁面，第3号龛、第3-1号龛位其西向壁面。从第3号龛北侧开始，沿构造裂隙开凿出一个"U"形巷道（图版Ⅰ：15、图版Ⅰ：16），宽约1—2.5米，两端（北口与南口）与佛湾长廊地坪之间以石梯相连（图版Ⅰ：17、图版Ⅰ：18）；巷道的开凿使西侧的岩体脱离山体，形成一面积约45平方米的长条状的独立岩体。其中，第4、5号龛位于独立岩体的南向壁面，第6—12号龛及第9-1、9-2号龛位于独立岩体西向壁面，第36—44号龛位于独立岩体东向壁面（巷道西壁），第45—48号龛位于独立岩体北向壁面（巷道北口南壁）；第13—35号龛位于巷道东壁及北壁（本册书末插页一、插页二）。

从巷道北口转至南区石窟北端崖壁，中间有四条竖向构造裂隙，将崖面分为五个部分。其中，第49—67号龛，以及第55-1号龛位于第一部分崖面；第68—80号龛，以及第70-1号龛位于第二部分崖面；第三部分崖面无造像；第81—88号龛位于第四部分崖面；第89—98号龛位于第五部分崖面。

根据上述龛像设置、开凿和分布情况，本卷报告所涉105个龛窟由南至北可依次划分为七组：第一组包括第1—12号，以及第3-1、9-1、9-2号3个附号，共15号；第二组包括第13—29号，共17号；第三组包括第30—35号，共6号；第四组包括第36—48号，共13号；第五组包括第49—67号，以及第55-1号，共20号；第六组包括第68—80号，以及第70-1号，共14号；第七组包括第81—98号和第99、100号，共20号（图10）。

二　体例规范

（一）编写体例

根据以上分组情况，本卷报告共分为八章：第一章为概述，主要介绍北山佛湾石窟及保护管理、考察研究的概况，以及本卷报告的内容、体例规范与编写经过；第二章介绍第1—12号、第3-1、9-1、9-2号；第三章介绍第13—29号；第四章介绍第30—35号；第五章介绍第36—48号；第六章介绍第49—67号、第55-1号；第七章介绍第68—80号、第70-1号；第八章介绍第81—100号。

本卷报告分为上下两册，上册主要包括报告文本、测绘图、示意图等；下册主要包括造像、铭文及拓片等摄影图版。

（二）报告文本

章节　报告文本除第一章概述外，各章按编号单独设节。每节依次介绍龛窟位置、形制、造像、铭文、晚期遗迹等五项基本内容。章末设小结，简要讨论分析本章龛窟的形制、年代、造像题材和晚期遗迹等。

编号　本卷报告以1982年大足县文物保管所的编号为依据，与1985年出版的《大足石刻内容总录》一致[1]。其后及在本次调查中发现的龛窟，以邻近龛窟号为主号，新增龛窟为附号。例：第3-1、9-1号等。

位置　崖壁、龛窟、造像及铭文等方位，均以其本身背向、左右定位。龛窟具体位置，先结合上一龛窟总体定位，再记述其四至状况。例：第8号龛，位于第7号龛下方。左距南向壁面第5号龛23厘米，右距第9号龛25厘米；上距第7号龛约30厘米，下距长廊地坪42厘米。

形制　通过对北山佛湾石窟龛窟形制的观察和归纳，本卷报告对一个完整的龛窟在形制结构上先总体表述其龛窟型，再分述龛窟口（包括龛窟沿、平整面、三角形斜撑）、龛窟底、龛窟壁、龛窟顶等（图11、图12）。其中，龛窟型是指龛窟外立面的总体形状，如方形龛、圆拱龛、尖拱龛、屋形龛、帐幔龛、人字顶龛等；龛窟口是指沿自然岩面向内凿进后，在龛窟外部形成的凿口，它与双层龛窟的外龛窟存在某种差别；平整面是指龛窟口至龛窟壁之间的凿面；三角形斜撑结构是指方形龛龛窟口左右上角的类似三角形托木的结构。记述中，将开凿深度大致在两米以上者称为窟，其余均称为龛。之所以提出并界定这些形制结构上的专门用语，是为统一北山佛湾石窟或大足其他石窟考古调查中涉及形制描述方面的称谓用语，以利调查和记述的方便。

---

[1]　《大足石刻内容总录》由四川省社会科学院、四川省大足县政协、大足县文物保管所、大足石刻研究学会组织编撰，李永翘、胡文和执笔，四川省社会科学院出版社1985年出版。鉴于本卷报告中多次提及此书，故在正文中均简称1985年《大足石刻内容总录》，不再一一注明出处。

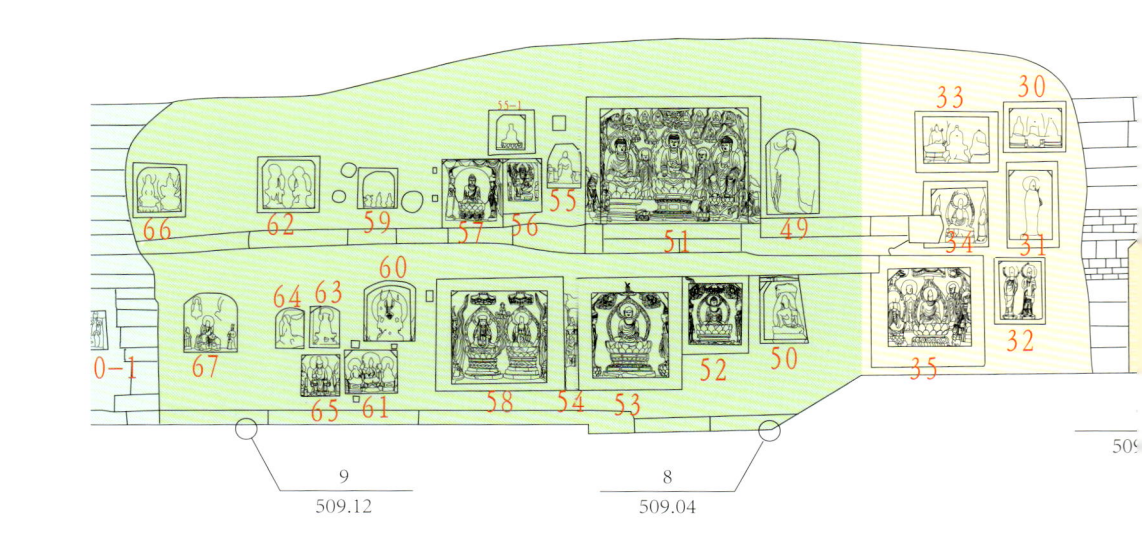

图10　北山佛湾第1—100号分组图

第 二 组　　　　　　　　　　　　　　第 一 组

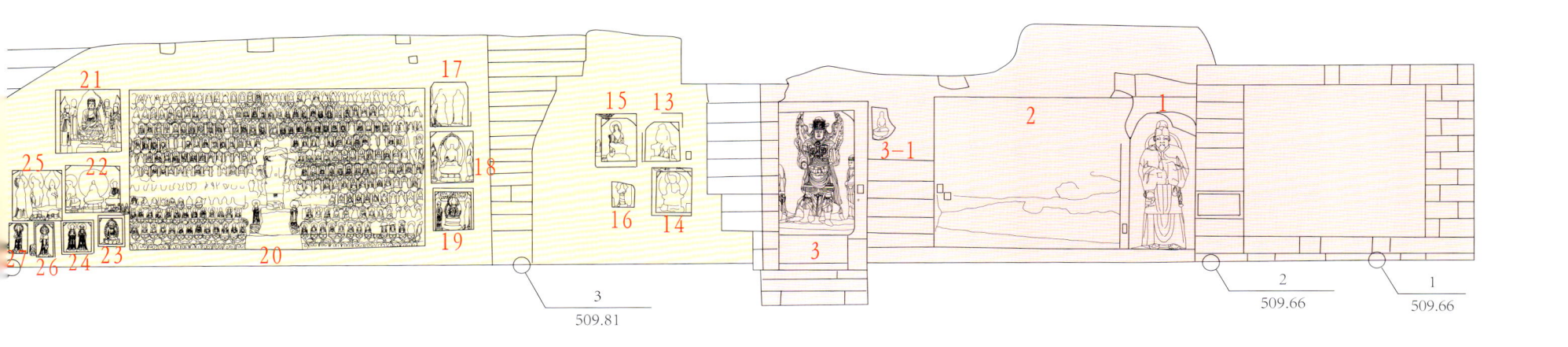

第 七 组　　　　　　　　　　　　　　第 六 组

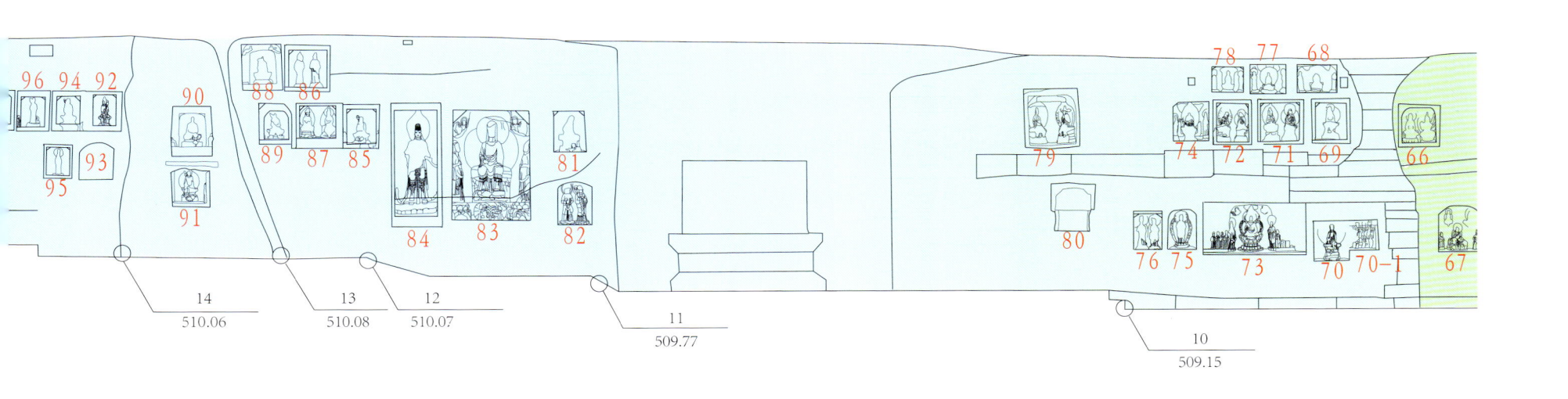

第 一 组　　　　　　　　　　　　　　第 四 组

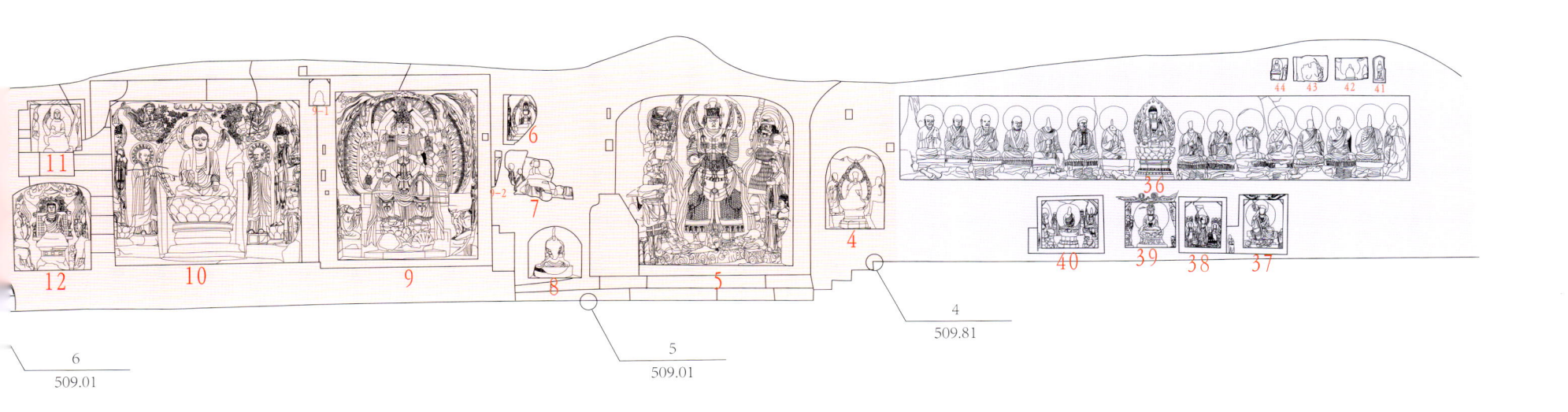

第一章 概述

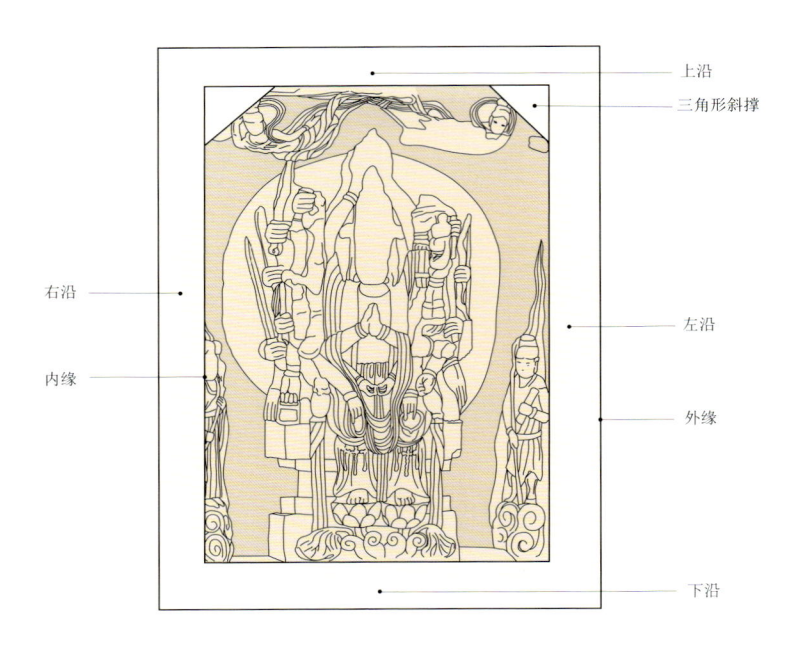

图 11　北山佛湾石窟龛窟外立面示意图

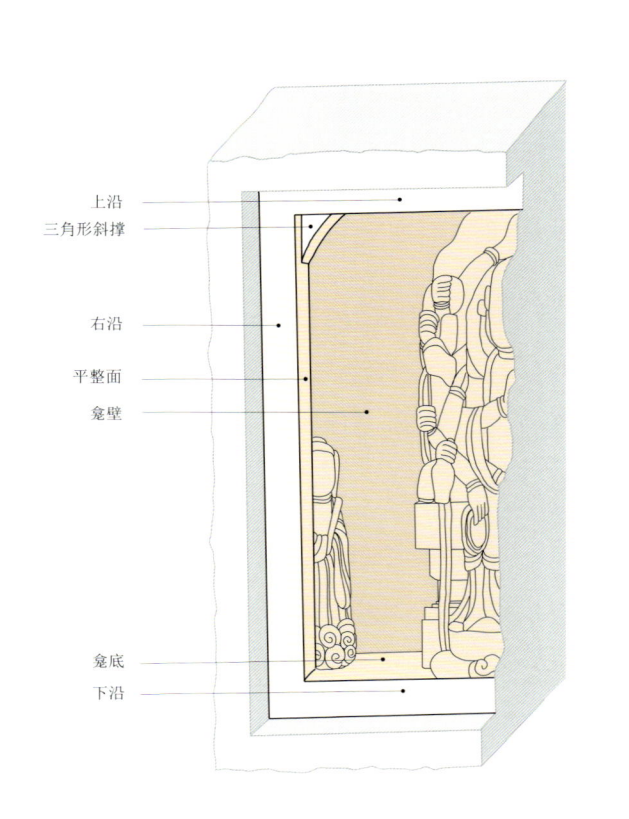

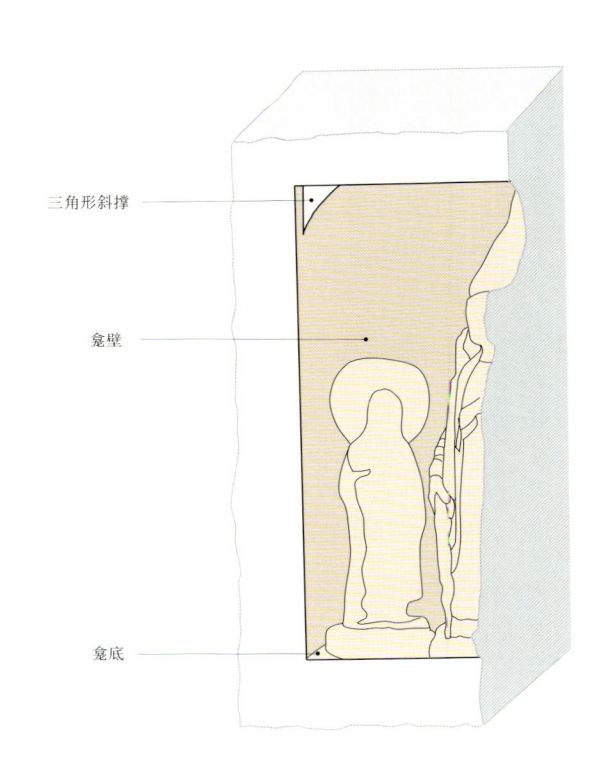

图 12　北山佛湾石窟龛窟结构形制部位名称示意图

造像　一般情况下，按造像位置，从正壁、侧壁、顶部至龛窟外的顺序依次叙述。对于造像较多需编号者，除个别外，大多按从上至下、从左至右或从内至外的原则记述。对于每身造像的详细介绍，除特例外，均以体量、头部（头光、背光、发式、冠式）、面部、胸饰、衣饰、手姿、身姿、座台等为序记述。

造像具体尺寸，均为可见或残毁后可辨识的部分。坐式造像的量度数据主要有坐像高、头长、肩宽、胸厚等。坐像高是自造像座台的台面至头顶、发髻顶部或冠顶的高度，不含座台和下垂的腿部；头长是自下颔底部至头顶、发髻顶部或冠顶的高度；肩宽是双肩水平向最大宽度；胸厚是指后背与前胸之间的最大厚度。立式造像的量度数据主要有通高、头长、肩宽、胸厚等。通高是自最低足底至头顶、发髻顶部或冠顶的高度，其余部位的量度数据取值与坐式造像同。

因造像为三维空间雕塑，且是手工雕凿，在水平和铅锤方向，几乎没有完全平直的线条，也因此几乎没有完全均等整齐的长宽高尺寸。本报告使用的量度数据，部分为人工量测，通常为约数，而测绘线图中的数据则是铅锤方向的正投影数据，为相对精确的数据。人工数据和测绘数据存在一定差异，除注明的以外，各量度数据的变化在测绘线图中有清楚显示，读者可清楚观察和实际量测。

铭文 本卷报告所称铭文是指刻写在龛窟、碑碣中的各种文字，如碑文、造像记、题记、榜题、经、偈、颂等。

（1）本卷报告铭文主要以1994年重庆大足石刻艺术博物馆拓本为底本实录。个别此前所拓或其后补拓者，已在文中注明；未注明者，均为1994年拓本。所有拓本录文均未据文献校补。除个别漶蚀或原捶拓时依稀可辨者遵从《大足石刻铭文录》[1]外，其余均据拓片或现场辨识结果实录。

（2）除个别需按拓本格式实录外，其余一律分行横写，录文一行即为原文一行。为方便阅读，行前以阿拉伯数字标注行数；个别铭文书写不规整、行文较为特殊者，因难以标注行数，其录文和图版则不予标注。

（3）铭文中的繁体字，除可能引起歧义者照录外，一律按照国家规范的简化字录写。铭文中出现的异体字（即字书中不常见的字、历史文献上的古体字、别字及石刻铭文作者的自造字等），根据辨识结果，录写为《现代汉语词典》《汉语大字典》等工具书中的规范字。为求客观记录，方便读者自辨，在报告各章后，以尾注形式，将异体字拓片的照片辑出。为与说明性脚注相区别，尾注采用方括号"［］"加阿拉伯数字的形式标注，如［1］、［2］。

（4）凡铭文行文行中未刻字的空字位，一个字位书写一个三角符号"△"；漶灭字，一个字书写一个方框符号"□"，不明字数的在字里行间夹注"（漶）"字表示；依稀可辨的字，夹注在一般方括号"〔 〕"内。

（5）统计字数，以拓本或现场可辨识的字数为限。

晚期遗迹 指龛像开凿后添加的遗迹。主要包括晚期妆绘、后世题记、构筑及维修遗迹等。需要说明的是，由于妆绘遗迹较为复杂，在目前条件下，报告者对其层位、色彩、颜料、损毁程度等难以准确辨识记录，故仅在晚期遗迹项中作了概括性的介绍。

在各章小结中，整理部分龛像中保存较好的妆绘涂层遗迹，简单分析了妆绘涂层的主要色种、着色部位以及涂层内外的区别。

为客观反映大足石刻造像妆绘情况，本报告集第九卷《大足石刻专论》特收录《大足石刻彩绘颜料检测分析报告》。报告选择石窟中部分代表性龛像中的标本，对包括颜料保存现状、成分、次第等情况作了具体检测分析，读者可参考。

（三）测绘图

本卷报告的测绘图，主要包括总平面图、总立面图，各龛窟平、立、剖面图，以及部分等值线图等。

总平面、总立面图 此部分图是在1989年南江水文地质大队实测图的基础上，于2006年再次实测后修改完成的。总立面图增加了本次基于多基线数字近景摄影测绘技术所获得的各龛窟的外立面图。总平面图选择崖壁底部地坪作为基础的水平面，将崖壁最下层龛窟的平面形制、龛窟底部间的岩体外轮廓等投影在此基础面上，崖壁中上部龛窟的平面形制则未作反映。

龛窟平、立、剖面图 此部分图是采用人工测绘和多基线数字近景摄影测绘技术制作完成的。第1—50号龛系人工测绘完成，以1983—1985年绘制的近景摄影图[2]为基础，采用双层方格网、水平基线、纵向垂线、测绘铁架、米格纸等工具现场测绘完成；后用硫酸纸清绘，再制作成数字矢量图。第51—100号龛是基于多基线数字近景摄影测绘技术和相匹配的软件绘制完成的。此部分图由武汉华宇世纪科技发展有限公司运用多基线数字近景摄影技术，按照考古线图测绘的总体要求，以及专门为此次测绘制订的技术规范和标准，在课题组的直接指导和参与下绘制而成。

平面图 以龛窟底投影面作为基础，结合龛窟空间结构以及造像布置情况，选取相应高程绘制水平断面，将不同高程的水平断面叠加在龛窟底的投影面上。平面图上以颜色区分不同高程的断面（以A、A'，B、B'，C、C'等英文大写字母标明），并标注壁面的人为分界点（以圆点标注）、剖面图剖视方向（以直角箭头"┐"标注）。

立面图 包括龛窟外立面和各壁立面，壁面转角造像单独绘制立面图。立面图上标注平面图剖线所对应的不同高程，用英文字母加短横线（如A-、-A'，B-、-B'，C-、-C'）表示。

此外，部分龛窟还绘制了龛窟顶部仰视图、造像细部图，以及正视角度的等值线图。

1　《大足石刻铭文录》由重庆大足石刻艺术博物馆组织编纂，重庆出版社1999年版。以下正文中简称1999年《大足石刻铭文录》。
2　由于此次运用近景摄影技术绘制的测绘图没有专业考古人员参与，且绘制者亦未到现场调绘，故局部、细部误差其大，但轮廓数据较为准确，在现场测绘中仍有借鉴作用。

剖面图　沿龛窟纵深方向者为纵剖面，与纵剖面垂直的剖面为横剖面。原则上选择与龛窟底投影面相垂直的正壁主尊中轴线或正壁中轴线作为剖线，同时考虑查阅的直观性和反映龛窟空间关系，将可见的侧壁、龛窟口、龛窟顶等内容投影在剖面上；其中，造像、龛窟口的原迹使用同一线型（实线），其余部分则据实使用相应的线型（虚线、圆点线等）。

上述测绘图均配以方格网坐标尺。方格网依据正射影像生成，网格大小依据使用比例确定，标注数值以厘米为单位。全部测绘图均集中编印在本卷报告上册，即文本册内；部分测绘图的局部，虽作为插图使用，但也是实测的成果。

用线原则　龛窟形制、图像、残破等用实线表示，人为增加的壁面分界用灰色线表示，后期人为修补用圆点线表示；龛窟形制或造像复原用虚线表示。此在每张测绘图图例中已作说明。

（四）图版

本卷报告下册为图版册，分为图版Ⅰ、图版Ⅱ两部分。

图版Ⅰ为摄影图版。大多为2013年用高清数字相机拍摄，部分为2014年补拍。由于龛窟环境所限，部分图版无法达到正投影的要求，且个别图版采用了数码拼接技术，此已在图版说明中注明。本卷报告的卫星图、航拍图均拍摄于2016年。

图版Ⅱ为铭文图版。包括铭文实物照片和拓片照片两部分。其中，铭文实物照片均为2015年2月用高清数字相机拍摄；拓本除注明者外，均为1994年所拓，2013年装裱后拍摄。

三　编写经过

2005年，在《北山佛湾石窟考古报告第237—249号龛》编写完成后，课题组即将现场调查的重点转至第1—100号龛。按照分工，课题组组长黎方银负责总体组织协调，刘贤高负责现场具体指导。

现场调查　现场调查的文字记录工作按照《大足石刻考古学研究现场调查文字记录规范》进行。从2005年6月至2006年7月，刘贤高、黄能迁、邓启兵、陈静、郭静共同完成了第1—100号龛的现场调查记录。

龛窟测绘　本卷报告的测绘图，第1—50号龛由刘贤高、周颖、邓启兵、黄能迁、陈静、郭静、毛世福于2006年2—7月测量完成。其中，立面图由周颖、毛世福参考1983—1985年绘制的近景摄影图，在现场以1∶1比例绘制，其后在室内按比例清绘完成。平面、剖面图由刘贤高、黄能迁、邓启兵、陈静、郭静现场测绘，周颖、毛世福清绘完成。

第51—100号龛测绘图，由武汉华宇世纪科技发展有限公司运用多基线数字近景摄影技术，按照考古线图测绘的总体要求，以及专门为此次测绘制订的技术规范和标准，在刘贤高、周颖、邓启兵、黄能迁等课题组人员的直接指导和参与下完成。从2010年10月至2011年6月，武汉公司项目经理肖捷女士具体组织协调了己方的测绘工作；测绘人员张强、吕品等进驻现场采集数据，陈杰、潘春香、余倩倩等负责线图绘制和现场调绘，并按课题组要求进行修改。在获得测绘线图初稿后，双方工作人员在现场至少进行了三次以上的核对、修改，最后由周颖、黄能迁、邓启兵终校定稿。

本卷报告的示意图、造像效果图等主要由周颖完成，毛世福绘制了部分图件。

造像图版　2013年3月至7月，重庆出版集团美术编辑中心副主任、主摄影师郑文武和助理摄影师周瑜进驻大足，完成了大部分图版的现场拍摄工作。其后，又根据课题组要求，先后数次补拍了部分图版。

拓片图版　本卷报告中的拓片，主要系1994年重庆大足石刻艺术博物馆（现大足石刻研究院前身）在进行北山石刻铭文收集时，由唐长清、唐毅烈所拓。拓片拍摄由郑文武、周瑜完成。

报告编写　2011年8月至2012年10月，本卷报告进入编写阶段。其中，2011年8月至12月，邓启兵、黄能迁对调查文字进行了整理、现场校对和修改；赵凌飞、陈静、郭静对铭文作了校对。至2012年10月，黎方银完成了报告总述及第一章概述的撰写，邓启兵、黄能迁完成了报告其余各章初稿的编写。2013年12月至2014年11月，由黎方银、黄能迁、邓启兵选配本卷报告图版、测绘图、示意图等。

2014年8月至2015年7月，在报告文本初稿的基础上，刘贤高对报告第二、三、四章介绍文字和各章小结作了修改，黎方银、邓启兵对五、六、七、八章介绍文字作了修改。2015年8—9月，黎方银、邓启兵、黄能迁等，共同对本卷报告的文字、测绘图、图版作了调整、修改和审定，最终形成报告定稿。

第二章　第1—12号

第一节　本章各编号位置及相互关系

本章介绍的第1—12号，以及第3-1、9-1、9-2号等15个编号（图13、图14），位于北山佛湾南区南段（图版Ⅰ：8）。其中，第1—3号龛及第3-1号龛等4龛开凿于南区南端尖突岩体的南向、西向壁面（图版Ⅰ：19），第4—12号龛及第9-1、9-2号等11龛开凿于独立岩体的南向、西向壁面（图版Ⅰ：20、图版Ⅰ：21）。其具体位置和相互关系如下：

第1、2号龛位于尖突岩体南向壁面，两龛保存共同的开凿界面，高约260厘米，宽430厘米，进深37厘米，部分残毁。壁面打磨平整，左侧开凿第1号龛，余下右侧大部壁面为第2号龛。第1、2号龛所占壁面面积比大约为1：3（图版Ⅰ：22）。

第3号龛位于尖突岩体西向壁面当中位置，左与第2号龛相邻。第3-1号龛位于第3号龛左沿外侧上部。

第4、5号龛位于独立岩体南向壁面，其上为岩顶，下为长廊地坪和进入"U"形巷道的石梯。第4号龛位于壁面的左侧下部，第5号龛位于壁面右侧显著位置；二者所占壁面面积之比约为1：4。

第6—12号龛及第9-1、9-2号等9龛分布于独立岩体的西向壁面。其中，第6—8号龛位于壁面左端，大体呈纵向布列。第6号龛位于上部，其下依次为第7、8号龛。第9、10号龛位于壁面的中部位置，呈水平分布，规模较大，约占所在壁面的三分之二。第9-1号龛位于第9号龛和第10号龛之间的壁面上部，第9-2号龛位于第9号龛左侧中下部。第11、12号龛位于壁面右端，纵向布列，上为第11号龛，下为第12号龛。

第二节　本章各编号所在岩体软弱夹层和裂隙的分布

一　软弱夹层

本章各编号所在岩体分布有两条软弱夹层带。

第一条　始于第1号龛左侧龛沿，沿该龛顶上部，经第2号龛壁面向西发育，顺岩体折向北，止于第3号龛左沿外侧。全长约629厘米，最宽处约12厘米。

第二条　始于第10号龛右沿外侧，经造像躯体，横贯整个龛壁，向左发育至第9号龛主尊座台左侧。全长约1234厘米，最宽处约5厘米。

二　裂隙

本章各编号所在岩体主要分布有三条较大的裂隙。

第一条　自第9号龛上部岩体发育，纵向龛内延伸，破上沿，经龛顶，略南折，消失于主尊身躯后侧。全长约370厘米，最宽处约3厘米。

第二条　始于第9号龛上部岩体，向下延展，经龛沿，止于龛顶内侧。全长约70厘米，宽约2毫米。

第三条　是本章各编号中最大的裂隙，自第10号龛上部岩体发育，向龛内延伸，纵贯整个龛壁，最后止于龛底外侧岩石。全长约720厘米，最宽处约10厘米。此裂隙的存在，致第10号龛龛顶石块脱落。

图 13　第 1—12 号在本卷龛窟中的位置图

图 14　第 1—12 号位置关系图

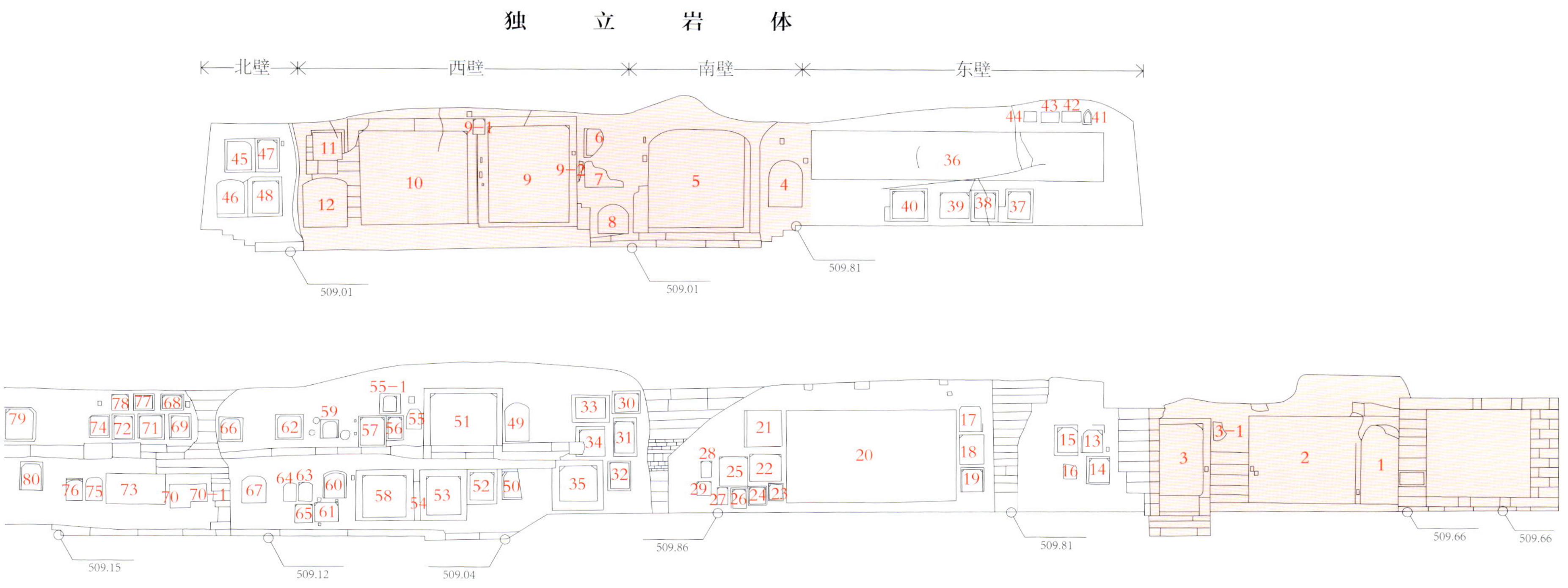

独 立 岩 体

第三节　第1号

一　位置

位于南区南端尖突岩体南向壁面。左与现代条石修砌的石墙壁垂直相接[1]，右邻第2号龛；上距岩顶约56厘米，下距地坪16厘米。龛口西南向，方向207°。

二　形制

单层圆拱龛（图15、图16；图版Ⅰ：23）。

龛口　与第2号龛在同一开凿界面内，开凿进深38厘米。龛沿大部毁，存右沿中部及下部，宽16厘米；沿面略低于第2号龛0.4厘米，致第1号龛与第2号龛分界清晰。龛口内缘高227.5厘米，宽107厘米，至正壁深45厘米。龛内缘左右上角及龛顶毁，经后世补砌，形成圆拱形龛口。

龛底　大致呈半圆形，宽107厘米，深45厘米。

龛壁　左侧壁残毁不存，现代以条石补砌。现存右侧壁与正壁呈弧面相交。

龛顶　已毁。现代补砌为券顶。

图15　第1号龛立面图

1　第1号龛左侧石墙壁壁建于1982年。石墙高338厘米，宽466厘米，厚63厘米。墙身四周凿出边框，内镶嵌三块石板，打磨成壁面，高269厘米，宽303厘米。壁面翻刻第2号龛碑文，刻石面高245.5厘米，宽286厘米。

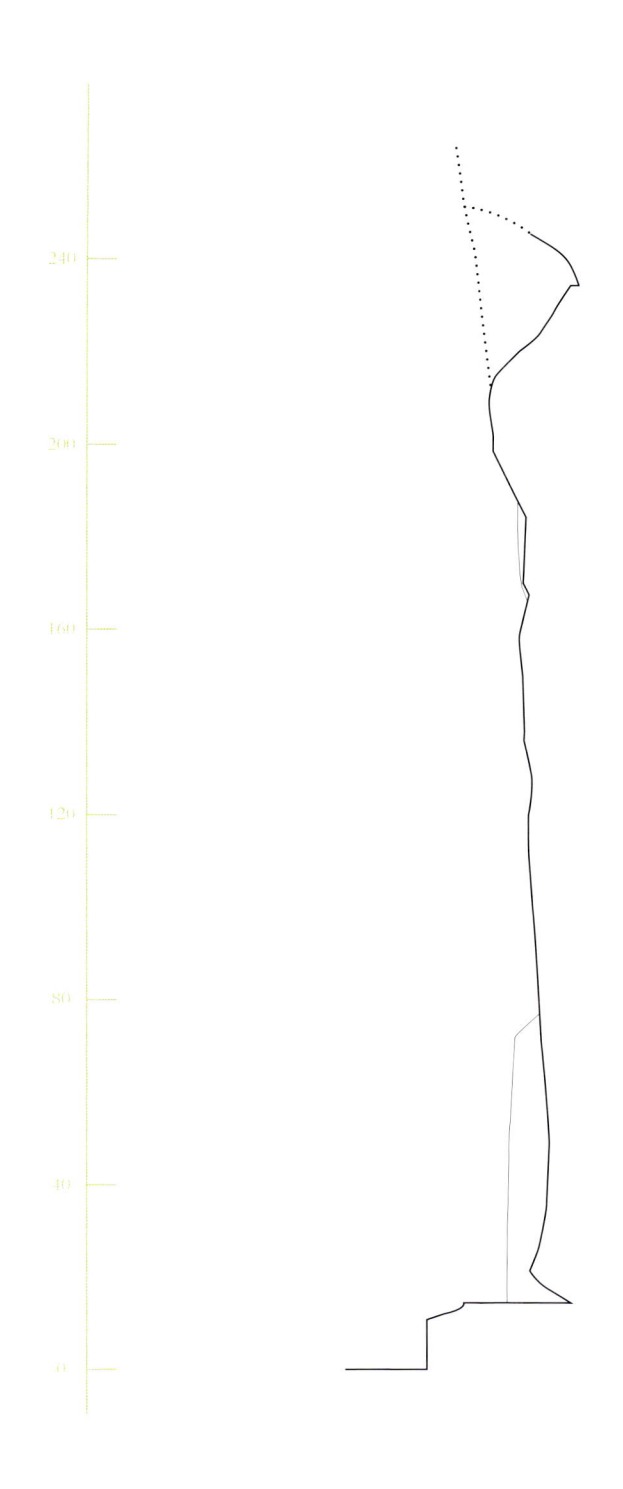

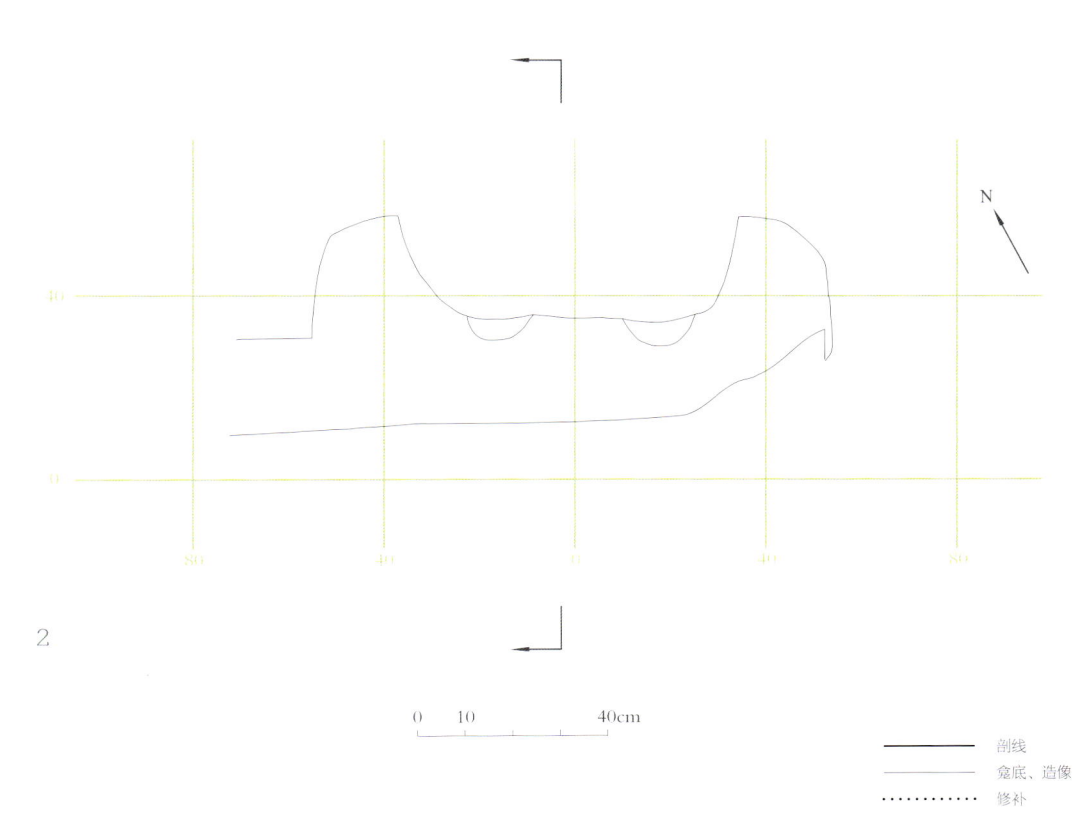

图16 第1号龛平、剖面图
1 剖面图 2 平面图

三　造像

龛内刻立像1身（图15；图版Ⅰ：23）。像高218厘米，头长48厘米，肩宽60厘米，胸厚22厘米。头戴软脚幞头，帽山、帽身及幞头左脚残。圆脸，丰颊，面略残，下颌刻须。身材魁伟，胸部厚实，双肩及上臂残。身着圆领宽袖长服，腹部及双腿间用阴刻线刻出"U"形衣纹，腰束带。左侧腰际刻两只小帛袋，一袋呈三角状，长31厘米，宽8厘米；另一袋长14厘米，宽8.5厘米。右腰际刻鱼符，长12.5厘米，宽3.7厘米。双手置胸前执物，手及物残。足着圆头鞋。

四　晚期遗迹

弧形龛口左右上角及龛顶上方后世用水泥、条石补砌，修补面最高57厘米，宽131厘米。龛壁左外侧用条石补砌，自地坪向上叠七级，通高229厘米，宽31.5厘米。

龛右沿距龛底高42厘米处，存一方孔，高8厘米，宽4厘米，深4厘米。

第四节　第2号

一　位置

位于第1号龛右侧。右距壁面边缘45厘米，上距岩顶约24—138厘米，下距地坪16厘米。

龛口西南向，方向207°。

二　形制

单层横长方形龛（图17；图版Ⅰ：24）。

龛高260厘米，宽310厘米。壁面略残蚀剥落，上部左侧有一条略呈纵向的细小裂隙，中下部贯穿一条横向的软弱夹层带。

三　碑刻

胡密撰韦君靖碑，唐乾宁二年（895年）。碑文阴刻，分上下两节，右起，竖刻。上节53行，拓本存1203字，字径3.5厘米；下节101行，拓本存1870字，字径2厘米[1]（图版Ⅱ：1、图版Ⅱ：2）。

上节碑文

01　□□□禄大夫检校司空使持节都督昌州诸军事守昌州刺史充昌普渝合四州都指挥

02　□〔南〕军使兼御史大夫上柱国扶风县开国男食邑三百户韦君靖△建

03　△△△△△△△△△△军事判官将仕郎前守静南县令胡密撰

04　□□□纬降灵河岳孕粹必能挺生人杰卓立功名为当世之△△元勋〔作〕

05　□□□巨屏苟非鉴识洞达机变玄微孰能创制奇功抑扬大节不有纪〔述〕

06　□□□〔来〕△△△我太守司空京兆公陶唐氏之远裔汉丞相之后昆簪组相

---

[1] （南宋）王象之《舆地纪胜》首录此碑碑目，但其文不传。（明）曹学佺《蜀中名胜记》方录其文，但仅录碑上部第14—44行，且字多讹脱。（清）张澍首录碑全文于其主编的嘉庆《大足县志》。其后《金石续编》《金石苑》和道光、光绪、民国《大足县志》相继录载，但与今碑存文对照多有讹脱。现碑文漶蚀较重，此次录文上部碑文据"台湾中央研究院"傅斯年图书馆拓本实录，下部碑文据大足石刻研究院1994年拓本实录。此外，陈明光先生以碑今存字为底本，查考上述史志录文，择其善者作了校补。其校补本收载本报告集第九卷《大足石刻专论》中，请参阅。

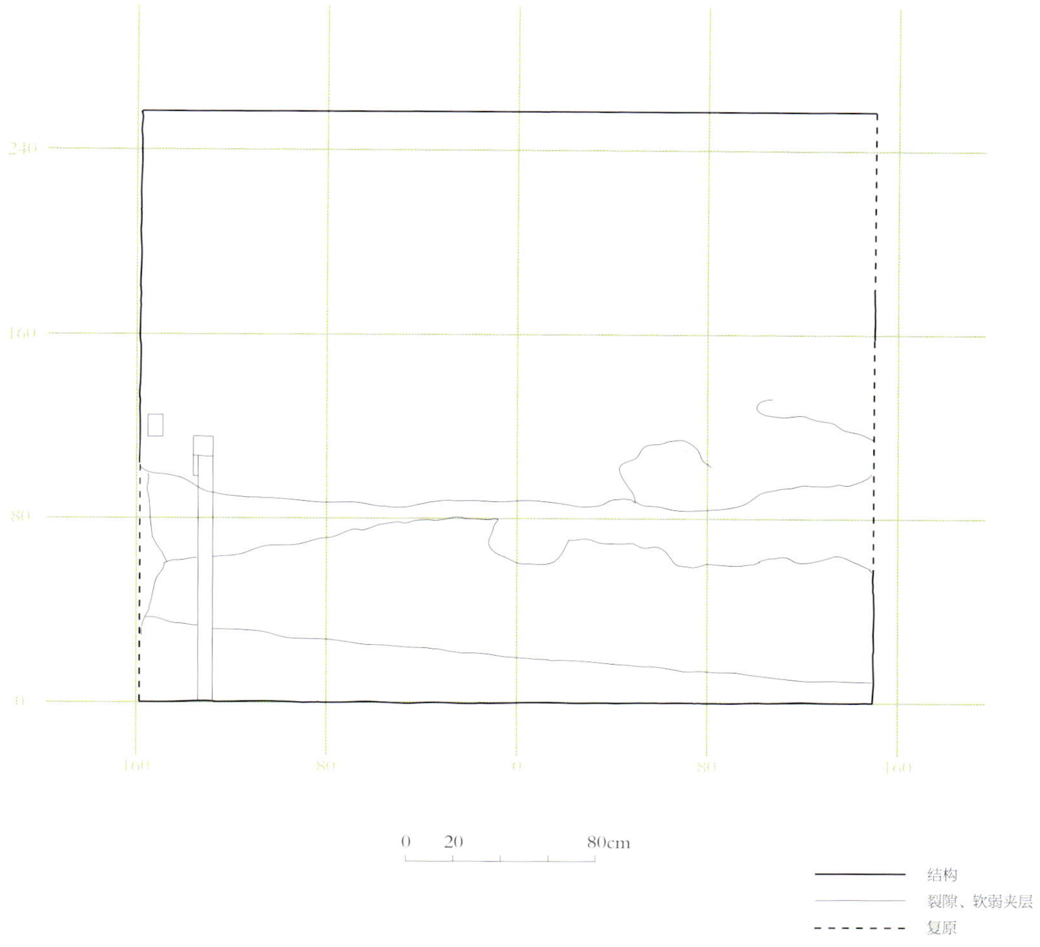

图17　第2号龛立面图

07 □□□□别△国史详备家谱具存布在简书略不靓绫△公少蕴大志长负

08 □□□□鹤之工徼耻雕虫之伎薄相时而动临事不疑怀

09 □□□精诚蔚凌云之气宇语△仁智即樗里罢说较△威猛则乌获休扛响

10 □□□若子年之恋△主从军立绩同马援之征蛮减灶得孙膑之谋投筋秘

11 □□□□策挥剑即蛟螭潜伏弯弓而猿狖啼号加以月角冲衡犀文贯顶视△

12 □□□□堂军足觏△神彩赳赳无双实命世之△宏材为一时之△英俊者也

13 □□□符之际天下骚然蝗旱相仍兵戈四起△公睹兹遐僻人不聊生遂合

14 □□□□安户口抑强抚弱务织劝农足食足兵以煞去煞洎黄巢侵陷京阙

15 □□□□成都四海波腾三川鼎沸韩秀升勃乱黔峡侵轶巴渝△△公乃统

16 □□□〔讨〕除逆党值秀升尽抛舟楫围逼郡城△公乃详度机宜上下拦截依

17 □□□〔背〕水布兵两面夹攻齐心剪扑贼势大败我武益扬渝牧田公备录奏

18 □□□〔忠〕节检校御史大夫除拜晋州刺史适值川帅效逆△将臣专征△△

19 □□□□合州绝其枝蔓△△△恩旨加右散骑常侍除拜合州刺史洎郑君

20 □□□〔失〕律广汉山行章尚书攻围当川△故府主太尉丞相顾公累降命

21 □□□〔起〕应△公统领精锐二万余人虔告蓍龟申令士卒并破二十七寨煞

22 □□□〔余〕人大振△威声△上闻

23 □□□〔校〕工部尚书拜当州刺史充昌普渝合四州都指挥静南军使累加刑

24 □□□□仆射△公以临郡岁久乃思退居上表陈情

25 □□□□△诏旨褒奖特许量留加金紫光禄大夫检校左仆射扶风县开国

26 □□□□百□△公累衔

27 □□□□鱼符政茂颍川△化光河内邑有仓箱之咏俗多儒裤之谣求瘼之

28　□□□害之心尤切其于驾驭英杰取舍权豪重仁义如丘山轻金帛如泥

29　□□□□老济弱扶危逆旅如归远凑郑庄之驿游人若市悉登汉相之门其

30　□□□□乃如此也每遇良辰美景月夕花朝张弦管以追欢启盘筵而召侣

31　□□□□揖让无哗樽酒不空座客常满王衍之冰壶转莹嵇康之玉岫宁颓

32　□□□□恭又如此也至若立功立事为△国为家或坐运玄符或亲提黑槊

33　□□□□□〔扫凶徒谋〕必十全举无遗策其刚毅果敢又如此也当其赏功罚

34　□□□□□〔甄奖〕公勤黜弃私党三军感△德万众归心其△恩威刑赏又如

35　□□□□□〔以〕海涛未息云阵犹横常厚驱胁左绵戴实奔冲遂府△使牒呼

36　□□□□□〔然则〕士马虽精其如城栅未固思大易习坎之义征王公设险之

37　□□□□□〔年壬〕子岁春正月卜筑当镇西北维龙岗山建永昌寨兹山也

38　□□□□□〔郊〕原矗似长云崒如断岸崷重叠磴道崎岖一夫荷戈万人

39　□□□□□〔荬薙〕草木相度地形人力子来畚锸云至连甍比屋万户千门高

40　□□□□□〔沟〕涧烟笼粉堞霞捧朱楼龙吟笳角之声雷动鼓鼙之响而又〔良〕

41　□□□□□〔设规筑〕城墙二千余间建敌楼一百余所遐瞻天际〔岂龟形〕□

42　□□□□□□□〔能拟〕其上即飞泉并出潆沼滂流崢嵘一十二峰周

43　□□□□□□□□〔岂〕金汤之比伦况乎粮贮十年兵屯数万遐迩臻

44　□□□□□□□□□不〔阙〕可谓一劳永逸有备无虞△公又于寨内西

45　□□□□□□□□□出〔金〕仙现千手眼之威神具八十种之相好施

46　□□□□□□回禄俸以建浮图聆钟磬于朝昏喧赞呗于远近所谓归依妙

47　□□□□□者焉其军中节级将校等深达机略博识古今皆是△公同志弟

48　□□□□□心报△国戮力从军咸奉△△△渥恩皆沾爵赏或官崇〔题〕□

49　□□□□□荣授金貂或职兼霜宪雅符际会允属△休明请列署名衔庶

50　□□□□□叨依△△△门馆累戴△恩光学浅文荒纪

51　□□□□〔尽〕神恩智拙录△美事而犹疏辄将鄙俚之词聊述

52　□□□□将欲焕乎不朽传之无穷遂藏斯文乃镌贞石大唐乾宁二年岁次

53　□□□□月癸未朔十九日辛丑记[1]

下节碑文

01　□□十将充（漶）

02　□□衙前〔虞侯充〕（漶）李思儒

03　节度衙前总管（漶）义军将杜元〔备〕

04　节度十将充龙（漶）将唐叔仪

05　节度十将充小〔井〕（漶）杨行全

06　节度十将充（漶）镇遏将检校国子〔祭酒兼御〕（漶）〔行舒〕

07　□□□前总管（漶）将梁德昌

08　（漶）

09　（漶）

10　（漶）

11　节度十将充□□义军镇遏将检□□子〔宾客〕□□□〔史〕上柱国袁义遵

12　节度十将充□〔溪〕义军将检校太子□客兼侍御〔史〕上柱国袁公会

13 节度衙前□□充赖甘斜崖〔义军〕将廖居□

14 节度先锋（漶）充甘泉义军将检校国子祭酒〔兼〕侍御史上柱国杜元立

15 节度先锋（漶）〔充〕来凤义军镇遏使检校国子祭酒〔兼御史中〕丞上柱国韦君芝

16 节度押衙（漶）义军镇遏使检校国子祭酒兼御〔史大〕夫上柱国何荣△王彦昌

17 节度讨□□充历山义军镇遏将检校太子宾客□□〔御〕史上柱国杨思及

18 节度〔总管〕□□谷义军镇过将检校国子祭酒兼〔御史中〕丞上柱国韦君球

19 节度（漶）归义军将检校国子祭酒兼〔御史〕中丞上柱国何胼

20 节度（漶）使充防城将兼来苏镇将检校国子祭〔酒〕□□史中丞上柱国高孟球

21 节度（漶）使充安溪镇副将检校国子祭酒兼侍（漶）柱国王公进

22 节度（漶）进云寨镇义军都虞侯银青光禄大夫检校国子（漶）侍御史上柱国罗从顺△韦义丰

23 节〔度〕（漶）充进云镇判官银青光禄大夫检校国子祭（漶）史中丞[1]上柱国母从政△赵乾况

24 节（漶）镇副兵马使银青光禄大夫检校左监门（漶）兼御史大夫上柱国韦君意

25 节（漶）马使充昌元县界游弈义军使检校国子祭酒兼□□大夫上柱国罗元直

26 节（漶）南军先锋都知兵马使兼三州捕盗使检校左〔散〕□〔常〕侍兼御史大夫上柱国韦君政

27 （漶）充葛仙寨义军使前陵荣州捕盗感化军使检校左〔散骑〕（漶）左骁卫将军兼御史大夫上柱国〔李行壇〕

28 （漶）充龙水义军镇遏使检校国子祭酒兼御（漶）上柱国罗宗权

29 □□押衙充柳溪义军镇遏使检校国子祭酒□□史大夫上柱国梁公瑗

30 □□押衙充南峰义军镇遏使检校国子祭酒兼御〔史大夫〕上柱国王元照

31 □度押衙充东流义军镇遏使检校国子祭酒兼御〔史大夫〕上柱国龙著

32 节度押衙充董市义军镇遏使检校右散骑常侍兼〔御〕□□夫上柱国伏芝进

33 节度押衙充永川界义军镇遏使检校国子祭酒兼御（漶）柱国梁文备

34 节度押衙摄永川县令充义军使检校国子祭酒兼御史大（漶）国杜元立

35 节度押衙充凌云寨义军镇遏使检校右散骑常兼御[2]（漶）〔上〕柱国牟省立

36 节度押衙充云门义军镇遏使检校国子祭酒兼御史（漶）柱国张雅

37 节度押衙充四州指挥都虞侯进云寨都团练义军镇遏使检〔校〕（漶）常侍兼御史大夫上柱国〔韦君迁〕

38 节度左押衙充四州都指挥副兵马使安溪镇遏使检校左散骑常（漶）大夫上柱国贾文〔洁〕

39 应管诸镇寨节级

40 当州军府官节级

41 节度左押衙充四州军副押银青光禄大夫检校国子祭〔酒〕□□〔史〕大夫上柱国〔冯〕□简

42 节度押衙充军府都勾官银青光禄大夫检校国子〔祭〕□□御史大夫上柱国（漶）

43 节度押衙充左厢衙队使银青光禄大夫检校左散骑常（漶）大夫上柱国〔梁贵俨〕

44 节度押衙充右厢衙队斩斫等使银青光禄大夫检校左武卫（漶）〔史大夫〕（漶）〔志〕

45 节度押衙充左后院随身衙队使银青光禄大夫检校左散骑〔常侍〕（漶）〔铢〕

46 节度先锋兵马使充军州都押衙银青光禄大夫检校国子祭酒〔兼〕（漶）

47 节度押衙摄昌元县令充牢城使银青光禄大夫检校国子祭酒兼（漶）〔宝〕

48 节度押衙充左厢将银青光禄大夫检校国子祭酒兼御史大〔夫〕（漶）〔本〕

49 节度押衙充右厢将银青光禄大夫检校国子祭酒兼御史大〔夫〕（漶）

50 节度押衙充左亲近将银青光禄大夫检校国子祭酒兼御〔史大夫〕（漶）

51 节度先锋兵马使充右亲近将银青光禄大夫检校国子〔祭酒〕（漶）君幸

---

1 此"史中丞"3字《大足石刻铭文录》录为"中丞史"。重庆大足石刻艺术博物馆等编：《大足石刻铭文录》，重庆出版社1999年版，第37—43页。

2 此"右散骑常兼御"6字《大足石刻铭文录》录为"右散骑常【侍】兼御"。同前引。

52　节度押衙充宴设将兼主兵十将银青光禄大夫检校国子（漶）〔伯〕□

53　□□□□□□充后曹将银青光禄大夫检校国子祭〔酒〕（漶）

54　□□□□□□□青光禄大夫检校国子祭酒兼御史（漶）〔伯铢〕

55　□□□□□□□都押衙银青光禄大夫检校〔左〕（漶）上柱国〔韦益铢〕

56　□□□□□□□押衙银青光禄大夫检校〔国子〕（漶）〔国〕赵〔师恪〕

57　□□□□□□□□将银青光禄大夫检〔校国〕（漶）国何〔璠〕

58　□□□□□□□□将银青光禄大夫检〔校国子〕（漶）国王〔伯章〕

59　□□□□□□□□禄大夫检校国子祭酒（漶）〔国王伯楷〕

60　□□□□□□□□光禄大夫检校国子祭（漶）上柱国□延□

61　□□□□□□□〔元〕随副将银青光禄大（漶）〔中丞上柱国韦宝铢〕

62　□□□□□□□□后院随身将银青光禄（漶）〔祭酒〕（漶）

63　□□□□□□□□左内院随身副将银青光（漶）〔宾客〕（漶）〔公铢〕

64　□□□□充义军使银青光禄大夫检校国子（漶）大夫上（漶）

65　□□□□兵马使充右后院副将银青光禄〔大〕（漶）〔上柱国〕（漶）

66　□〔迪〕铢△韦彦铢△韦君贞△何彦鲁△（漶）△（漶）〔谯珙△杨鲁章〕

67　□□先锋兵马使充修造将银青光禄大夫检（漶）〔侍御史上柱国王〕□□

68　□□锋兵马使充知客将银青光禄大夫（漶）御史中丞〔上柱国〕□□昌△王□□

69　□□□□充主兵[1]十将银青光禄大夫检校国子（漶）〔御史〕大夫上〔柱国〕任□□

70　□□□□充主兵[2]十将银青光禄大夫检校国子（漶）〔史〕大夫上柱〔国赵〕文□△（漶）△〔赵元进〕

71　□□□□将充主兵[3]十将银青光禄大夫检校□□〔宾客〕（漶）〔梁〕□〔日〕

72　□□□□马使充横冲将银青光禄大夫检〔校〕（漶）〔御史上柱〕（漶）

73　□□□□兵马使充左厢兵马虞候银青光〔禄大夫〕检校〔太子宾客〕（漶）上〔柱国吕演〕

74　□□□□马使充右厢兵马虞候银青光〔禄〕□□检校〔太子〕（漶）〔御史上〕（漶）

75　□□□□马使充牢城都虞侯银青光（漶）检校国子〔祭酒〕（漶）〔上〕（漶）〔伦〕

76　□□□□马使充壕寨将银青光禄□□〔检〕校太子宾客〔兼侍御史上柱国〕任〔公〕□

77　□□□□马使充知市将银青光禄大夫〔检校〕太子〔宾客〕（漶）

78　□□□□□□使州补军事押衙充通〔判〕官杨〔义贞△崔〕□□

79　□□□□□〔拥〕阵将银青光禄大夫检〔校〕太子〔宾客〕（漶）

80　□□□□□〔义〕勇军将银青光禄〔大〕夫检校太子宾〔客〕（漶）〔马公连〕（漶）

81　〔李文礼△杨南照〕（漶）顺△韦□△鲜道仙△韦太仙△〔罗〕公（漶）

82　□□□□□□□□大夫检校太子宾客兼侍御史上〔柱国〕（漶）

83　□□□□□□□□〔充〕左右两〔厢〕都虞侯牢城判〔官〕（漶）

84　□□□□□□□□都押官杜审言△钦文〔胜〕

85　□□□□□□□□副将检校太子宾客〔兼〕（漶）

86　□□□□□□□〔队〕副将检校国子祭酒〔兼御〕（漶）〔上柱国〕（漶）

87　□□□□□□□□将检校太子宾客兼殿中（漶）

88　□□□□□□□□将检校太子宾〔客兼殿中侍御史〕（漶）

89　□□□□□□□□忠武△陈敬钊△赵〔鉴△王〕（漶）

1　此"兵"字《大足石刻铭文录》录为"宾"。重庆大足石刻艺术博物馆等编：《大足石刻铭文录》，重庆出版社1999年版，第37—43页。
2　同前引。
3　同前引。

90　□□□□□〔赵〕全△曾〔居艺〕

91　□□□□□

92　□□□□□□□〔头〕开拆书状孔目官〔丰琯〕

93　□□□□□□□状孔目官〔李〕延祚△□同休

94　□□□□□□□头开拆孔目官潘延嗣

95　□□□□□□□事押衙专知回易务郭宗

96　□□□□□□□驱使官阎行〔溢〕△刘主△文献〔直〕△□□

97　□□

98　□□□□□□前守静南县令胡密

99　□□□□□□参军儒林郎前守录事〔参军〕□□

100　□□□□□□试太常〔寺〕协律郎前〔摄录事参军〕□□

101　□□□□□□□左武卫兵曹参军赵〔处〕□

四　晚期遗迹

碑面右侧中下部存两个方孔。左孔高9厘米，宽7.5厘米，深6厘米；右孔略小。左孔与龛底之间有一竖向凿痕面，凿面高114厘米，宽8厘米，深1.5厘米。凿面下端形成一槽口和槽孔，槽口长14厘米，宽3.5厘米，深1.5厘米；槽孔高12厘米，宽9厘米，深9.5厘米。龛外右侧中下部残毁处现用条石补砌，与碑面齐平。

第五节　第3号

一　位置

位于南区南端尖突岩体西向壁面。左与第2号龛右侧边缘相距50厘米，右距所在壁面边缘29厘米；上距岩顶约42厘米，下距长廊地坪113厘米。

龛口略西向，方向286°。

二　形制

单层方形龛（图18、图19；图版Ⅰ：25）。

龛口　在岩体表面平直凿进最深约45厘米，形成方形龛口。龛口右侧外端已毁，现以条石叠砌修补完整。龛口外缘高235厘米，宽144厘米；内缘高203厘米，宽126厘米，至后壁最深92厘米。龛上沿及左沿保存较完整，宽19.5—20厘米；下沿保存左端少许，存宽7厘米；右沿毁。左沿形如门颊，厚10厘米，折进后与龛壁衔接。龛口内缘左上角刻三角形斜撑，高11厘米，宽10厘米，厚9厘米，斜边弧形。

龛底　大致呈半圆形。后侧建低坛一级，大部残，高15厘米。前侧向下凿出平台，上距龛底45厘米。平台长120厘米，宽40厘米。

龛壁　弧壁，与龛顶垂直相交。

龛顶　平顶，半圆形。

图 18　第 3 号龛立面图

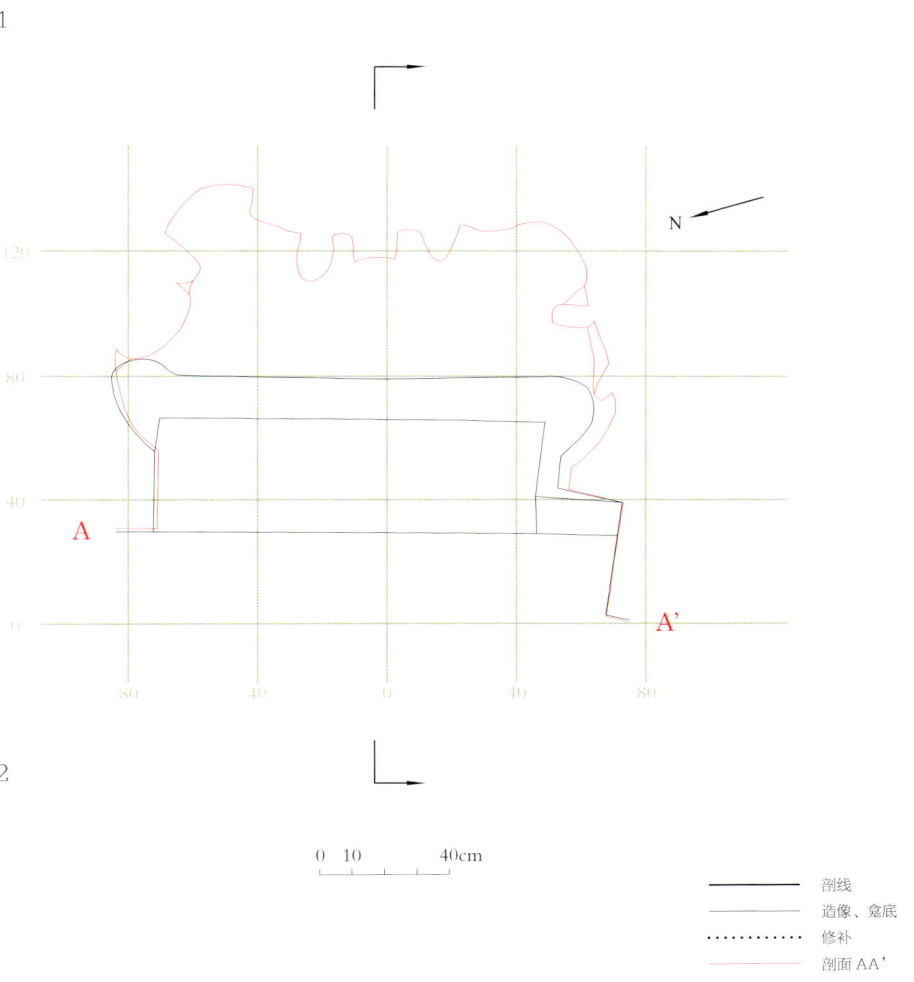

图 19　第 3 号龛平、剖面图
1　剖面图　2　平面图

三　造像

龛内刻像3身。主尊居中，左右各刻像1身（图18；图版Ⅰ：25）。

主尊像　立像高187厘米，头长41厘米，肩宽55厘米，胸厚25厘米（图版Ⅰ：26）。双肩处浮雕牛角形火焰纹头光。戴平顶高方冠。冠正面饰鸟首，向上露双翅，似螺形。冠带作结后飘飞于头后两侧。鬓发绕耳，戴圆形耳饰。脸方正，双目圆睁。颈饰护项。内着袍，外着明光甲；下着长裤，缚裤。袍服袖摆飞扬，下摆呈锐角下垂。肩饰披膊，胸饰兽头圆护。胸横束双带扣双铊尾革带和束甲索。腰系双带扣双铊尾革带，饰方角抱肚，垂鹘尾。腰带垂挂带鞘的鱼形小刀，横长28厘米，最宽6.5厘米，左腰悬刀鞘。腿裙垂于膝部，正面开衩；乌锤甲叶，以铆钉铆接。腿裙边缘刻出包边，下缘垂缀带褶的装饰。腿裙开衩处下垂作结的腰带。身饰两道披帛，略有残断，均折入腰带后呈"U"形垂于腹前，再分别敷搭剑鞘和右前臂后，下垂体侧。双手上臂以带束缚，左手屈肘上举，右手屈肘前伸，均齐腕残断。两小腿着胫甲，立于低坛上，双足残蚀。

左侧像　为男像（图版Ⅰ：27）。立像高104厘米。头巾，披覆双肩；戴发箍，冠带作结下垂；鬓发绕耳。圆脸，饰圆形耳饰。上着圆领窄袖缺胯衫，开衩处露出内着的长服下摆；缺胯衫及长服前襟上撩，后摆自然下垂。下着裤。双手持棍状物，手及物残。齐膝长靴，立于低坛上，足残蚀。

右侧像　为女像（图20；图版Ⅰ：28）。头毁，残高81厘米。造像剥蚀甚重，细节不清。可见袖摆宽大，腹前下垂两道披帛和腰带，左手似横置胸前，右手外展，立于低坛上。

四　晚期遗迹

龛左沿距龛底63厘米处存一小方孔，孔高3厘米，宽2厘米，深3厘米。龛外下部岩基系现代以条石补砌，自地坪向上现出三级，通高67厘米，宽179厘米。

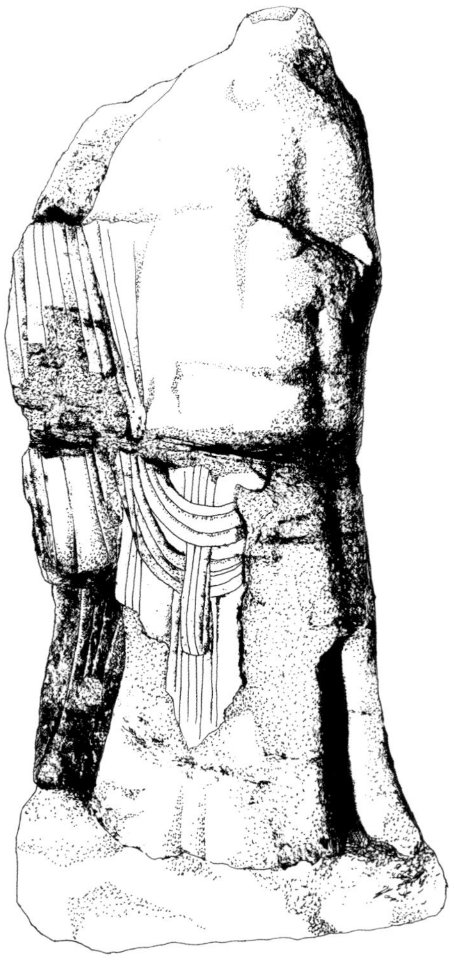

图20　第3号龛右侧像效果图

龛上沿存灰白色、黑色两种涂层。龛壁及龛顶存红色涂层。造像存灰白色、蓝色两种涂层。

第六节 第3-1号

一 位置

位于第3号龛左沿外上方。上距第3号龛龛口外缘12厘米，右距第3号龛左沿7.5厘米，左侧岩体毁，残毁处即是龛口残毁边缘。龛口东北向，方向21°。

二 形制

单层方形龛（图21、图22；图版Ⅰ：29）。

龛口 方形，左侧毁，残高56厘米，宽35厘米，至正壁深10厘米。

龛底 略呈方形，左侧毁。

龛壁 正壁与右侧壁呈垂直相交，与龛顶垂直相交。

龛顶 大部毁。

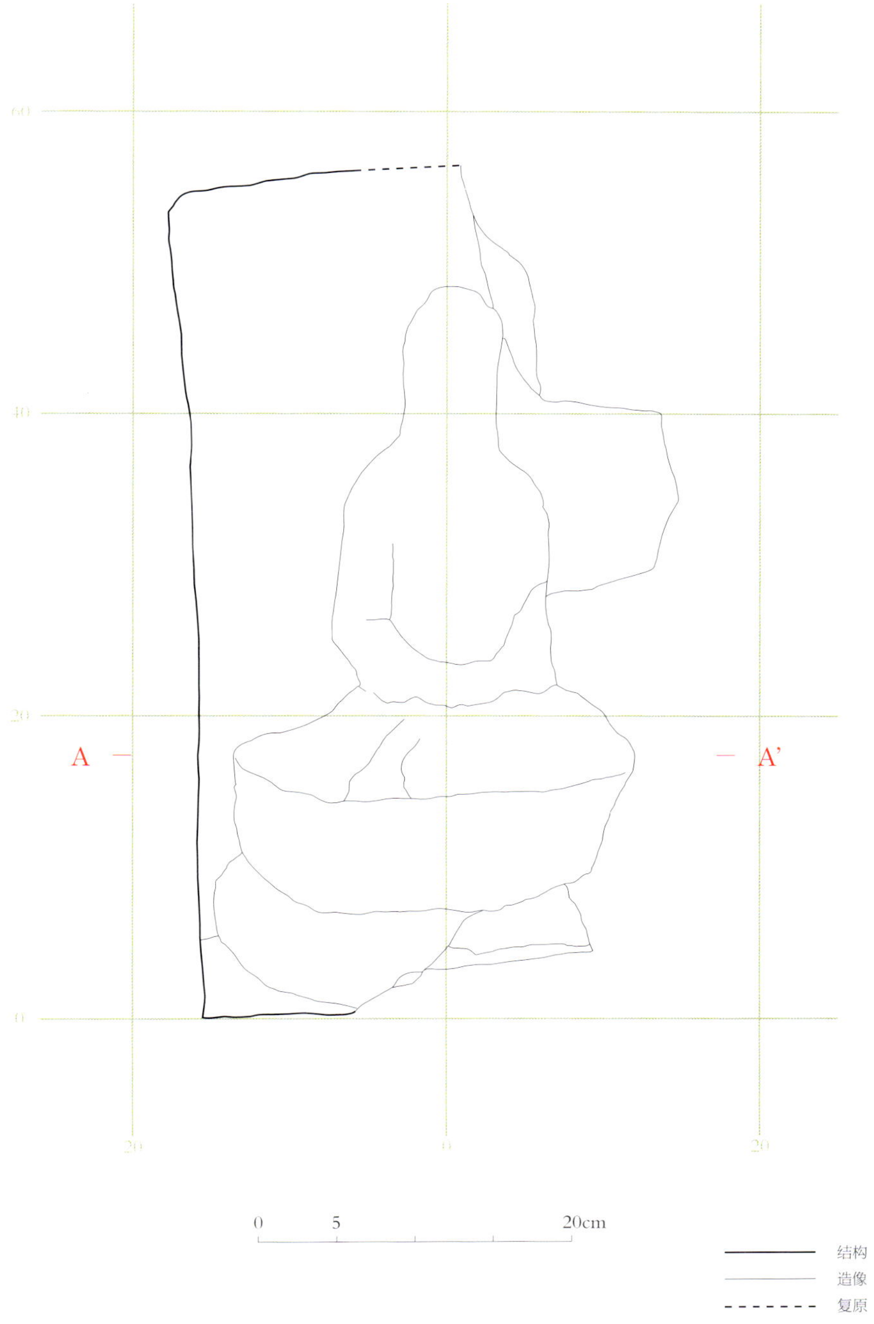

图21 第3-1号龛立面图

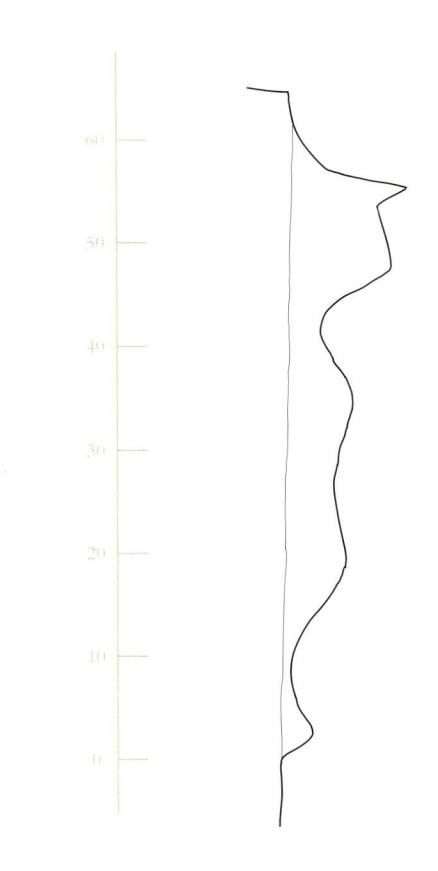

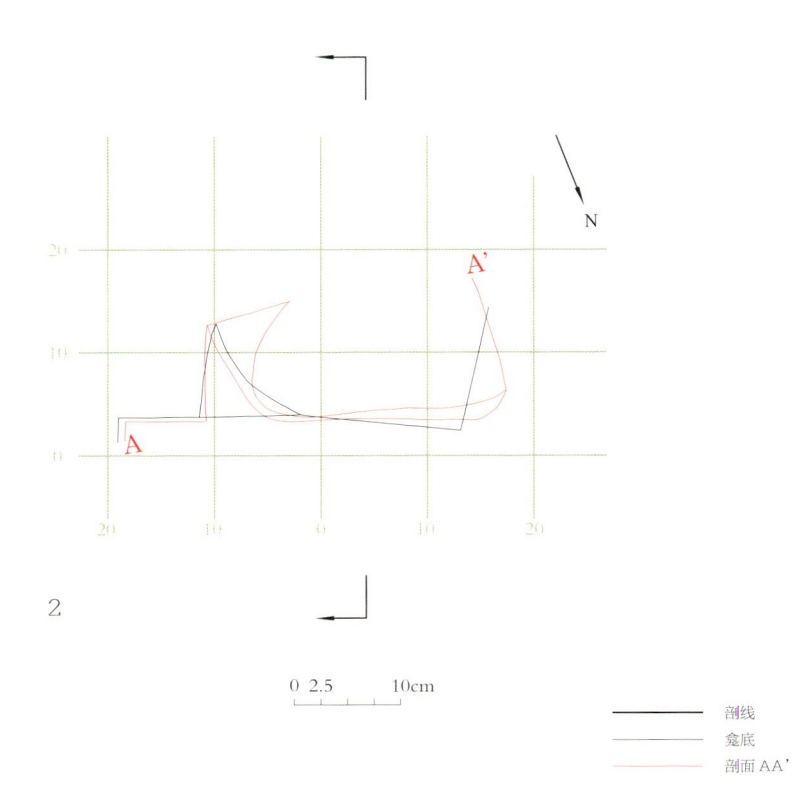

图 22　第 3-1 号龛平、剖面图
1　剖面图　2　平面图

三　造像

龛内刻坐像1身（图版Ⅰ：29），高48厘米。造像剥蚀甚重，可见双手置腹前，结跏趺坐于圆形台座上。座残高15厘米。

四　晚期遗迹

龛底下方以条石补砌加固。

第七节　第4号

一　位置

位于独立岩体南向壁面左下方（巷道南入口左侧壁面）。左抵所在壁面边缘，右距第5号龛23厘米；上距岩顶约120厘米，下距长廊地坪118厘米、巷道地坪40厘米。

龛口约南向，方向197°。

二　形制

本龛残毁较重，龛形几近不存（图23、图24；图版Ⅰ：30）。

龛口　毁。

龛底　大致呈半圆形，从右至左略微向下倾斜。左侧部分被凿毁，凿毁部分平面呈扇形。龛底建低坛一级，左右端残，高17.5厘米，深7.5厘米。

龛壁　弧壁，与龛顶弧面相交。

龛顶　大部残，存凿痕。

三　造像

龛内刻像3身。中为主尊，左右各刻像1身（图23-1；图版Ⅰ：30）。

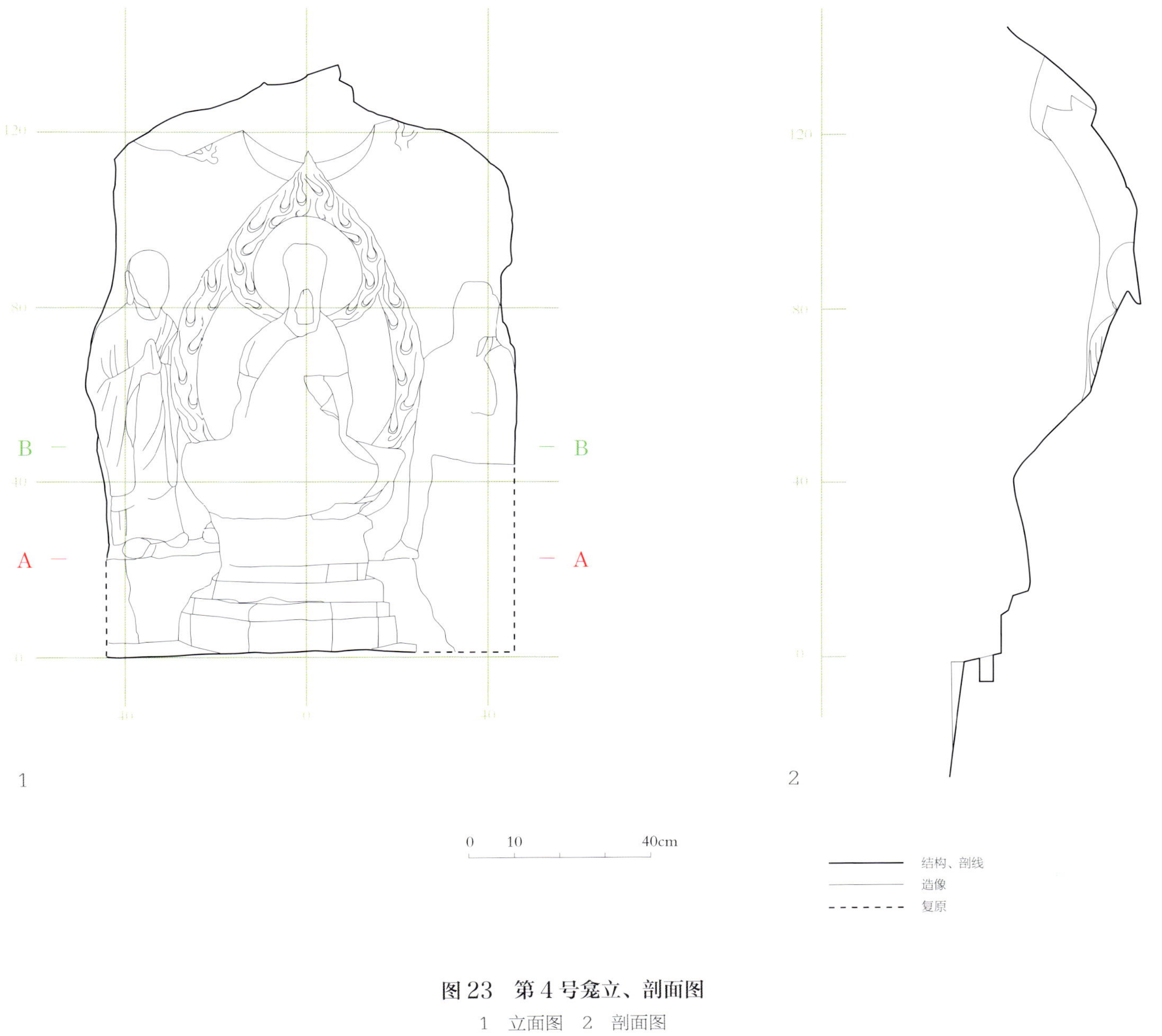

图23　第4号龛立、剖面图
1　立面图　2　剖面图

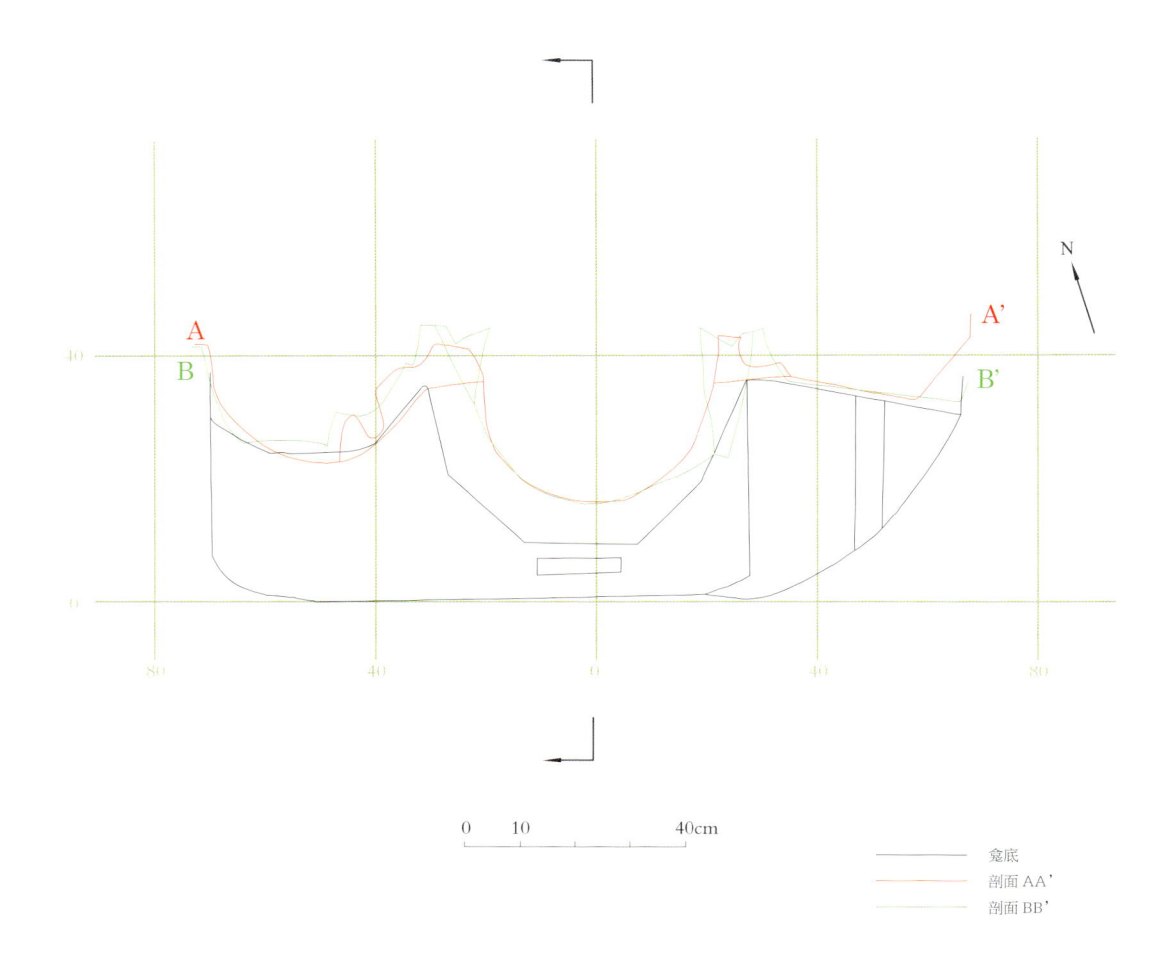

图24　第4号龛平面图

　　主尊像　头毁，残坐像高51厘米。线刻圆形头光和浮雕舟形身光，内素面，外饰火焰纹。头光横径28.5厘米；身光最高84厘米，最宽60厘米。身剥蚀甚重，细节不明。似结跏趺坐于八角形束腰仰莲座上。座通高约45厘米，束腰部分以上残存两层仰莲，以下呈三阶叠涩。自下而上，第一阶边宽20厘米，第二阶边宽15厘米，第三阶边宽14厘米。

　　主尊背光上方存留一圆形遗迹，估计为华盖，遭后世凿毁。华盖左右存有少许飘带和造像遗迹，估计为飞天像。

　　左立像　残毁甚重，立像残高73厘米。

　　右立像　头残毁，像残高79厘米。身着双领下垂式袈裟，下着裙；双手合十，着鞋立于低坛上。

四　晚期遗迹

　　主尊像颈部正中向下凿有一方孔，深11.5厘米，直径3厘米。

　　龛底前侧凿一方形凹槽，长15厘米，宽3厘米，深5厘米。龛正壁上方50厘米处有一枋孔，高17厘米，宽11厘米，深9.5—13厘米。龛左上方26厘米处凿有一枋孔，部分残，与巷道右侧壁面所凿的枋孔相对，似为构架门枋所凿。

　　龛壁及造像存红色和灰白色两种涂层。

第八节　第5号

一　位置

　　位于独立岩体南向壁面右侧显著位置。左下侧距第4号龛23厘米，右侧距所在岩体西向壁面的第6、7号龛分别为25、23厘米；上距岩顶118厘米，下距长廊地坪68厘米。

　　龛口南向，方向186°。

二　形制

单层方形龛（图25、图26、图27、图30、图32；图版Ⅰ：31、图版Ⅰ：32、图版Ⅰ：36、图版Ⅰ：40）。

龛口　在岩体表面平直凿进最深约42厘米，形成龛口。龛口右侧岩体上部已毁，仅存下端少许。外缘残高342厘米，宽254厘米；内缘残高289厘米，宽226厘米，至后壁最深148厘米。上沿及右沿已毁；左沿上下两端保存较好，中间部分残，残宽7—26厘米；下沿完整，宽21—26厘米。左沿形如门颊，厚17厘米，折进后与龛壁相连。

龛底　近似于半圆形。裂隙致龛底左侧错位，上下错距约5厘米（图版Ⅰ：32）。

龛壁　弧壁，与龛顶弧面相交。

龛顶　平顶，近似半圆，前端坍毁。

三　造像

龛内共刻像11身。其中，龛正壁6身，左侧壁3身，右侧壁2身（图28；图版Ⅰ：31）。

（一）正壁

中刻主尊天王像1身，双足外侧及胯下各刻像1身；主尊左右各刻力士像1身。

主尊像　立像高264厘米，头长57厘米，肩宽74厘米，胸厚38厘米（图29；图版Ⅰ：33）。浮雕圆形头光，直径86厘米，最厚12厘米。双肩处刻牛角形火焰，叠于头光之上。戴平顶高方冠，内为前低后高的发髻。冠可区分为三个方形立面，均饰植物叶、茎纹及圆珠坠饰。冠正面饰鸟首，向上露双翅，似螺形。鬓发绕耳，饰圆帽状耳饰，冠带作结下垂。脸形方正，双眉紧锁，怒目圆睁，身躯硕壮，面现愤怒畏怖之相。颈刻三道肉褶线。内着袍服，手臂衣纹作阶梯状，下摆垂于双膝之下。外着甲胄。身甲之外披挂皮革护胸及龙首护肩。护胸形如背心，左右两片以带扣系结；内饰兽头圆护。于双肩各下垂一条珠串和花卉饰物组成的璎珞，与当胸兽头圆护相接后，再自圆护底端竖直下垂，沿大腿内侧绕膝隐于身后。此外，璎珞于胸下的花卉饰物间再连接一条横向的璎珞，该璎珞中段圆弧下垂，下接一条短璎珞，止于腹下部；左右段斜向腰际，再垂于体侧。胸系勒甲索。腹前饰龙首吞，龙首衔双鸵尾双带扣腰带。饰宽大的圆角形抱肚。腹前下垂鹘尾。腰带垂挂带鞘的鱼形小刀。腿裙正面开衩，并向左右外翻，露出内层袍服下摆。腿裙边缘镶较宽的包边，下缘垂缀带褶的装饰及璎珞。披帛下垂腹前，两端折叠后折入腰带内下垂体侧。两肩平直，左臂屈肘直上举，齐腕断毁。右臂屈肘前伸，自前臂断毁。着胫甲，下缘垂带褶的装饰。双足残蚀，鞋式不清，踏于低台上。台高约18厘米，宽约165厘米，立面遍饰云纹。

主尊双足外侧，各刻一半身像。二像残蚀甚重，皆臂钏、腕镯，身略后倾，抬头仰面，捧托天王左右足。左像裸身，胸骨突显；右像头顶及面部残，戴发箍，长发垂肩。

主尊胯下刻一头像，戴冠；因斜向裂隙作用，造成头、颈与右胸错位。

左力士像　立像高188厘米，头长34厘米，肩宽57厘米，胸厚14厘米（图版Ⅰ：34）。戴软脚幞头，长发及肩，发端反翘。眼眶深陷，双目鼓突，鼻梁较短，中部内折，鼻翼肥大，颧骨突出，双唇残，阔口，嘴角露獠牙。颈肌凸露，喉结粗大。裸上身，着裲裆甲。身甲与腿裙连为一体，腿裙至双膝处。身甲肩带系袢，饰圆护。胸系束甲索。腰系双带扣双鸵尾革带。身甲与腿裙甲叶皆为乌锤甲，铆钉铆接。身饰披帛，环绕于头后，经双肩下垂于体侧。臂钏，腕镯。左手横置胸前握拳，右手前臂残断，似扛持棒状物，物下端残毁。左腿隐，右腿赤裸，足环，跣足立于云台上。

右力士像　立像高180厘米，头长31厘米，肩宽50厘米，胸厚15厘米（图版Ⅰ：35）。长发作牛角形上飘。前额饰一骷髅头。眉骨隆起，眼眶深陷，双目圆睁，鼻翼粗大（残），颧骨高突，张口露齿，面相丑怪。颈肌凸显，项下饰三具骷髅头。裸上身，腰系带，下着短裙。身饰披帛，绕头后呈环形，经双肩沿体侧下垂。臂钏，腕镯，左手横置腹前，指残，握持剑鞘底端。剑鞘饰图案装饰，斜靠左肩，长105厘米；柄呈葫芦形，系垂双带，带绕鞘下垂。右臂绕蛇上举，前臂残断。左足环，跣足立于云台；右足不现。

（二）左侧壁

刻立像3身。自内向外，编为第1—3像（图30；图版Ⅰ：36）。

图 25　第 5 号龛立面图

图 26　第 5 号龛剖面图

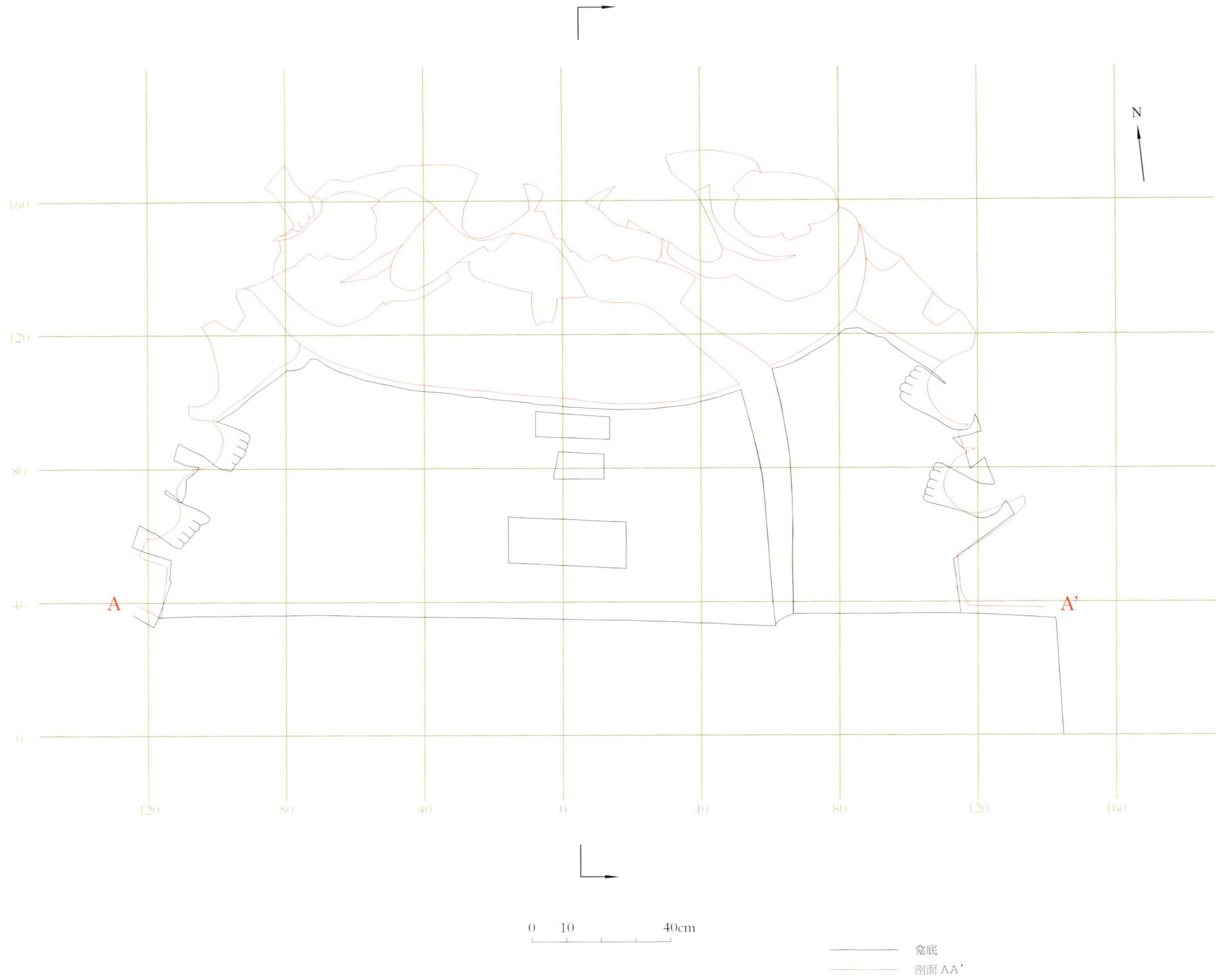

图 27　第 5 号龛平面图

第1像　立像高175厘米，头长37厘米，肩宽37厘米，胸厚18厘米（图31；图版Ⅰ：37）。梳丛髻，立面呈门字形。戴饰物。长圆脸，双眼细小，眼角上挑，鼻稍残，嘴小，唇微闭。颈刻三道肉褶线。上身内着圆形翻领宽袖长服，外着宽博披巾，下着长裙。裙腰上束至胸，腰带作结后，于腹前系于圆璧上，再长垂至双足间。身饰璎珞，胸前下垂三道，中道长垂至小腿间，左右两道交会于中道腹前的方形饰物上。此外，三道璎珞间上部再横施一道珠串，并垂有三枚桃形坠饰。披巾两端窄收为带，垂腹前两道，敷搭前臂下垂体侧。左手腕镯，横置胸前托钵。钵直径16厘米，高9厘米。钵盛莲花、莲苞及团花等物。右手贴体下垂。着云头履，立于云台上。云台高13厘米，显露宽30厘米，最深21厘米。

第2像　立像高174厘米，头长40厘米，肩宽43厘米，胸厚14厘米（图版Ⅰ：38）。戴束发高冠，冠顶饰两支长翎，翎长约36厘米。冠下罩巾，于下颌作结。面清秀，双眼细长，直鼻，鼻端稍残，双唇微闭。内着圆领宽袖服，外披交领宽袖长服，下着长裙。衣纹线条竖直密集，流畅生动。裙腰上束至胸，腰带系蝴蝶结后分两道下垂。双手于胸前捧一盏，盏高4.5厘米，宽17厘米，略残。

第3像　立像高115厘米，头长27厘米，肩宽40厘米，胸厚25厘米（图版Ⅰ：39）。身材矮肥。戴束发箍，蓄长发，发带作结下垂；垂鬓发，耳戴珠串。脸形方圆，双眼微鼓，鼻大部残，裂唇露齿，下颌前伸。颈粗短，戴项圈，下垂坠饰。斜披络腋，鼓腹露脐，腿短粗圆。着大口裤，缚裤。腰带扭作麻花状，下垂龛底。左臂大部残，右手腕镯。双手于右胸前捧坛，坛高26厘米，腹径18厘米。足环，跣足站立。

（三）右侧壁

因壁面坍塌，存立像2身，自内向外，编为第1—2像（图32；图版Ⅰ：40）。

图28　第5号龛造像展开图

第1像　壁面坍塌致造像裂为三段。且因后世拼接不善，又使各段严重错位。立像高163厘米，头长25厘米，肩宽52厘米，胸厚20厘米（图版Ⅰ：41）。头戴兜鍪，顿项翻卷，颔下系结。脸形方圆，双目圆睁。内着袍服，外着甲，腿裙止于双膝之下；下着长裤。腰系双带扣双鸵尾革带。腿裙镶包边，下缘垂坠打褶的装饰。腿裙下露出内着的袍服，前摆呈尖角下垂。身饰披帛，垂于腹前，向上折叠后再折入腰带内。腕镯，双手下拄凤头斧，柄残。左足隐，右足着靴立于云台上。云台高13厘米，显露最宽35厘米，最深30厘米。

第2像　所处壁面坍塌，像为后期拼补而成。立像残高117厘米（图版Ⅰ：42）。额以上毁，脸形方正，双眼细长，连鬓长髯。胸及双臂残毁不清，可见胸前朝笏。下身同左壁第3像。该像身躯似分属不同的造像，上部为官吏形，下为奴仆形。

四　晚期遗迹

主像右前臂断毁处凿一圆孔，直径3厘米，深4厘米。

龛右侧岩体壁面残毁处现存上下两个长方形槽口。上部槽口高19厘米，宽6厘米，深6.5—10厘米；下部槽口高15厘米，宽5.5厘米，深5—9.5厘米。龛底纵向凿有三个方形凹槽，略呈纵向排列，分别距龛口56、43、16厘米。内侧方槽长21厘米，宽7.5厘米，深8厘米；中部方槽长13厘米，宽8厘米，深5厘米；外侧方槽长33厘米，宽14厘米，深8厘米。龛内斜向裂隙现以水泥粘补。龛口下部岩基以两级条石补砌，通高约43厘米；左端起于第4龛右下角，右端止于第8龛右下角，全长约495厘米。

龛壁及主尊头光表层涂红色涂层，其余部分存灰白色和黑色涂层。

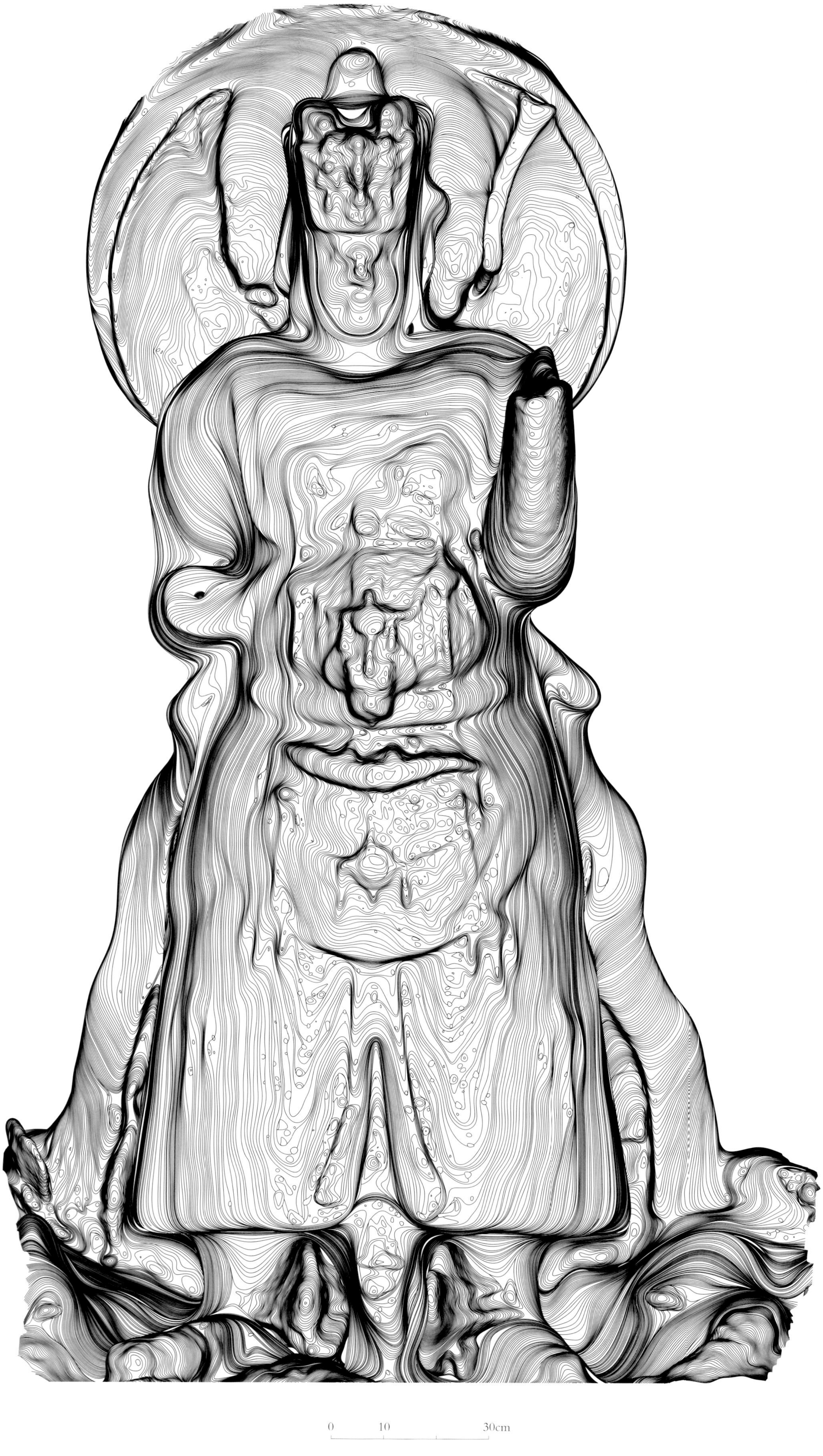

图 29　第 5 号龛主尊像等值线图

图 30　第 5 号龛左侧壁立面图

图 31　第 5 号龛左侧壁第 1 像效果图

图 32　第 5 号龛右侧壁立面图

第九节　第6号

一　位置

位于独立岩体西向壁面左端上方。左距第5号龛25厘米，右距第9号龛16厘米；上距岩顶46厘米，下距第7号龛约19厘米。龛口西向，方向276°。

二　形制

单层方形龛（图33、图34；图版Ⅰ：43）。

龛口　于岩体表面凿进6—10厘米，形成方形龛口。龛口左侧及左下半部毁，右半部外缘高97厘米，残宽70厘米；内缘高86厘米，残宽60厘米，至正壁最深28厘米。上沿、左沿毁；右沿形似门颊，宽9厘米，厚3.5厘米；下沿保存右侧部分，宽6厘米。龛口内缘右上角刻三角形斜撑，部分残，残高3厘米，宽6厘米。

龛底　略呈半圆形，左侧毁。

龛壁　弧壁，与龛顶作弧面相交。

龛顶　大部已毁。

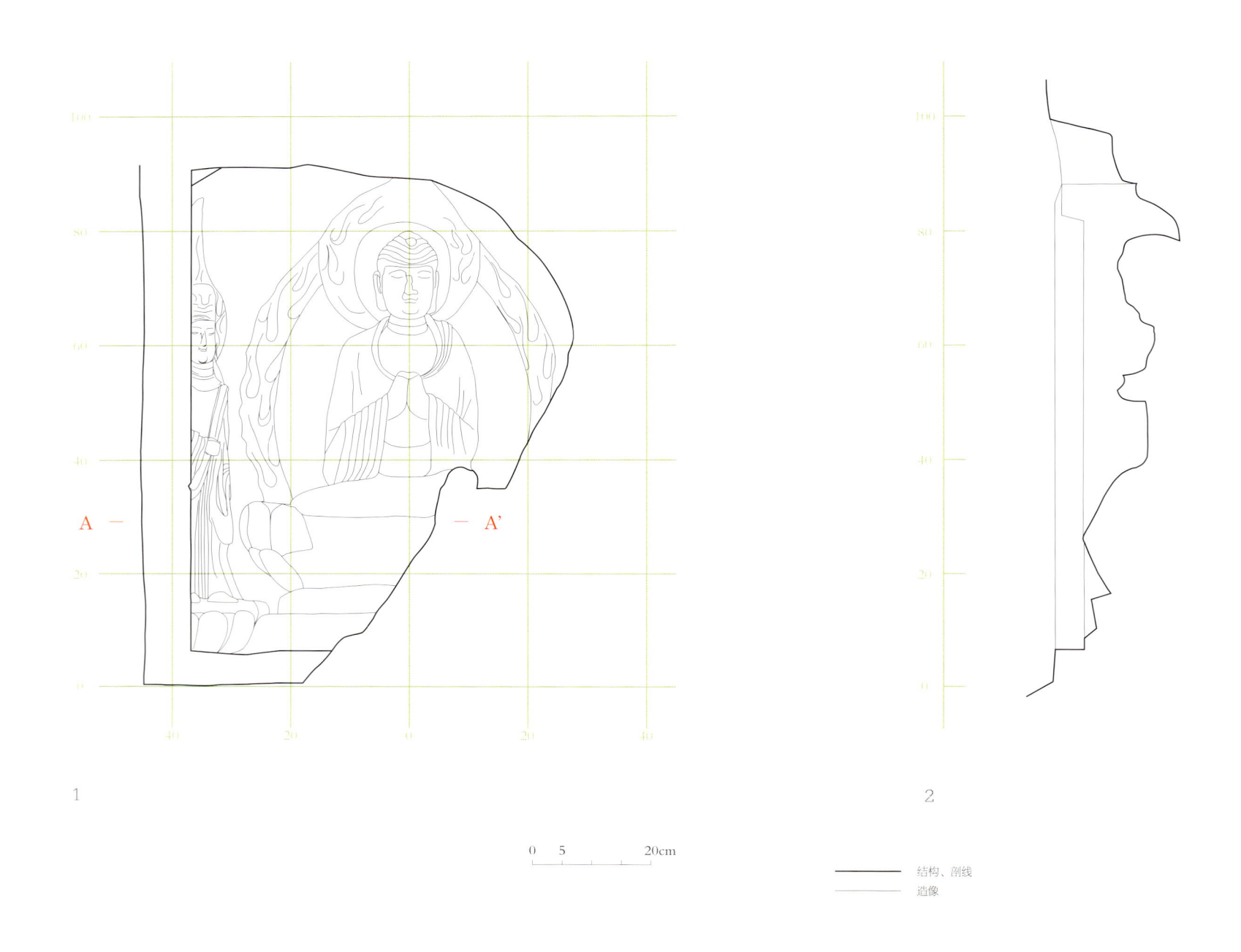

图33　第6号龛立、剖面图
1　立面图　2　剖面图

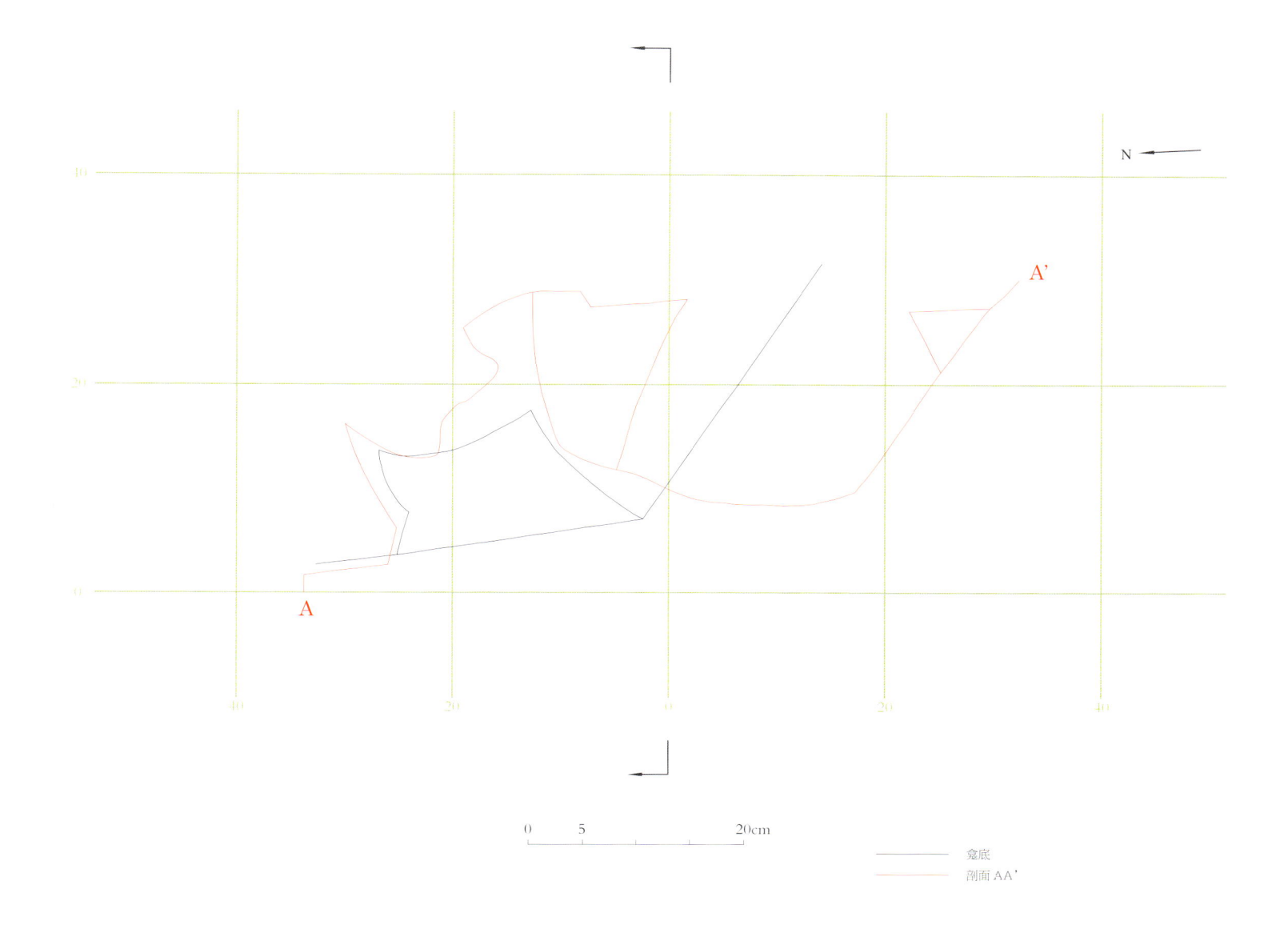

图34　第6号龛平面图

三　造像

龛内存像2身。正壁刻主尊佛像1身，右壁刻菩萨立像1身。左壁岩体脱落，后世将造像拼接至第7号龛左侧下部（图33-1；图版Ⅰ：43）。

主尊佛像　坐像高50厘米，头长16厘米，肩宽22厘米，胸厚14厘米（图35）。浮雕桃形头光和椭圆形身光，内皆素面，外饰火焰纹，身光左下部残毁；头光横径30厘米，身光最宽55厘米，高58厘米。高肉髻，水波纹发。脸方圆，面模糊，颈刻两道肉褶线。着圆领通肩袈裟，双手合十，指残；身下部残毁甚重，似结跏趺坐于束腰仰莲座上。座残，可辨上部的双重仰莲台；座通高27厘米，残宽29厘米，深28厘米。

右壁造像　立像高57厘米，头长14厘米，肩宽12厘米，胸厚5厘米（图版Ⅰ：44）。浮雕桃形头光，内素面，外饰火焰纹，横径18厘米。梳高髻，戴冠，冠带作结下垂，垂发披肩。长圆脸，眉眼细长，棱鼻小口，颈刻两道肉褶线。上着宽博披巾，下着长裙，胸饰璎珞。披巾两端窄收为带，敷搭前臂后，沿体侧下垂。左手握持披巾，右手握持剑状物，物长20厘米。跣足立于单层仰莲台上。台高6厘米，直径14厘米。

图35　第6号龛主尊像效果图

第十节　第7号

一　位置

位于第6号龛下方。左缘即是岩体残毁边缘，右距第9号龛约14厘米；上距第6号龛约19厘米，下距第8号龛约30厘米。龛口西向，方向276°。

二　形制

龛残，形制不明，存部分弧形龛壁（图36；图版Ⅰ：45）。

三　造像

龛内存残像5身。正壁中刻主尊，左、右侧各刻侍女像1身，左壁造像不存，右壁存立像2身（图36；图版Ⅰ：45）。

主尊及侍女像　主尊为女像，坐像高61厘米，身躯断裂为上、下两部分，现以水泥补接。头髻，面模糊，身躯大部残。手势、坐姿不清，躯体下部存裙摆和腰带遗迹。左侍女仅可辨头和发髻轮廓。右侍女立像残高37厘米。头顶剥蚀，梳髻，圆脸，面模糊。似着对襟长服，双手笼袖内托圆状物，物难辨。

左侧下部像　存双膝以下躯体，残高13厘米。可辨长裙及体侧披帛遗迹。跣足立于单层仰莲台上。像右侧为一莲座的残脱部分。比对发现，该残脱莲座与第6号龛主尊莲座残脱部分较吻合，故疑此像原为第6号龛左壁造像。

右壁造像　存2身。内侧像为男像。立像高46厘米。头顶残蚀，面模糊。上身内着窄袖服，外披交领短袖衫，下着裙。左手置腰际，右手举胸前，手大部残。足毁。外侧像为女像，存部分躯体，立像残高40厘米。可辨头部左侧发髻，左臂屈肘上举，似持物。

图36　第7号龛立面图

第十一节　第8号

一　位置

位于第7号龛下方。左距南向壁面第5号龛23厘米，右距第9号龛25厘米；上距第8号龛约30厘米，下距长廊地坪42厘米。龛口西向，方向273°。

二　形制

龛上部已毁，从现存遗迹看，似为单层圆拱龛（图37；图版Ⅰ：46）。龛口残高93厘米，宽93厘米，深45厘米。龛底呈半圆形，龛壁为弧壁。

三　造像

龛内刻坐像1身（图37-2；图版Ⅰ：46）。坐像残高58厘米。头毁，躯体剥蚀，似着袈裟；袈裟下摆覆于圆座上。两腋间刻有钩状衣纹，小腿前刻疏朗的横向衣纹。双手置腹前似结印，结跏趺坐于圆台上，台覆帱垫。座通高20厘米，直径64厘米；中部向外凸出，略残。

四　晚期遗迹

坐像颈部凿一方孔，边宽3厘米，深6厘米。

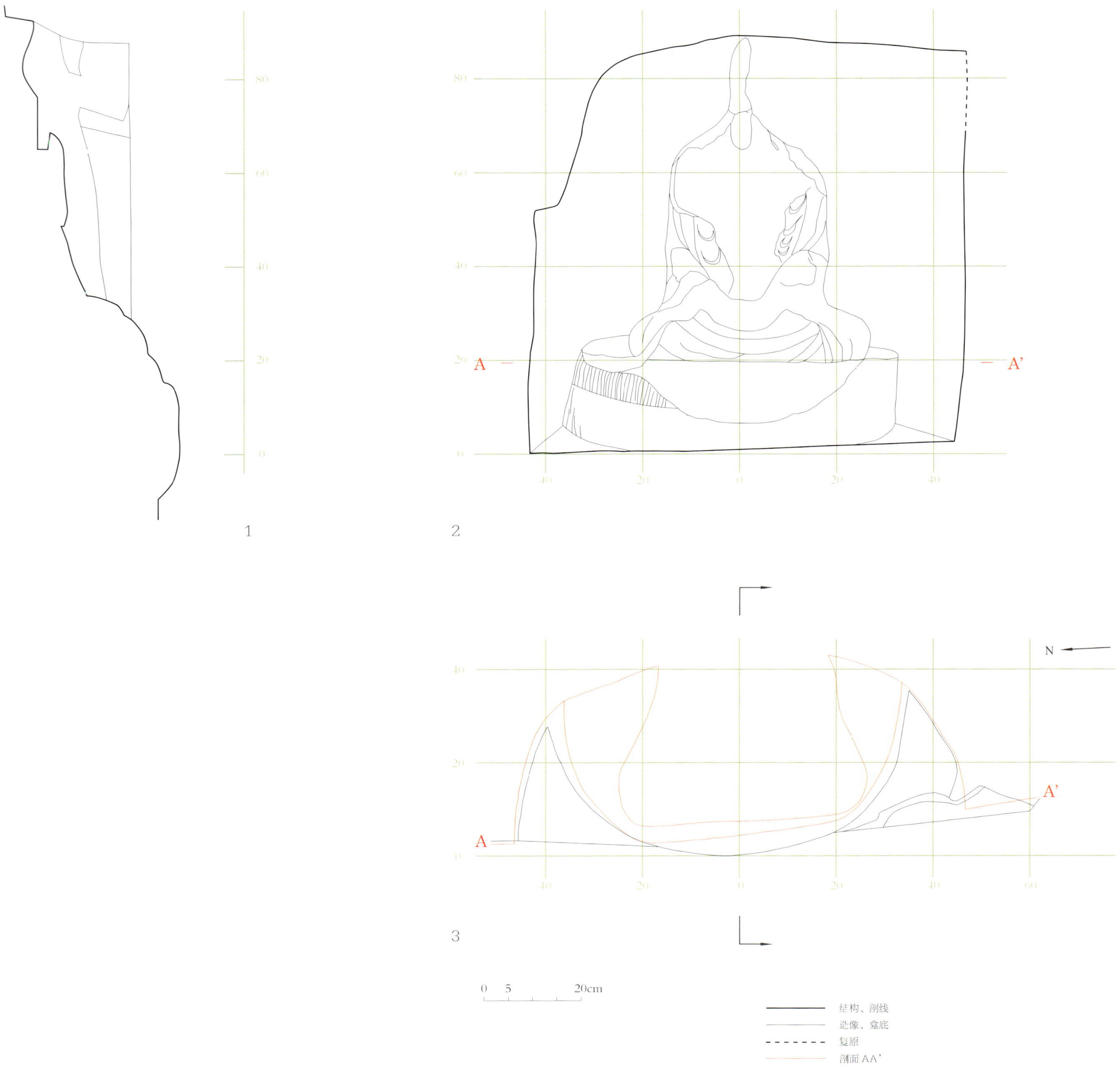

图 37　第 8 号龛平、立、剖面图
1　剖面图　2　立面图　3　平面图

第十二节　第9号

一　位置

位于独立岩体西向壁面偏左位置。左距第6号龛16厘米，右紧邻第10号龛；上距岩顶83厘米，下距地坪45厘米。

龛口略西向，方向284°。

二　形制

单层方形龛（图38、图39、图40、图42、图43、图44；图版Ⅰ：47、图版Ⅰ：51、图版Ⅰ：56、图版Ⅰ：61）。

龛口　与第10号龛处于同一开凿界面内。向岩体内凿进约45厘米，形成方形龛口。龛口外缘高324厘米，宽292厘米；内缘高291厘米，宽244.5厘米，至正壁最深140厘米。左沿中下、右沿中偏下部位略残，左沿宽20.5厘米，右沿宽23.5厘米；上沿完整，宽26厘米，下沿存左端，宽13.5厘米。内缘左、右上角刻三角形斜撑，高15厘米，宽12.5厘米，厚5厘米，斜边弧形，低于沿面2厘米。

龛底　近似方形。晚期从原龛底向下凿进12厘米形成现龛底，内侧中部被改作显露三面的低台，高10厘米，每面边长不等，约52—65.5厘米；外侧中部补嵌三块石板，与现龛底齐平。

龛壁　正壁自龛底向上建三级低坛，高分别为32、69、100厘米，深分别为15、19.5、11.5厘米。正壁与左、右侧壁略垂直相交；三壁均与龛顶呈垂直相交。

龛顶　平顶，略呈半圆形；外缘宽240厘米，最深135厘米。

三　造像

龛内造像按其位置，分为正壁、左壁、右壁、龛顶四部分（图41；图版Ⅰ：47）。

（一）正壁

正壁刻主尊千手观音像，其座台左右各刻像1身。

主尊像　坐像高193厘米，头长49厘米，肩宽50厘米，胸厚28厘米（图38；图版Ⅰ：48）。戴化佛冠，冠高20厘米。冠下缘饰联珠纹，其下坠饰连接的珠串。冠正下方刻两枝花蔓，向两侧和上方铺陈。两枝花蔓间夹一带茎莲座，座上为一结跏趺坐佛像，坐像高5.5厘米，头长2厘米，肩宽2.5厘米，胸厚0.8厘米，面残蚀，着袈裟，双手置腹前笼于袖内，身后浅浮雕桃形背光。观音脸形长圆，眉眼细长，额正中竖刻一眼，直鼻小口，颈刻两道肉褶线。双耳下侧，左、右肩及胸部被后人改刻，存纵向凿痕。披巾自双肩沿胸腹下垂，于腿间交叠后敷搭于置腿上的两前臂上，再垂于座前。下着长裙，下摆衣纹折叠密集，底端露出里侧百褶裙裙边。腰系带，当腹前下垂，于两腿间作蝴蝶结垂至双足间。戴项圈，下垂三条璎珞，于胸前交结于一圆形饰物上，再作三条下垂。当中一条垂双腿间并贴于下垂的腰带上，左、右两条垂至两小腿绕于腿后，腿前连缀有菱形、圆形饰物组合的坠饰。双腿下垂，倚坐于方形束腰须弥座上。座高96厘米，宽149厘米，厚54厘米，上、下枋线刻方框。跣足，足背残损，踏于座前双莲上。莲台显露高20厘米，径38厘米。双莲间刻一莲苞，莲下刻两张莲叶。

菩萨身上共刻42只手。按其位置可分作8只正手和34只侧手。8只正手作如下布列：两手举至头顶，双手捧佛像，腕镯。佛像坐高15厘米，头长5厘米，肩宽6厘米，胸厚2厘米；面部残蚀，着袈裟，左手置腹前托钵，右手抚小腿，结跏趺坐于莲座上；座座高4厘米，径15厘米；身后饰桃形背光，背光分作桃形头光和椭圆形身光。两手于胸前合掌，指残，腕镯。两手于腹前结禅定印，腕镯。两手分置膝上，食指与小指皆前伸，余指卷曲，左手持数珠，右手握桃形环状饰物。34只侧手分列于身侧，左、右各17只，大多残断。按从上至下、从里至外的顺序，依次编为左1-17号、右1-17号，现将手臂现状及持物列入表2。

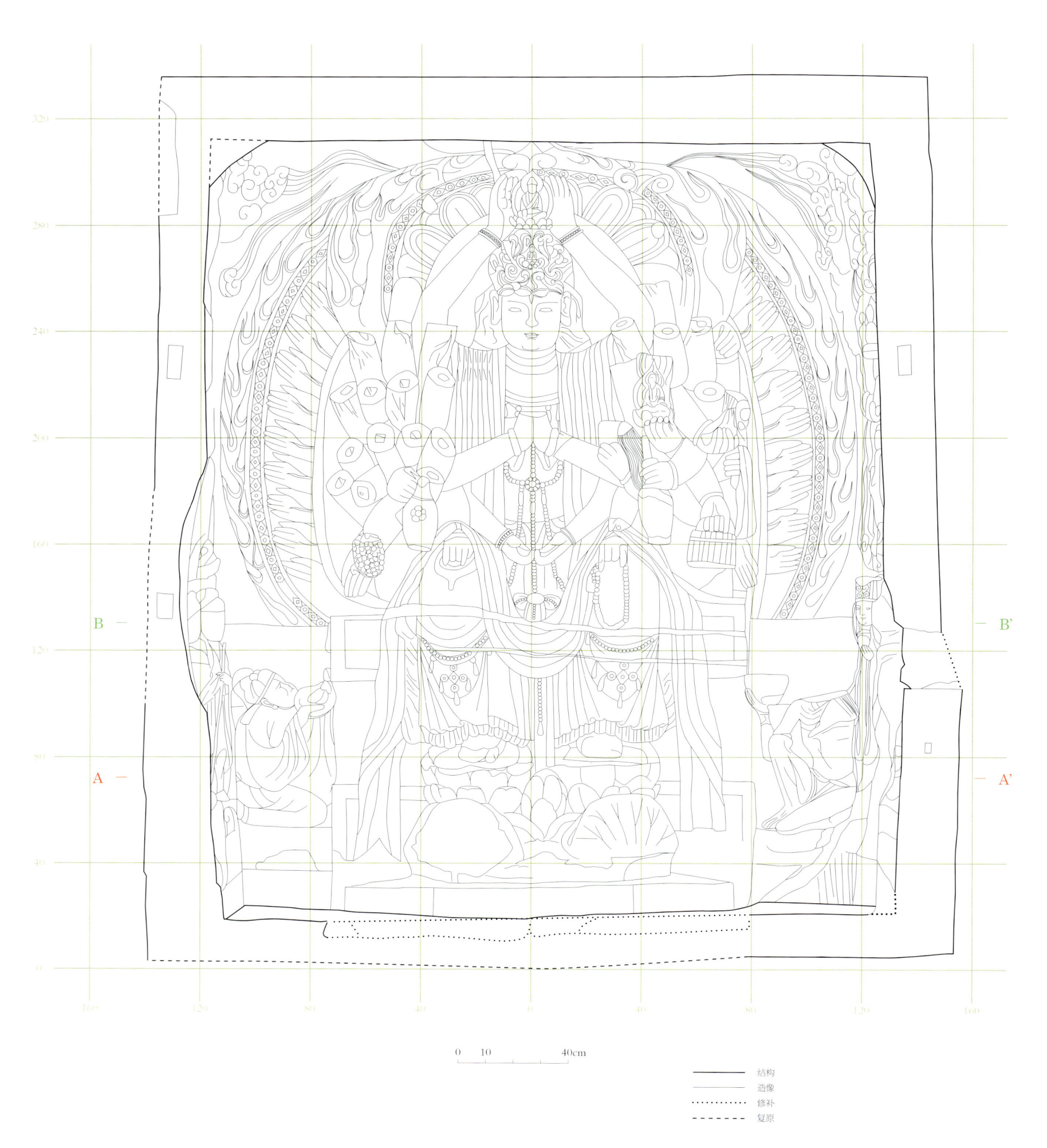

图38 第9号龛立面图

图 39　第 9 号龛剖面图

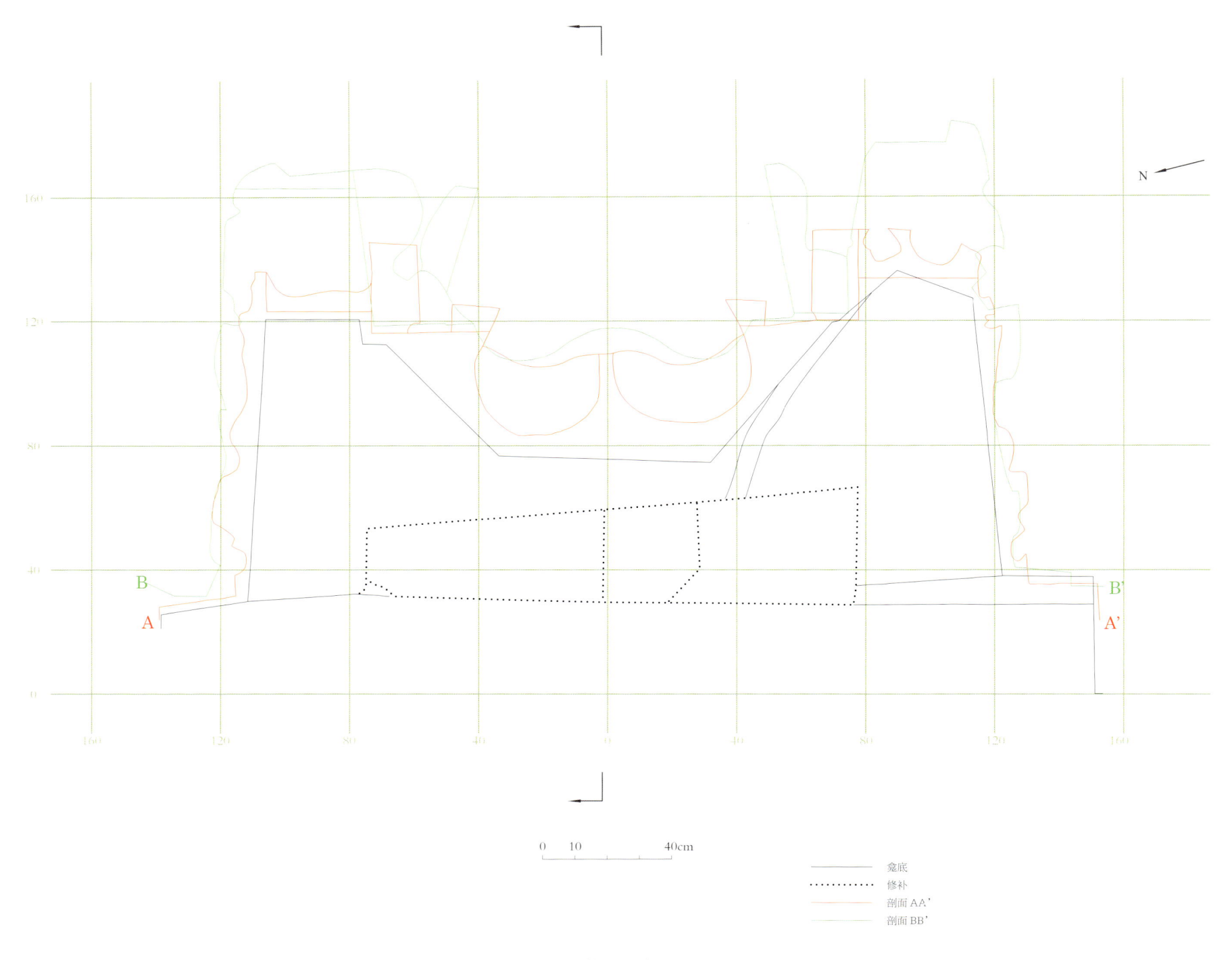

图40　第9号龛平面图

表2　第9号龛主尊菩萨身侧左右手臂现状及持物简表

编号（左）	手臂现状	手执物	编号（右）	手臂现状	手执物
1	残断，残长18厘米。	残断处上方存一如意头云纹，从位置关系看，疑为该手执物。	1	残断，残长25厘米。	残断处上方少许残损物，从位置关系看，疑为该手执物，无法辨识。
2	残断，残长26厘米。	不存	2	残断，残长22厘米。	不存
3	残断，残长23厘米。	不存	3	残断，残长22厘米。	不存
4	残断，残长20厘米。	不存	4	残断，残长17厘米。	不存
5	手臂长38厘米，手指卷曲，作握持状，腕镯。	残损不辨	5	残断，残长21厘米。	不存
6	残断，残长5厘米。	不存	6	残断，残长19厘米。	不存
7	掌心向上托物，手臂残长40厘米。	残毁难辨	7	残断，残长13厘米。	不存
8	残断，残长25厘米。	不存	8	残断，残长17厘米。	不存

续表2

编号（左）	手臂现状	手执物	编号（右）	手臂现状	手执物
9	掌心向上，作平托状，长34厘米。	化佛。头大部残，残坐像高14厘米，身着袈裟，左手抱持小腿，右手置胸前残，结跏趺坐于仰莲台上。身后饰桃形背光，背光分作桃形头光和椭圆形身光。	9	残断，残长15厘米。	不存
10	手臂长29厘米。腕镯，作托举状。	螺形物，高15厘米，宽16厘米，厚8厘米。	10	残断，残长13厘米。	不存
11	手臂平伸，手指卷曲，作握持状，长33厘米。	残毁不辨。残高17厘米，宽13厘米，厚5厘米。	11	残断，残长5厘米。	不存
12	残断，残长31厘米。	不存	12	残断，残长8厘米。	不存
13	手指卷曲，作轻握状。	手上方存一拂尘，不见执柄。	13	残断，残长23厘米。	不存
14	手臂前伸，长20厘米。手指卷曲作紧握状。	旁牌。高34厘米，宽20厘米，厚4厘米。	14	手臂前伸，长36厘米。手指弯曲作拳握状。	宝瓶。颈残，残高24厘米，腹径13厘米。腹椭圆，正面线刻一朵宝花纹。
15	长44厘米。腕镯，手指卷曲，作握持状。	宝瓶。高39厘米，腹椭圆，颈较长。	15	残断，残长16厘米。	不存
16	略下垂，长40厘米。腕镯，四指弯曲作提携状。	宝箧。高18厘米，宽15厘米，厚9厘米。上有提系。	16	残断，残长18厘米。	不存
17	垂于左侧最下端。长42厘米。五指前伸，掌心向外。	掌心流出液状物	17	垂于右侧最下端。长38厘米。手指平伸，掌心向外。	一串葡萄。上部略残，高14厘米，宽10厘米，最厚9厘米。葡萄右侧有一不规则状物，似钱币。

观音身后浮雕桃形背光，最宽217厘米。背光分作桃形头光和椭圆形身光。头光外侧装饰分作三层：第一层饰莲瓣，宽约19厘米；第二层为菱形和圆形相间的纹饰；第三层饰火焰纹。身光外侧装饰也分三层：第一层环状排列手掌，左侧9只，右侧10只，每掌掌心线刻一眼，掌心向外；第二层在条状界栏内装饰菱形和圆形相间的纹饰；第三层饰火焰纹。

左侧像　刻于主尊菩萨座的左侧，头颈已毁，跪像残高47.5厘米，肩宽23厘米，胸厚12厘米（图版Ⅰ：49）。上身赤裸，肩部残留绺状披发。胸骨、肋骨突显，瘦骨嶙峋，下着犊鼻裈。左手残断，右手托钵，作承接状，胡跪于低坛上。钵上方自菩萨左侧最下端手掌手心处，刻一注流汁状物注入钵内。

右侧像　跪像高56厘米，头长22厘米，肩宽22.5厘米，胸厚17厘米（图版Ⅰ：50）。戴软脚幞头，着圆领窄袖长服，仰面向主尊，屈膝跪地，双手置胸前执一大口袋，作承接状。袋子口沿处及须弥座上枋右侧各刻有一只小钱袋，小钱袋口沿刻有一枚圆形方孔钱，以示小钱袋自菩萨右侧最下端葡萄手内流入大口袋中。

（二）左壁

左壁造像从上至下可分作四层，各层从内至外又可分作内侧和外侧两组（图42；图版Ⅰ：51）。第一、二、三层造像均刻于浮雕的云纹内。其中，第一、二层云纹略作环状，高约47厘米，宽约53厘米，厚约8厘米；云尾右斜向上飘。第三层云纹作"L"形，厚约9厘米。第四层内侧造像刻于"L"形云纹内，外侧造像刻于不规整的山石上；云纹厚11厘米，山石高13—40厘米，宽89厘米。

第一层

内侧组　祥云中刻佛像5身，上二下三布置（图版Ⅰ：52）。头顶皆残，坐像高约16厘米，头长5.5厘米，肩宽7厘米，胸厚2厘米。浅浮雕桃形火焰纹头光，横径约8厘米，高约11厘米。脸形较圆，颈刻三道肉褶线，身着通肩袈裟，结跏趺坐于祥云所托的仰莲台上。上排两佛及下排中佛双手胸前托物，余两佛双手腹前结印。

外侧组　祥云中刻像3身（图版Ⅰ：52）。当中一像刻半身，高21厘米，作牛头马面状。上身赤裸，戴臂钏，腕镯，其身周围环列十二面圆鼓，双手持槌作敲击状。该像头上方刻一半身像，圆脸，腮下刻须髯，头似戴冠，身着圆领窄袖服，左手持羽扇，右手执一套柄器物。中像前侧刻一半身像，高20厘米，瞋目口突，长发后披，上身赤裸，双手似持蟒蛇，绕于头顶。

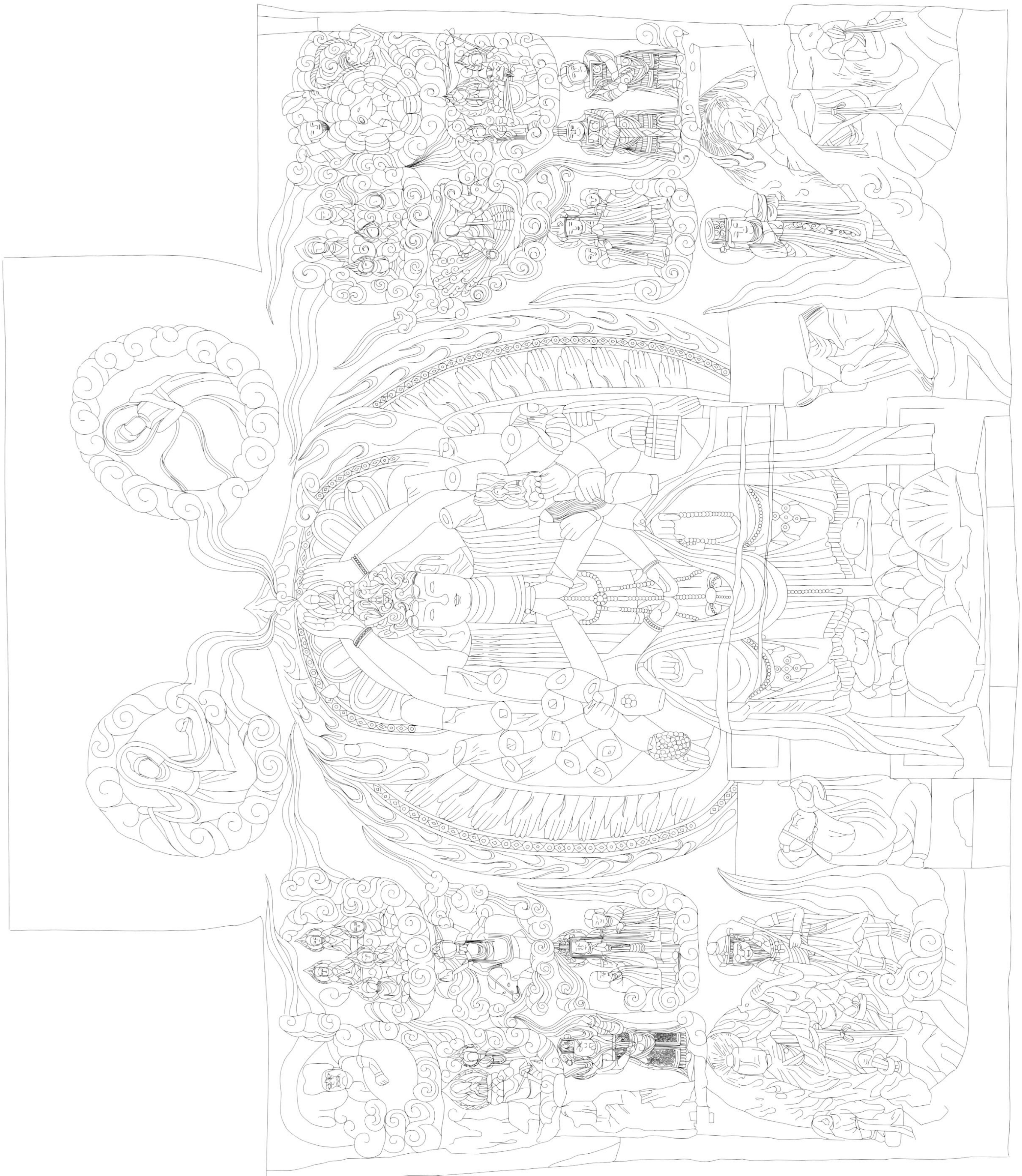

图41 第9号龛造像展开图

图 42　第 9 号龛左壁立面图

第二层

内侧组　祥云中刻像1身（图版Ⅰ：53）。像三面六臂，面蚀，结跏趺坐于一形似孔雀的飞禽背上，坐像高21厘米。肩覆宽博披巾，披巾于当胸处窄收为带，敷搭于胸前两手前臂上。似着袒右袈裟。上两臂屈肘上举，左手举秤，右手举曲尺。中两臂当胸合十。下两臂斜伸至下方，左手执飞禽颈部的项圈，右手持缰索。飞禽身长51厘米，尖喙，圆眼，冠宇低平，收敛羽翅，尾部上翘，尾羽前端内卷，作屏散状。

外侧组　祥云中刻像4身（图版Ⅰ：53）。中刻坐像1身，高18厘米。浅浮雕火焰纹桃形头光和身光。头光横径8厘米，身光横径17厘米，为皆圆形素面，外饰火焰纹。头残毁，冠带作蝴蝶结下垂。上着宽博披巾，下着裙。披巾于双肘部窄收为带，下垂于腹前相绕，再向上敷搭前臂，下垂于座台。双手合十，结跏趺坐于青狮背负的双层仰莲台上。莲台高5厘米，台面宽13厘米。狮背上敷搭鞯褥，颈下系铃铛，现出前两足和后右足。狮高约20.5厘米，长24厘米。狮身后右侧刻立像1身，高18厘米。头风化，身残蚀，双手牵扯缰绳，左腿前伸，右腿屈膝，双足隐于祥云内，身略后仰，作后拽状。狮头前左侧刻立像1身，高24厘米。浅浮雕火焰纹桃形头光，横径9厘米，内素面，外饰火焰。梳高髻，戴冠，冠带作结。上着披巾，下着长裙。双手持幡。双足隐于祥云内。狮尾后侧刻立像1身，高24厘米。双手持圆状物（似铙）。余略同狮头前左侧立像。

第三层

内侧组　刻立像3身（图版Ⅰ：54）。中间主像高50厘米，浅浮雕桃形火焰纹头光，横径18厘米；戴花冠，冠带作结下垂。脸方圆，眉眼细长，鼻残，小口，耳垂长。内着圆领衣，外着对襟宽袖服，后臂似着半臂，下着裙。双手合十，手残，足着鞋。主像左、右侧各立女童像1身，作搀扶主像状。二像体量相当，高约36厘米，齐耳短发，圆脸，细眼，鼻残，小口，躯体丰润，内着圆领衫，外着宽袖服，其中左侧童像左上臂似刻有半臂装束，足着圆头鞋。

外侧组　刻天王立像2身（图版Ⅰ：54），高约51厘米。左天王头戴盔，顶饰璎，顿项翻卷，下颌系带打结。头略左侧，面残蚀。内着袍，下着裤，缚裤，袍服袖口外翻，前摆于双腿间呈尖角下垂；外着甲，身甲、腹甲和腿裙连为一体。身甲肩带系结，当胸饰圆护。胸际、腰部系革带。腹前饰鹘尾。腿裙垂于双膝处，正面开衩；下缘镶包边，并垂带褶的装饰。腿裙开衩处贴袍服下垂一带，止于双足间。身饰披帛，下垂腹前作"U"形，两端相叠后折入腰带，下垂体侧。左手持弓，右手持矢。着鞋立祥云上。右天王高52厘米。头盔，顿项披垂。胸系束甲索，双手按持长剑。剑鞘线刻装饰纹样，并绕以剑穗。余同左天王像。

第四层

刻像3身（图版Ⅰ：55）。从内至外编为第1—3像。

第1像　为女像，高77厘米。浅浮雕圆形素面头光，直径24厘米，厚6厘米。头戴四方平顶冠，顶覆巾；冠带作结下垂。圆脸。上着圆领宽袖服，下着裙。双手胸前捧持一盘，内盛圆状物，物残。立于云内，足毁。

第2像　为力士，高75厘米。存火焰纹背光，左下侧残，残高60厘米，最宽57厘米。头、右臂、左腿均被改刻，现存凿痕。可辨着短裙，腰带作结长垂；右小腿屈膝，足环，赤足踏山石上。

第3像　头残，残高35厘米。身着宽博披巾，双手置胸前，似合十，胡跪山石上。

（三）右壁

右壁造像从上至下亦可分作四层，布局、云纹式样及规制与左壁相近（图43；图版Ⅰ：56）。

第一层

内侧组　祥云中亦刻佛像5身（图版Ⅰ：57），布局及造像特征与左壁第一层内侧组五佛大体相同。

外侧组　祥云中刻一半身像，高32厘米（图版Ⅰ：57）。束发，圆脸；裸上身，臂钏，腕镯，左手抱风袋，右手不现。

第二层

内侧组　祥云中刻像1身（图版Ⅰ：58），三面六臂，结跏趺坐于牛背上，坐像高25厘米。头戴冠，冠带作结下垂，面蚀。着宽博披巾。腕镯。胸前两手合十，上两手上举托日、月，下左手拽牛尾，下右手握缰绳；牛立于祥云上。

外侧组　刻像3身（图版Ⅰ：58）。中刻坐像1身，高17厘米。浅浮雕桃形头光和椭圆形身光（右侧蚀），边缘刻火焰纹；头光横径11厘米，身光最宽17厘米。像头残身溇，双手置于胸前，手残。结跏趺坐于大象背负的莲台上。座下刻象奴，高19厘米，戴冠，面风化，蓄须。上着圆领窄袖衫，下着裤。双手拽缰绳，身微曲，小腿不现。象头前刻立像1身，仅存躯体轮廓。象尾后刻立像1身，高25厘米，造像特征同左壁第二层外侧组狮尾后侧像。

第三层

内侧组　刻立像3身（图版Ⅰ：59），与左壁第三层内侧组造像特征大体相同。

外侧组　刻二天王（图版Ⅰ：59）。左天王立高54厘米。头戴四方冠，冠带作结。肩后浅浮雕牛角形火焰纹。内着袍，外着甲胄，胸系束甲索，腰系革带，悬挂小刀。腿裙止于双足，正面开衩，镶包边，下缘垂带褶的装饰，身饰披帛。左手托物（似塔），右手握腰带，着靴立祥云上。右天王，残蚀，被后人改刻，存凿痕，残高54厘米。

第四层

刻像3身（图版Ⅰ：60）。由内至外编为第1—3像。

第1像　立像高74厘米。浅浮雕圆形头光，横径23厘米，厚8厘米。束发，戴冠，冠带作结。面苍老，蓄须。身瘦，戴项圈，下垂坠饰，斜披络腋，下着短裙。臂钏，腕镯。左手持杖，右手持物，物难辨。足环，赤足立于云纹上。

第2像　残像立高74厘米。浅浮雕火焰纹背光，高78厘米，最宽63厘米。头、肩及双臂被改刻，存凿痕。戴项圈，上身似着短衫，下着短裙，裙腰外翻，腰带作结下垂。左腿屈膝，右脚直立，作弓步。小腿绕细蛇，足环，赤足踏山石上。

第3像　头、手皆毁，残像立高34厘米。余同左壁第四层第3像。

（四）龛顶

千手观音像化佛手顶端升出两道毫光，萦绕至龛顶，化作两朵圆环状祥云；云头上下高73厘米，左右宽60厘米，厚4厘米。云内减地各刻飞天1身，身相对（图44；图版Ⅰ：61）。

左飞天像　身略呈"⊃"形；身长45厘米。梳高髻，冠带作结下垂。脸形较圆，面模糊。戴项圈，下着长裙。披帛环状绕于头后，过双肩经两腋飘于身后。臂钏，腕镯，双手捧持一桃形物，物残难辨。双足隐于长裙内。

右飞天像　身略呈"C"形，身长49厘米。双手屈肘外展，左手持一盘，盘内盛一圆状物；右手齐腕残。现左足。余同左飞天。

四　铭文

佚名造大悲观世音像残记，晚唐。位于龛口外左下方下距地坪72厘米处。刻石面高46厘米，宽29厘米。文左起，竖刻8行，可辨43字，楷体，字径3厘米（图版Ⅱ：3）。

01　（漶）
02　（漶）□〔校〕司〔空使持节都督〕
03　（漶）
04　（漶）□〔靖〕泰□县安□□世
05　（漶）□宿世〔殃〕□〔愿〕□□
06　（漶）不自天□□□从地踊
07　（漶）□□□□大悲□召募良〔工镌〕
08　大悲观世音菩萨〔天龙〕□〔部〕众一龛[1]

五　晚期遗迹

龛外左右上角各存一枋孔，均高19厘米，宽15厘米，深8厘米。龛左右沿中部各凿上下两枋孔，左右对称，均高11厘米，宽5厘

---

[1] 陈明光将本则铭文录为：（残）□□□□〔寨面西〕□□/（残）□校司空〔使持节都督〕/（残）□□□□□□□□/（残）□〔靖〕泰□县安□□〔世〕/（残）□宿世殃□〔唯〕愿□□/（残）不自天□□□从地踊/（残）□□□□大悲〔心〕召募良工镌/大悲观世音菩萨〔天龙〕□部众一龛。陈明光：《大足北山佛湾发现开创者造像镌记》，《四川文物》2007年第3期，第96页。

图 43　第 9 号龛右壁立面图

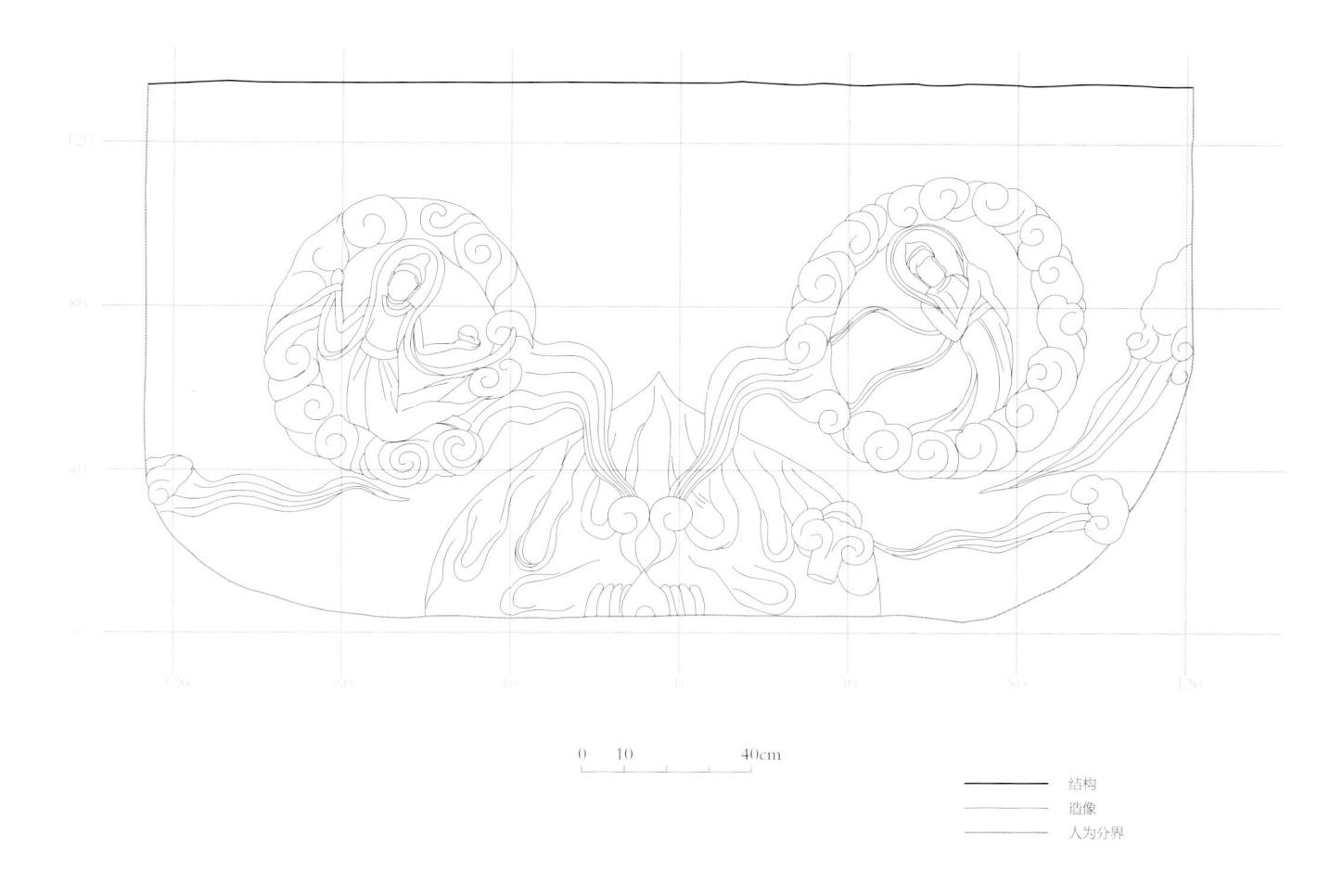

图44　第9号龛龛顶仰视图

米，深8厘米；其中，左沿下部枋孔已毁。龛壁底部及龛底存明显的凿痕，似后期改刻所致。龛底前部及龛口下方各镶嵌两块石板。

千手观音像存四种涂层，辨为灰白色、红色、金箔、绿色；其背光存六种涂层，辨为灰白色、红色、黑色、绿色、蓝色、褐色。

正壁存红色涂层。左侧壁存六种涂层，辨为灰白色、红色、绿色、蓝色、褐色、黄色。右侧壁存七种涂层，辨为灰白色、红色、黑色、金箔、褐色、绿色、蓝色。龛顶存五种涂层，辨为灰白色、红色、黑色、蓝色、绿色。

第十三节　第9-1号

一　位置

位于第9、10号龛之间的沿面上部。左距第9号龛内缘6.5厘米；右距10号龛内缘5厘米；上距第9号龛开凿界面6厘米。龛口略西北向，方向281°。

二　形制

单层方形龛（图45；图版Ⅰ：62）。

龛口呈方形。龛沿仅左沿清晰，宽4厘米，其余沿面分界不明。龛口内缘高46厘米，宽37厘米，至后壁深11厘米。龛内缘左右上角凿三角形斜撑，斜边弧形；低于沿面0.5厘米。龛底呈方形，左右侧壁与正壁略垂直相交。左右侧壁与龛顶弧面相交，正壁与龛顶略垂直相交。龛顶为券顶。

三　造像

龛内刻像1身（图版Ⅰ：62），头毁，保留少许躯体轮廓，残高19厘米；似坐于莲台上。台大部毁，残高7厘米。

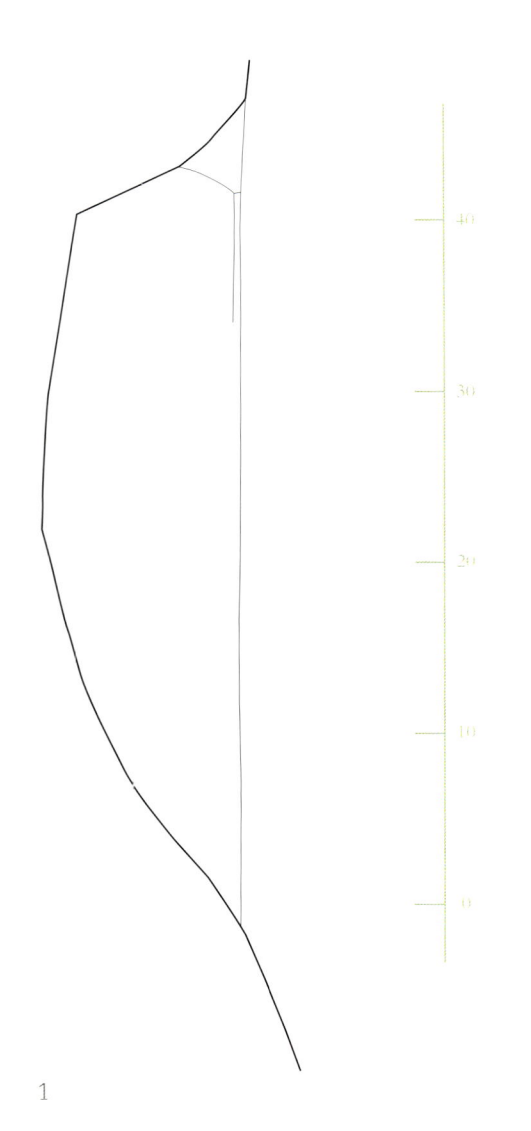

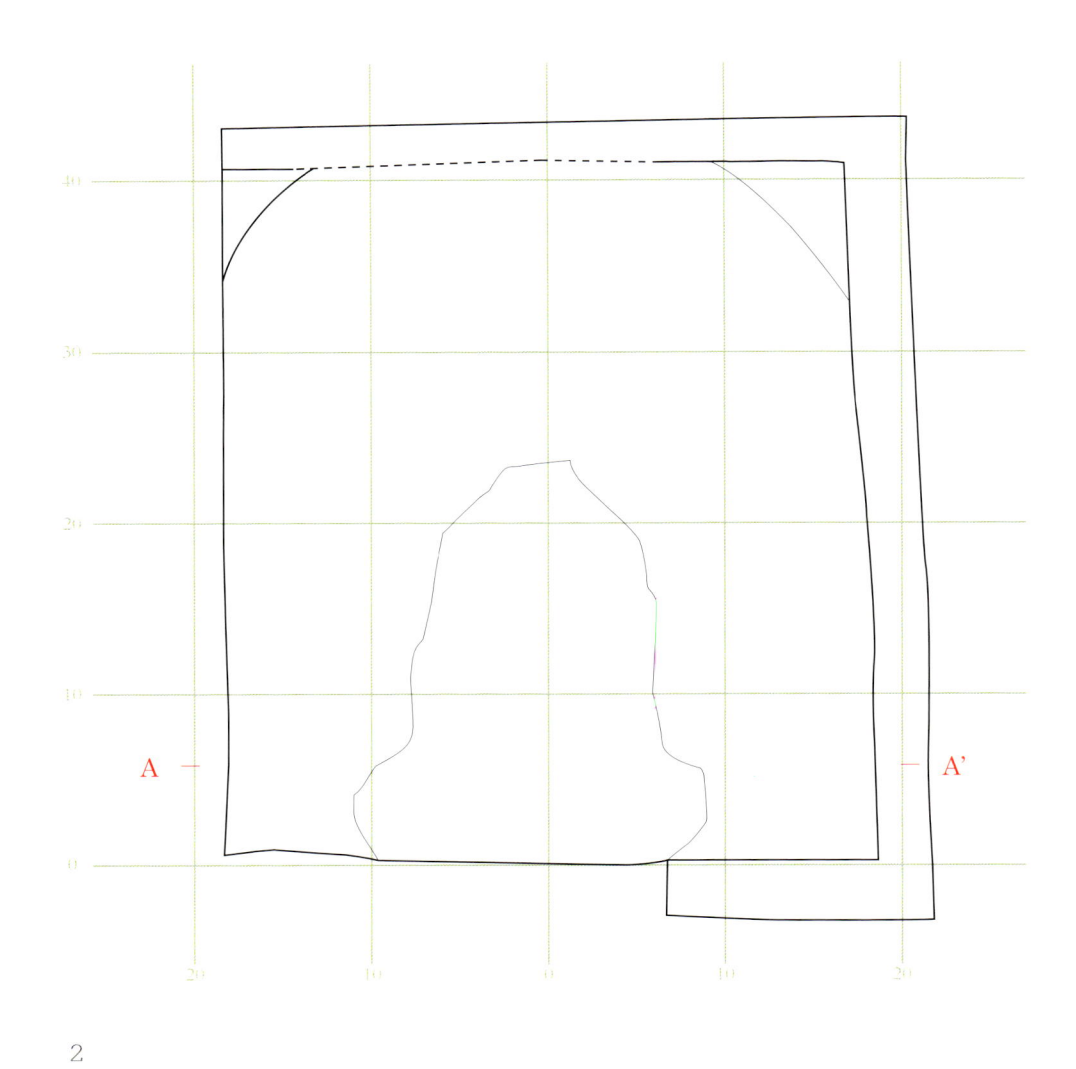

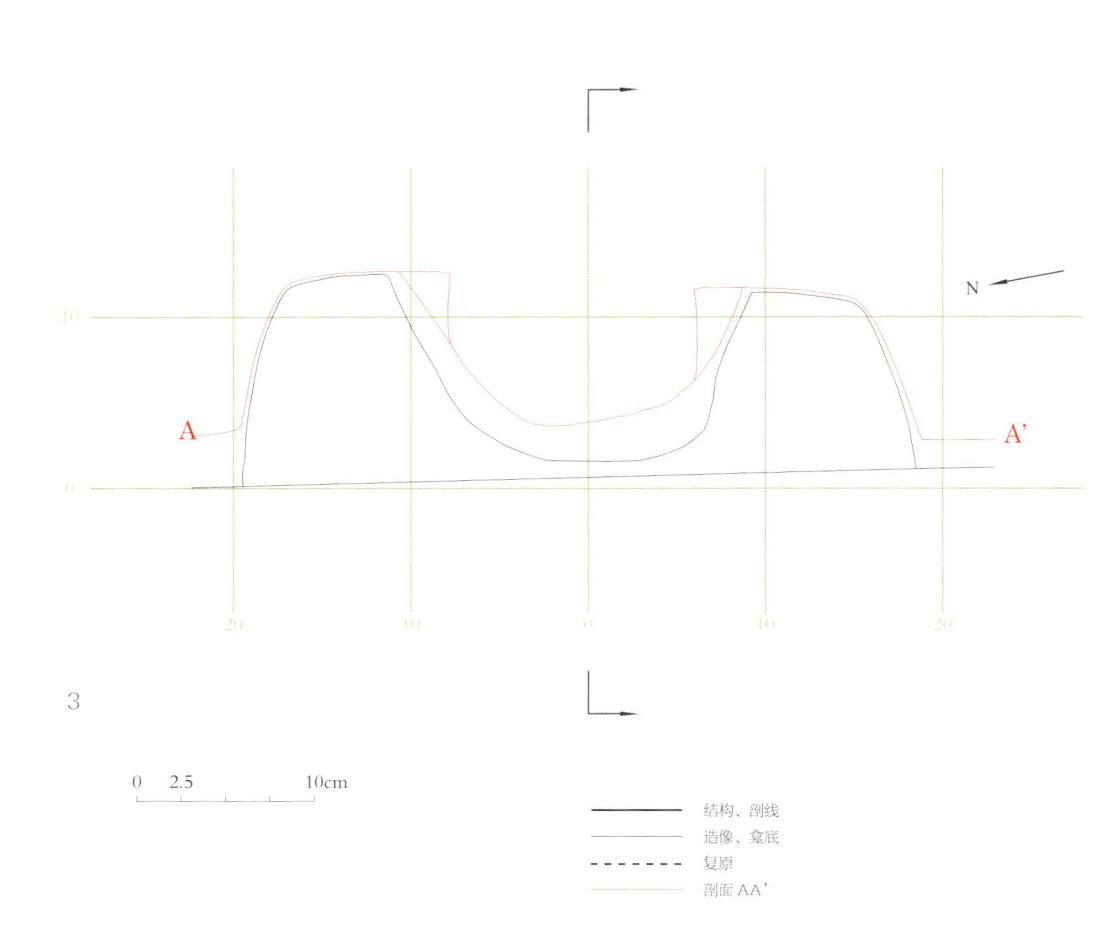

图45 第9-1号龛平、立、剖面图
1 剖面图　2 立面图　3 平面图

第十四节　第9-2号

一　位置

位于第9号龛右沿外侧中部。左侧岩体毁，后侧紧邻第7号龛，右距第9号龛右沿4.5厘米；上距第9号龛上沿外挑的岩檐152厘米，下距地坪162厘米。

龛口北向，方向350°。

二　形制

在岩体表面直接凿建龛口。龛残毁甚重，仅存正壁右侧少许和部分右侧壁。龛残高54厘米，宽12厘米，至后壁最深9.5厘米（图46；图版Ⅰ：63）。

三　造像

龛内造像毁（图版Ⅰ：63）。正壁上部残存少许线刻的圆形头光遗迹。

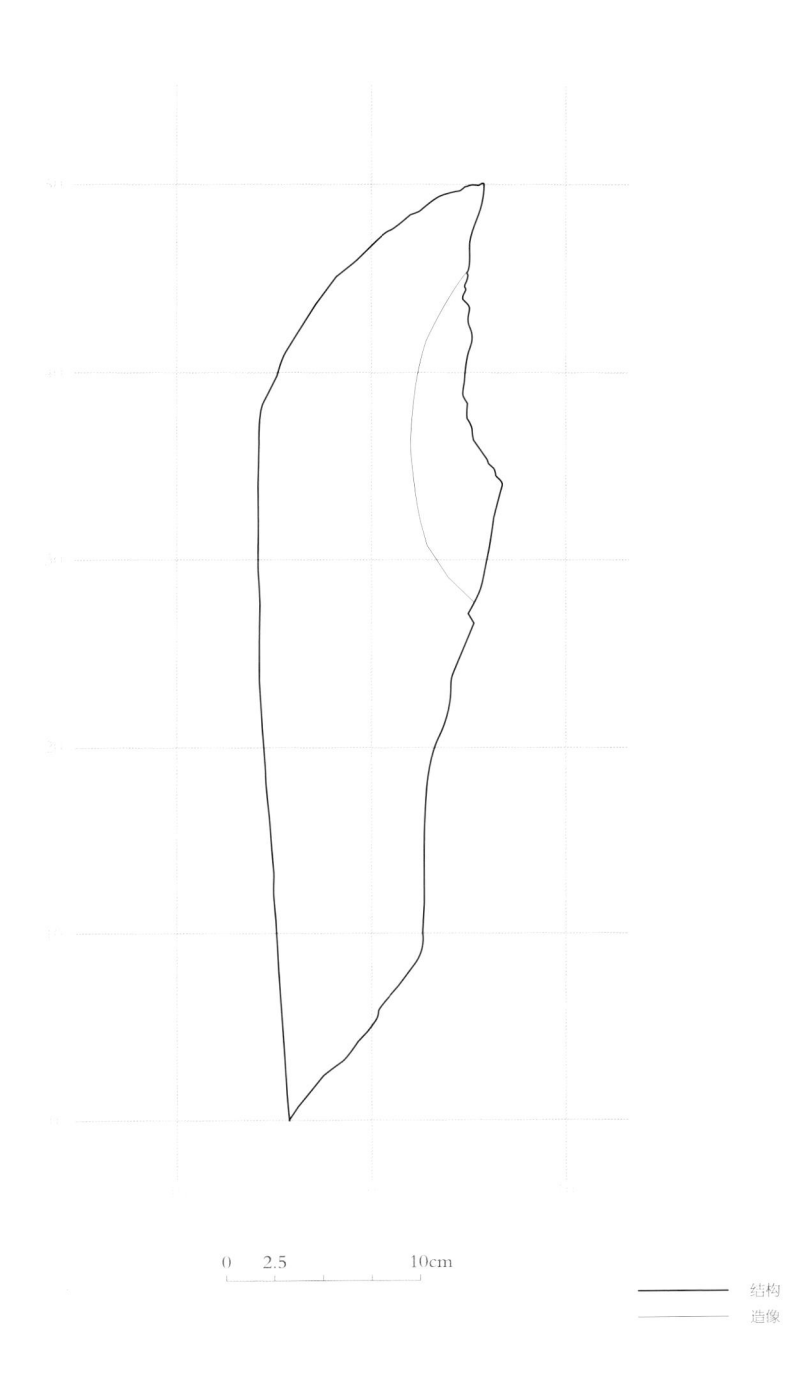

图46　第9-2号龛立面图

第十五节　第10号

一　位置

位于独立岩体西向壁面偏右位置。左紧邻第9号龛，右距第11号龛10厘米、第12号龛37厘米；上距岩顶83厘米，下距地坪61厘米。

龛口西向，方向279°。

二　形制

单层方形龛（图47、图48、图49、图51、图54、图55；图版Ⅰ：64、图版Ⅰ：68、图版Ⅰ：73、图版Ⅰ：78）。

龛口　与第9号龛共处同一开凿界面内，向岩体凿进约30厘米，形成方形龛口。龛口外缘高355厘米，宽366厘米；内缘高285厘米，宽312厘米，至正壁深193厘米。左沿部分残，宽28.5厘米。右沿上部存少许，宽29厘米；下部以条石补砌，并与原沿面纵向齐平；条石内侧刻出宽9—10厘米，高234厘米的平整面，与龛壁相接。上沿左侧部分残脱，宽33厘米。下沿宽40厘米。内缘左右上角凿三角形斜撑，高21厘米，宽24厘米，厚10厘米，斜边平直；低于沿面2毫米。

龛底　略呈半圆形。龛底内侧左右，各建低坛一级，高31厘米，弧长约168厘米，深约20—32厘米。龛底中部存一道斜向裂隙。

龛壁　弧壁，与龛顶略作垂直相交。

龛顶　平顶，呈半圆形；存纵向裂隙三道。

三　造像

龛内刻像27身。根据造像布置，划分为正壁、左侧壁、右侧壁、龛顶造像四部分（图50；图版Ⅰ：64）。除正壁主尊像外，左右侧壁下部造像皆刻于低坛上。

（一）正壁

正壁中刻主尊佛像，头部上方左右两侧各刻飞天1身。

主尊像　坐像高126厘米，头长39厘米，肩宽57厘米，胸厚26厘米（图版Ⅰ：65）。浮雕桃形火焰纹头光和椭圆形身光，头光横径84厘米，身光左侧残，残宽138厘米。头残，为后世泥塑重补。高肉髻、螺发，脸形方圆，双眼微闭，鼻梁较直，鼻翼稍残，双唇较厚，口微启，双耳垂长，短颈。双肩浑圆，胸厚实。内着僧祇支，外着双领下垂式袈裟，袈裟一端经腹前向上敷搭于左肩，衣摆覆于座前。左前臂及手背残，为后世以黄泥补塑完整，手抚膝；右前臂残，敷于残臂处的袈裟为后世以泥和棕毛补塑。结跏趺坐于束腰仰莲座上。座通高114厘米，上部为三层仰莲台，中部为束腰圆轮，下部为三阶叠涩圆台。像身后左右侧各刻一株菩提树，高256厘米，树冠繁茂。

佛像头部左右上方，对称布局，各刻飞天1身，均高约54厘米，浮雕桃形火焰纹头光，横径28厘米（图版Ⅰ：66、图版Ⅰ：67）。梳高髻，戴冠，冠带系结下垂；垂发披肩。脸形长圆，面部模糊。胸饰璎珞，上着披巾，下着长裤。披巾于腋下窄收为带，经双手肘部飘向身后。侧身胡跪于单层仰莲台上。莲台置于祥云云头，云尾斜飘。左飞天腕镯，双手胸前捧物，物残。右飞天左手抚膝，右手胸前托方形物。

（二）左侧壁

壁面内侧从内至外依次刻弟子、菩萨像；外侧下部前排为二天王像，后排为二金刚像；外侧上部为五佛像（图51；图版Ⅰ：68）。

弟子像　立像高142厘米，头长24厘米，肩宽32厘米，胸厚12厘米（图版Ⅰ：69）。光头，浮雕尖芒式圆形头光，横径44厘米，厚3厘米。面老，前额线刻三道皱纹，双眼细长，鼻残，颧骨突起，双唇微闭，耳垂长，喉突，颈肌凸现，胸骨显露。上着通肩袈

图47　第10号龛立面图

第二章　第1—12号

图 48　第 10 号龛剖面图

80　大足石刻全集　第一卷（上册）

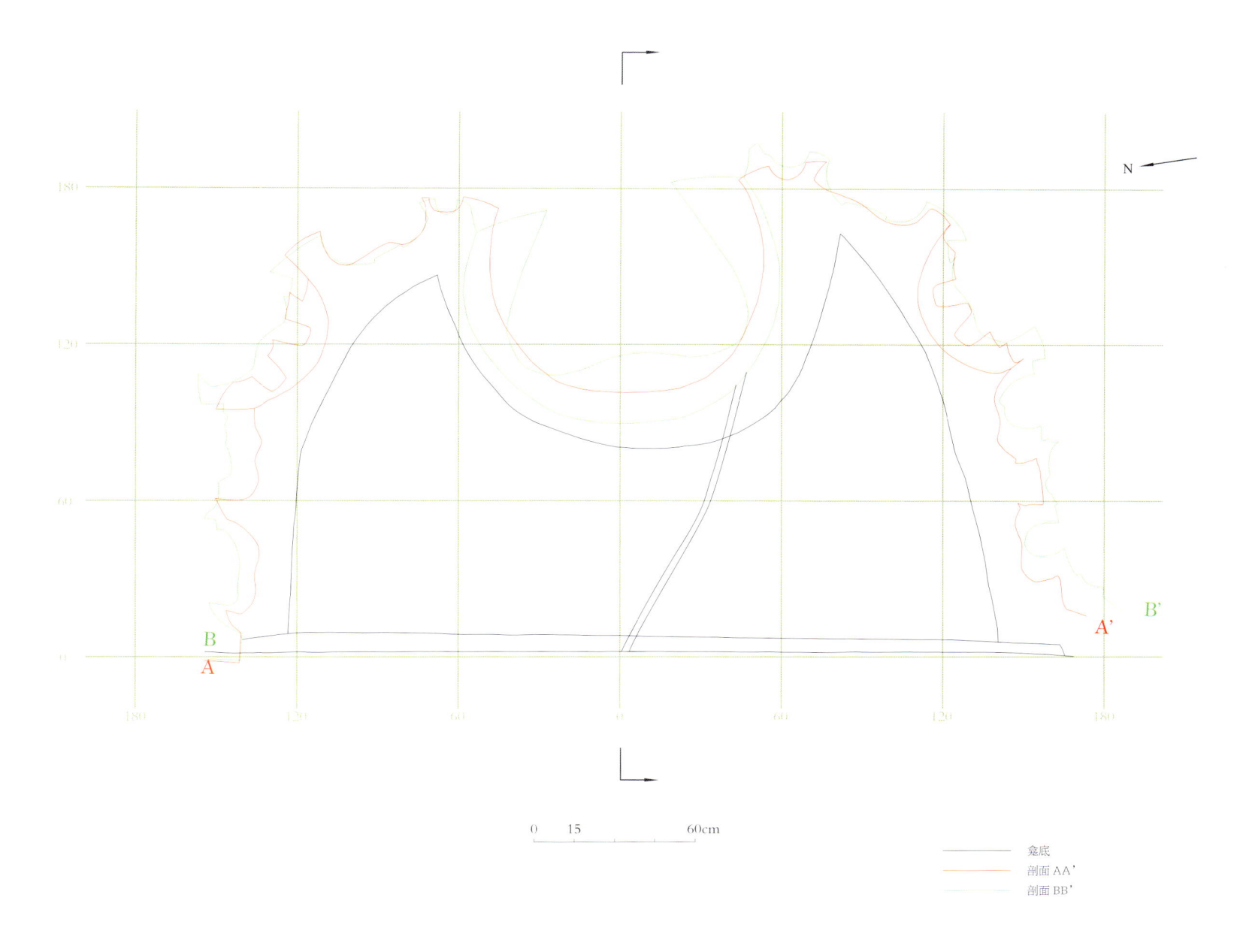

图 49　第 10 号龛平面图

袈，下着裙。双手合十，手指残毁；着鞋，立于方台上。方台露三面，各面线刻方框，方台高19厘米，边长约24.5厘米。

菩萨像　立像高180厘米，头长37厘米，肩宽37厘米，胸厚16厘米（图52；图版Ⅰ：70）。浮雕桃形火焰纹头光，横径68厘米，厚3厘米。高髻，垂发披肩。戴冠，冠正面上部刻化佛，下部刻放焰珠。露额发，鬓发绕耳。冠带作蝴蝶结后下垂。长圆脸，眉眼细长，鼻残，小口微启，双耳垂长，颈刻两道肉褶线。内着僧祇支，胸饰璎珞，珠串作三道下垂，中间一道下垂双足间，左右两道绕膝隐于身后。上着披巾，下着长裙。披巾于肘部窄收为带，敷搭前臂后，沿体侧下垂。裙腰外翻，腰带垂于双腿间。腕镯，双手持带茎莲。跣足立于双层仰莲台上。台高32厘米，直径55厘米。

二天王像　内侧立像高101厘米，头长18厘米，肩宽42厘米，胸厚15厘米（图53；图版Ⅰ：71）。浅浮雕圆形素面头光，横径33厘米，厚2.5厘米。戴盔，盔顶稍残，顿项翻卷，下颌系带作结。脸圆，面模糊。颈饰护项。内着袍服，袖口翻卷，前摆于腿间呈尖角下垂；下着长裤，缚裤。外罩甲，身甲、腹甲、腿甲连为一体。身甲以肩带系袢，左右胸饰圆护；胸、腰系革带，饰抱肚。腿裙正面开衩，镶包边，下缘镶缀带折的装饰。身饰飘带，飘带于腹前下垂呈"U"形，向上相叠后折入腰带内，再下垂体侧。腕镯，左手握持腰带；右臂屈肘，前臂残。着靴而立，双足略残。外侧立像高102厘米，头长17厘米，肩宽40厘米，胸厚13厘米。浅浮雕圆形素面头光，横径28厘米，厚2厘米。头顶残，顿项披垂，下颌系带打结。脸残蚀。胸系勒甲索。左手置于胸前，手大部残，右臂下垂，前臂残。衣饰同内侧像。二像身后刻云纹背屏，最高50厘米，宽66厘米。

二金刚像　内侧立像高78厘米，头长17厘米，肩宽25厘米，胸厚9厘米（图版Ⅰ：71）。浅浮雕圆形素面头光，横径27厘米，厚1厘米。发后梳，戴发箍，现额发；垂鬓发。冠带作结下垂。脸形较圆，五官依稀可辨。内着圆领窄袖袍，外着裲裆甲，腰系革带。双手持棍状物，物顶端膨大。外侧立像高95厘米，浅浮雕圆形素面头光，横径27厘米，厚1厘米。头毁，左肩残。上身衣饰不清，下着裙。双手胸前似持物，手及物大部残。二像双足隐于云纹背屏之内。

图 50 第 101 号龛造像及龛正壁图

82　大足石刻全集　第一卷（上册）

图 51　第 10 号龛左侧壁立面图

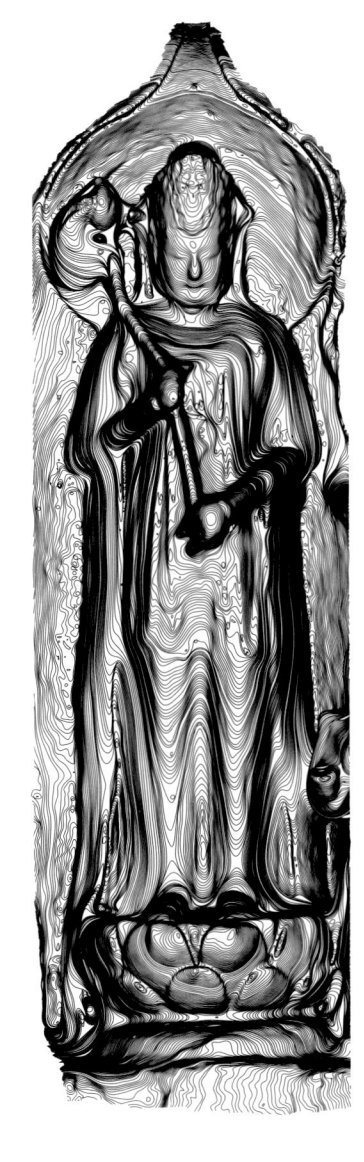

图 52　第 10 号龛左侧壁菩萨像等值线图　　　　　　　　图 53　第 10 号龛左侧壁内侧天王像效果图

五佛像　分上下两层布设，上层2身，下层3身（图版Ⅰ：72）。由上及下、由内至外，编为第1—5像。除第5像已毁外，其余像形体、坐姿、服饰、体量大体相当。坐像高25—35厘米，头长12厘米，肩宽15厘米，胸厚8厘米。浮雕桃形头光和椭圆形身光，内皆素面，边缘刻火焰纹；头光横径17厘米，身光最宽32厘米，厚皆为1.5厘米。肉髻突起，水波纹发。面长圆。上着通肩袈裟，下着裙。结跏趺坐于单层仰莲台上，台高6厘米，宽28厘米，深14厘米，置于蝌蚪形祥云上，云尾斜飘。其中，第1像和第2像双手于胸前笼于袈裟内；第3像头不存，双手于腹前结印；第4像头不存，双手于胸前结印。

（三）右侧壁

壁面内侧从内至外依次为弟子、菩萨像；外侧下部前排为二天王，后排为二金刚像；外侧上部为五佛像（图54；图版Ⅰ：73）。

弟子像　立像高152厘米，头长27厘米，肩宽34厘米，胸厚16厘米（图版Ⅰ：74）。浮雕尖芒式圆形头光，横径42厘米，厚4厘米。光头，脸形长圆。面少，双眼细长，鼻稍残，抿唇，双耳垂长，颈刻两道肉褶线。内着交领衫，外着袈裟，下着裙。双手似合十，手残。双足残缺，立于方台上。台残高17厘米。

菩萨像　立像高180厘米，头长37厘米，肩宽38厘米，胸厚13厘米（图版Ⅰ：75）。浮雕桃形头光，内圆素面，外饰火焰，横径约62厘米。梳高髻，垂发披肩。戴冠，冠正面刻化佛；露额发，鬓发绕耳。冠带作结下垂。双耳垂长，饰圆形耳饰，并垂珠串。脸形长圆，双颊饱满，双眼细长，棱鼻小口，下颌剥蚀。胸饰璎珞，珠串分三道，中间一道竖直下垂，左右两道绕双膝隐于身后。内着僧祇支，胸际系带作结，外着宽博披巾，下着裙。披巾于肘部窄收为带，垂于腹前两道，向上折叠后敷搭前臂，沿体侧下垂。裙腰外翻，腰带下垂双足间。腕镯，双手胸前捧持一横向的棍状物，物残难辨。跣足立于双层仰莲台上。台高30厘米，直径60厘米。

二天王像　内侧像头毁，立像残高92厘米（图版Ⅰ：76）。存牛角形火焰纹痕迹。内着袍，袖口翻起；外罩甲。胸甲、腹甲、腿裙连为一体。当胸饰盘圆护，胸系束甲索。腹前饰龙首吞，饰鹘尾、抱肚。腰系革带，悬垂鱼形小刀。腿裙长覆足背，正面开衩，下缘镶包边，垂缀带折的装饰。胸甲、腹甲为山文甲，腿裙甲叶作方条形。身饰披帛，下垂腹前一道，折入腰带内。左段披帛内折后敷搭

84　大足石刻全集　第一卷（上册）

图54　第10号龛右侧壁立面图

前臂沿体侧下垂；右段披帛残。左臂屈肘上竖，齐腕残；右臂下垂，齐肘残。着靴立于低坛之上，右足略残。外侧像头毁，立像残高87厘米。头部左侧存飘飞的头巾和部分头光痕迹。内着袍，挽袖，前摆于腿间呈尖角下垂；下着裤，缚裤；外罩甲。胸部残毁，腹前饰圆护。腰系革带，垂鹘尾，饰抱肚。腿裙止于双膝，下缘镶包边，并垂缀带折的装饰。腹甲甲叶为鱼鳞形，腿裙甲叶为方条形。身饰披帛，于腹前呈"U"形下垂，向上折叠后折入腰带内，再下垂体侧。双手胸前按持一斧，柄大部残毁，残长67厘米。双足稍残，着靴站立。二像身后刻有云纹背屏。

二金刚像　内侧像大部毁，被后世改刻。左肩存一斜向的棍状遗迹，上部膨大；臂环。外侧像已毁，被后世改刻；仅存圆形素面头光，略残，横径28厘米，厚1厘米（图版Ⅰ：76）。

五佛像　其布局、造像特征同左侧壁上部五佛像大体相同，但残毁甚重（图版Ⅰ：77）。其中，从上至下、从内至外，第1像双手于胸前笼于袈裟内；第2像头大部残，左手置腹前，右手似抚膝；第3像头毁，双手于腹前结印；第4、5像毁。

（四）龛顶

龛顶中部刻覆莲一朵，直径95厘米，厚17厘米；饰莲瓣两重，莲蕊素平（图55；图版Ⅰ：78、图版Ⅰ：79）。莲花左右各浮雕飞天1身，外绕云纹。左飞天大部残，存发髻和头顶上方呈圆环的披帛。右飞天身躯略呈"C"形，身长63厘米（图版Ⅰ：80）。梳高髻，面风化；上身赤裸，戴项圈，垂坠饰，下着长裤。裤腰外翻，腰带长垂。身饰披帛，于头后呈环形，长飘于体侧。双臂外展，右手持物（似带茎莲花）。双足隐入裤内。

四　晚期遗迹

龛左沿中部凿方形凹槽，高15厘米，宽8厘米，深14厘米。

龛壁存灰白色、红色两种涂层。主尊佛像面部及袈裟，左右菩萨像花冠等均贴金；其余造像保存灰白色、红色、黑色、绿色、蓝色等五种涂层。

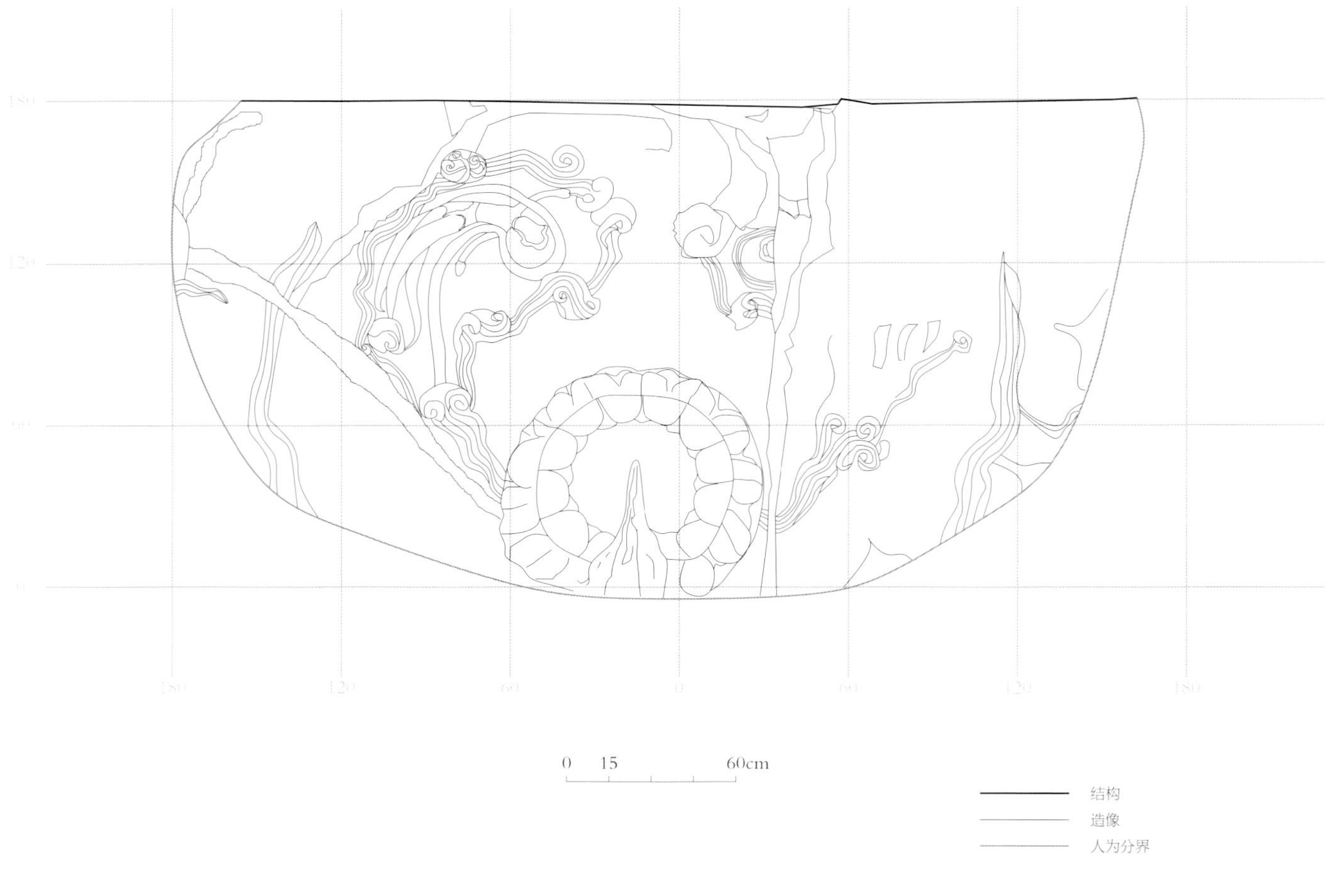

图55　第10号龛龛顶仰视图

第十六节　第11号

一　位置

位于独立岩体西向壁面右端上方。左距第10号龛10厘米，右距所在壁面边缘21厘米；上距岩顶35厘米，下距第12号龛50厘米。龛口西北向，方向298°。

二　形制

单层方形龛（图56；图版Ⅰ：81、图版Ⅰ：82、图版Ⅰ：83）。

龛口　龛开凿进深23厘米。龛口方形，右侧及下部已毁，现以条石补砌；外缘高约93厘米，宽93厘米。龛沿保存左沿及上沿，宽9.5—13厘米，装饰帷幔；左沿内侧凿出宽4厘米的平整面，并与龛壁衔接。龛内缘高82.5厘米，宽81厘米，至正壁深40厘米。内缘左、右上角凿出三角形斜撑，高7厘米，宽5厘米，斜边弧形；低于沿面5厘米。

龛底　呈半圆形，前侧毁，以条石补砌，打磨后与原龛底齐平。

龛壁　弧壁。龛右侧壁外部已毁，现按原壁面弧形走势，以条石补砌、打磨。龛壁与龛顶略呈弧面相交。

龛顶　平顶，略呈半圆形，存裂隙一道，向下延伸至龛底。

三　造像

龛内刻像3身。正壁刻主尊佛像，左右侧壁各刻菩萨立像1身（图56-2；图版Ⅰ：81）。

主尊佛像　坐像高49厘米。浮雕桃形头光和椭圆形身光，内皆素面，边缘刻火焰纹；头光横径26厘米，身光最宽48厘米。头顶剥蚀，面模糊，衣饰不清。双手大部残，似置腹前。双腿大部残，似结跏趺坐。座台大部残，高27厘米。底部左侧存如意头式云纹。

左菩萨像　立像高64厘米，头长18厘米，肩宽12厘米，胸厚6厘米（图版Ⅰ：82）。浮雕桃形火焰纹头光，横径24厘米。头残，存发髻痕迹，冠带作结下垂。身风化，上似着披巾，下着裙。左臂残，右手胸前握持披巾。跣足立于单层仰莲台上。台高6厘米，直径20厘米。

右菩萨像　立像高63厘米（图版Ⅰ：83）。浮雕桃形火焰纹头光，横径25厘米。头残蚀，存发髻和冠带痕迹。身风化，衣饰不清；前臂存有下垂的披帛。

四　晚期遗迹

龛内保存灰白色、红色两种涂层。

第十七节　第12号

一　位置

位于独立岩体西向壁面右端下方。左距第10号龛37厘米，右为所在壁面边缘；上距第11号龛50厘米，下距地坪73厘米。龛口西北向，方向284°。

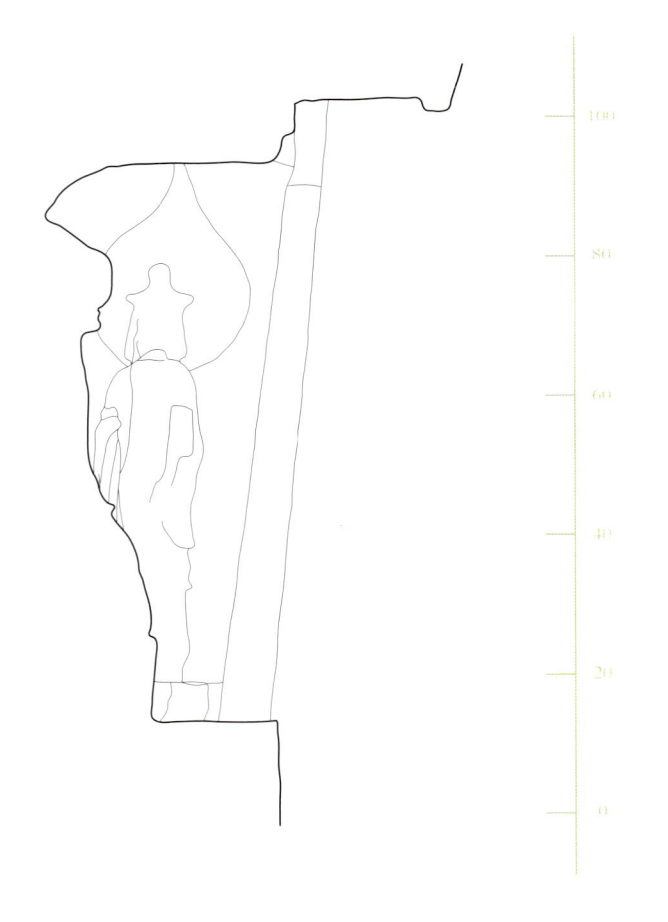

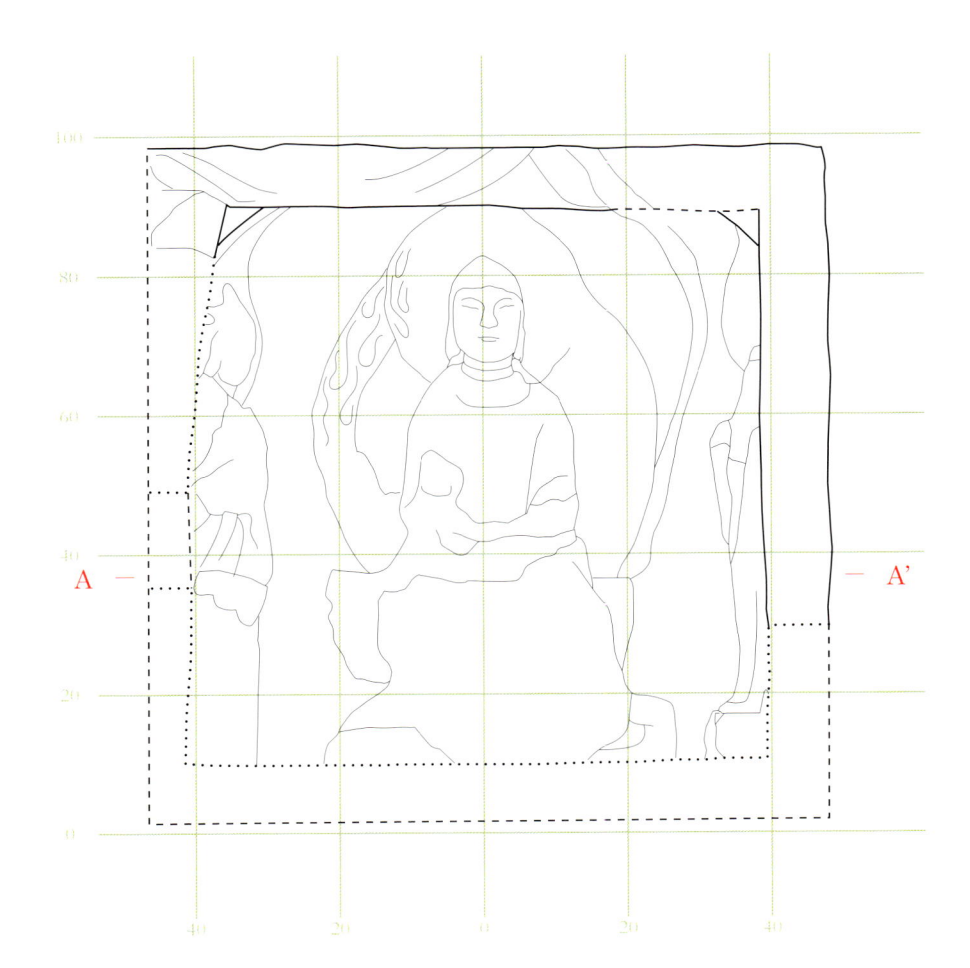

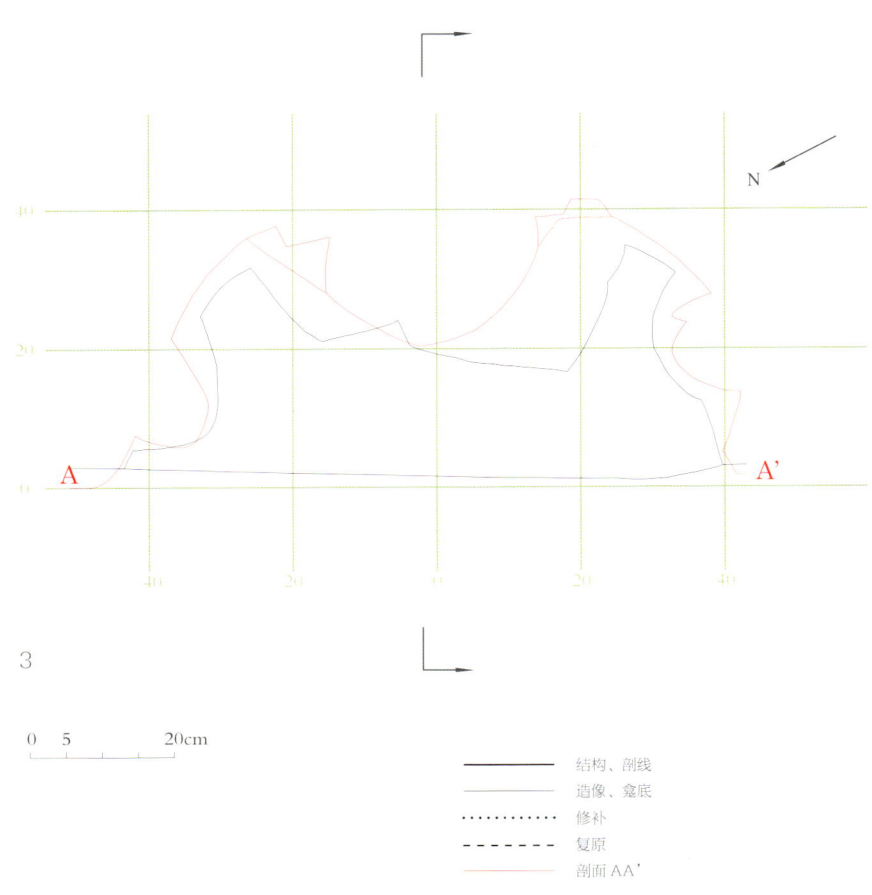

图56 第11号龛平、立、剖面图
1 剖面图 2 立面图 3 平面图

二　形制

单层圆拱龛（图57、图58；图版Ⅰ：84）。

龛于崖壁直接开凿形成。龛左侧岩体毁，以条石补砌。龛右侧岩体亦毁，残毁处为壁面边缘。龛口高142厘米，左右最宽125厘米，至正壁深43厘米。龛底略为方形。龛壁为弧壁，并与龛顶弧面相交。龛顶为弧面，部分残脱。

三　造像

龛内共刻像5身。正壁刻主尊佛像，其头左右上方各刻飞天1身；左右壁分刻菩萨立像1身（图57-1；图版Ⅰ：84）。

主尊佛像　坐像高58厘米，头残长15厘米，肩宽30厘米，胸厚15厘米（图59）。浮雕圆形头光，横径23厘米，内素面，边缘饰莲瓣纹。头布螺发，脸形方圆，面模糊，双耳垂长。颈刻两道肉褶线，饰项圈，垂坠饰。着袒右式袈裟。左手置腹前，前臂残。右臂毁。双腿大部毁，似结跏趺坐于须弥座上。座高46厘米，束腰处线刻三个方框。佛身后刻六擎具背屏。屏上部中为弧边内凹的八边形；左右端雕二龙头；龙头内侧各刻一蟾蜍状兽。下部左右各刻一蹲跪于低台上的力士，头顶莲台，披发垂肩；双手撑膝。莲台上刻向外跃起的马状兽，兽背骑一像，略残。背屏上方浮雕菩提花树树冠，冠左右各浮雕飞天1身。飞天残蚀较重，双臂屈肘外扬，跪于祥云上。

左菩萨像　坐像高43厘米，头长18厘米，肩宽13厘米，胸厚7厘米（图版Ⅰ：85）。浮雕桃形火焰纹头光和椭圆形身光，其左侧皆毁，后世补刻完整。头大部残，存发髻遗迹，头右侧存作结的冠带。颈刻两道肉褶线。胸饰璎珞，外着披巾，披巾于左右胸前窄收为带，敷搭于前臂后下垂；腹前可辨长裙裙腰。左臂残，右手置于腹前，前臂残；双腿大部残，坐式不清。座下圆台置于狮背上。狮残，立于祥云上，云尾沿龛壁竖直上飘。

右菩萨像　坐像高39厘米（图版Ⅰ：86）。其保存状况与造像特征略同左菩萨像。座下圆台置于象背之上，部分残，圆台高12厘米。象身长41厘米，存双耳，鼻残断，现两前腿。

四　晚期遗迹

龛内保存灰白色、红色两种涂层。

第十八节　本章小结

一　形制特点

本章15个编号，造像龛14个，碑刻1通（第2号）。第1、2、3、5、9、10号龛龛形较大，占据了所在岩体岩面的中部显著位置或绝大部分岩面。第3-1、4、6、7、8、9-1、9-2、11、12号等龛龛形较小。第3-1号龛凿于第3号龛龛口外侧壁上，第9-1号龛位于第9、10号龛龛口上沿相交的位置，第9-2号龛位于第9号龛龛口外侧壁上，这3龛在位置关系上，是附着于主龛的3个小龛。其余第4号龛位于第5号龛左下侧，第6、7、8号龛与第11、12号龛则分列于第9、10号龛的左右两侧，它们在岩面位置上，处于侧端不够显著的位置。从现存岩面遗迹看，除第6、7、8号龛残毁严重外，其他各龛均为从岩体表面向内凿进，再成龛造像，因此，在其上方形成挑出龛口的龛檐，在一定程度上可起到遮风避雨的作用。

除第2号为碑刻外，第1号为单层圆拱龛，第4、7、8、12号等4个龛，因为外立面损毁殆尽无法确认龛形，其余各龛均为单层方形龛。方形龛中，除第5号龛因为龛口上角残缺，其余各龛均在龛口上角施有三角形斜撑，有学者称之为雀替[1]，成为方形龛结构的一个显著特征。无论方形龛、圆拱龛，龛口均有龛沿，而方形龛中的左沿、右沿，往往在其内侧刻出厚度，形同门颊。

---

[1] 胡文和称此种龛制为"龛口为矩形或方形，龛口左右上方各加一雀替。这种龛在夹江千佛崖、大足北山佛湾中较多"。参见胡文和著：《四川道教佛教石窟艺术》，四川人民出版社1994年版，第158页。

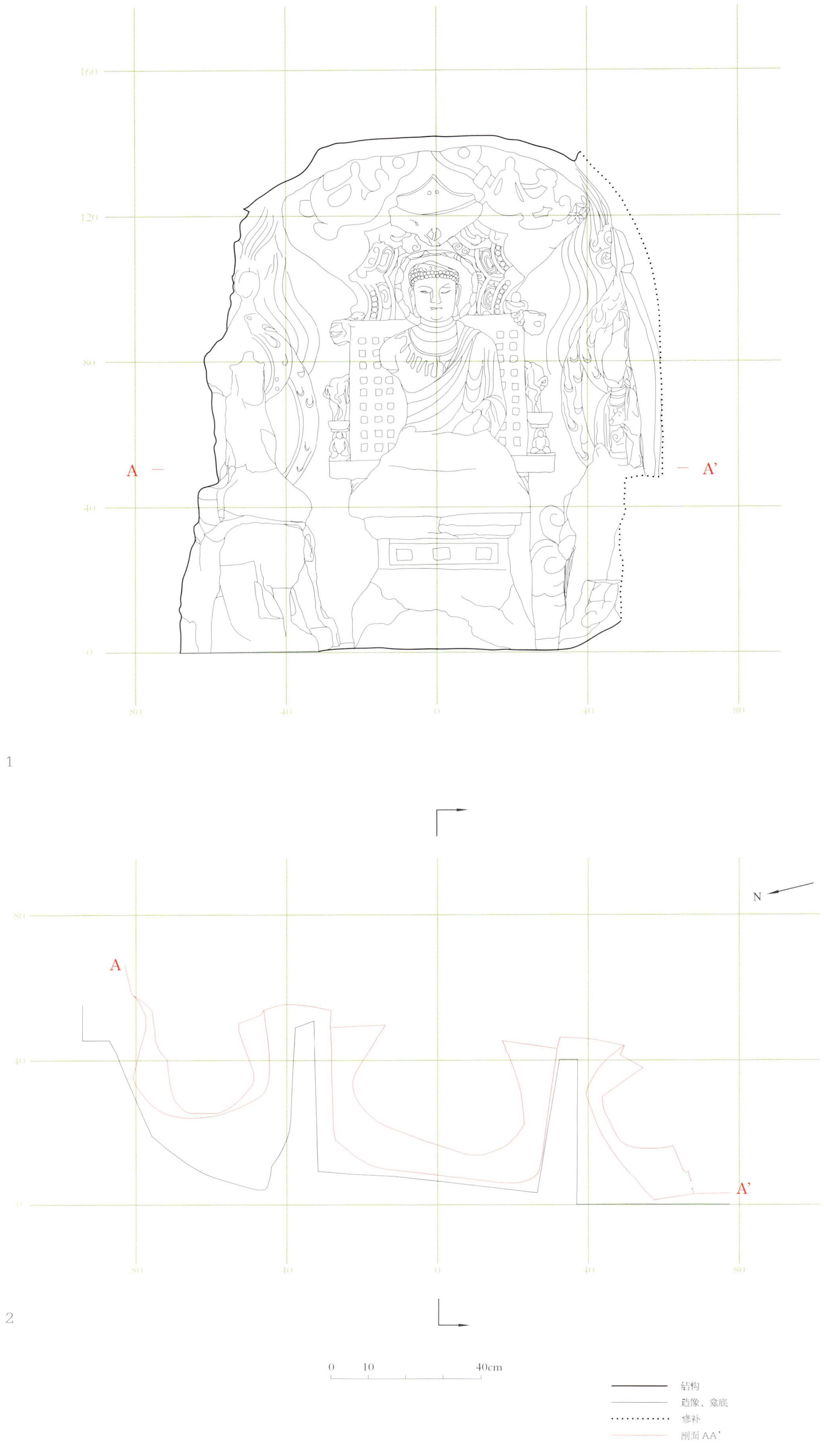

图57 第12号龛平、立面图
1 立面图　2 平面图

图 58　第 12 号龛剖面图　　　　　　　　　　　　图 59　第 12 号龛主尊佛像效果图

二　年代分析

本章14个造像龛中，仅第9号龛存有造像记，但纪年已漶。第2号龛摩崖石碑为韦君靖碑，碑文由韦君靖属下"前守静南县令"胡密撰文。碑文记述韦君靖身世及累官加爵的功绩，并叙及韦君靖为固守防范之需，于景福元年（892年）正月在龙岗山建永昌寨，以备患扰。根据碑文的记载，韦君靖除在龙岗山修筑城墙敌楼，还在寨内择壁雕凿龛像，"凿出金仙，现千手眼之威神，具八十种之相好"[1]。该碑镌石时间为乾宁二年（895年）十二月，表明韦君靖从修筑永昌寨到刻碑纪功前后历时四年。而碑文中明确提到的"千手眼之威神，八十种之相好"应当就是指14个造像龛中的第9、10号龛。这两龛的主尊即为千手观音和释迦佛。因此，我们可以基本确定第9、10号龛的开凿年限为景福元年至乾宁二年（892—895年）。第1号龛与第2号龛共享一个龛檐，处于同一开凿界面内，彼此没有干扰打破迹象，故第1号龛应与第2号龛同时，开凿于乾宁二年（895年）。第3、4、5、12号龛于碑文中未述及，但4个龛均处于所在岩面的显著位置，从布列的位置关系看，介于第1、2号龛和第9、10号龛之间的岩面，因此，推测其年代与第1、2、9、10号龛大致相当。第6、7、8、11、12号龛与第9、10号龛的关系，均为第9、10号龛选择岩面的中部位置后利用剩余的岩面再加以开凿，它们在岩体表层的位置通常要向外凸露一些。第3-1、9-1、9-2 3个小龛则是附着于主龛龛体开凿后的凿面上，其年代应比主龛较晚，其中，第3-1、9-2号龛系本次调查中新增补的编号。由此分析，本章15龛的开凿年代大致可分为两个阶段：

1　原碑文中的"凿""相好"三字已漶蚀，引文据《金石苑》《金石续编》等文献校补。参见重庆大足石刻艺术博物馆等编：《大足石刻铭文录》，重庆出版社1999年版，第38、43页。

第一阶段，唐景福元年至天祐三年（892—906年），包括第1、2、3、4、5、9、10、12号共8龛。

第二阶段，比第一阶段各龛开凿的时间较晚，按龛制和造像特征大致在前后蜀时期（907—965年），包括第6、7、8、11号及第3-1、9-1、9-2号等7龛。

三　题材内容

第1号　所刻立像据第2号龛碑刻铭文首行署名，应为韦君靖像，故名"韦君靖龛"。

第2号　据碑首行署名及碑文主要记述韦君靖生平和业绩，参照史志金石文献和今人的著录名目，可定名为"韦君靖碑"[1]。

第3号　据主尊像着甲怒目等外貌特征，并结合不空、般若斫羯啰所译相关佛典[2]，主尊像应为毗沙门天王，天王像两侧的胁侍像或为其眷属。定名为"毗沙门天王龛"。

第3-1号　龛中跌坐像表层剥蚀殆尽，难以辨识。名为"残像龛"。

第4号　主尊残损较重，两侧侍立弟子像，推测主尊应为佛像。弟子像所立低坛外侧已被人为凿毁，估计低坛外侧原刻有菩萨等立像，故此龛似应为"释迦说法龛"。

第5号　据主尊像的特征和其两侧胁侍像、脚下方造像，我们辨识主尊为毗沙门天王像，天王足下所踏为三夜叉，中间名地天，左名尼篮婆，右名毗篮婆。其左右侧为太子、妻子、天女、罗刹等像[3]。此龛定名为"毗沙门天王龛"。

第6号　主尊为佛，右侧侍立菩萨，左侧残毁，似应为一佛二菩萨组合。定为"一佛二菩萨龛"。

第7号　主尊为女像，右侧胁侍像为世俗装束，左侧拼接的半截莲座及着裙装的腿部残件，实际为第6号龛左下侧的坍塌部分，从现存的遗迹实难确认主尊女像的身份。定为"残像龛"。

第8号　跌坐像头已残毁，无法确认归属造像类别。定为"残像龛"。

第9号　主尊为42只手臂的千手观音，其下侧为常见的观音施舍穷人、饿鬼图像。两侧壁题材内容较为丰富，据唐伽梵达摩译《千手千眼观世音菩萨广大圆满无碍大悲心陀罗尼经》，左右壁第一层内各五佛合为十佛，即经文所称"十方千佛"。左壁第一层外侧3像，身外环绕圆鼓者即经中所称"雷神"，执扇者或即"火神"，握蟒蛇者即"龙王"。右壁第一层外侧像，手抱袋，即经中所称"风神"。左壁第二层内侧乘孔雀像，即经中所称"孔雀王"，右壁第二层内侧骑牛像因上两臂手托圆状物，疑即经中所称"日光菩萨"或"月光菩萨"。左壁第二层外侧骑狮、乘象者，即经中所称"文殊菩萨""普贤菩萨"。左右壁第三层内侧诸女像，或即经中所称"神母女"。左右壁第三层外侧共四天王像，即经中所称"又与无量护世四王俱，提头赖吒而为上首"。左壁第四层内侧托盘的女像，或即经中所称"又与无量欲界诸天女俱，童目天女而为上首"。右壁第四层内侧老者像，疑即经中所称"二十八部大仙众"之一。左右壁第四层外侧四像，即经中所称"金刚夜叉"之属[4]。故定此龛为"千手观音经变相龛"。

第9-1号　龛中造像身躯大部残毁，难以辨识。定为"残像龛"。

第9-2号　造像已不存。定为"残像龛"。

第10号　为一佛、二弟子、二菩萨、八护法和十方佛组合，是唐代典型的"释迦说法龛"。

第11号　为一佛二菩萨组合。定为"一佛二菩萨龛"。

第12号　我们辨识主尊为毗卢遮那佛，也有学者识为弥勒[5]。主尊像胁侍的骑狮、乘象菩萨，当为文殊、普贤。定为"毗卢遮那

1　《舆地纪胜》卷一百六十一著录此碑碑名云"唐韦君碑"，中华书局1992年影印本，第4375页。（明）曹学佺著、刘知渐点校：《蜀中名胜记》卷十七著录此碑碑名云"唐韦君靖碑"，重庆出版社1984年版，第247页。（清）张澍：《大足金石录》著录此碑碑名云"唐昌州刺史韦君靖碑"。手稿本，现藏西安碑林博物馆。国家图书馆善本室1961年收藏有此碑拓片，命碑名为"韦君靖建永昌寨记碑"。

2　（唐）不空译《毗沙门经》《毗沙门仪轨》《毗沙门随军护法仪轨》等，及（唐）般若斫羯啰译《摩诃吠室啰末那野提婆喝啰阇陀罗尼仪轨》等经典，对佛教护持北方的毗沙门天王多有述及。尤以般若斫羯啰的译本与北山佛湾第3、5号龛的造像内容较为切合，经云："画天王，身着七宝金刚庄严甲冑，其手执三叉戟，右手托塔（又一本左手捧塔）。其脚下踏三夜叉鬼，中央名地天，亦名欢喜天，左边名尼篮婆，右边名毗篮婆。其天王作可畏猛形，怒眼满开。其右边画五太子及两部夜叉罗刹眷属，左边画五行道天女及妻等眷属。"《大正藏》第21册，No.1246，第219页。

3　参见注2。

4　《大正藏》第20册，No.1060，第105—111页。

5　金申：《大足北山第12号、第176号龛造像佛座所反映的印度影响》一文，认为"初见于印度公元前1世纪的山奇大塔浮雕，至阿玛拉瓦提曜崖上已见龙头横梁靠背椅，其两侧有立尊的宝座已奠定了以后此种样式的框架。在阿旃陀石窟5至6世纪那种方格纹靠背椅两侧有立尊的样式已经定型化，笈多时代晚期即唐代初年此种椅样式传入中国，在龙门石窟中成为表现优填王及以后弥勒坐像的专用宝座。据此而推断大足北山第12号龛的造像（主尊）很可能也为弥勒"。载《佛教美术丛考》，科学出版社2004年版，第150—151页。

佛与文殊、普贤龛"。

四　晚期遗迹

（一）构筑遗迹

第1、2号龛，第4—12号龛所在岩体的立面，其上部遗存有梁孔遗迹，中部遗存有枋孔遗迹，表明历史上这些岩体龛像前曾搭建过比较简易的建筑设施。

第4号龛龛底前侧居中位置现存一槽孔，第5号龛龛底前侧居中位置纵向排列三个槽孔，这些槽孔均呈横长方形，孔内凿面粗糙，应当不是龛本体原有的建筑构造。推测可能是后世信众出于宗教信仰目的而凿，以便在槽孔内插放香烛，行礼拜供奉之事。

第3、5号龛主尊像左右两手臂断面，第4、8号龛主尊像颈部断面，第6号龛主尊像莲座断裂截面，第9号龛主尊千手观音各残损手臂断面，第12号龛主尊右手臂断面，均于断面处凿有方形或圆形的小孔，这些小孔应是后世重修塑像所凿，以利插接榫头之用。

（二）妆绘遗迹

本章15龛仅有少量龛保存有妆绘遗迹，尤以第9、10号两龛保存较多。第9、10号两龛龛内凿进较深，上部又有龛檐遮护，减少了风雨对龛像和妆绘涂层的侵蚀。在这两龛妆绘的局部涂层，发现有重层妆绘的遗迹，表明历史上有过多次的妆銮彩绘经历。

注释：

[1] 本则铭文第1行第15字"督"；第4行第16字、第28行第15字"杰"；第4行第19字和第5行第21字、第32行第13字"功"；第5行第18字"创"；第7行第20字"觑"；第10行第21字"灶"；第11行第17字"狄"；第18行第16字和第19行第23字、第23行第12字"刺"；第19行第12字、第25行第6字"旨"；第24行第13字"乃"；第29行第15字"凑"；第29行第24字"悉"；第31行第8字"哗"；第35行第17字"驱"；第35行第28字"牒"；第37行第22字"岗"；第39行第23字"薹"；第40行第11字"堞"；第48行第10字"戮"；第51行第15字"疏"；第51行第16字"辄"，铭文分别为：

第三章　第13—29号

第一节　本章各编号位置及相互关系

本章介绍的第13—29号等17个编号，分布于南区"U"形巷道内的南壁、东壁（图60、图61）。其中，第13—16号等4龛分布于南壁，第17—29号等13龛分布于东壁。二壁面略垂直相交，相接处岩体残毁，现以条石修补。

第13—16号龛分布于南壁当中位置，呈"田"字形布局（图版Ⅰ：87）。第13、14号龛位左列，第15、16号龛位右列。其中第13、15号龛在壁面的上部。

第17—29号龛所在巷道东壁底宽943厘米，最高402厘米。壁面右上角塌毁形成一斜坡塌面。13个龛共为一个岩檐，外挑最宽处30厘米。岩檐左、右端残毁甚重，尤以第17号龛上方和第21号龛右上方最甚，几乎与崖壁壁面齐平（图版Ⅰ：88）。

第20号龛是东壁最大的龛，占其二分之一壁面。其左侧由上至下竖直分布第17—19号龛，右侧大体分三层布列第21—27号龛。其中上层第21号龛位于右侧最上部，中层第22号龛位于第21号龛的竖直下部，右比邻第25号龛；下层从左至右水平分布第23、24、26、27号龛等4龛。

第28、29号龛位于第17—27号龛所在凸出岩体的右侧断面，呈上下布置；第28号龛与第25号龛比邻，第29号龛与第27号龛紧邻。

第二节　本章各编号所在岩体软弱夹层及裂隙的分布

一　软弱夹层

本章各编号软弱夹层主要分布在第20号龛所在的壁面，较为明显的有四条。

第一条　起于该龛北沿残毁面上部，止于龛中部，大致呈南北水平方向发育。全长177厘米，最宽处7厘米，最窄处4厘米。

第二条　起于第一条夹层带向南约40厘米处，止于龛中部，与第一条大致在同一水平方向。长约85厘米，最宽处5厘米，最窄处1厘米。

第三条　起于龛右下方龛口北沿，向龛内延伸约112厘米止，夹层带部分已成孔隙状。

第四条　布列于龛壁左下方接近龛底处，断续相连；长约185厘米，部分已成孔隙状。

二　裂隙

本章各编号所在的岩体，特别是第13—16号龛壁面，细小的裂隙纵横交错，使岩石龟裂、发育成不规则的块状。

本章各编号中，较大的一条裂隙存于第17—19号龛。裂隙发端于其所在壁面的最上缘，纵向布列。起于第17—19号龛，止于第19号龛上沿。裂隙切割上述三龛壁面，并使第17号龛下沿脱落。全长276厘米，最宽处约13厘米，深约12厘米。

在第20号龛左上角自上而下有一条斜伸的裂隙，长约100厘米；上端距龛顶约40厘米，下端距龛底142厘米，与第18号龛龛口右沿水平相距10厘米。

第三节　第13号

一　位置

位于"U"形巷道内南壁左上方。左距壁面边缘125厘米，右紧邻第15号龛；上距岩顶38厘米，下紧邻第14号龛。龛口东北向，方向19°。

二　形制

单层方形龛（图62；图版Ⅰ：89）。

龛口　自岩体表面平直凿进最深约2厘米形成龛口。龛口方形，外缘高96厘米，宽68厘米。龛沿受损较重，存左上角沿面，宽约10厘米。龛口内缘高77厘米，宽约55.5厘米，至正壁深13厘米。内缘左上角凿三角形斜撑，高9厘米，宽8厘米，斜边弧形；低于沿面2厘米。右上角毁。

龛底　略呈方形。

龛壁　左、右侧壁与正壁弧面相交。壁面与龛顶弧面相交。

龛顶　券顶，部分残。

三　造像

龛内刻像1身（图62-2；图版Ⅰ：89）。浮雕头光和椭圆形身光，头光蚀，身光横径47厘米。头及身躯大部残毁，仅存轮廓，残像坐高40厘米。须弥座残缺，高约30厘米。座前存并蒂莲遗迹。

四　晚期遗迹

龛口左侧12厘米处凿一方孔，边长13厘米，深10厘米。

龛后壁及须弥座存红色、灰白色两种涂层。

第四节　第14号

一　位置

位于第13号龛下方。左距壁面边缘103厘米，右距第16号龛26厘米；上紧邻第13号龛，下距回廊地坪约85厘米。龛口略东北向，方向8°。

二　形制

单层方形龛（图63；图版Ⅰ：90）。

图 60　第 13—29 号在本卷龛窟中的位置图

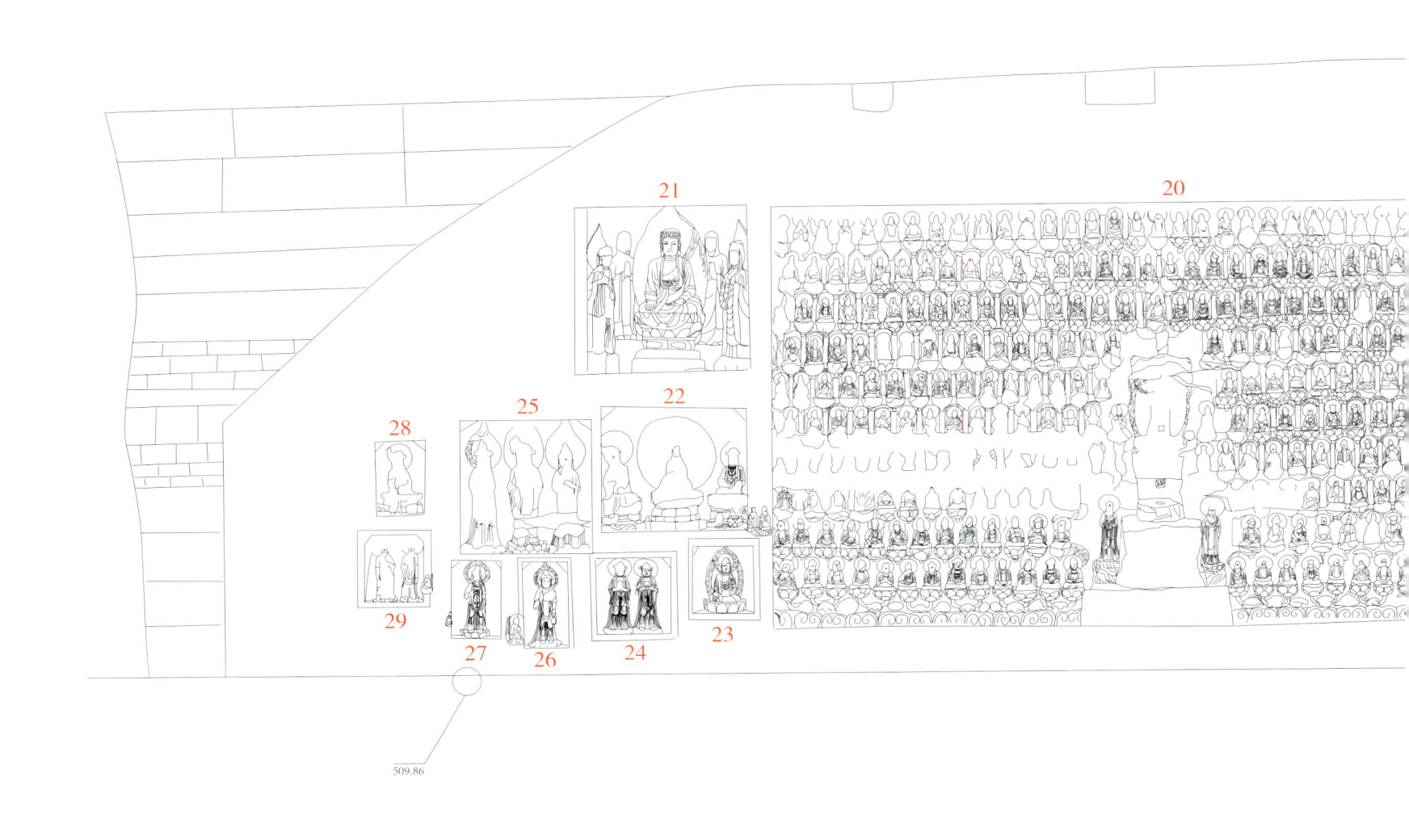

图 61　第 13—29 号位置关系图

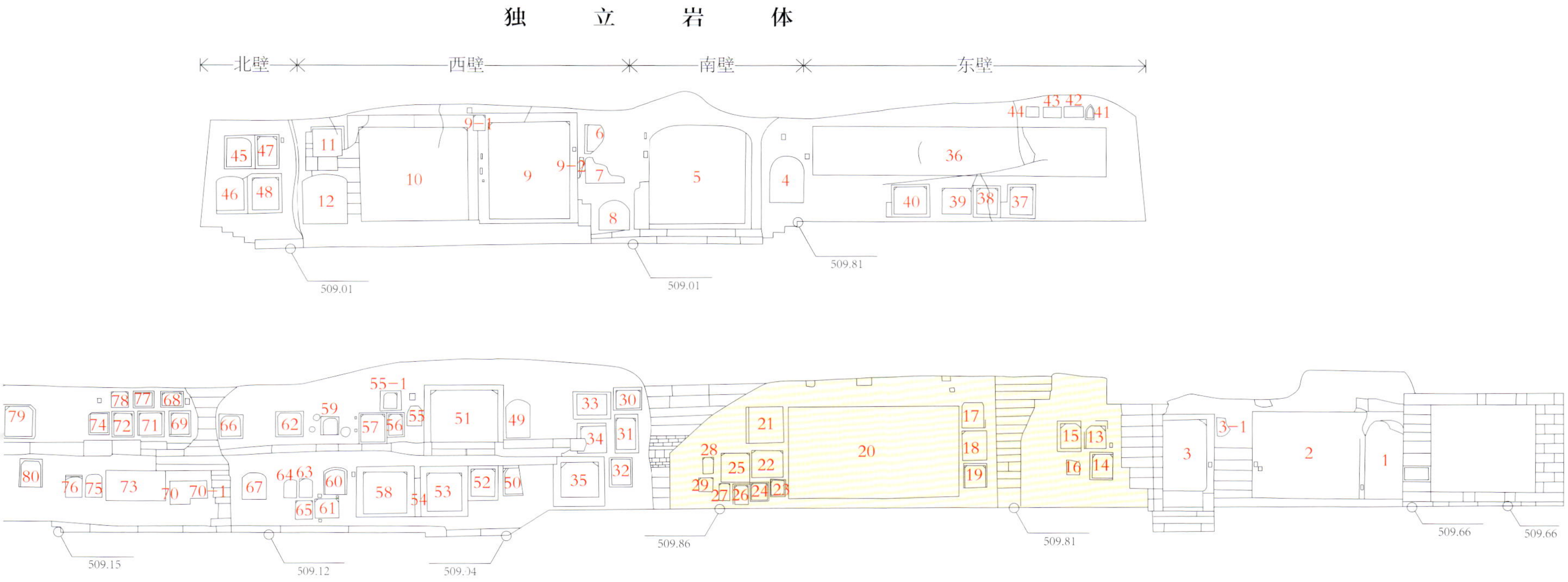

独 立 岩 体

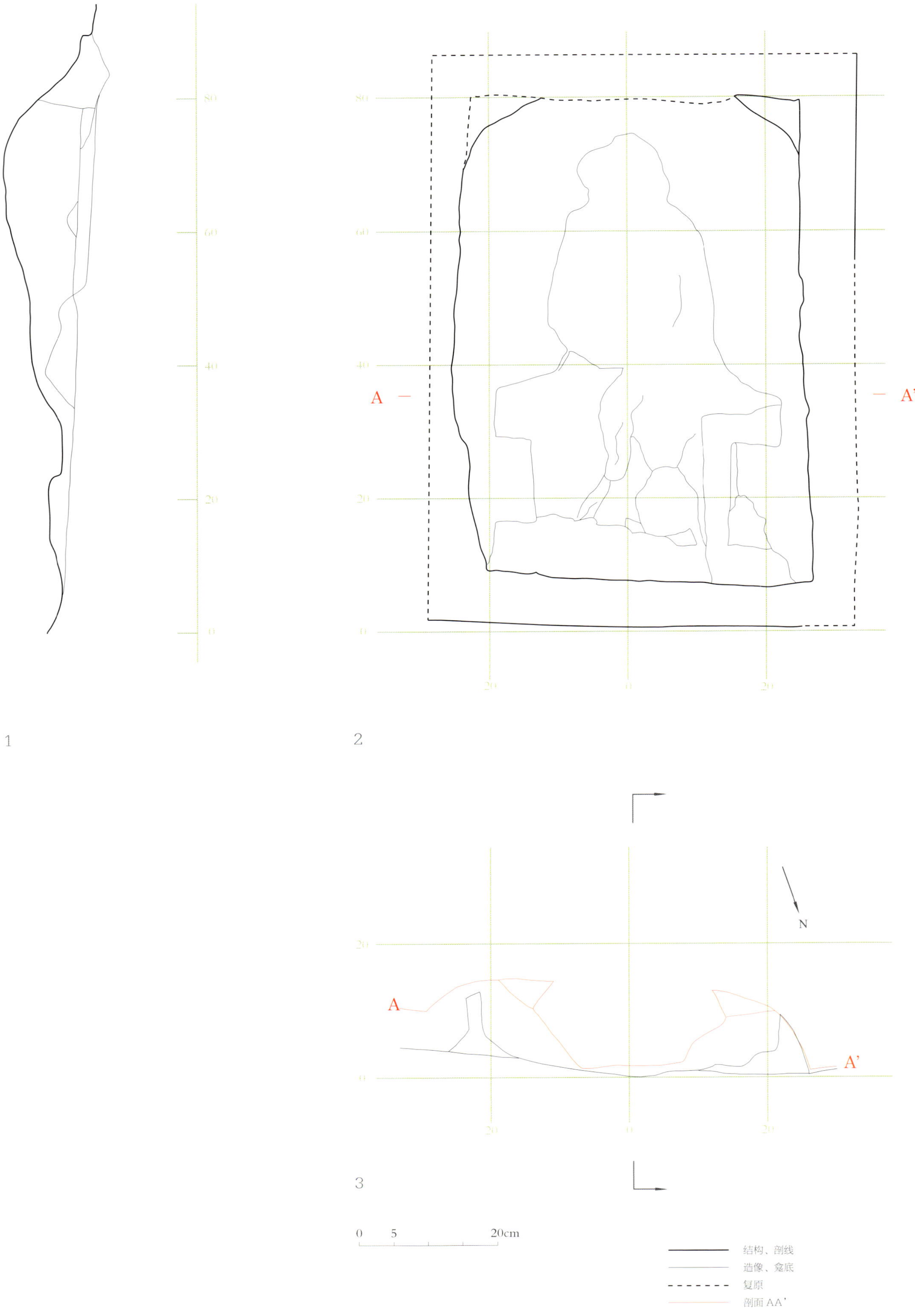

图62 第13号龛平、立、剖面图
1 剖面图 2 立面图 3 平面图

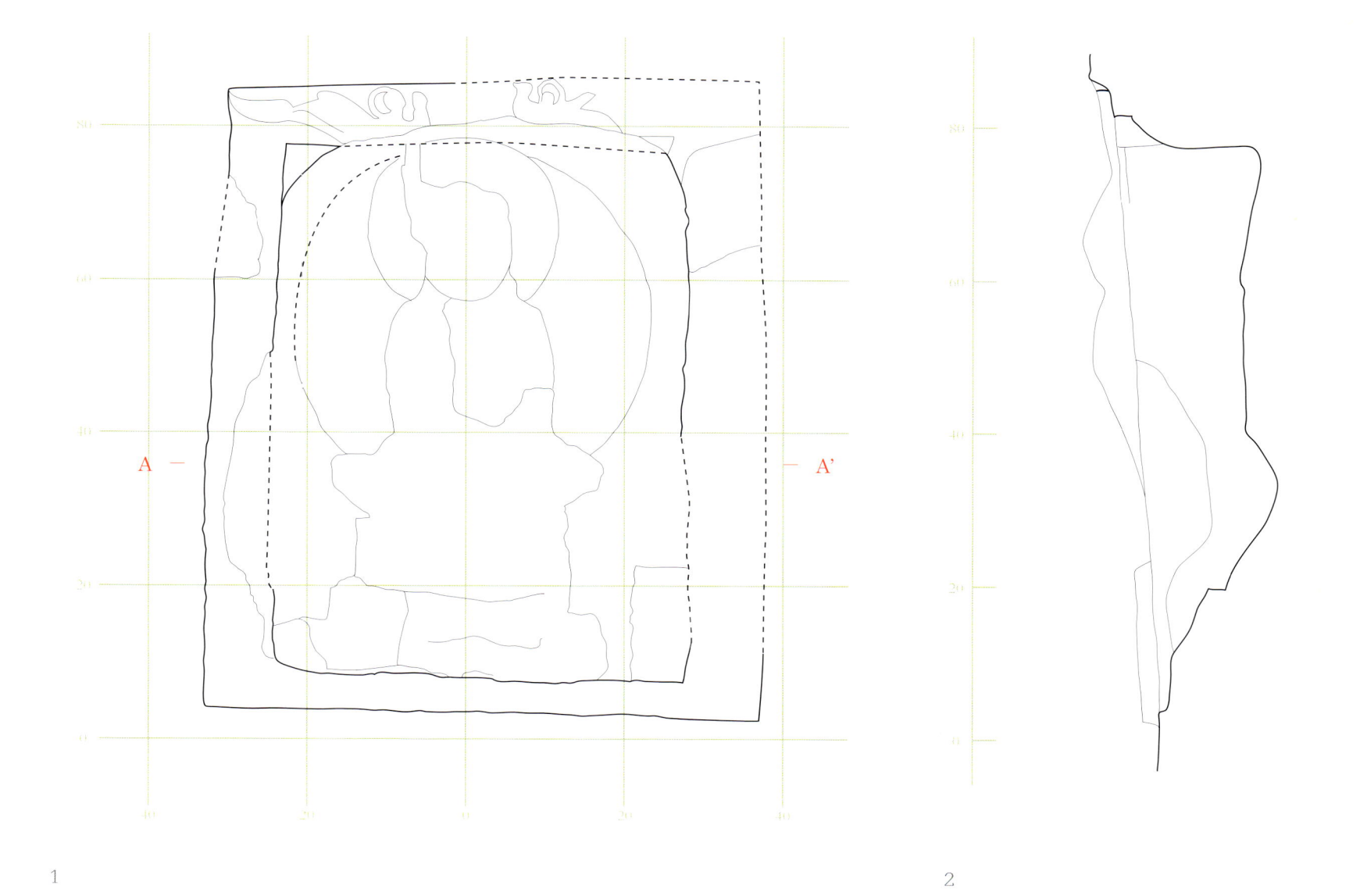

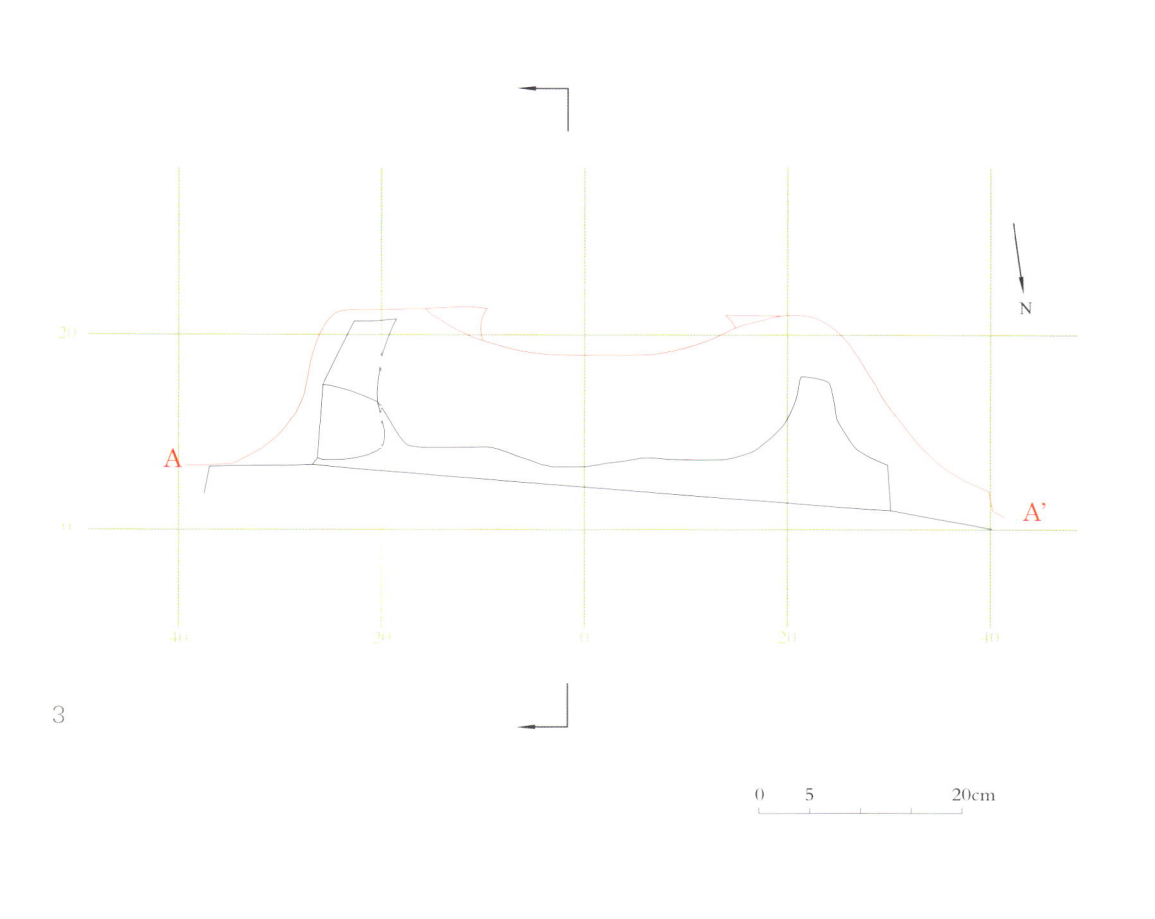

图63 第14号龛平、立、剖面图
1 立面图 2 剖面图 3 平面图

龛口　自岩体表面平直凿进最深约8厘米形成龛口。龛口方形，外缘高85厘米，宽75厘米。龛左沿分界模糊，右沿部分残脱，宽9厘米；上、下沿部分受损，宽8厘米。龛口内缘高72厘米，宽57厘米，至正壁深16厘米。内缘左上角残，右上角凿斜撑结构，高7.5厘米，宽9.5厘米，斜边弧形；低于沿面1厘米。

龛底　略呈方形。

龛壁　正壁竖直，底部与左、右侧壁略呈垂直相交，上部渐呈弧面相交。正壁与龛顶略垂直相接，左右侧壁与龛顶弧面相交。

龛顶　方形，平顶，少许残。

三　造像

龛内刻像3身（图63-1；图版Ⅰ：90）。正壁刻主尊1身，龛上沿刻飞天2身。

主尊像　头、身、座大部分残毁，残像坐高35厘米，座残高31厘米。可见圆形头光和身光，头光直径约22厘米，身光右侧残，存左侧，宽13厘米。头部右上方存锡杖杖首遗迹。

飞天像　左飞天大部残，存头及头后的环状披帛。右飞天身长约26厘米。头风化，上身残蚀，下着裙，披帛环状绕于头后，双手捧圆状物，作飘飞状。

四　晚期遗迹

龛内保存红色、灰白色两种涂层。

第五节　第15号

一　位置

位于第13号龛右侧。左紧邻第13号龛，右距壁面边缘101厘米；上距岩顶约40厘米，下距第16号龛20厘米。

龛口东北向，方向18°。

二　形制

单层方形龛（图64；图版Ⅰ：91）。

龛口　自岩体表面平直凿进10—19厘米形成龛口。龛口方形，外缘高93厘米，宽74厘米。龛左沿毁，残毁边缘即是第13号龛右沿；右沿宽9.5—11厘米，上沿宽8厘米，下沿宽10厘米。龛口内缘高74厘米，宽56.5厘米，至正壁深15.5厘米。内缘左上角残，右上角凿出三角形斜撑，残蚀模糊。

龛底　呈方形。

龛壁　左、右侧壁与正壁略呈垂直相交；龛壁与龛顶呈弧面相交。

龛顶　券顶，稍残。

三　造像

龛内存像3身。正壁刻主尊像1身，龛上沿右侧存飞天1身，右沿下部刻像1身（图64-1；图版Ⅰ：91）。

主尊像　残像坐高38厘米，浮雕圆形头光，横径22厘米。头、面残，存披帽遗迹。身剥蚀，上似着袈裟，下着裙。左手置腹前，

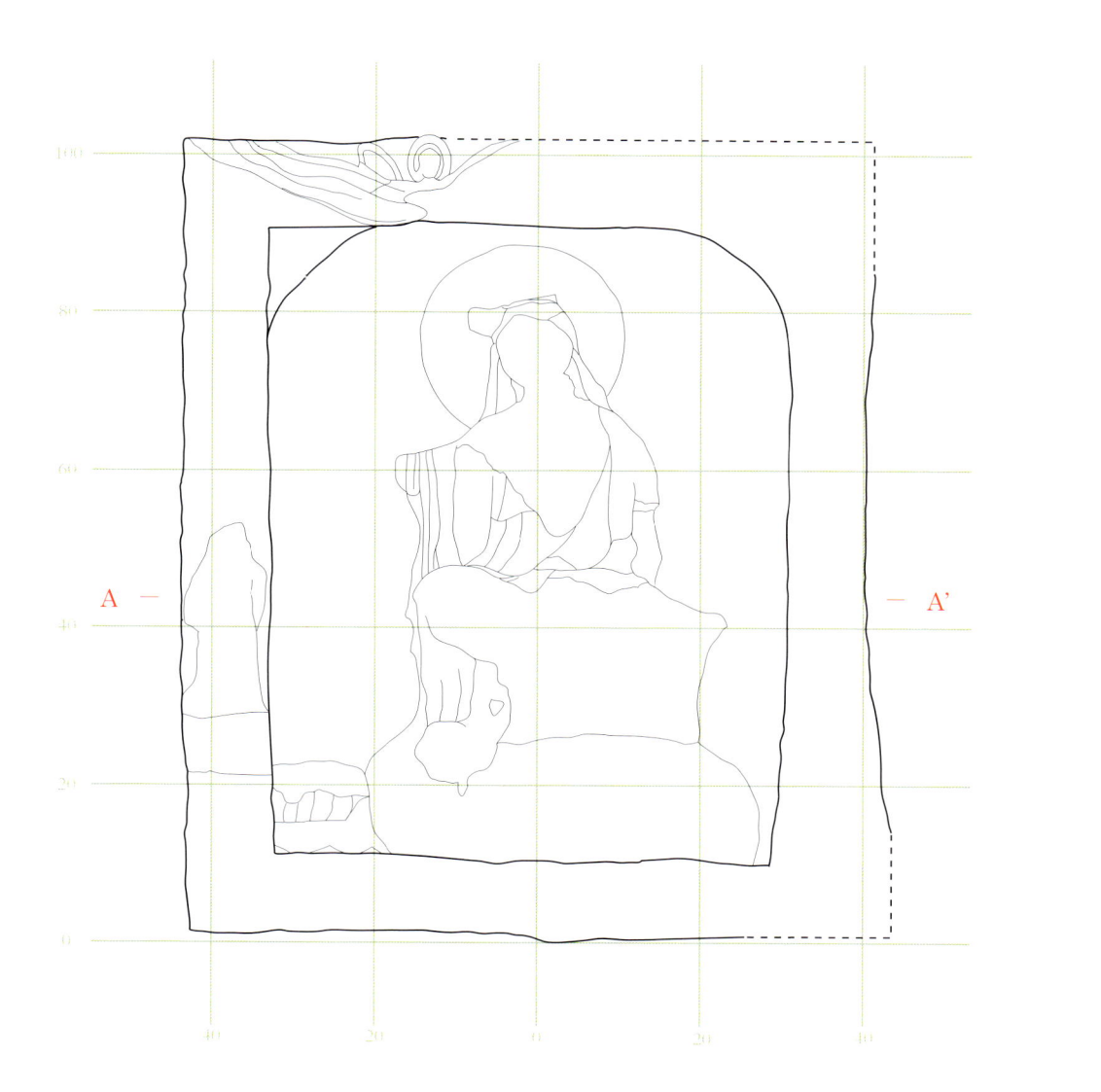

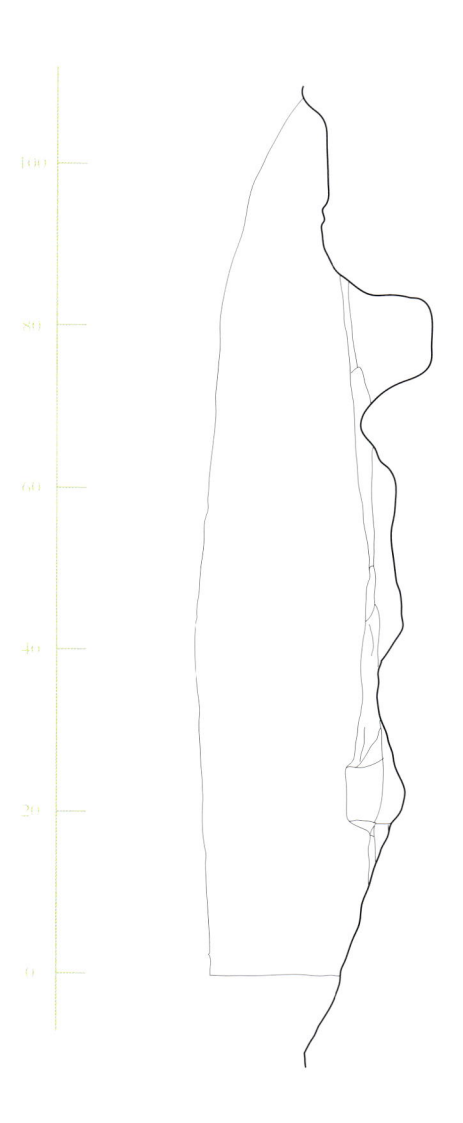

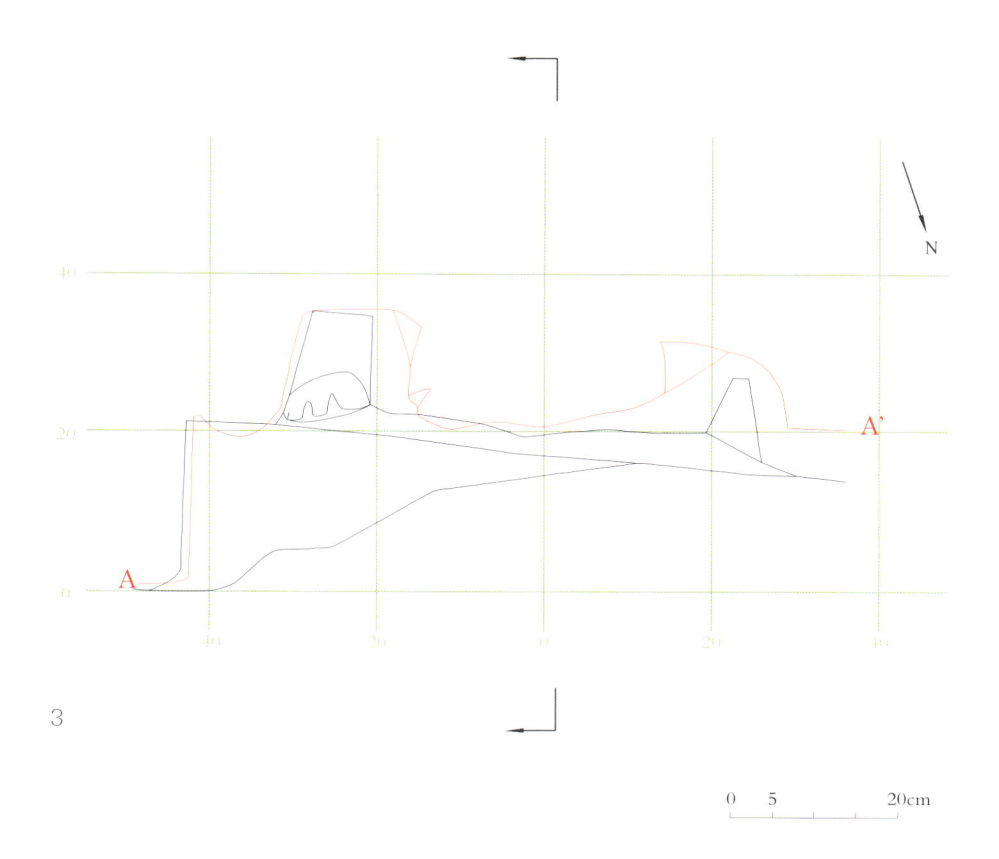

图64 第15号龛平、立、剖面图
1 立面图 2 剖面图 3 平面图

残，右臂平置，前臂残断。似盘左腿，垂右足踏莲花，右舒相坐于须弥座上；座部分残，残高30厘米。

须弥座右侧与龛右壁之间刻一兽，部分残，现两前腿；残高6厘米，身长约10厘米。

飞天像　身残长17厘米。头风化，身残，下着裙；披帛环状绕于头后，经腋下后上扬。左臂残，右手平伸，作飘飞状。

右沿像　残毁甚重，残高约23厘米；立于方台上。台高7厘米。

四　晚期遗迹

龛壁、须弥座及兽存灰白色、红色两种涂层。主尊像左上臂及腰际存蓝色涂层。

第六节　第16号

一　位置

位于第15号龛下方。左距第14号龛26厘米，右距壁面边缘125厘米；上距第15号龛20厘米，下距地坪95厘米。龛口东北向，方向10°。

二　形制

单层方形龛（图65；图版Ⅰ：92）。

自岩体表面平直凿进最深7厘米形成龛口。龛口方形，上下已毁，外缘残高56厘米，宽43.5厘米。龛左沿存上端少许，宽4.5厘米；右沿宽5厘米；上、下沿皆毁。龛口内缘残高48厘米，宽33.5厘米，至正壁深8厘米。内缘左、右上角残。龛底呈方形。龛正壁竖直，与左右侧壁略弧面相交；左壁下部残。龛顶毁。

三　造像

龛内存像4身。正壁刻主尊，左右侧壁各刻像1身，右沿下部刻像1身（图65-1；图版Ⅰ：92）。

主尊像可见椭圆形背光遗迹。身躯残毁甚重，残像高39厘米，立于单层莲台上，台高4厘米。

龛内其他造像，残蚀较重，仅辨轮廓。

四　晚期遗迹

龛外下方存有不规则的方形凹槽，长约13厘米，宽4.5厘米，深6厘米。

龛壁及造像存红色、灰白色两种涂层。

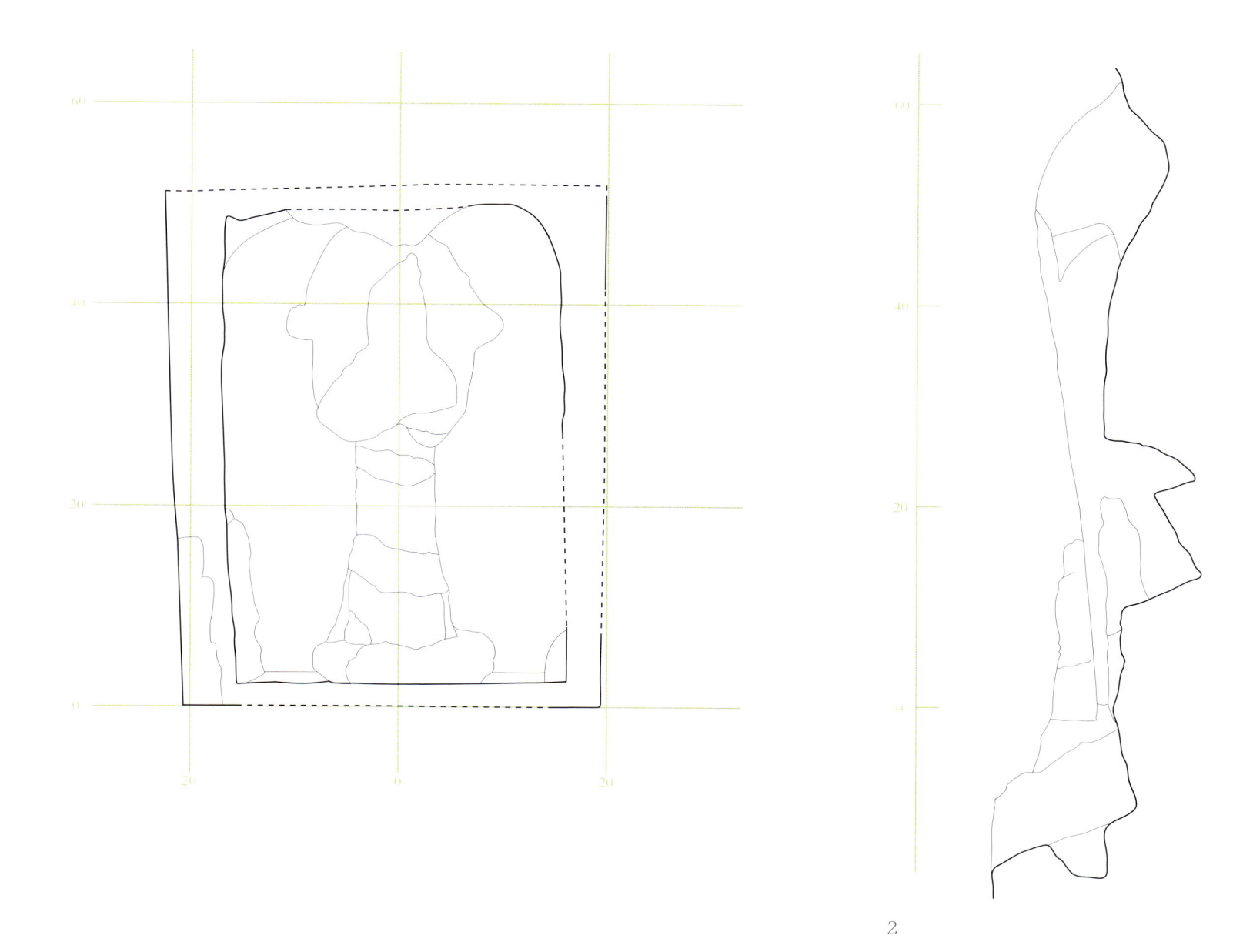

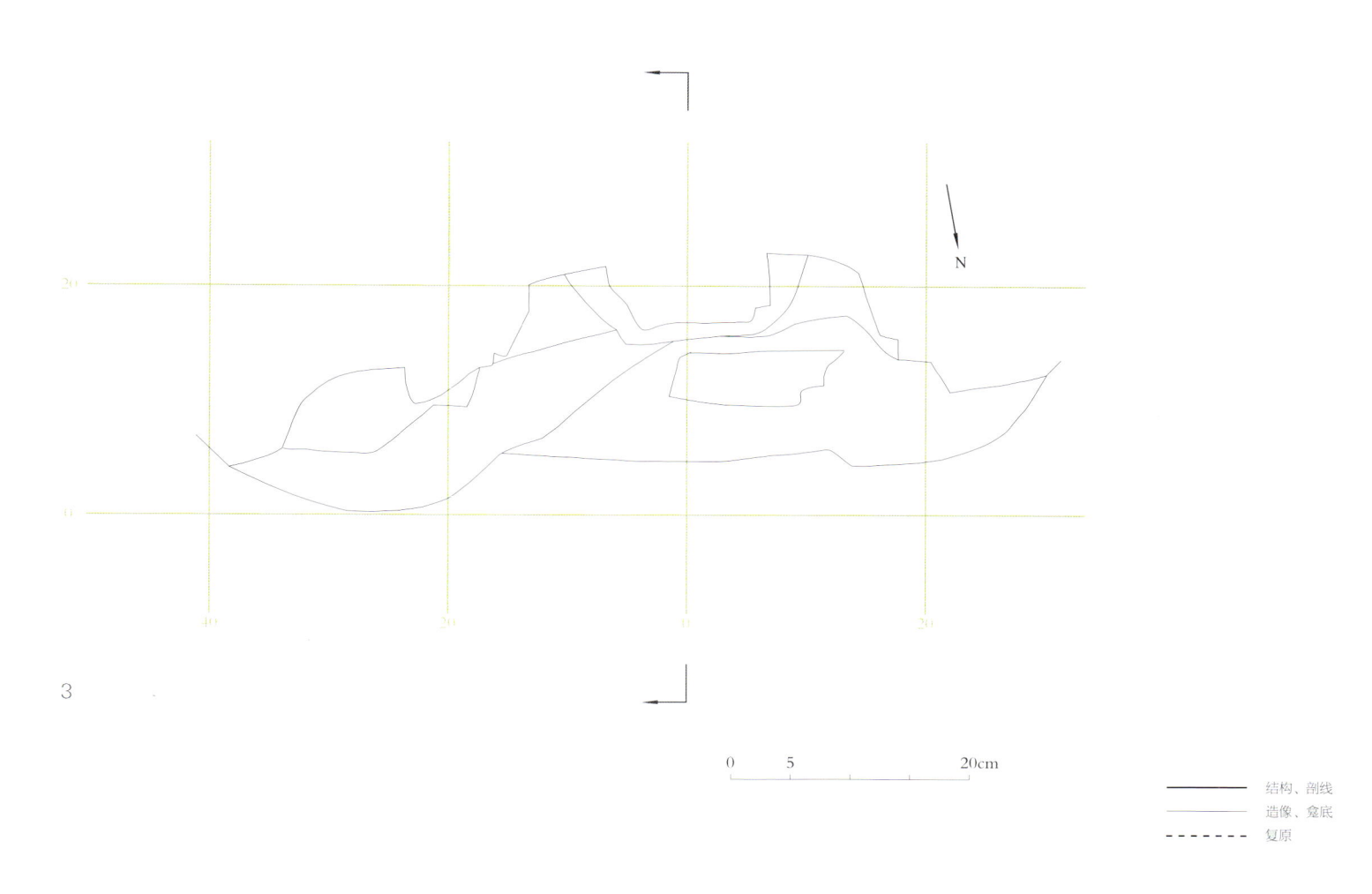

图 65　第 16 号龛平、立、剖面图
1　立面图　2　剖面图　3　平面图

第七节　第17号

一　位置

位于"U"形巷道内东壁左端上方。左距后世条石补砌的壁面边缘约93—134厘米，右紧邻第20号龛；上距岩顶约86厘米，下紧邻第18号龛。

龛口西向，方向282.5°。

二　形制

单层方形龛（图66；图版Ⅰ：93）。

龛口　从岩体表面平直凿进最深2厘米形成龛口。龛右沿、上沿毁；左沿存下部，宽5厘米；下沿即为第18号龛上沿，宽7厘米，中部残脱。龛口内缘残高77厘米，宽58厘米，深18厘米。内缘左右上角毁。

龛底　方形，中部脱落。

龛壁　正壁竖直，与左壁垂直相交，右壁大部毁。壁面与龛顶弧面相交。

龛顶　券顶，大部残。

三　造像

龛内刻像2身，龛口存像1身（图66-2；图版Ⅰ：93）。

龛内左像　头及身躯残，残像立高55厘米；身似披袈裟，下着裙，立于单层仰莲台上。台高3厘米，直径25厘米。

龛内右像　头及身躯残，残像立高60厘米。上身衣饰不明，下似着裙，身右侧存一段下垂的披帛；跣足立于单层覆莲台上。台高2.5厘米，直径26厘米。

龛口造像　龛口右下方刻像1身，残毁甚重，仅辨轮廓。

四　晚期遗迹

龛壁保存红色涂层。

第八节　第18号

一　位置

位于第17号龛下部。左距后世补砌的条石壁面边缘80—92厘米，右紧邻第20号龛；上与第17号龛紧邻，下距第19号龛7厘米。

龛口西向，方向282.5°。

二　形制

单层方形龛（图67、图68；图版Ⅰ：94）。

龛口　从岩体表面平直凿进形成龛口，深度不明。龛口方形，外缘高109厘米，宽83厘米。龛左沿宽5厘米；右沿上部宽11.5厘

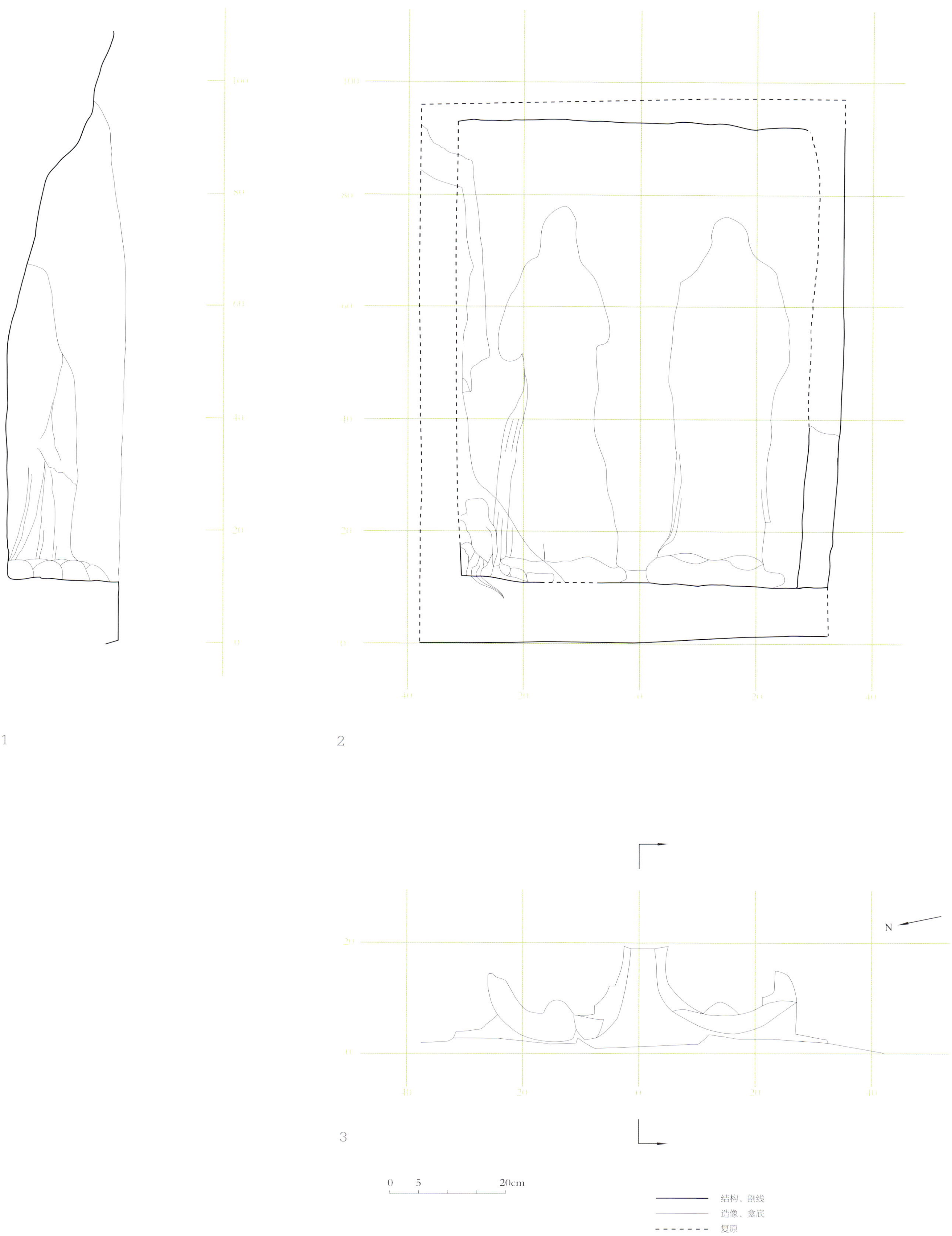

图 66　第 17 号龛平、立、剖面图
1　剖面图　2　立面图　3　平面图

图 67　第 18 号龛立、剖面图
1　立面图　2　剖面图

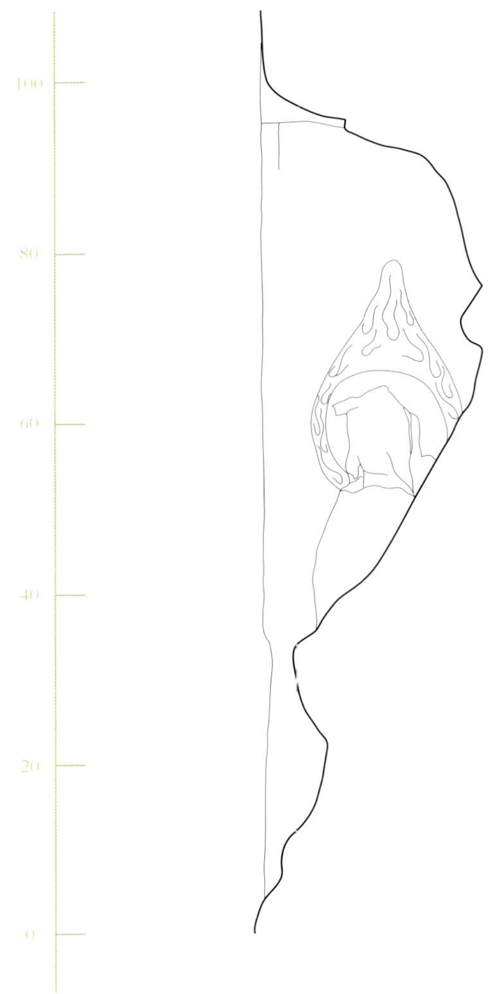

106　大足石刻全集　第一卷（上册）

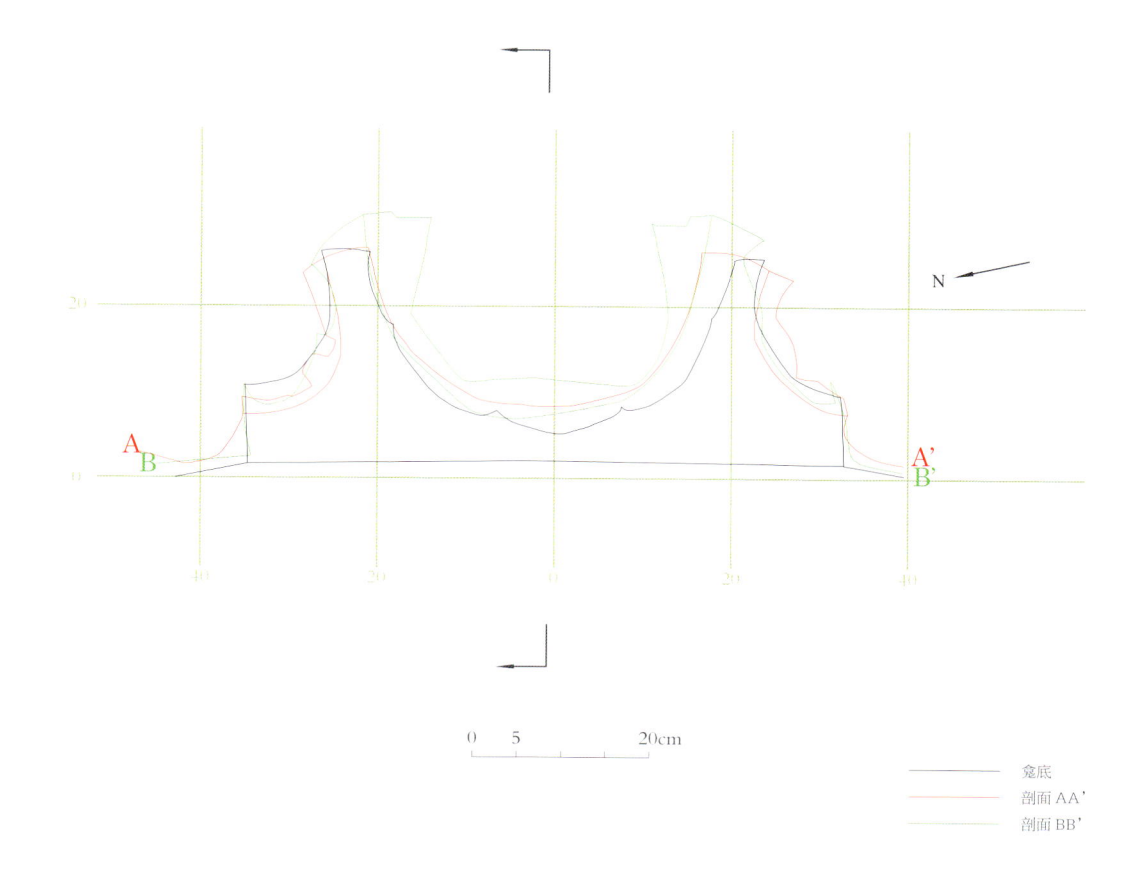

图68　第18号龛平面图

米，下部残脱；上沿即是第17号龛下沿；下沿宽7厘米。龛口内缘高93厘米，宽67厘米，至正壁深26厘米。内缘左右上角凿三角形斜撑，高5.5厘米，宽5厘米，斜边弧形；低于沿面2厘米。

龛底　略呈半圆形。

龛壁　弧壁，与龛顶弧面相交。

龛顶　近似平顶，略呈半圆形，部分残。

三　造像

龛内刻像3身。正壁刻主尊像1身，左右侧壁各刻立像1身（图67-1；图版Ⅰ∶94）。

主尊像　头至胸毁，身残泐，残像坐高38厘米。浮雕桃形头光和椭圆形身光，内皆素面，边缘刻火焰纹；头光横径27厘米，身光最宽45厘米。双手置腹前，结跏趺坐于束腰莲座上，座高31厘米。

左壁像　立像高52厘米，头长12厘米，肩宽10厘米，胸厚6厘米（图版Ⅰ∶95）。浮雕桃形火焰纹头光，横径19厘米。梳高髻，冠带作结下垂。面残毁，身风化，衣饰不清。左手置腹前，前臂敷搭下垂的披帛；右手风化。立于圆形莲台上，台高7厘米，直径19厘米。

右壁像　残像立高49厘米，头残长9厘米，肩宽13厘米，胸厚5厘米（图版Ⅰ∶96）。浮雕桃形火焰纹头光，横径19厘米。头顶剥落，头后饰蝴蝶结；面风化，双耳垂长；右肩残。上着袈裟，下着裙。左手于胸前持带茎莲，手及莲略残；右手置胸前，残。跣足立于圆形仰莲台上。台高7厘米，直径19厘米。

四　铭文

佚名造一佛二菩萨龛残记，晚唐[1]。位于龛右沿上部。刻石面高18厘米，宽9厘米；竖刻3行，楷体，存3字，字径2厘米（图版Ⅱ∶4）。

---

[1] 据"静南军"名，应为唐乾宁四年（897年）前。据北山佛湾第2号《韦君靖碑》记载，韦君靖受东川节度使顾彦朗之命，率兵击败了围困东川的西川节度使陈敬瑄部将山行章，解了东川之危，此事系在光启三年（887年），僖宗闻奏后加封韦君靖"拜当州刺史，充昌普渝合四州都指挥、静南军使"。另据《新唐书》卷六十八《方镇》载，"乾宁四年，置武信军节度使，领遂、合、昌、渝、泸五州"。中华书局1975年版，第1926页。由此可知，静南军建置于光启三年（887年），乾宁四年（897年）因在遂州设武信军节度，辖领昌州，故静南军当在是年被罢废。

01　（漶）
02　（漶）
03　（漶）静南军（漶）

此外，本则铭文上方15厘米处另刻铭文1则。刻石面高20厘米，宽9厘米；可辨竖刻4行，楷体，字径1厘米；文漶。

五　晚期遗迹

龛壁残留红色涂层。背光大部和龛右壁涂层已褪色为淡红色或灰白色。

第九节　第19号

一　位置

位于第18号龛下部。左距后世条石补筑的壁面边缘约68—99厘米，右距第20号龛16.5厘米；上距第18号龛7厘米，下距地坪60厘米。龛口西向，方向282°。

二　形制

单层方形龛（图69；图版Ⅰ：97）。

龛口　从壁面平直凿进最深1.5厘米形成龛口。龛口方形，外缘高68厘米，宽64厘米。龛左沿宽4厘米，右沿宽3.5厘米，上沿宽3.5厘米，中部残；未凿下沿。龛口内缘高63厘米，宽55.5厘米，至正壁深17厘米。内缘左右上角凿三角形斜撑，高7厘米，宽6厘米，斜边弧形；低于沿面1厘米。

龛底　呈半圆形。

龛壁　弧壁。壁面与龛顶弧面相交。

龛顶　券顶。

三　造像

龛内刻像13身。主尊菩萨像居中，头左右上方环形云纹内各刻5身像；左右侧壁分刻胁侍菩萨立像1身（图69-1；图版Ⅰ：97）。

主尊像　头大部残，残像坐高27厘米，肩宽12厘米，胸厚6厘米。浮雕桃形头光和椭圆形身光，内素面，边缘刻火焰纹，头光横径18厘米，身光最宽27厘米。似戴冠，存冠带作结遗迹。内着僧祇支，上着宽博披巾，下着裙，披巾两端窄收为带，敷搭前臂后下垂体侧。左手腹前托钵，右手胸前持物，物残难辨。结跏趺坐于束腰须弥座上，座通高18厘米。

主像头左侧云纹内，刻佛像5身，上三下二布置；体量相当，坐像高约4厘米。造像残蚀较重，存身躯轮廓。

主像头右侧云纹内，亦刻佛像5身，仍作上三下二布置；造像仅存轮廓。

左壁菩萨像　头、身大部残毁，残像立高46厘米（图版Ⅰ：98）。浮雕圆形头光，直径17厘米。上身衣饰不明，下似着长裙，腿间垂一段腰带，跣足立于覆莲座上，座高2厘米，直径18厘米。

右壁菩萨像　立像高48厘米，肩宽8厘米，胸厚6厘米（图版Ⅰ：99）。浮雕圆形素面头光，直径15.5厘米。头残，存凸起的发髻和头后蝴蝶结。面蚀。上着宽博披巾，下着裙，披巾于肘部窄收为带，下垂腹前两道，敷搭双臂垂于体侧。左手胸前持圆状物，右手捻披巾。跣足立于台上，台残。

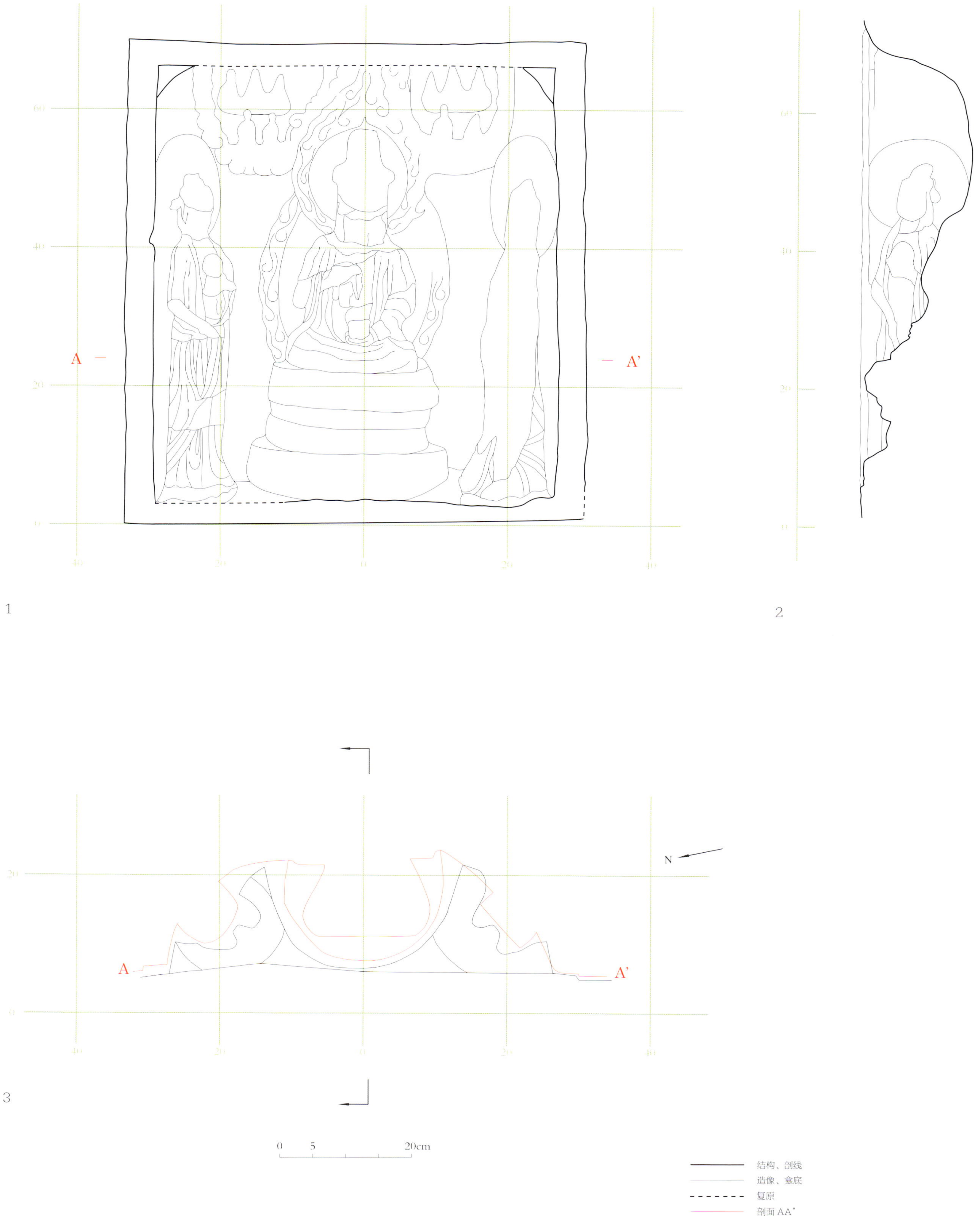

图 69　第 19 号龛平、立、剖面图
1　立面图　2　剖面图　3　平面图

第三章　第 13—29 号

四　铭文

佚名造救苦观音菩萨龛残记，晚唐。位于龛外右侧，下部漶。上部残存刻石面高28厘米，宽16厘米。文左起，竖刻3行，楷体，存17字，字径2厘米（图版Ⅱ：5）。

01　敬造救苦观音菩萨一身（漶）
02　（漶）菩萨两身（漶）
03　（漶）共一龛（漶）

五　晚期遗迹

龛内保存红色、灰白色两种涂层。

第十节　第20号

一　位置

位于"U"形巷道南壁中部。左与第17—19号龛相邻，右与第21—23号龛相邻；上距岩顶61厘米，下距地坪21—31厘米。龛口西向，方向270°。

二　形制

单层方形龛（图70、图72、图73；图版Ⅰ：100）。

龛口　于壁面直接开凿而成，进深约40厘米。龛口横长方形，高295厘米，宽510厘米，至龛壁深22厘米。龛口上方岩体外挑40厘米，下方岩体被凿毁，存斜向凿痕。龛左侧上部、中部及右侧上部、下部均残脱。

龛底　呈横长方形，中部凿断面呈"凸"字形的方坛，底宽94厘米，高12厘米，深20厘米。

龛壁　中部略内陷，与龛顶略垂直相接。

龛顶　平顶，大部残。

三　造像

龛内刻像303身。其中方坛刻像3身，中为主尊，左右各刻菩萨立像1身；其余壁面共刻菩萨像10排300身，上下排错对布置（图70、图71；图版Ⅰ：100）。

（一）方坛

主尊像　已毁（图版Ⅰ：101）。浮雕火焰纹圆形头光，大部残；身光呈椭圆形，内素面，边缘刻火焰纹，最宽40厘米。背光上部存外凸的扁条状遗迹，左右侧外飘的云头。座大部毁，残高14厘米，宽37厘米；左侧存似莲叶和球状莲蕾的遗迹。座下为束腰山石台，大部毁，残高43.5厘米，最宽34厘米，深14厘米；台下为山石基台，正面被凿毁，高约49厘米，宽57厘米，深20厘米。

左菩萨像　头毁，立像残高40厘米，肩宽9厘米，胸厚4厘米（图版Ⅰ：102）。线刻圆形素面头光，直径12.5厘米。身躯修长，衣饰轻薄，外着通肩袈裟，下着裙，裙摆装饰珠串、璎珞。双手似拱于胸前。跣足立于山石台上，台高15厘米。

右菩萨像　头毁，立像残高38厘米，肩宽9厘米，胸厚4厘米（图版Ⅰ：103）。线刻圆形素面头光，直径12.5厘米。胸饰璎珞，身着宽博披巾，下着裙；披巾两端窄收为带，敷搭前臂下垂体侧。跣足立于山石台上，台高16厘米。

（二）壁面

主尊像及方坛外壁面横置十排菩萨像，共300身。菩萨像之间有竖方形榜题条间隔，高16厘米，宽3.5厘米；从上至下第一排存33身，从右至左（下同）依次编为第1—33像。第二排存34身，编为第1—34像。第三排存34身，编为第1—34像。第四排存30身，编为第1—30像；第五排存29身，编为第1—29像；第六排存30身，编为第1—30像；第七排存30身，编为第1—30像；第八排存27身，编为第1—27像；第九排存26身，编为第1—26像；第十排存26身，编为第1—26像。

壁面菩萨像皆有不同程度的风蚀、残损；体量相近，残像坐高约18厘米，肩宽7厘米，胸厚3—4厘米。浅浮雕圆形或桃形头光，头光上部刻卷曲莲叶。头绾髻戴冠，冠带作蝴蝶结后下垂及肩。胸饰璎珞，外或着宽博披巾，或着袈裟，或斜披络腋，下着裙。手势不一，或胸前合十，或腹前结印，或笼袖内，或持物，或抚膝，或撑台等。持物残蚀，可辨者有：放焰珠、钵、带茎莲花、净瓶、如意、珠串等。像坐于带茎仰莲台上，坐式以结跏趺坐为主，亦有游戏坐、斜跪式等。座台为带茎仰莲台，高7厘米，直径12厘米；亦风蚀受损。其中，第十排菩萨像均坐于并蒂仰莲台上。为便于记述，造像特征按排分述于后。

第一排

菩萨像33身，其中第1、3—6、18、22、24、27—33等15身像受损严重，细节难辨；余18身像局部特征可辨，列入表3。

表3　第20号龛壁面第一排菩萨像可辨特征简表

编号	装束		手姿			坐姿	持物	
	披巾	袈裟	结印	抚膝	笼袖	游戏坐	持物	持物、覆巾
2		√						
7			√					
8							√	
9	√						√	
10	√							
11			√					
12				√				
13					√			
14	√		√					
15	√							
16		√						√
17	√		√					
19		√						
20							√	
21			√					
23	√						√	
25				√		√		
26			√					

第二排

菩萨像34身，其中第9、12、29、31—34等7身像受损严重，细节难辨；余27身像局部特征可辨，列入表4。

表4　第20号龛壁面第二排菩萨像可辨特征简表

编号	装束		手姿				坐姿			持物
	披巾	袈裟	结印	合十	笼袖	撑台、抚膝	游戏	斜跪	舒相	持物
1						√				
2	√									√

续表4

编号	装束 披巾	装束 袈裟	手姿 结印	手姿 合十	手姿 笼袖	手姿 撑台、抚膝	坐姿 游戏	坐姿 斜跪	坐姿 舒相	持物 持物
3										√
4		√			√					
5						√	√			
6										√
7		√						√		√
8		√	√							
10										√
11								√		√
13		√								√
14		√								
15	√									√
16		√							√	
17		√								√
18		√			√					
19	√						√			√
20		√		√						
21	√									√
22		√								√
23	√									
24		√	√							
25										√
26				√			√			
27										√
28		√			√					
30										√

第三排

菩萨像34身，其中第1、12、17、26、31—34等8身像受损严重，细节难辨；余26身像中，除第19像头戴披帽外，余皆戴冠，冠带作结下垂，特征列入表5。

表5　第20号龛壁面第三排菩萨像可辨特征简表

编号	装束 披巾	装束 袈裟	手姿 结印	手姿 合十	手姿 笼袖	坐姿 游戏	坐姿 斜跪	持物 持物
2	√							√
3	√		√					
4	√							√
5		√		√				
6	√							√
7								√
8	√			√				
9		√						
10	√							√
11		√					√	√
13				√				
14		√		√				
15	√							√
16	√							√
18		√						√
19		√			√			
20	√							√
21		√		√				
22	√		√					
23	√			√		√		
24		√			√			

续表5

编号	造像特征							
	装束		手姿			坐姿		持物
	披巾	袈裟	结印	合十	笼袖	游戏	斜跪	持物
25	√							√
27	√							√
28	√							
29		√						√
30	√							√

第四排

菩萨像30身，其中第5—6、15、17、19、25—26、29—30等9身像受损严重，细部难辨；余21身像局部特征可辨，列入表6。

表6　第20号龛壁面第四排菩萨像可辨特征简表

编号	造像特征							
	装束		手姿			坐姿		持物
	披巾	袈裟	结印	作拱	撑台	游戏	斜跪	持物
1		√	√					
2		√	√					
3	√							√
4		√			√			
7		√			√	√		
8	√							√
9	√							√
10		√			√			
11	√		√					
12								√
13	√							
14	√				√			
16		√						√
18	√		√					
20	√							√
21	√							√
22			√					
23	√							√
24								√
27	√		√					
28	√							√

第五排

本排前刻菩萨像29身，最后刻莲苞一枝。菩萨像第1、2、10—13、15、19、28—29等10身受损严重，细部难辨；余19身造像局部特征可辨（图版Ⅰ：104），列入表7。

表7　第20号龛壁面第五排菩萨像可辨特征简表

编号	造像特征						
	装束		手姿		坐姿		持物
	披巾	袈裟	结印	合十	游戏	斜跪	持物
3							√
4	√				√		√
5	√						√
6	√				√		√
7	√						√
8	√				√		√
9	√						√
14	√						
16	√		√				

续表7

| 编号 | 造像特征 |||||||
| | 装束 || 手姿 || 坐姿 || 持物 |
	披巾	袈裟	结印	合十	游戏	斜跪	持物
17							
18						√	√
20	√			√			
21					√		
22	√						√
23	√						
24	√						√
25	√						
26	√						√
27		√					√

第六排

菩萨像30身，其中第1、2、5—7、9—11、13—14、16、26、30等13身受损严重，细节难辨；余17身局部特征列入表8（图版Ⅰ：105）。

表8　第20号龛壁面第六排菩萨像可辨特征简表

| 编号 | 造像特征 |||||
| | 装束 || 手姿 | 坐姿 | 持物 |
	披巾	袈裟	结印	斜跪	持物
3		√			
4	√				
8		√	√		
12					√
15	√				
17	√				√
18					√
19	√				
20	√				√
21		√			√
22	√			√	√
23	√				√
24	√			√	√
25	√				
27	√				√
28	√				√
29		√			√

第七排

菩萨像30身，系风蚀、受损最为严重的一排。其中，第17像手似结印，第20、24、26、28等像手持物，第30像左手持物、右手撑台，呈游戏坐式。其余造像特征不可辨。

第八排

菩萨像27身，受损亦严重。其中，第1像身着袈裟、双手合十；第5、20、21、22像身着披巾，双手持物；第27像身着袈裟，双手似结印；其余造像特征难辨。

第九排

菩萨像26身，其中第17、18、22—26等7身受损严重，细节难辨；余19身造像局部特征列入表9（图版Ⅰ：106）。

表9　第20号龛壁面第九排菩萨像可辨特征简表

编号	造像特征					
	装束		手姿		坐姿	持物
	披巾	袈裟	结印	合十	斜跪	持物
1	√					√
2	√		√			
3		√				√
4	√					√
5		√				√
6						√
7	√			√		
8		√				
9	√		√			
10	√					√
11	√		√			
12	√					√
13	√					√
14	√					√
15	√		√			
16						√
19		√			√	√
20	√					√
21	√					√

第十排

菩萨像26身，大多保存较好，仅第22、26像受损，细部难辨；余24身结跏趺坐（图版Ⅰ：107），特征列入表10。

表10　第20号龛壁面第十排菩萨像可辨特征简表

编号	造像特征						
	装束		手姿				持物
	披巾	袈裟	结印	合十	作拱	笼袖	持物
1		√					√
2	√						√
3	√						√
4		√				√	
5	√			√			
6	√						
7	√		√				
8	√		√				
9	√						√
10	√						√
11		√					
12	√						√
13	√		√				
14		√					√
15		√				√	
16	√						
17	√						
18	√						√
19		√					√
20	√						√
21	√				√		
23	√						√
24	√		√				
25	√			√			

图 70　第 20 号龛立面图

第三章 第13—29号 117

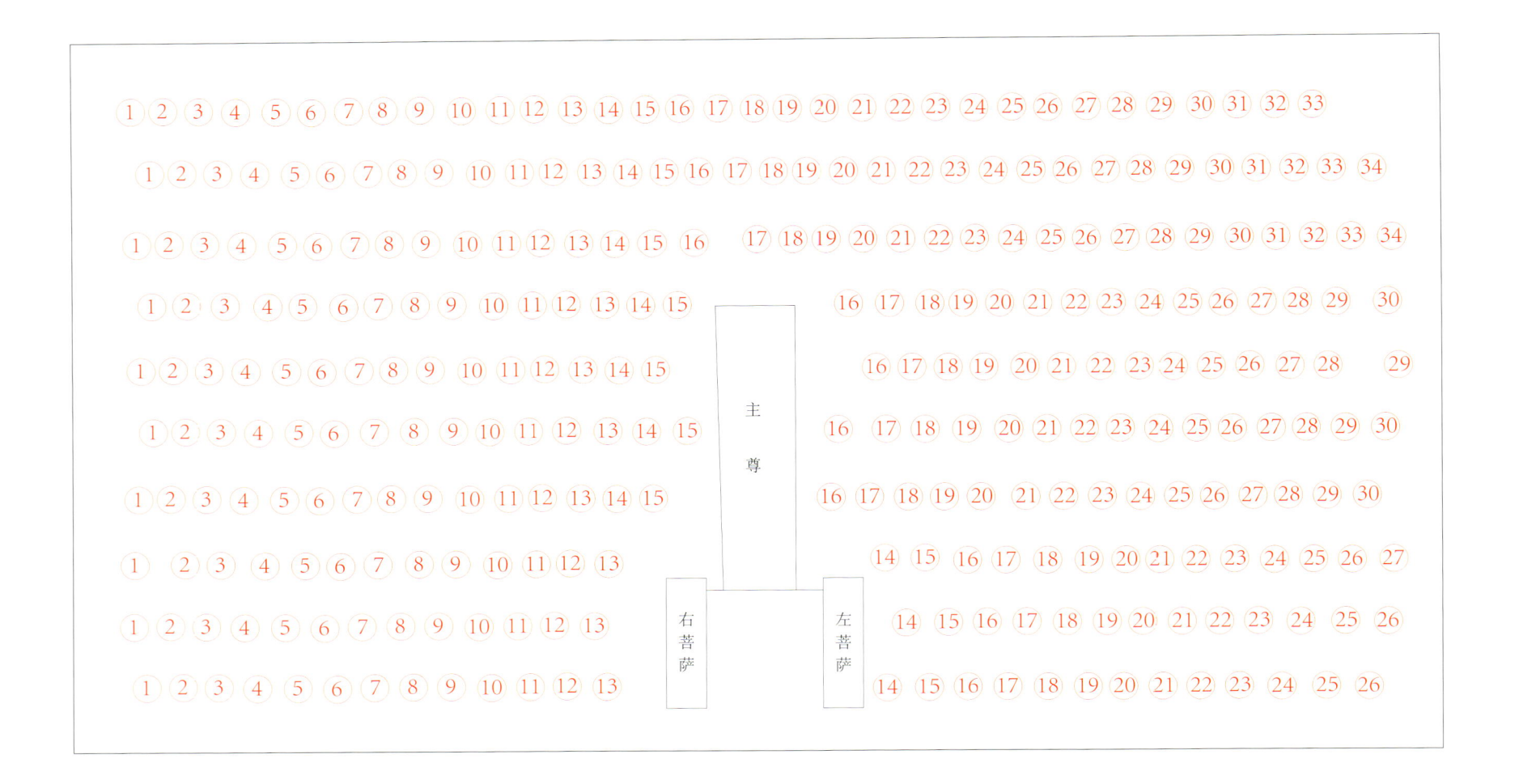

图 71　第 20 号龛壁面造像编号图

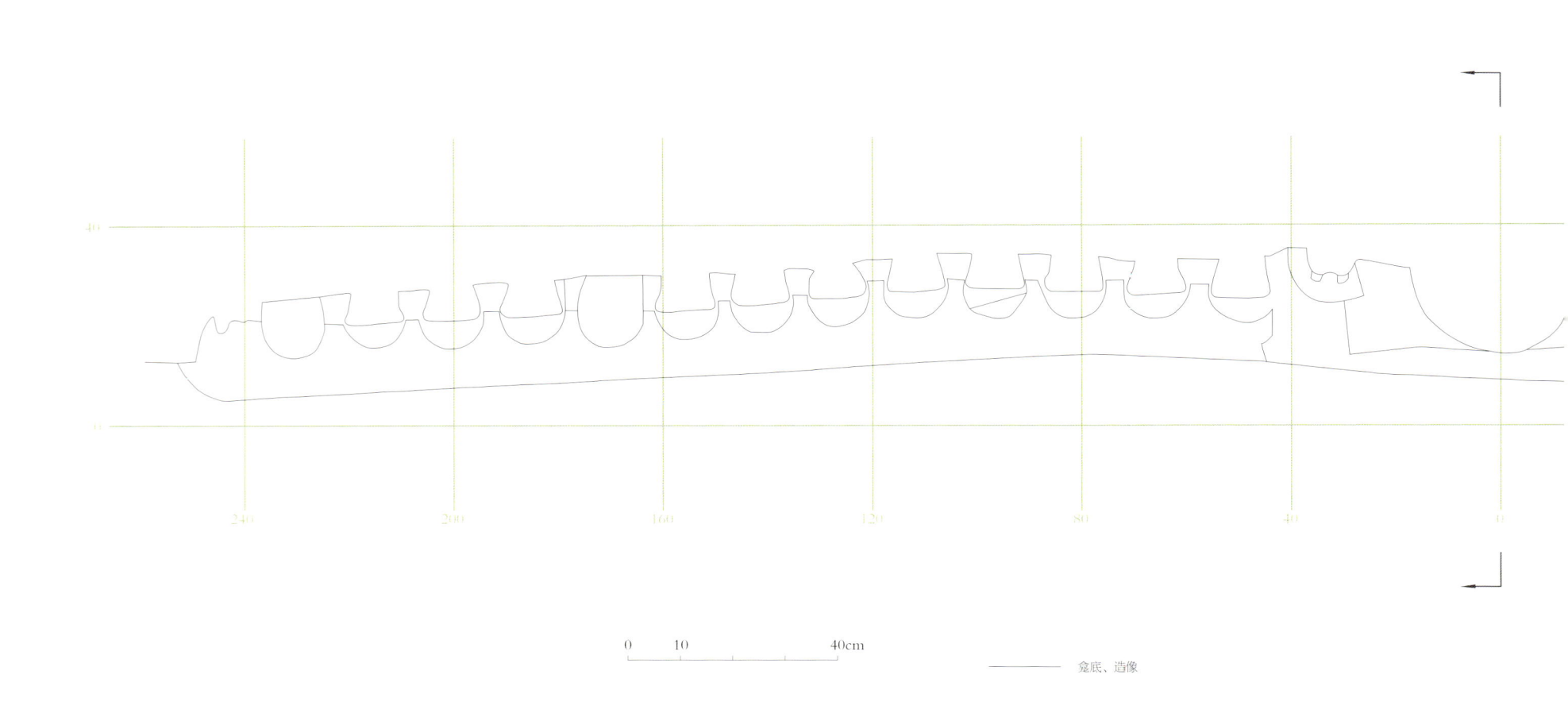

图 72　第 20 号龛平面图

图 73　第 20 号龛剖面图

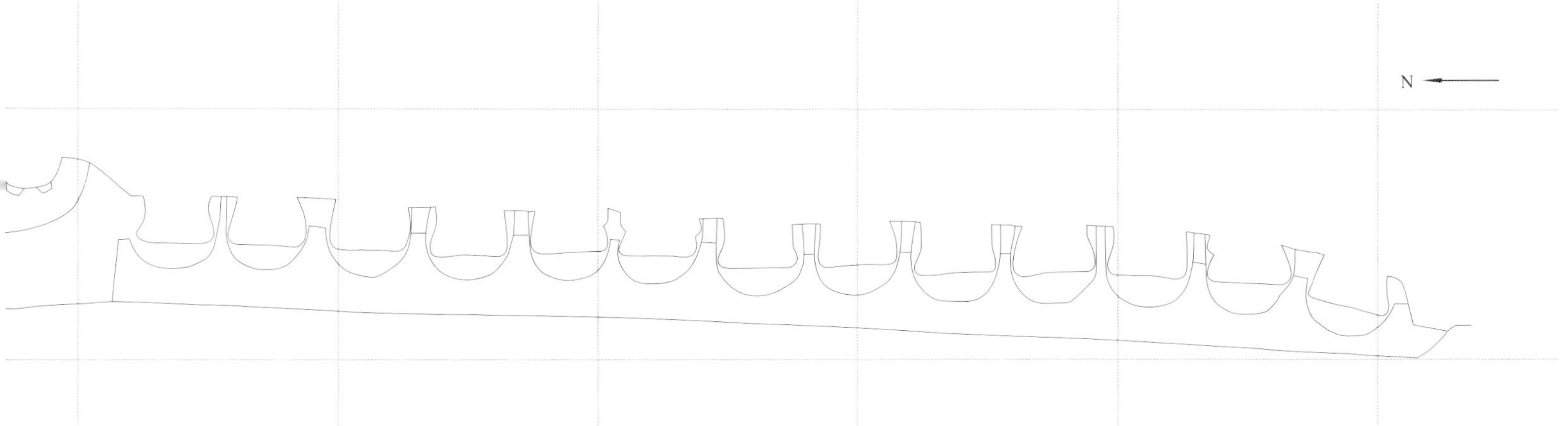

四　晚期遗迹

主尊残躯存一方孔，高4厘米，宽3.5厘米，深3.5厘米。

主尊座下束腰山石台中部存一方孔，高5.5厘米，宽6厘米，深6厘米。

龛顶左上方凿一圆形梁孔，直径14厘米，深25厘米；梁孔底部现存有一段木枋，断面呈圆形，直径约12厘米。

龛顶右上方有一方形梁孔，底面呈"凸"字形，梁孔通深42厘米，外口宽20厘米，内口宽11厘米。梁孔与独立岩体东壁上方的梁孔相对，两孔水平距离180厘米，估计为修砌保护建筑所凿的梁孔。

龛顶中部上方约20厘米处岩面向内凿一方形断面，深9厘米，宽40厘米，高40厘米。断面底部向内凿一方形梁孔，宽10厘米，高13厘米，深25厘米。梁孔与独立岩体东壁上方的梁孔相对，两孔水平距离190厘米，估计为修砌保护建筑架设横梁所凿。

第十一节　第21号

一　位置

位于第20号龛右侧壁面上部。左紧邻第20号龛，右距岩体与后世条石修砌的壁面交接处约16—158厘米；上距岩顶76厘米，下距第22号龛22.5厘米。

龛口西向，方向273°。

二　形制

单层方形龛（图74；图版Ⅰ：108）。

龛口　从岩体表面平直凿进最深22厘米形成龛口。龛口方形，其上方岩体外挑约22厘米。左沿上部毁，下部宽12厘米；右沿部分残，宽10.5厘米；上沿毁；下沿不明，其与第22号龛之间的岩体经打磨，与沿面齐平。龛口内缘高113厘米，宽101厘米，至后壁最深38厘米。内缘左、右上角残。

龛底　形如半月，建低坛一级，高15厘米，深7厘米。

龛壁　弧壁，与龛顶垂直相交。

龛顶　平顶，略呈月牙形，部分残脱。

三　造像

龛内刻像5身。主尊佛像居中，两侧依次刻弟子、菩萨像各1身（图75；图版Ⅰ：108）。

主尊像　坐像高54厘米，头长16厘米，肩宽26厘米，胸厚15厘米（图76；图版Ⅰ：109）。浮雕桃形头光和椭圆形身光，内皆素面，边缘刻火焰纹；头光横径30厘米，身光最宽50厘米。头顶略残，布螺髻，方圆脸，面风化，颈刻两道肉褶线。内着僧祇支，胸际系带作结，外着双领下垂式袈裟，袈裟下摆覆于座前。左手于腹前结印，右手抚膝，结跏趺坐于束腰仰莲座上。座通高37厘米，上部为三重仰莲台，直径45厘米，中部束腰为瓜棱状台，最宽30厘米，棱正面线刻椭圆；下部为两阶叠涩，部分残，最大径约49厘米。

左弟子像　立像高71厘米。面部风化，躯体模糊，似着通肩袈裟，下着裙。双手合十，似着鞋，立于低坛上。

右弟子像　头毁，立像残高71厘米。存耳垂，身着双领下垂式袈裟。余同左弟子像。

左菩萨像　立像高77厘米，头长16厘米，肩宽15厘米，胸厚13厘米（图版Ⅰ：110）。浮雕桃形火焰纹头光，左侧残，存宽22厘米。戴冠，冠覆巾。面蚀。身着通肩袈裟，下着裙。胸、腹前袈裟衣纹呈较疏朗的"U"形。双手持莲茎，莲已残。跣足，立于单层仰莲台上，台高7厘米，直径20厘米。

右菩萨像　立像高75厘米，头长14厘米，肩宽15厘米，胸厚10厘米（图版Ⅰ：111）。浮雕桃形火焰纹头光，横径23厘米。戴冠，面残，双耳垂长。身着宽博披巾，下着裙；披巾两端窄收为带，下垂腹前两道，敷搭前臂，长垂体侧。余同左菩萨像。

图74　第21号龛平、立、剖面图
1　立面图　2　剖面图　3　平面图

图 75　第 21 号龛造像效果图 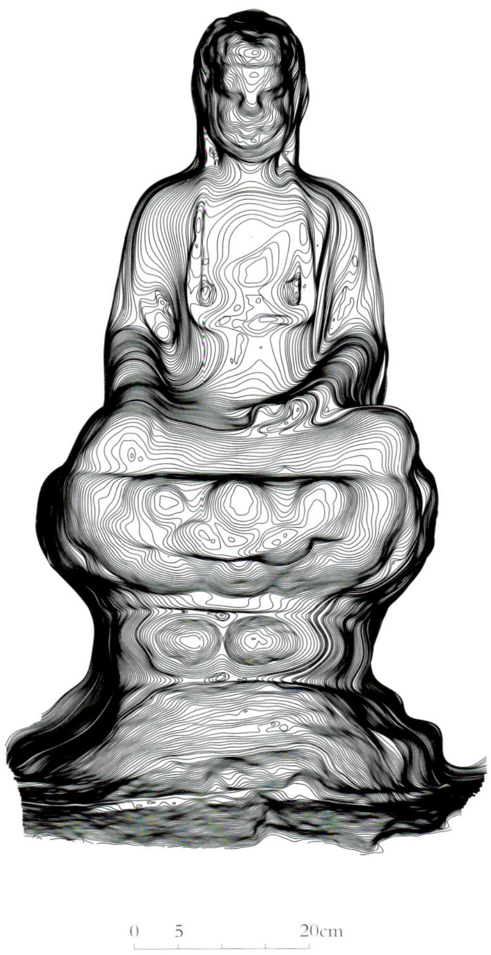　　　　　　　　　图 76　第 21 号龛主尊像等值线图

四　铭文

王启仲造阿弥陀佛龛镌记，晚唐。位于龛外左下方。刻石面高22厘米，宽12厘米。文右起，竖刻3行，存23字，楷体，字径2.5厘米（图版Ⅱ：6）。

01　敬造阿弥陀佛兼观（漶）
02　右孤子王启仲奉为（漶）
03　愿亡[1]者神生净土（漶）

五　晚期遗迹

龛后壁及背光保存灰白色和红色两种涂层。右弟子灰白涂层表面存部分蓝色装饰图案。

第十二节　第22号

一　位置

位于第21号龛下方。左紧邻第20号龛，右紧邻第25号龛；上距第21号龛22.5厘米，其下紧邻第23、24号龛。龛口西向，方向273°。

二　形制

单层方形龛（图77；图版Ⅰ：112）。

龛口　于壁面直接凿建龛口。龛口方形。龛左沿毁；右沿存少许，宽7厘米；上沿不明，其与第21号龛之间的岩体打磨平整；下沿宽6.5厘米，左端被第23号龛开凿时打破占用。龛口内缘高80厘米，宽90厘米，至正壁深25厘米。内缘左、右上角存部分三角形斜撑遗迹。

龛底　呈月牙形。

龛壁　弧壁，与龛顶略呈垂直相交。

龛顶　平顶，呈月牙形。

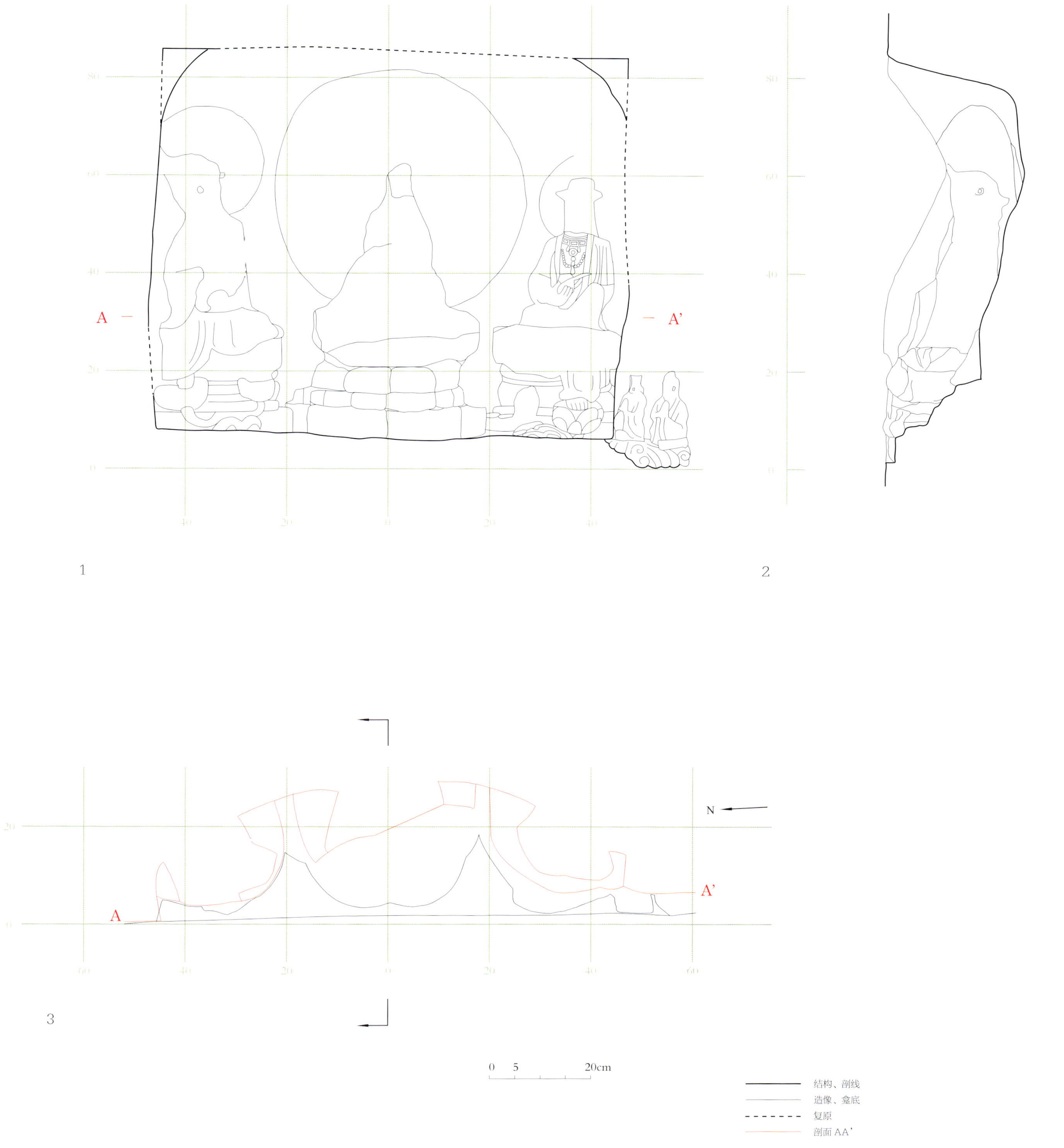

图77　第22号龛平、立、剖面图
1　立面图　2　剖面图　3　平面图

三　造像

龛内刻像5身。正壁刻主尊像1身，左右侧壁各刻菩萨像1身；龛左沿下方刻供养人像2身（图77-1；图版Ⅰ：112）。

主尊像　头、身大部毁，残像轮廓高36厘米；浮雕圆形素面背光，直径47厘米。似坐于束腰台座上。台上部大部残，通高23厘米。

左菩萨像　头剥蚀残毁，残像坐高32厘米。浮雕圆形头光，左侧毁，右侧存宽7厘米。存冠带遗迹。双肩残，胸饰璎珞，上着披巾，下着长裙。左臂残，右手腹前托一物，物残难辨。跣足，盘右腿，垂左足踏莲花，左舒相坐于束腰台座上。台部分残，通高21厘米，最宽30厘米，深11厘米；台前刻并蒂莲，左莲高6厘米，直径9厘米，托左足；右莲毁。

右菩萨像　头及左肩已毁，残像坐高31厘米。浮雕圆形头光，直径23厘米，存冠带遗迹。像躯体风化，上身衣饰不清，下着裙。左手腹前托物（似宝珠），右手胸前持锡杖，锡杖大部残。盘左腿，垂右足，右舒相坐于束腰台座上。台通高23厘米，宽30厘米，深13厘米，式样同左菩萨座台。台前刻并蒂莲，部分残。

供养人像　2身，位于龛左沿下方（图版Ⅰ：113）。跪像高15厘米。头风化，侧身向龛右，身似着交领宽袖服，双手合十，胡跪于线刻的云纹上。

四　晚期遗迹

龛壁存留灰白色、红色两种涂层。

第十三节　第23号

一　位置

位于第22号龛下方左侧。左距第20号龛7厘米，右紧邻第24号龛；上紧邻第22号龛，下距地坪34厘米。

龛口西向，方向276°。

二　形制

单层方形龛（图78；图版Ⅰ：114）。

龛口　于壁面向内平直凿进最深约2厘米形成龛口。龛口方形，外缘高51厘米，宽44厘米。龛左沿宽4.3厘米，右沿宽5厘米，上沿宽1—1.5厘米，下沿宽4厘米。龛口内缘高46厘米，宽35.2厘米，至正壁深15.5厘米。内缘左右上角凿出三角形斜撑，高4厘米，宽4.5厘米，斜边弧形；低于沿面0.5厘米。

龛底　呈横长方形。

龛壁　正壁竖直，与左、右侧壁垂直相交，龛壁与龛顶弧面相交。

龛顶　平顶，方形。

三　造像

龛内刻主尊坐像1身（图78-1；图版Ⅰ：114）。坐像高32厘米，头长13厘米，肩宽13.7厘米，胸厚5厘米。有桃形头光和椭圆形身光，内皆素面，边缘刻火焰纹；头光横径18.5厘米，身光最宽27厘米。头顶右残，水波纹发。脸圆，双颊丰满，双耳垂长。颈刻两道肉褶线，内着僧祇支，胸际系带作结，外着双领下垂式袈裟，领缘垂至腹部，袈裟一角系于左肩。左手腹前托钵，大部残，右手抚膝，结跏趺坐于单层仰莲台上。台高7厘米，直径30厘米。右侧壁竖立六环锡杖，长42厘米；杖首呈桃形。

四　晚期遗迹

龛内存灰白色、红色两种涂层。

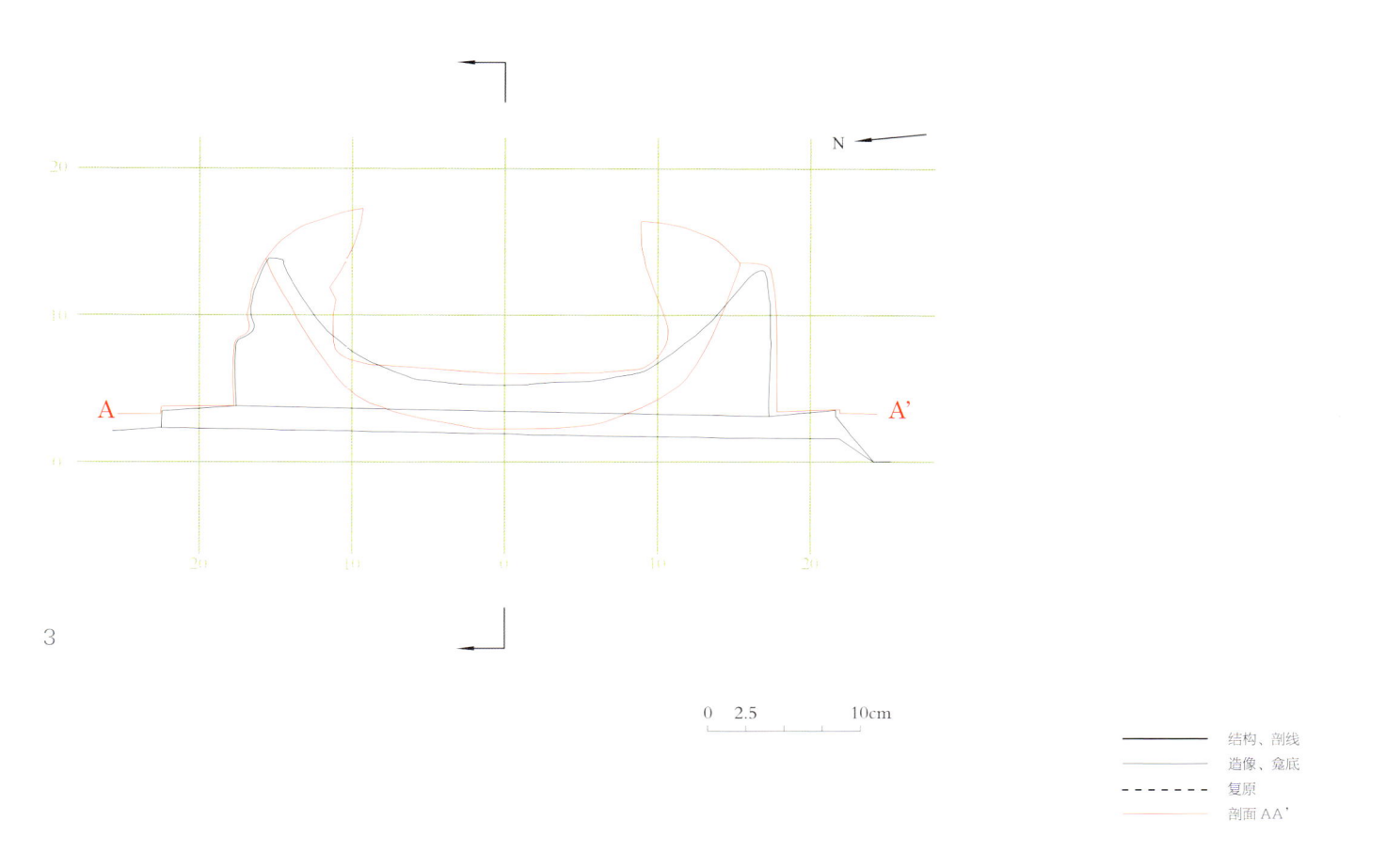

图78　第23号龛平、立、剖面图
1　立面图　2　剖面图　3　平面图

第十四节　第24号

一　位置

位于第23号龛右侧。左紧邻第23号龛，右距第26号龛10.5厘米；上紧邻第22号龛，下距地坪19.5厘米。

龛口西向，方向275°。

二　形制

单层方形龛（图79；图版Ⅰ：115）。

龛口　从壁面向内凿进最深约1厘米形成龛口。龛口方形，外缘高65厘米，宽57厘米。龛左沿宽6厘米，右沿宽5.5厘米，上沿宽2.8厘米，未见凿出下沿。龛口内缘高62.5厘米，宽46.8厘米，至正壁深17厘米。内缘左、右上角凿出三角形斜撑，高6.5厘米，宽6.5厘米，斜边弧形；低于沿面0.5厘米。

龛底　呈横长方形。

龛壁　正壁竖直，与左、右侧壁垂直相交，正壁与龛顶垂直相交；左、右侧壁与龛顶弧面相接。

龛顶　平顶，方形。

三　造像

龛内刻菩萨立像2身（图79-1；图版Ⅰ：115）。

左菩萨像　立像高54厘米，头残长14厘米，肩宽11厘米，胸厚5厘米。浮雕圆形素面头光，直径18.5厘米。头顶残，存宝冠遗迹，冠带作结下垂。脸形方圆，双颊丰满，直鼻小口，耳垂长。颈刻两道肉褶线。身材修长，胸下垂三道璎珞，交会腹前，两道下垂，绕膝隐于身后。上着宽博披巾，下着长裙，披巾两端窄收为带，于腿间相叠，敷搭前臂后垂于体侧。双手胸前托物，物残难辨。跣足立于莲台上，足及台残。台高约2厘米。

右菩萨像　立像高52厘米，头残长13厘米，肩宽11厘米，胸厚6厘米。头残，披巾折叠后敷搭前臂，垂于体侧，余同左菩萨像。

四　铭文

何君友造日月光菩萨龛镌记，疑为前蜀乾德年间（919—924年）上石。位于龛右沿。刻石面高35厘米，宽11厘米；文左起，竖刻4行，存44字，楷体，字径2厘米（图版Ⅱ：7）。

01　敬〔镌〕造日月光菩萨一龛
02　右〔弟子〕何〔君友先〕发心造上件功德□已
03　〔自身安泰夫妇〕咸昌□□□以乾□[1]
04　□□□〔修〕斋表赞讫永为供养

五　晚期遗迹

龛内存留灰白色、红色两种涂层。

---

[1] 据龛制、造像风格，此龛疑为前、后蜀造像，故疑此"乾"字后缺字应为"德"字，并据此判断此则铭文上石于前蜀乾德年间（919—924年）。

图 79　第 24 号龛平、立、剖面图
1　立面图　2　剖面图　3　平面图

第十五节　第25号

一　位置

位于第22号龛右侧。左紧邻第22号龛，右与第28、29号龛相邻；上距壁面边缘约65—100厘米，下方与并列的第26、27号龛相邻，分别相距4、2厘米。

龛口西向，方向269°。

二　形制

单层方形龛（图80；图版Ⅰ：116）。

龛口　自岩体表面平直凿进最深约30厘米形成龛口。龛外右侧为向西突出的岩体，外突30—73厘米。龛口方形。龛左沿为第22号龛右沿，宽13厘米；上沿宽15厘米；下沿在开凿第26、27号龛时被打破占用，分界不明。龛口内缘高89.5厘米，宽86厘米，至正壁深21厘米。内缘左右上角残存三角形斜撑结构遗迹。

龛底　呈横长方形。

龛壁　正壁竖直，与左右侧壁垂直相交，正壁与龛顶略垂直相交；左右侧壁与龛顶弧面相接。

龛顶　平顶，呈方形。

三　造像

龛内刻立像3身。主尊像居中，左右各刻像1身（图80-1；图版Ⅰ：116）。

主尊像　立像高71厘米。浮雕圆形头光，直径25厘米，存作结的冠带。身躯大部残。跣足立于双层仰莲台上。台高5厘米，直径24厘米。

左侧像　头大部残，立像残高70厘米。浮雕桃形火焰纹头光，横径24厘米，身大部残毁。左手置于胸前似持物，腕及手残，前臂敷搭披帛；右手毁。跣足立于覆莲台上。台高3厘米，直径25厘米。

右侧像　头残，立像残高68厘米。浮雕桃形火焰纹头光，横径23.5厘米，存作结的冠带。身蚀，跣足立于覆莲台上，足及台残。台高3厘米，直径25厘米。

四　铭文

佚名造菩萨龛残记，前、后蜀。位于右沿上部。刻石面高34厘米，宽13厘米。竖刻1行[1]，楷体，存3字，字径2厘米（图版Ⅱ：8）。

□□奉△△亡妣

五　晚期遗迹

龛壁存灰白色、红色两种涂层。

第十六节　第26号

一　位置

位于第25号龛左下方。左距第24号龛10.5厘米，右距第27号龛7—9厘米；上距第25号龛4厘米，下距地坪21.5厘米。

龛口西向，方向266°。

1　《大足石刻铭文录》录为2行，应为1行。重庆大足石刻艺术博物馆等编：《大足石刻铭文录》，重庆出版社1999年版，第16页。

1

2

3

图 80　第 25 号龛平、立、剖面图
1　立面图　2　剖面图　3　平面图

二　形制

单层方形龛（图81；图版Ⅰ：117）。

龛口　从壁面向内凿进最深约1厘米形成龛口。龛口方形。外缘高60厘米，宽37.5厘米。龛左、右沿宽4厘米；上沿宽1.8厘米，未见凿出下沿。龛口内缘高58厘米，宽29.5厘米，至正壁深12厘米。内缘左右上角凿出三角形斜撑，高5厘米，宽5.5厘米，斜边弧形；低于沿面0.5厘米。

龛底　呈横长方形。

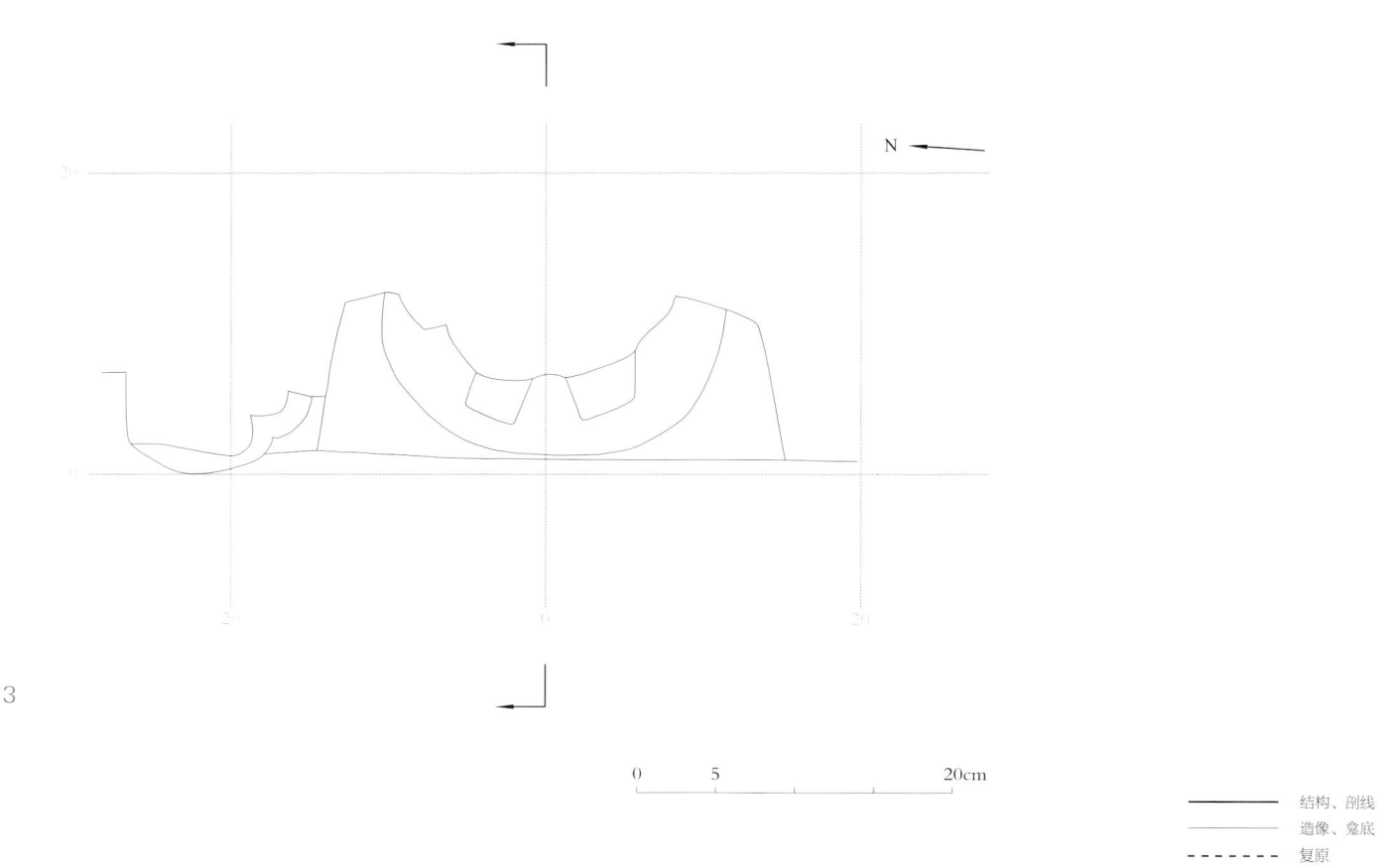

图81 第26号龛平、立、剖面图
1 立面图　2 剖面图　3 平面图

龛壁　正壁竖直，与左右侧壁垂直相交，正壁与龛顶垂直相交；左右侧壁与正壁弧面相接。

龛顶　平顶，略呈方形。

三　造像

龛内刻像2身。正壁刻主尊菩萨立像1身，龛外右下方刻供养人像1身（图81-1；图版Ⅰ：117）。

菩萨像　立像高51厘米，头长12厘米，肩宽10.5厘米，胸厚5厘米。浮雕桃形火焰纹头光，横径17厘米。戴冠，冠带作蝴蝶结。脸丰圆，面目可辨；双耳垂长。身修长，左肩及胸剥落，似着披巾，下着长裙；腿间存有璎珞。左手似持一物（净瓶），手及物少许残；右手胸前持一物，物残难辨。跣足立于覆莲台上。台高1厘米，直径20.5厘米。

供养人像　跪像高16厘米（图版Ⅰ：118）。头残，面风化。着圆领宽袖服，双手合十，侧身向龛内胡跪，身下刻出"L"形云纹。云头高4厘米，宽10.5厘米，厚6厘米，云尾竖直上飘。

四　铭文

何君友造观音龛镌记，疑上石于前蜀乾德二年（920年）。位于龛右沿中上部。刻石面高36厘米，宽8厘米。文左起，竖刻3行，存37字，楷体，字径2厘米（图版Ⅱ：9）。

01　敬镌造[1]救苦观音菩萨一身

02　右弟子何君友敬为△亡男□□造上件

03　〔功〕德□□□〔以乾〕□[2]二年二月十三日赞讫

五　晚期遗迹

龛内存红色、灰白色两种涂层。

第十七节　第27号

一　位置

位于第25号龛下部右侧。左距第26号龛7—9厘米，右与第29号龛相邻，相距4.5厘米；上距第25号龛2厘米，下距地坪23.5厘米。龛口西向，方向272°。

二　形制

单层方形龛（图82；图版Ⅰ：119）。

龛口　从壁面向内凿进最深约5厘米形成龛口。龛口方形，外缘高62厘米，宽36厘米。龛左沿宽2.8厘米，右沿宽2.5—3.5厘米，上沿宽2厘米，下沿宽4厘米。龛口内缘高53.5厘米，宽31.5厘米，至后壁最深约11厘米。内缘左右上角凿出三角形斜撑，高4厘米，宽3.5厘米，斜边弧形；低于沿面0.5厘米。

1　此"敬镌造"3字《大足石刻铭文录》录为"敬造"。重庆大足石刻艺术博物馆等编：《大足石刻铭文录》，重庆出版社1999年版，第11页。

2　视龛制及造像风格，疑此龛为前、后蜀造像，故疑此漶字为"德"字，并据此推断此则铭文上石于前蜀乾德二年（920年）。

图 82　第 27 号龛平、立、剖面图
1　立面图　2　剖面图　3　平面图

132　大足石刻全集　第一卷（上册）

龛底　呈横长方形。

龛壁　正壁竖直，与左右壁垂直相交，正壁与龛顶垂直相交；左右壁与龛顶弧面相接。

龛顶　方形，平顶。

三　造像

龛内刻像2身。正壁刻主尊菩萨立像1身，龛右沿中下部刻供养人像1身（图82-1；图版Ⅰ：119）。

菩萨像　立像高47.5厘米，头长11.5厘米，肩宽10厘米，胸厚5厘米。浮雕桃形火焰纹头光，横径16厘米；存宝冠遗迹，冠带作结下垂。头、面稍残，颈细长。胸饰璎珞，上部残，中部为一圆饰，下坠三条珠串；居中珠串下垂至足间，左右珠串绕膝隐于身后，并于膝前垂坠饰。上着宽博披巾，下着裙。披巾于肘部窄收为带，下垂腹前两道，敷搭前臂，下垂体侧。双手残。跣足立于单层仰莲台上。台高3厘米，径20厘米。

供养人像　残蚀较重，残高8厘米；似跪坐于蝌蚪形云纹上。

四　铭文

佚名造观音龛残记，后蜀广政元年（938年）。位于龛外右上方。刻石面高28厘米，宽11厘米。文左起，竖刻4行，存14字，楷体，字径2厘米（图版Ⅱ：10）。

01　（漶）一身右□
02　（漶）
03　（漶）广政元年七月八日□
04　（漶）表赞讫

五　晚期遗迹

龛内存灰白色、红色两种涂层。

第十八节　第28号

一　位置

位于第25号龛右侧向外突出的岩体南向壁面。左与第25号龛相邻，右距崖壁边缘10—13厘米；上距壁面顶端25厘米，下距第29号龛4厘米。

龛口南向，方向189°。

二　形制

单层方形龛（图83；图版Ⅰ：120）。

龛口　龛开凿进深不明。龛口方形，右侧岩体残毁，残毁处即是岩体边缘。龛口内缘高45.5厘米，残宽28厘米，至正壁深13厘米。

龛底　呈方形，右端毁。

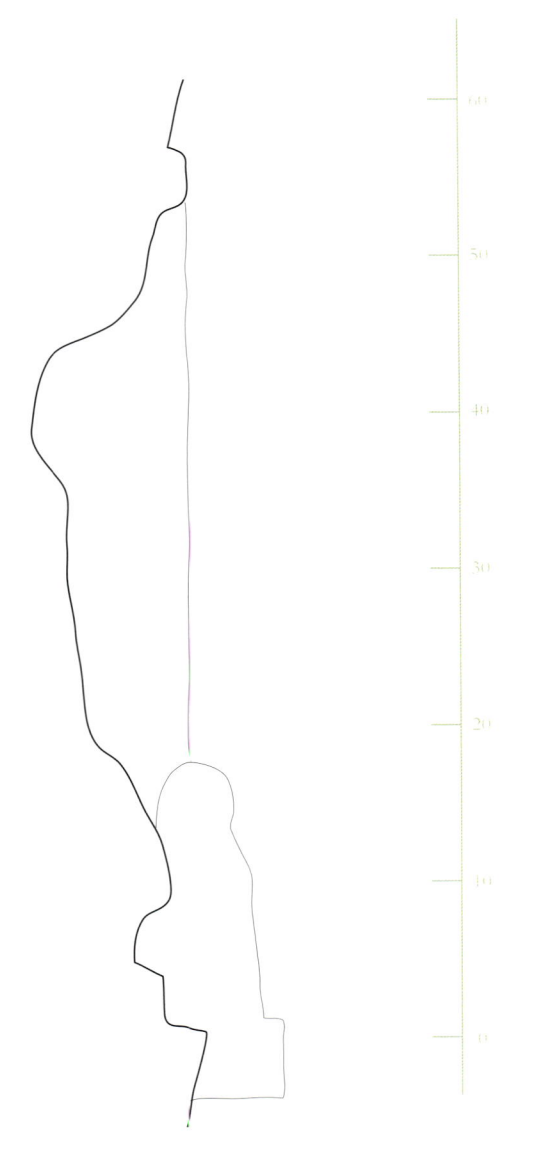

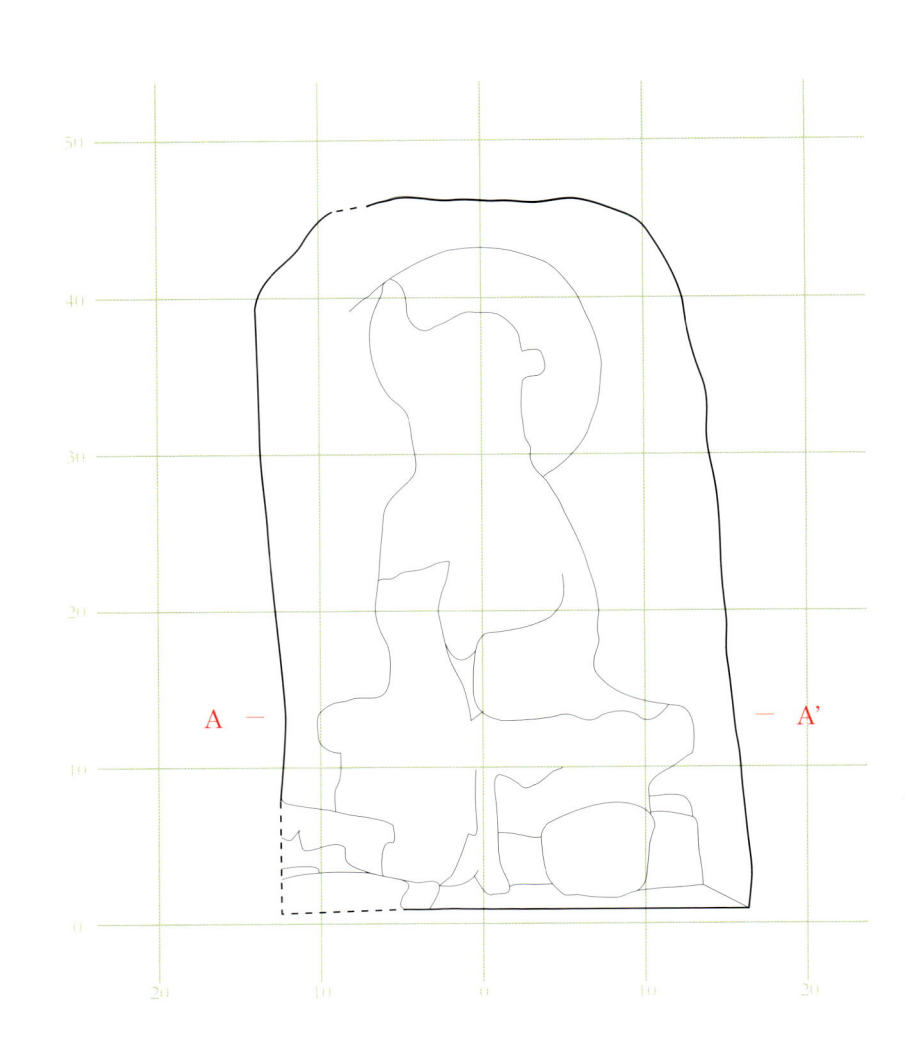

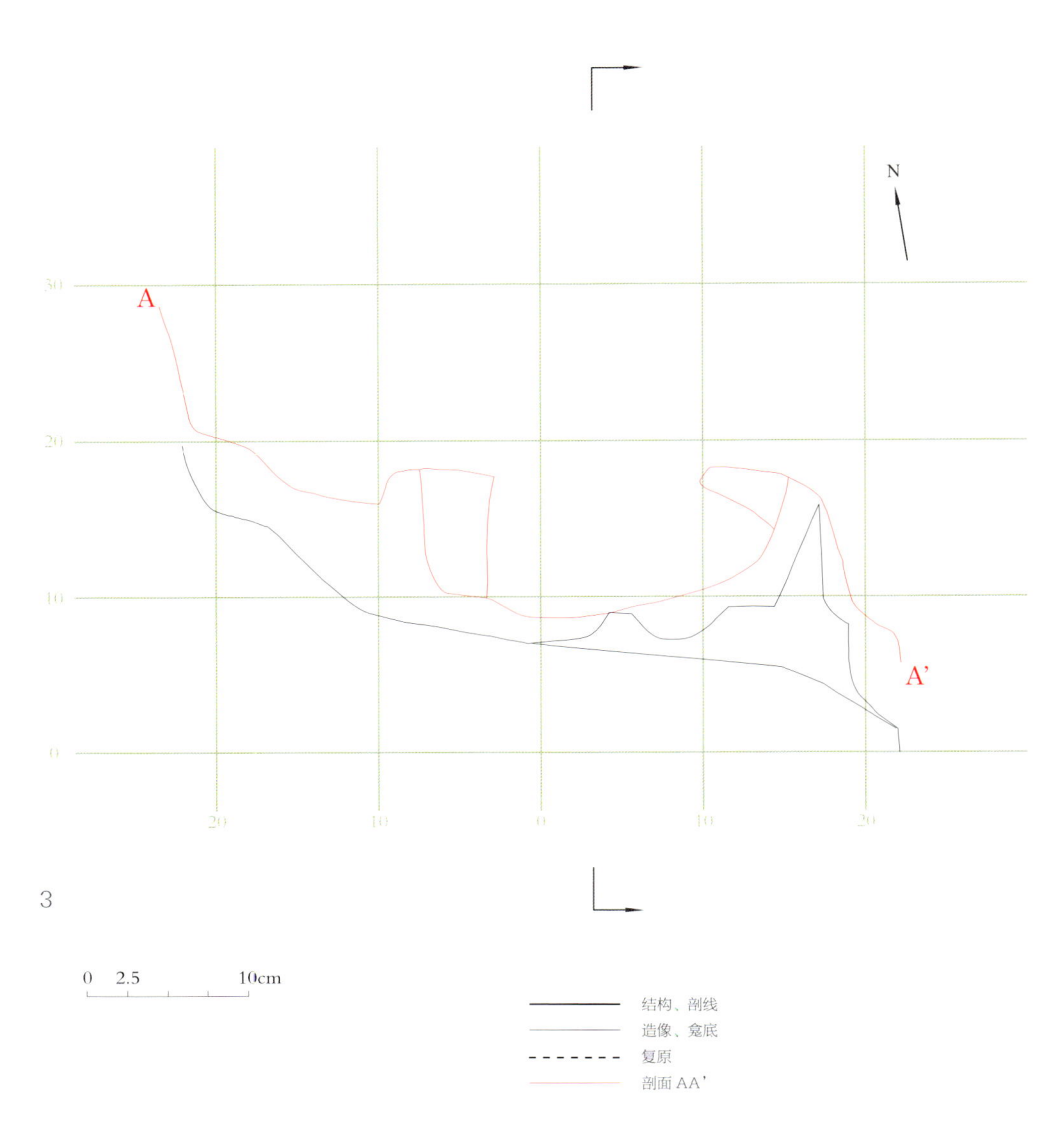

图 83　第 28 号龛平、立、剖面图

1　剖面图　2　立面图　3　平面图

龛壁　正壁竖直，与左壁垂直相交，右侧壁毁。壁面与龛顶略呈弧面相交。

龛顶　券顶，部分残毁。

三　造像

正壁刻主尊菩萨像1身（图83-2；图版Ⅰ：120）。坐像高23厘米。线刻圆形头光，直径16厘米，右侧残。头残蚀，身风化。左手腹前托宝珠，略残；右手持锡杖，杖首略残。盘左腿，垂右腿，右舒相坐于须弥座上。座通高11厘米，宽22厘米，深9厘米。座前刻并蒂莲，部分残。

龛外右下角刻立像1身，疑为供养人像，已毁。

四　晚期遗迹

龛顶左上角凿一圆形小孔，孔径3.5厘米，深3厘米。

龛内残存灰白色、红色两种涂层。

第十九节　第29号

一　位置

位于第28号龛下部。左与第25、27号龛相邻，右距崖壁边缘20厘米；上距第28号龛4厘米，下距地坪45厘米。

龛口南向，方向185°。

二　形制

单层方形龛（图84；图版Ⅰ：121）。

龛口　从崖壁向内凿进最深约4厘米形成龛口。龛口方形。右侧龛口已毁。外缘高71厘米，残宽53厘米。龛左沿宽6厘米，右沿毁；上沿宽4厘米，下沿宽5厘米。下沿左端下部岩体被凿出高17.5厘米，宽17厘米的平整面。龛口内缘高61厘米，残宽44.5厘米，至正壁深14厘米。内缘左上角存少许三角形斜撑遗迹，右上角已毁。

龛底　略呈长方形，略残。

龛壁　左壁与龛顶弧面相交，正壁与龛顶略垂直相交；右壁毁。

龛顶　近似平顶，呈方形。

三　造像

龛内刻菩萨立像2身，龛左沿下部刻供养人像1身（图84-2；图版Ⅰ：121）。

左菩萨像　头毁，立像残高46厘米，肩宽11.5厘米，胸厚6厘米。存少许线刻的圆形头光。身风化，似着披巾，下着裙。左臂下垂，右手置胸前；双手残，前臂敷搭披帛。跣足立于覆莲台上，足及台风化。台高1厘米，直径16.5厘米。

右菩萨像　头毁，立像残高47厘米，肩宽12厘米，胸厚5厘米。身残，似着袈裟，下着裙，左臂置于胸前，右臂下垂，双手残。余同左菩萨像。

供养人像　跪像高12厘米。头残身漶，双手合十，侧身胡跪于蝌蚪形云纹上。

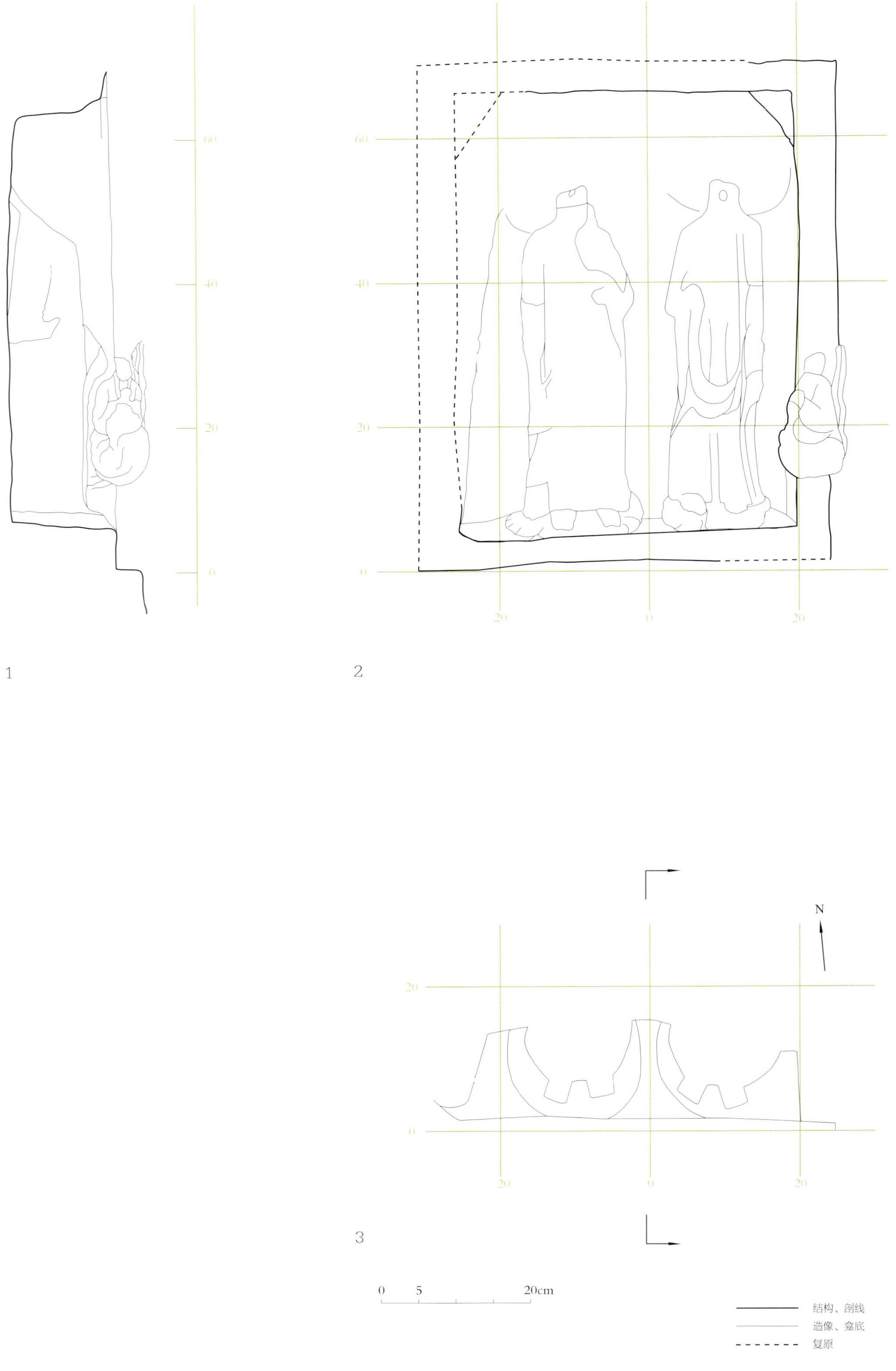

图 84 第 29 号龛平、立、剖面图
1 剖面图 2 立面图 3 平面图

四　晚期遗迹

龛内两菩萨像头部均存圆孔，直径1厘米，深2厘米。

龛内残存灰白色、红色两种涂层。

第二十节　本章小结

一　形制特点

本章17个编号，第13—16号等4龛所在壁面上方现不存龛檐；第17—27号等11龛所在壁面上方，仅第21号龛上部存龛檐，从遗迹看，第17—20号龛所在壁面上方原本凿有龛檐，现已塌毁；第28、29号龛处于第17—27号龛向岩体凿进后的侧面石壁上，故没有在上方形成龛檐。

本章各龛均为单层方形龛，第20号龛是占据岩面最宽的大龛；第13—19号龛以及第21、22、25号龛龛形大小适中；第23、24、26、27、28、29号等6个龛龛形较小，位于岩面的边缘或侧角位置。第20号龛因最上一列菩萨像抵接龛口上角，没有刻出三角形斜撑，第21号龛龛口上角已残毁，其余各龛均施三角形斜撑或存有斜撑遗迹。

二　年代分析

本章17个编号，从其布列的位置关系看，第13—16号等4龛处于巷道南壁，龛形大小大致均等，布列齐整，开凿时间应相去不远。第17—29号等13龛处于巷道东壁，其中，第20号龛位于整个壁面中央显著位置，第17—19号等3龛列于其左侧，第21—29号等9龛列于其右侧，从龛形大小和在壁面上的位置关系看，第20号龛是在壁面首选的位置，再在其左右两侧排列其他各龛。左侧的第17—19号龛，以及右侧上部的第21、22、25号龛，龛形大小相当，但右侧下部的第23、24、26、27号等4龛龛形较之上述各龛明显窄小，且相互位置参差不齐，显然是前述各龛布列后的余留壁面不足所形成的。而第28、29号两龛，是处于第17—27号龛所在壁面的侧面石壁上，不会早于第20号龛的凿建时间。

本章17龛中，有7个龛现存造像记，即第18、19、21、24、25、26、27号等龛。而有明确纪年或残缺纪年的龛是：第18号龛残存有"静南军"[1]字样，第19号龛残存"二年"[2]字样，第24号龛残存"乾□"[3]字样，第26号龛题为"乾二年"[4]，第27号龛题为"广政元年"。第17、20、23、28、29号等5龛无题记，第20龛因位于壁面中心位置，应较第18号龛的开凿时间早。第17、23、28、29号等4龛，从龛形和造像特征看，更与第27号龛接近。而第28、29号两龛，从第29号龛与第27号龛相互交接的位置关系看，第27号龛右沿已打破第29号龛左沿下方的供养人像，因此，可以确定第28、29号两龛开凿的时间较第27号龛略早。至于第13—16号龛，无一纪年题记，造像风化残损亦重。但第14、15号两龛上沿置飞天的作式，在北山唐代龛窟中未曾出现，而在相近的第37、39号等却有类比的飞天作式，按题记，第37、39号龛分别凿于广政三年（940年）和乾德四年（922年），因此，我们推断第13—16号龛应开凿于前后蜀时期。由此分析，本章17个龛的开凿年代大致可分为两个阶段：

第一阶段，唐景福元年至乾宁四年（892—897年），包括第18、20号两龛。

第二阶段，前后蜀时期（907—965年），包括第13—16、17、19、21—29等15个龛。

---

[1] 据北山佛湾第2号《韦君靖碑》记载，韦君靖受东川节度使顾彦朗之命，率兵击败了围困东川的西川节度使陈敬瑄部将山行章，解了东川之危，此事系在光启三年（887年），僖宗闻奏后加封韦君靖"拜当州刺史，充昌普渝合四州都指挥、静南军使"。另据《新唐书》卷六十八《方镇》载，"乾宁四年，置武信军节度使，领遂、合、昌、渝、泸五州"。中华书局1975年版，第1926页。由此可知，静南军建置于光启三年（887年），乾宁四年（897年）因在遂州设武信军节度，辖领昌州，故静南军当在是年被罢废。

[2] 此龛残存的"二年"题记，因缺失年号，无法确判。

[3] 本龛残存的"乾□"纪年，在唐景福之后有"乾宁"年号，在前蜀有"乾德"年号。

[4] 本龛的"乾二年"纪年题记，"乾"之后漏刻一字，在唐景福之后应是"乾宁二年（895年）"，在前蜀则为"乾德二年（920年）"。

三　题材内容

第13号　主尊像残毁漶蚀，难于辨认。定为"残像龛"。

第14号　主尊像残毁剥蚀，难于辨认。定为"残像龛"。

第15号　主尊像头部残存披帽遗迹，座下刻有一伏兽，疑主尊为地藏像。定为"地藏龛"。

第16号　主尊像残毁剥脱，难于辨认。定为"残像龛"。

第17号　并刻两身立像，风化剥蚀，无法辨认。定为"残像龛"。

第18号　为一佛二菩萨像。定为"一佛二菩萨龛"。

第19号　根据造像题记，主尊为观音像，其胁侍的两菩萨名属不明。定为"观音龛"。

第20号　本龛造像应为净土题材，主像为阿弥陀佛，两胁侍菩萨为观音与大势至，其后侧为坐于莲花上的众菩萨像。定为"西方三圣龛"。

第21号　根据造像题记，主尊当为阿弥陀佛，其两侧为二弟子及观音与大势至菩萨。定为"西方三圣龛"。

第22号　刻一佛二菩萨像，主尊像躯体残毁较重，两菩萨像亦表层剥蚀。左侧菩萨像手持物似净瓶，右侧菩萨手持物有锡杖残迹，故而推测三像为阿弥陀佛夹侍观音、地藏像。定为"阿弥陀佛、观音、地藏龛"。

第23号　龛内刻一头陀像，着袈裟，其侧刻一柄锡杖，应为"药师佛龛"。

第24号　根据造像题记，龛内二立像当为日光、月光菩萨。定为"日光月光菩萨龛"。

第25号　因造像风化残蚀，但可见三像头后缯带系结的遗迹，及躯体下部的裙摆和披帛，因此，本龛三尊像定为"残像龛"。

第26号　根据造像题记，本龛定为"救苦观音龛"。

第27号　造像记中相关铭文已漶蚀不存，据造像本身的衣饰、持物等特征，以及北山石窟晚唐、前后蜀时期观音信仰流行的背景，主像应为观音像。定为"观音龛"。

第28号　龛内造像左手托宝珠，右手持锡杖，头似戴披帽，故定为"地藏菩萨龛"。

第29号　龛内左侧菩萨像敷搭披帛，下着裙；右侧菩萨像着袈裟。定为"二菩萨龛"。

四　晚期遗迹

（一）构筑遗迹

第13、20、28号龛龛外均凿有梁孔或枋孔，且第13号、20号龛外侧的梁孔与对面独立岩体上的梁孔成对应的位置关系，由此推测，在独立岩体包括"U"形巷道的上方，历史上曾修建过建筑物。

第20号龛主尊像躯体、主尊像下方山石座、头残毁诸菩萨像头光中部，及第29号龛两菩萨像头部皆凿有方形或圆形的小孔，估计为后世重修塑像所凿。

（二）妆绘遗迹

本章各龛龛内均存适量的灰白色、红色涂层，涂层明显有经雨水浸渍、风化褪色剥落的迹象。

注释：

[1]　此"亡"字，铭文为：

第四章　第30—35号

第一节　本章各编号位置及相互关系

本章介绍的第30—35号等6个编号，位于"U"形巷道的北壁（图85、图86；图版Ⅰ：122）。所在岩体与"U"形巷道东壁（第17—29号龛所在岩体）之间有一道断层。断层上宽下窄，最宽处266厘米，最窄处42厘米。断层部位从地坪至岩顶已由砖、石垒砌，砖石面通高372厘米。下部由三级条石垒砌，高95厘米；中部由现代烧制的方砖垒砌，高153厘米；上部由五级条石垒砌，高124厘米。

本章各编号相对较集中，大致作纵向两列布置。左列，最上为第30号龛，其下依次为第31、32号龛，三龛竖直排列。右列，最上为第33号龛，并与第30号龛比邻，其下为第34号龛，第35号龛位于最下偏右位置，三龛纵向略有错位。

第二节　本章各编号所在岩体软弱夹层的分布

本章各编号所在的壁面分布一条明显的软弱夹层带。起自第35号龛上部右侧，向左经第32号龛壁面上部，发育至壁面左侧边缘，与后期砖砌墙体相接，全长约295厘米。夹层带部分表层已风化近于泥质状，并于第35号龛上方形成一条较宽的裂缝，裂缝平均宽约10厘米，最深达25厘米。

第三节　第30号

一　位置

位于"U"形巷道北壁上方左侧。左距后世修砌的条石壁面18厘米，右距第33号龛11厘米；上距岩顶40厘米，下距第31号龛9厘米。

龛口西南向，方向212°。

二　形制

单层方形龛（图87；图版Ⅰ：123）。

龛口　从自然岩体向内平直凿进最深约19厘米形成龛口。龛口方形。外缘高68厘米，宽94厘米。龛左沿中部残脱，宽8.5厘米；右沿中部残毁，宽8.5厘米；上沿、下沿大部皆残，宽分别为8、3厘米。龛口内缘高57厘米，宽78厘米，至正壁深22厘米。内缘左右上角残存三角形斜撑遗迹。

龛底　呈长方形。

龛壁　正壁竖直，与左右壁弧面相交，与龛顶略垂直相接；左右壁与龛顶弧面相接。

龛顶　平顶，方形，略剥蚀。

图 85　第 30—35 号在本卷龛窟中的位置图

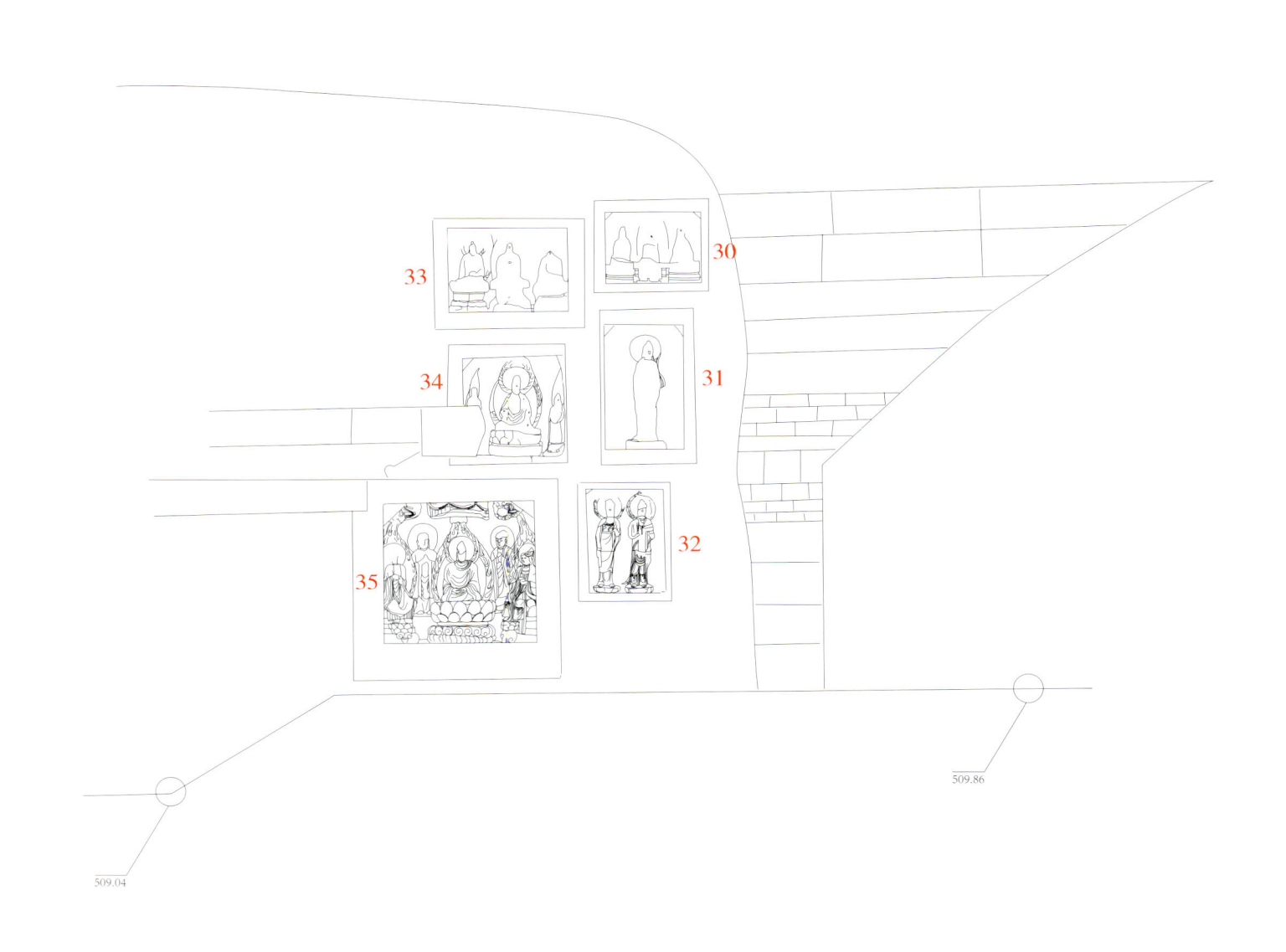

图 86　第 30—35 号位置关系图

独 立 岩 体

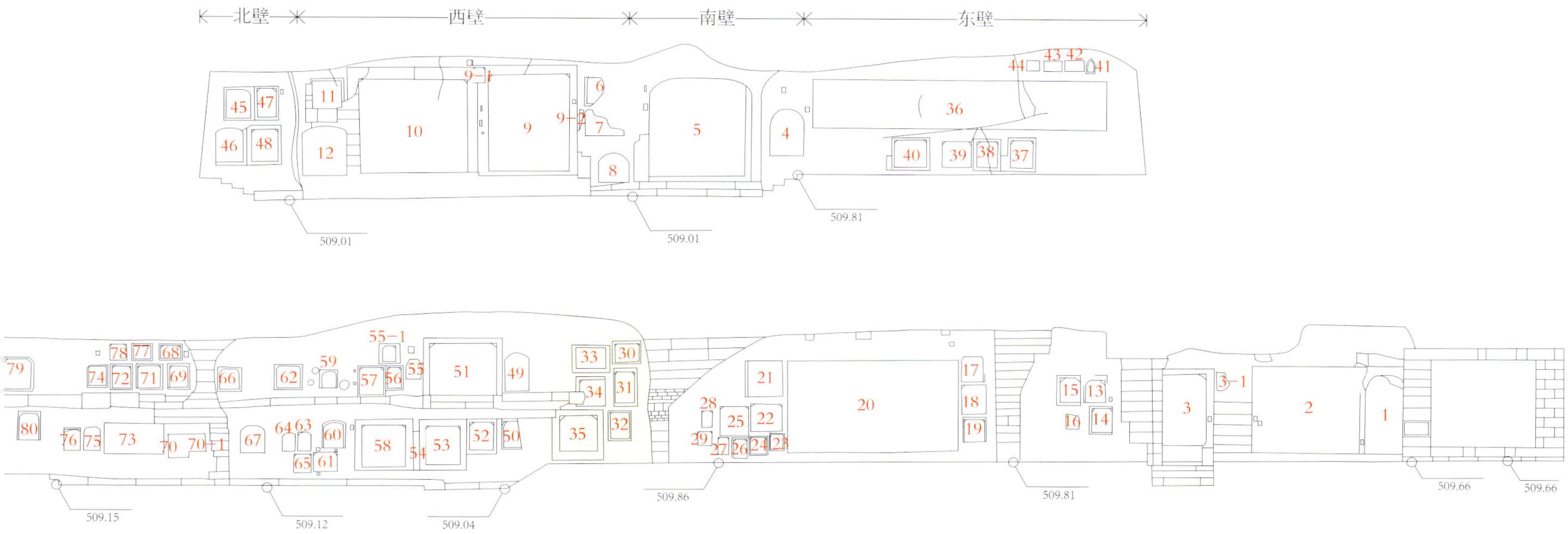

←北壁→←西壁→←南壁→←东壁→

第四章 第30—35号

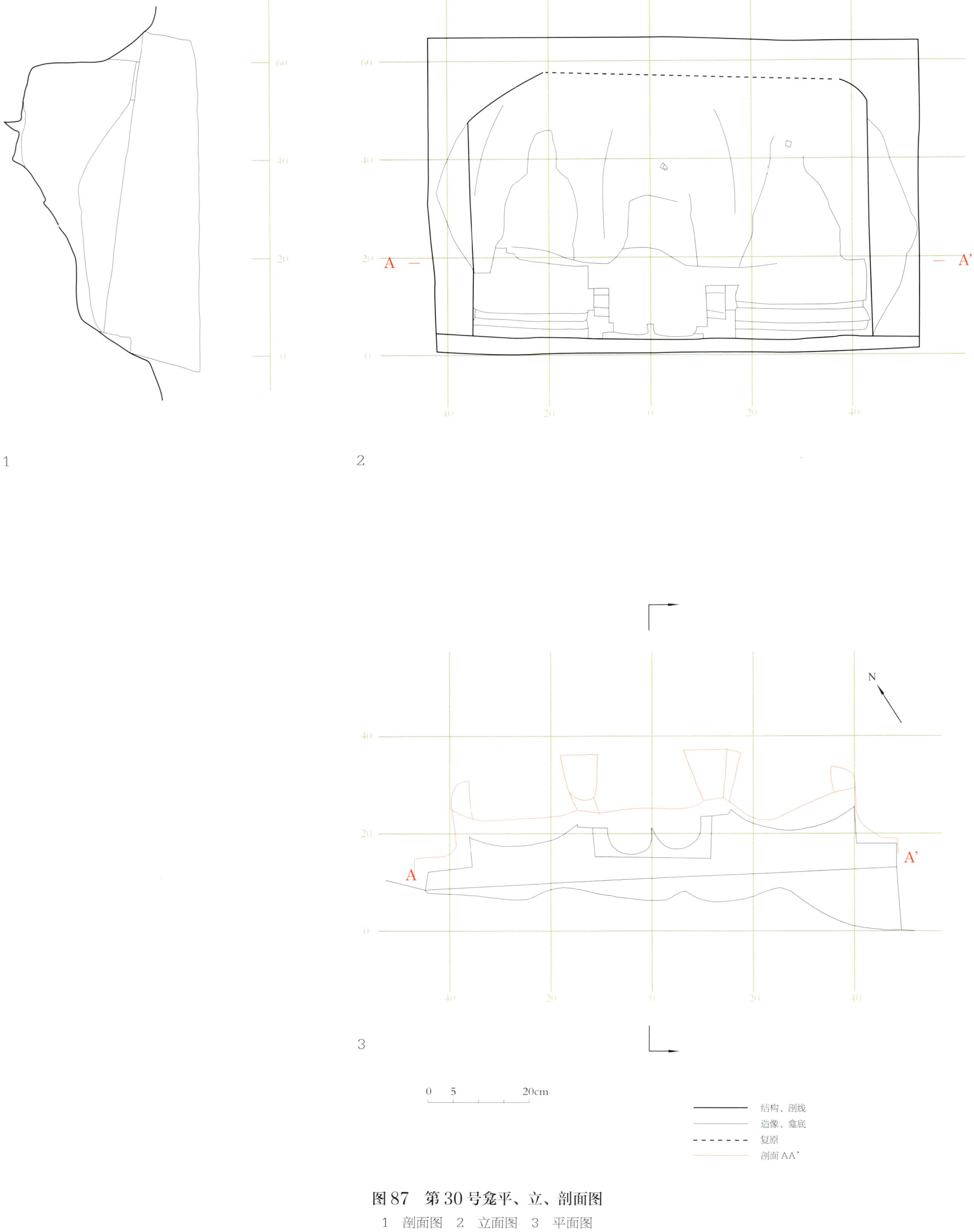

图87　第30号龛平、立、剖面图
1　剖面图　2　立面图　3　平面图

三　造像

龛内正壁刻像3身。中为主尊，左右各刻胁侍坐像1身（图87-2；图版Ⅰ：123）。

主尊像　头身皆残毁，残像坐高14厘米。躯体左右残存部分身光遗迹，边缘保存少许线刻火焰纹。似善跏趺坐于须弥座上，双足分踏于两莲朵上。须弥座高18厘米，底宽28厘米，束腰部分宽25厘米。

左胁侍像　头身皆残毁，坐像残高16厘米。像肩部右侧残存一段浮雕的圆弧棱角遗迹，似圆形头光。似结跏趺坐于束腰圆座上，座高18厘米。

右胁侍像　头身皆残毁，坐像残高16厘米；似趺坐于束腰圆座上，座高18厘米。

四　晚期遗迹

主尊像头部残毁处存一圆形小孔，直径1.5厘米，深3厘米。左胁侍像头部偏下位置凿一圆形小孔，直径1.5厘米，深2厘米。右胁侍像头部偏下位置凿一圆形小孔，直径1.5厘米。孔内插一段小木棍，长2.5厘米，已朽化变质。三像头部凿孔估计为后期修补时留下。

龛内保存红色、灰白色两种涂层。

第四节　第31号

一　位置

位于第30号龛下部。左距后世修砌的条石壁面29厘米，右距第34号龛龛口内缘34厘米；上距第30号龛9厘米，下距第32号龛17厘米。龛口西南向，方向213°。

二　形制

单层方形龛（图88；图版Ⅰ：124）。

龛口　从自然岩体向内平直凿进最深约13厘米形成龛口。龛口方形，右侧已毁。外缘高117厘米，残宽71厘米。龛左沿大部残，宽8厘米；左沿外凿出高94厘米，宽5厘米的平整面，略高出左沿0.5厘米。右沿不存。上沿大部残，宽9厘米。下沿大部残，宽8厘米。龛口内缘高103厘米，残宽65厘米，至正壁深23厘米。龛口内缘右上角已毁；左上角凿出三角形斜撑，高12厘米，宽12厘米，斜边弧形；低于沿面1厘米。

龛底　呈方形。

龛壁　正壁竖直，与左右侧壁弧面相交，与龛顶略垂直相交；左右侧壁与龛顶弧面相接。

龛顶　券顶，略残。

三　造像

龛内刻立像1身（图88-2；图版Ⅰ：124）。像残高86厘米。线刻圆形素面头光，略蚀，直径26厘米。头毁，身蚀，衣饰、手势不清，立于圆台上。台高5厘米，直径32厘米。身右侧另残存竖直上飘的部分云纹。

图88 第31号龛平、立、剖面图
1 剖面图 2 立面图 3 平面图

四　晚期遗迹

造像头部残毁处存一圆形小孔，直径1.5厘米，深3厘米。

龛内残存红色涂层。

第五节　第32号

一　位置

位于第31号龛右下方。左距后世修砌的条石壁面62厘米，右距第35号龛9厘米；上距第31号龛17厘米，下距地坪59厘米。龛口西南向，方向212°。

二　形制

单层方形龛（图89；图版Ⅰ：125）。

龛口　从自然岩体向内平直凿进最深约23厘米形成龛口。龛口方形，外缘高90.5厘米，宽66.5厘米。龛左沿上部残脱，宽7厘米，右沿上部残，宽6.5厘米；上沿大部残，宽8厘米；下沿宽7厘米。龛口内缘高76厘米，宽52厘米，至正壁深12.5厘米。内缘左上角存少许三角形斜撑遗迹，右上角残。

龛底　呈长方形。

龛壁　正壁竖直，与左右侧壁垂直相交，壁面与龛顶弧面相交。

龛顶　大部残。

三　造像

龛内刻菩萨立像2身（图89-1；图版Ⅰ：125）。

左菩萨像　头毁，立像残高52厘米，肩宽12厘米，胸厚6厘米。浮雕桃形火焰纹头光，横径21.5厘米。胸饰璎珞，胸前存少许遗迹，两大腿间存三条下垂的珠串，中间一条长垂足间；左右条绕膝隐于身后，并下垂坠饰。上着披巾，下着裙，双手（残）似置胸前。跣足立于单层仰莲台上。台高4.5厘米，直径18厘米。

右菩萨像　头毁，立像残高50厘米，肩宽13厘米，胸厚5.5厘米。浮雕桃形火焰纹头光，左上部残，横径20厘米。戴项圈，上着双领下垂式袈裟，下着裙。左手置胸前，右臂下垂，双手残。余同左菩萨像。

四　铭文

周氏造日月光菩萨龛镌记，前蜀永平三年（913年）。位于龛外右侧平整面。刻石面高54厘米，宽约10厘米；竖刻3行，上两行字径2厘米，下一行字径1厘米；共存24字（图版Ⅱ：11）。

　　□□□为亡妣造（上左）

　　永平三年九月十四日追斋赞讫（下）

　　周氏奉为亡妣造（上右）

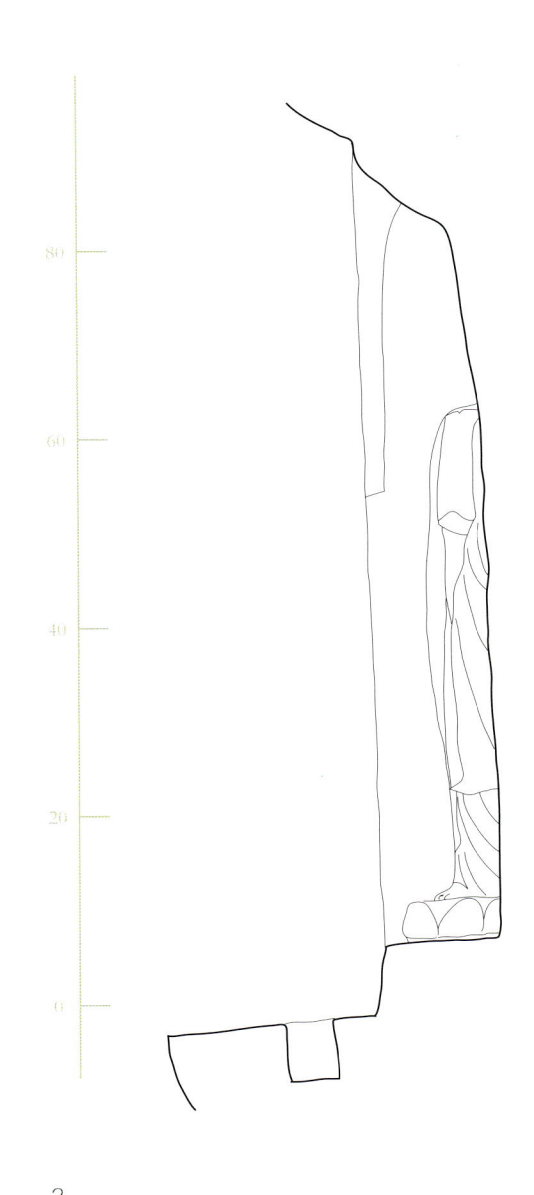

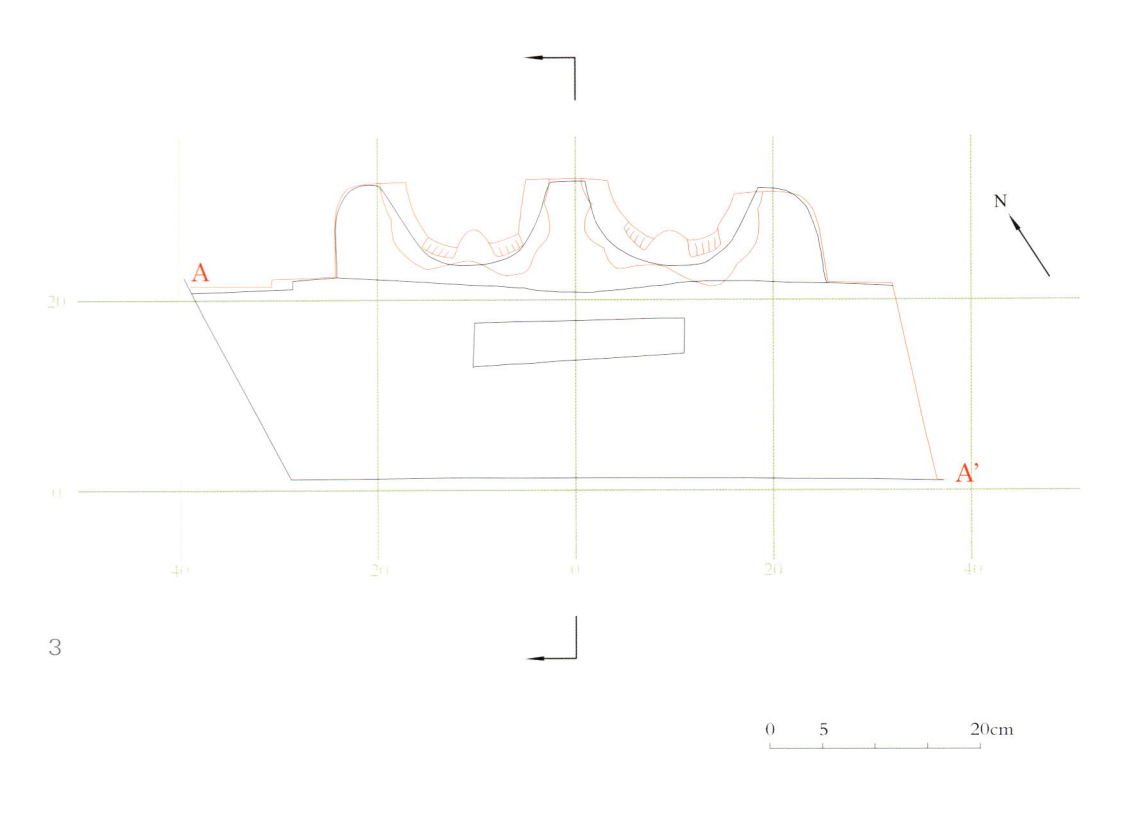

图 89 第 32 号龛平、立、剖面图
1 立面图 2 剖面图 3 平面图

146   大足石刻全集 第一卷（上册）

五　晚期遗迹

两菩萨像头部残毁处皆凿一圆形小孔。左像孔径2厘米，深4厘米；右像孔径1.8厘米，深4厘米。

龛内存红色涂层。

第六节　第33号

一　位置

位于第30号龛右侧。左距第30号龛11厘米，右距壁面转折边缘约140厘米；上距岩顶约60厘米，下距第34号龛5厘米。

龛口西南向，方向205°。

二　形制

单层方形龛（图90；图版Ⅰ：126）。

龛口　从自然岩体向内平直凿进最深约17厘米形成龛口。龛口方形。外缘高78厘米，宽105厘米。龛左沿毁，右沿及上、下沿部分残损，宽约6—9厘米。龛口内缘高62厘米，宽89厘米，至正壁深16厘米，左右上角存三角形斜撑遗迹。

龛底　呈长方形，左前侧受损。

龛壁　正壁竖直，与左右侧壁略垂直相交，壁面与龛顶弧面相交。

龛顶　平顶，弦月形，略剥蚀。

三　造像

龛内正壁刻像3身。主尊居中，左右各刻像1身（图90-1；图版Ⅰ：126）。

主尊像　大部毁。坐像残高25厘米，肩宽15厘米，胸厚4厘米。身躯右侧残存一段弧形背光。似结跏趺坐于须弥座上，座高12厘米，宽30厘米，深10厘米；座前残存莲朵遗迹。

左侧像　头毁，残像坐高20厘米。身躯大部残缺，其左侧残存一段弧形背光。似结跏趺坐于须弥座上，座高20厘米。座正面部分残，束腰部分呈圆棱形，宽24厘米。

右侧像　存少许背光，头大部残毁，存左耳垂。残像坐高32厘米，肩宽17厘米，胸厚6厘米。右肩少许残缺，身躯风化，衣饰难以辨识。双手置腹前，左手托一圆状物（钵），右手模糊，结跏趺坐于须弥座上，座高20厘米。座上部残缺，束腰部分为瓜棱的组合，现两瓣瓜棱；底部瓜棱分作双层组合，上层四瓣，下层两瓣。

四　晚期遗迹

主尊像头毁处凿一圆形小孔，直径2厘米，深2.5厘米。胸部下侧亦凿一圆形小孔，直径2厘米，深1厘米。左像头毁处凿一圆形小孔，直径1.5厘米，深2厘米。右像座近上沿中部凿一圆形小孔，直径2厘米，深2厘米。

龛内存红色、灰白色两种涂层。

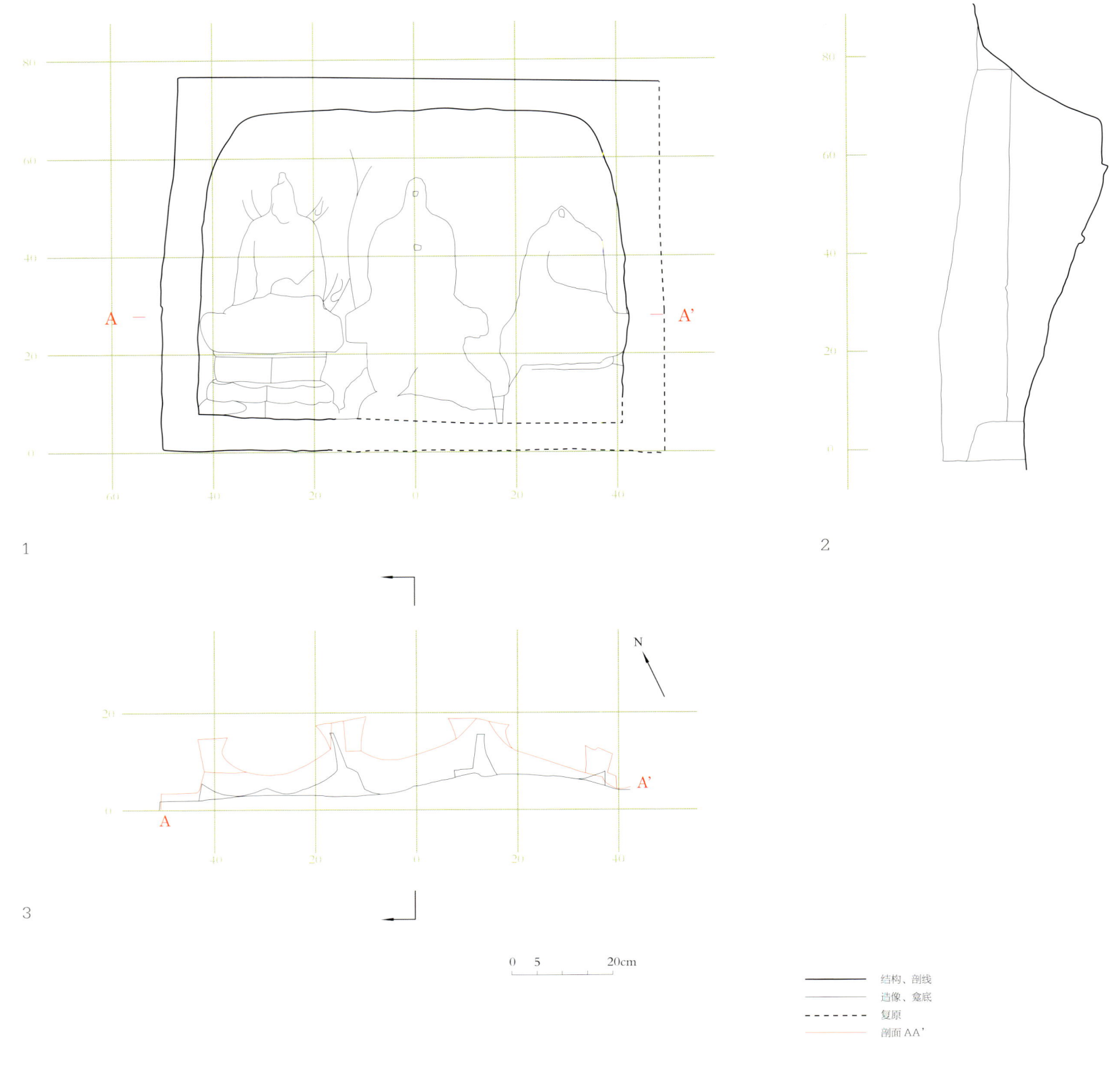

图90　第33号龛平、立、剖面图
1　立面图　2　剖面图　3　平面图

第七节　第34号

一　位置

位于第33号龛下方。左距第31号龛34厘米，右距壁面转折边缘143厘米；上距第33号龛5厘米，下距第35号龛15厘米。龛口西南向，方向209°。

二　形制

单层方形龛（图91；图版Ⅰ：127）。

龛口　龛开凿进深4厘米。龛口方形，左侧已毁。外缘高102厘米，残宽83厘米。龛左沿不存；右沿保存上端，宽11厘米，下部为补砌的条石，并延伸至龛内。上沿、下沿残宽9厘米。龛口内缘高81厘米，残宽73厘米，深33厘米。内缘左上角毁，右上角残存三角形斜撑，斜边作弧形，低于沿面1厘米。

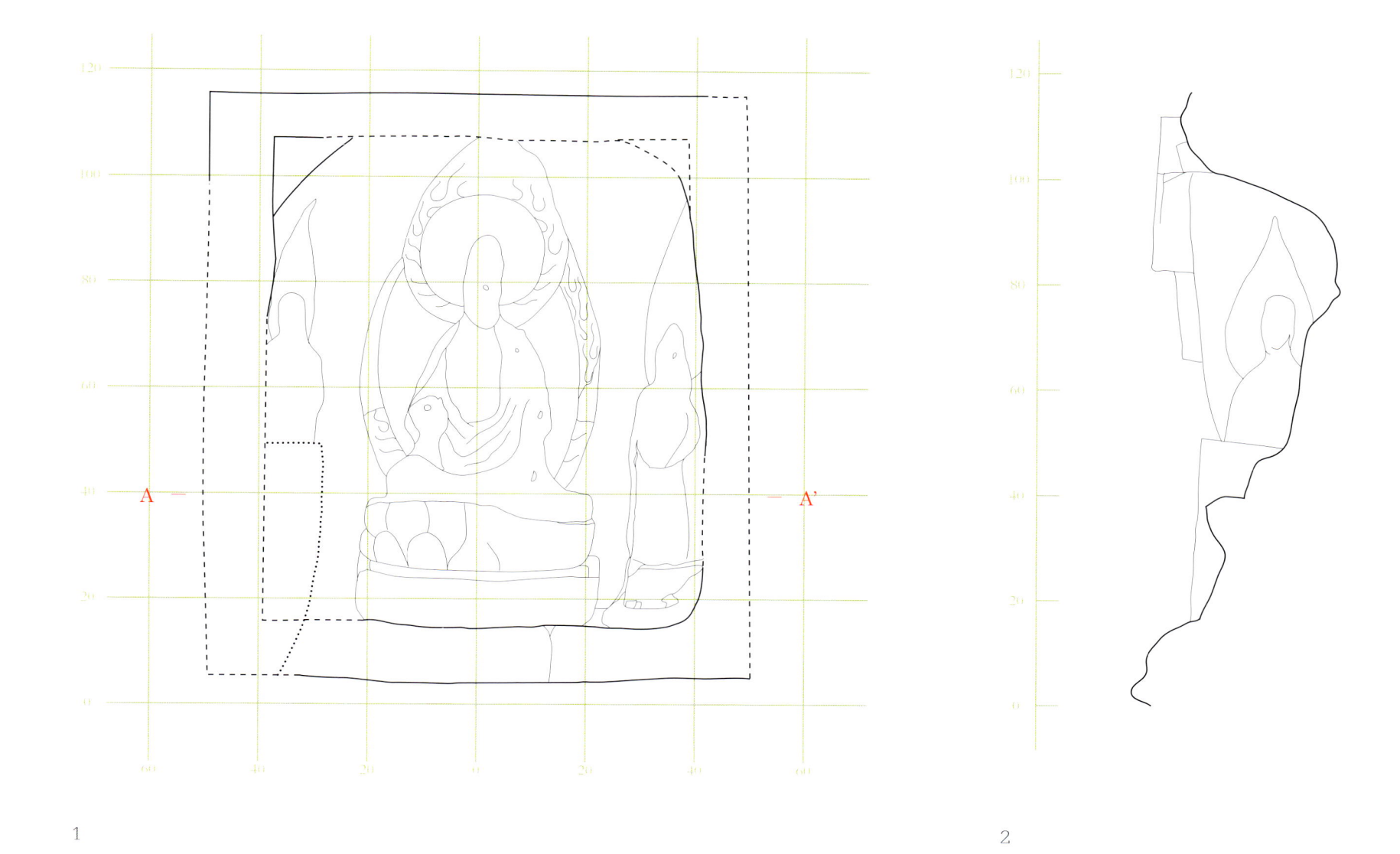

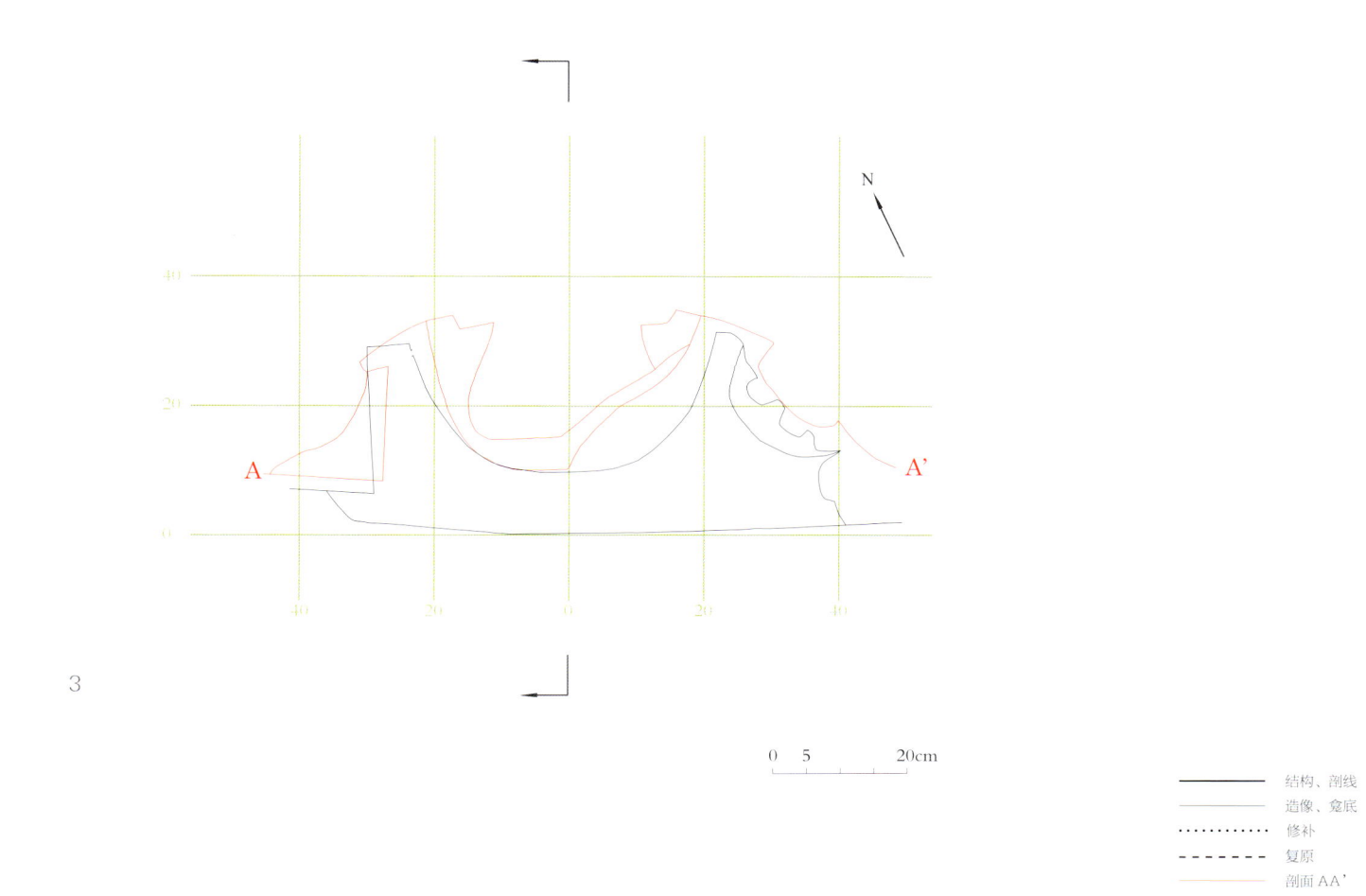

图 91 第 34 号龛平、立、剖面图
1 立面图 2 剖面图 3 平面图

龛底　呈弦月形，右端毁。

龛壁　弧壁，与龛顶弧面相交。右侧壁面下部毁，现为补砌的条石。

龛顶　券顶。

三　造像

龛内刻像3身。主尊居中，左右各刻立像1身（图91-1；图版Ⅰ：127）。

主尊像　头大部毁，残坐高30厘米。浮雕桃形头光和椭圆形身光（部分残），内皆素面，边缘刻火焰纹；头光横径22厘米，身光最宽42厘米。双肩及胸部残蚀，似着双领下垂式袈裟。双臂下垂，齐肘残断。结跏趺坐于束腰双层仰莲座上，左腿及莲座左侧大部残毁。座通高23厘米，上部为仰莲台，直径38厘米；束腰部分近似于圆环，直径约30厘米，高2.5厘米；下部为圆台（少许残），直径38厘米，高9厘米。

左侧像　头毁，立像残高58厘米（图版Ⅰ：128）。浮雕桃形头光，略蚀，横径20厘米。衣饰模糊，双臂毁。右肘敷搭披帛，披帛贴身下垂至膝部位置处残断。膝部以下肢体残，残毁处与前述第31、34龛之间的裂隙吻合。跣足立于单层仰莲台上。台近似圆形，部分残毁；直径20厘米，高4厘米。

右侧像　头残，面模糊；头后浅浮雕桃形头光，最宽约20厘米（图版Ⅰ：129）。存躯体上部，高约28厘米；下部残。残毁处以条石补砌，且未经打磨向龛内伸进。

四　晚期遗迹

主尊像头部偏下位置凿一孔，直径2厘米，深2厘米，内存竹棍一段；左肩凿一圆形小孔，直径2厘米，深1.5厘米；双臂残毁处均凿圆形小孔，直径均为1.5厘米，深0.5厘米。左侧像头残毁中部凿一圆形小孔，直径1.5厘米；其内存一截竹棍。

龛壁及主像背光存红色涂层。

第八节　第35号

一　位置

位于第34号龛下部。左距第32号龛9厘米，右距条石补砌的崖壁边缘64厘米；上距第34号龛15厘米，下距地坪40厘米。龛口西南向，方向210°。

二　形制

单层方形龛（图92；图版Ⅰ：130、图版Ⅰ：132、图版Ⅰ：134）。

龛口　从自然岩体向内平直凿进最深约27厘米形成龛口。龛口方形，外缘高148厘米，宽144厘米。龛左沿宽18厘米；右沿上部残毁甚重，存宽20厘米；左右沿内侧凿出宽分别为10、11.5厘米的平整面，与龛壁衔接。上沿因软弱夹层带的存在，沿面大部残，存宽17厘米；下沿宽29厘米。龛口内缘高103厘米，宽105.5厘米，至龛壁深56厘米。内缘左右上角凿出三角形斜撑，高15.5厘米，残宽17厘米，斜边弧形；低于沿面2厘米。

龛底　呈半圆形；建低坛一级，高17厘米，深约12.5厘米。

龛壁　弧壁。壁面中部与龛顶略垂直相接，左右侧与龛顶弧面相交。

龛顶　平顶，呈半圆形，少许残。

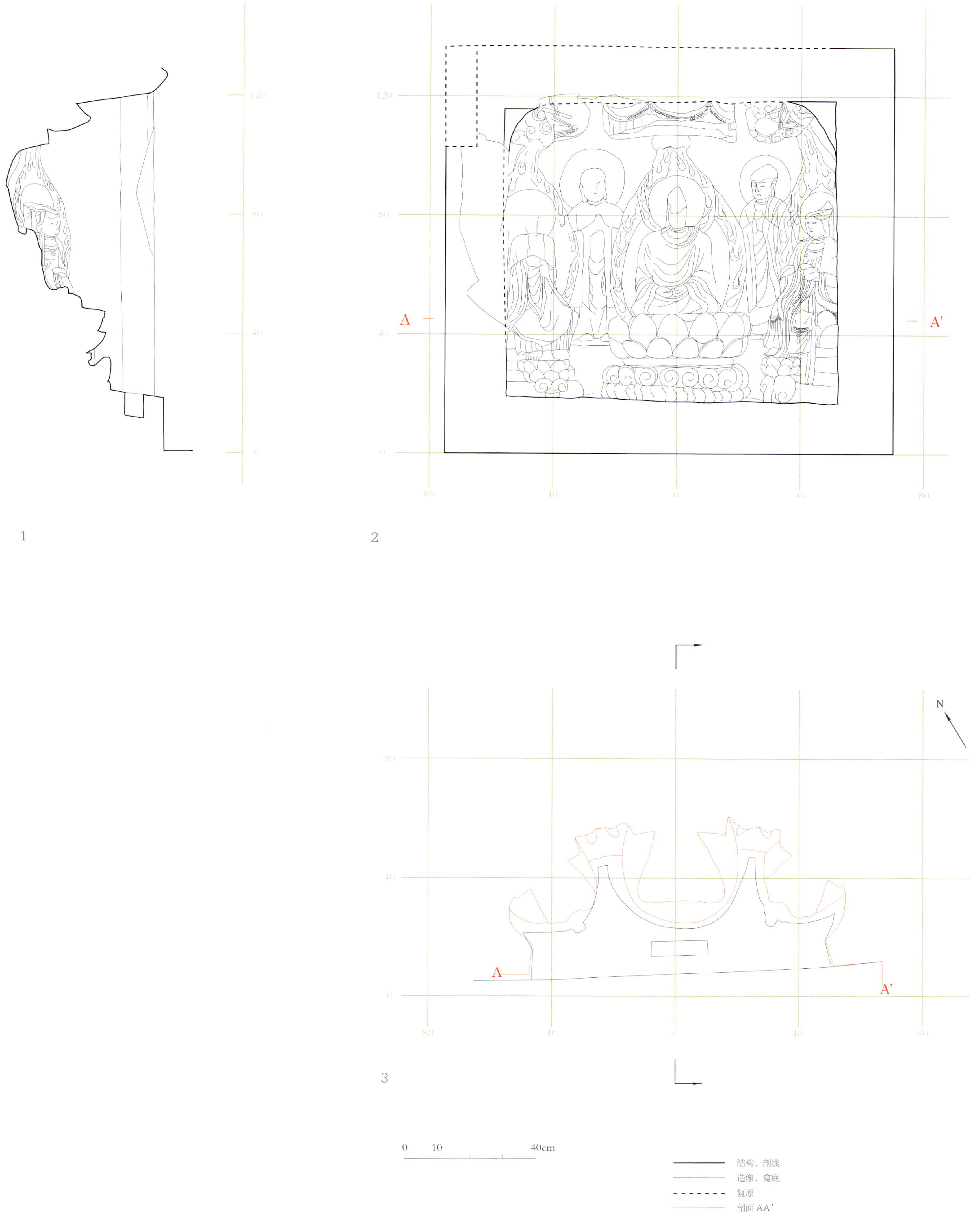

图 92　第 35 号龛平、立、剖面图
1　剖面图　2　立面图　3　平面图

三 造像

龛内刻像5身。主尊居中，左右各刻菩萨坐像1身，主尊与菩萨像之间各刻弟子像1身（图92-2；图版Ⅰ：130）。

主尊像 头、颈毁，残坐高41厘米，肩宽22厘米，胸厚14厘米（图93；图版Ⅰ：131）。浮雕桃形头光和椭圆形身光，内圆素面，边缘刻火焰纹；头光横径26厘米；身光最宽44厘米，厚6—10.5厘米。身着圆领袈裟，双手于腹前结禅定印，结跏趺坐于束腰双层仰莲座上。袈裟下摆悬垂于仰莲台上。座通高28厘米，其中莲台高15厘米，直径41厘米；束腰部分高2厘米，直径32厘米；基座高11厘米，直径45厘米，可分为上下两层，上层刻羊角形云头纹，下层刻斜向绳纹。

主尊像背光上方（龛顶中部）刻八角形华盖，通高8厘米，通宽39厘米；底部中央垂圆柄，直径12厘米，高6厘米。华盖各面作弧形凹线，芊垂饰璎珞；每两面相交的翘角饰宝珠，下联坠饰；再下垂挂帷幔，帷幔刻出折叠的纹饰。

左菩萨像 坐像高36厘米，肩宽18厘米，胸厚10厘米（图版Ⅰ：132）。浮雕桃形头光和椭圆形身光，内皆素面，边缘刻火焰纹；头光横径24厘米，身光最宽38厘米，厚6—8厘米。头顶残，存作结的冠带。脸形方圆，双耳垂长。颈刻两道肉褶线。胸饰璎珞，身着宽博披巾，下着裙。披巾两端窄收为带，交叠垂于腹前，向上相叠后敷搭前臂，沿体侧下垂。左手屈时举于胸前似持一物，手及物残；右手前臂毁。跣足踏仰莲，善跏趺坐于束腰仰莲座上。座通高30厘米，最上为双重仰莲台，直径28厘米；中部束腰为圆棱台，直径约26厘米；下部为两阶圆台叠涩，直径分别为30、36厘米。座前刻一朵带茎仰莲，莲高6.5厘米，直径15厘米；上托菩萨双足。

菩萨像头光上方（龛顶左）刻一云朵（图版Ⅰ：133）。云头作圆环状，宽约28厘米，高13厘米，厚8厘米；云尾后坠飘动。云内刻乐器两件：四弦曲颈琵琶，长20厘米，腔体宽9厘米；笙篥，长15厘米。

右菩萨像 头毁，残像坐高37厘米，肩宽18厘米，胸厚8厘米（图版Ⅰ：134）。浮雕桃形头光和椭圆形身光，内圆素面，边缘刻火焰纹；头光横径25厘米，身光最宽37厘米，厚2—8厘米。上着袈裟，下着裙，双手胸前持物，手及物残。善跏趺坐于束腰仰莲座上，座通高29厘米，式样同左菩萨座台。

菩萨像头光上方（龛顶右）亦刻一云朵（图版Ⅰ：135）。云头略呈圆环状，宽29厘米，高13厘米，厚10厘米；云尾后坠飘动。云内刻乐器三件，均系长带：六合板，高9厘米，宽2.5—6厘米；箫，长15厘米；法螺，高10厘米。

左弟子像 立像高60厘米，肩宽14厘米，胸厚7厘米。浅浮雕圆形素面头光，直径20厘米。头残，圆脸，面清秀。内着圆领内衣，外着袈裟，下着裙。双手合十，手残，着鞋立于低坛上。

图93 第35号龛主尊像效果图

右弟子像　立像高59厘米，肩宽15厘米，胸厚8厘米。浅浮雕圆形素面头光，直径20厘米。光头，前额略突，面部风化，双耳垂长。余同左弟子像。

四　铭文

佚名造阿弥陀佛龛残记，后蜀广政四年（941年）。位于龛左沿。刻石面高55厘米，宽17厘米，上部漶。文右起，竖刻5行，存24字，楷体，字径2厘米（图版Ⅱ：12）。

01　（漶）一龛
02　（漶）意所造上件
03　（漶）为妻口陈
04　（漶）应愿心
05　（漶）广政四年二月廿八日记

五　晚期遗迹

主尊像颈部断毁处凿一圆孔，直径3厘米，深约2厘米。右菩萨像颈部残毁处凿一方孔，宽2.5厘米，深2厘米。龛内保存灰白色、红色两种涂层。

第九节　本章小结

一　形制特点

本章6个编号中，第30—34号龛分布在岩面左侧和右上角，各龛龛口外部岩面均是未作剔凿打磨的自然岩面；而第35号龛位于岩面的右下角，很明显的迹象是该龛外部没有凹凸不平的自然岩面，较于左邻的第32号龛外部岩面向内凿进了约30厘米，再行开龛造像。

本章各龛均为单层方形龛，龛口上角均施三角形斜撑或存斜撑遗迹。第35号龛左右沿内侧刻有表现厚度的平整面，形如门颊。

二　年代分析

本章第32、35号两龛存造像纪年。第32号龛造像记题为永平三年（913年），第35号龛题为广政四年（941年）。考虑到第30—34号龛的龛形和位置关系，将比5龛归列为一个时期，即在前蜀的永平三年或之前。因此，6个龛的开凿年代可分为两个阶段：

第一阶段，前蜀天复七年至永平三年（907—913年），包括第30—34号龛。

第二阶段，后蜀广政四年（941年），第35号龛。

三　题材内容

第30号　三像残毁剥蚀，难以辨别。定为"残像龛"。
第31号　像残蚀较重，头部、肩部残存宝冠和缯带遗迹。定为"菩萨龛"。
第32号　两像头残毁，左像饰披帛、璎珞，着半裙；右像饰璎珞，着袈裟。定为"二菩萨龛"。
第33号　三像并坐于宝座上，表层残毁剥蚀，疑为三佛像。定名"三佛龛"。

第34号　三像残损剥蚀，主尊似着袈裟，左侧像残存披帛遗迹，或为一佛二菩萨像。定为"一佛二菩萨龛"。

第35号　主尊像结弥陀定印，两侧胁侍弟子和菩萨像，龛顶刻琵琶、笛、拍板等乐器，辨识本龛题材为"西方三圣龛"。

四　晚期遗迹

（一）构筑遗迹

本章各龛主尊像、胁侍像残损头部上方均凿有圆形小孔，个别孔内残存木棍、竹棍残节，估计均为后世重修雕像所凿并留存的遗物。

第32、35号龛龛底外侧现存方形槽孔，应为信众插放香烛供奉礼拜所凿。

（二）妆绘遗迹

本章6个龛所在岩体，上部无挑檐遮护，龛外岩块崩脱，龛内造像残毁亦重，因此，各龛内壁现仅存有少量的赭红色或灰白色涂层。

第五章　第36—48号

第一节　本章各编号位置及相互关系

本章介绍的第36—48号等13个编号，位于独立岩体的东壁和北壁，即"U"形巷道的西壁及巷道北口的南壁（图94、图95）。其中，第36—44号等9龛位于独立岩体的东壁（图版Ⅰ：136）。造像大致呈上中下三排布置。第36号龛位于壁面中上部，左右抵齐壁面边缘，约占整个壁面面积的三分之一。第37—40号龛位于壁面下部居中位置，由左至右依次比邻布置，下距地坪6—10厘米不等。第37号龛左距壁面边缘184厘米，第40号龛右距壁面边缘260厘米。第41—44号龛位于壁面左上方，呈水平分布；第41号龛位于最左端，向右依次为第42、43、44号龛；四龛的龛顶几乎与岩顶齐平。

第45—48号等4龛位于独立岩体的北壁居中位置，呈"田"字形布置（图版Ⅰ：137）。其中，第45、47号龛并列于壁面上部，距岩顶约66厘米；第46、48号龛并列于壁面下部，其下为出入巷道的石阶。

独立岩体东壁北端与北壁东端之间中上部岩体残毁，现为两阶修补砌筑的条石。修补弧面高61厘米，宽101厘米。

第二节　本章各编号所在岩体软弱夹层和裂隙的分布

一　独立岩体东壁

（一）软弱夹层

东壁壁面共分布三条软弱夹层带。

第一条　位于岩体东壁上部，呈南北走向。其北端延至岩体东壁与北壁的转角处，南端至第36号龛龛顶中部偏南，总长约642厘米。软弱夹层带南端至第44号龛下部，部分与第36号龛龛顶大致齐平，第44号龛下部偏北的夹层带横贯第43、42、41号龛下部。夹层带宽3—10厘米，部分发育成疏软的泥质状结构。

第二条　分布于岩体东壁南侧中下部，呈南北走向。其左端至第36号龛龛底中部，右端延至岩体右侧边缘，全长510厘米。夹层带南端至第40号龛右上角部分发育明显，第40号龛右上角以北部分较为明显，宽2—7厘米。偏北部分夹层带位于第39、40号龛与第36号龛之间的岩体上。

第三条　位于岩体东壁北侧中部偏下位置，呈南北走向。右端位于第37号龛左上角，左端延至岩体左侧边缘，并与岩体北面所对应的软弱夹层带相衔接，全长212厘米，宽1—10厘米。

（二）裂隙

东壁壁面分布较为明显的七条裂隙。

第一条　位于壁面左侧。始于壁面上部边缘，向下纵贯第36号龛龛顶、龛壁，并与第二条裂隙相接；全长约250厘米。该裂隙至第36号龛龛顶有一塌毁的孔隙，现已用25厘米见方的石块填塞。自石块左下角分离出一条较细的支裂隙，向左斜向发育，并与第二条裂隙相接；全长184厘米。

第二条　始于左侧壁面与地坪的交接处，先竖直向上延伸，于第36号龛龛底上部转折向右发育，经第39、40号龛龛口上方斜向伸展，止于第40号龛右上角外侧；全长约705厘米。

第三条　始于第36号龛龛底左端，横向发育，止于第二条裂隙转折点的下方；全长约150厘米。

图 94　第 36—48 号在本卷龛窟中的位置图

图 95　第 36—48 号位置关系图

独 立 岩 体

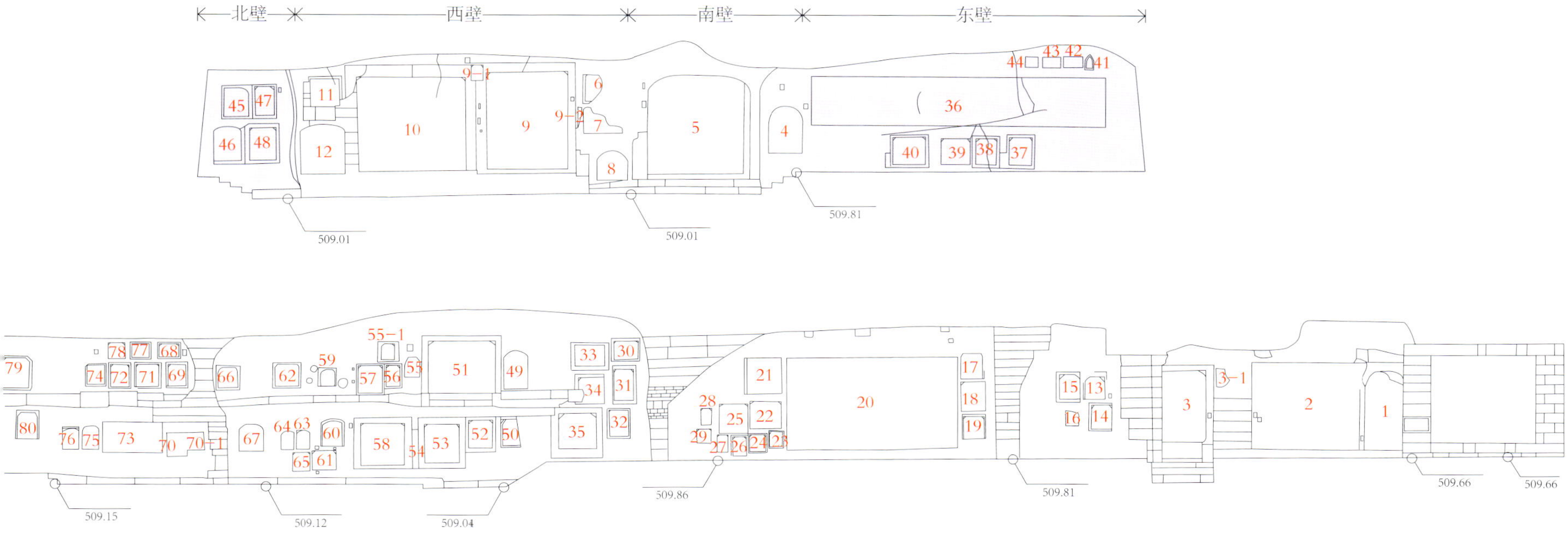

第五章 第36—48号

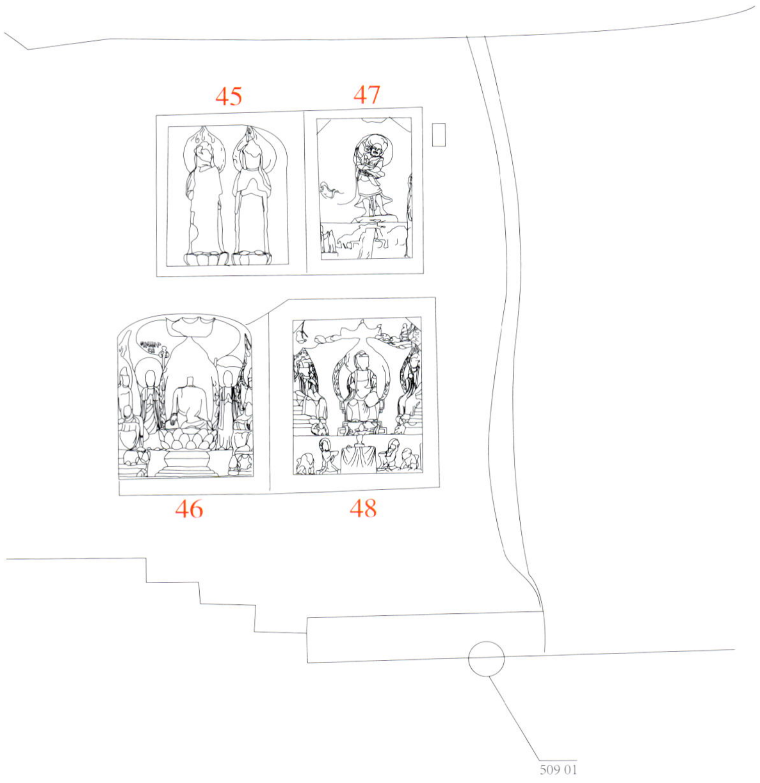

第四条　始于第37号龛左沿外侧，向右发育，横贯第37、38号龛，止于第39号龛正壁左下角，全长约385厘米。

第五条　始于第36号龛龛底中部，向下发育，纵贯第38号龛，止于龛外平台与地坪交接处；全长约170厘米。该裂隙使得岩体南北侧有较明显的错位，北侧岩体向东突出约2厘米。

第六条　始于第39号龛左角上方，并与第二条裂隙相接，横向发育，经第39号龛龛壁上方，止于第40号龛龛壁左侧中上部；全长约201厘米。

第七条　始于第36号龛龛顶中部，向下纵贯龛壁、龛底，止于第40号龛龛顶上方，并与第二条裂隙相接；全长约270厘米。该裂隙分离出左右两条较小的支裂隙，左裂隙向下发育，纵贯第40号龛龛壁，并与第六条裂隙相交，全长约68厘米；右裂隙向下延伸纵贯第40号龛龛壁上部，折而向南，止于壁面边缘；全长约377厘米。

二　独立岩体北壁

（一）软弱夹层

北壁岩体中部有一条软弱夹层带，呈东西走向，横贯第45、47号龛底部及第46、48号龛龛顶之间的岩体。其东端至岩体北面东侧边缘，并与岩体东面所对应的软弱夹层带相衔接，其衔接部分为现代砌筑的条石所遮掩；西端至岩体北面西侧边缘，其边缘处也为现代砌筑的条石所遮掩，长约210厘米，宽3—7厘米。

（二）裂隙

北壁岩体北面有大面积不规则的细小裂隙，呈网状分布，并致岩体表面凹凸不平，呈小块状割裂，且部分已脱落。

第三节　第36号

一　位置

位于独立岩体东壁（巷道西壁）中部。左右齐抵壁面边缘，上距岩顶约64厘米，下距巷道地坪约138厘米。

龛口东向，方向90°。

二　形制

单层方形龛（图96、图97；图版Ⅰ：138）。

龛口　在岩体表面直接凿建龛口。龛口略呈横长方形，左右端齐抵壁面边缘，部分残。上部为外挑的岩檐，下部为外凸的平台；龛口残高约150厘米，宽870厘米，至龛壁深46—72厘米。

龛底　以主尊为界，右侧为狭长平面，保存较完整，下距地坪107—150厘米；左侧残毁，呈向下倾斜的不规则平面，下距地坪约134厘米。

龛壁　中部为竖直壁面，略内凹。左端圆转为弧面，右端转折处已毁；龛壁与龛顶之间除左、右侧上角为弧面相交外，其余垂直相交。

龛顶　平顶，横长方形；系岩檐向外挑出形成，局部残毁塌落，现存最深95厘米，最窄12厘米。

三　造像

龛内刻像17身。中刻主尊坐佛像1身，左右各刻坐式罗汉像8身（图96-1；图版Ⅰ：138）。

（一）主尊佛像

像坐高72厘米，头长21厘米，肩宽33厘米，胸厚13厘米（图版Ⅰ：139）。有桃形头光，内刻莲瓣纹，外缘刻火焰纹，横径43厘米；身光桃形，内刻莲瓣纹、条纹，外缘刻火焰纹，最宽处73厘米。螺发，肉髻凸起，饰髻珠。脸形方圆，双耳垂长，眉眼细长，鼻蚀，唇薄，嘴角内陷。颈刻三道肉褶线。肩平直。内着僧祇支，系带作结；外着双领下垂式袈裟，袈裟一角经腹部向上系于左肩。左手置腹前托钵，右手抚膝，结跏趺坐于八边形束腰仰莲座上。座通高64厘米，最上为三重仰莲台，直径63厘米；其下为八边形方台，各面宽22厘米，每面线刻方框；中部束腰部分亦为八边形方台，各面宽21厘米，其下刻宝装莲瓣层；最下为五阶八边形叠涩方台，部分残；第二阶方台饰覆莲一周；其余各阶方台素平。

（二）左侧罗汉像

共8身。从主尊佛像向左，依次编为第1—8像。头皆毁。有圆形素面头光，直径约47厘米，厚3厘米。造像体量相当，坐像高约53厘米，肩宽33厘米，胸厚16厘米。均坐于山石座上，其中第1—7像为跏趺坐，第8像为倚坐。座高约45厘米，覆帏垫，上部刻褶纹，下部线刻水波纹。座前刻鞋，其中第1、4、6像座前为短靴式鞋，鞋面线刻平行水波纹；第7像座前刻棉鞋，略残；第8像着木屐，其余像座前鞋残。各像特征见表11。

表11　第36号龛主尊左侧罗汉像特征简表

序号	衣饰	手势及持物	备注
1	内着交领衫，胸际系带，外着偏衫式袈裟；袈裟一角经腹前向上系于左肩（图版Ⅰ：140）。	左手横置腹前结印，右手屈肘举于胸前持念珠。	
2	内着双层交领衫，外着双领下垂式袈裟。袈裟一角覆于右肩后，经腹前上系左肩（图版Ⅰ：141）。	双手于胸前持长柄香炉，炉身略残。	
3	内着交领衫，外着偏衫式袈裟（图版Ⅰ：142）。	双手于胸前持如意，略残。	
4	内着交领衫，外着偏衫式袈裟。袈裟一角经腹前上系左肩（图版Ⅰ：143）。	左手置腹前，手残；右手屈肘举于胸前，似结印。	座前左侧刻一钵盂。
5	内着双层交领衫，外着袒右式袈裟（图版Ⅰ：144）。	左手屈肘横置，齐腕残断；右手置右腿上，手残。	
6	内着双层交领衫，胸束带，外着袒右式袈裟（图版Ⅰ：145）。	左手握右手腕，右手持拂子，拂柄残断。	座前左侧存净瓶遗迹。
7	着袒右式袈裟，胸骨显露（图版Ⅰ：146）。	左手五指张开，置大腿上，右手前臂残断。	座前左侧刻一净瓶。
8	内着双层交领衫，胸际系带，外着偏衫式袈裟，下着裙（图版Ⅰ：147）。	双手屈肘置胸前，左手似托钵，右手齐腕残断。	身前斜置曲杖。

（三）右侧罗汉像

共8身。自主尊佛像向右，依次编为第1—8像。其中，第1、3像头毁，第8像全毁，其余保存较好。存者罗汉体量相近，坐像高约74厘米，头长24厘米，肩宽45厘米，胸厚21厘米。其头光、座台及装饰与左侧罗汉像同。第1像为交脚坐，第3像为左舒相坐，其余各像为结跏趺坐。第1像座前刻木屐，第3像着木屐；第2、5像座前刻短靴式鞋，线刻横向水波纹；其余鞋残蚀。各像特征见表12。

表12　第36号龛主尊右侧罗汉像特征简表

序号	头部	衣饰	手势及持物	备注
1	已毁（图版Ⅰ：148）。	内着交领衫，外着偏衫式袈裟。	双手屈肘举于胸前合十。	
2	戴披帽，方圆脸，鼻残，颈刻两道肉褶线（图版Ⅰ：149）。	内着交领衫，颈系带作结；外着双领下垂式袈裟，袈裟一角敷搭右肩，颈系巾。	左手置大腿上，右手似持物。手皆残。	座前左侧刻带塞的净瓶。
3	已毁（图版Ⅰ：150）。	内着交领衫，外着通肩式袈裟。	左手仰掌置左腿上，右手屈肘举于胸前持念珠。	座前左下侧刻一壶，口残。
4	光头，长圆脸。前额圆凸，鼻残，颈刻三道肉褶线（图版Ⅰ：151）。	内着交领衫，外着交领袈裟。结跏趺坐。	双手置腹前隐于袈裟下。	座前右下方刻一净瓶，残毁较重。
5	光头，方圆脸，眼眶略深，鼻残，锁骨突露（图版Ⅰ：152）。	内着交领衫，外着偏衫式袈裟。结跏趺坐。	双手置于胸前，手残。	座前左下侧刻带塞的净瓶。
6	光头，方圆脸，前额略凸，眉骨隆凸，鼻残，口微张，颈刻三道肉褶线（图版Ⅰ：153）。	内着双层交领衫，外着双领下垂式袈裟。	左手屈肘上举，齐腕残断，右手置腹前。	座前左下侧刻带塞的净瓶。
7	光头，方形脸，面老，额前刻两条皱纹，鼻残，锁骨突露，喉骨粗大（图版Ⅰ：154）。	内着交领衫，外着袒右式袈裟。	双手屈肘置胸前，手残，似合十。	座右下侧置一壶。
8	造像毁，残留少许垂搭的袈裟一角。			

1

2

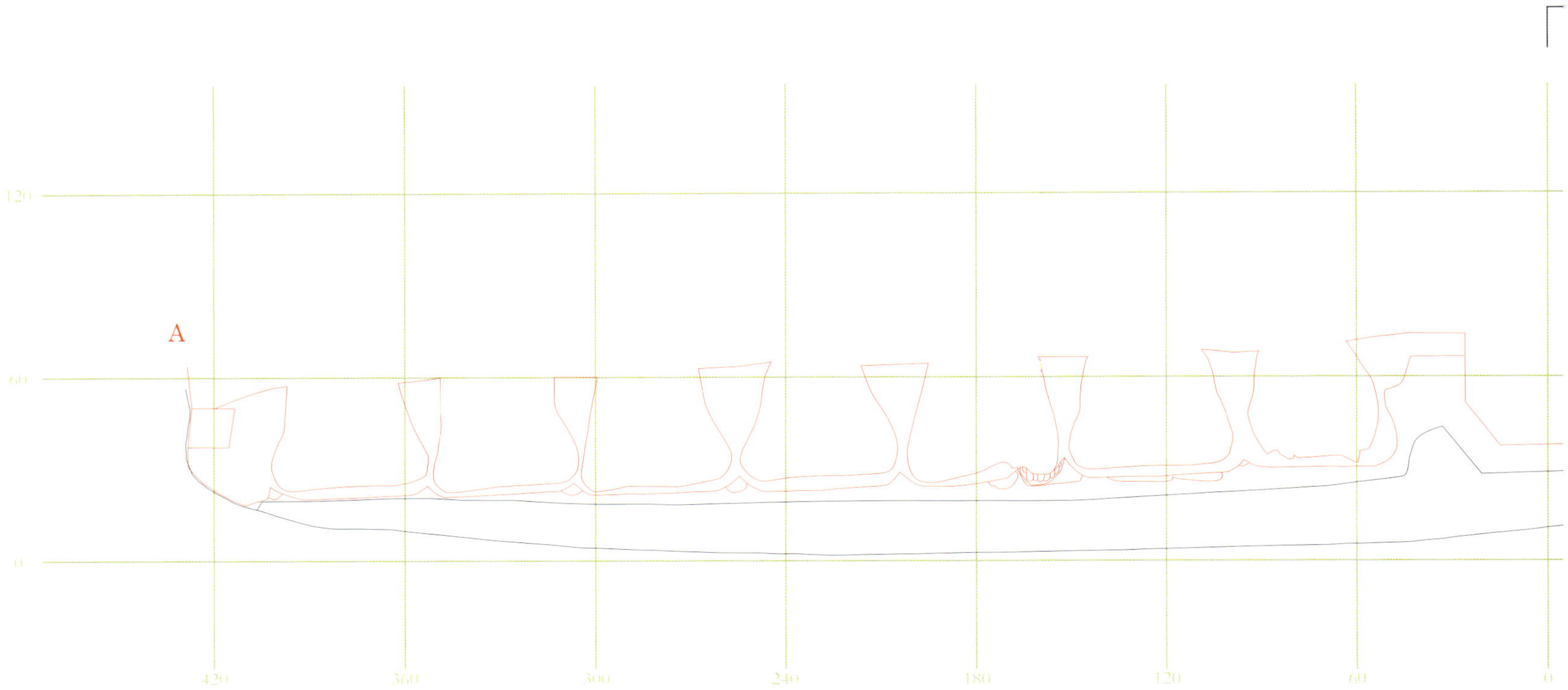

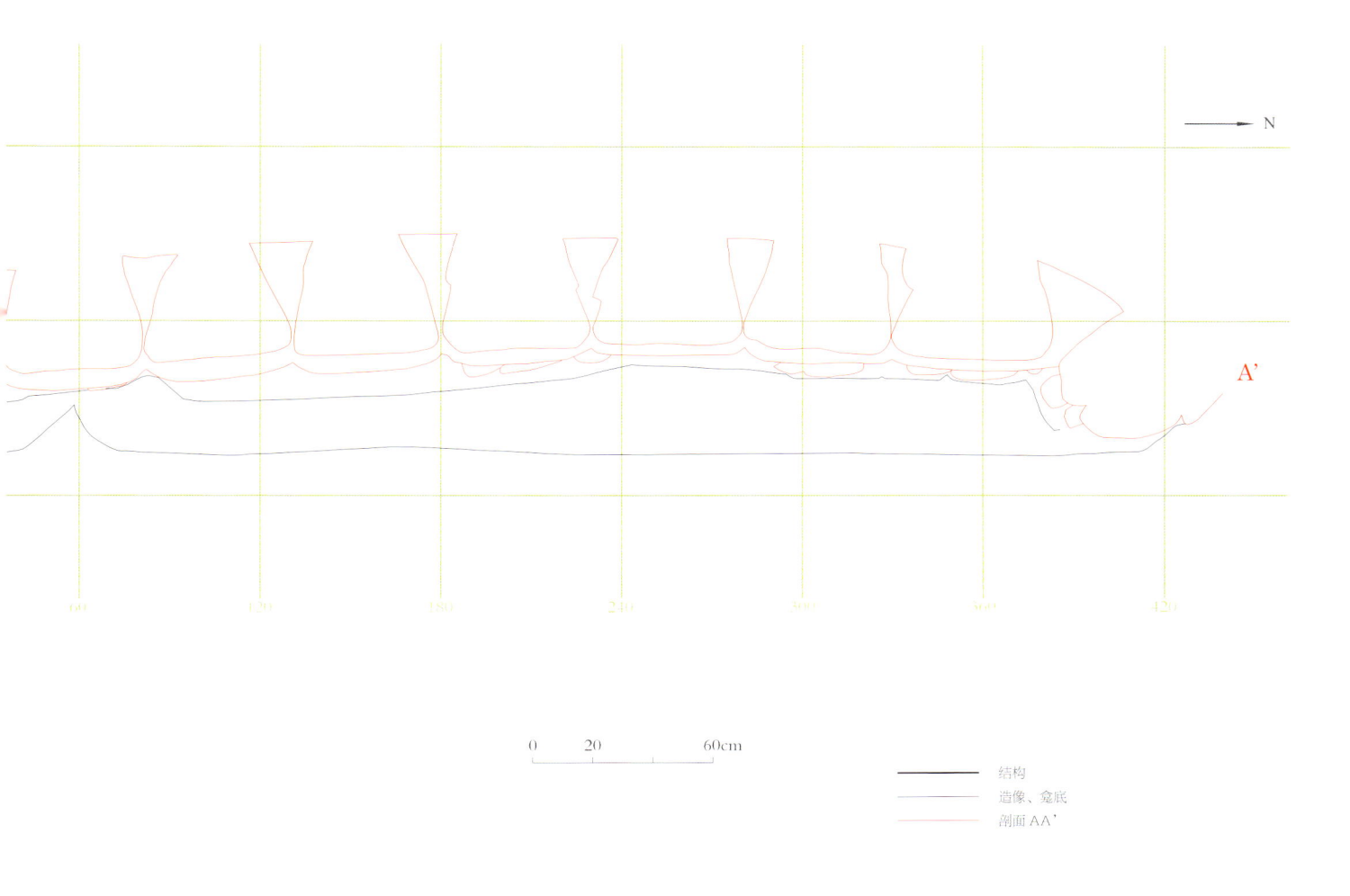

图96　第36号龛平、立面图
1　立面图　2　平面图

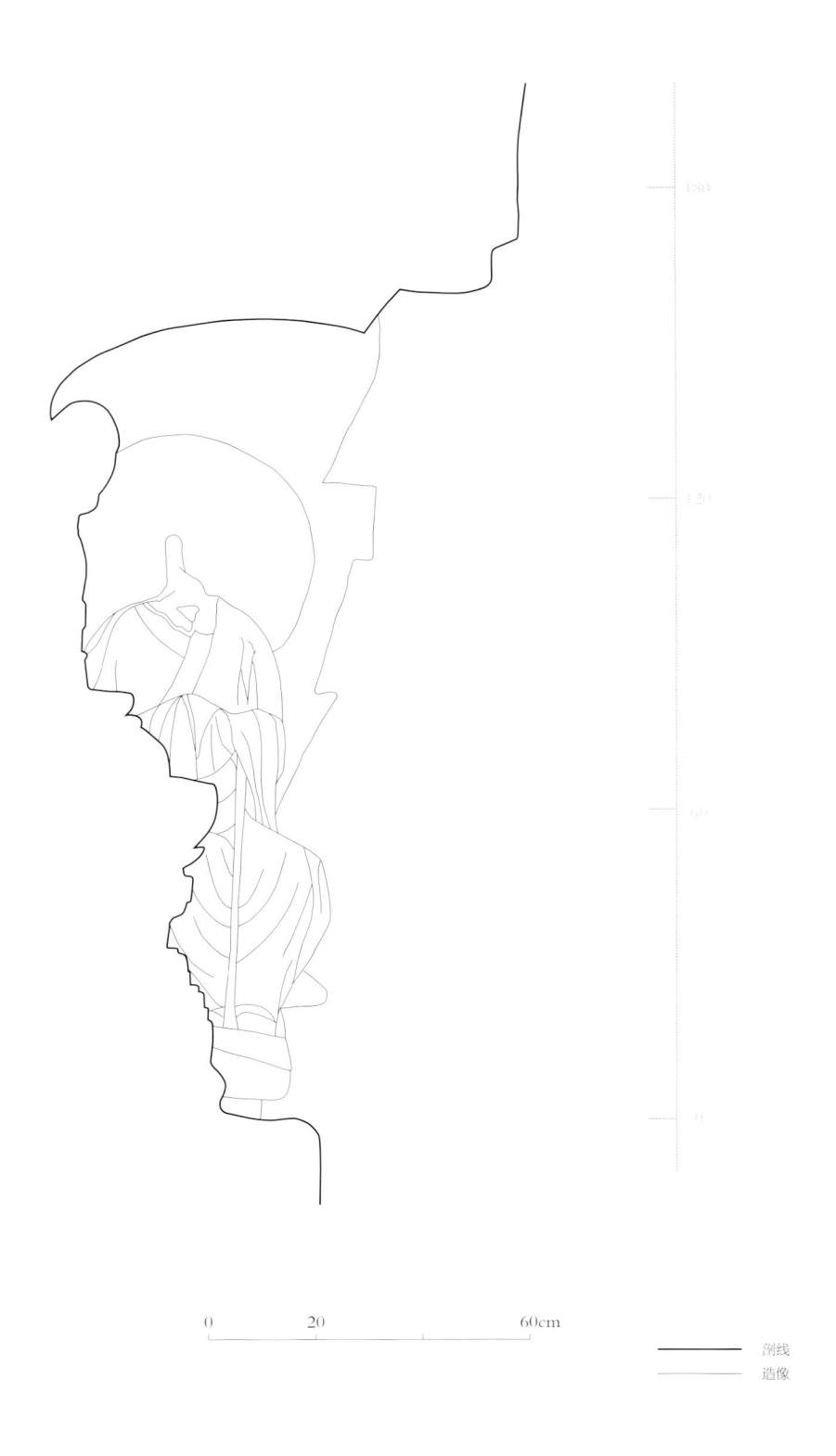

图 97　第 36 号龛剖面图

四　晚期遗迹

龛内裂隙已用水泥修补。龛顶左侧中部塌毁的孔隙，现以25厘米见方的石块填塞补砌。

左侧罗汉颈部残毁处向下凿一圆孔，直径2.5厘米，深3.5厘米。右侧第1、3身罗汉像颈部向下凿一圆孔，直径3厘米，深4厘米。龛壁存红色、白色和蓝色等三种涂层。

第四节　第37号

一　位置

位于第36号龛中下部左侧。左距壁面边缘180厘米，右距第38号龛15厘米；上距第36号龛30厘米，下距巷道地坪6厘米。龛口东向，方向92°。

二　形制

单层方形龛（图98、图99；图版Ⅰ：155）。

龛口　从岩体表面平直凿进最深约21厘米形成龛口。龛口方形，外缘高107厘米，上宽82厘米，下宽97厘米。龛沿保存完整，左沿宽13厘米；右沿上部宽11.5厘米，下部向右延展14厘米；上沿宽12厘米，下沿宽15厘米。龛口内缘高76厘米，宽57.5厘米，至后壁最深16厘米。内缘左右上角刻三角形斜撑，高3厘米，宽5厘米，斜边弧形，低于沿面0.5厘米。

龛底　呈横长方形。

龛壁　正壁为竖直面，与左右侧壁略垂直相交；壁面与龛顶弧面相交。

龛顶　券顶。

三　造像

龛刻像5身。正壁刻主尊地藏菩萨，左侧壁刻立像1身，上沿刻飞天2身，右沿下部外侧刻立像1身（图98-1；图版Ⅰ：155）。

主尊像　坐像高40厘米，头长15厘米，肩宽19厘米，胸厚9厘米。浮雕圆形素面头光和身光，直径分别为20、41厘米。头戴披帽，顶剥蚀，披幅覆肩；自额部斜出一带，绕于头后。面残蚀，戴项圈。内着交领衫，外着袈裟。左手于腹前持宝珠，略残；右手持锡杖。杖长约48厘米，上部残断。跣足，左腿横置座台面，垂右足踏莲花，右舒相坐于束腰须弥座上。座通高27厘米，座前刻并蒂仰莲，大小相近，莲高7厘米，直径12厘米。龛底右侧刻一兽，身长14厘米，高约6厘米。头向龛外，两前腿前伸，作伏卧状。

左壁像　立像高31厘米，头残长5.5厘米，肩宽9厘米，胸厚5厘米（图版Ⅰ：156）。头大部残毁。上披袈裟，下着长裙，双手残，似合十，立于龛底。

飞天像　2身。身略呈"U"形，相向飘飞（图版Ⅰ：157）。左飞天身长20厘米。头残，上身赤裸，下着裤。双肩敷搭披帛，披帛后飘。双手外展，右腿屈膝上抬，左腿后翘，双足不现。右飞天身长21厘米，余同左飞天像。

右沿像　立像高33厘米，头长6厘米，肩宽8厘米，胸厚2.5厘米（图版Ⅰ：158）。头略残，面蚀，蓄须。上着圆领窄袖服，腰束带，下着长裙。双手合十，立于低台。

四　铭文

于彦章等造地藏菩萨龛镌记，后蜀广政三年（940年）。位于龛外右侧壁面中上部。刻石面高49厘米，宽15厘米；文右起，竖刻5行，楷体，存59字，字径2厘米（图版Ⅱ：13）。

01　敬〔镌造〕地藏菩萨一龛
02　右弟〔子〕于彦章邓知进等奉为
03　外〔学任〕师礼发心造上件功德以希
04　眷属〔宁〕泰□□〔增〕荣以广政三年
05　〔二月四日〕修斋表庆讫永为〔瞻〕敬

五　晚期遗迹

龛壁及造像存红色、白色两种涂层。

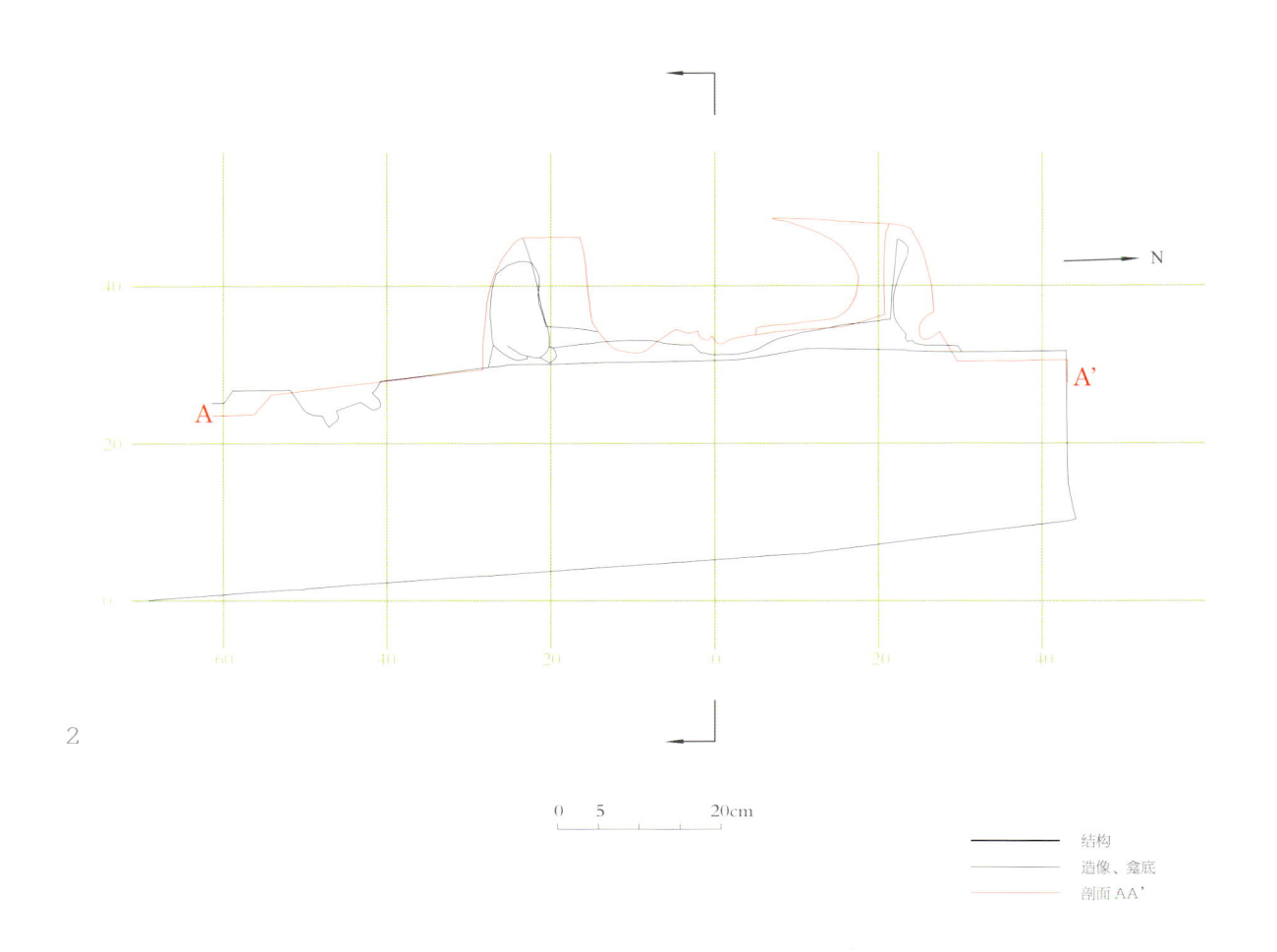

图98 第37号龛平、立面图
1 立面图 2 平面图

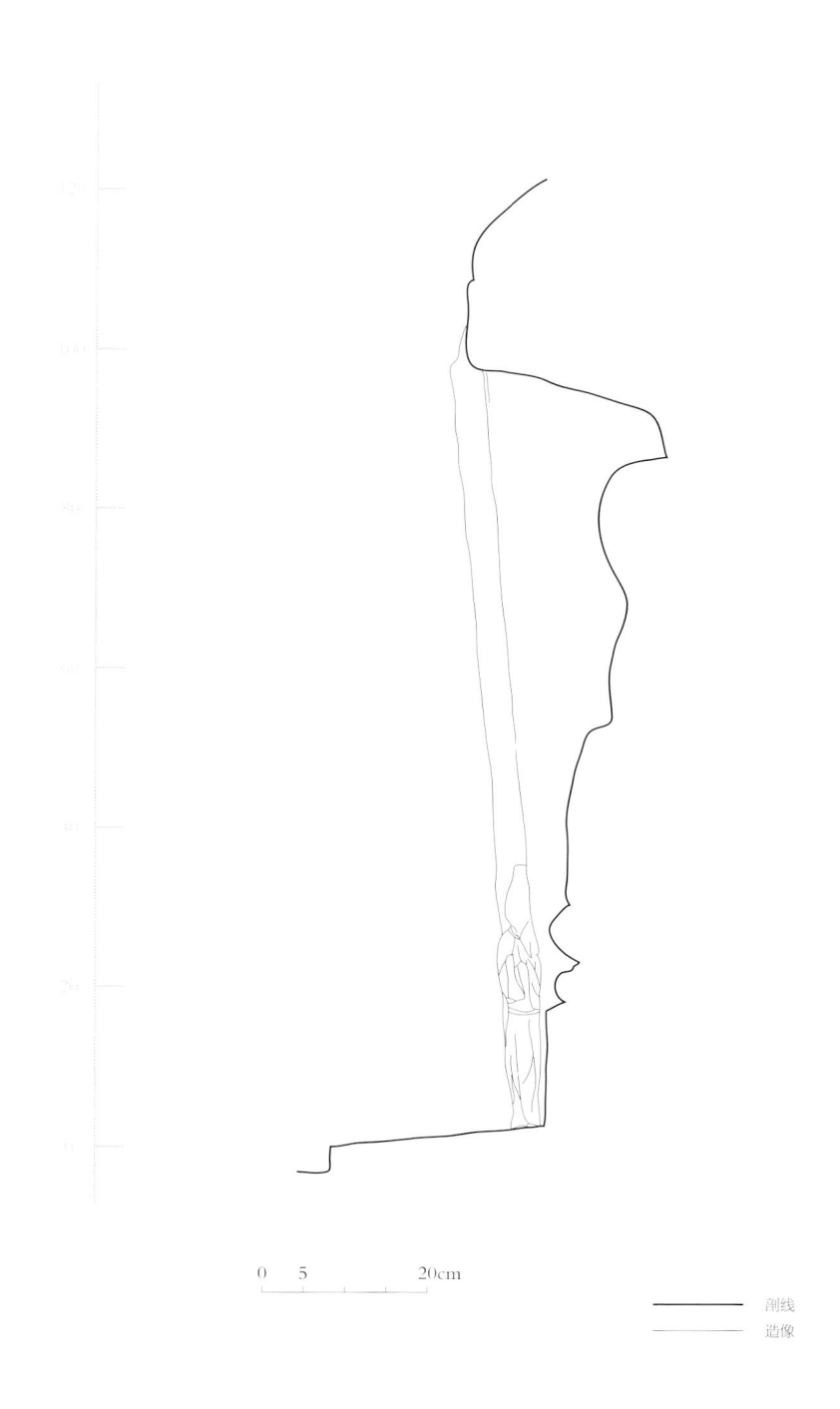

图 99　第 37 号龛剖面图

第五节　第38号

一　位置

位于第37号龛右侧。左距第37号龛15厘米，右紧邻第39号龛；上距第36号龛23厘米，下距巷道地坪6—8厘米。龛口东向，方向90°。

二　形制

单层方形龛（图100、图101；图版Ⅰ：159、图版Ⅰ：160、图版Ⅰ：161）。

龛口　在岩体表面平直凿进最深约24厘米形成龛口。龛口方形，外缘高112厘米，宽83厘米。龛左沿中下处少许残，宽10厘米；右沿完整，宽10厘米；上沿仅存左侧少许，宽10厘米；下沿较完整，宽9厘米。龛左右沿内侧凿出宽3厘米的平整面。龛口内缘高93厘米，宽64厘米，至后壁最深26厘米。内缘右上角已毁。左上角刻三角形斜撑，高11.5厘米，宽12厘米，斜边弧形；低于沿面1.5厘米。

龛底　呈弦月形。裂隙使龛底左右侧上下错位，左低右高，高差约1.5厘米。

龛壁　弧壁。龛壁与龛顶弧面相交。

龛顶　券顶，右侧部分残。

三　造像

龛内刻像25身。按其位置，划分为壁面中部、左右侧壁上部、左右侧壁中下部造像三部分（图100-1；图版Ⅰ：159）。

（一）壁面中部

中刻主尊立式佛像1身，左右依次各刻侍者立像、胁侍菩萨立像1身。

主尊佛像　立像高89厘米，头长13厘米，肩宽16厘米，胸厚7厘米。浮雕桃形头光，内圆素面，边缘刻火焰纹，横径24厘米。螺发，肉髻略凸。脸形长圆，面蚀。身修长，内着僧祇支，外着双领下垂式袈裟，下着裙。左手（残）屈肘上举，右手于腹前持锡杖，手残。杖首刻于头部右侧，大部残，存右侧三个小环；杖柄毁。跣足立于单层覆莲台上。台高4厘米，直径25厘米。

左侍者像　为立式女像，高34厘米。浮雕圆形素面头光，直径12厘米。梳髻，戴冠，冠带作结下垂。椭圆脸，面蚀。胸饰璎珞，分两道下垂，绕膝隐于身后。上着披巾，下着裙。披巾交垂于腹前，向上敷搭前臂后下垂体侧。腕镯，双手合十。跣足立于圆台上。台高1.5厘米，显露宽7厘米。

右侍者像　为立式男像，高35厘米。浮雕圆形素面头光，直径11厘米。光头，脸圆，面蚀。上着双领下垂式袈裟，下着裙，双手合十。双足残，立于圆形低台上。台显露少许，高1.5厘米。

左胁侍菩萨像　立像高45厘米，头长10厘米，肩宽9.5厘米，胸厚5.5厘米。浮雕圆形素面头光，直径15厘米。梳髻，戴冠，冠带作结下垂，残。脸圆，面蚀。上着披巾，下着裙。披巾交垂腹前，向上敷搭前臂后垂于体侧。双手于胸前捧一圆状物，跣足立于双重仰莲台上。台高5厘米，直径13.5厘米。

右胁侍菩萨像　立像高45厘米，头长10厘米，肩宽8.5厘米，胸厚5厘米。头残毁，其余特征与左菩萨像略同。

（二）左右侧壁上部

左右侧上部各刻半身立像6身，作上四下二两排对称布置；均面残，高约11厘米（图版Ⅰ：160、图版Ⅰ：161）。以主尊佛像为中心，由龛内向龛外、从上至下，依次编为左第1—6像和右第1—6像，其特征列入表13。

表13　第38号龛左右侧壁上部造像特征简表

左侧壁	特　征	右侧壁	特　征
1	头盔，顿项披垂，着裲裆甲，双手合十。	1	头盔，顿项披垂，着裲裆甲；左手横置胸前，右手似持圆状物。
2	头盔，顿项翻卷，着裲裆甲，双手合十。	2	头盔，顿项披垂，着裲裆甲，双手残蚀。
3	同第1像。	3	同第2像。
4	同第2像。	4	造像毁。
5	同第1像。	5	造像毁。
6	同第1像。	6	同第2像。

（三）左右侧壁中下部

左右侧壁中下部各刻菩萨立像4身，作上二下二两排对称布置，上排菩萨露半身。均有圆形素面头光，直径约12厘米（图版Ⅰ：160、图版Ⅰ：161）。按从上至下，由龛外至龛内，将其编为左第1—4像和右第1—4像。造像特征列入表14。

图 100　第 38 号龛平、立面图
1　立面图　2　平面图

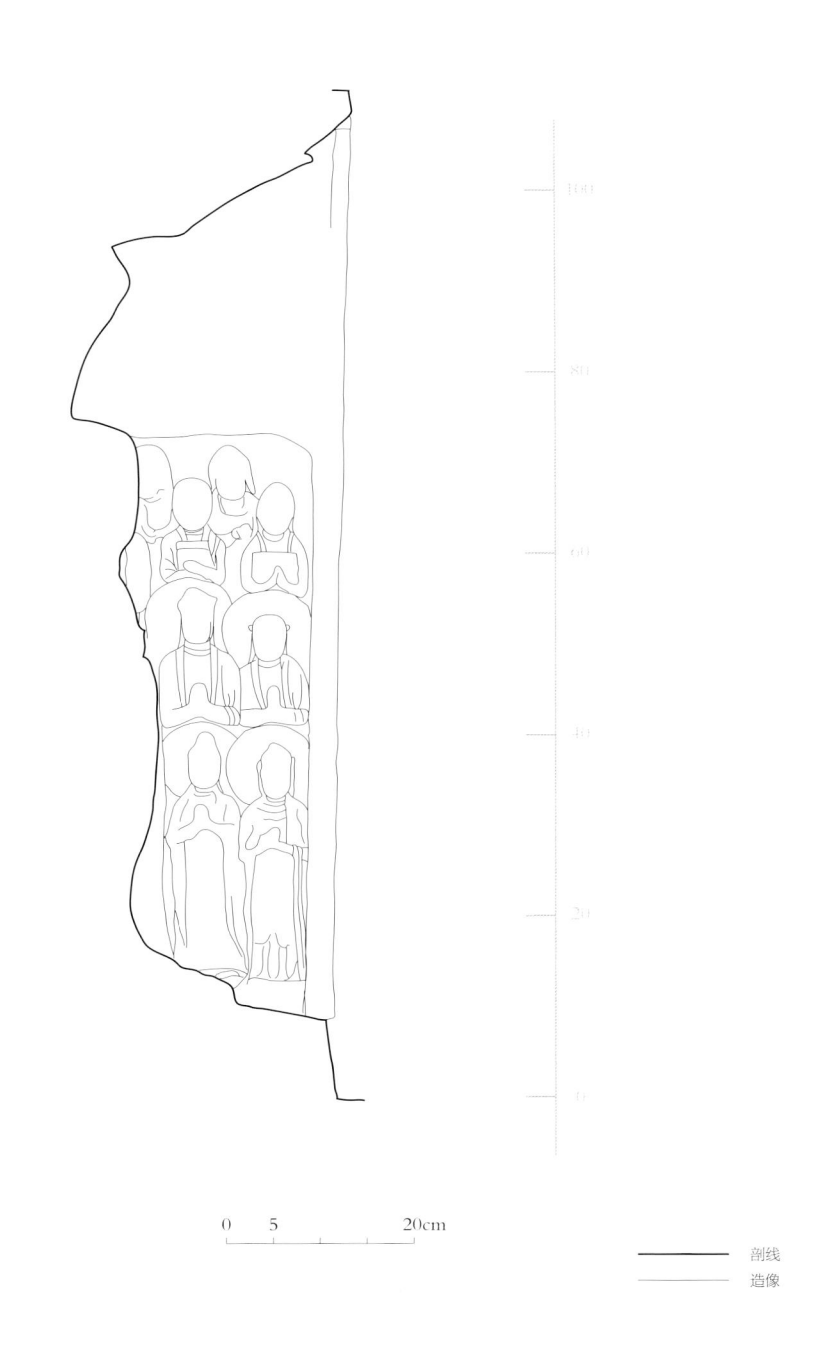

图 101　第 38 号龛剖面图

表14　第38号龛左右侧壁中下部造像特征简表

左侧壁	特　　征	右侧壁	特　　征
1	半身，高约13厘米。梳髻，冠带作结后下垂至胸，面残胸蚀，双手（略蚀）合十。	1	半身，残高约12厘米。像残毁甚重，可辨轮廓及左臂。
2	略同第1像。	2	毁。
3	高约28厘米。梳髻，冠带作结后下垂至胸。面残胸蚀，上着披巾，下着裙；披巾敷搭前臂后下垂至低台。双手合十，残；跣足立于单重覆莲台上。台高1.5厘米，最宽10厘米。	3	高约28厘米。梳髻，冠带作结后下垂，残。面蚀，胸饰璎珞，下垂至裙摆。上着披巾，下着裙；披巾下垂至大腿，向上敷搭前臂后下垂至低台。双手残，似合十；跣足立于单重覆莲台上。台高1厘米，最宽11厘米。
4	略同第3像。	4	高约26厘米。像头毁肩残，与第3像略同。

四　晚期遗迹

龛内存红色、白色两种涂层。

第六节 第39号

一 位置

位于第38号龛右侧。左与第38号龛紧邻，右比邻第40号龛；上距第36号龛35厘米，下距巷道地坪10厘米。龛口东向，方向89°。

二 形制

单层方形龛（图102、图103；图版Ⅰ：162、图版Ⅰ：164、图版Ⅰ：165）。

龛口　在岩体表面平直凿进最深约26厘米形成龛口。龛口方形。龛左沿上部宽11厘米，下部残毁；右沿、上沿与崖壁分界不明；下沿略残，宽约10厘米。龛左右沿内侧凿出宽2.5厘米的平整面，左平整面下部毁。龛口内缘高78厘米，宽76厘米，至后壁最深24厘米。内缘左右上角刻三角形斜撑，高11厘米，宽10厘米；斜边平直，低于龛沿2.5厘米。

龛底　略呈梯形，内窄外宽。左右侧建弦月形低坛一级，均高2厘米，最深5厘米。

龛壁　正壁竖直，与左右侧壁呈弧面相交。壁面与龛顶略呈垂直相交。

龛顶　平顶，略呈弦月形。

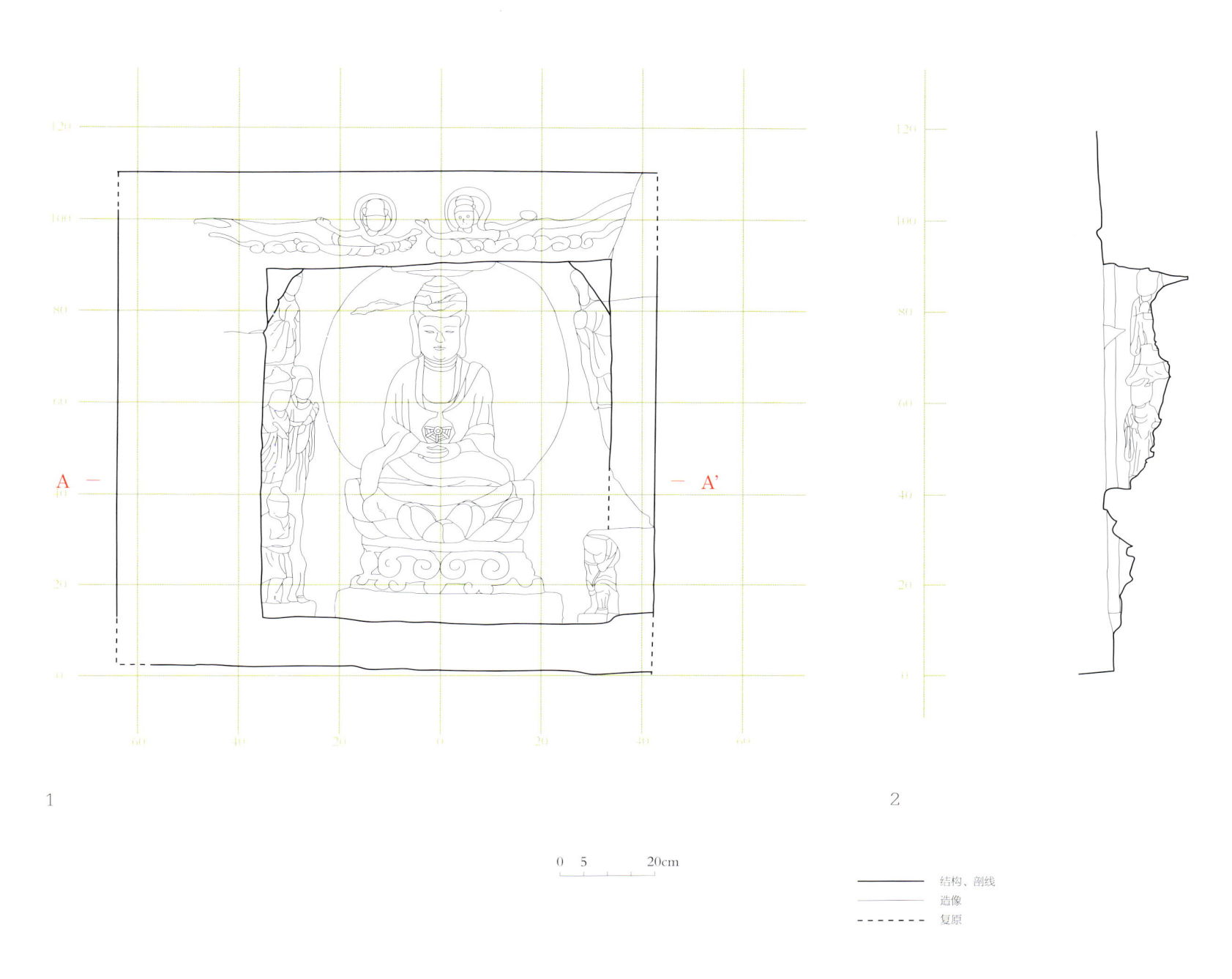

图102　第39号龛立、剖面图
1　立面图　2　剖面图

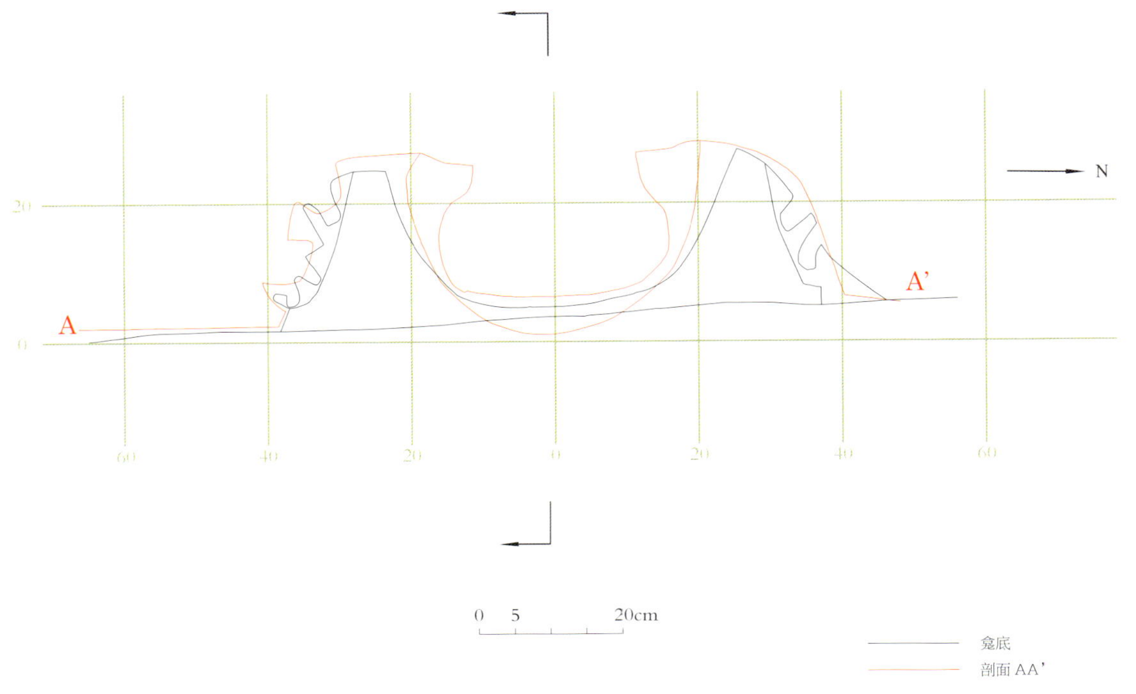

图 103　第 39 号龛平面图

三　造像

龛刻像12身。正壁刻主尊坐佛像1身，左侧壁刻立像4身，右侧壁刻立像5身，龛上沿刻飞天像2身（图102-1；图版Ⅰ：162）。

（一）正壁

主尊佛像　坐像高46厘米，头长17厘米，肩宽22厘米，胸厚11厘米（图104；图版Ⅰ：163）。浮雕圆形素面背光，横径52厘米，右侧上部局部残脱，存一不规则的孔洞。高肉髻，水波纹发。脸圆，双眼细长，鼻残，唇薄口小，耳垂肥大。颈刻三道肉褶线。双肩浑圆，胸厚，身着双领下垂式袈裟，下着裙，袈裟及裙摆垂于座前。双手于腹前结印，托持八角形法轮；轮最大径7厘米，略残。结跏趺坐于束腰仰莲座上。座通高30厘米，上部为三重仰莲台，直径41厘米；下部为束腰叠涩圆台，最大径44厘米，饰镂雕的两层羊角形云纹。主尊头顶上方龛顶刻圆形覆莲，直径21厘米，厚1.5厘米。

（二）左侧壁

刻立像4身，作上一中二下一共三层布置（图版Ⅰ：164）。按从上至下、由龛外向龛内顺序，依次编为第1—4像。

第1像　立像高28厘米。梳髻，头面残蚀。下部身躯残毁甚重，可见上着交领宽袖长服，下着裙，双手于胸前捧持圆状物。

第2像　毁。

第3像　毁。

第4像　肩以上毁，立像残高16厘米。上身赤裸，腰束带，下着短裙。左手持弓，右手斜置腹前。足环，跣足立于低坛上。

（三）右侧壁

刻立像5身，作上一中二下二共三层布局（图版Ⅰ：165）。仍按从上至下、从龛外至龛内顺序，依次编为第1—5像。

第1像　立像高26厘米。梳高髻，脸圆面蚀。上着圆领宽袖服，下着长裙。双手于胸前捧一物，物难辨，立于云台上。台高7厘米，最宽12厘米，深6厘米。

第2像　高27厘米。左手托物，手及物残；右手曲于胸前持棍状物，物残难辨；余略同第1像。

第3像　立像高27厘米。双手握持琵琶，作弹拨状；余特征略同第1像。

第4像　立像高25厘米。头残面蚀，刻连鬓须。上身赤裸，下着短裙，双手（残）交于胸前，身微右侧，躬身屈膝立于低坛上，双足残。

第5像　立像高约21厘米。像残蚀甚重，仅辨轮廓。

（四）上沿

刻飞天像2身，相向布置，侧身卧于祥云上（图版Ⅰ：166）。云头高3厘米，宽26厘米，厚1.3厘米，云尾斜向上飘。

左飞天像　身长38厘米。梳高髻，束带作结下垂至肩。椭圆脸，袒上身，下着长裙。披帛绕于头后呈环状，经腋下飘于体侧。双手持物外展，物残难辨。双足不现。

右飞天像　身长37厘米，与左飞天像略同。

图104　第39号龛主尊像等值线图

四　铭文

温孟达等造大威德炽盛光佛龛镌记，前蜀乾德四年（922年）。位于龛外右侧壁面。刻石面高80厘米，宽18厘米；文左起，竖刻6行，存110字；楷体，字径2厘米（图版Ⅱ：14）。

01　敬□发心镌造〔大威〕德炽盛光佛并九曜共一龛右弟子□□

02　与□□□兄弟等□造上件功德并已成〔就意〕者□□□□同

03　范□□陈雷□陪□法[1]百年相守次乞家〔人〕（澧）

04　偶随永无障提时〔以乾〕德四年十二月十六〔日修斋表庆讫〕□

05　〔敬〕弟子温孟达寒忠〔进〕于彦章梁瓷陈〔季〕□〔邓知进〕

06　□□□杨宗厚寒□芝程彦晖王〔孟言〕王〔德〕全陈〔马敬造〕

五　晚期遗迹

龛内存白色、红色两种涂层。

---

[1] 此"陪□法"《大足石刻铭文录》录为"陪法"。重庆大足石刻艺术博物馆等编：《大足石刻铭文录》，重庆出版社1999年版，第19页。

第七节　第40号

一　位置

位于第39号龛右侧。左紧邻第39号龛，右距壁面边缘约260厘米；上距第36号龛31厘米，下距巷道地坪11—14厘米。龛口东向，方向94°。

二　形制

单层方形龛（图105、图106；图版Ⅰ：167、图版Ⅰ：169、图版Ⅰ：170）。

龛口　在岩体表面平直凿进最深约22厘米形成龛口。龛口方形，外缘高94厘米，宽116厘米。龛左沿下部略残，存宽7厘米；右沿中上部残，存宽7厘米；上沿部分残，存宽6.5厘米；下沿完整，宽7厘米。左右沿内侧刻出宽3厘米的平整面，部分残。龛口内缘高79厘米，宽103厘米，至后壁最深26厘米。内缘左右上角刻出三角形斜撑，高11.5厘米，宽11.5厘米；斜边平直，低于沿面1厘米。龛外右下侧另凿有高46厘米，宽13厘米的竖直平整面。

龛底　略呈方形。内侧建低坛一级，高18.5厘米，深4厘米。

龛壁　弧壁，与龛顶弧面相交。

龛顶　近似平顶，略呈方形。

图105　第40号龛立面图

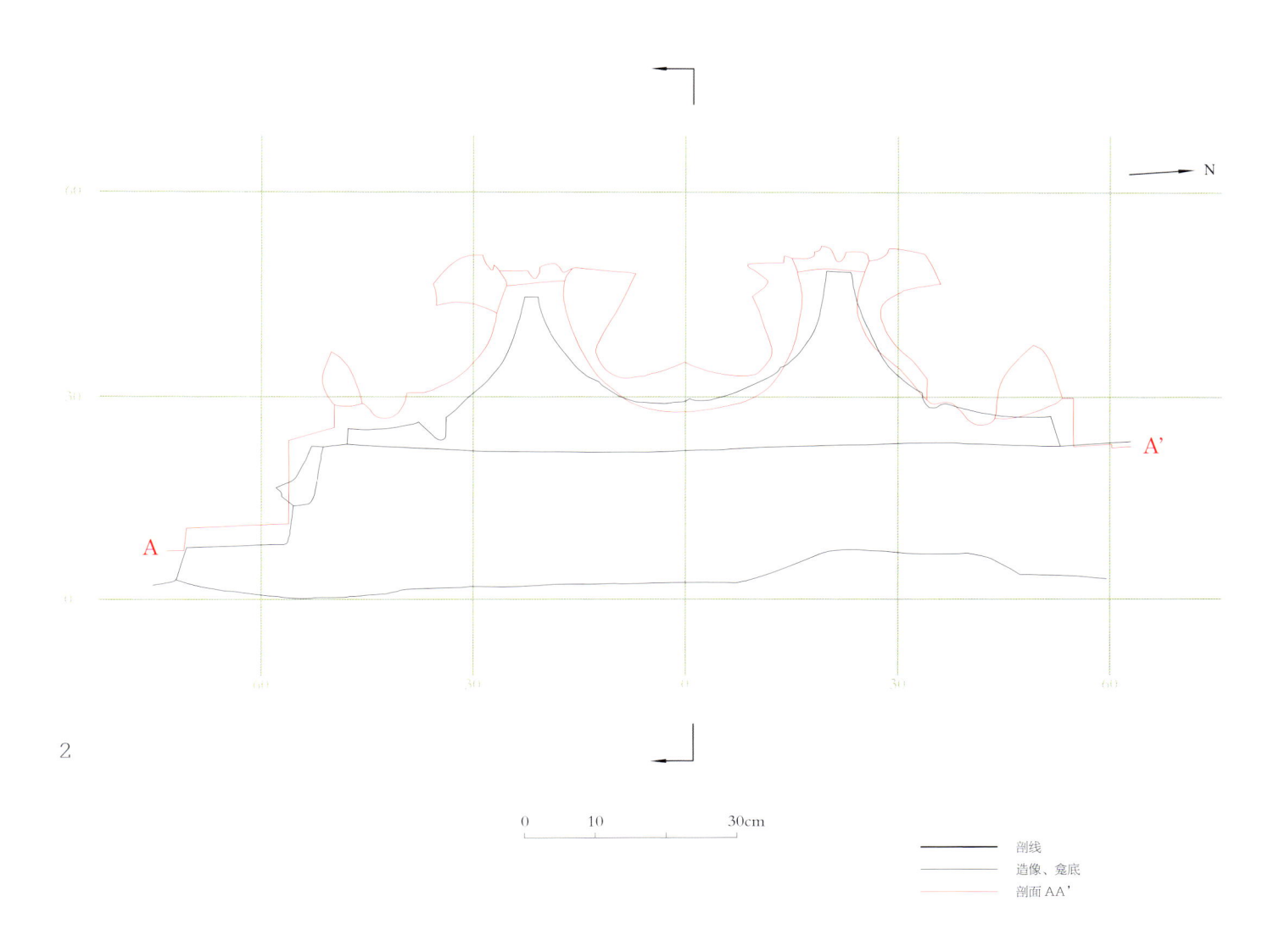

图 106　第 40 号龛平、剖面图
1　剖面图　2　平面图

图107　第40号龛主尊像效果图

三　造像

龛内刻像6身。中刻主尊坐佛像1身，左右各刻弟子像1身；左右侧壁各刻菩萨坐像1身；龛外右下方刻立像1身（图105；图版Ⅰ：167）。

主尊佛像　头毁，残坐高32厘米，肩宽16厘米，胸厚7厘米（图107；图版Ⅰ：168）。浮雕圆形素面背光，横径43厘米。宽肩细腰，上着袒右式袈裟，下着裙，裙摆敷搭座前。胸腹处衣纹呈泥条状，作连续的"U"形。双手于腹前结印，右臂肘部残。结跏趺坐于束腰仰莲座上，显露左足底。座残蚀，通高30厘米。上部为莲台，剥蚀略重，台面最宽33厘米；中部束腰，为瓜棱瓣圆台，最大径27厘米；下部为两阶瓜棱瓣圆台叠涩，宽分别为36、39厘米。佛像身后左右低坛上各刻菩提树一株，树冠略呈漏斗形，上至龛顶。

左弟子像　立像高42厘米，头长8厘米，肩宽6厘米，胸厚3厘米。光头，额前线刻皱纹两道。面相苍老，身着通肩袈裟，下着裙，双手合十，着鞋立于低坛上。

右弟子像　立像高40厘米，头长8厘米，肩宽7厘米，胸厚3厘米。光头，面相年轻，余同左弟子像。

左菩萨像　头毁，残坐高24厘米，肩宽10.5厘米，胸厚6厘米（图版Ⅰ：169）。浮雕桃形头光和椭圆形身光，皆内圆素平，边缘刻火焰纹，头光横径18厘米，身光最大径30厘米。上着通肩袈裟，下着裙。腕镯，双手（右手残）于腹前托钵，钵部分残。跣足，垂左腿踏仰莲，右腿横置于台面，左舒相坐于束腰仰莲座上。莲座通高33厘米，最上为三重仰莲台（略残），直径33厘米；其下为圆台，略残；束腰部分为圆棱台，直径28厘米；底部为两阶圆台叠涩，直径分别为31、35厘米。座前刻并蒂仰莲（右莲残）及闭合莲叶，仰莲高7厘米，直径9厘米。

右菩萨像　坐像高28厘米，肩宽11厘米，胸厚5厘米（图版Ⅰ：170）。浮雕圆形素面头光，横径20厘米。头、面大部残，存披帽披幅遗迹。上身剥蚀，似着袈裟，下着裙。左手（残）置于腹前，右手持桃形锡杖，手及锡杖部分残。跣足，左腿横置台面，右腿垂踏仰莲，右舒相坐于束腰仰莲座上。座高30厘米，略同左菩萨像座台。

龛外立像　立像高27厘米（图版Ⅰ：171）。头、面残，上着圆领宽袖服，下着裙；双手合十，立于方台上。台残高6厘米，宽5厘米。

四　晚期遗迹

龛内存灰白色和红色两种涂层。

第八节　第41号

一　位置

位于第36号龛左上方。左距壁面边缘65厘米，右距第42号龛5厘米；上距岩顶约2厘米，下距第36号龛10厘米。龛口东向，方向93°。

二　形制

单层尖拱龛（图108、图109；图版Ⅰ：172）。

龛口　在岩体表面平直凿进最深约6厘米形成龛口。龛口尖拱形，外缘高62厘米，宽30厘米。龛左沿上窄下宽，中部残；下部宽4厘米，上部宽1厘米。右沿中下部部分残，存宽3.5厘米。下沿完整，宽5厘米。龛口内缘高54厘米，宽22.5厘米，至后壁最深约7厘米。龛左沿上部外侧另凿出高20厘米，宽11.5厘米的平整面。

龛底　略呈方形。

龛壁　正壁竖直，与左右侧壁垂直相交，壁面与龛顶弧面相交。

龛顶　券顶。

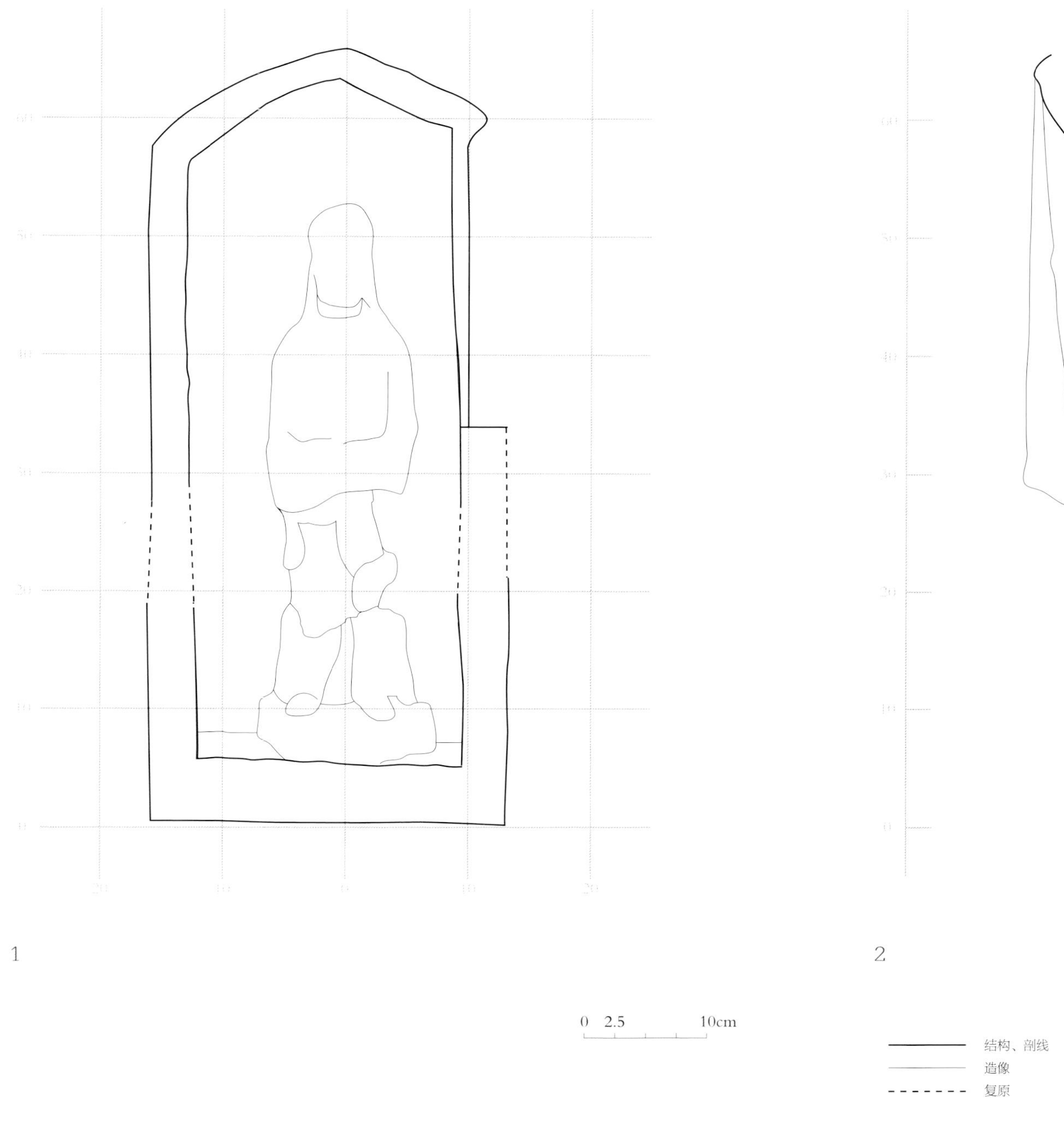

图108　第41号龛立、剖面图
1　立面图　2　剖面图

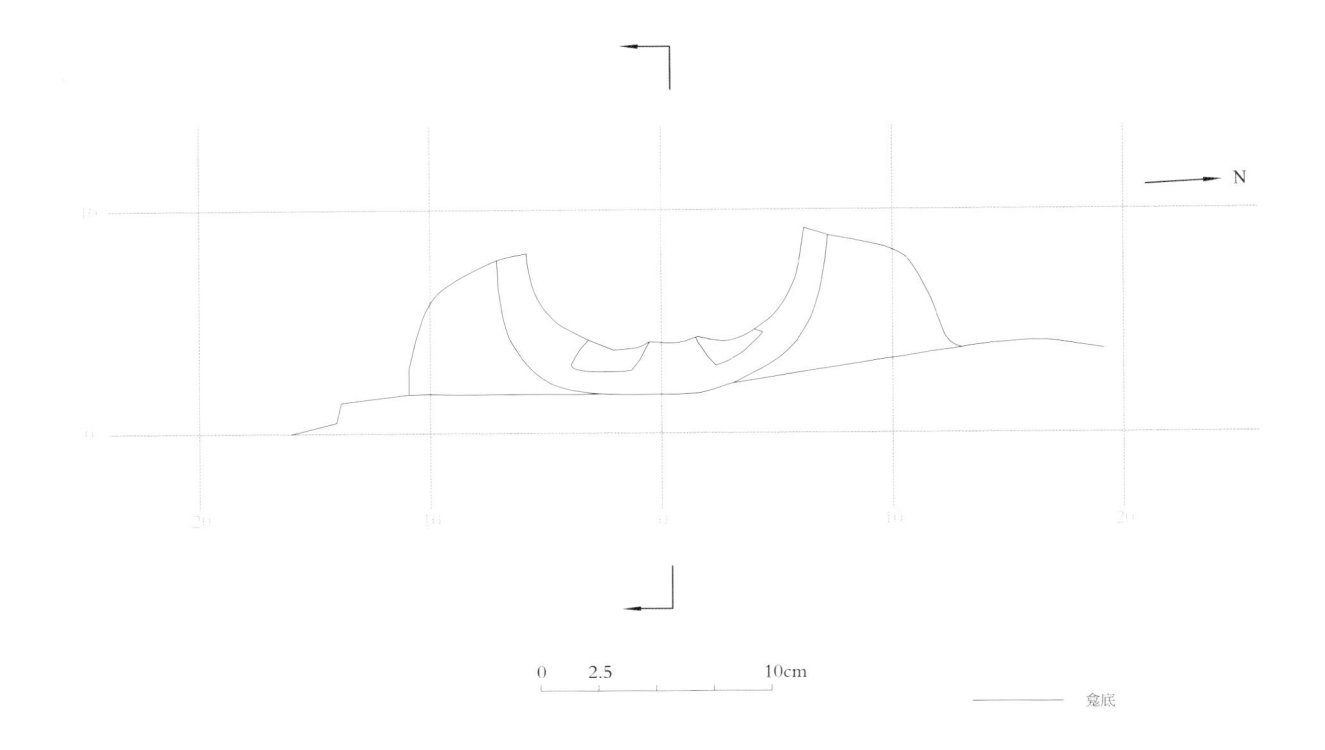

图 109　第 41 号龛平面图

三　造像

龛内刻立像1身（图108-1；图版Ⅰ：172）。立像高43厘米。头残身蚀，上身衣饰难辨，下着裙。左臂似置于腹前，右臂毁。大腿残，跣足（部分残），立于圆形低台上。台残，高2.5厘米，直径13厘米。

第九节　第42号

一　位置

位于第41号龛右侧。左距第41号龛5厘米，右距第43号龛11厘米；上距岩顶9厘米，下距第36号龛14厘米。龛口东向，方向94°。

二　形制

在岩体表面平直凿进最深约5厘米形成方形龛口（图110；图版Ⅰ：173）。龛口残毁较重，仅存部分左沿及上沿；左沿存宽6厘米，上沿存宽6厘米。龛口内缘残高57.5厘米，宽54厘米，至后壁最深18厘米。内缘左上角存三角形斜撑遗迹，右上角残。龛底大部毁。龛壁为弧壁，右下部残；与龛顶略垂直相交。龛顶平顶，略呈弦月形。

三　造像

龛内造像残毁甚重，存像5身，可见轮廓（图110-2；图版Ⅰ：173）。其中，正壁中刻主尊像1身，浮雕圆形背光，直径约30厘米；存座台底部，高2厘米，宽22厘米，深7厘米。左侧壁刻像1身，轮廓高36厘米。可辨裙摆及下垂体侧的披帛，跣足立于低台上，台大部毁。右侧壁刻像1身，仅存火焰纹头光右侧少许。龛顶左右上角各刻飞天1身，仅辨轮廓。

图 110　第 42 号龛平、立、剖面图
1　剖面图　2　立面图　3　平面图

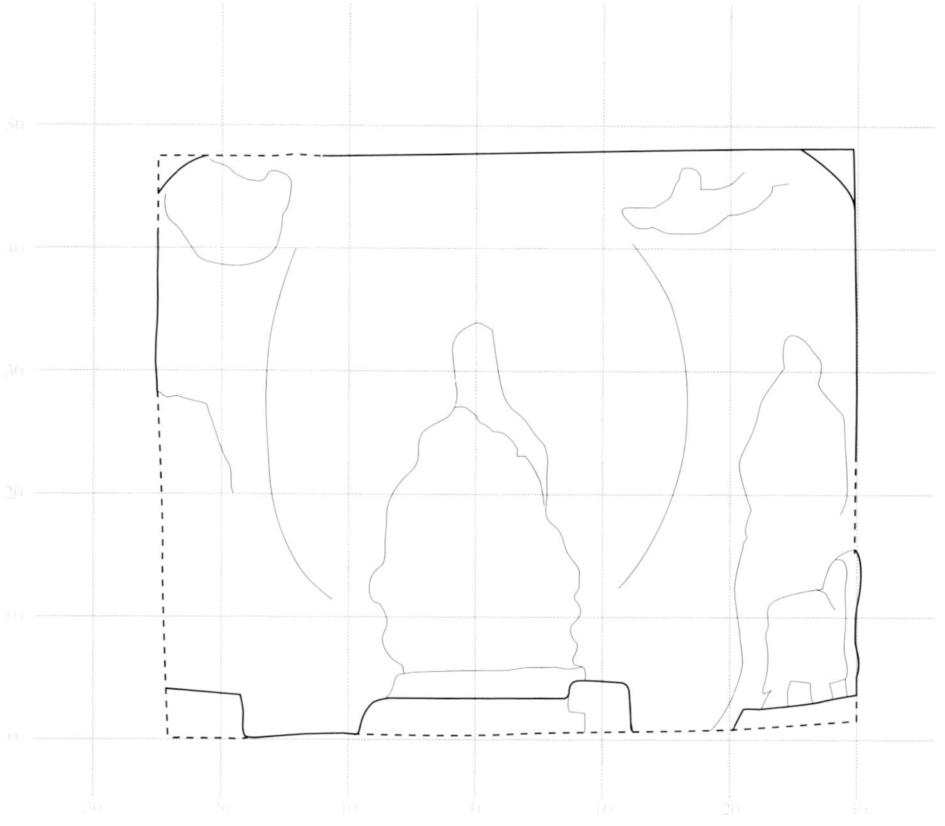

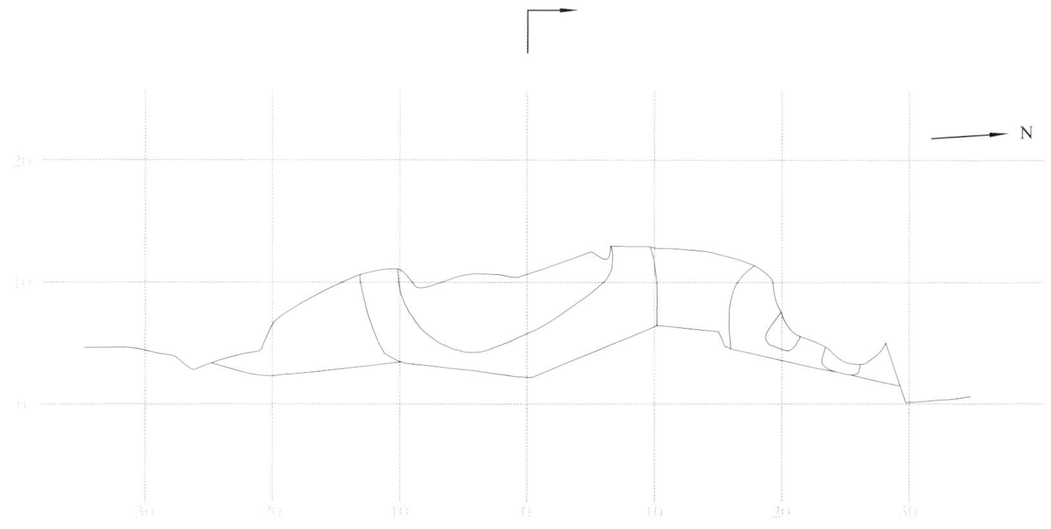

第十节　第43号

一　位置

位于第42号龛右侧。左距第42号龛11厘米，右距第44号龛15.5厘米；上距岩顶约15厘米，下距第36号龛约25厘米。龛口东向，方向98°。

二　形制

在岩体表面直接凿建龛口（图111；图版Ⅰ：174）。龛口方形，残毁甚重，存部分右沿，存宽5.5厘米，其余沿面毁。龛口残高约40厘米，宽44厘米，至后壁最深约16厘米。龛底毁。正壁竖直，与左右侧壁弧面相交。龛顶毁。

三　造像

龛内刻像2身（图111-1；图版Ⅰ：174）。其中，正壁刻主尊坐像1身，残高32厘米。像残毁甚重，细节不明；身两侧似簇状伸出若干手臂，置于头顶上方两手可辨轮廓，其余手臂毁。右侧壁刻像1身，仅存轮廓。

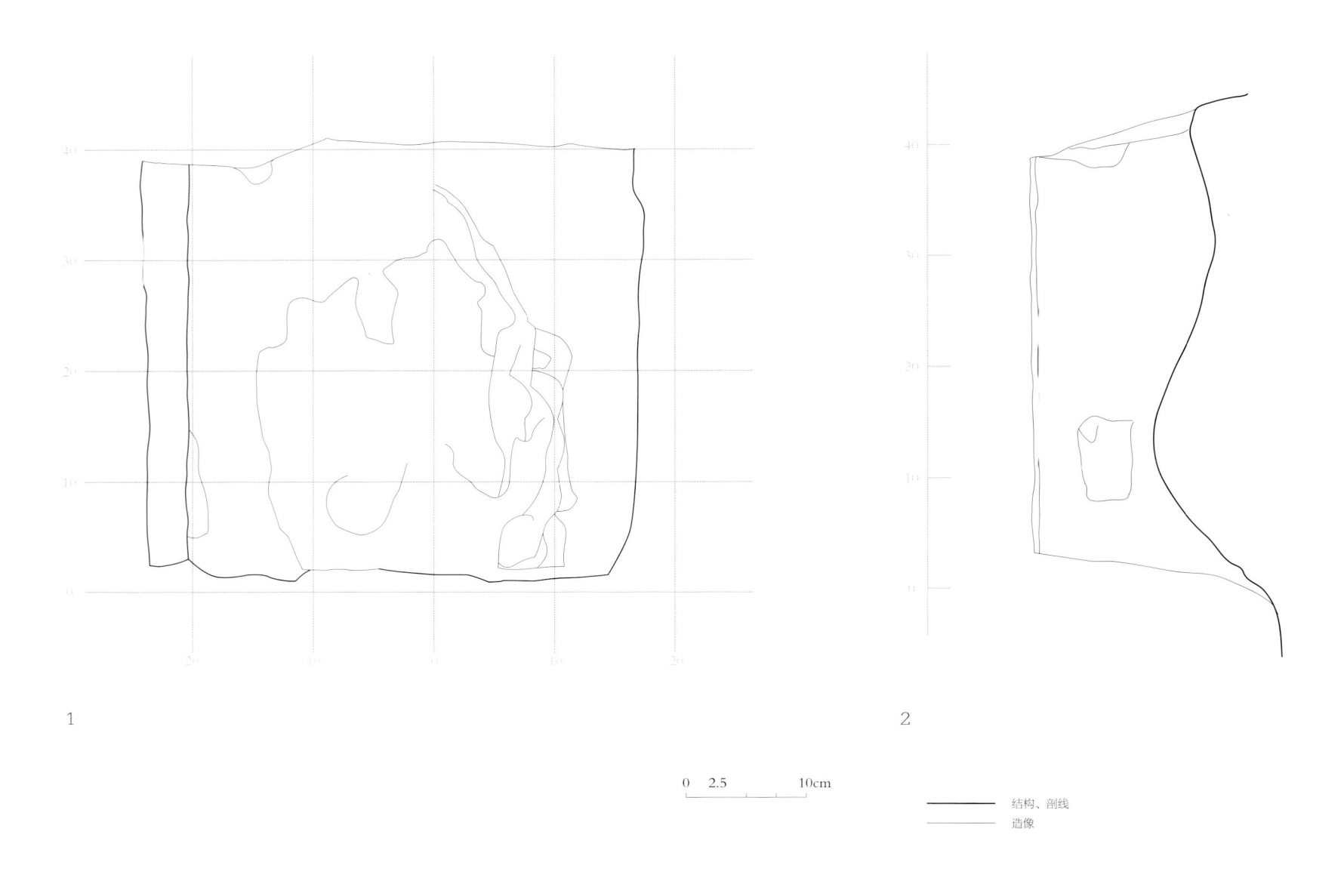

图111　第43号龛立、剖面图
1　立面图　2　剖面图

第十一节　第44号

一　位置

位于第43号龛右侧。左距第43号龛15.5厘米；右侧岩体局部毁，上距岩顶约20厘米，下距第36号龛21厘米。龛口东向，方向91°。

二　形制

于崖壁直接凿建龛口（图112、图113；图版Ⅰ：175）。龛残毁甚重，仅存左侧。龛口残高52厘米，宽35厘米，至后壁最深14厘米。龛底毁。龛正壁竖直，与左壁弧面相交；右侧壁毁；龛顶亦毁。

三　造像

龛内存像2身（图112-2；图版Ⅰ：175）。其中，正壁刻主尊坐佛像，坐像高28厘米。浮雕圆形素面背光，右侧毁，存宽约23厘米。头残，面蚀，身着通肩袈裟。双手（残）置于腹前，跏趺坐于束腰须弥座上。座束腰以下部分毁，存台面高12厘米，最宽19厘米，深15厘米。左侧壁刻菩萨立像，残高30厘米。头毁肩残身蚀，可见双臂似置于胸前，披帛敷搭前臂后下垂体侧。双足毁。

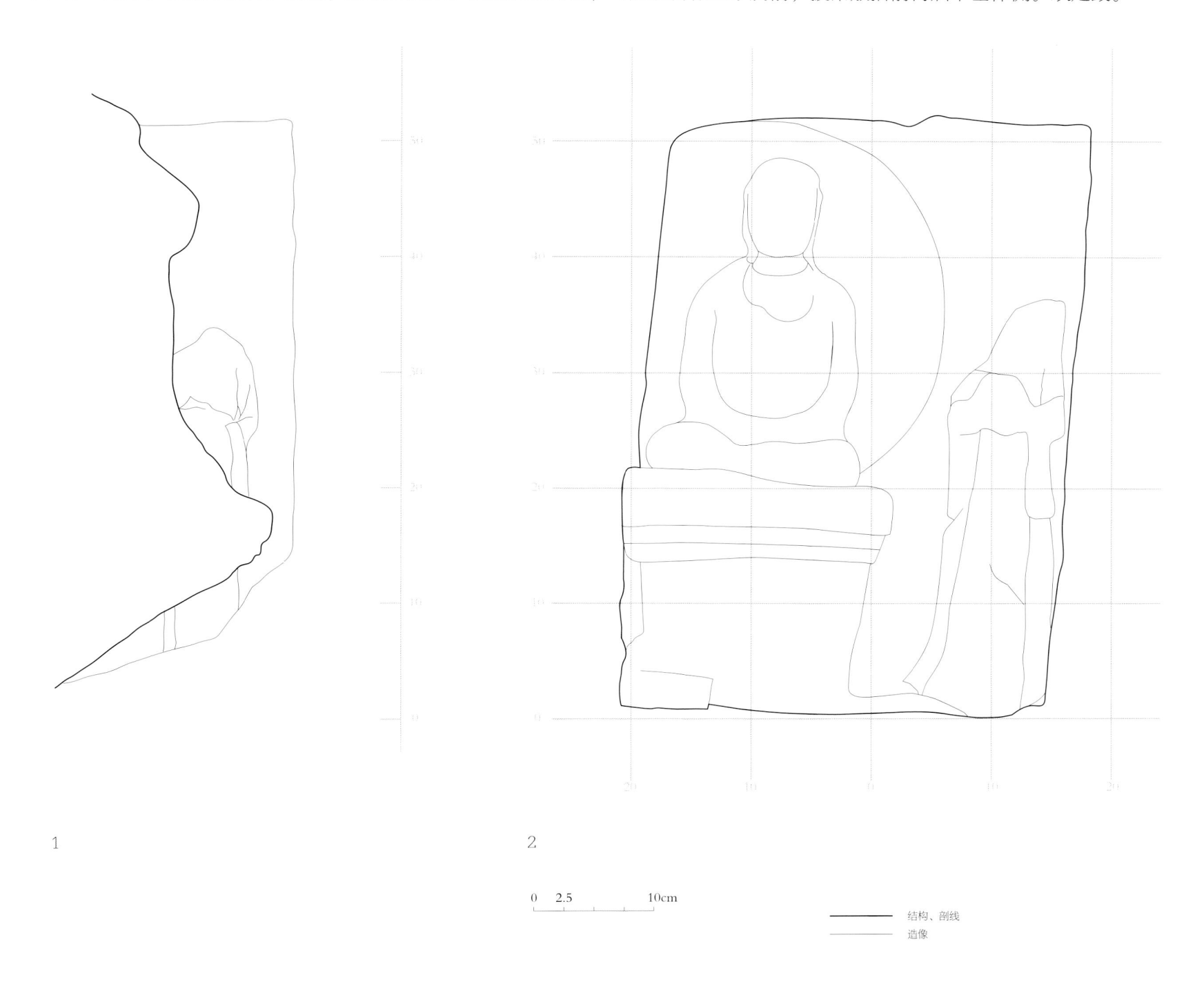

图112　第44号龛立、剖面图
1　剖面图　2　立面图

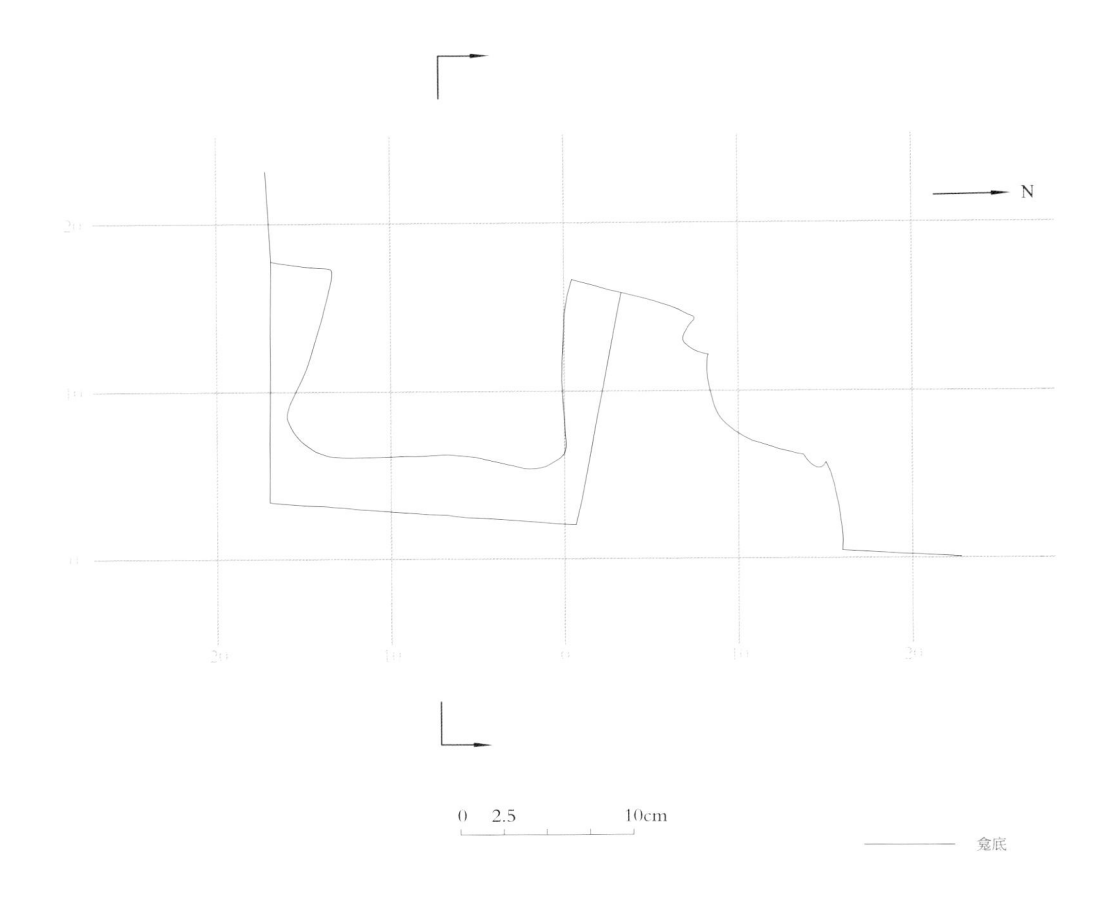

图113　第44号龛平面图

第十二节　第45号

一　位置

位于独立岩体北向壁面右上方。左紧邻第47号龛，右距壁面边缘约121厘米；上距岩顶74厘米，下距第46号龛20厘米。龛口东北向，方向20°。

二　形制

单层方形龛（图114；图版Ⅰ：176）。

龛口　在岩体表面平直凿进最深约9厘米形成龛口。龛口方形，外缘高99厘米，宽80厘米。龛沿均部分残损，左沿存宽8厘米，右沿存宽5.5厘米，上沿存宽6.5厘米，下沿存宽5厘米。龛口内缘高87厘米，宽67厘米，至后壁最深约20厘米。龛口左上角残，右上角存三角形斜撑，高8厘米，宽7厘米；斜边弧形，低于沿面1厘米。

龛底　略呈梯形，外宽内窄。

龛壁　正壁竖直，与左右侧壁垂直相交。壁面与龛顶弧面相交。

龛顶　近似平顶，方形，略残。

三　造像

龛内正壁并立菩萨像2身（图114-1；图版Ⅰ：176）。

左菩萨像　立像高75厘米，头长19厘米，肩宽16厘米，胸厚8厘米。浮雕桃形头光，内圆素平，边缘饰火焰纹，横径24厘米，焰尖纵贯龛顶。头大部残毁，所存冠顶轮廓似作结下垂及肩。左肩残，身剥蚀，上似着宽博披巾，下着裙。披巾折叠敷搭前臂后下垂至莲台。双手于胸前捧物，手及物残。跣足立于单层仰莲台上。台略残，高6厘米，直径26厘米。

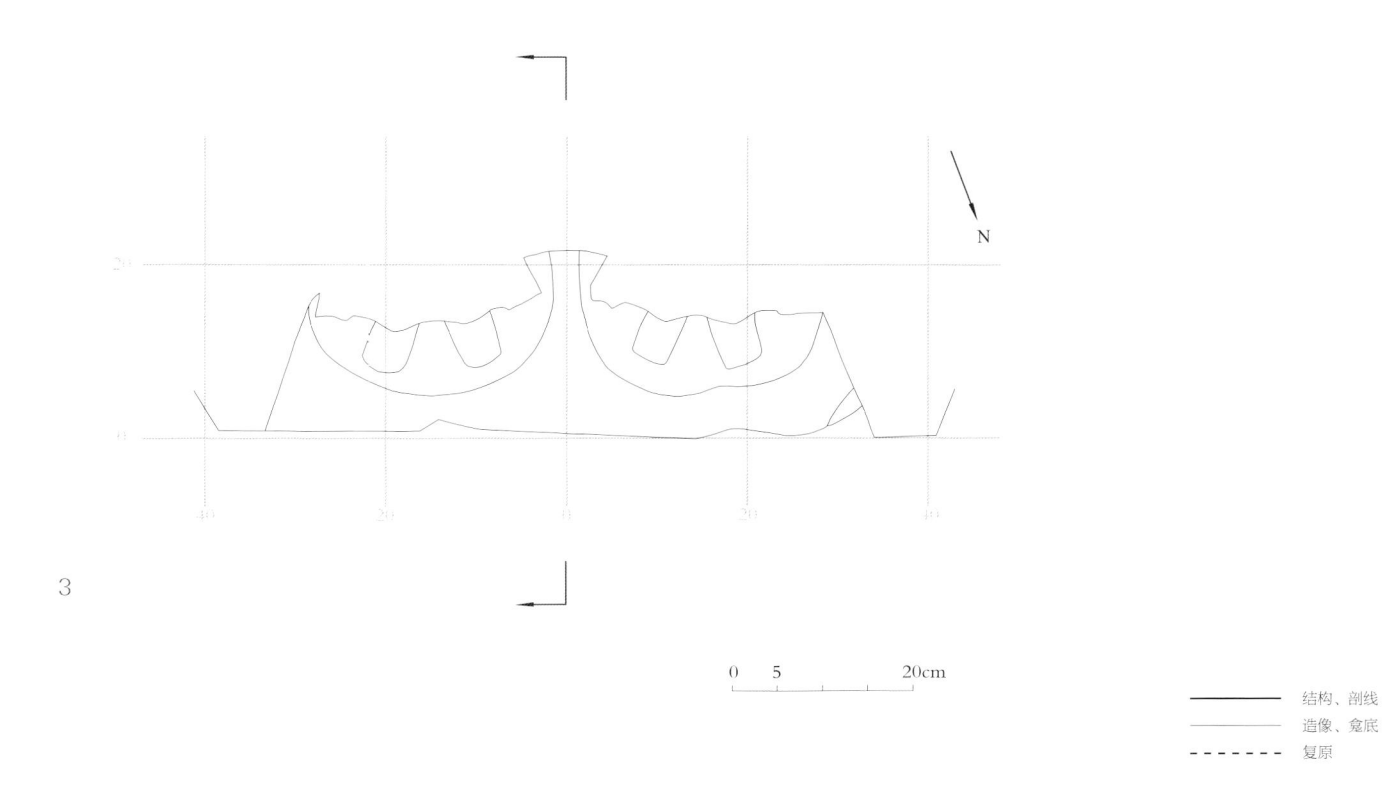

图114 第45号龛平、立、剖面图
1 立面图 2 剖面图 3 平面图

右菩萨像　立像高74厘米，头长17厘米，肩宽15厘米，胸厚7厘米。浮雕桃形头光，略残，内圆素平，边缘饰火焰纹，横径25厘米，焰尖纵贯龛顶。像残毁甚重，大体与左菩萨像同。

四　晚期遗迹

龛口右下部凿一孔洞，高约16厘米，宽17厘米，深16厘米。

龛内保存点状的灰白涂层。

第十三节　第46号

一　位置

位于第45号龛下部。左紧邻第48号龛，右距壁面转折边缘33厘米；上距第45号龛20厘米，下距巷道地坪和长廊地坪分别为33、105厘米。

龛口东北向，方向25°。

二　形制

单层方形龛（图115、图116；图版Ⅰ：177、图版Ⅰ：179、图版Ⅰ：180）。

龛口　在崖壁表面平直凿进最深约12厘米形成龛口。龛口方形，上部残毁，外缘残高114厘米，宽100厘米。龛左沿完整，宽9厘米；右沿底部宽10厘米，中上部被后人改刻，存斜向凿痕，凿面与崖壁分界不明；上沿毁，下沿完整，宽10厘米。左沿内侧平整面宽5.5厘米，右沿内侧平整面上窄下宽，宽2.5—5.5厘米。龛口内缘高98厘米，宽81厘米，至后壁最深51厘米。内缘右上角毁，左上角存部分三角形斜撑结构。

龛底　呈弦月形。内侧建低坛一级，高11.5厘米，最深9.5厘米；前侧向下凿出弦月形平台，台面深29厘米，低于龛底9.5厘米；左右端与龛口相接。

龛壁　弧壁，与龛顶略垂直相交。

龛顶　平顶，呈弦月形，前端残。

三　造像

龛内刻像5身。中刻主尊坐佛像1身，左右各刻立式弟子像1身；左右侧壁各刻胁侍菩萨坐像1身（图115-1；图版Ⅰ：177）。

主尊佛像　头毁，坐像残高28厘米，肩宽17厘米，胸厚8厘米（图版Ⅰ：178）。浮雕桃形背光，略蚀，边缘刻火焰纹，最宽36厘米，厚5厘米。身蚀，似内着僧祇支，外着双领下垂式袈裟，下着裙。袈裟及裙摆少许覆于座前。左手于腹前托一圆形物，物残；右手抚膝，结跏趺坐于束腰仰莲座上。座通高28厘米，最上为三重仰莲台，直径33.5厘米；其下为圆台，直径22厘米；束腰部分为圆棱台，直径28厘米；最下为三阶圆台叠涩，部分残，直径分别为28、32、36厘米。

龛顶处刻一八角形华盖，下与佛像背光火焰顶相连。华盖部分残，存高约9厘米，最宽31.5厘米。华盖后侧左右浮雕菩提树树冠，右侧树冠阴刻树叶。

左弟子像　立像高44厘米，头长9厘米，肩宽10厘米，胸厚4厘米。浮雕圆形素面头光，上部残，最宽18厘米。光头，面残，存耳垂。身着双领下垂式袈裟，下着裙。双手胸前合十，略残。足鞋，立于低坛上。

右弟子像　立像高46厘米，头长9厘米，肩宽10厘米，胸厚5厘米。浮雕圆形素面头光，直径18厘米。头光左上方刻锡杖，可辨

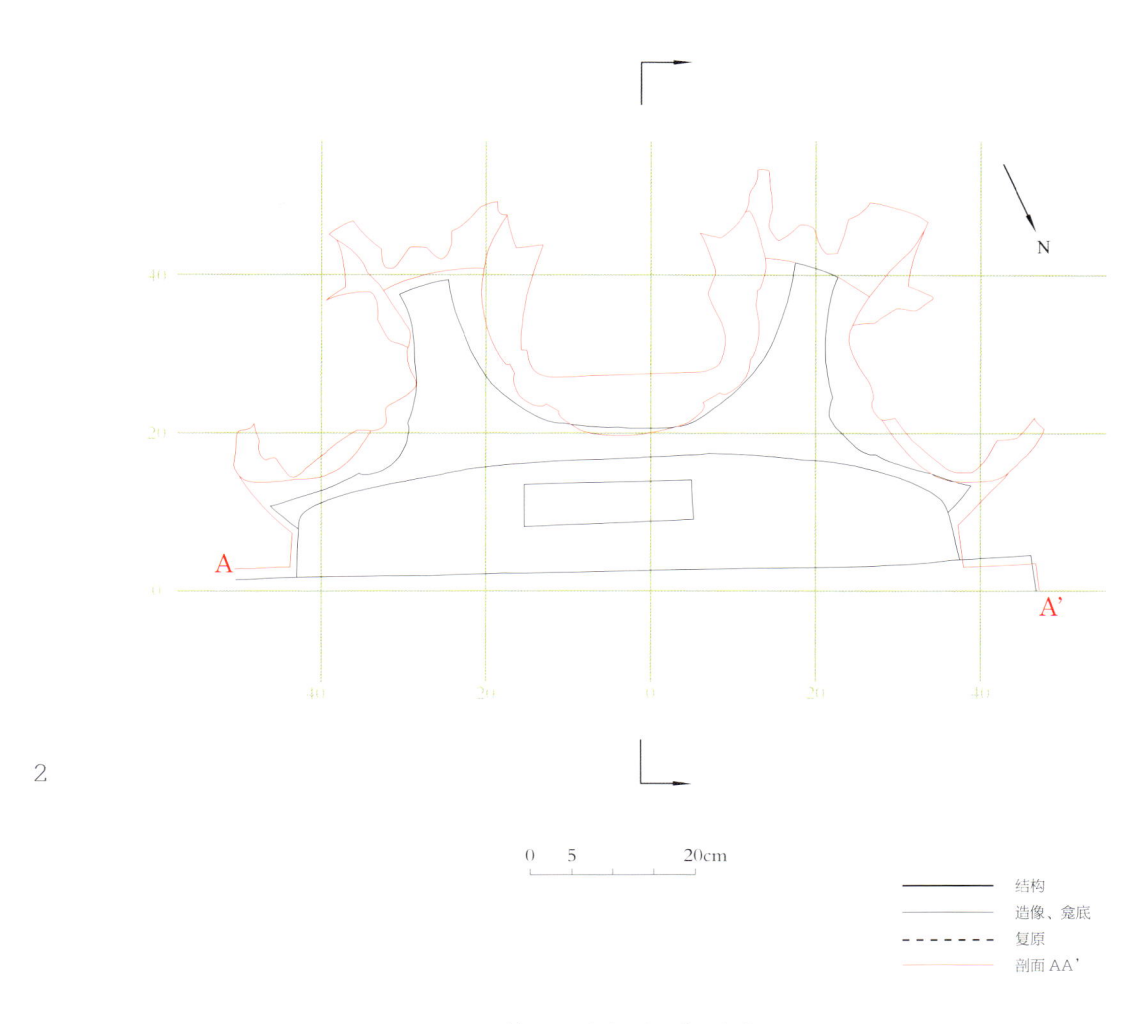

图115　第46号龛平、立面图
1　立面图　2　平面图

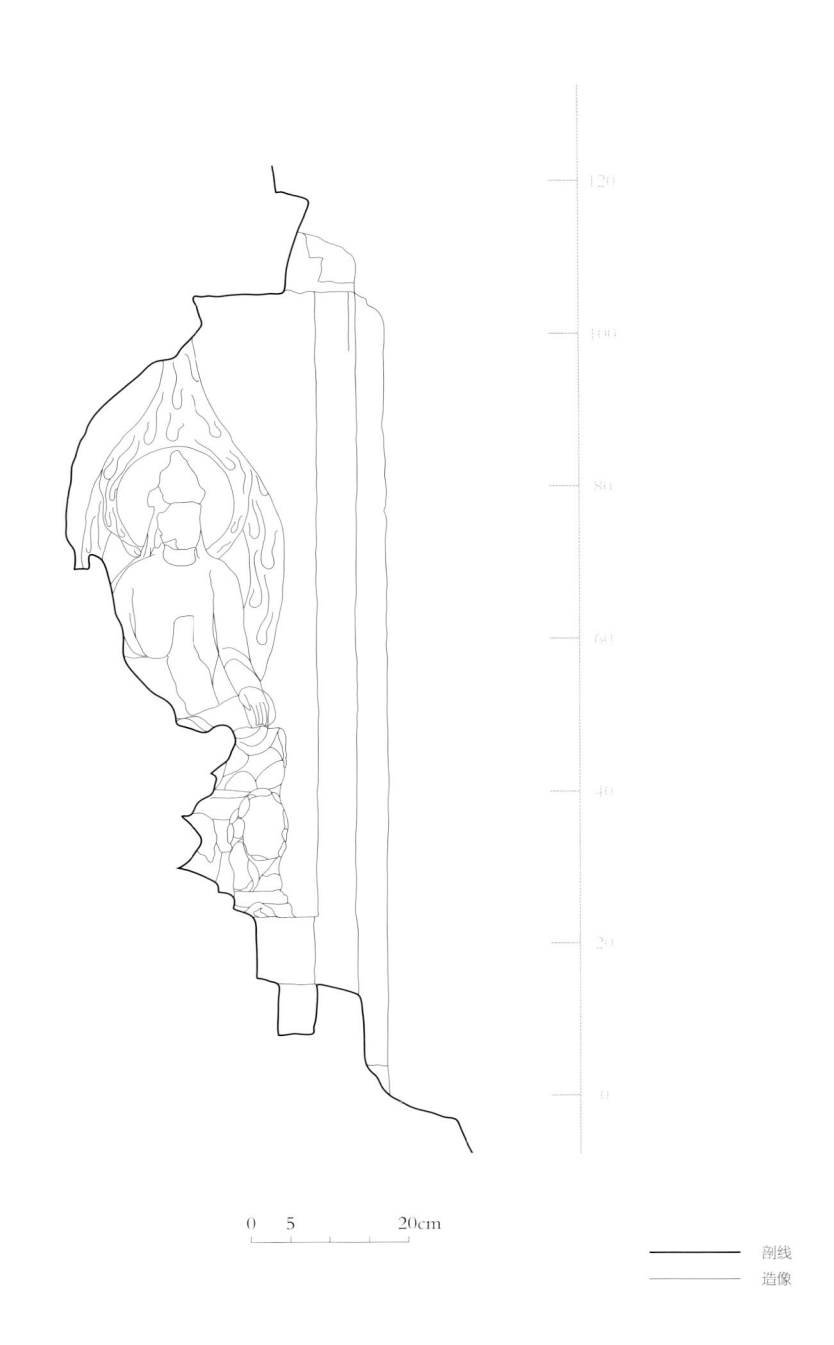

图 116　第 46 号龛剖面图

轮廓，显露部分长约17厘米。余与左弟子像略同。

左菩萨像　坐像高37厘米，头长14厘米，肩宽14厘米，胸厚6厘米（图版Ⅰ：179）。浮雕桃形头光和椭圆形身光，皆内圆素平，边缘刻火焰纹；头光横径19厘米，身光最宽32厘米。像残蚀甚重，可见冠带作结下垂齐肩，戴耳饰，着披巾，下着裙，裙摆覆于座前；披巾敷搭前臂后下垂至座台。左手抚膝，右手于腹前托一椭圆物。左腿横置台面，右腿下垂踏仰莲，右舒相坐于束腰仰莲座上。跣足。座通高25厘米，最上为两重仰莲台，台面直径28厘米。其下为圆台，直径22厘米；中部束腰部分为圆棱台（残），可见部分；最下为三阶圆台叠涩，直径分别为26、29、32厘米。座前刻两带茎莲朵，莲高7厘米，直径9厘米；左莲莲心向外，右莲（部分残）托菩萨像右足。

右菩萨像　坐像高34厘米，头长12厘米，肩宽13厘米，胸厚6厘米（图版Ⅰ：180）。浮雕桃形头光和椭圆形身光，皆残蚀不清。头残毁，左侧存下垂及肩的冠带。左手于腹前托一圆状物（略残），直径约6厘米，其下刻月牙形云纹；右手抚膝。右腿横置台面，左腿下垂踏仰莲，左舒相坐于束腰仰莲座上。造像其余特征及莲座与左菩萨略同。

四　晚期遗迹

主尊坐像颈部残毁处凿一方形小孔，宽2厘米，深3厘米。

龛底前侧平台中部凿方形凹槽，长21厘米，宽5厘米，深7厘米。

龛内零星分布灰白色和红色两种涂层。

第十四节　第47号

一　位置

位于第45号龛左侧。左距壁面边缘50厘米，右紧邻第45号龛；上距岩顶67厘米，下距第48号龛21厘米。龛口东北向，方向23°。

二　形制

单层方形龛（图117；图版Ⅰ：181）。

龛口　在崖壁表面平直凿进最深约11.5厘米形成龛口。龛口方形，外缘高98厘米，宽67厘米。龛左沿完整，宽6厘米；右沿上部略残，宽6.5厘米；上沿较完整，宽6.5厘米；下沿大部残，存宽5厘米。龛口内缘高86厘米，宽56厘米，至后壁最深30厘米。内缘左右上角刻三角形斜撑，高6.5厘米，宽5厘米；斜边弧形，低于沿面3厘米。

龛底　呈方形，前侧残。后侧建一级低坛，高22厘米，距龛口12厘米。坛正面方形，台面呈弦月形，最深16厘米。

龛壁　弧壁。壁面与龛顶略垂直相交。

龛顶　平顶，略呈半圆形。

三　造像

龛内共刻像5身（图117-1；图版Ⅰ：181）。按造像布置，将其划分为龛壁造像和低坛造像两部分。

（一）龛壁

3身。正壁中刻主尊立像1身，左右侧壁各刻像1身。

主尊像　立像高48厘米，头长14厘米，肩宽15厘米，胸厚9厘米。浮雕圆形素面头光，直径22厘米，厚2.5厘米，边缘略残。头顶残，长发上飘，形如扇面；存右侧上扬的发带。面方圆，耳垂肥大，前额略突，鼻残，作张口怒吼状。内着袍，外罩明光甲，下着腿裙；袍服袖摆上扬，前襟呈锐角下垂腿间，后摆外展。肩饰披膊，胸系带，腰系抱肚，腹前垂鹘尾。腰带下垂足间。披帛于头后环绕，顺肩下垂，敷搭前臂后飘垂体侧，部分残断。双手横置身前，残断；扭腰顶胯，小腿赤裸，跣足立于莲台上。台残，高约4厘米，最宽24厘米；台前刻四张莲叶。

主尊像头顶上方龛顶刻圆形华盖，残毁剥落，残存直径18厘米，厚1.5厘米。

左侧壁像　为武士像，残毁甚重，残高16厘米。仅可辨左手持弓形物，右手屈肘握剑，剑身斜靠左肩。存披帛环绕于头后，顺双肩下垂，并向身体两侧外扬（图版Ⅰ：182）。

右侧壁像　毁，仅辨头部轮廓；可见头后环绕的披帛，并于体侧外扬。

（二）低坛

低坛正面中部刻一长方形栏状物，高4厘米，宽18厘米（图版Ⅰ：183）。栏状物残缺，图像难辨。栏状物左侧刻一歇山式小屋，高约12厘米。屋身蚀，正面开一圆拱形小门，侧面刻出山墙；屋顶为歇山顶。小屋左侧刻树一株，通高41厘米；树干圆直，枝干斜伸，树冠呈半合的伞盖形，并阴刻粗线条表现下垂的枝叶。栏状物右侧刻一马形兽，残蚀较重，存身躯、腿部及尾部的轮廓遗迹。马形兽右侧刻一高一矮两身立像。矮立像残高13厘米，头大部残，面蚀，身着长服，双手残。高立像残高17厘米，头蚀，似戴帽披，身着窄袖长服。左手屈肘前伸，似持物；右手握杆状物，斜倚右肩，物长20厘米。立于低坛与右侧壁转角处。

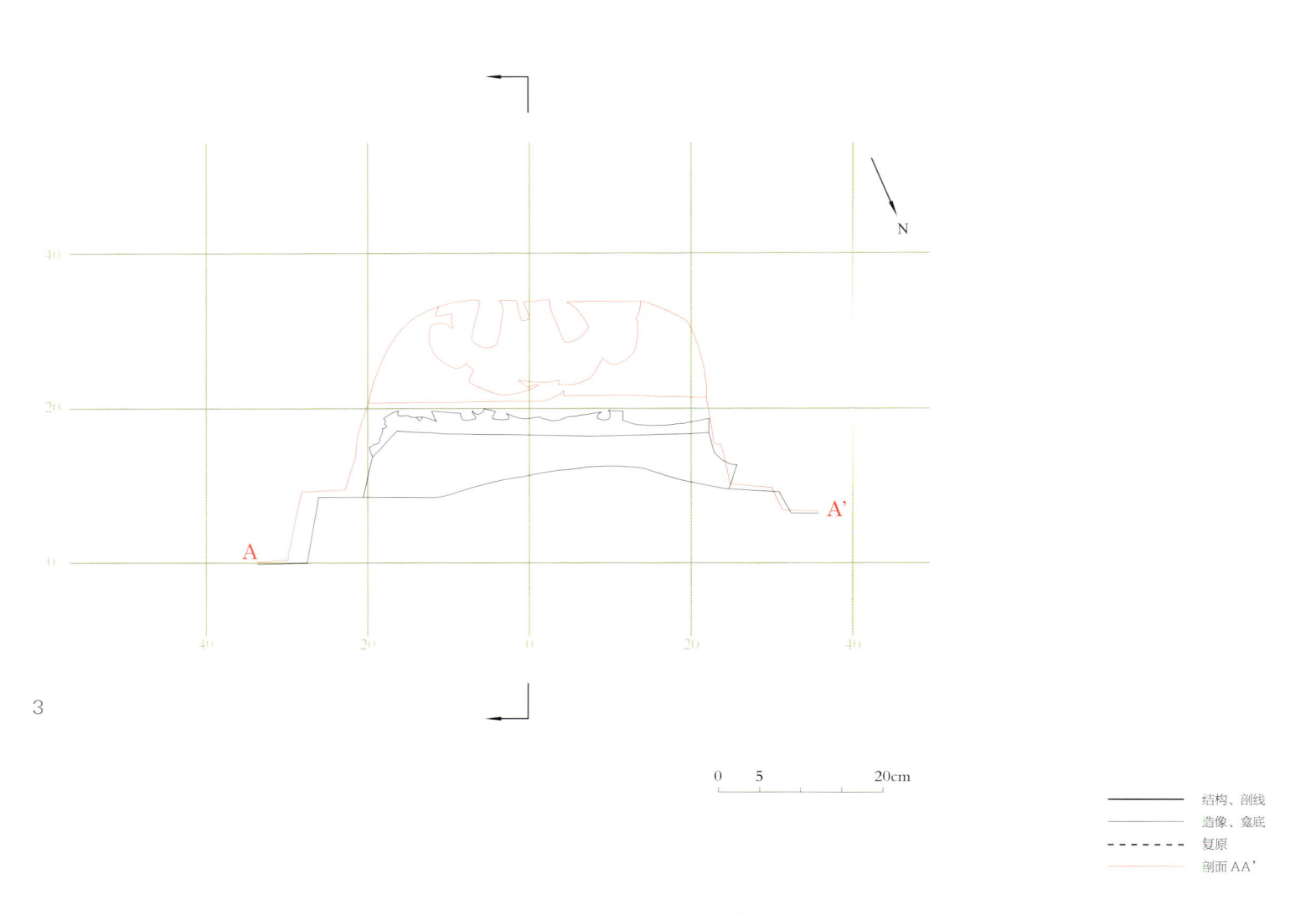

图117 第47号龛平、立、剖面图
1 立面图 2 剖面图 3 平面图

四　晚期遗迹

龛外左侧上方8厘米处纵向凿一枋孔，高14厘米，宽6厘米，深11厘米。枋孔左侧12厘米处纵向凿深5厘米、宽5厘米的浅沟，自岩顶至第48号龛外左下方，全长约315厘米，宽约7厘米，深4厘米。

第十五节　第48号

一　位置

位于第47号龛下部。左距壁面边缘17厘米，右比邻第46号龛；上距第47号龛21厘米，下距长廊地坪106厘米。龛口东北向，方向16°。

二　形制

单层方形龛（图118、图119；图版Ⅰ：184）。

龛口　在崖壁表面平直凿进最深约8厘米形成龛口。龛口方形，外缘高114厘米，宽94厘米。龛左沿完整，宽10厘米；右沿略残蚀，宽8厘米；上沿大部残毁，存宽7.5厘米；下沿完整，宽7厘米。左右沿内侧凿出宽4厘米的平整面。龛口内缘高99.5厘米，宽75.5

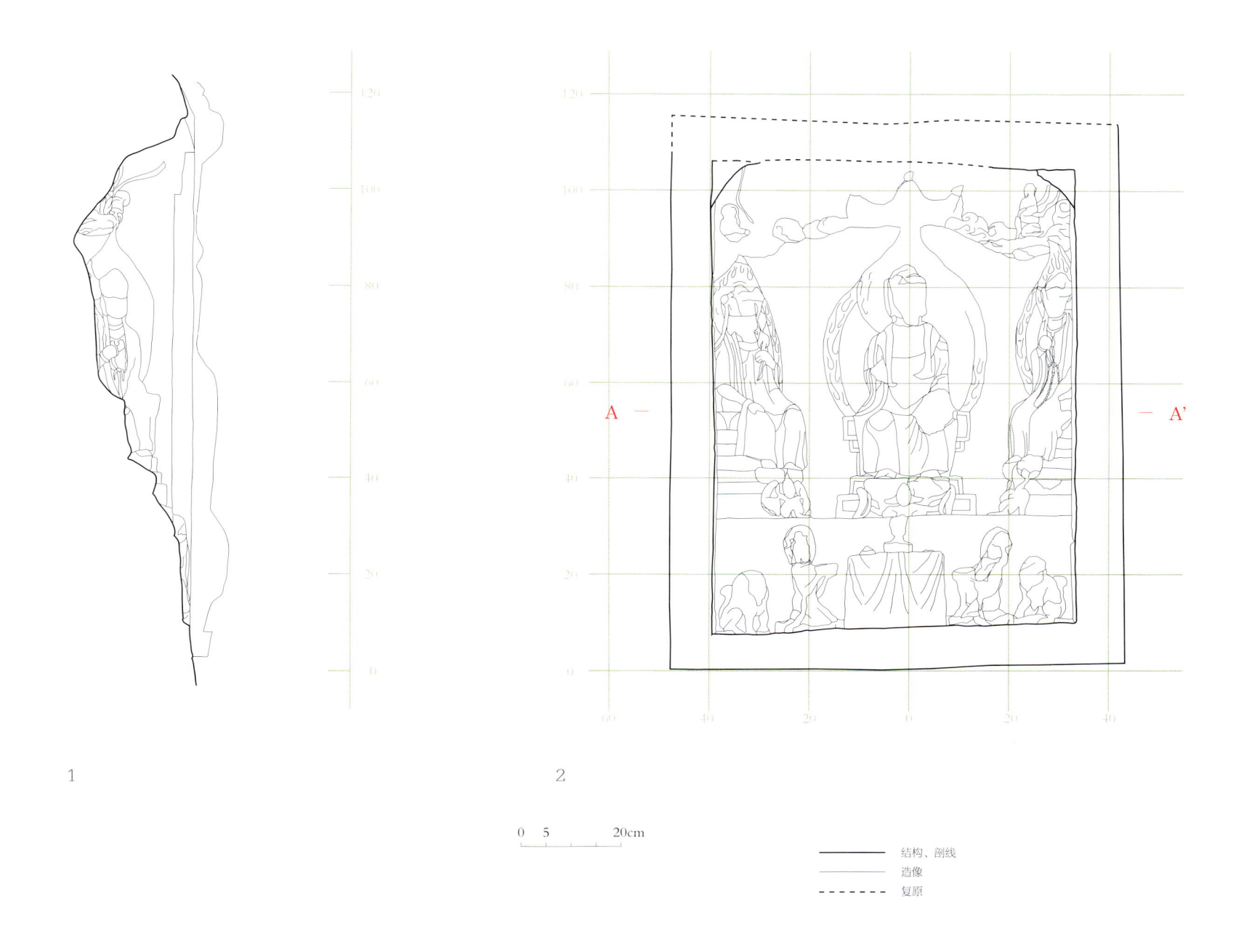

图118　第48号龛立、剖面图
1　剖面图　2　立面图

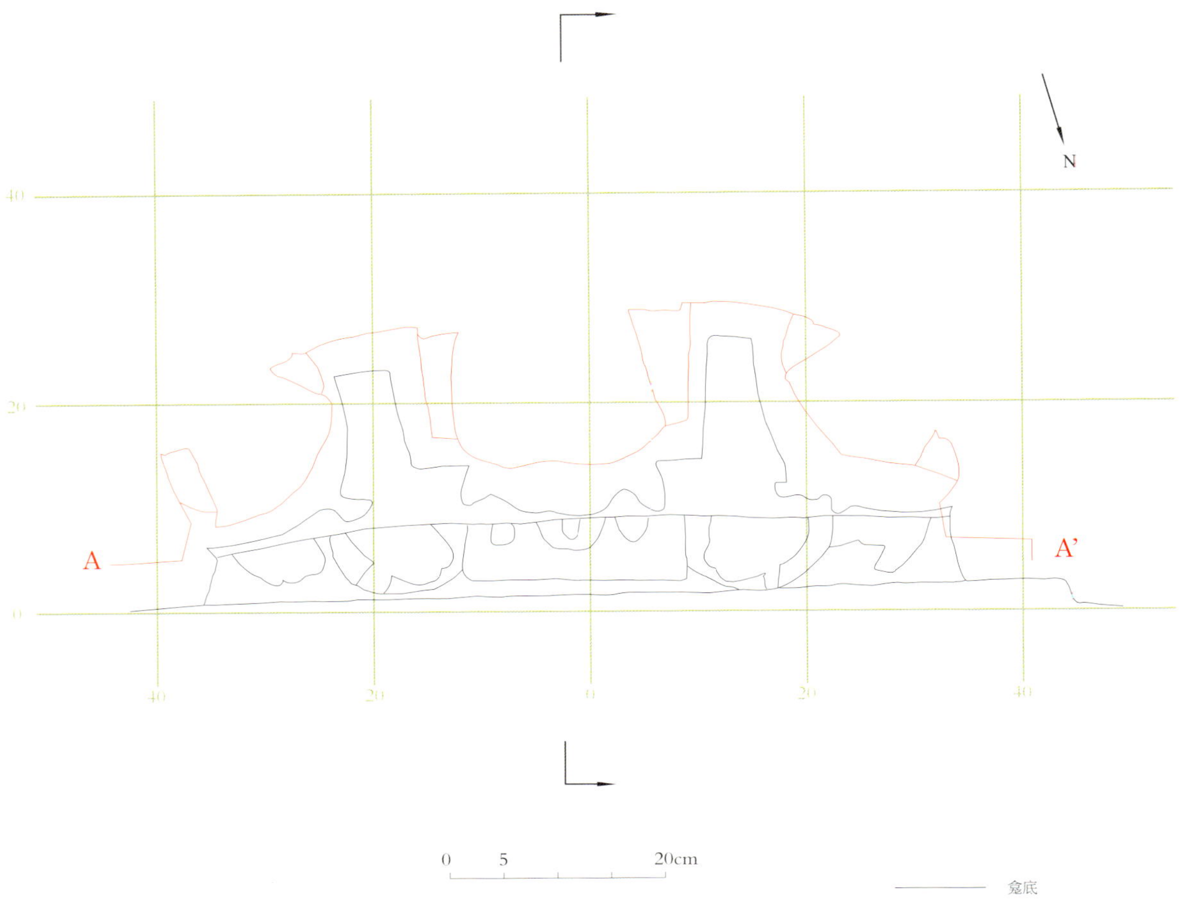

图119　第48号龛平面图

厘米，至后壁最深25厘米。内缘左右上角凿三角形斜撑，略残，高10厘米，宽10厘米；斜边弧形，低于沿面2厘米。

　　龛底　呈方形，内侧建低坛一级，高21.5厘米，距龛口7厘米；坛面呈弦月形，最深19厘米。

　　龛壁　弧壁。壁面中部与龛顶略垂直相接，左右端与龛顶弧面相交。

　　龛顶　近似平顶，略呈半圆形，外侧部分脱落。

三　造像

　　龛内刻像7身（图118-2；图版Ⅰ：184）。按造像位置，划分为龛上部和龛底造像两部分。

（一）上部

　　正壁中刻主尊坐佛像1身，左右侧壁各刻菩萨坐像1身，其上方各刻飞天1身。

　　主尊佛像　坐像高34厘米，头残长13厘米，肩宽16厘米，胸厚6厘米（图版Ⅰ：185）。浮雕桃形头光和椭圆形身光，皆内圆素平，边缘刻火焰纹；头光横径19厘米，身光最宽33厘米。肩以上大部残毁，存高肉髻轮廓及双耳。内着僧祇支，外着双领下垂式袈裟，下着裙。左手置于左腿上，前臂残。右手置于右胸前，齐腕残断。善跏趺（左膝残）坐于方形叠涩须弥座上，跣足踏仰莲（残）。座通高22厘米，中部为束腰方台，宽19厘米，上下部分皆作两阶方台叠涩，各阶台面线刻方框；上部方台略窄，最宽25厘米；下部方台略宽，最宽28厘米。龛底于低坛坛面向左右各伸出一张闭合莲叶，向上伸出两朵带茎仰莲（残），两仰莲分托佛像双足；两仰莲间刻一莲苞（残蚀）。

　　佛像头顶上方龛顶刻一华盖，大部残毁，仅存少许遗迹。

　　左菩萨像　坐像高16厘米，头残长12厘米，肩宽10厘米，胸厚4厘米（图版Ⅰ：186）。浮雕桃形头光和椭圆形身光，皆内圆素平，边缘刻火焰纹；头光横径16厘米，身光最宽23厘米。头大部残毁，存头冠遗迹。胸饰璎珞，上着披巾，下着裙。披巾于双膝间交叠，向上敷搭前臂后下垂座前，与裙摆齐平，左侧披巾残。左臂屈肘，前臂残断；右手腕镯，于胸前握一带茎莲，莲斜过右肩至头部右侧，大部残。左腿膝部残毁，跣足踏仰莲，善跏趺坐于束腰须弥仰莲座上。座通高22厘米，最上为两重仰莲台，直径22.5厘米，其下为圆台，直径20厘米；中部束腰为圆棱台，直径18厘米；最下为三阶圆台叠涩，直径分别为24.5、22.5、21.5厘米。座前刻莲蒂，左右刻出莲叶，向上伸出两朵带梗仰莲，高3.5厘米，直径5厘米，分托菩萨像双足；两莲间刻一莲苞。

右菩萨像　坐像高26厘米，头残长11厘米，肩宽11厘米，胸厚4.5厘米（图版Ⅰ：187）。浮雕桃形头光和椭圆形身光，皆内圆素平，边缘刻火焰纹；头光横径16厘米，身光最宽23厘米。头大部残毁，存头冠遗迹；冠带作结后沿肩下垂至肘。左手于胸前持带茎仰莲，右手抚膝。余略同左菩萨像。

左飞天像　跪身高14厘米。头面身皆残，衣饰难辨。披帛绕于头后呈环状，两端经腋下飘于体侧略上扬。双手残，似置胸前；胡跪于云纹上。云纹大部残。

右飞天像　残毁甚重，仅存右侧一段上扬的披帛；云纹亦残。

（二）龛底

龛底中刻方案，高17厘米，宽20.5厘米，深5厘米，覆帷幔。台面中刻圆盏，内盛莲蒂，左右各存一圆形遗迹。方案左右侧各刻跪式供养菩萨像1身，相对布置（图118-2；图版Ⅰ：188）。

左供养菩萨像　跪身高20厘米。浮雕圆形头光，残。头残身蚀，衣饰不清，双手残，似置于胸前持盘，内置物；盘置于右膝上。左肘处垂一段披帛，止于龛底。向右胡跪于单层仰莲台上。台高2厘米，直径13厘米。

该菩萨像身后刻一蹲狮，身长13.5厘米。狮头残，两前腿（左前腿残断）微曲撑地，蹲坐于龛底，尾贴身上翘。

右供养菩萨像　跪身高19.5厘米。浮雕圆形头光，直径8厘米。双手于胸前捧物，物大部残。右肘处刻下垂至龛底的披帛。向左跪坐于单层仰莲上。余与左供养菩萨同。

该菩萨像身后刻一蹲狮，身长12厘米。狮头蚀，左前腿戏球，右前腿撑地，坐于龛底，尾部贴身上翘。

四　晚期遗迹

龛外下方16厘米处凿一方形凹槽，长18厘米，宽4厘米，深5厘米。

龛内存灰白色、红色两种涂层。

第十六节　本章小结

一　形制特点

本章13个龛中，第36—40号5个龛位于独立岩体东侧岩面的中下部，其中，第36号龛占据岩面整个中部位置，其上方为第36号龛向岩体凿进后向外形成的挑檐；第41—44号4个龛位于挑檐左侧壁面不够显著的位置。独立岩体北侧岩面所在的第45—48号4个龛，龛形大小相当，在岩面的分布位置比较均匀。

本章13个龛，除第36号为单层横长方形龛，第41号为单层尖拱龛外，其余各龛均为单层竖长方形龛。竖长方形龛除第43、44号龛龛形残损较重外，余下各龛均在龛口上方施三角形斜撑。此外，第37、39号龛龛沿上方出现了两身浮雕飞天的作式，成为本章龛制造像的一个新特点。

二　年代分析

从独立岩体东侧岩面所在的第36—44号9个龛的位置关系看，第36号龛明显居于岩面中部的突出位置，其左右两端横贯整个壁面。位于其下方的第37—40号和上方的第41—44号龛两列龛像，当是在第36号龛之后利用剩余岩面再行开凿的。因此，我们认为第36号龛应比其上下方的两列龛像开凿的时间较早。根据第37号龛广政三年（940年）、第39号龛乾德四年（922年）的纪年题记，可知第36号龛至迟开凿于乾德四年之前，但佛像造像风格不出于前后蜀时期。而下方的第37—40号4个龛，当中的第38、39号两龛龛沿幅面宽度相当，且两龛左右共一沿面，此两龛应凿于同一时期，即乾德四年（922年）。第37、40号两龛位于第38、39号两龛的两侧，其中第37号龛右沿下部的供养人像打破了第38号左沿，开凿时间比第38、39号两龛晚18年。推测第40号龛的开凿时间应与第37号龛大致相当。第41—44号4龛位于所在岩体的剩余壁面，其造像应晚于本壁面其他龛像。独立岩体北侧岩面所在的第45—48号4个龛，与第13—16号龛在龛形、布局上十分相近，推测其开凿的时间大致相当，即在前后蜀时期。整体而言，从第36—48号的龛制、造像风格及特征看，均为前后蜀时期所凿。

三　题材内容

第36号　主尊为释迦佛，左侧八身罗汉像，右侧现存七身罗汉像，从残损遗迹看，右侧也应为八身，共十六身罗汉像[1]。故定为"十六罗汉龛"。

第37号　主尊为戴披帽、持锡杖的地藏菩萨像。定为"地藏龛"。

第38号　据隋达摩笈多译《佛说药师如来本愿经》、唐玄奘译《药师琉璃光如来本愿功德经》等经典，本龛主尊像应是东方药师佛，主尊两侧的一弟子、一菩萨像，经中言及有阿难和救脱菩萨就如何供奉药师如来之法做了答问，或即是弟子阿难与救脱菩萨。手托圆状物的两胁侍菩萨及两侧壁的菩萨诸像，即为日光、月光菩萨和诸菩萨众[2]。故定本龛为"药师经变相龛"。

第39号　关于本龛主尊像，阎文儒考释主尊像即大威德炽盛光佛，并述及五星、七曜、二十八宿等星宿之神，但对本龛中的九曜之神未予辨别[3]。据唐失译经典，九曜指的是金、木、水、火、土、罗睺、计都、日、月等九星[4]。定本龛为"金轮炽盛光佛龛"。

第40号　主尊像手结定印，两侧为一长一少弟子像，左侧壁菩萨手托钵，右侧壁菩萨手持锡杖，故推测本龛题材为"阿弥陀佛、观音、地藏龛"。

第41号　造像剥蚀，头部和项后存宝冠和缯带遗迹，腿部存裙摆遗迹，故定为"残像龛"。

第42号　造像已残毁。定为"残像龛"。

第43号　造像已残毁。定为"残像龛"。

第44号　残存主尊佛像及其右侧菩萨像。疑为"一佛二菩萨龛"。

第45号　并立两尊菩萨像，左侧菩萨双手托一圆状物，右侧菩萨持物残，与第24号龛两并立菩萨相似，疑为"日光月光菩萨龛"。

第46号　主尊手托钵，两侧侍立弟子，左右侧壁二菩萨均手中托一圆状物，故推测本龛题材为东方药师佛、弟子及日光、月光二菩萨。定为"药师佛龛"。

第47号　本龛主尊为一忿怒明王像，据汉译相关佛经，似为不动明王像[5]。定为"不动明王龛"。

第48号　本龛为"一佛二菩萨龛"。

1　按（唐）玄奘译《大阿罗汉难提蜜多罗所说法住记》，十六罗汉的名号分别为："第一尊者名宾度罗跋啰惰阇。第二尊者名迦诺迦伐蹉。第三尊者名迦诺迦跋厘堕阇。第四尊者名苏频陀。第五尊者名诺距罗。第六尊者名跋陀罗。第七尊者名迦理迦。第八尊者名伐阇罗弗多罗。第九尊者名戍博迦。第十尊者名半讬迦。第十一尊者名啰怙罗。第十二尊者名那伽犀那。第十三尊者名因揭陀。第十四尊者名伐那婆斯。第十五尊者名阿氏多。第十六尊者名注荼半讬迦。"《大正藏》第49册，No.2030，第13页。阎文儒：《大足龙岗山石窟》一文注〔30〕："十六罗汉云：1.注荼半讬迦尊者，2.阿氏多尊者，3.伐那婆斯尊者，4.因揭陀尊者，5.那迦犀那尊者，6.罗怙罗尊者，7.本讬迦尊者，8.戍博迦尊者，9.诺距罗尊者，10.跋陀罗尊者，11.苏频陀尊者，12.迦诺迦跋鳌堕阇尊者，13.迦诺迦伐蹉尊者，14.伐阇弗多罗尊者，15.迦理迦尊者，16.宾度罗跋罗堕阇尊者。"载《四川文物》1986年石刻研究专辑，第39页。

2　（隋）达摩笈多译《佛说药师如来本愿经》："于其国中有二菩萨摩诃萨，一名日光，二名月光，于彼无量无数诸菩萨众，最为上首，持彼世尊药师琉璃光如来正法之藏。"《大正藏》第14册，No.0449，第402页。

3　阎文儒：《大足龙岗山石窟》注〔7〕、注〔18〕，《四川文物》1986年石刻研究专辑，第36—37页。

4　（唐）失译：《佛说大威德金轮佛顶炽盛光如来消除一切灾难陀罗尼经》云："尔时，如来复告大众：'若人行年被金木水火土五星，及罗睺计都日月诸宿临身，灾难竟起，我有大吉祥真言名破宿曜。'"《大正藏》第19册，No.0964，第338页。

5　（唐）金刚智译《圣无动尊安镇家国等法》："尔时毗卢遮那如来，……为拔济一切有情，于三界中现威德光明自在之身，号曰不动金刚明王。能与人天安乐利益，安镇家国无衰患。若有国土多诸灾难，当须清净造立不动尊明王形像，及八方天王并其眷属。如法修造随其自力，或金或银乃至铜铁泥木彩画。身长八指，其两臂身俱摩罗相，其身洪满，其色如金，头发上垂，威容极忿。右持智剑，左执索。坐金盘石，光焰炽然，其焰多有伽楼罗状。"《大正藏》第21册，No.1203，第27—28页。另有（唐）不空、遍智译《胜军不动明王四十八使者秘密成就仪轨》涉及不动明王的造像仪轨，经云："若欲作法应对像前，心有所缘应缘感。于好绢上画不动明王，着赤色衣斜彼腰，辉子赤色。左边一发下垂至耳，左眼微斜看，左手把索，右手把剑剑首竖。剑首如莲华叶状，剑靴钿于宝石。上曲眉瞋，自身赤黄色，怒状，令一切众生皆怕惧相。"《大正藏》第21册，No.1205，第34页。

四　晚期遗迹

（一）构筑遗迹

本章第36号龛残损罗汉像颈部或头光中部，凿有圆形小孔。第46号龛主尊像颈部残毁处也凿有圆形小孔。这些小孔应为后期补塑头像所凿。

第45—48号龛所在的独立岩体北面，第45号龛右沿下侧、第47号龛龛外左侧上部凿有枋孔，估计是后期在龛像前搭建保护建筑留下的遗迹。独立岩体北面西侧从岩顶至岩体底部，凿有一条细长的槽沟，应是后期为保护龛像排浚流水所凿。

第46号龛龛底外侧、第48号龛龛外下侧，均凿有一方形槽孔，估计是后期信众为供养龛像插放香烛所凿。

（二）妆绘遗迹

本章除第41—44号龛因裸露于岩体上部，且残毁严重，未见保存有妆绘色层。其余各龛均保存有少量的红色、灰白色涂层，第36号龛尚保存有少许的蓝色涂层。

第六章　第49—67号

第一节　本章各编号位置及相互关系

从"U"形巷道北口转至南区石窟北端崖壁，中间有四条竖向构造裂隙，将崖壁分为五个部分。本章介绍的第49—67号、第55-1号等20个编号即位于第一部分崖壁上。该部分崖壁大致作三段自然转折，可分作崖壁西面、西北面和北面，各龛依次向北排列（图120、图121）。

第49—55号龛位于崖壁的西面（图版Ⅰ：189）。上部横向排列3龛造像，左为第49号龛，中为第51号龛，右为第55号龛。下部横向排列4龛，从左至右依次为第50、52、53、54号龛。其中第51号龛系本章各龛中最大的龛。

第55-1号至第65号龛位于崖壁的西北面。其中第55-1、56、57、58号龛所在的壁面与第59—65号龛所在的岩面略有转折，不在同一水平方向上。前者4个龛，第55-1号龛位于该壁面上部，第56、57号两龛位于中部，第58号龛位于下部，下距地坪约49厘米。后者7个龛，分上中下三层排列，上层排列第59、62号龛，中层排列第60、63、64号龛，下层排列第61、65号龛（图版Ⅰ：190、图版Ⅰ：191）。

第66、67号龛位于崖壁的北面（图版Ⅰ：192）。第66号龛位于上部，第67号龛位于下部，距地坪114厘米。

第二节　本章各编号所在岩体软弱夹层的分布

本章各编号所在岩体分布有较为明显的两条软弱夹层带。

第一条　始于第51号龛左侧壁上部，经第49号龛壁面上部，沿转折壁面发育，经过第33、30号龛壁，止于壁面边缘。全长约465厘米，最宽约11厘米。

第二条　始于第5号龛左下侧，向右横向发育，经第52号龛下沿，贯穿第53、54、58号龛壁，止于第60号龛左下角。全长约795厘米，最宽约4厘米。

第三节　第49号

一　位置

位于独立岩体卷道北口北侧第一部分岩体壁面左上方。左为壁面转折边缘，右紧邻第51号龛；上距岩顶约45厘米，下距第50号龛约79厘米。

龛口西南向，方向220°。

二　形制

单层方形龛（图122；图版Ⅰ：193）。

于岩体表面直接开凿形成龛口。上方存外挑20厘米的岩檐。龛口方形，残毁甚重，仅存右侧龛口及龛沿。右沿宽5厘米，龛口残高约123厘米，宽72厘米，深17厘米。龛底已毁。正壁为竖直壁面，向左延展与岩体边缘弧面相交，形成左壁，分界不明显。右壁打磨较为粗糙，与正壁垂直相交。龛顶毁。

三 造像

龛内刻菩萨立像1身（图122-1；图版Ⅰ：193）。像高110厘米。戴冠，头右侧存"U"形上扬的冠带；面残。鬓发绕耳，戴耳饰，右耳残。身躯残蚀，衣饰不清，双手毁。身体左右侧存两段下垂的披帛。双足毁。

第四节 第50号

一 位置

位于第49号龛下方。左为壁面转折边缘及进入巷道的石梯，右紧邻第52号龛；上距第49号龛79厘米，下距长廊地坪约124厘米。龛口西向，方向273°。

二 形制

单层圆拱龛（图123；图版Ⅰ：194）。

龛口 在岩体表面平直凿进最深约25厘米，形成龛口。龛口呈圆拱形，左侧毁。龛左沿毁，右沿宽5—7厘米，上沿大部被帷幔遮挡，宽度不明，下沿大部残，仅存右端少许，宽4.5厘米。龛口内缘残高77厘米，宽50厘米，深21厘米。龛沿上部刻帷幔，高10厘米，残宽40厘米，外凸龛沿2厘米。帷幔残蚀较重，仅可辨珠串及褶纹。

龛底 左端毁，残存龛底略呈横长方形，局部残蚀脱落。

龛壁 正壁为竖直壁面，左侧及左侧壁已毁，现为三级条石补砌。右壁与正壁弧面相交。壁面与龛底弧面相交。

龛顶 券顶，大部毁。

三 造像

龛内刻菩萨坐像1身（图123-1；图版Ⅰ：194）。像坐高41.5厘米，头长16厘米。浮雕桃形头光和椭圆形身光，皆残，头光边缘刻火焰纹，直径17厘米，身光残宽33厘米。头右侧，戴冠，冠带作结下垂。面残，双肩及胸部分残脱，衣饰不明。身可辨四臂，皆腕镯。左前手于膝前持珠串，手及珠串部分残蚀；左后手斜撑台面；右上手部分残，似屈肘托腮；右下手于胸前持物，手及物残。双腿皆残蚀，左腿横置台面，右腿屈膝立于台面，坐于莲座上。座大部残，通高20厘米，宽38厘米，深21厘米。像头顶上方保存部分华盖遗迹。

四 铭文

僧明悟造如意轮菩萨龛镌记，唐乾宁四年（897年）。位于龛外右侧竖直壁面中上部。刻石面高45厘米，宽25厘米。文右起，竖刻5行，存43字，楷体，字径3厘米（图版Ⅱ：15）。

01 敬造如意轮菩萨壹龛
02 □都典座僧明悟奉为拾
03 〔方〕施主镌造乾宁四年三月
04 □日设斋表赞讫
05 □□主僧道广△△小师道添

图 120　第 49—67 号在本卷龛窟中的位置图

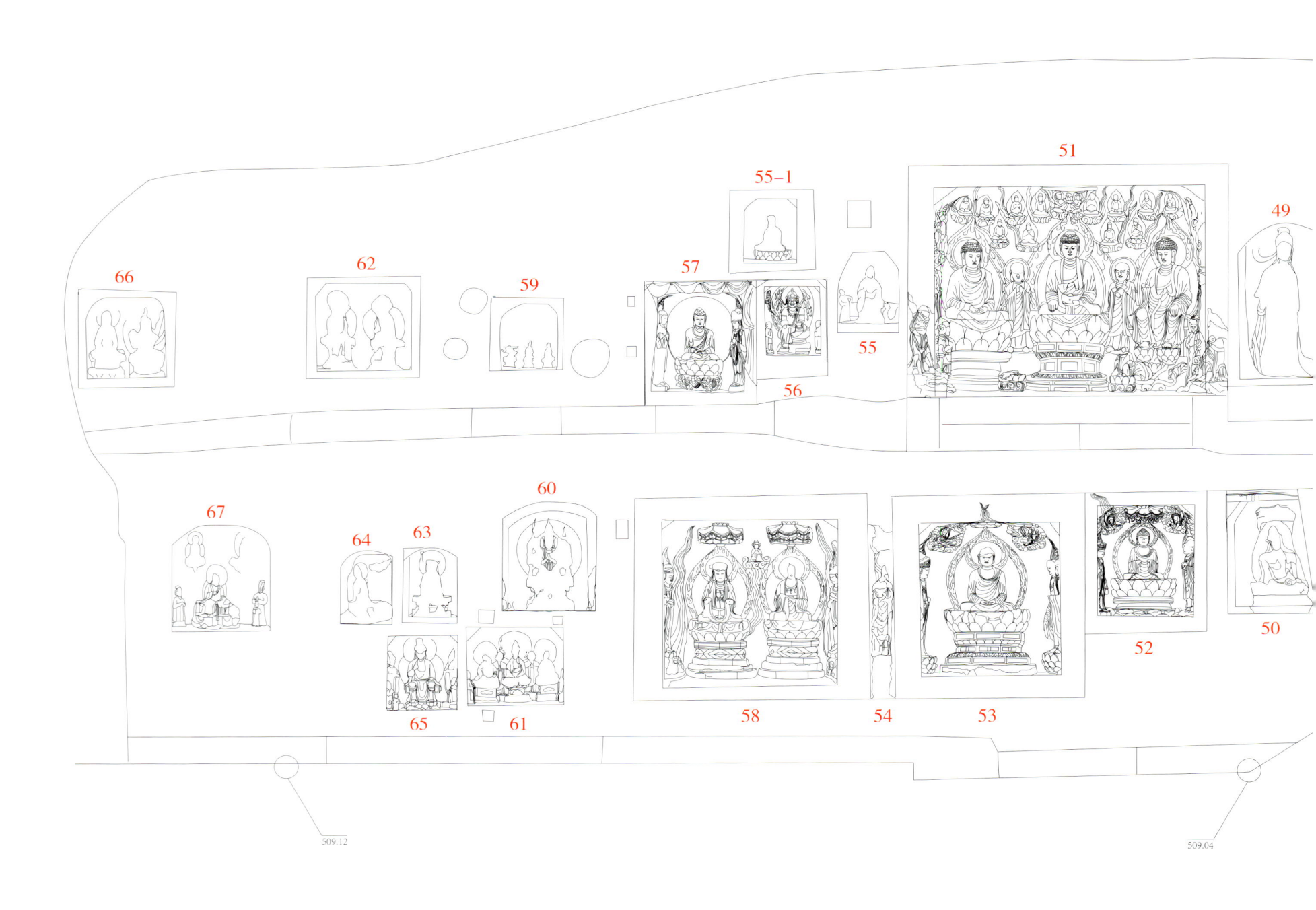

图 121　第 49—67 号位置关系图

独 立 岩 体

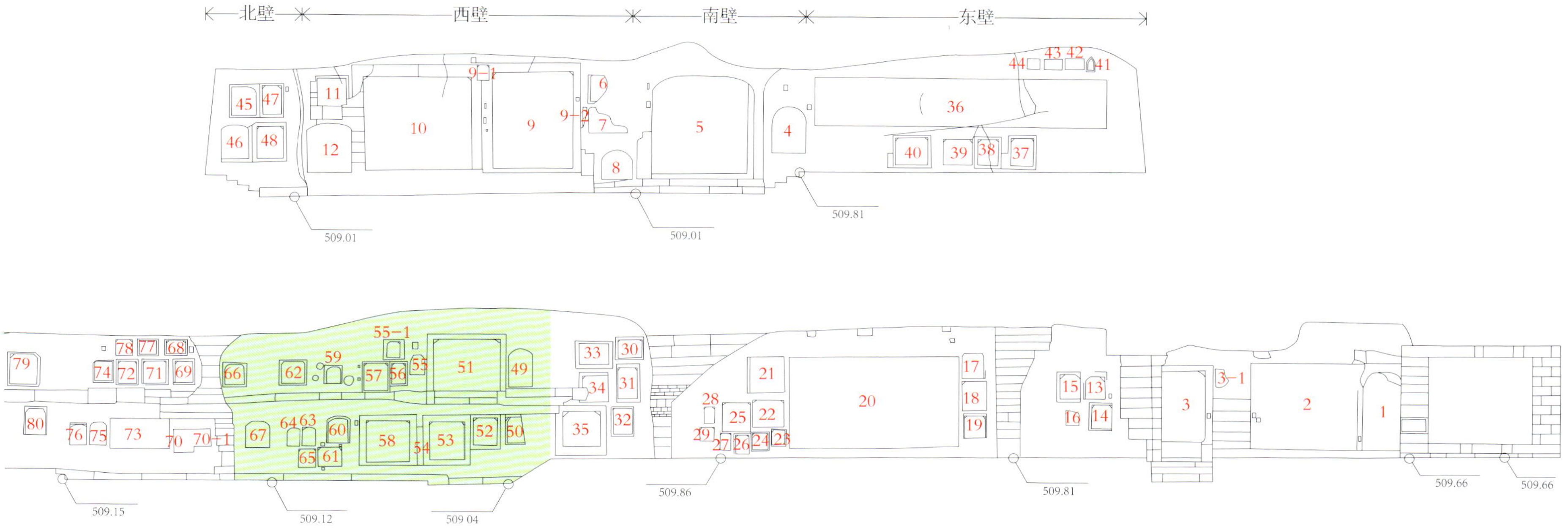

←北壁→←西壁→←南壁→←东壁→

第六章 第49—67号

1 2

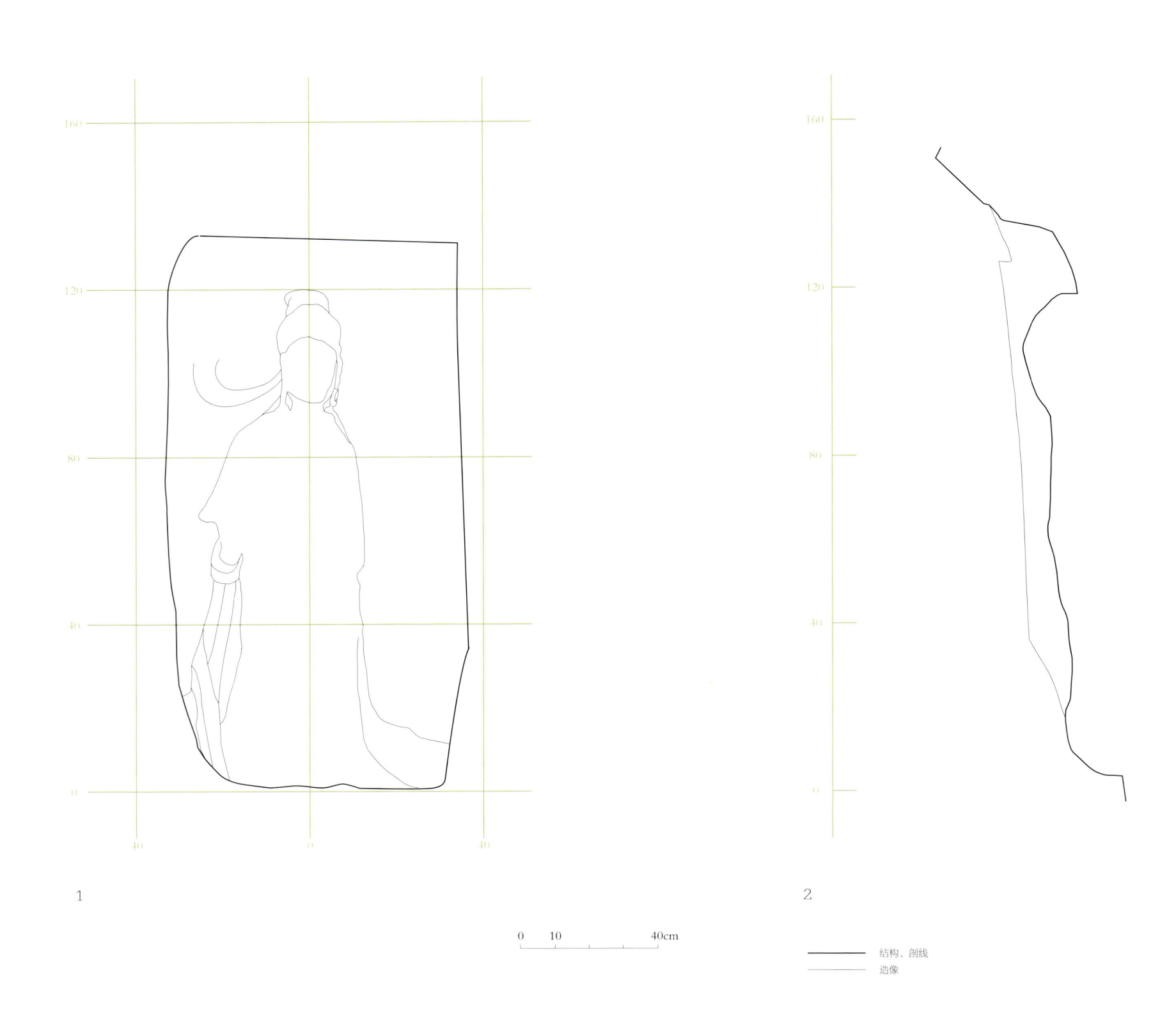

图122 第49号龛立、剖面图
1 立面图 2 剖面图

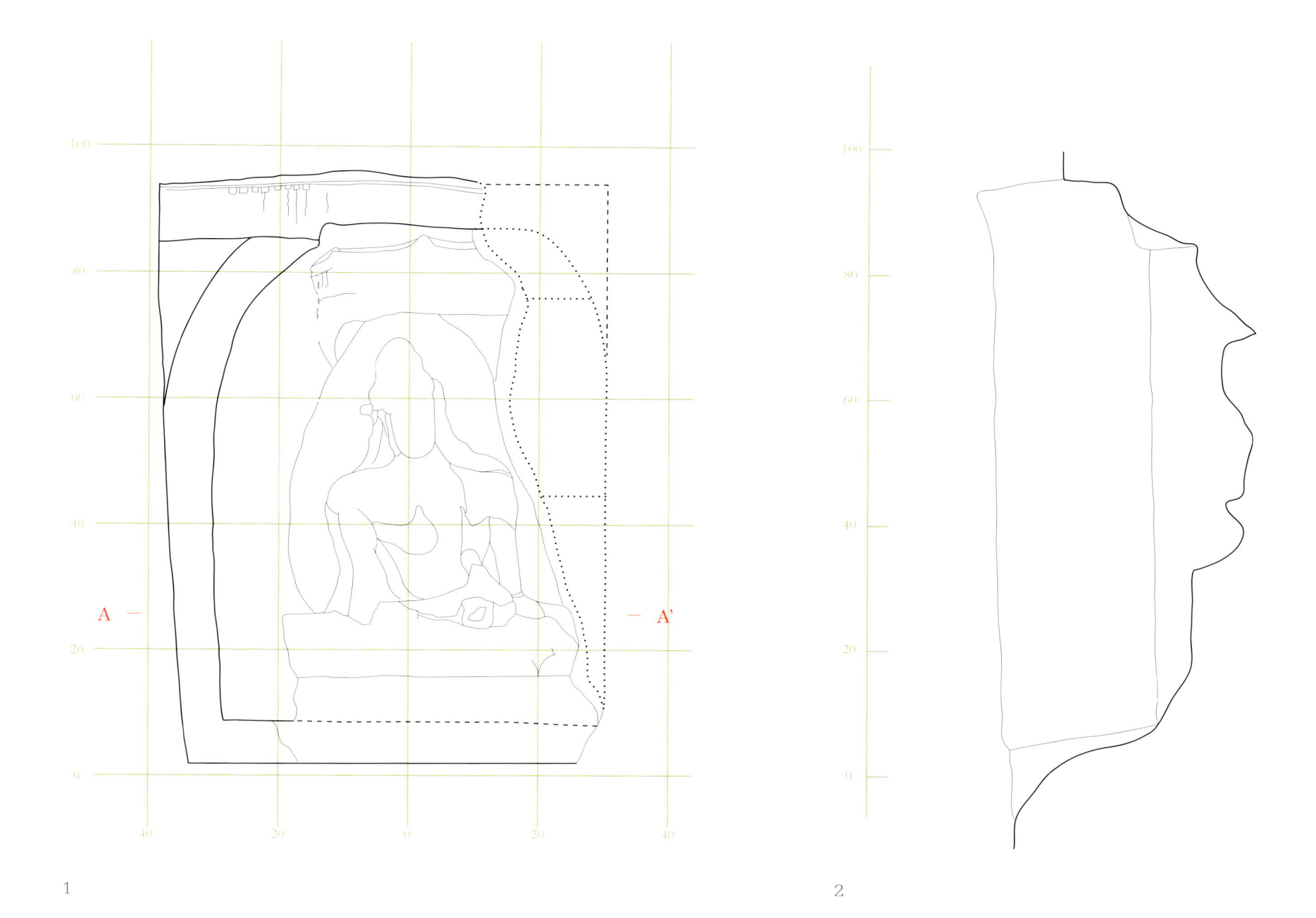

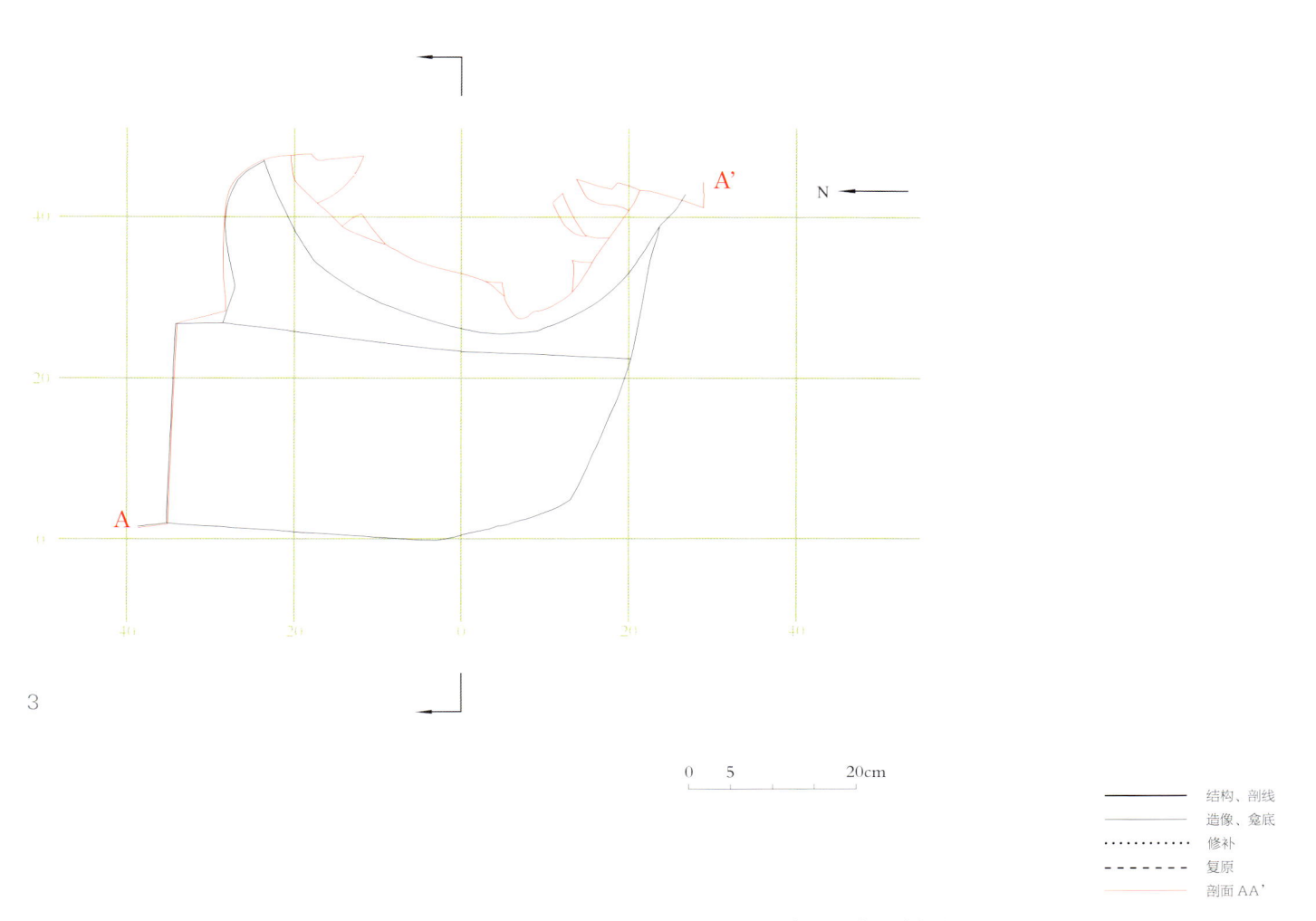

图 123　第 50 号龛平、立、剖面图
1　立面图　2　剖面图　3　平面图

第六章　第 49—67 号

五　晚期遗迹

龛外下方60厘米处凿一方槽，长18厘米，宽5厘米，深6厘米。

第五节　第51号

一　位置

位于第49号龛右侧。左与第49号龛紧邻，右距第55号龛10厘米；上距岩顶70厘米，下部并列布置第52、53号龛，相距约46厘米。龛口西向，方向270°。

二　形制

单层方形龛（图124、图125、图127、图128、图129；图版Ⅰ：195、图版Ⅰ：202、图版Ⅰ：205、图版Ⅰ：208）。

龛口　在岩体表面平直凿进最深约75厘米，形成龛口。龛口方形，外缘高189厘米，宽235厘米。龛沿保存较完整，宽18厘米。左右沿内侧凿有宽11厘米的平整面，并与龛壁衔接。龛口内缘高153厘米，宽199厘米，至后壁最深88厘米。内缘左右上角刻三角形斜撑，高20.5厘米，宽15厘米，厚6厘米；斜边平直，略低于沿面3厘米。

龛底　略呈横长方形，内侧中部左右各建低坛一级，皆高28厘米，深8厘米，宽分别为21、20厘米。

龛壁　正壁略为弧壁，与左右侧壁弧面相交，壁面与龛顶略垂直相交。

龛顶　平顶，略呈半圆形。

三　造像

按龛内造像分布情况，划分为正壁、左侧壁、右侧壁、龛顶、龛沿造像等五部分（图124；图版Ⅰ：195）。

（一）正壁

共21身。其中，壁面中下部刻主尊坐佛像3身（图126），左右佛像座前各刻跪式供养菩萨像1身，三佛像之间刻弟子立像2身；壁面上部中刻飞天2身，左右对称各刻小坐佛6身。

1. 主尊佛像

中佛像　像坐高60厘米，头长20厘米，肩宽30厘米，胸厚12厘米（图版Ⅰ：196）。浮雕桃形头光和椭圆形身光，内皆素面，边缘饰刻火焰纹；头光横径20厘米，身光最宽63厘米。高肉髻，螺发，方圆脸，双耳垂长，颈刻三道肉褶线。圆肩、胸厚。身内着僧祇支，外着双领下垂式袈裟。袈裟袖摆和裙摆少许覆于座前。左手于腹前托钵，钵内盛物，右手抚膝，结跏趺坐于束腰仰莲座上。座通高58厘米。最上为双重仰莲台，直径53厘米；其下为八面低台，面宽20厘米，各面线刻方框；中部束腰部分呈八边形，边宽18厘米，各面线刻方框，上下各刻宝装莲瓣一层；底部为两阶八面低台叠涩，面宽分别为27、31厘米，各面线刻方框。

左佛像　像坐高57厘米，头长19厘米，肩宽27厘米，胸厚12厘米（图版Ⅰ：197）。浮雕桃形头光和椭圆形身光，内皆素面，边缘饰刻火焰纹；头光横径20厘米，身光最宽58厘米。其面相、衣饰等大体同中佛像。左手抚膝，右手前伸，腕以下毁。跣足踏并蒂仰莲，善跏趺坐须弥座上。座通高56厘米，宽51厘米，厚26.5厘米；中部为束腰方台，上下皆作两阶方台叠涩，方台各面线刻方框。座前刻两朵并蒂仰莲，高12厘米，直径15厘米。两莲间刻莲蕾一朵，高15厘米。其左右两侧各刻一带茎闭合莲叶。

此佛像座右前侧，刻一供养菩萨像，残高18厘米（图版Ⅰ：198）。头毁，戴项圈，下坠璎珞，上着宽博披巾，下着裙，双手前臂残。跣足，胡跪于单层仰莲圆台上。莲台高6厘米，直径18厘米。莲台下为如意头云台，高6厘米，直径22厘米。

图 124　第 51 号龛立面图

右佛像　像坐高59厘米，头长20厘米，肩宽29厘米，胸厚12厘米（图版Ⅰ：199）。浮雕桃形头光和椭圆形身光，内皆素面，边缘饰刻火焰纹；头光横径20厘米，身光最宽58厘米。像身着通肩袈裟，双手于腹前结印，结跏趺坐于束腰莲座上，余与中佛像大体相同。座通高53厘米，最上为两重仰莲台，直径58厘米；其下为圆台，直径56厘米，横刻双线；中部束腰部分为圆棱台，直径50厘米；底部为两阶圆台叠涩，直径分别为60、65厘米，各阶横刻一条单线。

此佛像座左前侧，存一莲台，其形式与左佛像座前右侧莲台大体相同；莲台上造像已毁（图版Ⅰ：200）。

2. 弟子像

左弟子像　立像高65厘米，头长13厘米，肩宽18厘米，胸厚5厘米（图版Ⅰ：196）。浮雕圆形素面头光，直径19厘米。光头，面老，锁骨显露。上着交领袈裟，下着裙。左手持物，右手（残）置胸前。着鞋立于低坛上。

右弟子像　立像高65厘米，头长13厘米，肩宽17厘米，胸厚4厘米（图版Ⅰ：196）。浮雕圆形素面头光，直径18厘米。较左像年轻，双手合十（指毁），余同左弟子像。

3. 飞天像

主尊中佛像头光焰尖左右，相向各刻飞天1身（图版Ⅰ：196）。二像皆高约15厘米，束髻，脸蚀，袒上身，下着长裤。披帛环状绕于头后，经腋下飘于体侧。双手前伸托盘，内置假山状物。胡跪于"L"形云纹上，云头高5厘米，最宽12厘米，厚6厘米。

图125 第51号龛平、剖面图
1 剖面图 2 平面图

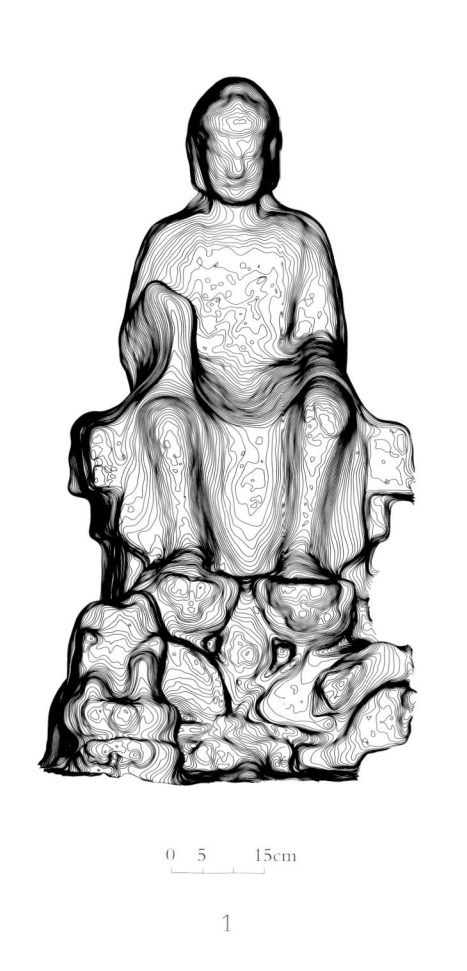

图126　第51号龛主尊像等值线图
1　右主尊　2　中主尊　3　左主尊

4. 小佛像

在主尊佛像后壁，即上述飞天左右壁面上，各刻佛像6身，呈上四下二排列（图124；图版Ⅰ：201）。佛像皆坐高约15厘米。浅浮雕桃形头光和椭圆形身光，头光横径8厘米，身光最宽13厘米。螺髻，身着通肩袈裟，手势相异，结跏趺坐于单层仰莲台上。台下为蝌蚪状云朵。云尾斜向后缀，云头高6厘米，最宽14厘米，厚7厘米。左侧小佛像，从上至下，从内至外编为左第1—6像；右侧小佛像，亦按相同顺序通编为右第1—6像。各像手姿特征列入表15。

表15　第51号龛正壁上部左右小佛像特征简表

左佛像	手姿特征	右佛像	手姿特征
1	双手置胸前，覆巾。	1	双手置腹前，残。
2	双手腹前，手残。	2	双手置胸前，覆巾。
3	双手置胸前，覆巾。	3	双手腹前笼袖内。
4	左手腹前捧圆形物，右手抚膝。	4	左手腹前托圆状物，右手抚膝。
5	双手置腹前，手残。	5	双手拱于胸前，覆巾。
6	双手置胸前，覆巾。	6	双手置腹前。

（二）左侧壁

共刻像9身（图127；图版Ⅰ：202）。分上下两部分布置。上部刻像5身，置于"L"形云纹内，云头高11厘米，最宽54厘米，厚9厘米，云尾斜飘。下部刻立像4身。

1. 上部

刻像5身（图版Ⅰ：203）。中刻一主尊菩萨坐于青狮背负的莲台上，狮后腿前侧刻狮奴立像1身，狮头前刻立像1身；主尊菩萨像左右各刻胁侍菩萨立像1身。

主尊菩萨像　坐像高20厘米，头长8厘米，肩宽8厘米，胸厚3厘米。浅浮雕桃形头光和椭圆形身光，头光横径8厘米，身光最宽17厘米。头戴花冠，冠带作结下垂。身蚀，衣饰不清。双手（残）似置胸前，结跏趺坐于狮身背负的莲台上。莲台高8厘米，直径16

图 127　第 51 号龛左侧壁立面图

厘米，其下刻鞯。狮高23.5厘米，身长29厘米，头西尾东，扭头，鬣毛作圆环状，项下系铃，立于云纹上。狮后腿处刻狮奴，高19厘米，头盔，面残，上身斜披络腋，腰束带，下着裤；臂环，双手持缰绳，身略后倾，作牵扯状。狮头前刻一立像，高15厘米，头及面残，上身似着宽博披巾，下着裙，双手合十，双足隐于云内。

左胁侍菩萨像　立像高16厘米。浅浮雕桃形头光，略蚀，横径8厘米。像残蚀甚重，细节不明。

右胁侍菩萨像　立像高27厘米。浅浮雕桃形头光，横径8厘米。面蚀，上着宽博披巾，下着裙。披巾两端下垂腹前，敷搭前臂后垂于体侧。左手屈肘前伸抵莲台，右手持棍状物，跣足站立。

2. 下部

刻立像4身。分两层，上层3身，下层1身（图版Ⅰ：204）。按自上而下、由龛口至龛内顺序，将其编为第1—4像。

第1像　立像高44厘米。帛带束发，面圆，隆眉鼓眼，短鼻阔口，嘴角下垂。袒上身，下着齐膝短裙，腰带垂至足间。披帛绕于头后呈环形，沿双肩下垂体侧。臂环，腕镯，双手于胸前捧持小孩像（残）。

第2像　立像高52厘米。梳高髻，戴小冠，冠带作结。脸浑圆，眉目模糊，直鼻小口，双耳下垂至左右胸前。内着交领衫，外着对襟宽袖服，下着裙。双手合十。

第3像　立像高55厘米。梳髻，饰金翅鸟，稍残，冠带作结。脸长圆，眉目清秀。上着对襟宽袖长服，下着裙。双手笼袖内，举至胸前，着鞋站立。

第4像　立像高55厘米。梳髻，戴小冠，冠带作结下垂。三面六臂，正面圆脸，稍残，眼圆睁；左面作凶相，右面已蚀。上两手屈肘托日、月，部分残；中两手合十，腕镯；左下手持秤，右下手持角尺。着内衣，外着宽博披巾，下着裙，腰带长垂至足间。跣足立于云台上。云台高3厘米，最宽27厘米，深12厘米。像身后饰云纹背屏，高约42厘米，最宽8厘米。

（三）右侧壁

共刻像9身，与左侧壁造像对称布置（图128；图版Ⅰ：205）。

1. 上部

刻像5身（图版Ⅰ：206）。中刻一主尊菩萨坐于大象背负的莲台上，象后腿前侧刻象奴立像1身，象头前刻立像1身；主尊菩萨像左右各刻胁侍菩萨立像1身。

主尊菩萨像　坐像高19厘米，头长9厘米，肩宽6厘米，胸厚3厘米。浅浮雕桃形头光和椭圆形身光。头光横径10厘米，身光最宽18厘米。戴冠，冠带作结下垂至肩。身着宽博披巾，披巾两端敷搭前臂后下垂腿侧。双手（残）置于胸前，结跏趺坐于大象背负的莲台上。莲台高6厘米，直径15厘米。大象高15厘米，身长32厘米；二齿，垂鼻内卷，项下系铃，背负鞯，抬腿前行。象后腿刻象奴，高19厘米，上着窄袖衫，下着裤，齐膝长靴。躬身，左手曲于胸前，右手前伸，握持缰绳作后扯状。象头前刻一半身立像，高13厘米。像残蚀甚重，可辨冠带下垂至肩，双手置于胸前，似合十。

左胁侍菩萨像　立像高26厘米。浅浮雕桃形头光，横径8厘米。头略残，戴冠，冠带作结下垂。面蚀。上着宽博披巾，下着裙。披巾垂于腹前，敷搭前臂后垂于体侧，双手于胸前托圆状物，物残。跣足。

右胁侍菩萨像　立像高23厘米。浅浮雕桃形头光，横径9厘米。双手持长柄香炉，炉身残，升起一缕青烟。双足不现，其余特征略同左胁侍菩萨像。

2. 下部

刻立像4身，与左侧壁下部造像对称布局（图版Ⅰ：207）；亦按自上而下、由龛口至龛内顺序，将其编为第1—4像。

第1像　立像高40厘米。头顶刻虎头，露齿，口含立像头顶，颈毛呈圆形，两前腿搭于双肩。立像面方圆，身着交领宽袖长服，双手合十，指残。

第2像　立像高54厘米。梳髻，戴小冠，冠带作结下垂齐肩。圆脸略蚀，双唇外凸。足鞋，余特征略同第1像。

第3像　立像高44厘米。梳髻，头顶刻圆锥形尖角。脸圆鼻挺，嘴角略翘，余特征与第1像略同。

第4像　立像高52厘米。头盔，下颔系带，顿项翻卷。圆脸，内着袍，外着裲裆甲，下着裙。袍服袖口于肘部翻卷，前摆于腿间呈圆弧状下垂。胸系束甲索，腰系革带，垂圆护。腿裙开衩，镶包边，垂至双膝。身饰飘带，于腹前作"U"形下垂，两端相叠后折入腰带，再沿体侧下垂。腕镯，双手胸前作拱，着鞋立于云台上。云台高2.5厘米，最宽20厘米，深12厘米。像身后饰云纹背屏，高

图128　第51号龛右侧壁立面图

约50厘米，最宽38厘米。

像头后上方浮雕一龙，头残，曲颈，身修长，四爪握珠，向龛外作行进状。

（四）龛顶

龛顶中后侧刻一圆形覆莲，直径38厘米，厚2.5厘米。内圆素平，直径21厘米；外刻覆莲瓣一周。覆莲左右各刻乐器6件，均系长带（图129；图版Ⅰ：208）。按从左至右顺序，将其通编为左第1—6件、右第1—6件，具体情况列入表16。

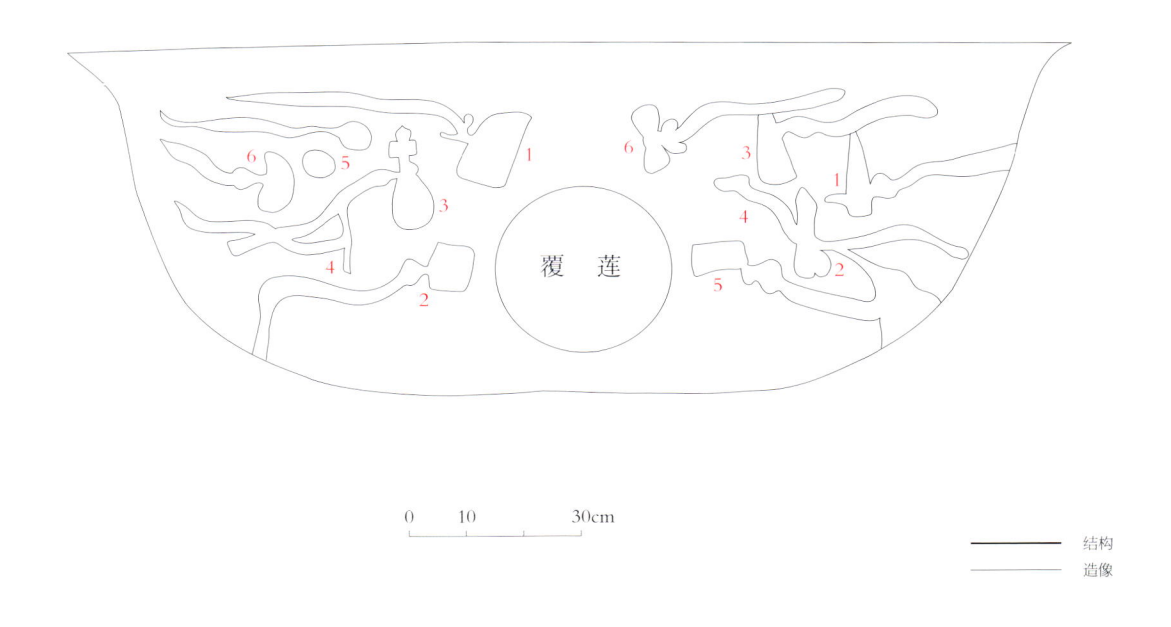

图129　第51号龛顶仰视及乐器编号图

图130　第51号龛右沿力士像效果图

表16　第51号龛龛顶乐器规格简表

位置	序号	名称	规格（厘米）
左侧	1	笙	通高20，最宽8
	2	筝	通高19，最宽4
	3	六合板	通高15，最宽8
	4	笛（残）	残长20，径2
	5	方响	通高11，最宽12
	6	细腰鼓	通高14，最宽5.5，腰径3
右侧	1	箜篌	通高17，最宽11
	2	圆鼓	通高12.5，最宽9.5
	3	琵琶	通高21，最宽8
	4	笛（残）	残高16，径1
	5	钹	外径6.5，内径3
	6	螺	通高12，最宽7

（五）龛沿

左、右龛沿底部各刻力士立像1身。

左力士像　残高56厘米（图版Ⅰ：209）。头毁身残，上身衣饰不明，下着短裙，腰带长垂足间。飘带大部已毁。左手斜伸持金刚杵，右手残，似握拳上举。足环，跣足立于山石台上。台高10厘米，宽30厘米，深15厘米。

右力士像　残高53厘米（图130；图版Ⅰ：210）。头毁，上身赤裸，胸骨、腹肌凸露，下着短裙，腰带下垂至足间。可见飘带沿右肩下垂，垂于腿间呈"U"形，端头垂于体侧。左臂毁，右手（残）握拳上举，臂环。足环，跣足立于山石台上。台高19厘米，宽25厘米，深19厘米。

四　铭文

2则，为"王宗靖造三世佛龛镌记"，唐光化二年（899年）。

第1则

位于龛左沿外侧壁面中部。刻石面高69厘米，宽38厘米；文右起，竖刻4行，存17字，楷体，字径4厘米（图版Ⅱ：16）。

01　（漶）

02　（漶）资财增益

03　（漶）昌盛光化二年七月廿六

04　（漶）〔庆赞〕毕[1]

第2则

位于龛右沿外侧壁面中部。刻石面高36厘米，宽58厘米；文左起，竖刻9行，存35字，楷体，字径3厘米（图版Ⅱ：17）。

01　〔三世佛〕并部众

02　（漶）〔节〕度左押衙充四州都指

03　〔挥〕（漶）〔昌州军〕事银青

04　（漶）上柱国王宗（漶）

05　（漶）

06　（漶）

07　（漶）为女（漶）

08　（漶）十二娘（漶）

09　（漶）赞毕

五　晚期遗迹

龛外左右侧壁面上部对称各凿一圆形小孔，皆直径4.5厘米，深5厘米，内残留木屑；中下部对称各凿一槽口，大小相近，高7厘米，宽20厘米，深2厘米。

龛外下方岩体以条石填塞修补，打磨平整，与龛下沿齐平。

龛外下方外挑的岩体凿一方形凹槽，长24厘米，宽6厘米，深7厘米。

龛内保存红色、绿色、黑色、灰白色等四种涂层。

第六节　第52号

一　位置

位于第50号龛右侧。左紧邻第50号龛，右与第53号龛紧邻；上距第51号龛46厘米，下距地坪112厘米。

龛口西向，方向282°。

二　形制

单层方形龛（图131、图132、图135、图136；图版Ⅰ：211、图版Ⅰ：213、图版Ⅰ：214）。

龛口　在岩体表面平直凿进最深约19厘米，形成龛口。龛口方形，外缘高111厘米，宽86.5厘米。龛左沿宽8.5厘米，底部残脱；

1

2

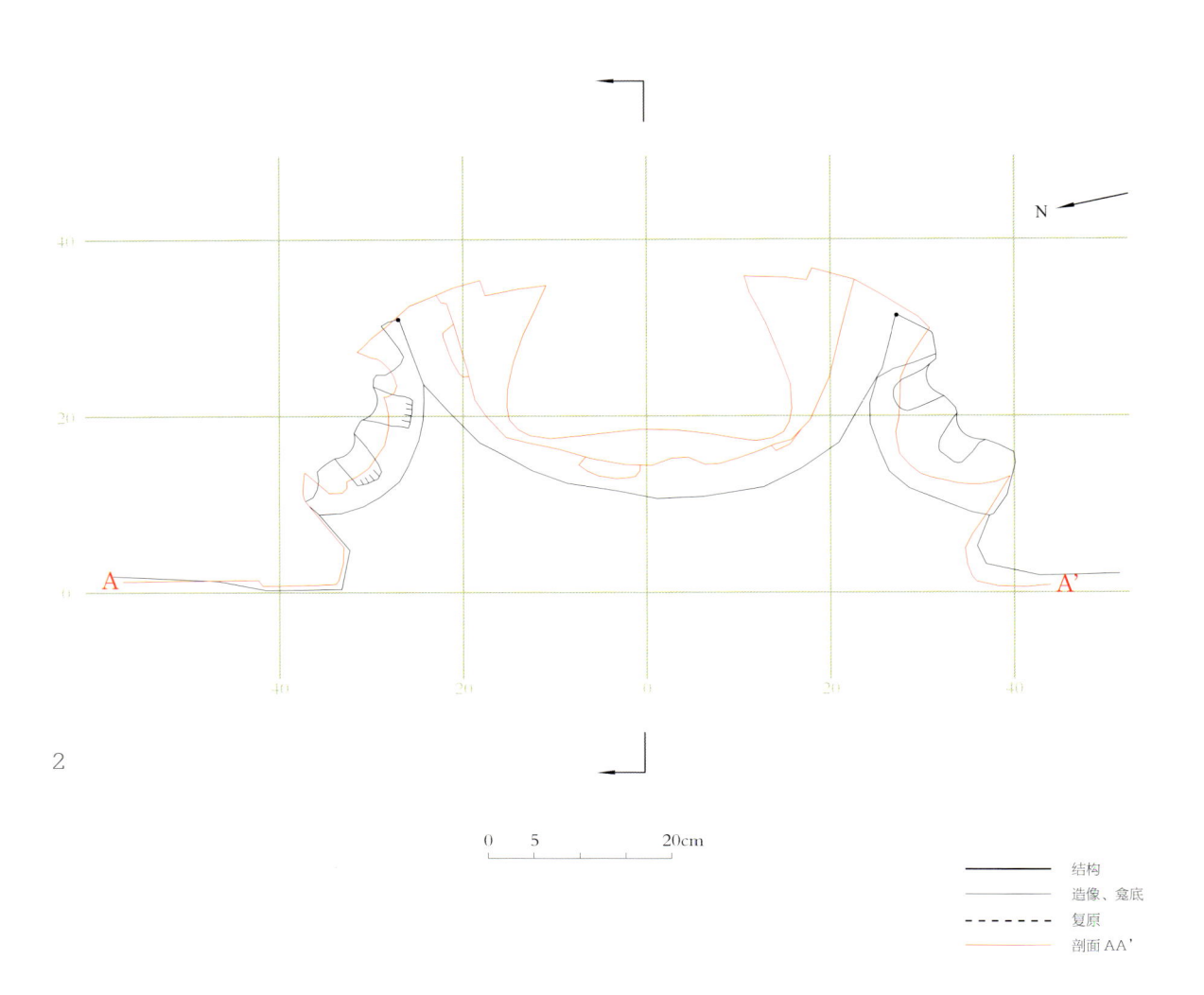

图131 第52号龛平、立面图
1 立面图 2 平面图

208　大足石刻全集　第一卷（上册）

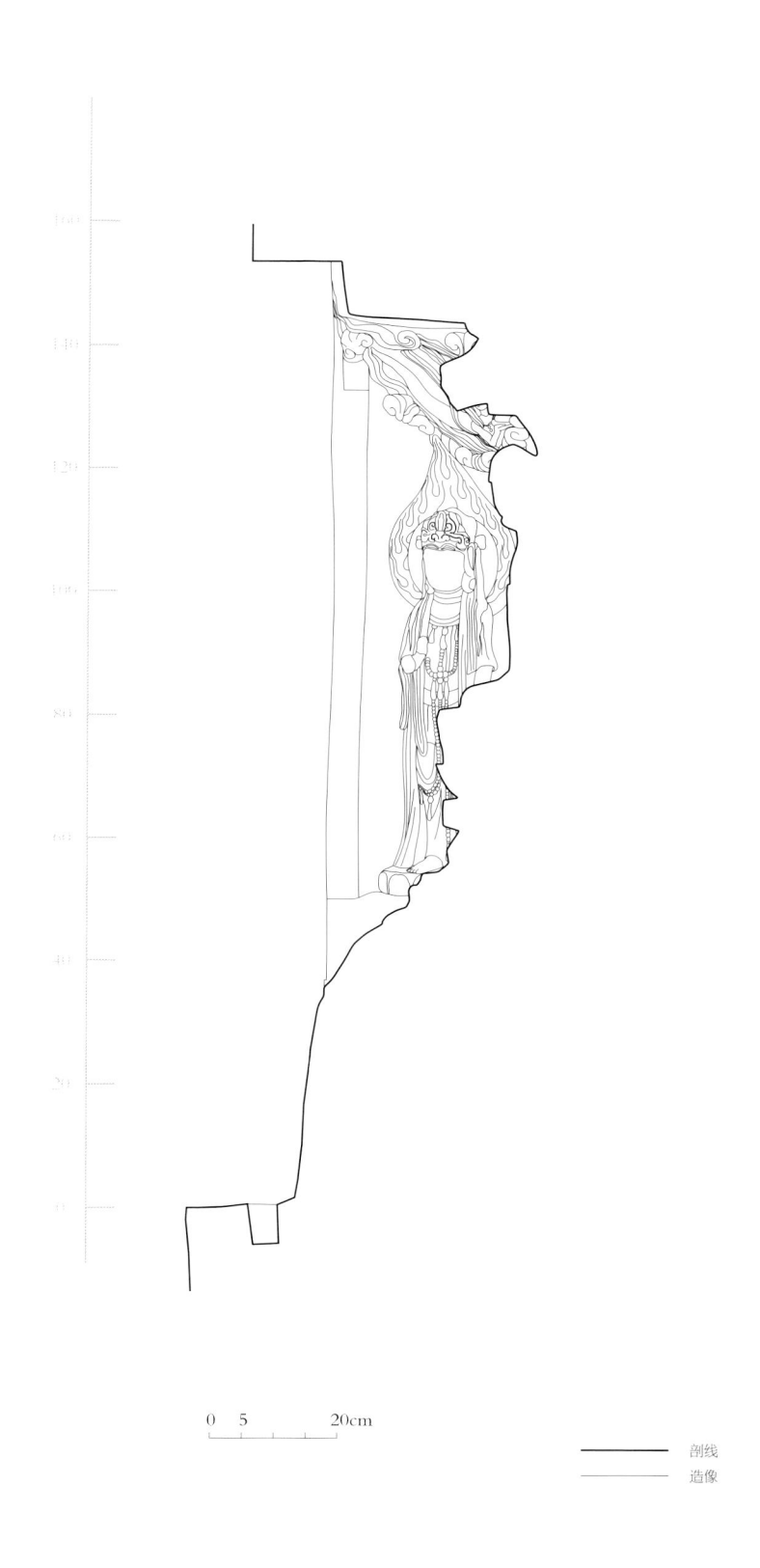

图 132　第 52 号龛剖面图

右沿保存完整，宽8.5厘米；上沿完整，宽9厘米；下沿大部毁，仅存右端少许，残宽8厘米。龛左右沿内侧凿出宽4厘米的平整面，左平整面底部残脱，右平整面保存完整。龛口内缘高94厘米，宽69厘米，至后壁最深约33厘米。内缘左右上角凿出三角形斜撑，高11厘米，宽12.5厘米；斜边平直，低于沿面1厘米。

龛底　略呈半圆形，前端剥蚀。

龛壁　弧壁，壁面中部与龛顶略垂直相接，左右上端与龛顶弧面相交。

龛顶　平顶，呈半圆形。

三　造像

龛内刻像5身。中刻主尊坐佛像1身，左右侧壁各刻胁侍菩萨立像1身；佛像头顶华盖左右各刻飞天1身（图131-1；图版Ⅰ：211）。

主尊佛像　坐像高43厘米，头长13厘米，肩宽17厘米，胸厚8厘米（图133、图134）。浮雕桃形头光和椭圆形身光，内皆素平，边缘饰刻火焰纹。头光横径22厘米，身光最宽43厘米。高肉髻，水波纹发。面方圆，略蚀，身着通肩袈裟。双手举胸前，齐腕残断，结跏趺坐于束腰双层仰莲座上，通高32厘米。最上为两重仰莲台，台面直径42厘米；其下为圆台，直径38厘米，横刻双线；中部束腰

图133　第52号龛主尊像等值线图　　　　　　　　　　　　图134　第52号龛主尊像效果图

部分为圆棱台，直径36厘米；底部为两重仰莲台，部分残，最宽50厘米。

佛像头顶上方刻八角形华盖，通高14厘米，最宽27.5厘米（图版Ⅰ：212）。华盖刻两重帷幔，满饰珠串、坠饰，极为繁复精细；底部中央刻圆柄，顶部刻双层仰莲与龛顶相接。

左胁侍菩萨像　立像高59厘米，头长9.5厘米，肩宽12.5厘米，胸厚5.8厘米（图135；图版Ⅰ：213）。浮雕桃形头光，内圆素平，边缘刻火焰纹，横径20厘米。光头，面残不清。左耳略残，戴项圈，坠璎珞，上着通肩袈裟，下着裙，裙摆略残。腕镯，双手于胸前捧宝珠，双足残，立于莲台上。台大部毁。

右胁侍菩萨像　立像高59厘米，头长13厘米，肩宽12厘米，胸厚4厘米（图136；图版Ⅰ：214）。浮雕桃形头光，内圆素平，边缘刻火焰纹，横径21厘米。梳髻，鬓发绕耳，垂发作结覆肩，戴化佛冠，冠带作结分四道下垂，后侧两道下垂至肩，前侧两道沿胸至肘。脸方圆，略蚀，戴圆形耳饰。戴项圈，下垂三道璎珞，于腹前交会后再分作三道下垂，左右两道绕膝隐于身后，中间一道垂至小腿间。内着僧祇支，外着披巾，下着裙。披巾沿胸下垂至腿部，向上折叠后敷搭前臂，再贴身下垂至莲台。左手腕镯，持净瓶，右手举胸前，齐腕断毁，跣足立于单层仰莲台上。台高4厘米，最宽19厘米。

飞天像　2身，刻于主尊佛像头顶华盖左右侧，相向而对。左飞天身长约28厘米（图版Ⅰ：215）。梳高髻，面蚀，戴项圈，袒上身，下着裙，披帛环状绕于头后，经腋下飘于身后。腕镯，双手于胸前托盘，内盛假山，屈膝抬右腿，左腿后翘，俯身作供奉状。右飞天身长约30厘米（图版Ⅰ：216）。双手托盘，内盛花卉，屈膝抬左腿，右腿后翘，俯身作供奉状。其余特征与左飞天略同。

两身飞天置身于圆环状云纹内。云纹大小相近，皆高23厘米，最宽24厘米，厚4厘米，由7朵羊角形祥云围合而成，云尾斜飘至龛外上沿。

四　铭文

2则，为"黎氏造阿弥陀佛龛镌记"，唐乾宁四年（897年）。

第1则

位于龛左沿上部。刻石面高44厘米，宽9厘米；文右起，竖刻3行，存41字，楷体，字径2厘米（图版Ⅱ：18）。

01　女弟子黎氏奉为亡夫刘□设□〔奠〕敬造时以〔乾〕

02　宁四年正月廿三日设〔斋表赞〕讫

03　□〔亡夫〕□□〔昌〕□〔将〕□□〔御〕史大夫刘□□〔供养〕

图 135　第 52 号龛左侧壁立面图　　　　　　　　　　　　图 136　第 52 号龛右侧壁立面图

第2则

位于龛右沿上部。刻石面高46厘米，宽9厘米；竖刻3行20字，呈"品"字形排列，楷体，字径3厘米（图版Ⅱ：19）。

敬造阿弥陀佛（上）

地藏菩萨一身（下右）

救苦观音菩萨一身[2]（下左）

五　晚期遗迹

龛内存红色涂层。

龛外下方40厘米处凿一方形凹槽，长24厘米，宽5厘米，深6厘米。

第七节 第53号

一 位置

位于第52号龛右侧。左与第52号龛紧邻，右紧邻第54号龛；上距第51号龛约45厘米，下距地坪62厘米。龛口西向，方向275°。

二 形制

单层方形龛（图137、图138、图139、图140；图版Ⅰ：217、图版Ⅰ：218、图版Ⅰ：219）。

龛口　在岩体表面平直凿进最深约24厘米，形成龛口。龛口方形，外缘高154厘米，宽135.5厘米。龛左沿、右沿、上沿保存完整，宽分别为17、15.5、16厘米；下沿略残，宽14.5厘米。龛左右沿内侧凿出宽7—10厘米的平整面。龛口内缘高124厘米，宽103.5厘米，至后壁最深53厘米。内缘左右上角凿出三角形斜撑，高14厘米，宽14.5厘米；斜边弧形，低于沿面1—1.5厘米。

龛底　呈半圆形，前侧剥蚀。

龛壁　弧壁，壁面中部与龛顶垂直相接，左右上端与龛顶弧面相交。

龛顶　平顶，略呈半圆形。

图137　第53号龛立面图

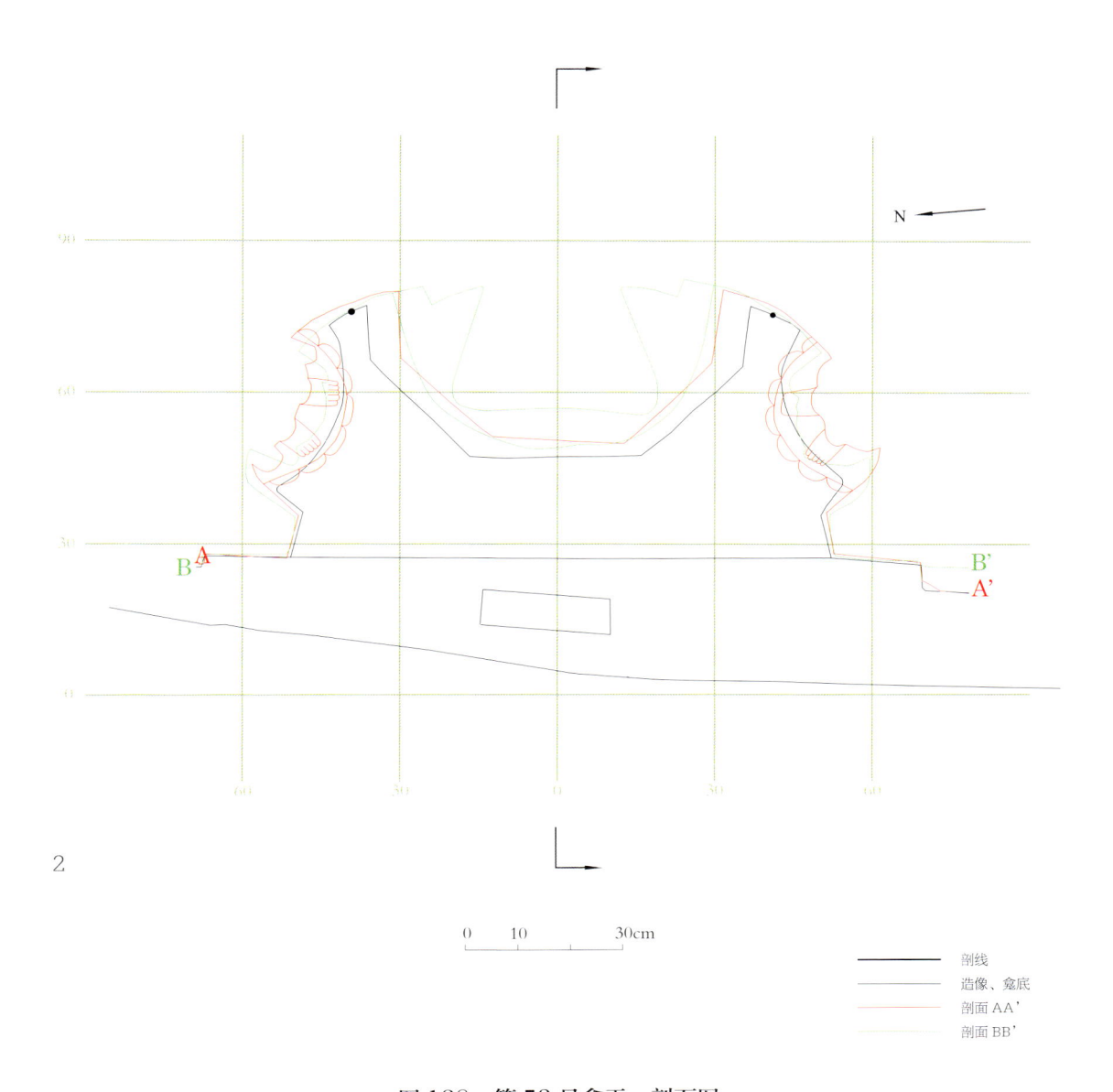

图 138　第 53 号龛平、剖面图
1　剖面图　2　平面图

三　造像

龛内刻像5身。中刻主尊坐佛像1身，左、右侧壁各刻胁侍菩萨立像1身；主尊头顶左右上方各刻飞天像1身（图137；图版Ⅰ：217）。

主尊佛像　坐像高48厘米，头残长13厘米，肩宽23厘米，胸厚9.5厘米。浮雕桃形头光和椭圆形身光，内皆圆形素平，边缘刻火焰纹。头光横径29厘米，身光最宽56厘米。头顶剥蚀，方圆脸，略蚀。身着通肩袈裟，下着裙，袈裟及裙摆少许覆于座前。双手（略残）于腹前结印，结跏趺坐于束腰双层仰莲座上。座通高52厘米，最上为两重仰莲台，台面直径59厘米。其下为八边形方台，面宽约20厘米，均线刻方框；再下为仰莲层；束腰亦为八面形方台，面宽17厘米，各面并列线刻二方框；再下为宝装莲瓣层；下部为两阶八面形方台叠涩，面宽分别为25、26厘米，各面亦皆线刻方框；下阶方台部分残。

佛像头顶上方龛顶刻单重圆形覆莲，直径24厘米，厚1.5厘米，内素平，外刻覆莲一周。

左胁侍菩萨像　立像高73厘米，头长12厘米，肩宽17厘米，胸厚6厘米（图139；图版Ⅰ：218）。浮雕桃形头光，内圆素平，边缘刻火焰纹，横径25厘米。光头略残，方圆脸，戴耳环，下垂珠串。戴项圈，内着僧祇支，外着袈裟，下着裙。左臂屈肘横置，齐腕残断；右手下垂握持袈裟一角。跣足（右足趾残）立于三重仰莲台上。台高16厘米，直径33厘米。

右胁侍菩萨像　立像高81厘米，头长19厘米，肩宽17厘米，胸厚6厘米（图140、图141；图版Ⅰ：219）。浮雕桃形头光，内圆素平，边缘刻火焰纹，横径27厘米。梳髻，鬈发绕耳，垂发作结覆肩，戴化佛冠，冠带作结下垂及肩。脸长圆，戴耳环，下垂珠串。戴项圈，下垂三道璎珞，于腹前交会后再分作三道，左右两道绕膝隐于身后，中间一道长垂至足间。内着僧祇支，外着披巾，下着裙。披巾敷搭前臂后，下垂至莲台。腕镯，左臂横置胸前，齐腕残；右手下垂持柳枝。跣足立于三层仰莲台上。台高14厘米，直径33厘米。

飞天像　2身。刻于主尊佛像火焰背光顶左右两侧，相向布置。左飞天身高约15厘米（图版Ⅰ：220）。梳髻，戴小冠。脸长圆，戴项圈，下坠璎珞，上身斜披络腋，下着裙；披帛环状绕于头后，经腋下飘于身后；臂钏，左手外展持莲苞，右手外展托盘，内盛花果；蹲跪于云纹内，双足不现。右飞天双手持幡，其余特征略同左飞天像（图版Ⅰ：221）。

飞天均置于圆环状云纹内。云纹大小相近，皆高20厘米，最宽25厘米，厚3厘米。云尾斜飘，经龛顶交绕于龛上沿中部。

图139　第53号龛左侧壁立面图

图 140　第 53 号龛右侧壁立面图 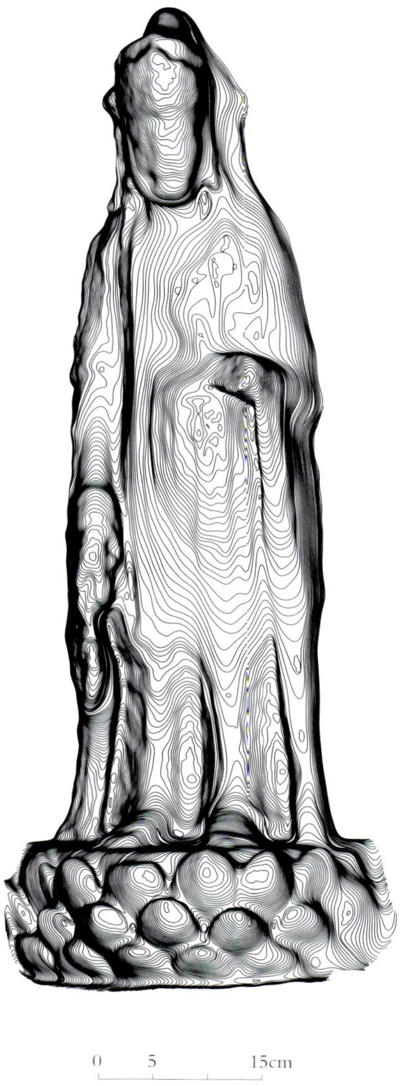　　　　　　　　　　　　图 141　第 53 号龛右胁侍菩萨像等值线图

四　铭文

种审能造阿弥陀佛龛镌记，前蜀永平五年（915年）。共2则。

第1则

位于龛左沿上部。刻石面高40厘米，宽16厘米；文右起，竖刻5行，存61字，楷体，字径3厘米（图版Ⅱ：20）。

01　敬造地藏菩萨一身
02　右衔第三军散副将种审能为亡
03　男希言被贼伤煞造上件功德化
04　生西方见佛闻法以永平五年四月
05　四日因〔终〕七斋表赞讫永为供养[3]

第2则

位于龛右沿上部。刻石面高47厘米，宽16厘米；竖刻，存54字，楷体，字径2—3厘米（图版Ⅱ：21）。

敬造阿弥陀佛　弟子种审能〔愿嘉〕祐
　　　　　　　上下骨肉〔常〕□〔荣〕
　　　　　　　泰造
敬造观音菩萨　又为男师乞丑胡
　　　　　　　〔鄢盐〕永安无灾〔祸〕
　　　　　　　永平五年七月六日设斋赞讫[1]

1　本则铭文与《大足石刻铭文录》录文略异。重庆大足石刻艺术博物馆编：《大足石刻铭文录》，重庆出版社1999年版，第17页。

五　晚期遗迹

龛前台面中部凿一方形凹槽，长25厘米，宽7厘米，深9厘米。

龛内保存红色、灰白色涂层。

第八节　第54号

一　位置

位于第53号龛右侧外凸岩体的西向壁面。左与第53号龛紧邻，右紧邻第58号龛，下距长廊地坪52厘米。

造像朝西北，方向292°。

二　形制

于壁面剔地起突造像，其上方和下方岩体皆部分残毁（图142、图143；图版Ⅰ：222）。

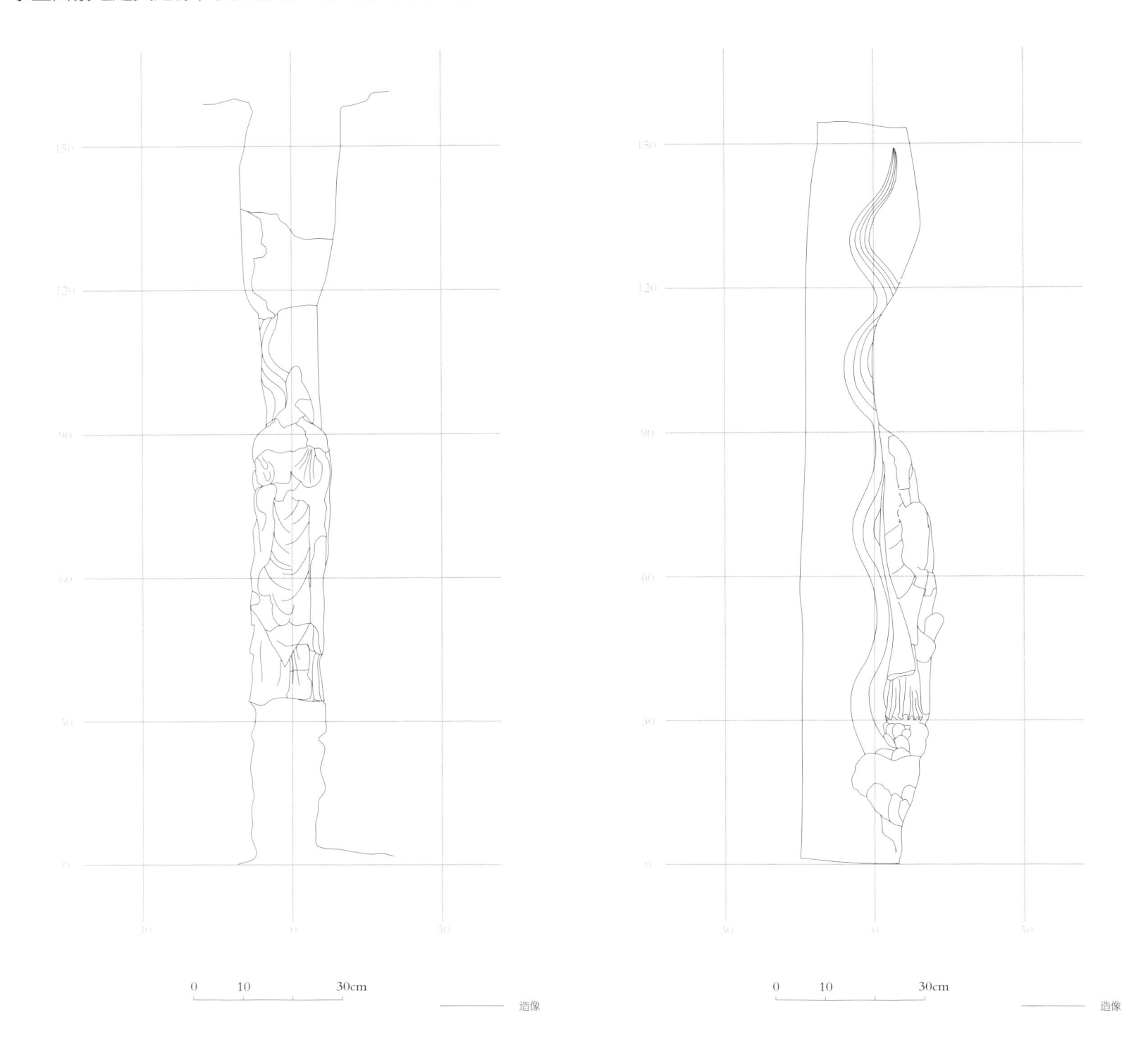

图142　第54号龛立面图　　　　　　　图143　第54号龛右侧视图

三　造像

立像1身（图版Ⅰ：222）。像残高63厘米。头毁肩残，胸剥蚀。上着袈裟，下着裙。双手（残）似置胸前，足毁，立于莲台（大部已毁）上。莲台下刻云纹，云头毁，云尾于身后竖直上飘。

四　铭文

佚名造观音龛残记，年代不详。位于立像头部上方。刻石面残高38厘米，宽15厘米。文右起，竖刻3行，存13字，楷体，字径2厘米（图版Ⅱ：22）。

01　（泐）二万钱（泐）
02　（泐）五日因[4]百日斋表赞
03　（泐）供养（泐）

五　晚期遗迹

立像身躯下部存三道横向裂隙，后世以水泥修补。

第九节　第55号

一　位置

位于第51号龛右侧向西外凸的岩体上。左距第51号龛10厘米，右距壁面边缘15—30厘米；上距岩顶约120厘米，下方右侧为第58号龛，竖直相距111厘米。

龛口西向，方向277°。

二　形制

在岩体表面平直凿进最深约5厘米，形成龛口（图144；图版Ⅰ：223）。龛口大部毁，龛沿仅保存部分下沿，宽8厘米。龛内缘残高59厘米，宽50厘米，至后壁最深约19厘米。龛底呈横长方形，内侧建低坛一级，高2.5厘米，宽约29厘米，深10厘米。龛壁保存正壁、右侧壁的中下部，其余毁。龛顶毁。

三　造像

龛内存像2身。正壁刻主尊坐像1身，右侧壁刻立像1身（图144-1；图版Ⅰ：223）。

主尊像　坐像高28厘米。像残毁甚重，仅可辨左手抚膝，右手置胸前，似善跏趺坐于方台上。台大部残，残高14厘米，左侧刻盘曲的蛇状物（部分残）。

右壁像　残毁严重，残高32厘米，细节不明。

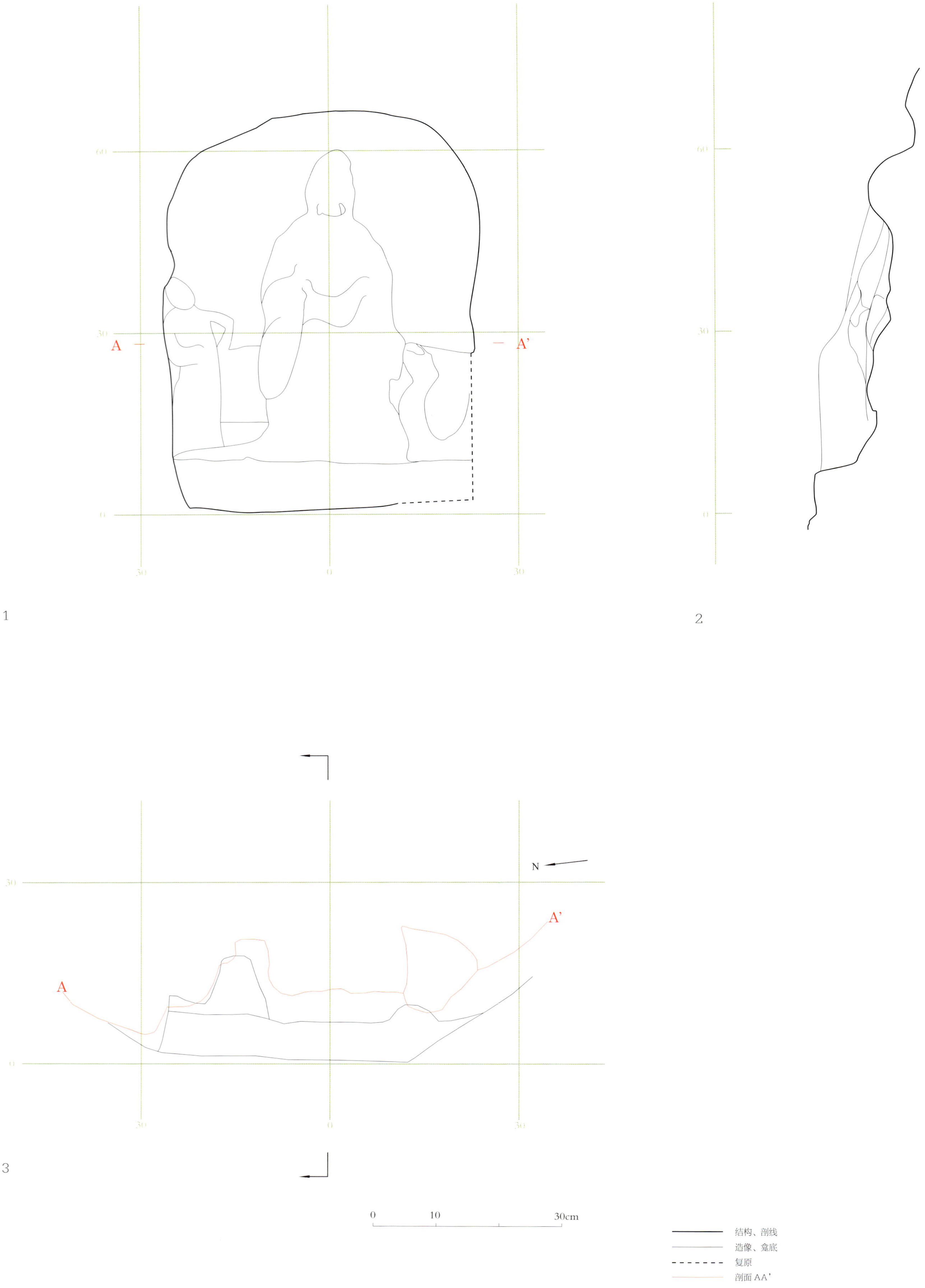

图 144　第 55 号龛平、立、剖面图
1　立面图　2　剖面图　3　平面图

四　晚期遗迹

龛内存灰白色涂层。

第十节　第55-1号

一　位置

位于第55号龛右侧上方。左距壁面边缘约11—32厘米，右侧是自然壁面；上距岩顶约85厘米，下距第56号龛约10厘米。龛口西北向，方向340°。

二　形制

单层方形龛（图145、图146；图版Ⅰ：224）。

龛口　在岩体表面平直凿进最深约18厘米，形成龛口。龛口方形，外缘高60厘米，宽63厘米。龛左沿宽12.5厘米，右沿残毁略重，宽度不明；上沿宽7厘米，下沿宽6厘米。龛口内缘高46厘米，宽40厘米，至后壁最深16厘米。内缘左右上角存三角形斜撑遗迹。

龛底　略呈半圆形。

龛壁　弧壁，略剥蚀，与龛顶弧面相交。

龛顶　券顶。

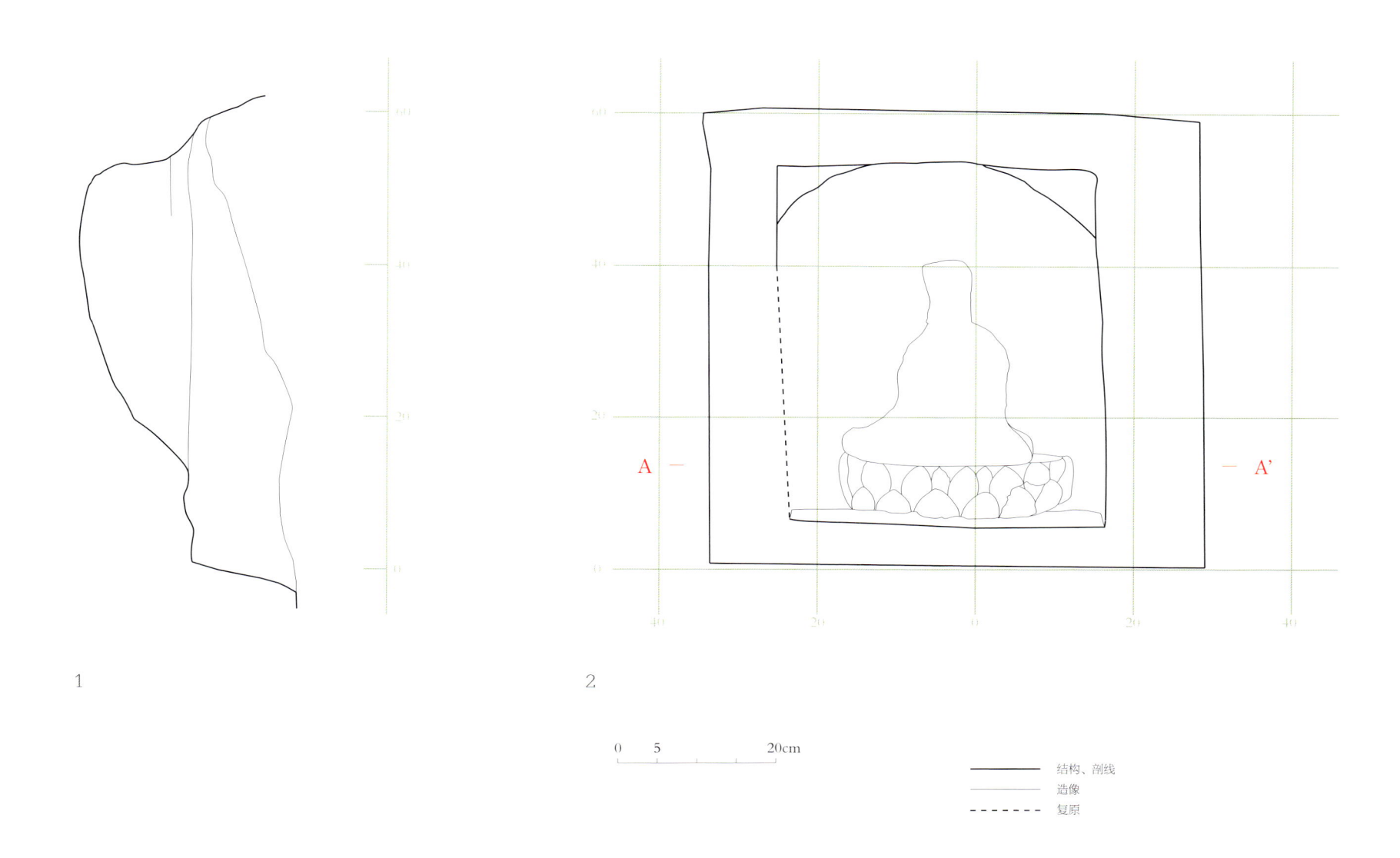

图145　第55-1号龛立、剖面图
1　剖面图　2　立面图

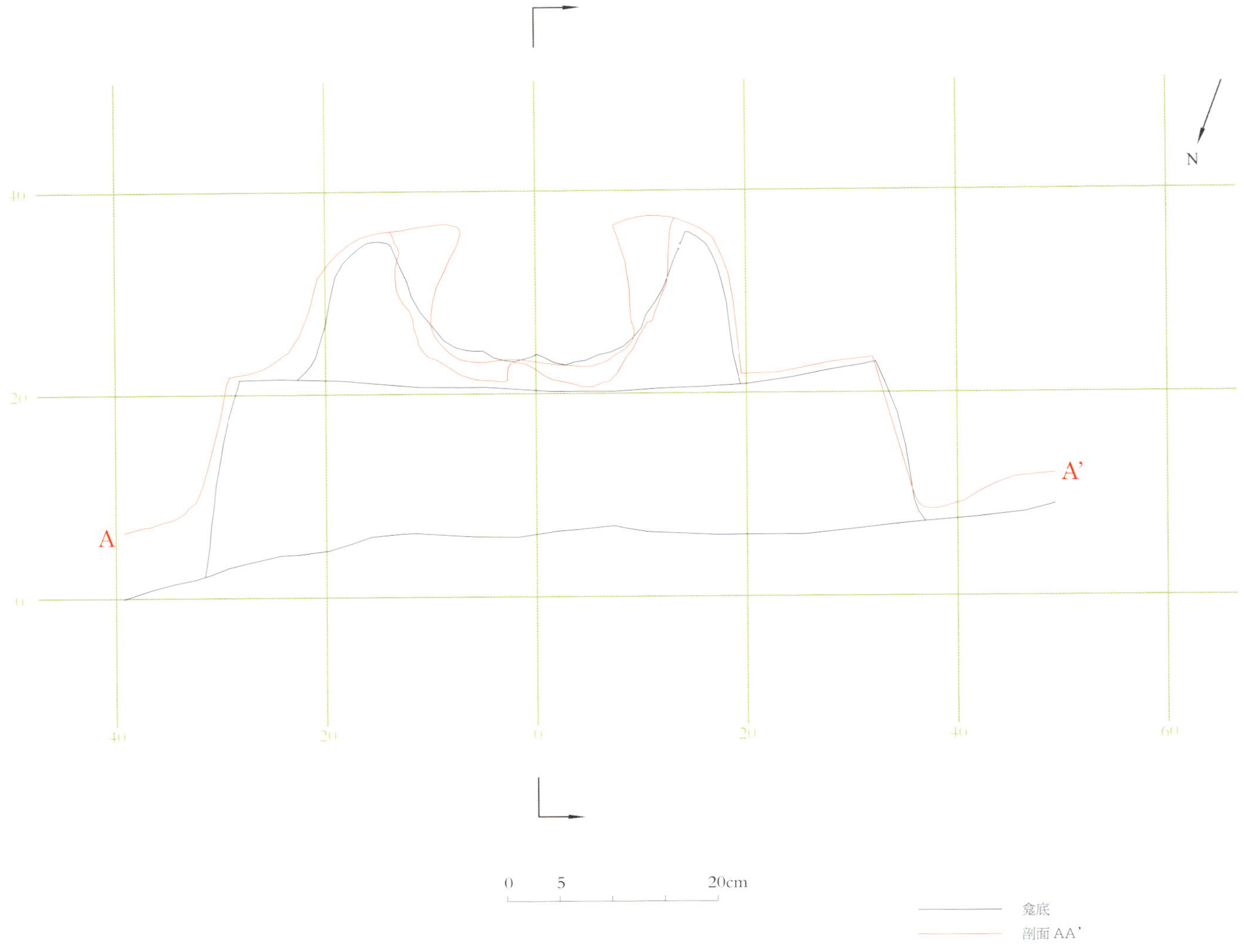

图146　第55-1号龛平面图

三　造像

龛内刻坐像1身（图145-2；图版Ⅰ：224）。像残毁甚重，坐像高约23厘米，仅辨轮廓；似跏趺坐于双层仰莲台上。台通高6.5厘米，直径28厘米。

第十一节　第56号

一　位置

位于第55-1号龛下方。左距壁面边缘最远约55厘米，右与第57号龛紧邻；上距第55-1号龛10厘米，下距第58号龛66厘米。龛口东北向，方向16°。

二　形制

单层方形龛（图147；图版Ⅰ：225）。

龛口　在岩体表面平直凿进最深约56厘米，形成龛口[1]。龛口方形，外缘高87厘米，宽79厘米。龛沿保存较完整，宽约8厘米。龛内缘高72厘米，宽61厘米，至后壁最深约26厘米。内缘左右上角刻三角形斜撑，高7厘米，宽7厘米；斜边弧形，低于沿面1厘米。

1　本龛与右邻的第57号龛同处外挑的岩檐之下，龛沿相互垂直。

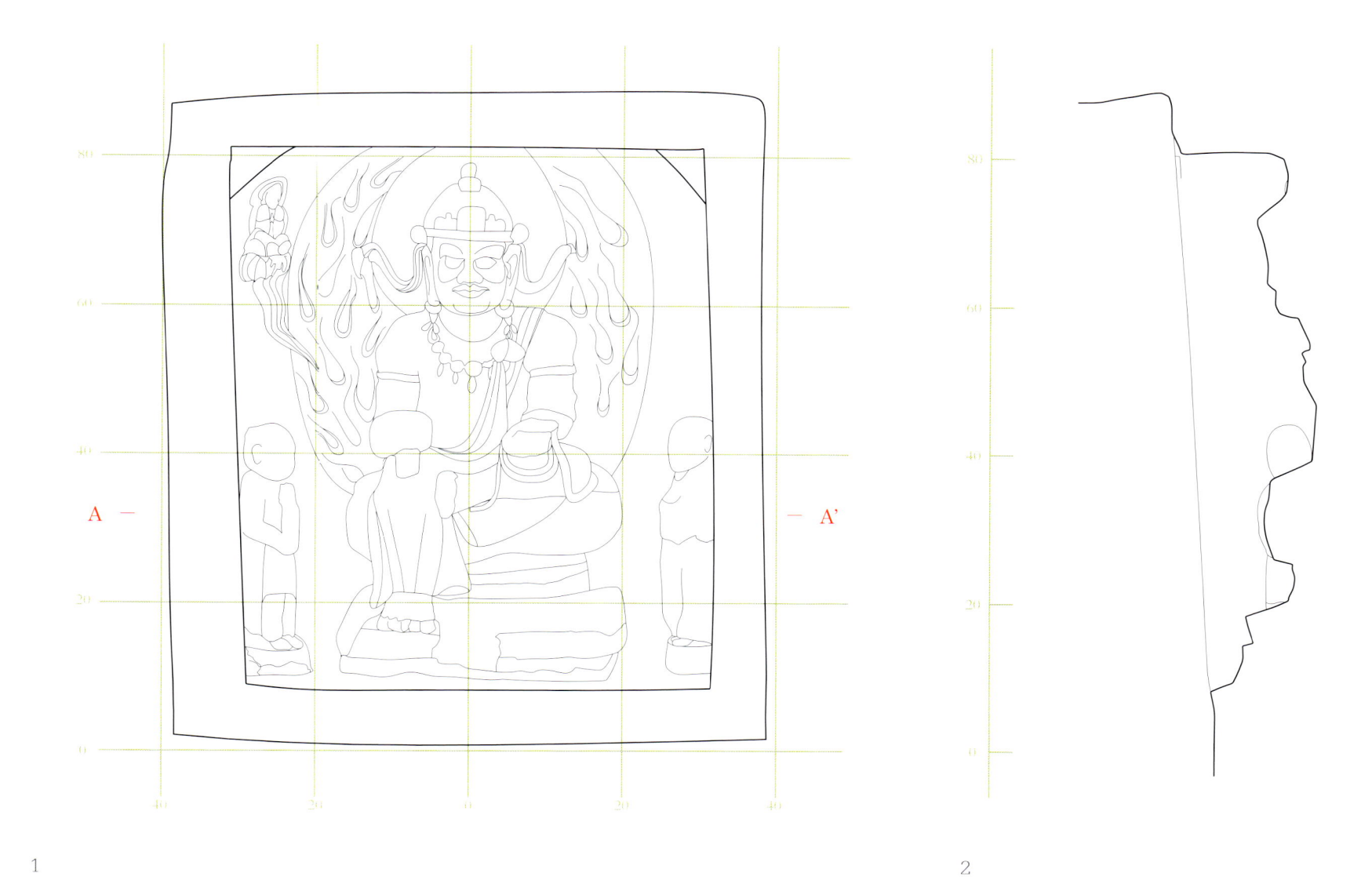

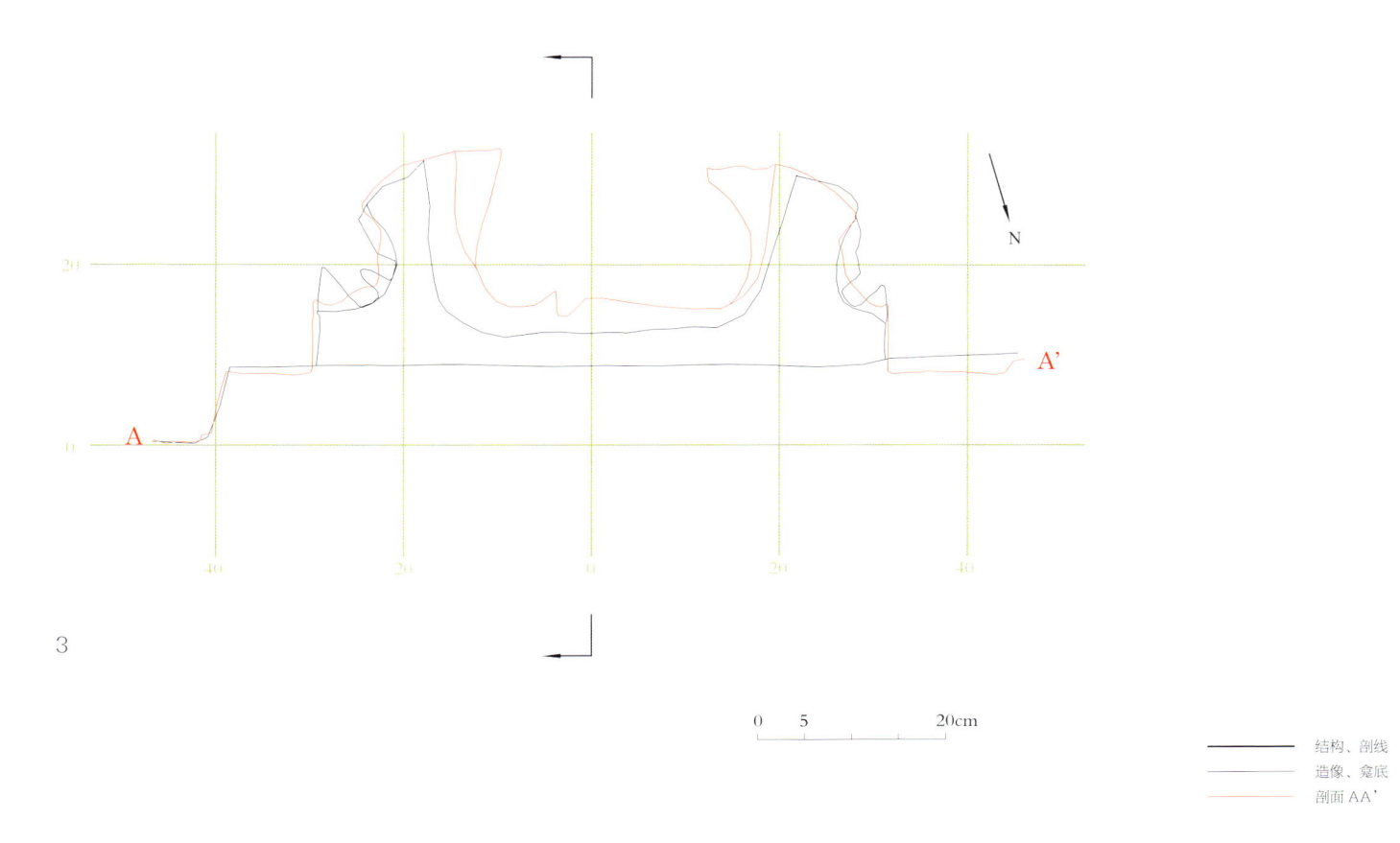

图147 第56号龛平、立、剖面图
1 立面图 2 剖面图 3 平面图

龛底　略呈半圆形。

龛壁　弧壁，壁面中部与龛顶略垂直相接，左右上端与龛顶弧面相交。

龛顶　平顶，略呈方形。

三　造像

龛内刻像4身。中刻主尊坐像1身，其背光右侧上方刻坐像1身；左右侧壁各刻童子立像1身（图147-1；图版Ⅰ：225）。

主尊像　坐像高57.5厘米，头长17厘米，肩宽26厘米，胸厚8厘米。浮雕椭圆形火焰纹身光，身光最宽48厘米，焰尖延至龛顶。梳髻戴冠，垂发蓬散于头后，呈圆形，冠带作结后呈"U"形上扬。方脸，眉骨凸起，双眼鼓突，短鼻，阔口闭合，下颌微扬。戴耳环，垂珠串。喉结、颈肌明显，肩平胸厚。戴项圈，饰三粒圆形饰物。上身斜披络腋，下着裙。臂环。左手持羂索，右手持物，物残。盘左腿，垂右腿，跣足踏山石，右舒相坐于山石座上。座通高25厘米，宽33厘米，深16厘米。

自菩萨像身光右侧升起一朵云纹，云头刻于身光边缘外侧，高3厘米，宽9厘米，厚2厘米，内刻坐像1身（图149）。坐像高9厘米，有葫芦形背光，通高9厘米，最宽7厘米；身漶，可辨双手合十，结跏趺坐莲台上。台残，高约2厘米。

左童子像　立像高约29厘米（图148；图版Ⅰ：226）。像残蚀较重，光头，面蚀，衣饰不明，双手交于胸前，横托一物，物残难辨。右小腿毁，足残，立于山石台上。台高4.5厘米，宽11厘米，深4厘米。

右童子像　立像高约28厘米（图149；图版Ⅰ：227）。像上身似着窄袖衫，下着裤；双手胸前竖持方条物，物残难辨。其余特征与左童子像略同。台高4厘米，宽13厘米，深6厘米。

四　晚期遗迹

龛内存红色、灰白色两种涂层。

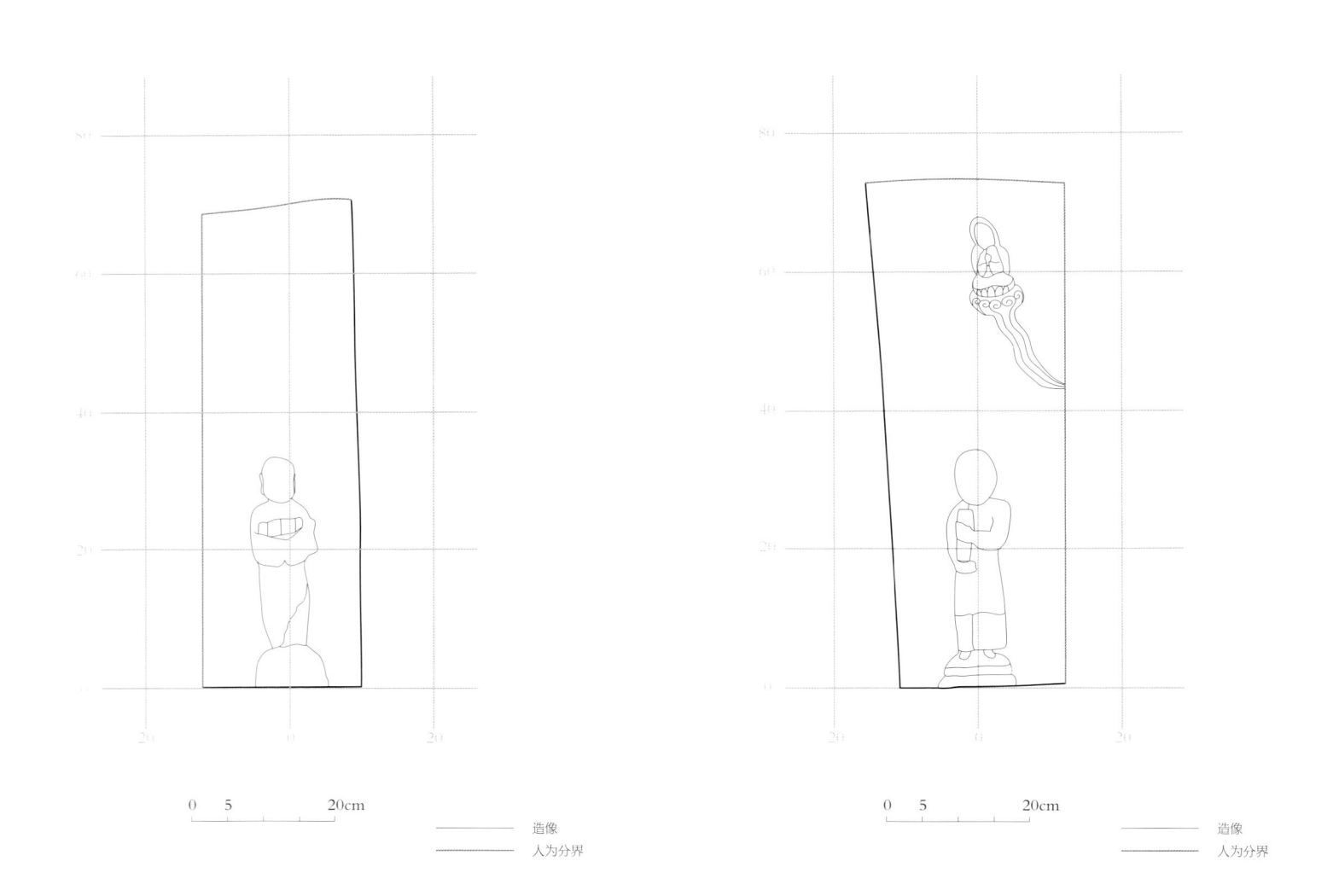

图148　第56号龛左侧壁立面图

图149　第56号龛右侧壁立面图

第十二节　第57号

一　位置

位于第56号龛右侧。左与第56号龛紧邻，右距壁面转折边缘约18—22厘米；上距第55-1号龛12厘米，下距第58号龛43厘米。龛口西北向，方向296°。

二　形制

单层方形龛（图150、图151、图153、图154；图版Ⅰ：228、图版Ⅰ：230、图版Ⅰ：231）。

龛口　在岩体表面平直凿进最深约60厘米，形成龛口。龛口方形，外缘高104厘米，宽104厘米。龛右沿下部残，其余沿面保存完整，均宽约10厘米；上沿及左右沿饰水波纹帐幔。左右沿内侧凿有宽5厘米的平整面。龛口内缘高87厘米，宽90厘米，至后壁最深约48厘米。内缘左右上角刻三角形斜撑，高4厘米，宽4厘米；斜边弧形，低于沿面2厘米。

龛底　呈半圆形。

龛壁　弧壁，与龛顶略呈垂直相交。

龛顶　平顶，呈半圆形。

图150　第57号龛立面图

1

2

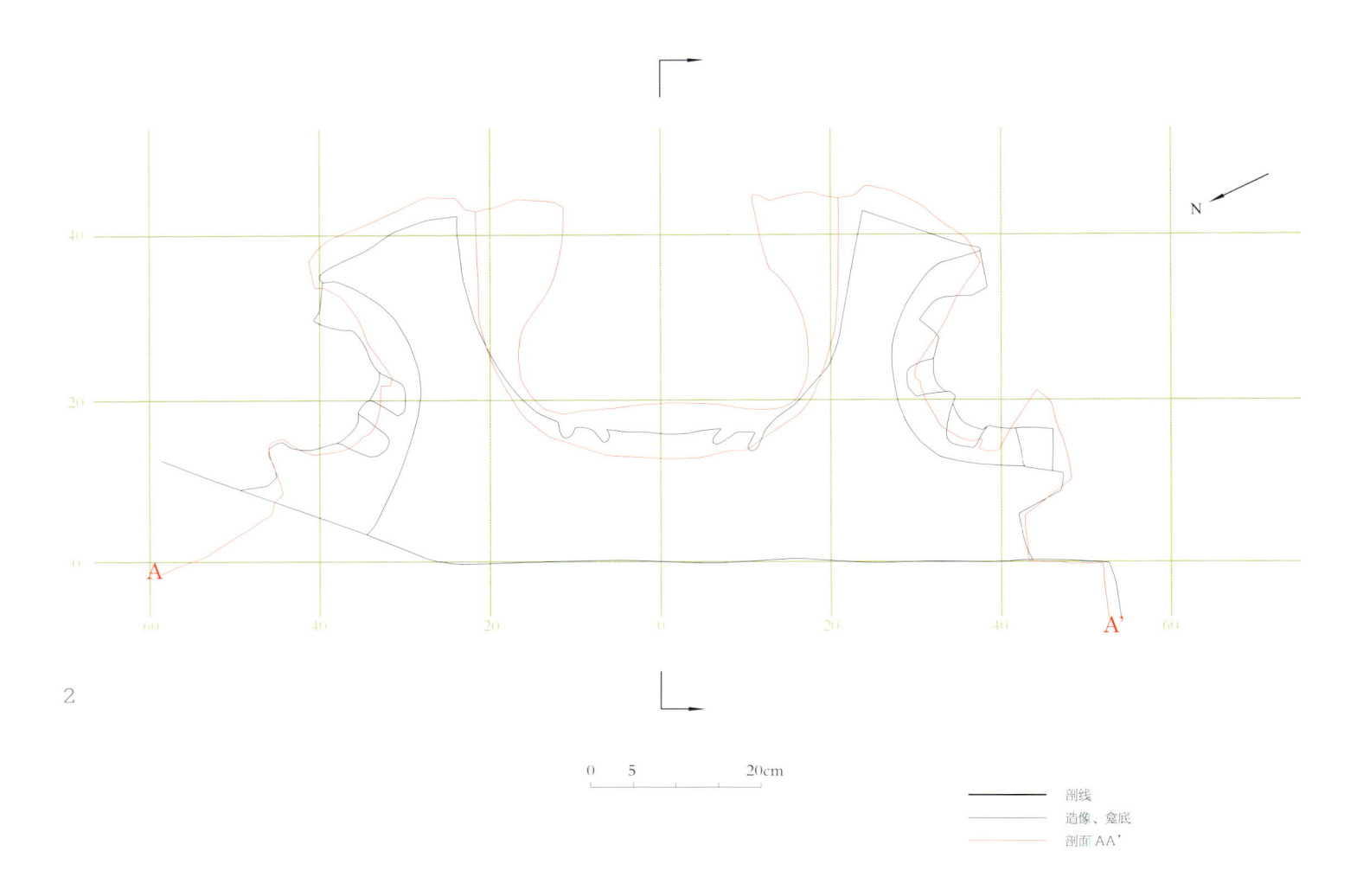

图 151　第 57 号龛平、剖面图
1　剖面图　2　平面图

224　大足石刻全集　第一卷（上册）

三　造像

龛内刻像5身。中刻主尊坐佛像1身，座前刻迦陵频伽2身；左右侧壁分刻胁侍菩萨立像1身（图150；图版Ⅰ：228）。

主尊佛像　坐像高45厘米，头长16厘米，肩宽24厘米，胸厚9厘米（图152）。浮雕圆形素面大背光，横径63厘米，厚1.5厘米。像肉髻鼓凸，水波纹发。方圆脸，双耳垂长，颈刻三道肉褶线。身着通肩袈裟，下着裙。双手于腹前结印，结跏趺坐于束腰仰莲座上。座通高27厘米，上部为三重仰莲台，直径42厘米；下部为束腰圆台（略残），直径46厘米。圆台正面刻迦陵频伽2身，相对蹲立，高皆14.5厘米（图版Ⅰ：229）。二像特征相近，人首鸟身，双翼外展，尾羽上翘。梳髻，面蚀，戴项圈，袒上身，下身衣饰不明。双手屈肘上举托盏，内盛圆状物（残），足残，蹲立于龛底，作敬献状。

左胁侍菩萨像　立像高65厘米，头长18厘米，肩宽16厘米，胸厚8厘米（图153；图版Ⅰ：230）。浮雕桃形头光，内圆素平，边缘刻火焰纹，横径25厘米。梳髻，戴冠，冠带作结下垂。圆脸，略蚀，颈刻二道肉褶线。胸饰璎珞，上着宽博披巾，下着裙。披巾下垂腹前交叠，再折叠敷搭前臂后下垂体侧。腕镯，双手捧物。跣足立于单重仰莲台上。台高5厘米，直径22厘米。

右胁侍菩萨像　立像高64.5厘米，头长14厘米，肩宽16厘米，胸厚8厘米（图154；图版Ⅰ：231）。浮雕桃形头光，内圆素平，边缘刻火焰纹，横径23厘米。光头，面残，胸剥蚀，上着袈裟，下着裙。双手于胸前捧宝珠，足残，立于圆台上。台大部残，高约6厘米。

四　晚期遗迹

龛外右侧约10厘米处凿有上下两个枋孔，大小相近，高约10厘米，宽5厘米，深2厘米。

龛内存红色、灰白色两种涂层。

图152　第57号龛主尊像等值线图

图153　第57号龛左侧壁立面图　　　　　　　　　　　　　图154　第57号龛右侧壁立面图

第十三节　第58号

一　位置

位于第54号龛右侧。左与第54号龛紧邻，右距第60号龛21厘米；上距第57号龛43厘米，下距地坪49厘米。龛口西北向，方向296°。

二　形制

单层方形龛（图155、图156、图157、图158；图版Ⅰ：232、图版Ⅰ：234、图版Ⅰ：235）。

龛口　在岩体表面平直凿进最深约39厘米，形成龛口。龛口方形，外缘高163厘米，宽168厘米。龛沿保存完整，左沿宽20.5厘米，右沿宽22厘米，上沿宽20.5厘米，下沿（略残）宽12厘米。左右沿内侧凿出宽7.5—10厘米的平整面。龛口内缘高129厘米，宽125厘米，至后壁最深58厘米。内缘左右上角凿出三角形斜撑，高12厘米，宽11厘米；斜边平直，低于沿面2厘米。

龛底　呈梯形，作前低后高两阶平台，高差约2.5厘米；后侧平台前端距龛口约15.5厘米。龛底左右侧各建低坛一级，高约2.5—6厘米。

龛壁　正壁竖直，下部与左右壁相交转折明显，上部呈圆转相接。壁面与龛顶略垂直相交。

龛顶　平顶，呈半圆形。

三　造像

龛内刻像5身，根据造像位置，分为正壁和左右壁造像两部分（图版Ⅰ：232）。

图 155　第 58 号龛平、立面图
1　立面图　2　平面图

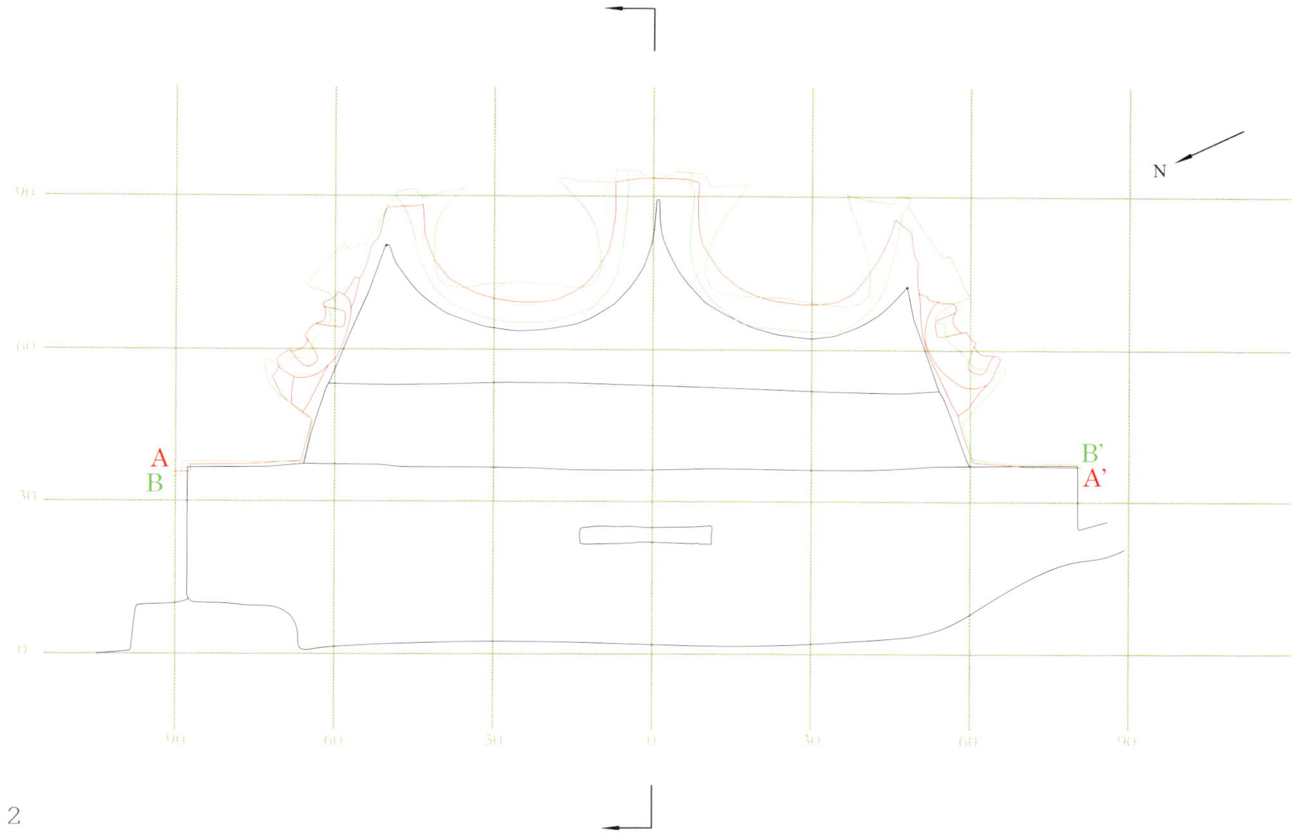

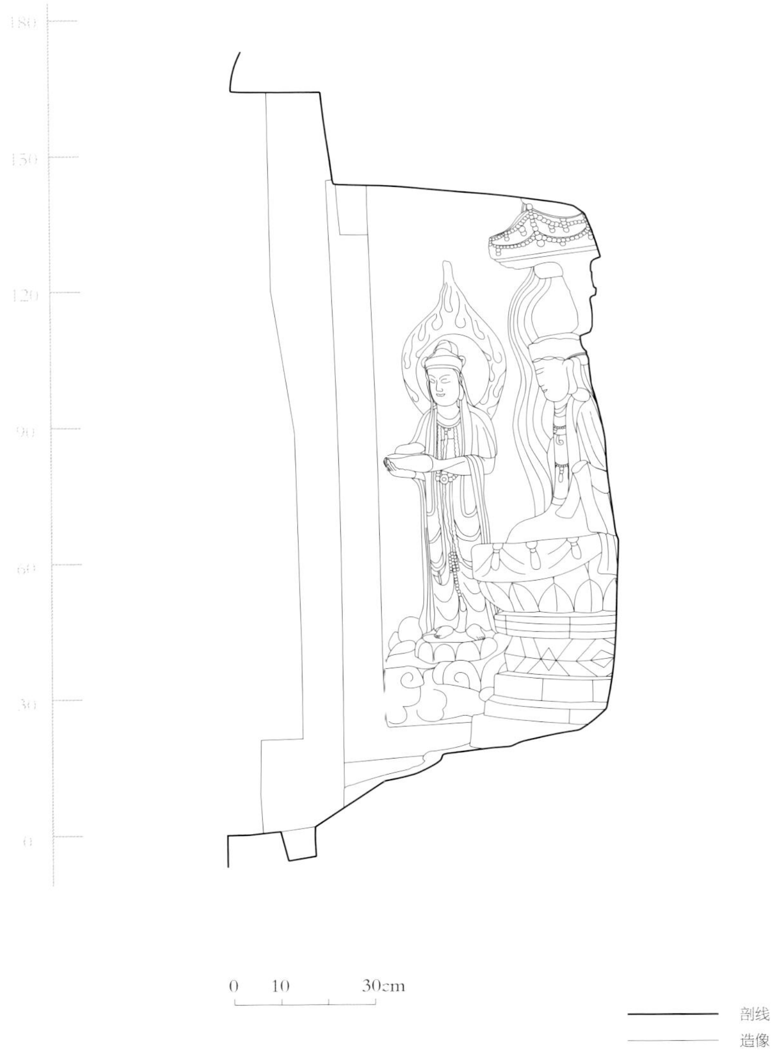

图156　第58号龛剖面图

(一) 正壁

正壁并刻主尊菩萨坐像2身，两像背光之间刻供养人跪像1身（图155-1；图版Ⅰ：233）。

左菩萨像　坐像高42厘米，肩宽17厘米，胸厚8.5厘米。浮雕桃形头光和椭圆形身光，内皆素平，边缘刻火焰纹，头光横径27厘米，身光最宽45厘米。头毁，戴项圈，饰坠饰。内着僧祇支，系带作结；外着双领下垂式袈裟，下着裙，袈裟覆搭座前。双手曲置胸前，齐腕残断，结跏趺坐于仰莲须弥座上。座通高44厘米，最上为双重仰莲台，台面直径36厘米。其下为方涩，直径33厘米，横向刻双线，纵向现出均分的三条竖线。束腰为圆棱台，最宽31厘米，饰刻菱形纹。再下为三阶圆台叠涩，直径分别为34、39、44厘米。菩萨头顶上方刻八角形华盖，通高18厘米，最宽30厘米。华盖三重帷幔，遍刻珠串、坠饰；底部中央刻圆柄，顶刻单层仰莲与龛顶相接。

右菩萨像　坐像高42厘米，头长13.5厘米，肩宽16厘米，胸厚8.5厘米。梳髻，鬓发绕耳，垂发披肩。戴冠，冠带作结下垂及肩，圆脸，略蚀，戴圆形耳饰。戴项圈，下缀三道璎珞，中间一道垂至腿间，左右两道绕膝隐于身后。内着僧祇支，外着宽博披巾，下着裙。披巾沿胸下垂至双腿间交叠，再敷搭前臂沿体侧下垂至座台。屈肘，自前臂残。其坐姿、背光、须弥座、华盖等与左菩萨像略同。

供养人像　刻于上述两菩萨像背光之间，为跪式女像，像高16厘米。梳高髻，戴冠。长圆脸，着交领宽袖服，双手笼袖内举于胸前，面身向外，胡跪于云头上。云头高9厘米，宽19厘米，厚6.5厘米，自正壁右菩萨座台后侧升起。

(二) 左右壁

左右壁各刻菩萨立像1身。

左壁菩萨像　立像高66厘米，头长13.5厘米，肩宽13厘米，胸厚4厘米（图157；图版Ⅰ：234）。浮雕桃形头光，内圆素平，边缘刻火焰纹，横径21厘米。梳髻，鬓发绕耳，垂发作结覆肩。戴冠，冠带作结下垂及肩。面长圆，戴项圈，缀挂三道璎珞，交会于腹

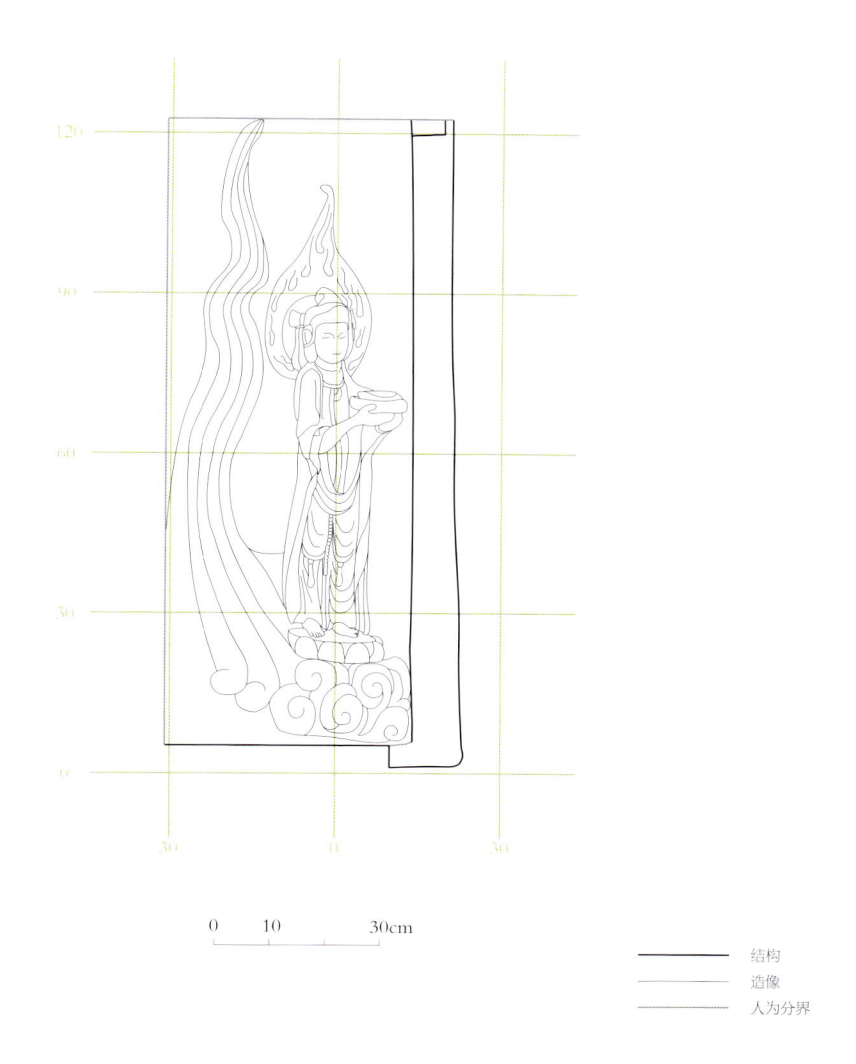

图157　第58号龛左壁立面图

部，再分作三道，中间一道长垂小腿间，左右两道下垂绕膝隐于身后。内着僧祇支，外着宽博披巾，下着裙。披巾敷搭前臂后下垂体侧。腕镯，双手（略残）托盏，内盛物，物残难辨。跣足立于低坛单层仰莲台上。台高4厘米，最宽18厘米，深9厘米。台下刻"L"形卷纹云，云头高14厘米，最宽27厘米，云尾斜向上飘至龛顶。

右壁菩萨像　与左壁菩萨像大体相同（图158、图159；图版Ⅰ：235）。

四　铭文

共2则。

第1则

王宗靖造观音地藏龛记，唐乾宁三年（896年）。位于龛左沿中上部。刻石面高66厘米，宽20厘米；文右起，竖刻4行，64字，楷体，字径4厘米（图版Ⅱ：23）。

01　敬造救苦观世音菩萨地藏菩萨一龛
02　右为故何七娘镌造当愿承此功德早生
03　西方受诸快乐乾宁三年九月廿三日设〔斋〕
04　表赞毕检校司空守昌〔州刺〕史王宗靖造

第2则

赵师恪妆饰观音地藏龛记，唐乾宁三年（896年）。位于龛右沿中上部。刻石面高70厘米，宽21厘米；文左起，竖刻2行，41字，字径3厘米（图版Ⅱ：24）。

第六章　第49—67号　229

图 158　第 58 号龛右壁立面图 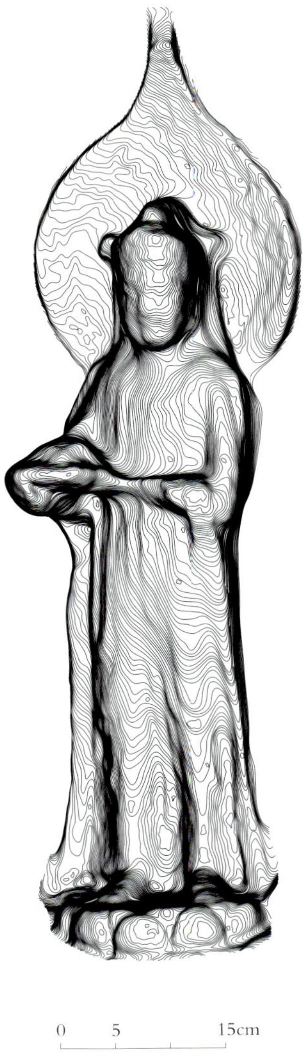　　　　　　　　　　　图 159　第 58 号龛右壁菩萨像等值线图

01　〔乾〕宁三年九月廿三日节[5]度左押衙检校左〔散骑常〕侍兼
02　〔御〕史大夫上柱国赵师恪奉为故外姑何氏妆饰

五　晚期遗迹

左菩萨像颈部、双手残毁处和右菩萨像双手残毁处均凿有圆形小孔，直径0.7—2厘米，深2厘米。

龛右沿外侧凿上下两个枋孔，大小相近，高11厘米，宽5厘米，深3厘米。

龛前8.5厘米处凿一方形凹槽，长24厘米，宽7厘米，深8厘米。

龛内存红色和灰白色两种涂层。

第十四节　第59号

一　位置

位于第57号龛右侧。左距第57号龛56厘米，右距第62号龛40厘米；上距岩顶约158厘米，下距第60号龛约81厘米。龛口西北向，方向343°。

二 形制

单层方形龛（图160、图161；图版Ⅰ：236）。

龛口　在岩体表面平直凿进最深约8厘米，形成龛口。龛口方形，下部毁，外缘残高60厘米，宽56厘米。龛左右沿残，存宽约5厘米；上沿蚀，宽5厘米；下沿毁。龛口内缘高51厘米，宽44厘米，至后壁最深7厘米。内缘左右上角凿出三角形斜撑，已蚀。

龛底　大部毁，仅存少许。

龛壁　弧壁，壁面与龛顶弧面相交。

龛顶　券顶。

三 造像

龛内刻坐像3身（图160-1；图版Ⅰ：236）。皆残毁甚重，可辨身躯及座台轮廓。中像残坐高约14厘米，左像残坐高约13厘米，二像皆存圆形头光，直径9厘米；座台残高7厘米。右像已毁。

四 晚期遗迹

龛外左下侧6厘米处凿一不规则方孔，高22厘米，宽28厘米，深17厘米；孔内壁面凿痕粗大。

龛外右侧5厘米处凿上下两个圆孔，大小相近，直径约15厘米，深18厘米。

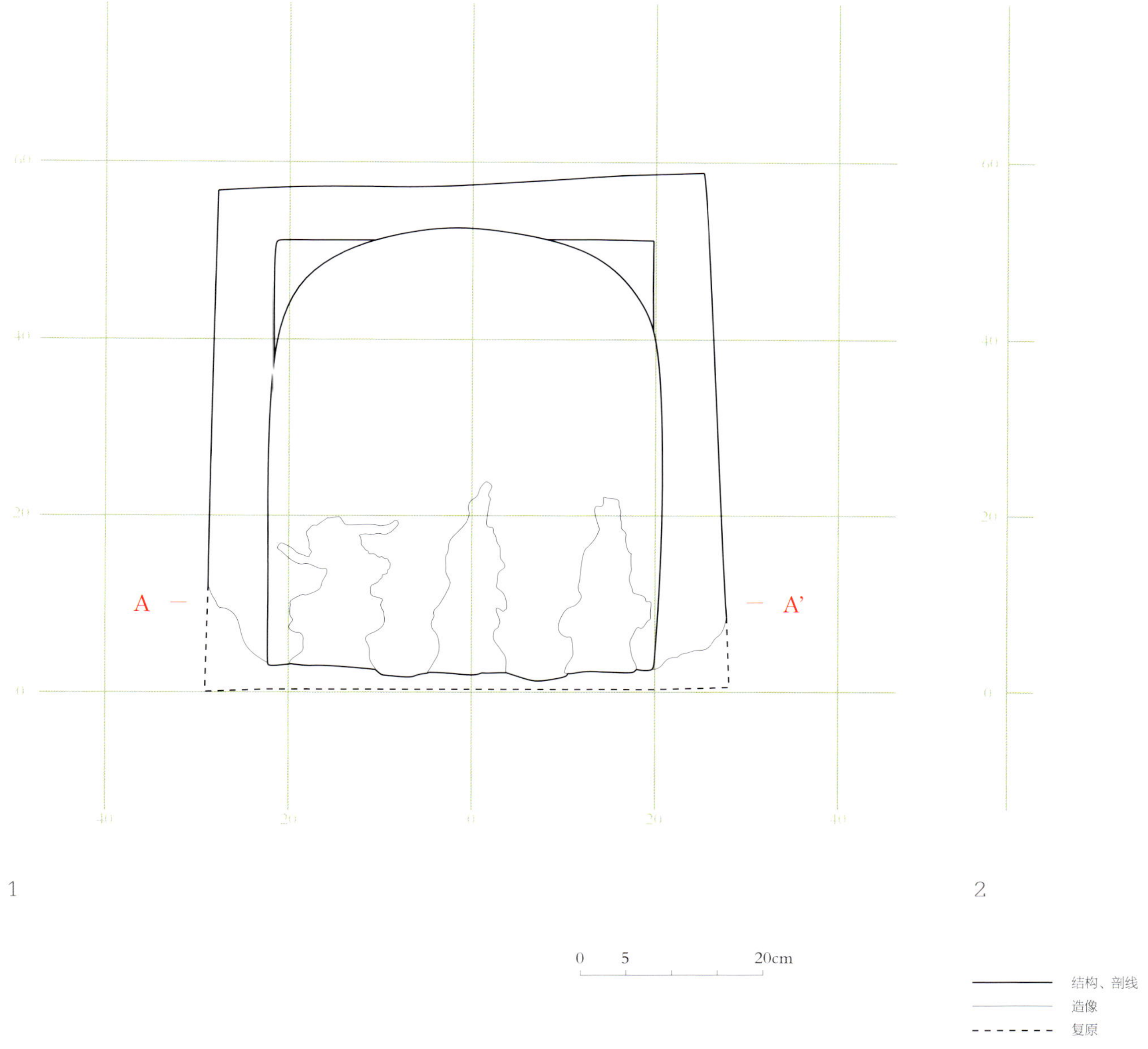

图160　第59号龛立、剖面图
1　立面图　2　剖面图

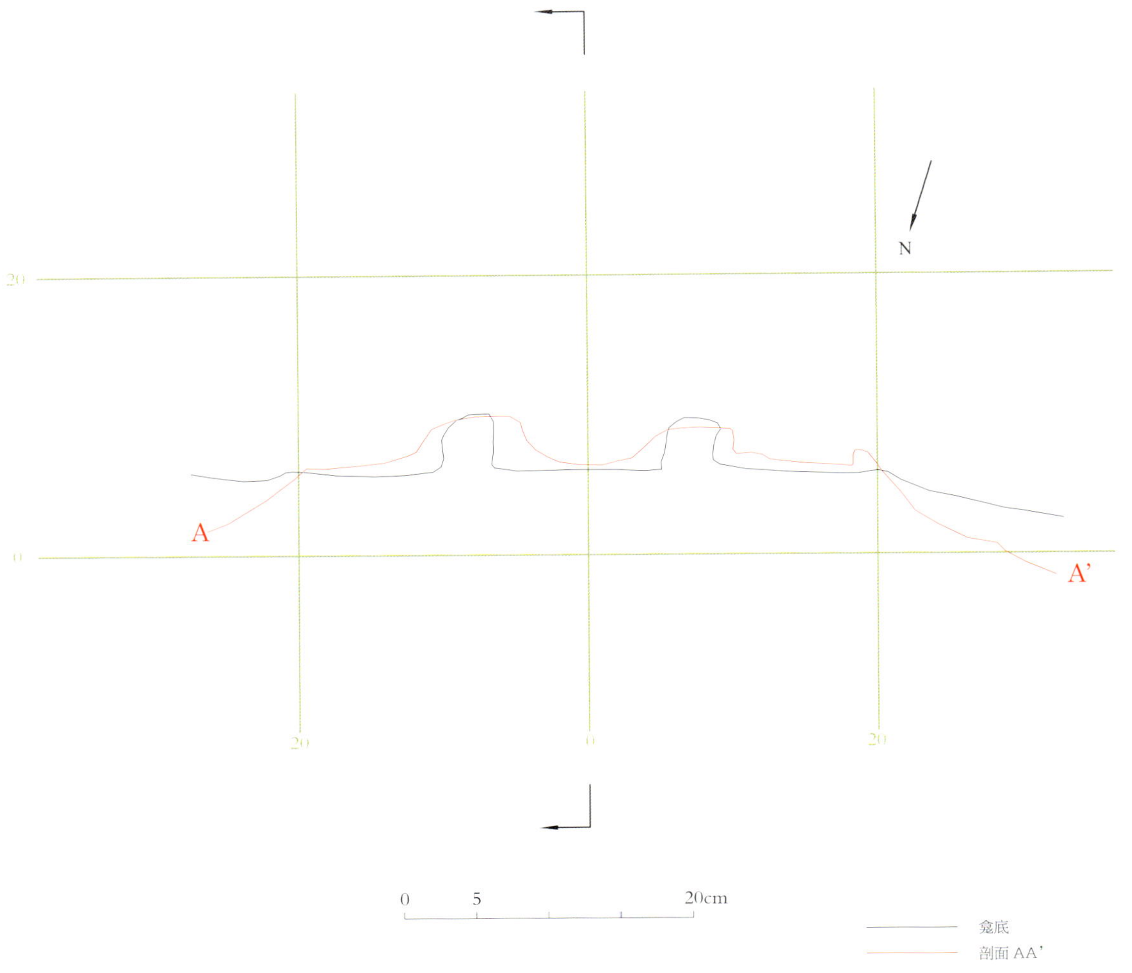

图 161　第 59 号龛平面图

第十五节　第60号

一　位置

位于第58号龛右侧。左距第58号龛26厘米，右距第63号龛24厘米；上距第59号龛81厘米，右下方为第61号龛，竖直相距15厘米。龛口西北向，方向335°。

二　形制

单层方形龛（图162；图版Ⅰ：237）。

龛口　在岩体表面平直凿进最深约14厘米，形成龛口。龛口方形，大部毁，外缘不清。龛左右沿仅存中下部，各残宽7.5、8厘米；上沿毁，未见下沿。龛口内缘高71厘米，宽56厘米，至后壁最深14厘米。

龛底　略呈横长方形。

龛壁　正壁竖直，与左右侧壁弧面相交；正壁与龛顶略垂直相交，左右壁与龛顶弧面相接。

龛顶　大部残。

三　造像

刻像3身。正壁刻主尊千手观音坐像1身，左、右沿下部各刻立像1身（图162-1；图版Ⅰ：237）。

主尊像　坐像高约40厘米。浮雕圆形素面背光，直径50厘米，厚1厘米。戴冠（残），冠带作结下垂至肩，面残，戴项圈，下缀三道璎珞交会于胸下圆璧，再作三道下垂。身着衣饰不明。自双肩出若干手臂，可辨者有：两手于头顶捧化佛，化佛及手皆残；两手于胸前合十，腕镯；两手置于腹前，残；其余手臂毁。坐于束腰方形叠涩须弥座上，座大部残，通高24厘米，座前遗迹无法辨识。

左沿像　立像高33厘米。残毁甚重，仅辨轮廓。

右沿像　立像高约32厘米。残毁甚重，仅可辨裙摆止于小腿中部。

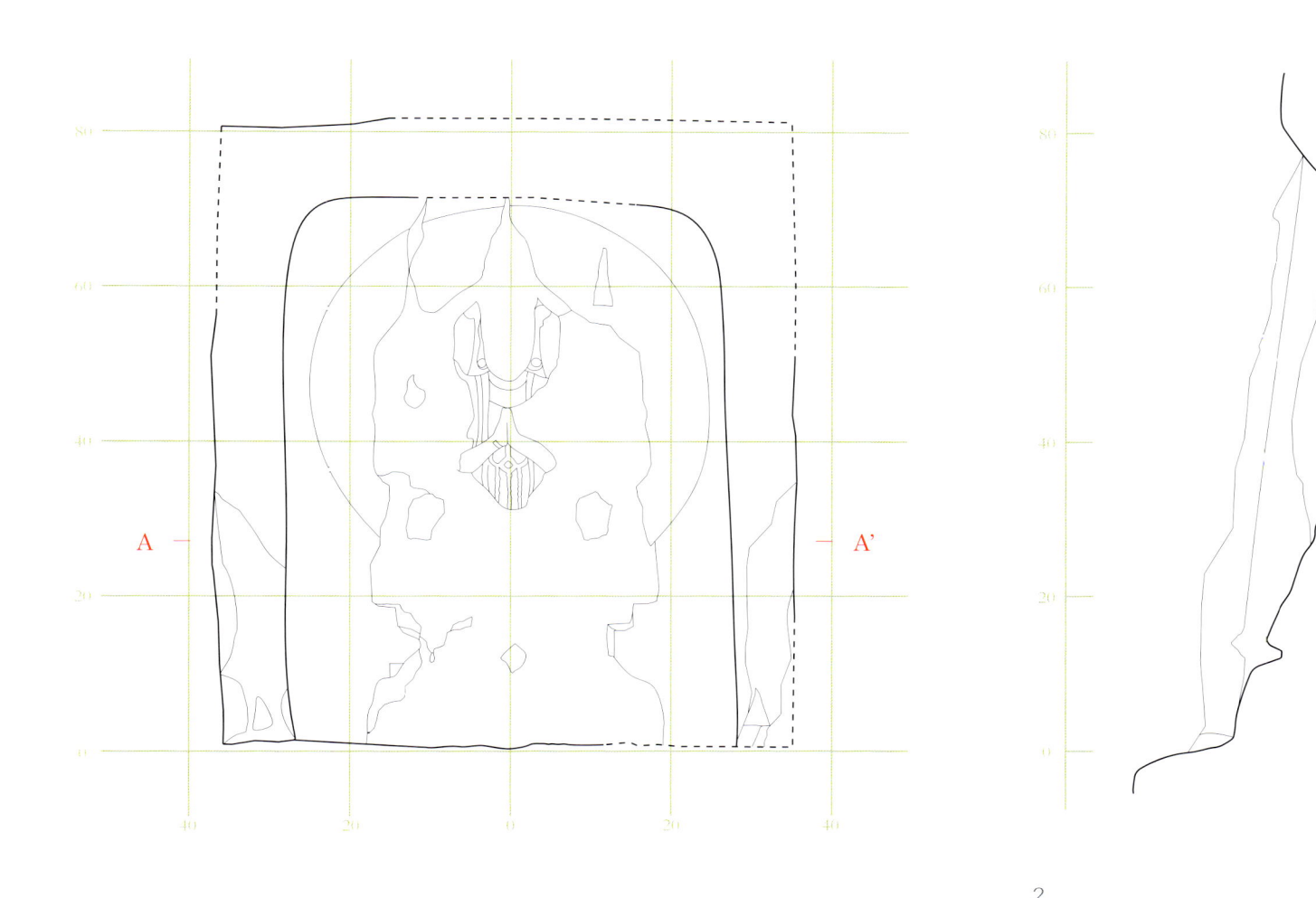

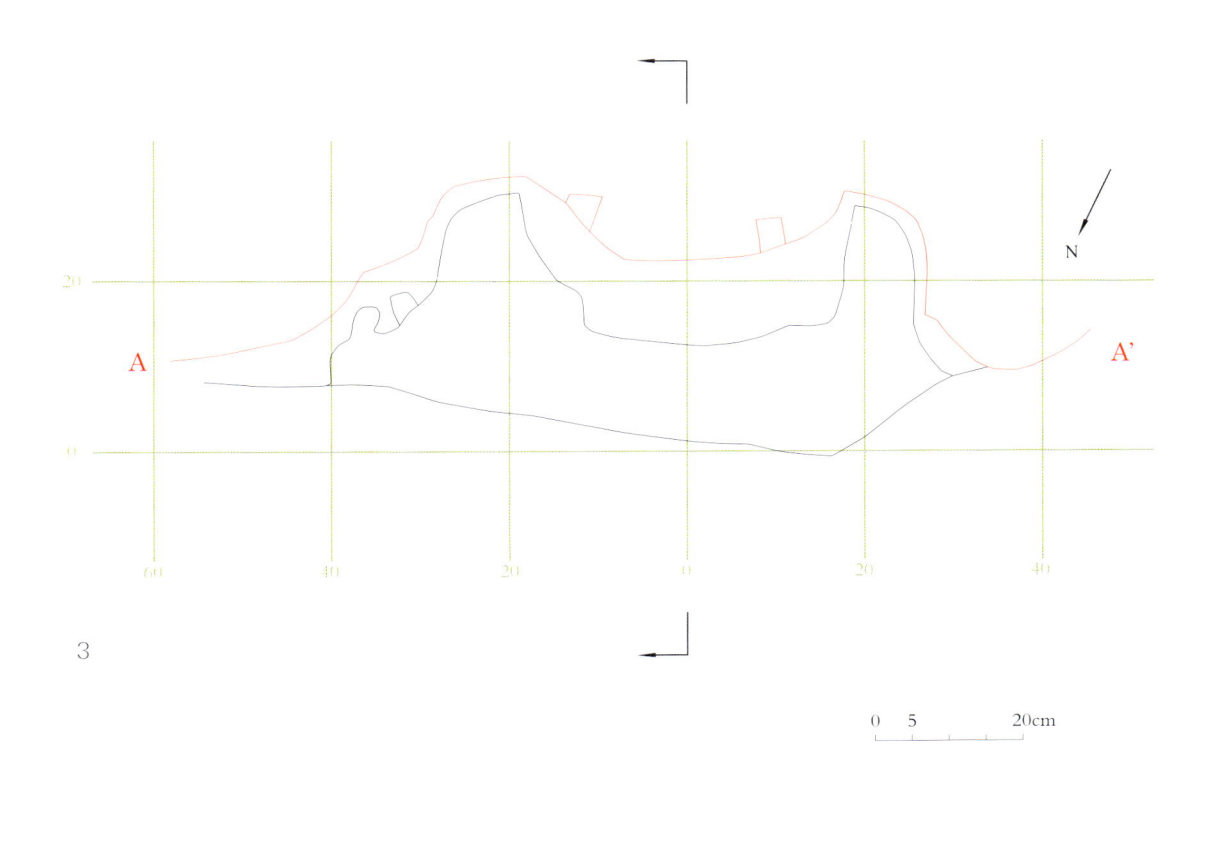

图162　第60号龛平、立、剖面图
1　立面图　2　剖面图　3　平面图

第十六节　第61号

一　位置

位于第60号龛下方。左距第58号龛约41厘米，右距第65号龛12.5厘米；左上为第60号龛，竖直相距15厘米，下距地坪52厘米。龛口西北向，方向340°。

二　形制

单层方形龛（图163；图版Ⅰ：238）。

龛口　在岩体表面直接凿建龛口。龛口方形，高58厘米，宽77厘米，至后壁最深20厘米。龛口左右上角凿三角形斜撑，高15厘米，宽19厘米；斜边弧形，低于龛口3.5厘米。

龛底　呈弦月形。后侧设低坛一级，高5.5厘米，深3厘米。

龛壁　弧壁，与龛顶弧面相交。

龛顶　券顶。

三　造像

龛内刻像7身。正壁刻主尊坐像3身，其间刻弟子立像2身；左右侧壁各刻立式供养人像1身（图163-1；图版Ⅰ：238）。

中主尊像　坐像高约22厘米。浮雕圆形素面头光，直径26厘米，存少许火焰残迹。像头毁肩残，上着双领下垂式袈裟，下身衣饰不明。双手置于腹前，残。双腿大部残，坐于束腰仰莲座上。座部分残，通高18厘米，束腰部分正面刻壸门。

左主尊像　坐像高约21厘米。有圆形素面头光（略残），直径26厘米。像残毁甚重，可辨轮廓。座台为须弥座，部分残，通高约18厘米，束腰部分饰壸门。

右主尊像　坐像高约21厘米。有圆形素面头光（略残），直径25厘米。像头、肩皆残毁，胸剥蚀，衣饰不明，双手（残）置于腿上。双腿大部残，坐于须弥座上。座台大小、式样与左主尊同。

左弟子像　立像高32厘米。可见圆形头光轮廓。头毁，上着交领袈裟，下着裙，双手拱于胸前，着鞋立于低坛上。

右弟子像　立像高32厘米。存部分圆形头光。双手合十，余略同左弟子像。

左供养人像　为男像，立像高约19厘米。头毁身残，上身似着宽袖服，下着裙，双手残，着鞋站立。

右供养人像　为女像，立像高约19厘米。头毁，上着交领窄袖衫，下着裙，右手前臂垂搭帛带，双手合十，着鞋站立。

四　晚期遗迹

龛外左上方约4厘米处凿一枋孔，高8厘米，宽8厘米，深7厘米。

龛外右上方约6厘米处凿一枋孔，高12厘米，宽9厘米，深10厘米。

龛外右下侧10厘米处凿一枋孔，高10厘米，宽7厘米，深11厘米。

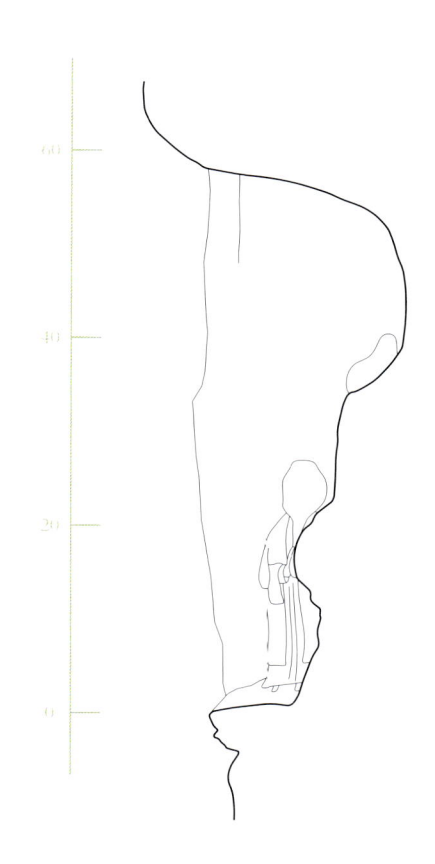

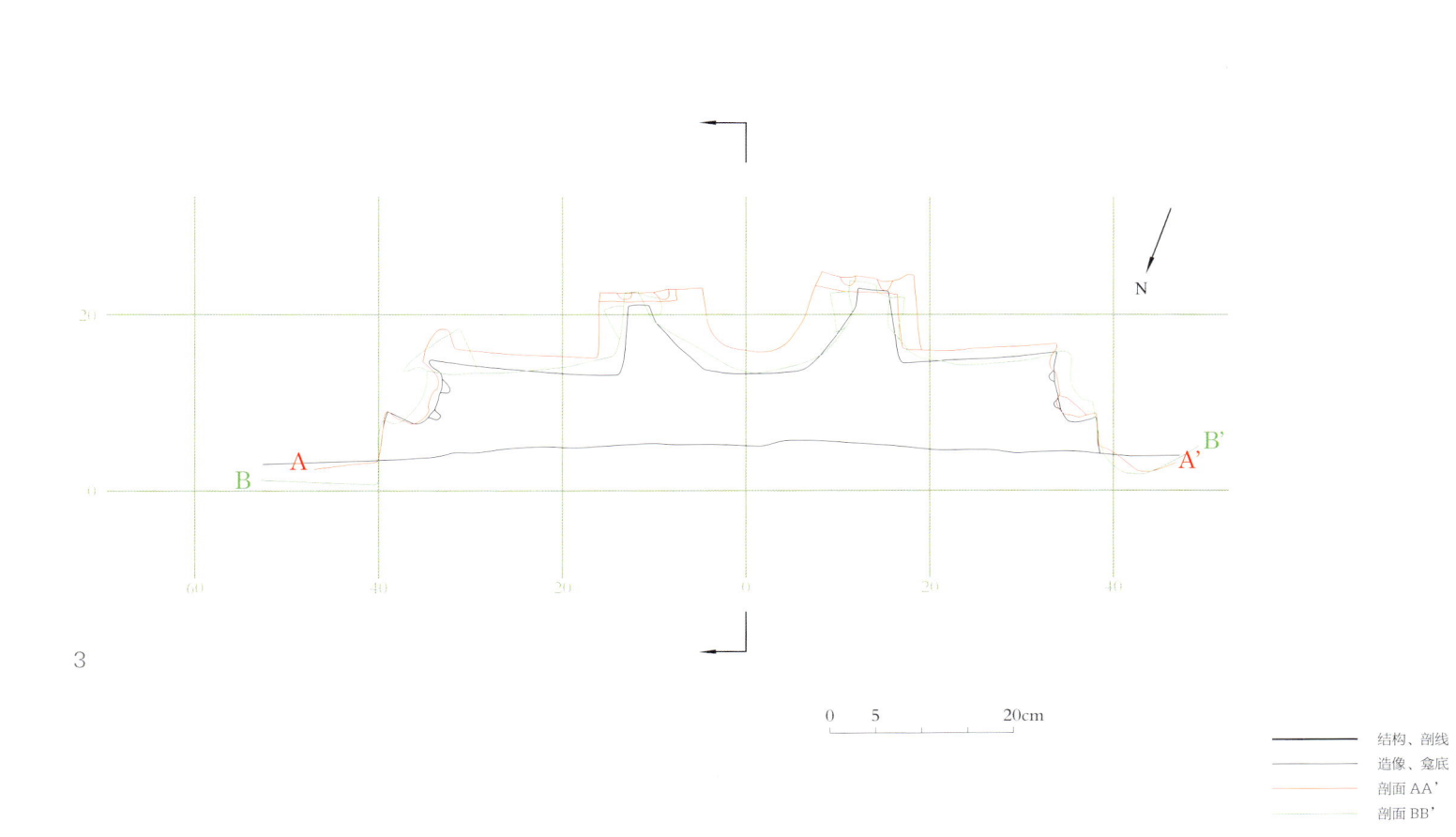

图163 第61号龛平、立、剖面图
1 立面图 2 剖面图 3 平面图

第十七节　第62号

一　位置

位于第59号龛右侧。左距第59号龛约40厘米，右距壁面转折边缘30厘米；上距岩顶约88厘米，下距第63号龛约107厘米。龛口西北向，方向345°。

二　形制

单层方形龛（图164；图版Ⅰ：239）。

龛口　在岩体表面平直凿进最深约45厘米，形成龛口。龛口呈方形，部分残，外缘高79厘米，宽82厘米。龛沿蚀，存宽约6厘米。龛口内缘高67厘米，宽70厘米，至后壁最深18厘米。内缘左右上角存三角形斜撑遗迹。

龛底　呈横长方形。

龛壁　正壁竖直，与左右侧壁垂直相交，正壁与龛顶略垂直相交；左右壁与龛顶弧面相接。

龛顶　近似平顶，略呈方形。

三　造像

龛内刻坐像2身（图164-1；图版Ⅰ：239）。龛外右侧壁面下部浅龛内刻立像1身。

龛内左像　坐高约30厘米。像残毁甚重，可见圆形素面头光和身光轮廓。座为须弥座，大部残，通高约23厘米，座前存仰莲遗迹。

龛内右像　坐高约30厘米。像残毁甚重，存圆形素面头光和身光轮廓，可辨左手于腹前持物，物残难辨；垂左腿踏仰莲，坐于须弥座上。座残，通高约24厘米。

龛外立像　高约18厘米，仅辨轮廓。

四　晚期遗迹

龛内存灰白色涂层。

第十八节　第63号

一　位置

位于第60号龛右侧。左距第60号龛24厘米，右紧邻第64号龛；上距第62号龛107厘米，右下为第65号龛，与其竖直相距9厘米。龛口西北向，方向342°。

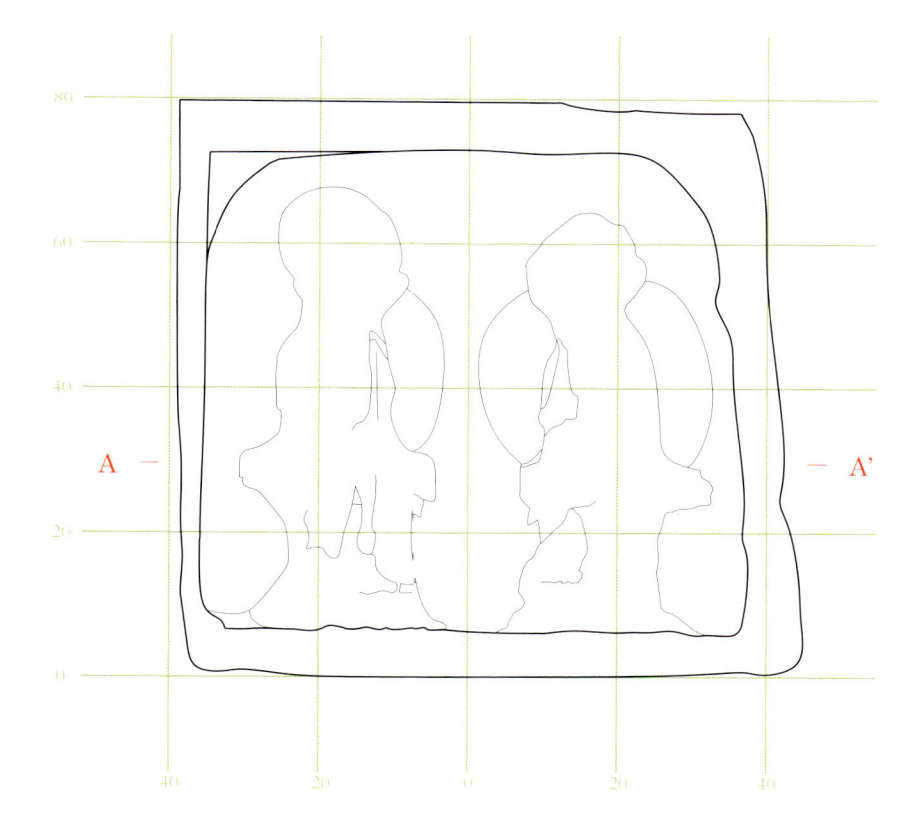

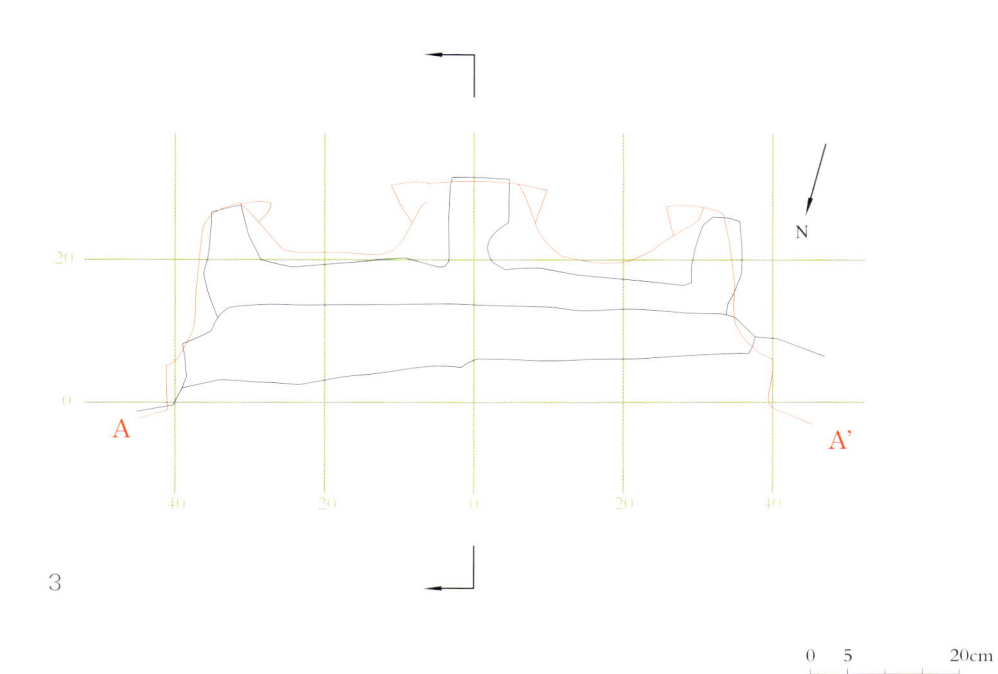

图 164　第 62 号龛平、立、剖面图
1　立面图　2　剖面图　3　平面图

二 形制

单层方形龛（图165；图版Ⅰ：240）。

龛口　在岩体表面直接凿建龛口。龛口方形，残毁严重，外缘与崖壁分界不明。龛左沿、上沿毁，右沿完整，宽4.5厘米，下沿仅存少许，宽约5厘米。龛口内缘高56厘米，宽39厘米，至后壁最深15厘米。内缘左上角毁，右上角存三角形斜撑。

龛底　略呈梯形。

龛壁　正壁竖直，与左右侧壁略呈垂直相交，正壁与龛顶垂直相交；左右侧壁与龛顶弧面相接。

龛顶　券顶，部分残。

三 造像

龛内刻坐像1身（图165-1；图版Ⅰ：240）。坐像高约28厘米。浅浮雕圆形素面头光，直径22厘米，厚2厘米，其右侧存棍状（似锡杖）遗迹。像头毁身残，细节不明，可见座为方形须弥座，通高16厘米，中部为束腰方台，上下皆作两阶方台叠涩；座前存莲朵遗迹。

第十九节　第64号

一 位置

位于第63号龛右侧。左紧邻第63号龛，右距壁面转折边缘33厘米；上距第62号龛113厘米，左下方为第65号龛，竖直相距6厘米。龛口西北向，方向328°。

二 形制

龛口　在岩体表面直接凿建方形龛口（图166；图版Ⅰ：241）。龛口大部毁，仅存与第63龛共用的左沿，宽4.5厘米。龛口内缘残高57厘米，宽44厘米，至后壁最深20厘米。

龛底　呈半圆形。

龛壁　正壁右侧毁，左侧壁与正壁弧面相交。壁面与龛顶弧面相交。

龛顶　近似券顶，大部毁。

三 造像

龛内刻坐像1身（图166-2；图版Ⅰ：241）。像残毁甚重，坐像高约32厘米，仅辨轮廓。左侧壁上方刻云纹，残蚀较重。

四 晚期遗迹

龛内存灰白色涂层。

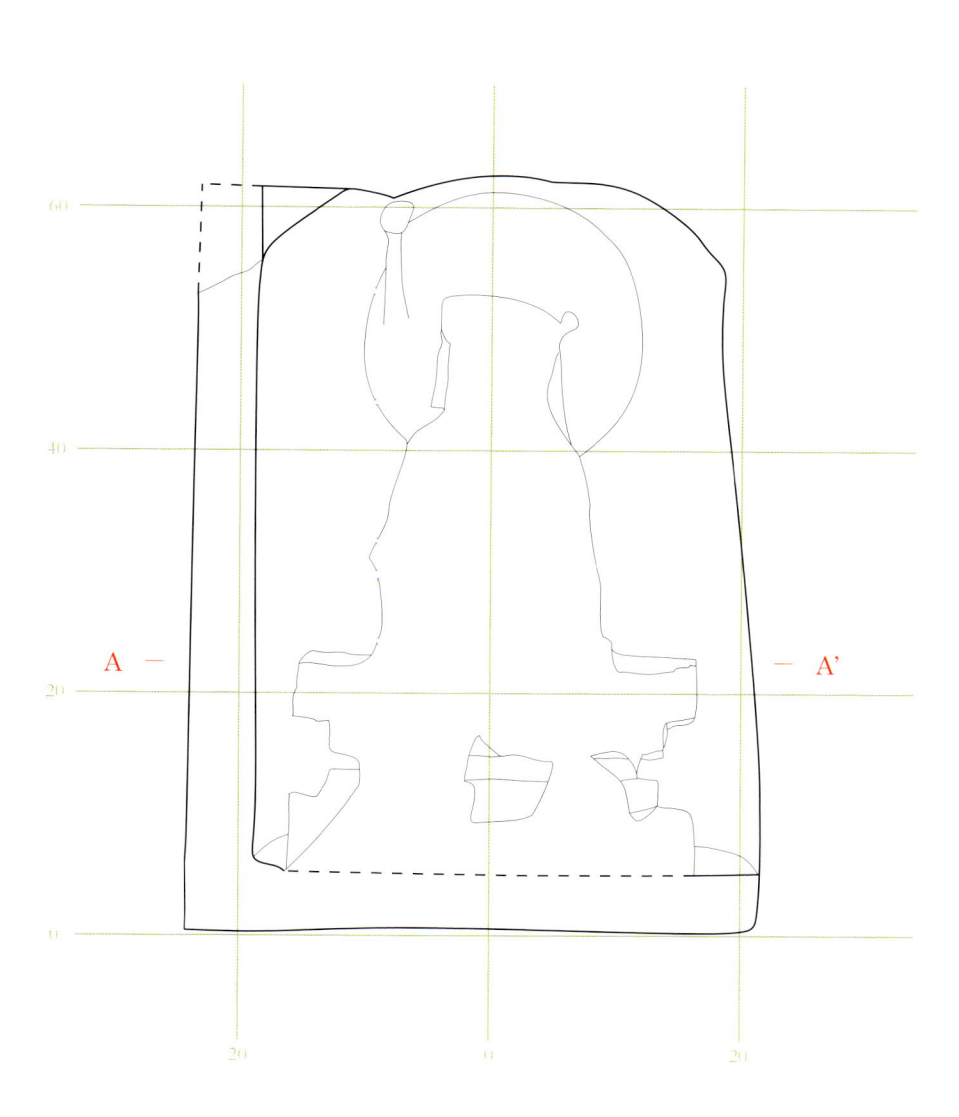

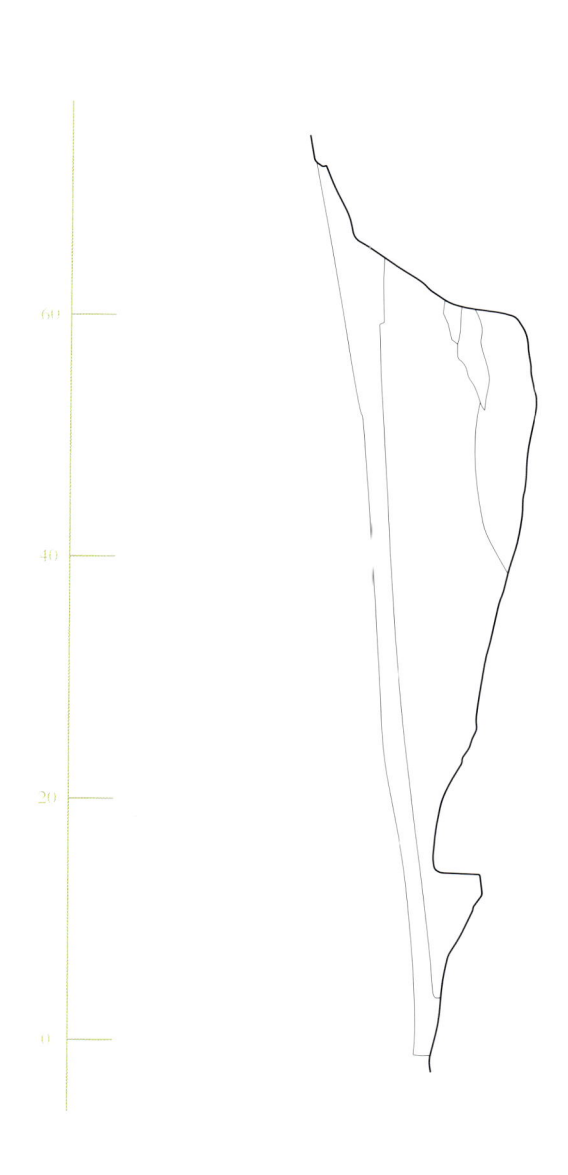

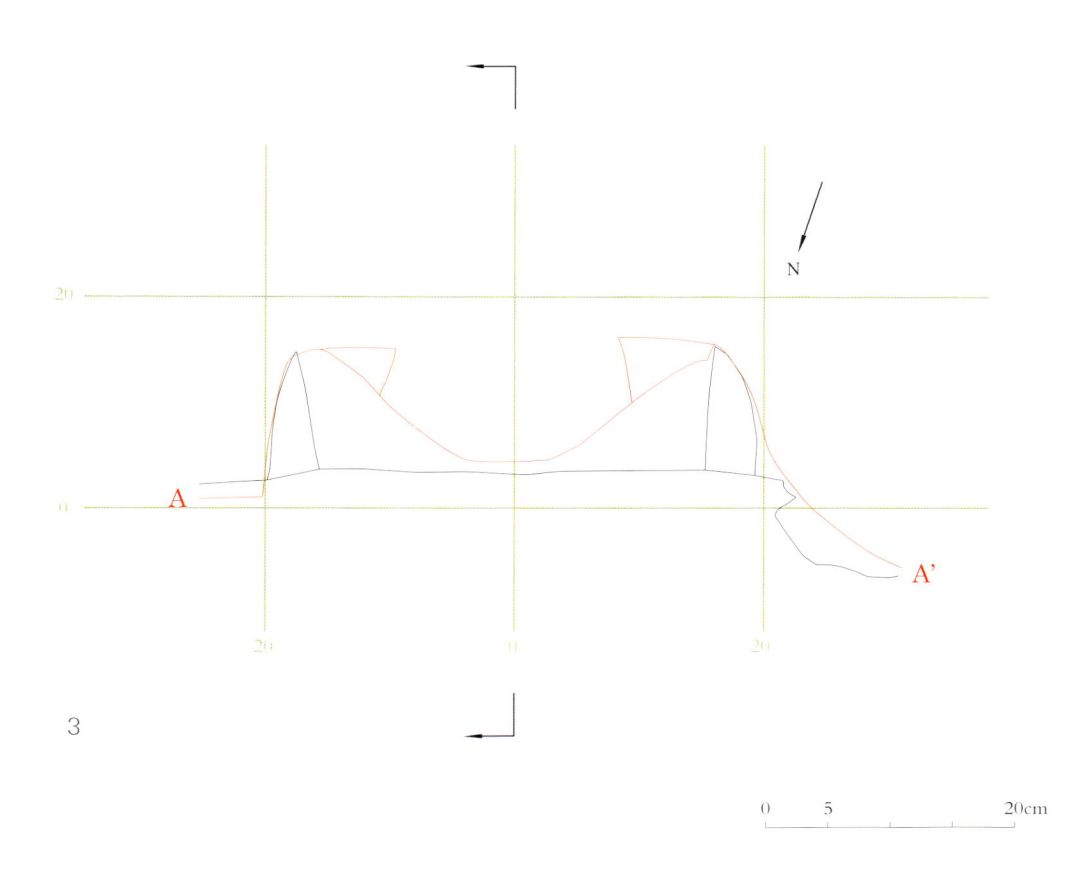

图165　第63号龛平、立、剖面图
1　立面图　2　剖面图　3　平面图

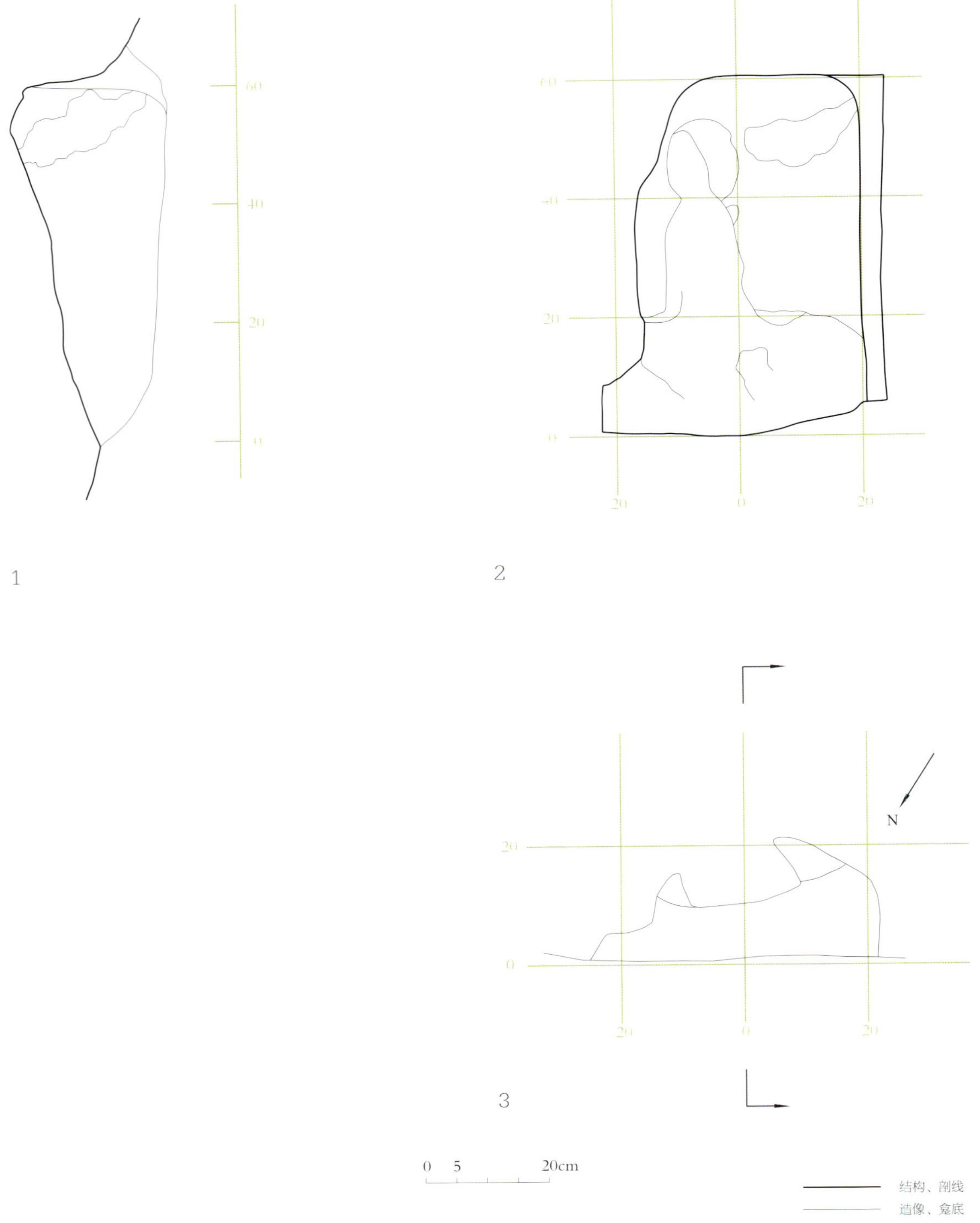

图 166　第 64 号龛平、立、剖面图
1　剖面图　2　立面图　3　平面图

第二十节　第65号

一　位置

位于第64号龛左下方。左距第61号龛12.5厘米，右距壁面转折边缘59厘米；上距第64号龛6厘米，下距地坪48厘米。龛口西北向，方向335°。

二　形制

单层方形龛（图167、图168、图169；图版Ⅰ：242）。

龛口　在岩体表面直接凿建龛口。龛口方形，上部残，高62厘米，宽53厘米，至后壁最深21厘米。龛口左右上角刻三角形斜撑，略残，高10厘米，宽11厘米；斜边弧形，低于龛口3.5厘米。

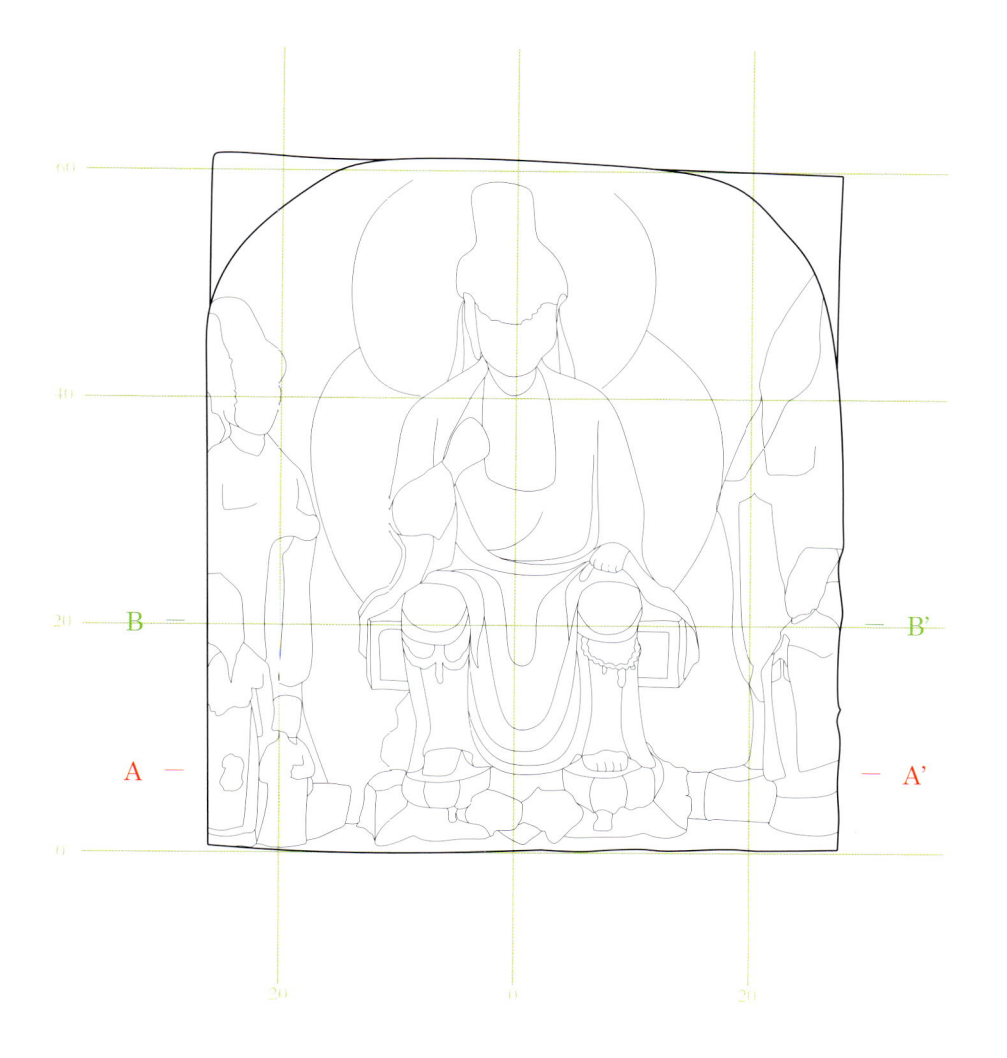

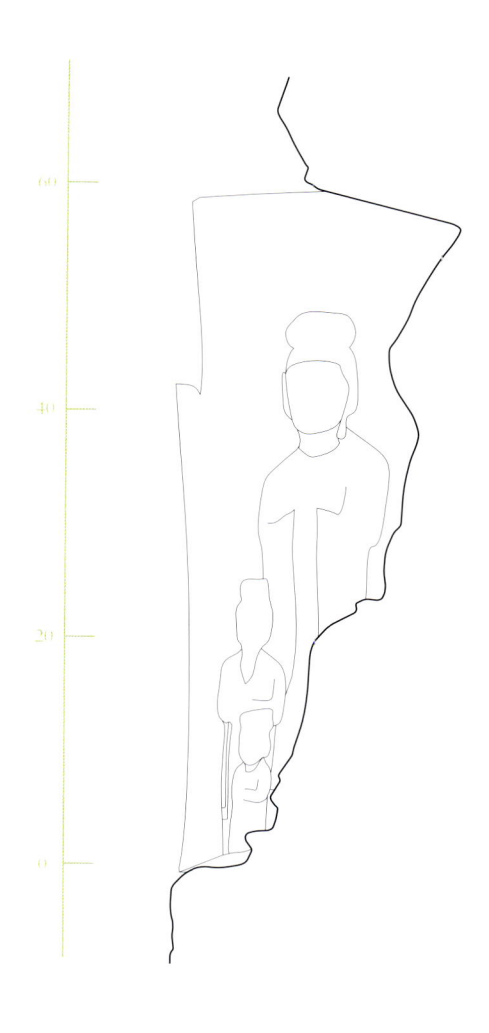

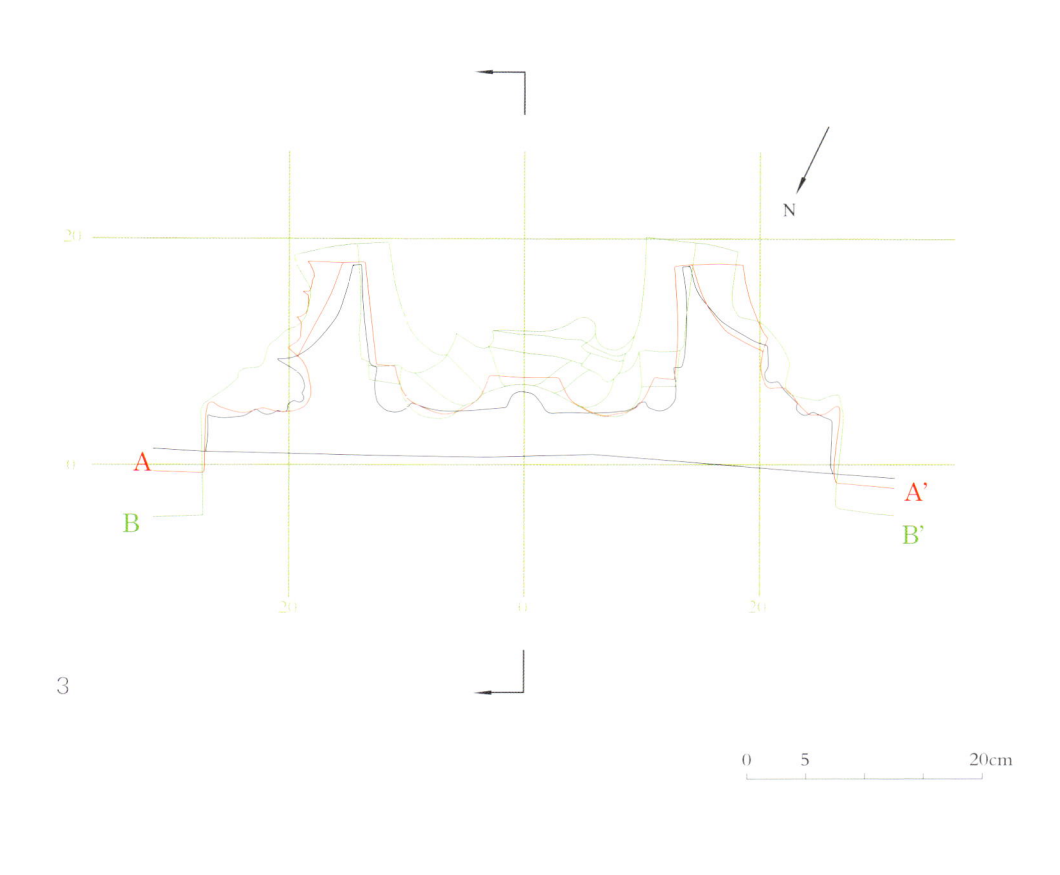

图 167　第 65 号龛平、立、剖面图
1　立面图　2　剖面图　3　平面图

龛底　呈横长方形。

龛壁　正壁竖直，与左右侧壁弧面相交，与龛顶垂直相交；左右壁与龛顶弧面相交。

龛顶　券顶。

三　造像

龛内刻像6身。正壁中刻主尊菩萨坐像1身，左右各刻侍者立像1身；左侧壁刻供养人立像1身，右侧壁刻供养人立像2身（图167-1、图168、图169；图版Ⅰ：242、图版Ⅰ：243、图版Ⅰ：244）。

主尊菩萨像　坐像高39厘米，头长17厘米，肩宽15厘米，胸厚5厘米。线刻圆形素面头光和身光，直径分别为25、35厘米。梳高髻，面残。身着双领下垂式袈裟，下着裙，双膝处饰璎珞，袈裟袖摆垂于座台两侧。左手握带置于腿上，右手于胸前持物，手及物残；物系带，带斜垂腹前，经左大腿垂至座左侧。倚坐于方形须弥座上，跣足分踏并蒂仰莲。座通高20厘米，宽26厘米，深12厘米，方涩正面线刻方框。座前刻并蒂仰莲及莲叶，部分残。

左侍者像　立像高39厘米。头毁肩残，上着宽袖长服，下着裙，双手合十，着鞋立于圆台上。台高4.5厘米，最宽约10厘米。

右侍者像　立像高42厘米。梳高髻，面残，其余特征与左侍者像略同。台部分残，高4.5厘米，最宽10厘米。

左侧壁供养人像　立像高24厘米。头残，存展脚幞头，肩残，上着圆领宽袖长服，下着裙；双手合十站立。

右侧壁供养人像　2身，为女像和小孩立像。女像高26厘米，头残，上身衣饰不明，下着裙，左臂屈肘横置于胸前，右臂及手残。小孩高14厘米，头巾，面蚀，着圆领窄袖长服，双手（残）置于胸前，直立于女像身前。

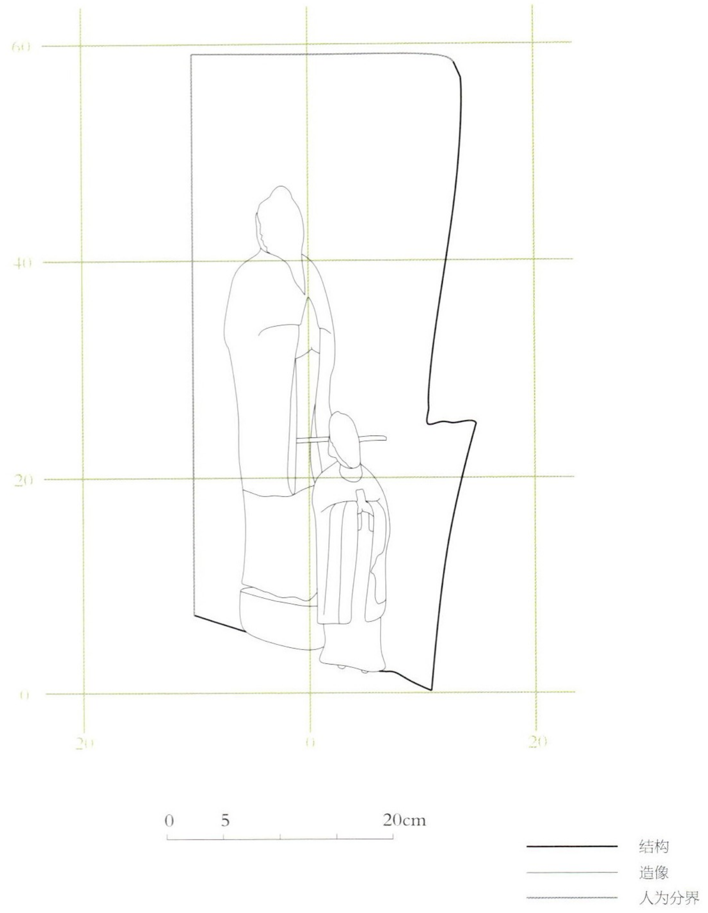

图168　第65号龛左侧壁立面图 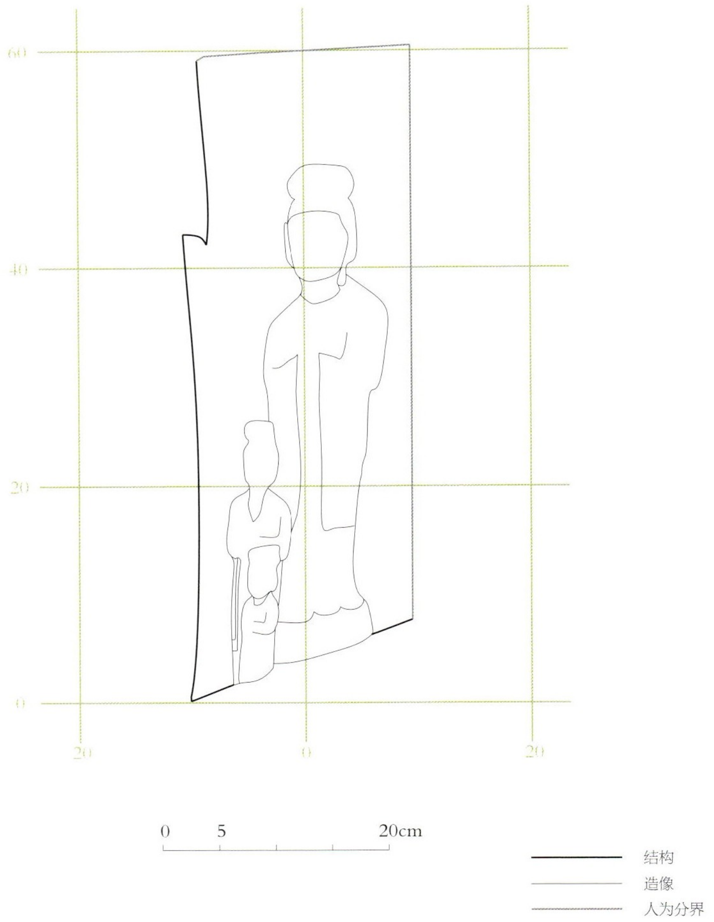　　　　　图169　第65号龛右侧壁立面图

四　晚期遗迹

龛内存白色涂层。

第二十一节　第66号

一　位置

位于第62号龛右侧转折壁面的上部。左距壁面转折边缘33—85厘米，右距后世砌筑的条石墙体23厘米；上距岩顶约75厘米，下距第67号龛112厘米。

龛口东北向，方向35°。

二　形制

单层方形龛（图170、图171；图版Ⅰ：245）。

龛口　在岩体表面平直凿进最深约15厘米，形成龛口。龛口方形，外缘高77厘米，宽78厘米。龛沿皆损毁严重，存宽约7.5厘

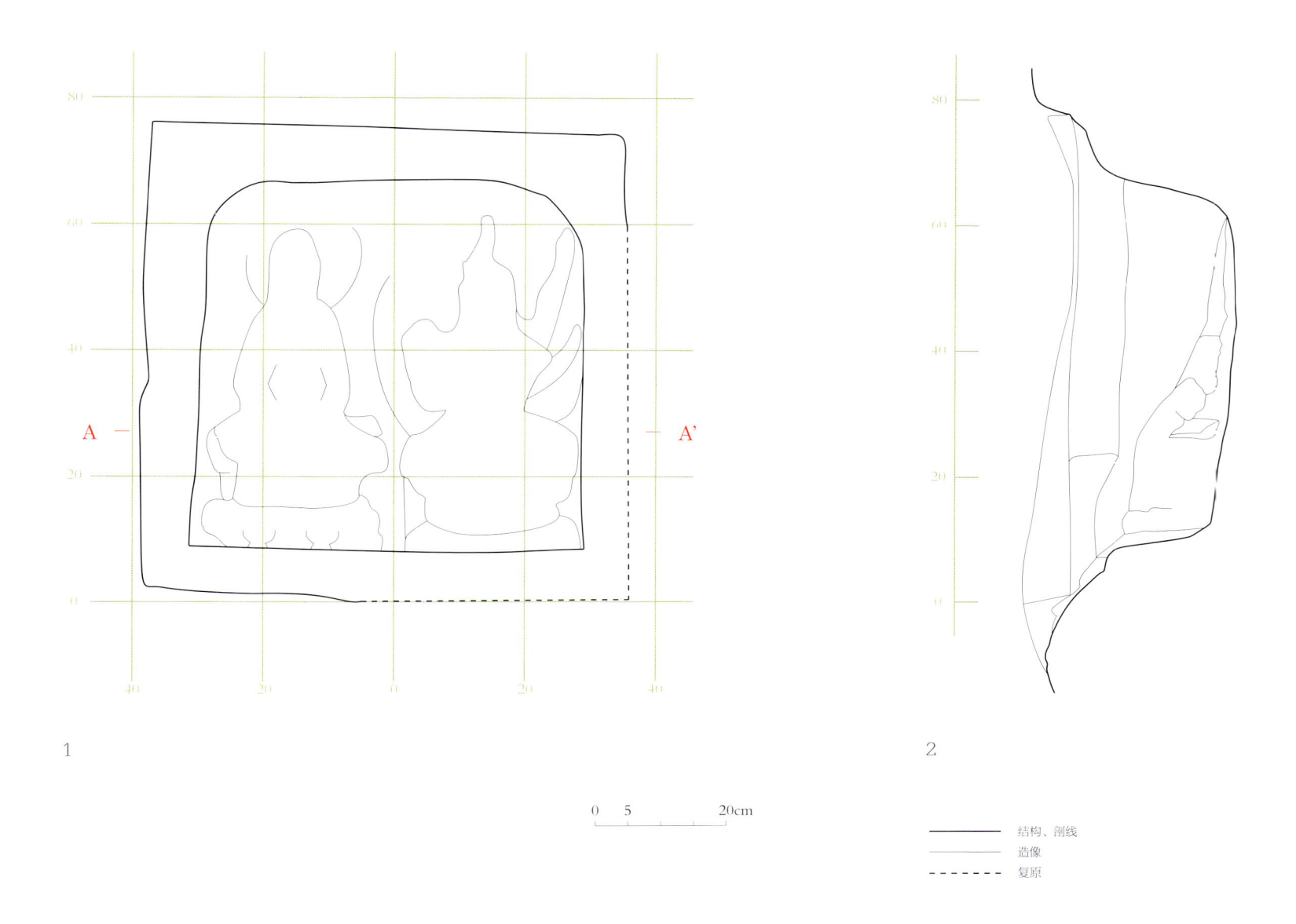

图170　第66号龛立、剖面图
1　立面图　2　剖面图

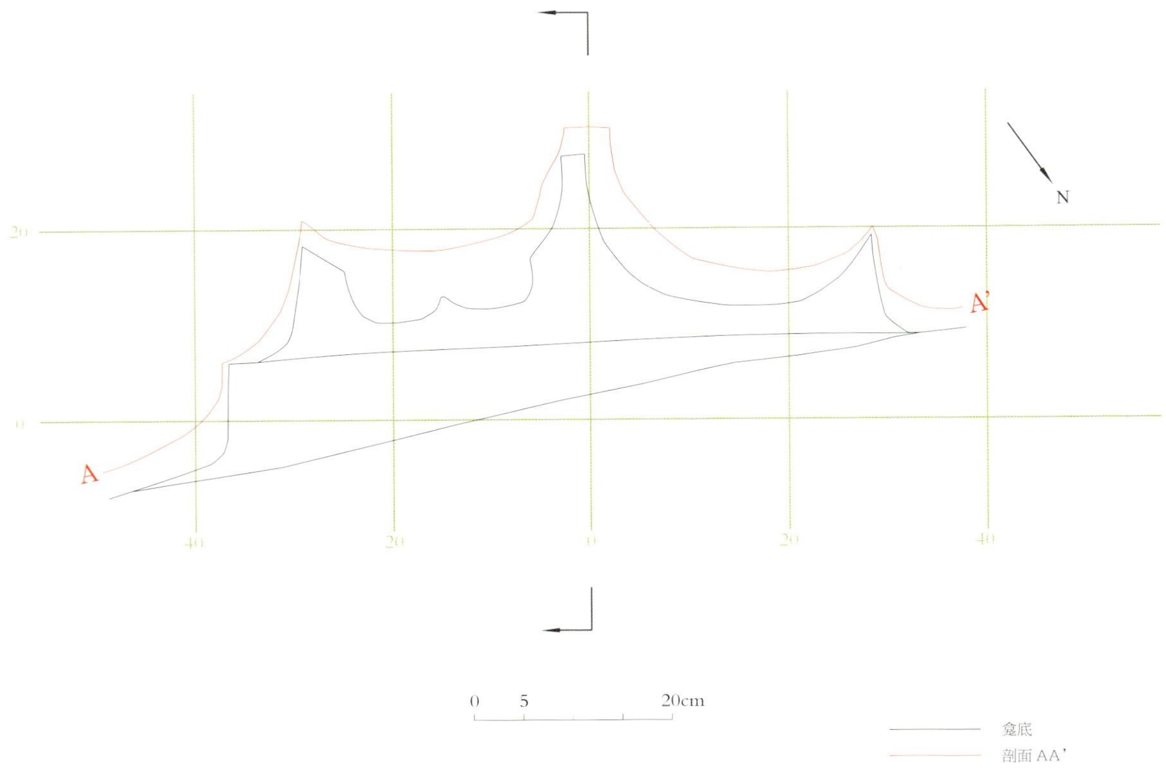

图171　第66号龛平面图

米。龛口内缘高58厘米，宽60厘米，至后壁最深18厘米。内缘左右上角存三角形斜撑遗迹。

龛底　略呈横长方形。

龛壁　正壁竖直，与左右侧壁弧面相交，正壁与龛顶略垂直相交；左右侧壁与龛顶弧面相接。

龛顶　近似平顶，方形，略残。

三　造像

龛内刻坐像2身（图170-1；图版Ⅰ：245）。

左像　坐像高约30厘米。像残毁甚重，仅辨轮廓。座为束腰仰莲座，大部残，高约17厘米。

右像　坐像高30厘米。像残蚀较重，可辨双手置于腹前，倚坐于束腰莲座上。座残，通高17厘米，座前刻并蒂莲（残）。

四　晚期遗迹

龛内保存灰白色涂层。

第二十二节　第67号

一　位置

位于第66号龛下方。左距壁面转折边缘60厘米，右距后世砌筑的条石墙体46厘米；上距第66号龛112厘米，下距地坪114厘米。龛口东北向，方向45°。

二 形制

单层方形龛（图172、图173；图版Ⅰ：246）。

龛口　在岩体表面直接凿建龛口。龛口方形，部分残，高74厘米，宽69厘米，至后壁最深28厘米。龛口左上角毁，右上角刻三角形斜撑，斜边平直，部分残。

龛底　略呈横长方形。

龛壁　正壁竖直，与左右侧壁弧面相交，正壁与龛顶垂直相交；左右侧壁与龛顶弧面相接。

龛顶　平顶，呈半圆形，左侧部分残脱。

三 造像

龛内刻像6身。正壁下部中刻主尊坐像1身，上部并刻坐像2身；左右侧共刻供养人立像3身（图172-2；图版Ⅰ：246）。

主尊像　坐像高19厘米。线刻圆形头光和身光，直径分别为13、16厘米。头残，身着双层交领长服，下着裙；左臂屈肘置于大腿上，齐腕残断，右手于胸前持物，物残。跣足，左腿横置（残）于台面，垂右腿于台前，右舒相坐于山石座上。座通高18厘米，最宽25厘米，深8厘米。座左侧山石间刻一盘龙，头残，龙身隐于座后，龙尾刻于座右侧。

在主尊像上方壁面并刻坐像2身，已毁，仅可辨部分线刻的圆形头光和身光。

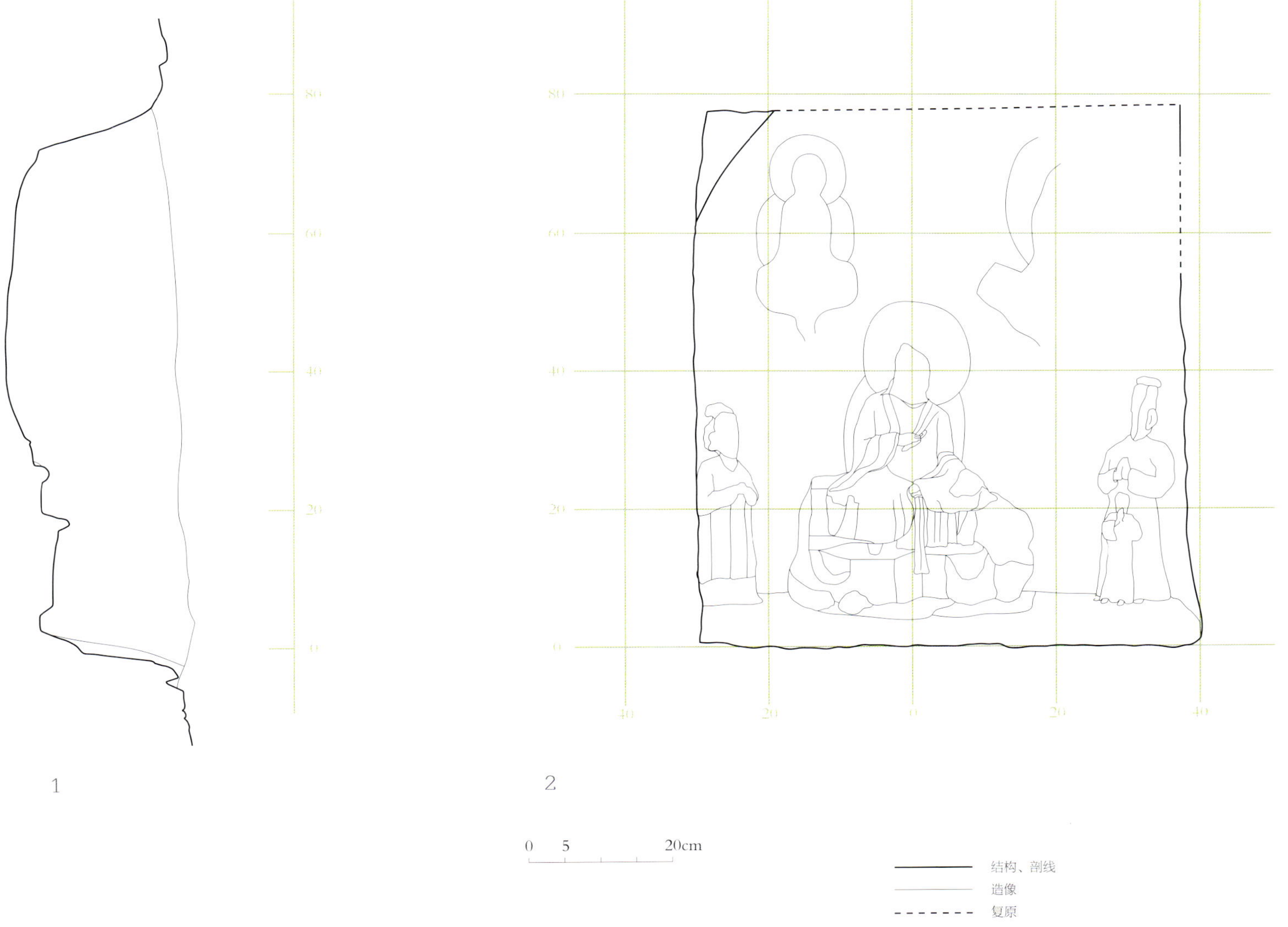

图172　第67号龛立、剖面图
1　剖面图　2　立面图

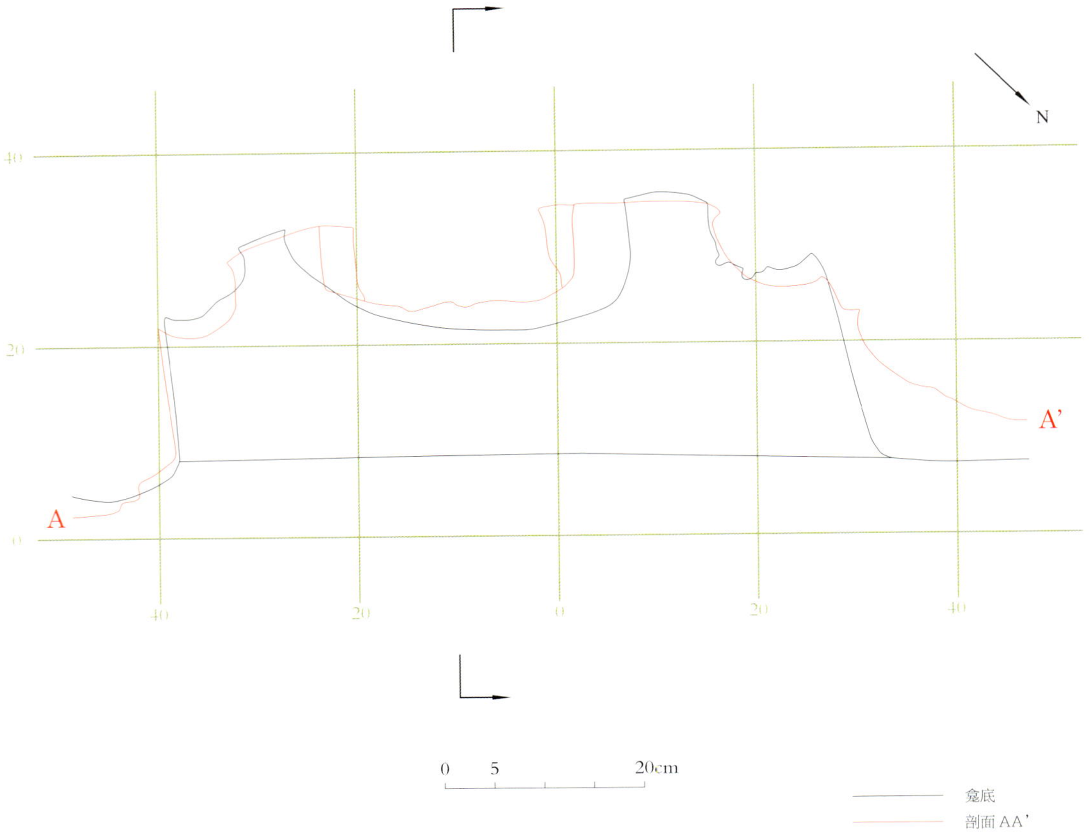

图173　第67号龛平面图

左供养人像　2身，作前后贴身站立。后像高33厘米，头、面残，存幞头遗迹，身着圆领窄袖长服，腰束带，双手合十，足鞋。前像高17厘米，上部身躯残，下部身躯较完整，可辨腰束带，右手置胸前，着鞋立于后像身前。

右供养人像　立像高30厘米。束髻，面及左肩残，身着窄袖长服，外披对襟衫，下着裙，双手（残）合十，足残。

第二十三节　本章小结

一　形制特点

本章崖壁西面的第49—55号7个龛中，第50、52、53、54号龛位于下部，在第50、52、53号龛上方凿出挑檐，第54号龛作为单体造像位于第53号龛与第58号龛之间的石柱上。第51号龛占据崖壁西面上方大部分岩面，其左右两侧的第49、55号龛，则处于侧角较偏的位置。崖壁西北面的第55-1—65号龛，可以分作三层，第55-1、59、62号龛位于壁面上层，第56、57、60、63、64号龛位于壁面中层，第58、61、65号龛位于壁面下层。第58号龛龛形较大，其他各龛较为窄小。崖壁北面的第66、67号两龛，是在结构裂纹交错的壁面上选择较佳位置开凿的。

本章20个龛，除第50号龛为单层圆拱龛外，其余各龛均为单层方形龛。除第49、55、64号龛因龛形残损较重和第54号龛为单体造像外，其余各方形龛均在龛口上方施有三角形斜撑。而第57号龛，则在龛上沿和左右沿施作帷帐，是本章龛制中的一个新特点。

二　年代分析

本章20个龛中，保存有造像纪年题记的共5龛，即第50号龛为乾宁四年（897年），第51号龛为光化二年（899年），第52号龛为乾宁四年（897年），第53号龛为永平五年（915年），第58号龛为乾宁三年（896年）。此有明确纪年的5龛，都排列于壁面显要突出的位置，且龛形保存较为完好。位于崖壁西面第51号龛两侧的第49、55号龛，应较第51号龛的年代稍晚，第54号龛单体像位于第53号龛与第58号龛之间，其像所乘的云纹尾部被浮雕于第58号龛龛口外左侧壁上，故第54号龛像可能与第58号龛开凿于同一年。崖壁西北面的第56、57号两龛位于第58号龛上方，两龛系从鼓凸的上部岩石从内凿进而成，在其上方形成一扇状面的挑檐。从第57号龛佛像和菩萨像的特征判断，与第52、53号龛极为相似，尤其该龛佛像头部的螺发雕作波状发式，与第52号龛佛像有承继关系，表明年代相去较近。而第56、57号龛上方的第55-1号龛，几乎靠近崖壁顶部偏僻位置，其开凿年代应较第56、57号龛更晚。至于崖壁西北面的其他诸龛，以及崖壁北面的第66、67号龛，均无造像纪年，龛内造像残损剥蚀严重，难以明确判别其开凿年代。从其排列的区域位置而言，不会早于本章乾宁间开凿的龛像，可能归属于前后蜀时期。从造像特征而言，第65、67号两龛更类似于宋代造像。

据以上分析，结合本章各龛龛制及造像特征，我们推测，除有纪年的5龛外，第49、55、55-1、56、57、59、60、61、62、63、64、66号等12龛开凿于前后蜀，第65、67号龛开凿于宋。

三　题材内容

第49号　龛中所刻立像残损较重，可辨识头冠及身体两侧的披帛。定为"菩萨龛"。

第50号　据龛外侧造像题记，应为"如意轮菩萨龛"[1]。

第51号　正壁三佛像据其坐式、手印等特征识为过去、现在、未来三世佛，三佛像近侧为迦叶、阿难二弟子，龛左右壁上部骑狮、乘象者为文殊及普贤像。龛左右壁中下部共8身像，据其造像特征和本龛题材的布局来看，应是天龙八部护法像，龛左壁中下层四像辨识为迦楼罗、乾闼婆、夜叉和阿修罗；龛右壁中下层四像辨识为紧那罗、天、摩睺罗伽和龙众[2]。按主尊像，将此龛定为"三世佛龛"。

第52号　据造像题记，主尊为阿弥陀佛，其左侧为地藏菩萨，右侧为观音菩萨。定为"阿弥陀佛、观音、地藏龛"。

第53号　据造像题记，为"阿弥陀佛、观音、地藏龛"。

第54号　该像上身着袈裟，下身存有裙摆，似为"菩萨龛"。

第55号　像残蚀不辨。定为"残像龛"。

第55-1号　像残蚀不辨。定为"残像龛"。

第56号　造像面部作忿怒相，上身斜披络腋，左手执索，与第47号龛主尊为同一题材，即"不动明王龛"。

第57号　本龛与第52、53号龛题材相同，唯地藏、观音侍立的左右位置交替对换。阿弥陀佛莲座下部所刻的长有双翅鸟尾的人像，应是迦陵频伽。故定为"阿弥陀佛、观音、地藏龛"。

第58号　据造像题记，本龛为"观音、地藏龛"。其左右侧为胁侍菩萨，观音、地藏之间跪于祥云上的女像，或即题记中所说王宗靖的亡妻、赵师恪的外姑何七娘之像。

第59号　像残蚀不辨。定为"残像龛"。

第60号　像躯体多有残损，可辨该像身前聚簇有多只手臂，应为"千手观音龛"。

第61号　龛内三尊坐像残存有服饰遗迹，像后侧为二弟子像，两侧壁二立像为供养人像。定为"残像龛"。

第62号　龛内两坐像残蚀不辨。定为"残像龛"。

第63号　龛内坐像残蚀不辨。定为"残像龛"。

第64号　龛内坐像残蚀不辨。定为"残像龛"。

第65号　龛内主尊为一菩萨像，主尊像两侧为侍者，左右壁为供养人像。疑本龛为"菩萨龛"。

1　据（唐）宝思惟译《观世音菩萨如意摩尼轮陀罗尼念诵法》，造如意轮菩萨画像的仪轨是："其菩萨形相造思惟之形，有六臂。其左上作金轮之手，中手执莲花，下手按山；右手作思惟相，中手执如意宝，下手执念珠。以右足以三十二叶莲花为坐，顶上有化佛。相好圆满而乘月轮，威光照耀如月中光"。《大正藏》第20册，No.1084，第203页。另有（唐）金刚智译《观自在如意轮菩萨瑜伽法要》，对如意轮菩萨也有类似的记述："手持如意宝，六臂身金色；皆想于自身，顶髻宝庄严，冠坐自在王，住于说法相。第一手思惟，愍念有情故。第二持意宝，能满一切愿。第三持念珠，为度傍生苦。左按光明山，成就无倾动。第二持莲手，能净诸非法。第三手持轮，能转无上法。六臂广博体，能游于六道。"《大正藏》第20册，No.1087，第213页。按经典所记上述仪轨，本龛菩萨像特征大致与经典吻合。

2　对八部众形象的描述，散见于汉译佛典。（唐）法藏《华严经探玄记》卷二对八部众的阿修罗、迦楼罗、紧那罗、摩睺罗伽等形象就有较具体的描述，如云紧那罗："新云紧捺洛，此云歌神，能唱歌咏作乐。杂心入畜生道摄，亦名疑神。谓是畜生道摄，形貌似人，而极端正。顶上有一角，人见生疑，不知为人为鬼为畜，故云疑也。"《大正藏》第35册，No.1733，第135页。

第66号　龛内两坐像残蚀不辨。定为"残像龛"。

第67号　正壁上部二像已剥落，下部坐像头毁，均无法辨别题材。两侧的三身小立像当是供养人像。定为"残像龛"。

四　晚期遗迹

（一）构筑遗迹

崖壁西面第58号龛左菩萨像颈部、双手残毁处和右菩萨像双手残毁处均凿有圆形小孔，估计是后期为修补残像所凿。

崖壁西面第51号龛外左右侧壁面上存有枋孔、槽口遗迹，崖壁西北面第57号龛外右侧存有两枋孔，第58号龛右沿外侧存有两枋孔，第59号龛外左下侧、右侧分别存有方形和圆形梁孔，第61号龛外上方、下方共存有三个枋孔，表明后期在龛像前搭建过保护建筑。

崖壁西面第50、51、52、53号龛，以及崖壁西北面第58号龛各龛龛底外侧凿有方形槽孔，估计是开龛供养人或后期信众为供养龛像插放香烛所凿。

（二）妆绘遗迹

本章第49、50、54、59、60、61、63、67号等8个龛妆绘涂层已剥落无存，其余各龛或多或少保存有红色或灰白色涂层，第51号龛还保存有黑色和绿色涂层。

注释：

［1］　此"毕"字，铭文为：

毕

［2］　本则铭文第2行第2字"藏"；第3行第1字"救"，

铭文分别为：

藏　救

［3］　本则铭文第1行第4字"藏"；第2行第13字"亡"；

第5行第3字"因"，铭文分别为：

藏　亡　因

［4］　此"因"字，铭文为：

因

［5］　此"节"字，铭文为：

节

第七章　第68—80号

第一节　本章各编号位置及相互关系

如前所述，从"U"形巷道北口转至南区石窟北端崖壁，中间有四条竖向构造裂隙，将崖面分为五个部分。本章介绍的第68—80号、第70-1号等14个编号，即位于第二部分崖壁，布置于岩体的北向和西北向壁面上（图174、图175）。其中，第68—78号龛位于岩体的西北向壁面（图版Ⅰ：247），大致作上中下三层排列；第68、77、78号等3龛位于最上层，第69、71、72、74号等4龛位于中层，第70、70-1、73、75、76号等5龛位于最下层。第79、80号龛位于岩体的北向壁面（图版Ⅰ：248），呈上下排列。

第二节　本章各编号所在岩体软弱夹层的分布

本章各龛所在岩体分布有一条软弱夹层带，位于岩体西向壁面中下部，始于第70-1号龛左侧，向右水平发育，止于第73号龛右沿。全长约325厘米，宽约2厘米。

第三节　第68号

一　位置

位于本章龛像所在岩体上层左端。左距岩体边缘15—48厘米，右距第77号龛12厘米；上距岩顶5.5厘米，下距第69号龛7厘米。龛口西北向，方向303°。

二　形制

单层方形龛（图176；图版Ⅰ：249）。

龛口　在岩体表面平直凿进最深约17厘米形成龛口。龛口方形，外缘高61厘米，宽77厘米。龛沿受损严重，左右沿及上沿宽约4.5厘米，下沿略窄，宽3厘米。龛口内缘高53.5厘米，宽66厘米，至后壁最深15厘米。内缘左右上角存三角形斜撑遗迹。

龛底　略呈弦月形。

龛壁　弧壁，壁面中部与龛顶略垂直相接，左右侧上端与龛顶弧面相交。

龛顶　近似平顶，呈弦月形。

三　造像

龛内刻像3身，主尊居中，左右各刻立像1身（图176-2；图版Ⅰ：249）。

主尊像　残毁较重，坐像高17厘米。似跏趺坐于束腰座上。座通高16厘米。

左右立像　风化严重，仅存轮廓；残高约30厘米，立于莲台上。

图 174　第 68—80 号在本卷龛窟中的位置图

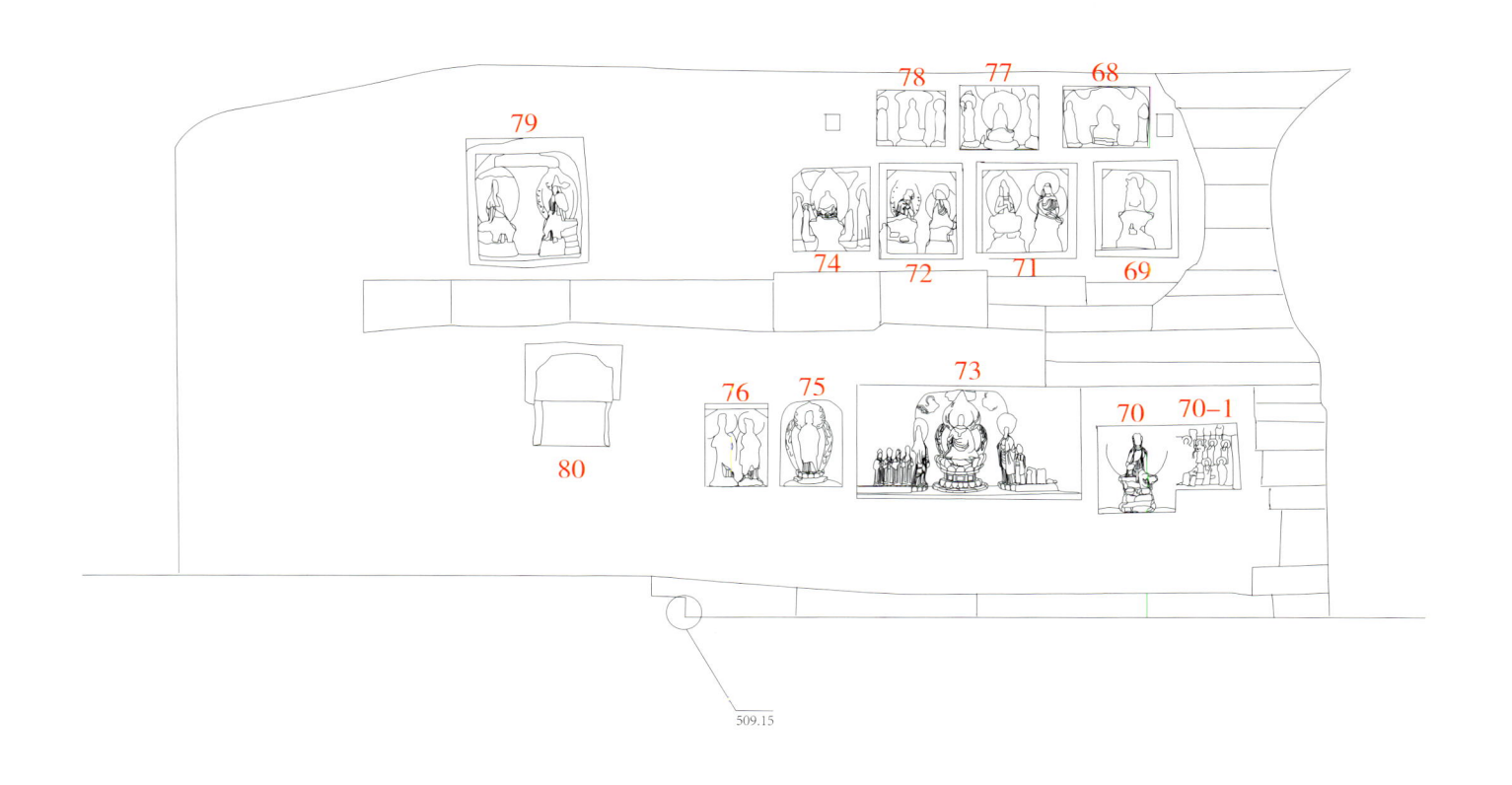

图 175　第 68—80 号位置关系图

250　大足石刻全集　第一卷（上册）

独　立　岩　体

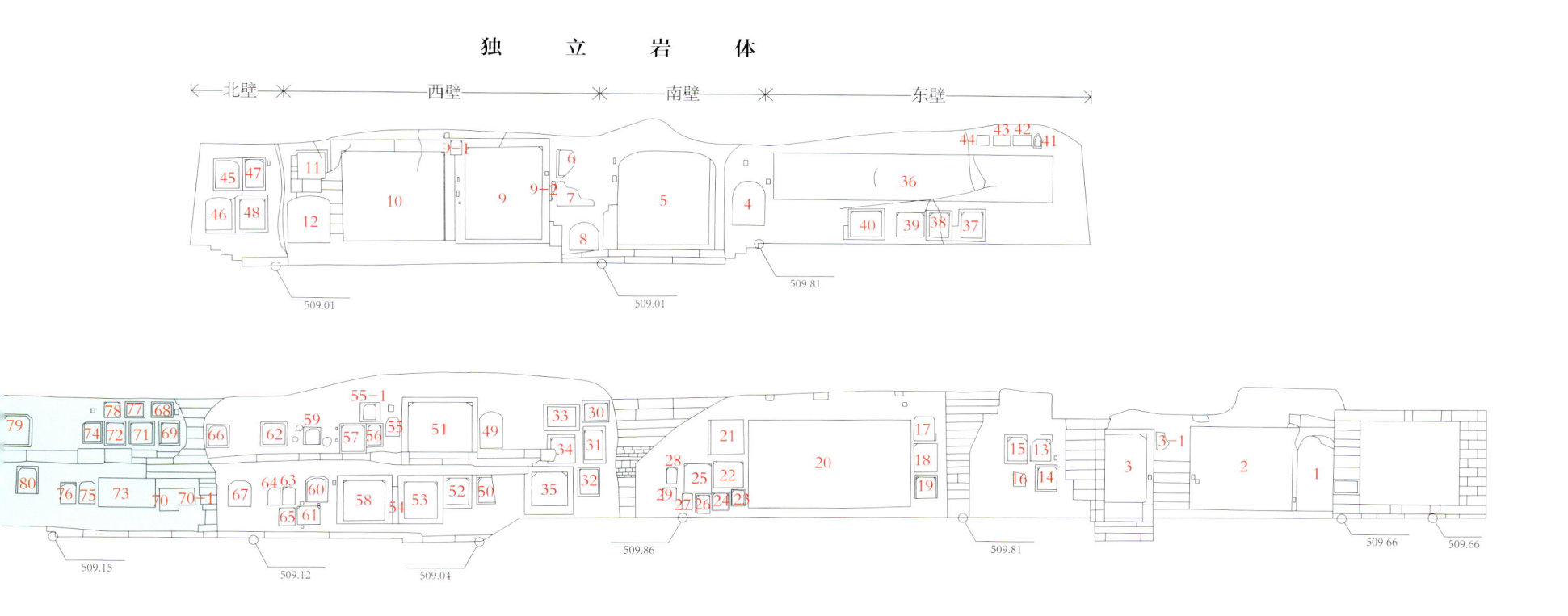

北壁　西壁　南壁　东壁

四　晚期遗迹

龛外左侧10.5厘米处凿一方形梁孔，高17厘米，宽10厘米，深13厘米。

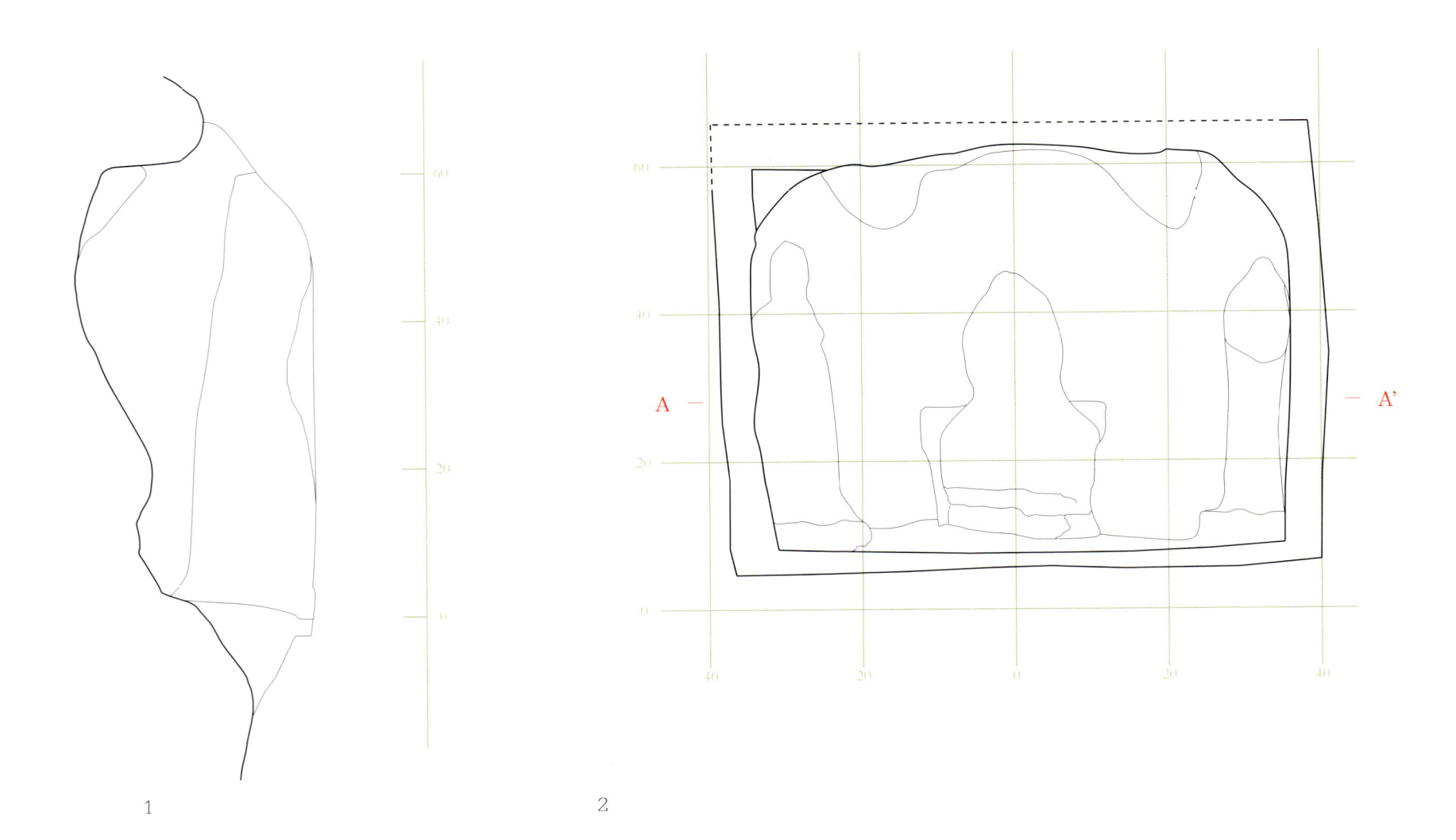

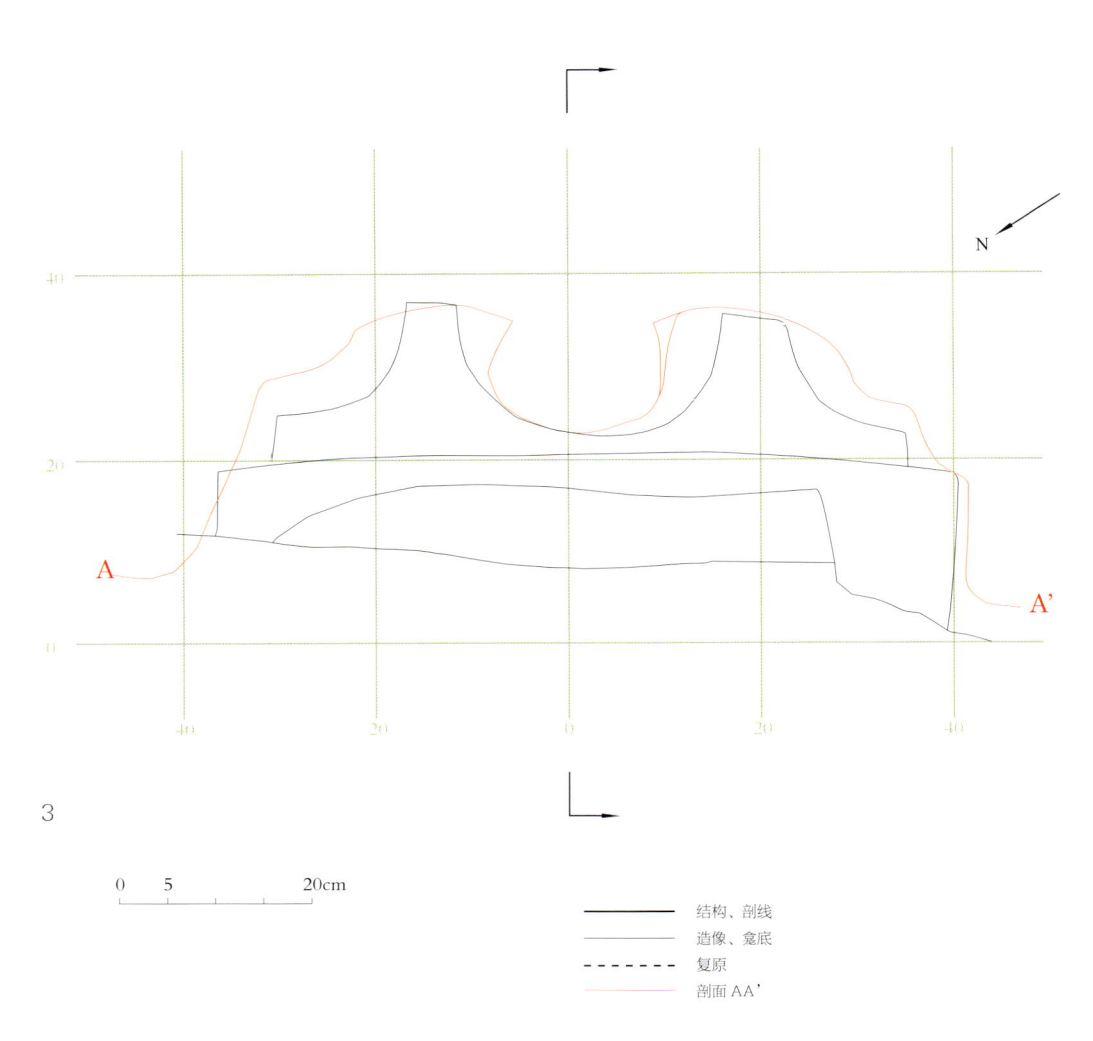

图176　第68号龛平、立、剖面图
1　剖面图　2　立面图　3　平面图

第四节　第69号

一　位置

位于第68号龛下方。左距岩体边缘27—37厘米，右距第71号龛9—12厘米；上距第68号龛7厘米，下距第70号龛150厘米。龛口西北向，方向303°。

二　形制

单层方形龛（图177、图178；图版Ⅰ∶250）。

龛口　在岩体表面平直凿进最深约18厘米形成龛口。龛口方形，外缘高79厘米，宽66.5厘米。龛沿部分残，左沿宽7厘米，右沿宽6厘米，上沿宽7厘米，下沿宽4厘米。龛口内缘高68厘米，宽53.5厘米，至后壁最深18厘米。

龛底　呈半圆形。

龛壁　弧壁，与龛顶弧面相交。

龛顶　券顶。

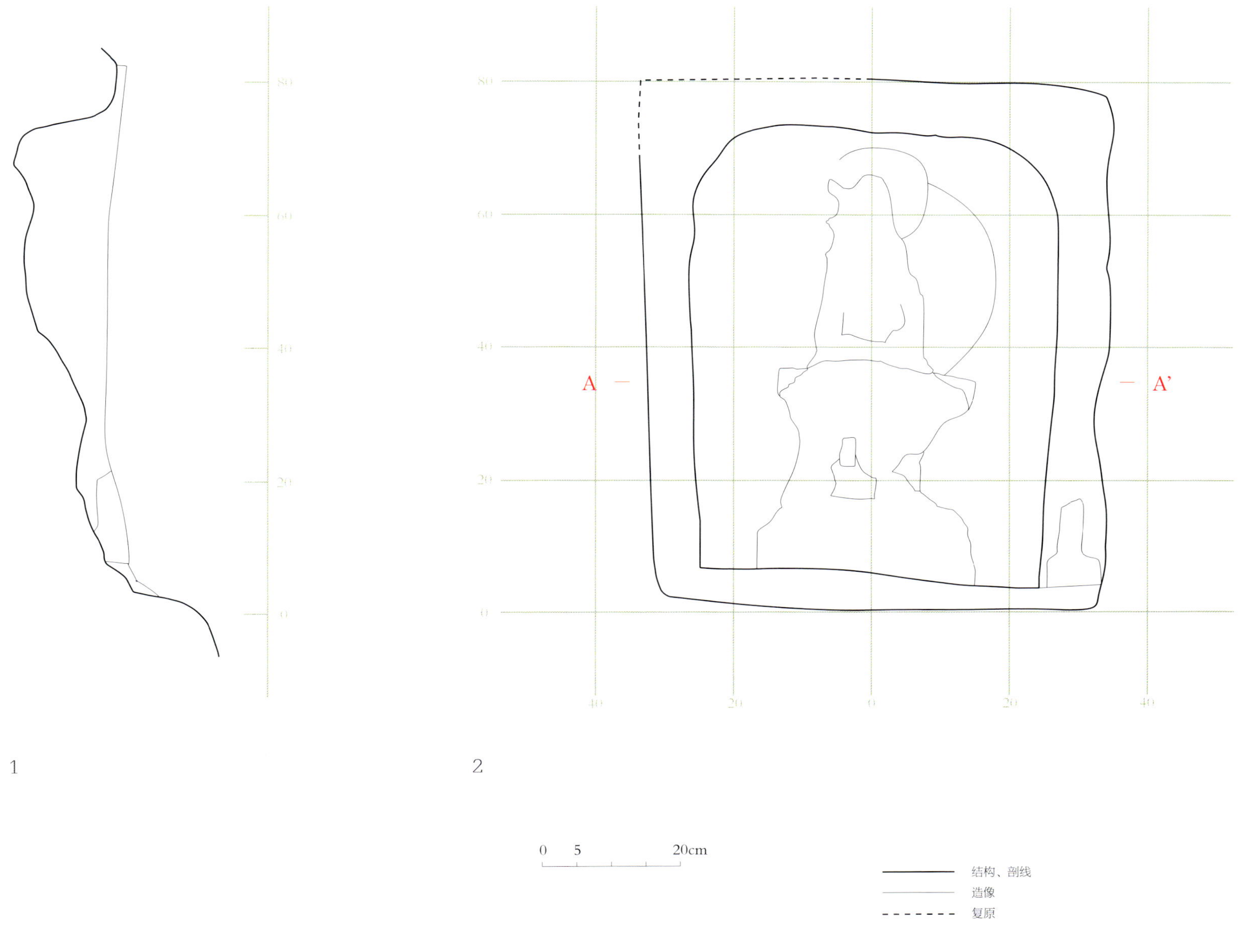

图177　第69号龛立、剖面图
1　剖面图　2　立面图

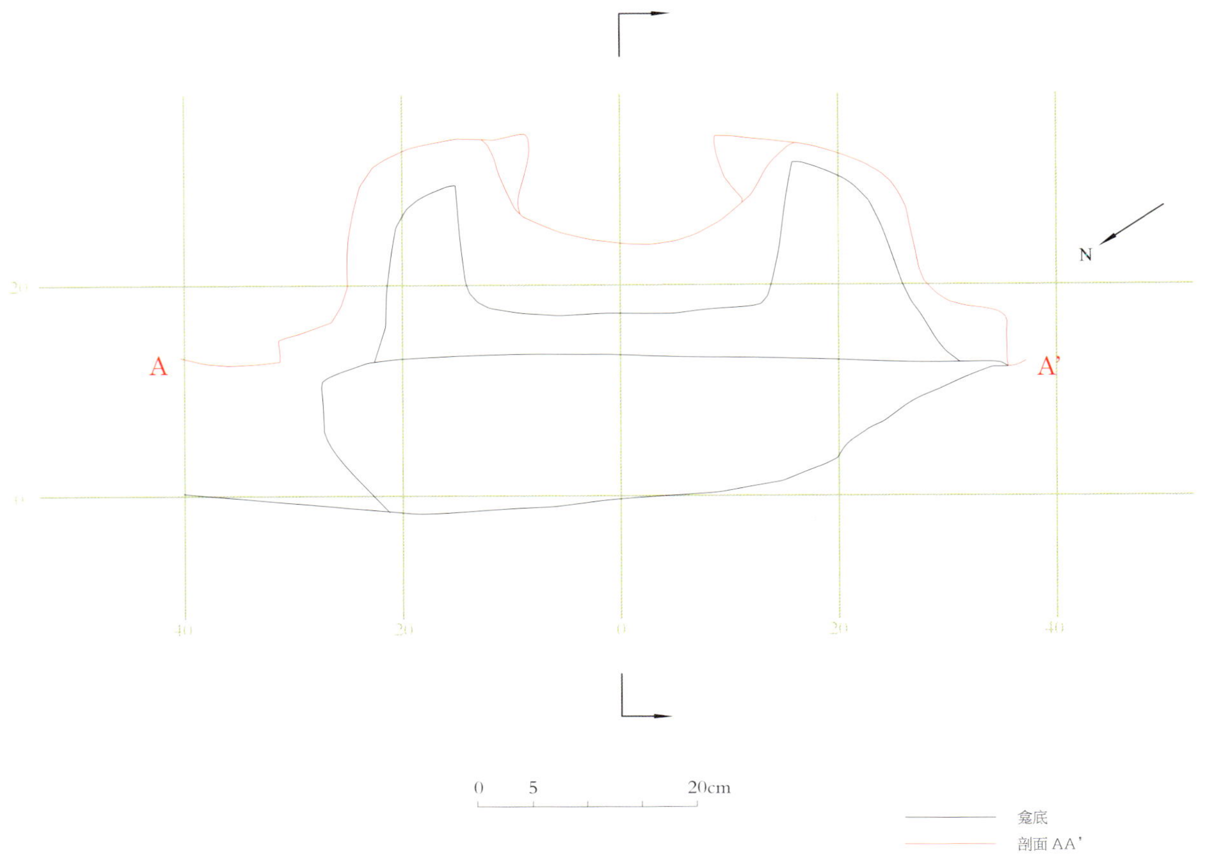

图178　第69号龛平面图

三　造像

龛内刻坐像1身，残漶甚重，仅存轮廓（图177-2；图版Ⅰ：250）。像高30厘米，可见圆形头光和身光遗迹；戴冠，饰披帛，双手置腹前，结跏趺坐于须弥座上。座通高27厘米。

四　晚期遗迹

龛内保存灰白色涂层。

第五节　第70号

一　位置

位于第69号龛下方。左邻第70-1号龛，分界不明；右为第73号龛，分界不明；上距第69号龛150厘米，下距长廊地坪86厘米。龛口西北向，方向308°。

二　形制

龛残毁甚重，开凿进深不明（图179；图版Ⅰ：251）。龛左、右侧壁大部和龛顶不存。龛口底部宽59厘米，深20厘米。左沿上部毁，所存下部高16厘米，宽8厘米。龛底呈横长方形，正壁竖直，上部残，与侧壁垂直相交。

三 造像

龛内刻菩萨像1身（图179-2；图版Ⅰ：251）。坐像高35厘米，头长9厘米，肩宽11厘米，胸厚4厘米。浅浮雕圆形素面背光，部分残，横径45厘米。头、面大部残，左右冠带长垂至座台，垂发披肩。胸饰璎珞，上身斜披络腋，下着裙。臂钏，腕镯，左手撑台面，右手前臂残。跣足，垂左足，踏莲花，竖右腿，游戏坐于山石座上。座前刻并蒂仰莲，座通高28厘米。

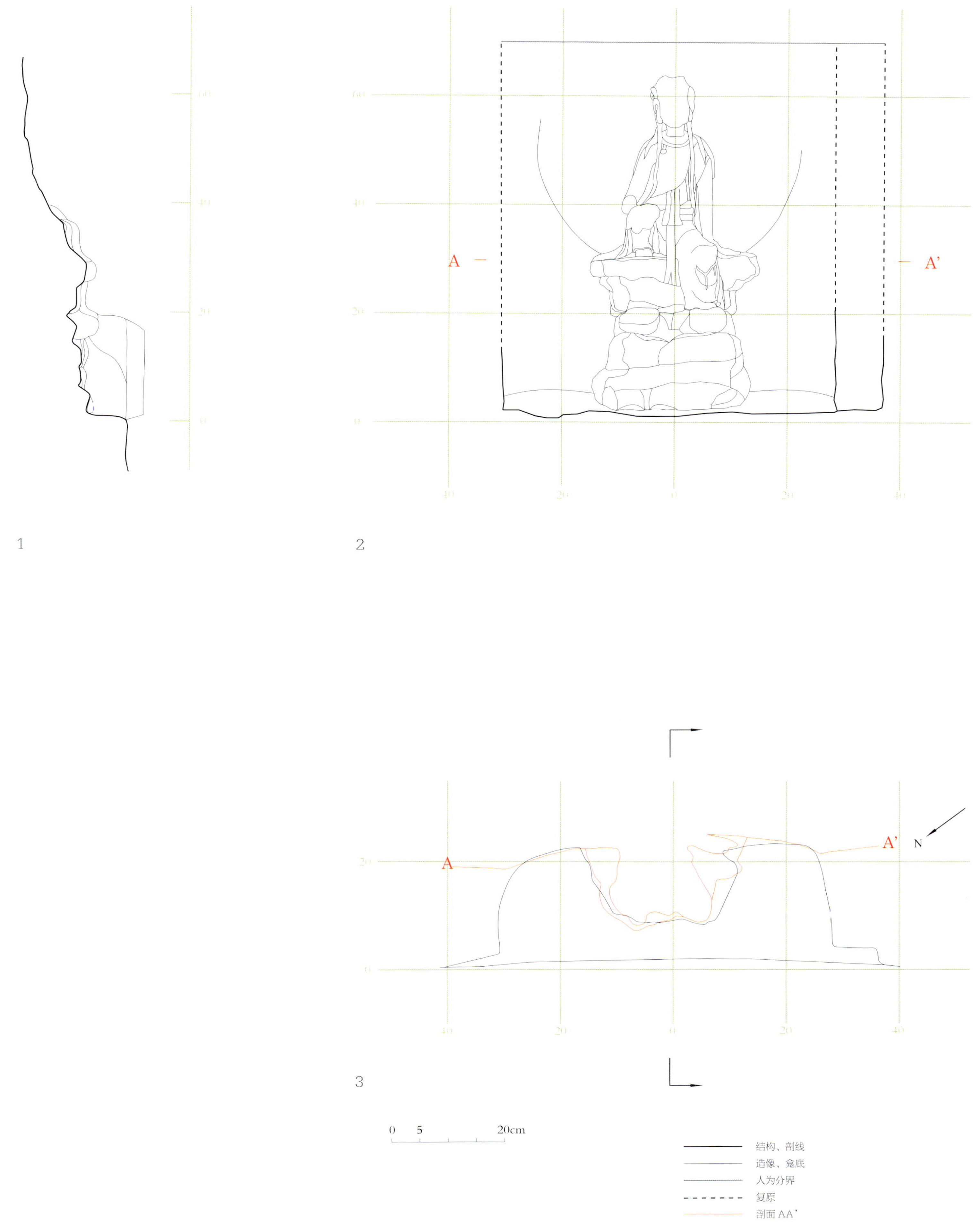

图179 第70号龛平、立、剖面图
1 剖面图 2 立面图 3 平面图

第六节　第70-1号

一　位置

位于第70号龛左侧。左距岩体边缘7—12厘米，右邻第70号龛，分界不明；上与第69号龛竖直相距150厘米，下距地坪103厘米。龛口西北向，方向304°。

二　形制

在岩体表面平直凿进最深约18厘米形成龛口（图180；图版Ⅰ：252）。龛口残毁，仅存龛左沿下端及下沿，残宽约2厘米。龛底为横长方形。龛正壁现存造像面高50厘米，宽36厘米；正壁竖直，与左右侧壁弧面相交。龛顶毁。

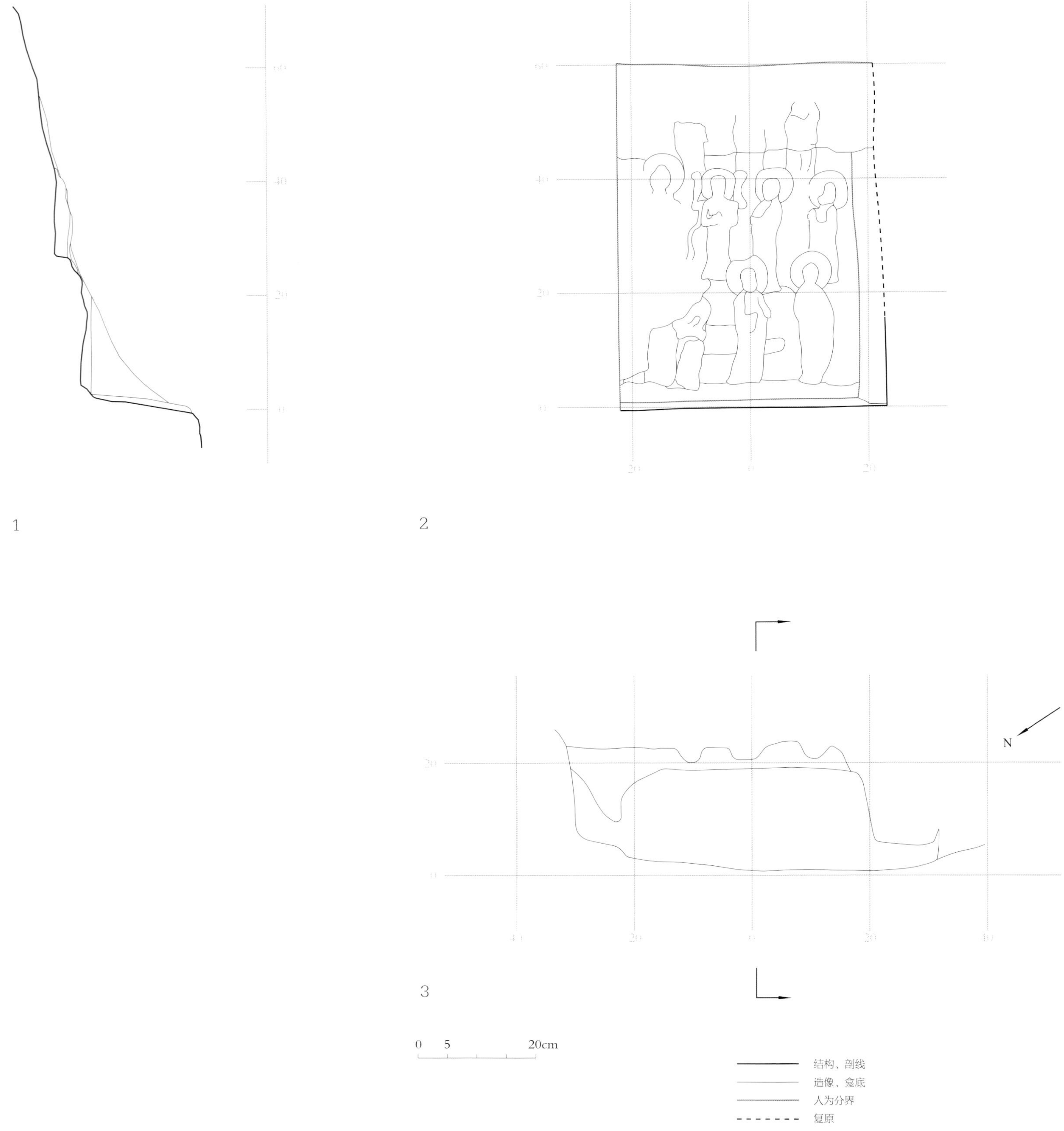

图180　第70-1号龛平、立、剖面图
1　剖面图　2　立面图　3　平面图

三　造像

龛正壁刻立像11身，均漶蚀模糊，细节不清；可分为上、中、下三排。第一排3身、第二排4身、第三排4身（图180-2；图版Ⅰ：252）。按从上至下、从左至右通编为第1—11像。

第一排　身向左侧。第1像高17厘米；第2像仅存少许轮廓遗迹，高12厘米；第3像高14厘米，双手置胸前。

第二排　各像均浅浮雕圆形头光，直径7厘米。第4、5像体量相当，高20厘米，身向右侧；第4像双手拱于胸前，第5像双手于腹前笼袖内。第5、6像立于圆环状物上，圆环状物刻于第三排第8、9、10像身后；第6像高19厘米，头胸残，一头六臂；上两手屈肘上举，左手残，右手托圆物；中两手置胸前，手残；下两手斜伸，右手似持绢索，左手残。第7像仅存头部轮廓和圆形头光。

第三排　第8、9、10像身向左侧。第8像高21厘米，头略右侧，双手于腹前笼袖内。第9像高21厘米，头略右侧，双手置胸前，手残。第10像残毁较重，仅存胸部以下，双手合十。第11像仅存少许躯体轮廓。

第七节　第71号

一　位置

位于第69号龛右侧。左距第69号龛9—12厘米，右距第72号龛7—10厘米；上距第77号龛12厘米，下距第73号龛110厘米。龛口西北向，方向303°。

二　形制

单层方形龛（图181；图版Ⅰ：253）。

龛口　在岩体表面平直凿进最深约17厘米形成龛口。龛口方形，外缘高83厘米，宽80厘米。龛沿损毁甚重，残宽约7厘米。龛内缘高69厘米，宽66厘米，至后壁最深18厘米。内缘左右上角刻三角形斜撑，高7厘米，宽7厘米；斜边平直，低于沿面2厘米。

龛底　呈弦月形。

龛壁　弧壁，与龛顶弧面相交。

龛顶　券顶，略残。

三　造像

龛内刻坐像2身（图181-2；图版Ⅰ：253）。

左像　坐像高28厘米。浅浮雕圆形头光和身光，直径分别为22、32厘米。戴冠，罩巾。面残，细颈。着袈裟。左手残，置腹前；右手于胸前似持物，手及物残。结跏趺坐于须弥座上。座残，通高25厘米。

右像　坐像高30厘米。浅浮雕桃形头光和椭圆形身光遗迹，头光横径20厘米，身光最宽30厘米。头毁甚重，似戴冠，存作结下垂的冠带。胸饰璎珞，衣饰不清。双手胸前持物，手及物残。似结跏趺坐于须弥座上。座残，通高26厘米。

1

2

3

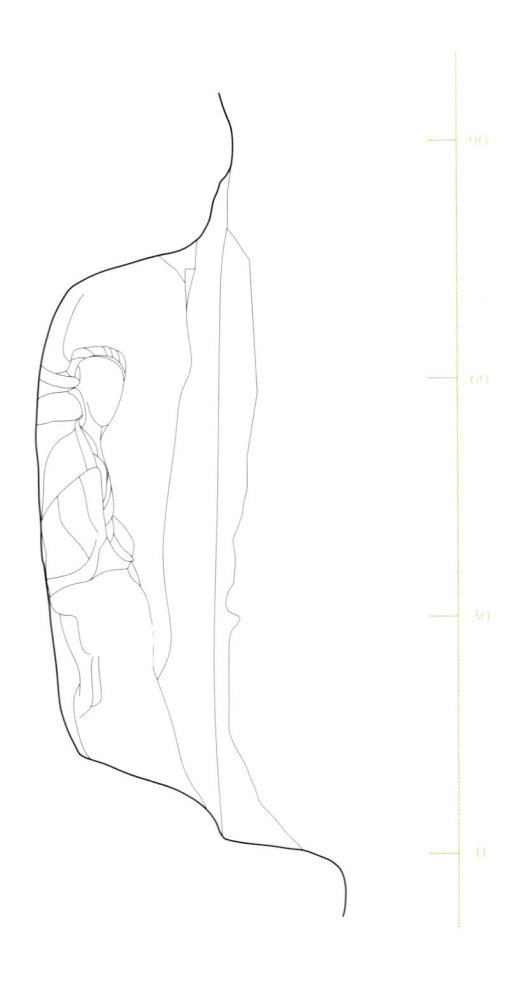

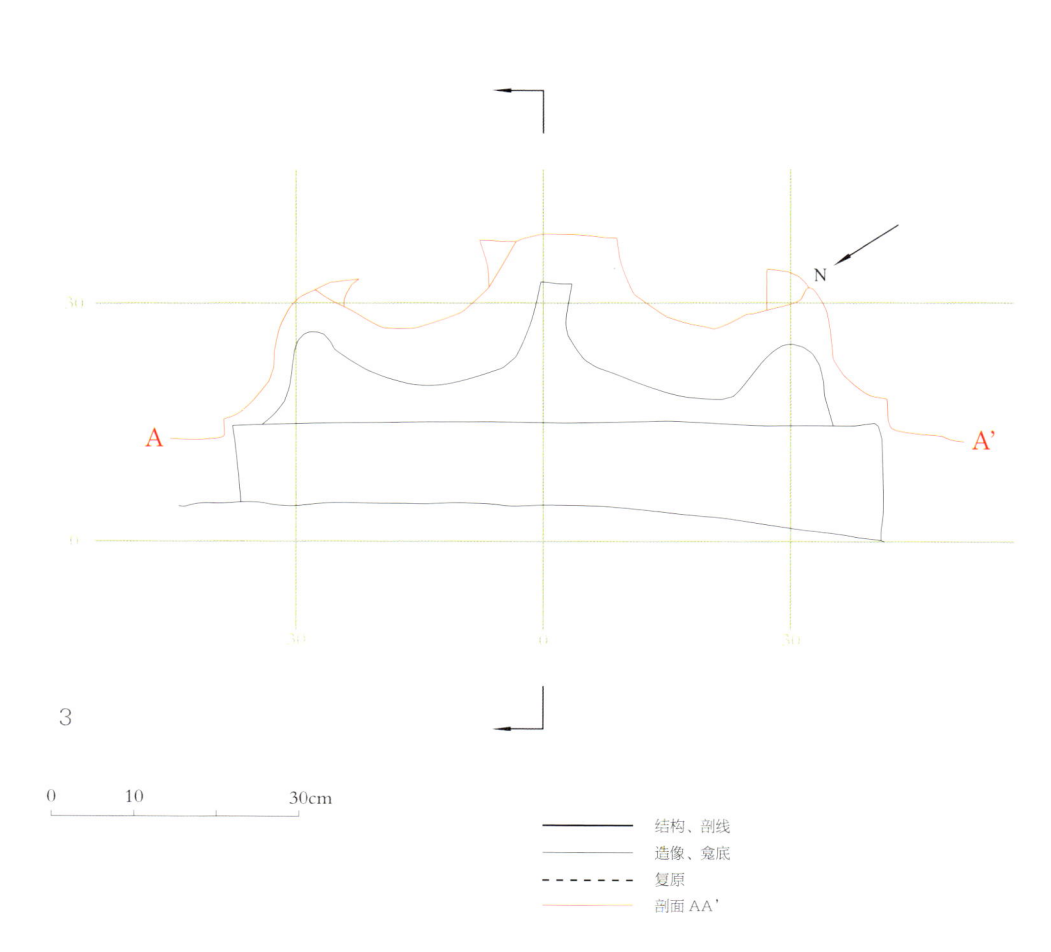

0 10 30cm

结构、剖线
造像、龛底
复原
剖面 AA'

图181 第71号龛平、立、剖面图
1 剖面图 2 立面图 3 平面图

第八节　第72号

一　位置

位于第71号龛右侧。左距第71号龛7—10厘米，右距第74号龛6厘米；上距第78号龛8厘米，下距第73号龛110厘米。龛口西北向，方向303°。

二　形制

单层方形龛（图182、图183；图版Ⅰ：254）。

龛口　在岩体表面平直凿进最深约15厘米形成龛口。龛口方形，外缘高84.5厘米，宽75厘米。龛沿受损严重，左右沿残宽6厘米，上沿宽7厘米，下沿宽6厘米。内缘高71.5厘米，宽63厘米，至后壁最深19厘米。内缘左右上角存三角形斜撑结构遗迹。

龛底　略呈弦月形。

龛壁　正壁竖直，与左右侧壁弧面相交，壁面与龛顶弧面相接。

龛顶　券顶，部分残。

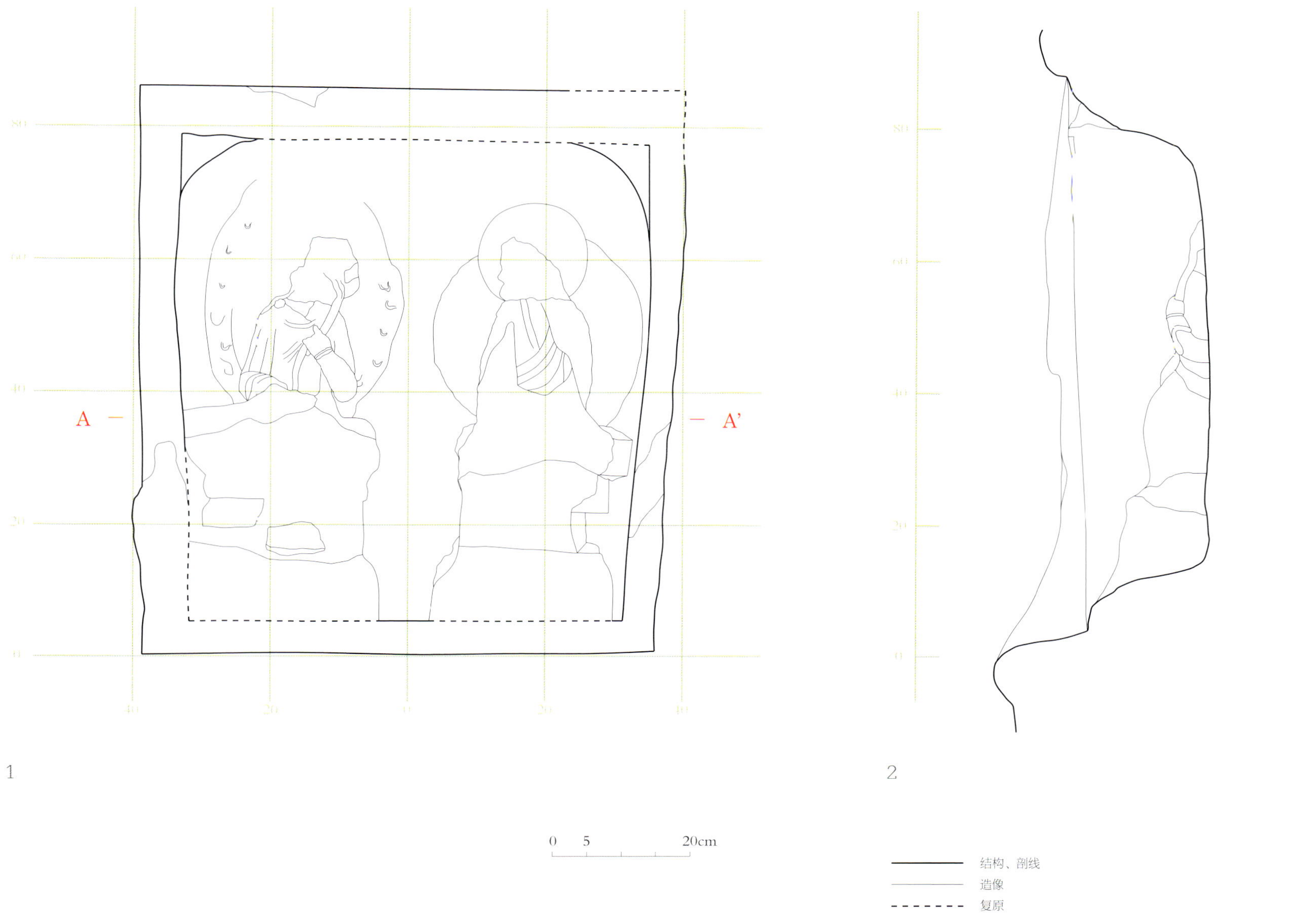

图182　第72号龛立、剖面图
1　立面图　2　剖面图

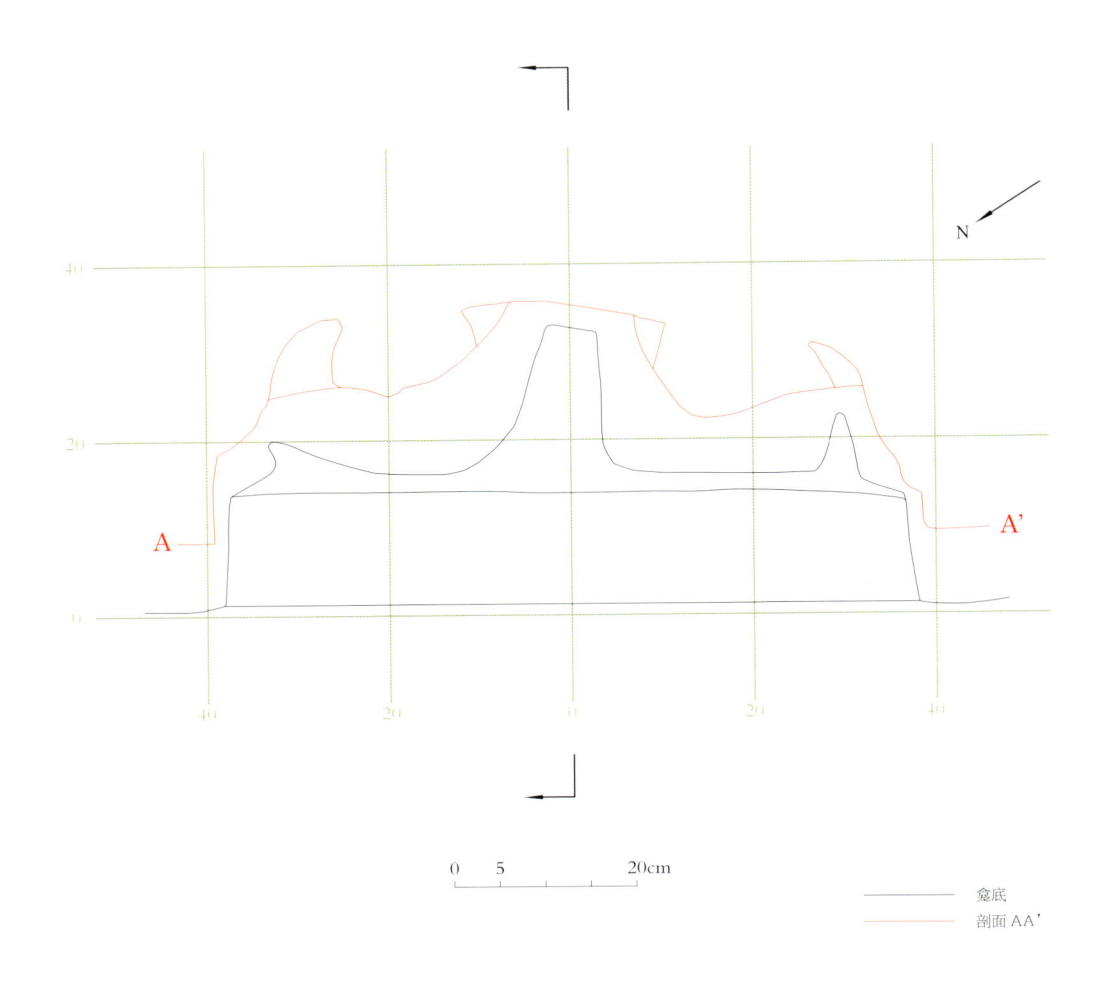

图 183　第 72 号龛平面图

三　造像

龛内刻坐像2身（图182-1；图版Ⅰ：254）。

左像　坐像高27厘米。头毁，浅浮雕圆形头光和身光，直径分别为16、31厘米。身着袈裟。双手残毁。结跏趺坐于须弥座上。座残，通高26厘米。

右像　坐像高27厘米。浅浮雕桃形火焰纹背光，最宽29厘米。头毁面残，胸饰璎珞，上着宽博披巾，下身衣饰不清。双手持带茎莲。坐式不明。束腰莲座残，通高28厘米。

龛上沿右侧存飞天遗迹。

第九节　第73号

一　位置

位于第70号龛右侧。左与第70号龛分界不明，右距第75号龛6厘米；上距第72号龛110厘米，下距地坪94厘米。龛口西北向，方向300°。

二　形制

单层方形龛（图184；图版Ⅰ：255）。

龛口　龛口外开凿情况不明。龛口方形，左侧及上部毁，残高94厘米，宽173厘米，至后壁最深40厘米。

龛底　略呈"凸"字形，前端向下凿出平台，长173厘米，宽12厘米，低于龛底4厘米。龛左右端各建低坛一级，高6厘米，深2—4厘米。

龛壁　自左右端向中部逐步内凹，至壁面中部形似圆拱浅龛。浅龛高88厘米，宽86厘米。浅龛外左右上侧壁面剥蚀。

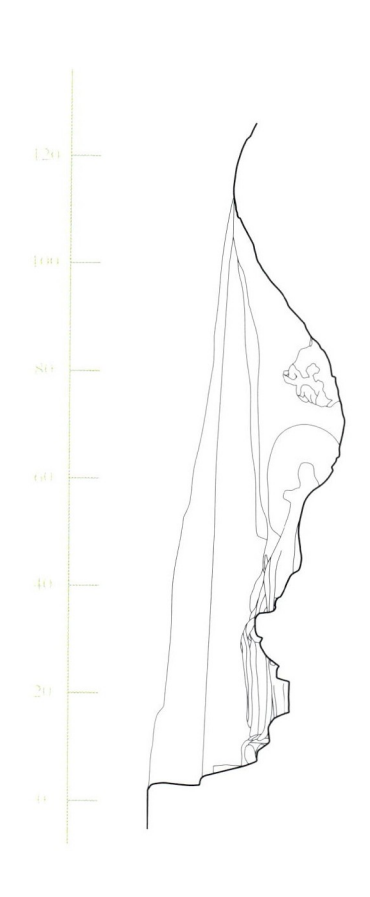

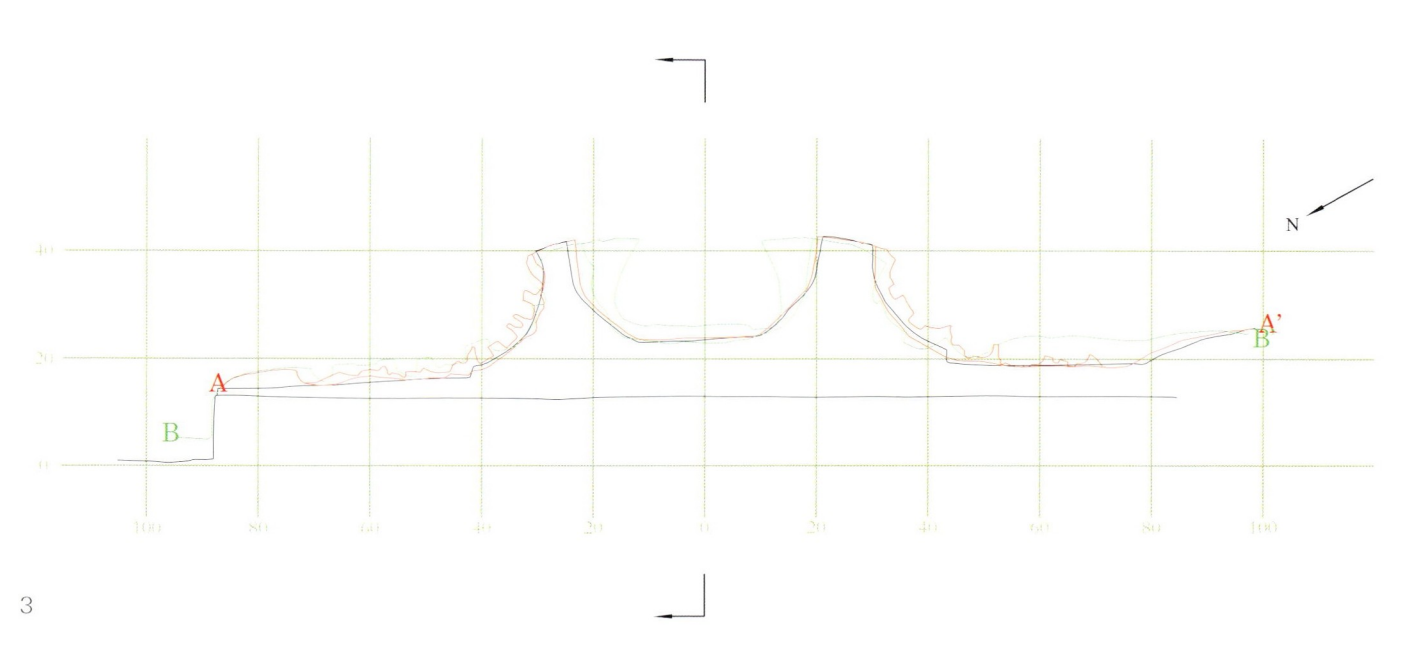

图184　第73号龛平、立、剖面图
1　立面图　2　剖面图　3　平面图

第七章　第68—80号

图 185　第 73 号龛右侧菩萨及供养人像效果图

龛顶　毁。

三　造像

全龛共刻像14身（图184-1；图版Ⅰ：255）。其中，龛中部浅龛中刻主尊佛像1身，左右各刻胁侍菩萨像1身；佛像头顶左右上方各刻飞天1身。龛底左右低坛共刻供养人立像9身。为记述方便，将其分为浅龛造像和低坛造像两部分。

（一）龛中部浅龛

佛像　坐像高40厘米。浅浮雕桃形头光和圆形身光，内皆素平，边缘刻火焰纹；横径分别为31、41厘米。头毁，肩残，着袈裟，双手（残）置腹前。结跏趺坐于束腰仰莲座上。座通高30厘米，最宽43厘米，深21厘米。座下部为两阶八边低台叠涩，分别刻出云纹、覆莲；中部束腰部分为八边形方台，各面线刻方框；上部为双重仰莲台。佛像头顶上方残留华盖遗迹。其左右上方飞天已残蚀，仅可辨头后环绕的披帛及身下云纹。

左胁侍菩萨像　立像高50厘米。浅浮雕圆形素面头光，部分残。直径约20厘米。头残毁，内着僧祇支，外着通肩袈裟，下着裙。左手屈肘横置腹前托宝珠，右手置胸前，前臂残。跣足立于单层仰莲台上，高5厘米，最宽25.5厘米，深7.5厘米。

右胁侍菩萨像　立像高52厘米。浅浮雕圆形素面头光，部分残，直径约22厘米。头残毁，冠带作结下垂。双肩残蚀，身前饰璎珞。上着披巾，下着裙。披巾敷搭前臂后下垂体侧。腕镯，左手持净瓶，右手残。跣足立于单层仰莲台上，高5厘米，最宽25.5厘米，深6厘米。

（二）低坛

共计9身。其中左侧低坛立5身，为男像（图版Ⅰ：256）；右侧低坛立4身，为女像（图185；图版Ⅰ：257）。从龛内至龛外，左侧低坛第1身高34厘米，头残，存幞脚遗迹，内着窄袖衫，外着圆领宽袖长服，腰束带，双手合十，着鞋站立。第2身仅存躯体下部。第3身为小孩像，高13厘米，立于第2身像前。第4身仅存躯体下部。第5身残存双足。右侧低坛上4身造像特征及保存状况相近，像高约32—34厘米。头梳髻，面残不清，似戴耳饰。上着对襟窄袖衫，下着裙。双手合十，右手前臂均敷搭帛带。着鞋而立。

四　晚期遗迹

龛内保存灰白色涂层。

第十节　第74号

一　位置

位于第72号龛右侧。左距第72号龛6厘米，右距崖壁转折边缘28—32厘米；上距第78号龛11厘米，下距第75号龛126厘米。龛口西北向，方向303°。

二　形制

单层方形龛（图186、图187；图版Ⅰ：258）。

龛口　在岩体表面平直凿进最深约18厘米形成龛口。龛口方形，外缘高81厘米，宽71厘米。左沿大部残，残宽5厘米；右沿宽4.5厘米；上沿宽5.5厘米；下沿部分受损，宽7厘米。内缘高68.5厘米，宽60.5厘米，至后壁最深21厘米。内缘左右上角存三角形斜撑遗迹。

龛底　呈半圆形，略残蚀。

龛壁　弧壁，与龛顶略垂直相交。

龛顶　近似平顶，呈半圆形。

三　造像

龛内刻像5身。中为主尊佛像1身，左右侧依次各刻弟子像、菩萨像1身（图186-2；图版Ⅰ：258）。

主尊佛像　坐像高27厘米。浅浮雕桃形火焰纹身光遗迹，最宽34厘米。头残毁，身着袈裟。左手于腹前托宝珠，右手抚膝。结跏趺坐于束腰莲座上。座残，通高22厘米。

左弟子像　残毁甚重，仅存轮廓。

右弟子像　立像高26厘米。浅浮雕圆形头光，直径7厘米。光头，身剥蚀甚重。

左右菩萨像　相向而立，残蚀较重，残高39厘米。残存桃形头光遗迹。

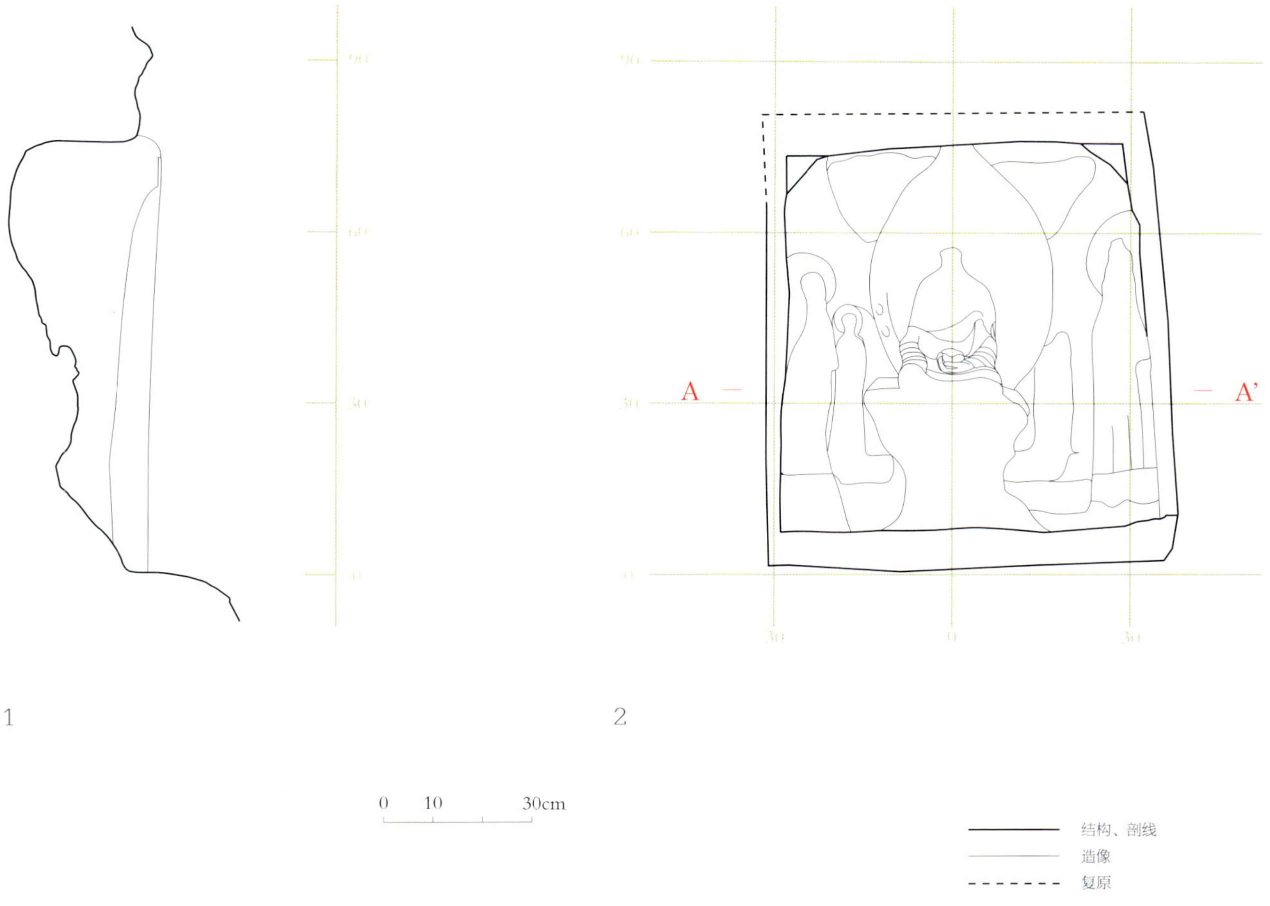

图186　第74号龛立、剖面图
1　剖面图　2　立面图

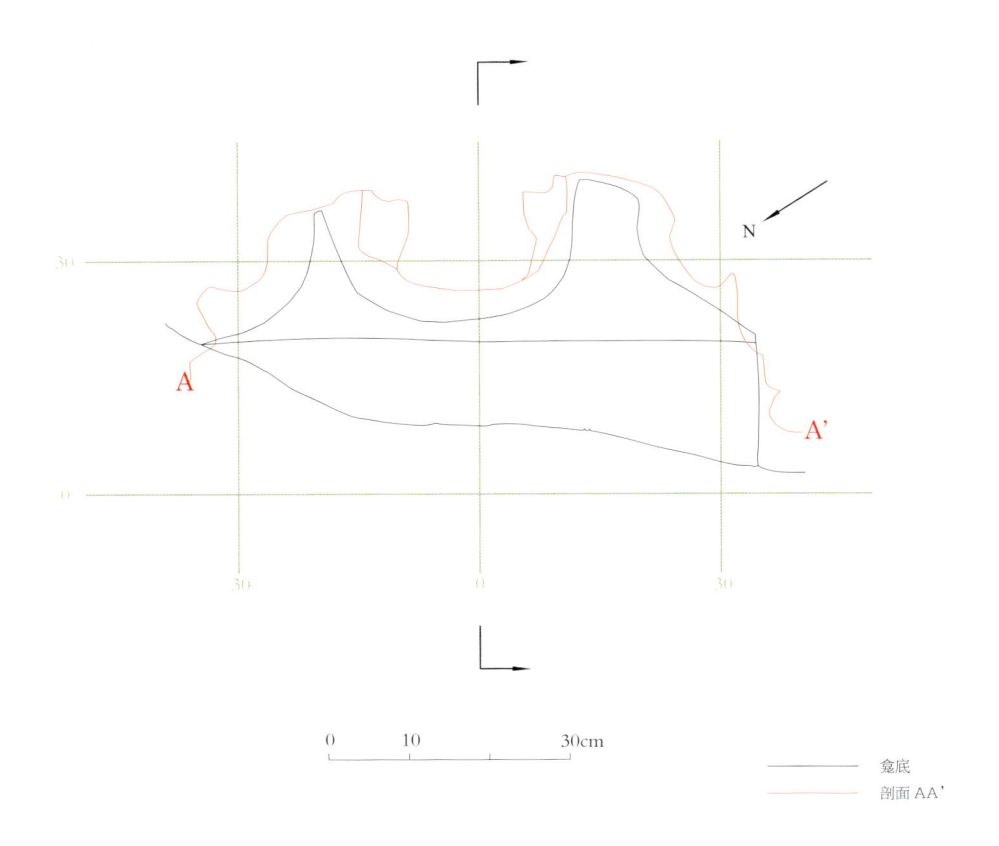

图 187　第 74 号龛平面图

四　晚期遗迹

龛内保存灰白色涂层。

第十一节　第75号

一　位置

位于第73号龛右侧。左距第73号龛6厘米，右距第76号龛4厘米；上距第74号龛126厘米，下距地坪111厘米。龛口西北向，方向302°。

二　形制

单层圆拱龛（图188；图版Ⅰ：259）。

龛口　在岩体表面平直凿进最深约4厘米形成龛口。龛口圆拱形。左沿上部残，下部宽6.5厘米；右沿宽4厘米，上沿毁，未见下沿。龛口内缘高73厘米，宽50厘米，至后壁最深24厘米。

龛底　呈半圆形，略剥蚀。

龛壁　弧壁。壁面与龛顶弧面相交。

龛顶　券顶。

三　造像

龛内刻立像1身（图188-1；图版Ⅰ：259）。像高54厘米。线刻桃形火焰纹头光和椭圆形身光，皆内素平，边缘刻火焰纹，横径分别为26、39厘米。头残，右侧存椭圆形遗迹（似杖首）。身残蚀，似着袈裟，下着裙。跣足立于仰莲台上，台部分残，高9厘米，宽29厘米，深12厘米。

四　晚期遗迹

龛内存灰白色涂层。

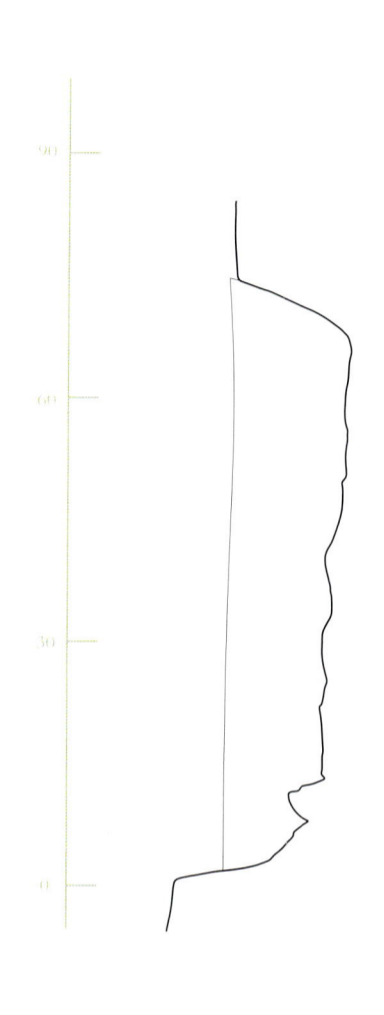

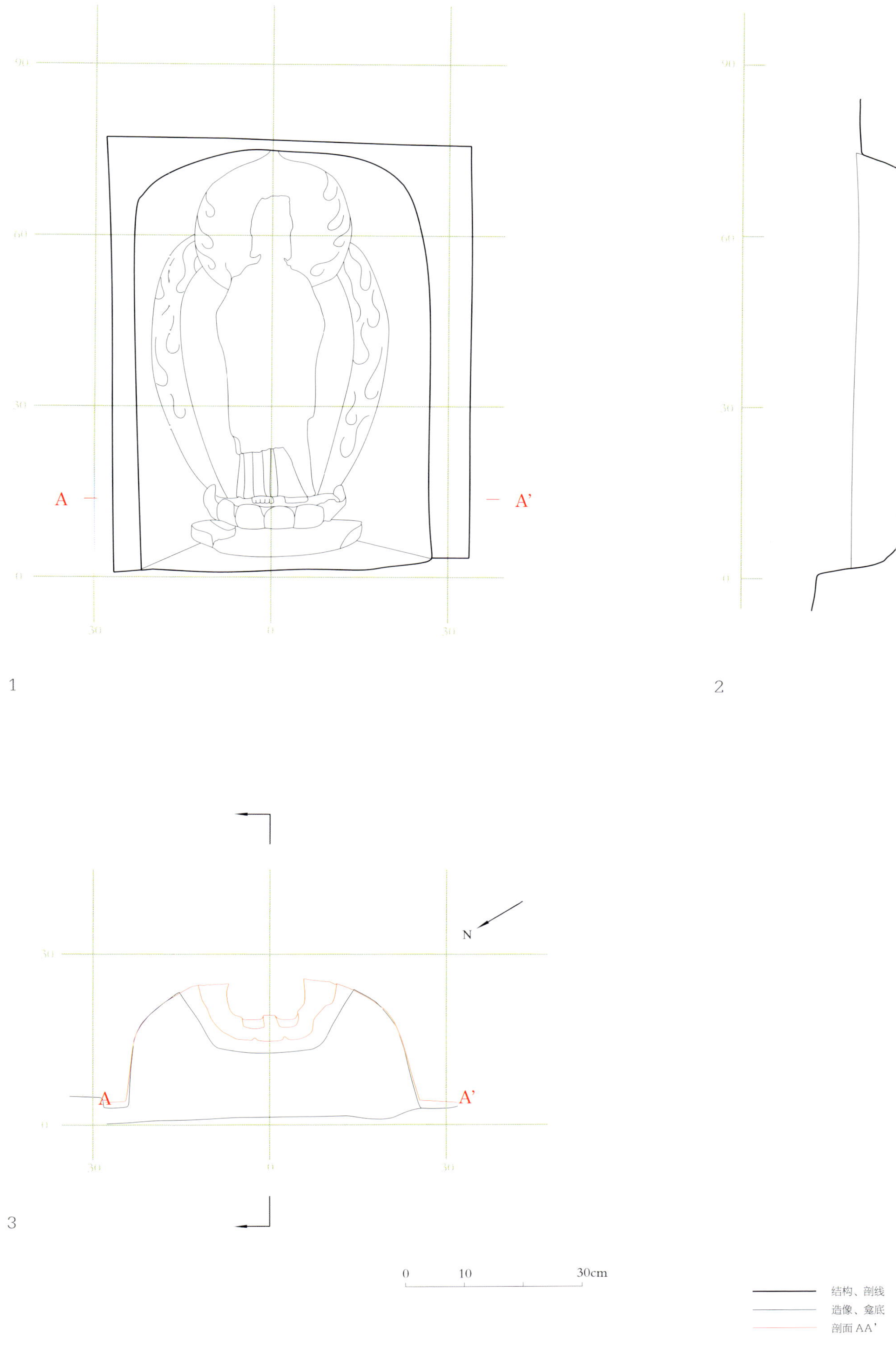

图188　第75号龛平、立、剖面图
1　立面图　2　剖面图　3　平面图

第十二节　第76号

一　位置

位于第75号龛右侧。左距第75号龛4厘米，右距壁面转折边缘25厘米；上与第74号龛竖直相距113厘米，下距地坪110厘米。龛口西北向，方向303°。

二　形制

单层方形龛（图189、图190；图版Ⅰ：260）。

龛口　在岩体表面平直凿进最深约7厘米形成龛口。龛口方形，外缘高67.5厘米，宽58厘米。龛左沿宽5.3厘米，右沿及上沿局部残脱，宽5.5厘米，未见下沿。龛口内缘高62厘米，宽48厘米，至后壁最深15厘米。内缘左右上角凿三角形斜撑，高7厘米，宽9厘米，斜边弧形，低于沿面0.5厘米。

龛底　略呈梯形，略有倾斜。

龛壁　正壁竖直，与左右侧壁略垂直相交；壁面与龛顶弧面相交。

龛顶　券顶，部分残脱。

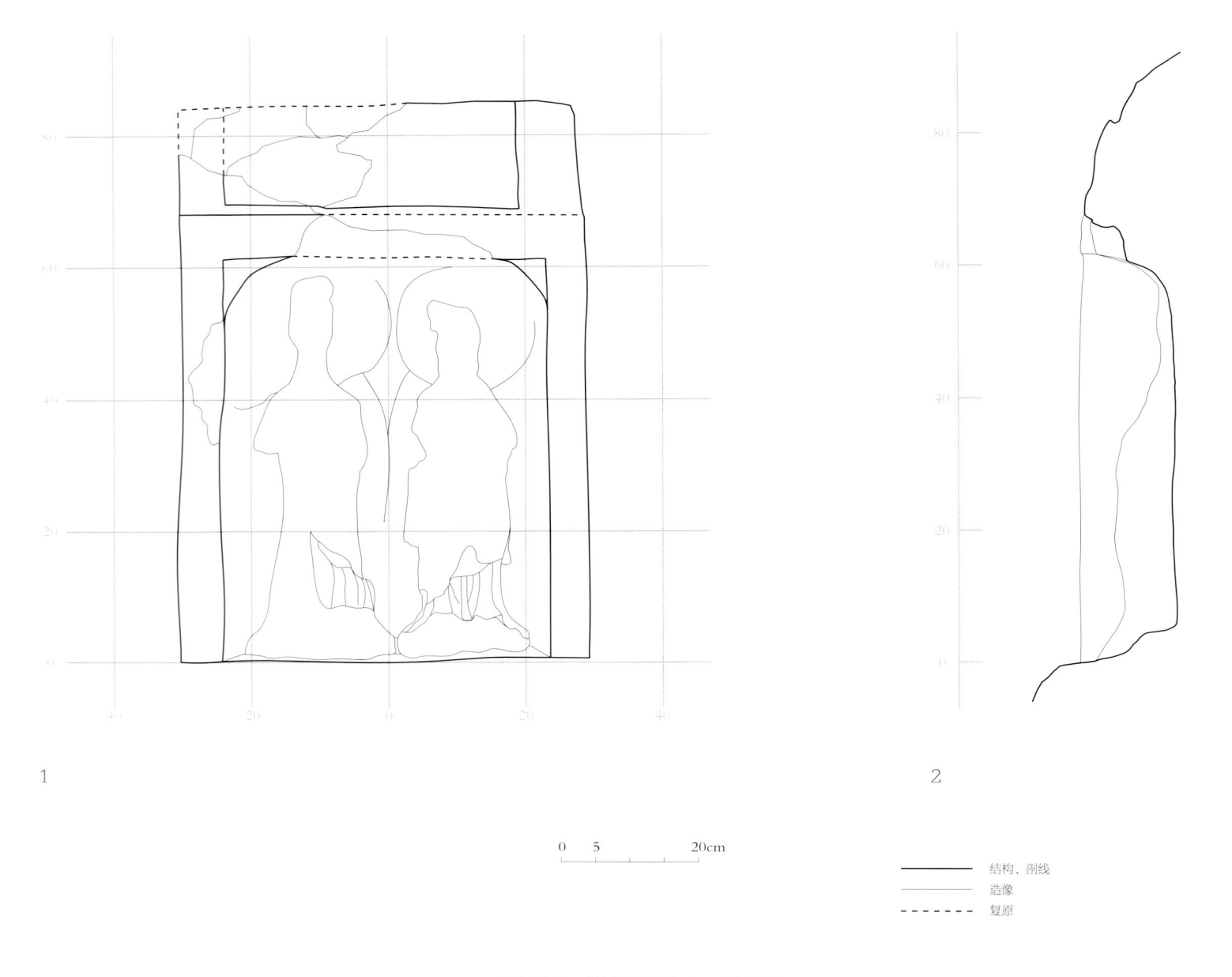

图189　第76号龛立、剖面图
1　立面图　2　剖面图

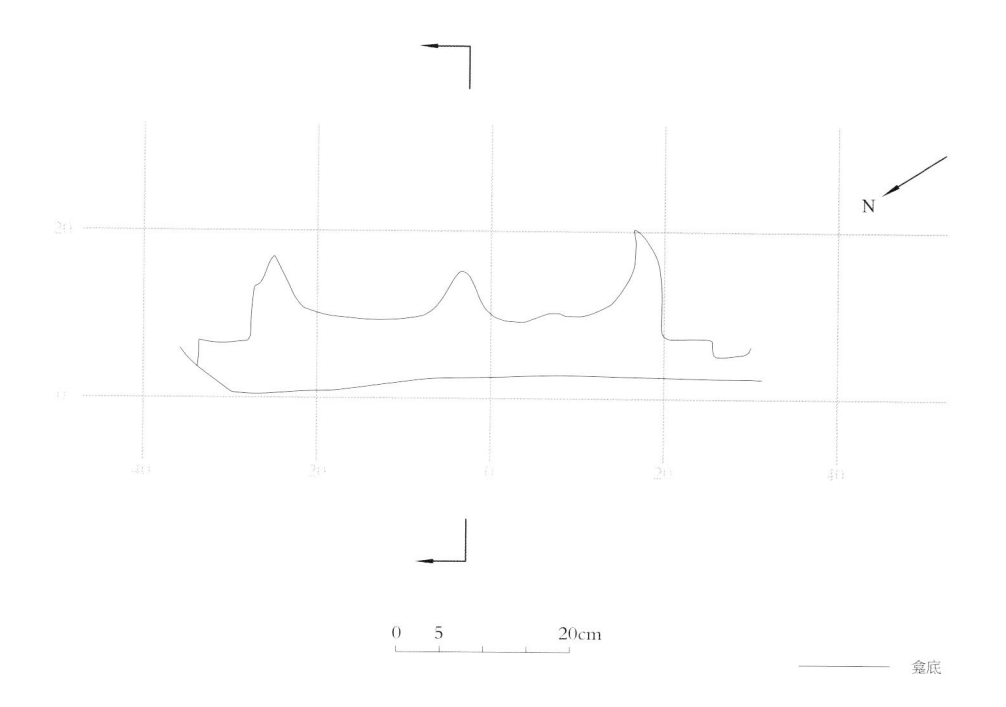

图 190 第 76 号龛平面图

三　造像

龛内刻立像2身（图189-1；图版Ⅰ：260）。

两像高约49厘米，残毁甚重，特征相近，均线刻圆形头光和椭圆形身光，略漶；头光横径20厘米，身光最宽22厘米。头残，身漶，立于圆台上。台残，高约2厘米。左像似身着袈裟，下着裙。右像头部存发髻遗迹，右手似置胸前，下着裙。

四　晚期遗迹

龛内保存灰白色涂层。

龛外上方凿出长方形匾额，内素平，部分残，高17厘米，宽40厘米，深2厘米。

第十三节　第77号

一　位置

位于第68号龛右侧。左距第68号龛12厘米，右距第78号龛8厘米；上距岩顶9厘米，下距第71号龛12厘米。

龛口西北向，方向303°。

二　形制

单层方形龛（图191；图版Ⅰ：261）。

龛口　在岩体表面平直凿进最深约15厘米形成龛口。龛口方形，外缘高54厘米，宽71厘米。龛上沿毁，左右沿及下沿残毁甚重，残存部分宽约4厘米。内缘高46厘米，宽63厘米，至后壁最深16厘米。

龛底　呈弦月形。

龛壁　弧壁。壁面与龛顶弧面相交。

龛顶　大部残。

三　造像

龛内刻像3身。主尊像居中，左右各刻胁侍像1身（图191-1；图版Ⅰ：261）。

主尊像　坐像高21厘米。浅浮雕圆形背光，略漶，直径32厘米。头毁身残，似结跏趺坐于莲座上。座残，通高13厘米。背光左右上方存少许树冠遗迹。

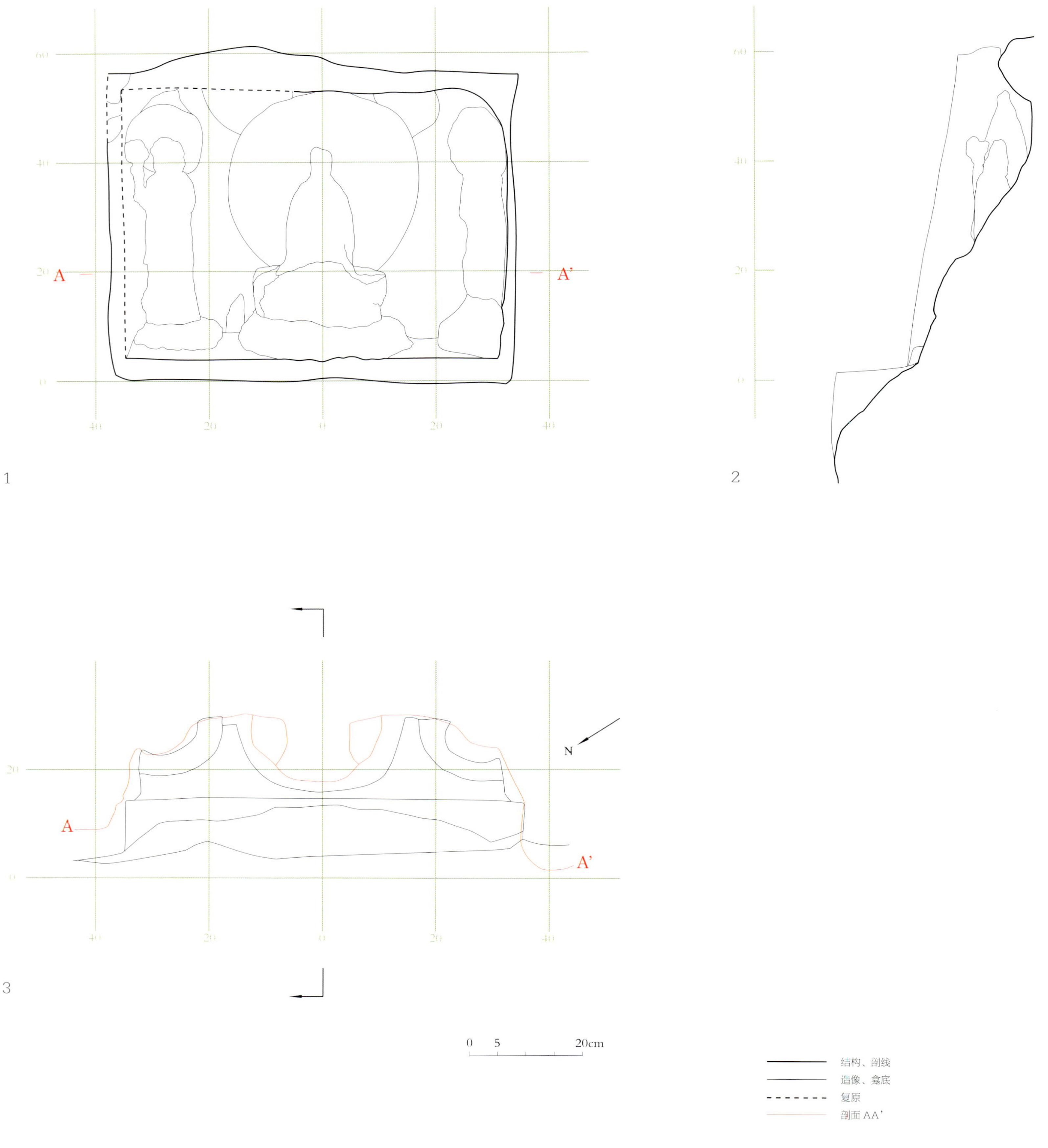

图191　第77号龛平、立、剖面图
1　立面图　2　剖面图　3　平面图

左胁侍　几乎不存，仅留痕迹。

右胁侍　残毁甚重，高33厘米。可辨右臂屈肘上举，手残。

第十四节　第78号

一　位置

位于第77号龛右侧。左距第77号龛8厘米，右距壁面转折边缘26—58厘米；上距岩顶6厘米，下距第72号龛8厘米。龛口西北向，方向303°。

二　形制

单层方形龛（图192、图193；图版Ⅰ：262）。

龛口　在岩体表面平直凿进最深约17厘米形成龛口。龛口方形，外缘高60厘米，宽71厘米。龛左沿、右沿、上沿损毁甚重，下沿完整，宽4厘米。内缘高52厘米，宽63厘米，至后壁最深30厘米。内缘左上角毁，右上角存三角形斜撑遗迹。

龛底　呈弦月形。

龛壁　弧壁。壁面与龛顶弧面相交。

龛顶　近似平顶，呈弦月形。

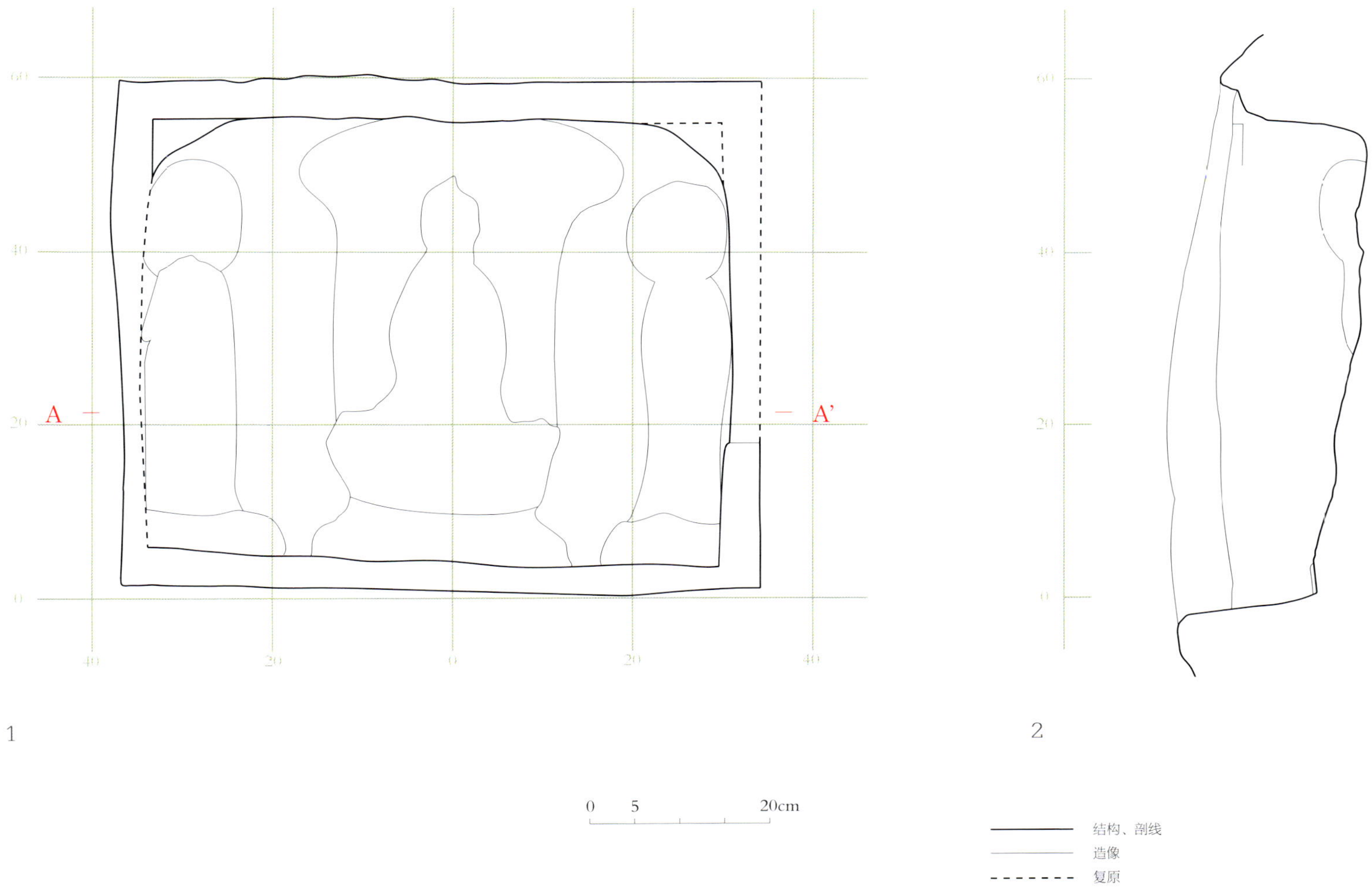

图192　第78号龛立、剖面图
1　立面图　2　剖面图

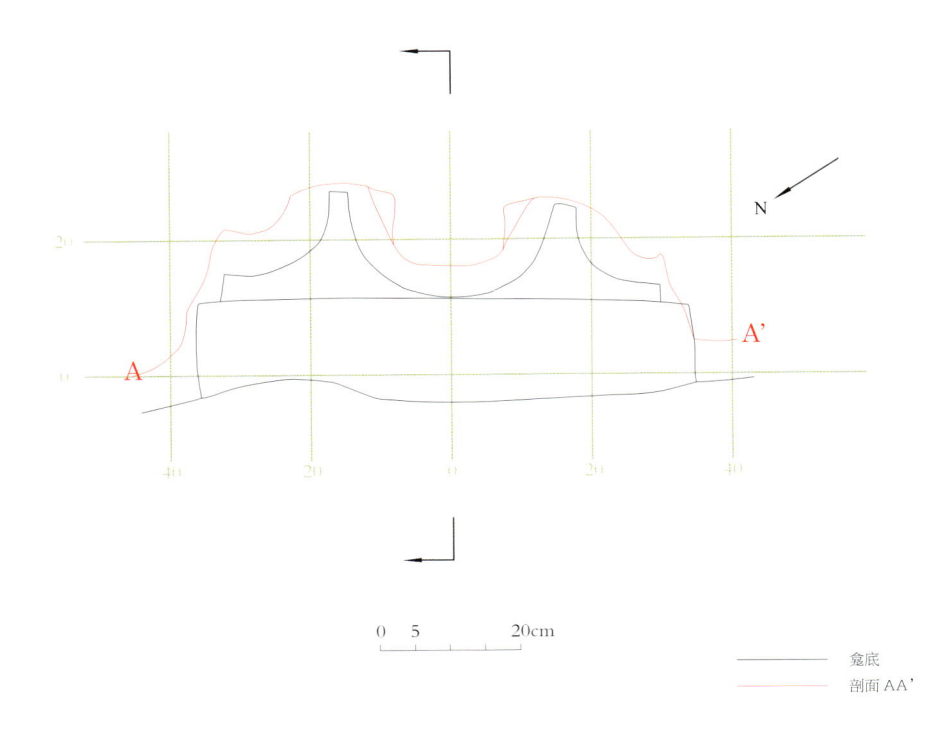

图193　第78号龛平面图

三　造像

龛内刻像3身。中刻主尊坐像1身，左右各刻胁侍立像1身（图192-1；图版Ⅰ：262）。

主尊像　坐像高27厘米。头毁身残，似跏趺坐于束腰座上。座残，通高15厘米。像身后左右存菩提树干、树冠遗迹。

左右胁侍像　风化残蚀甚重，仅存轮廓。像残高35厘米。可辨圆形头光，残漶略重，直径13厘米。二像皆立于莲台上。台大部残，高6厘米。

四　晚期遗迹

龛外右侧20厘米处凿有一梁孔，高16厘米，宽10厘米，深13厘米；与第68号龛左侧枋孔相对应。

第十五节　第79号

一　位置

位于第78号龛右侧转折壁面上方。左距壁面转折边缘50—80厘米，右距壁面边缘150厘米；上距岩顶28厘米，下距第80号龛63厘米。龛口北向，方向358°。

二　形制

单层方形龛（图194、图195；图版Ⅰ：263）。

龛口　在岩体表面平直凿进最深约31厘米形成龛口。龛口方形，外缘高106厘米，宽98厘米。龛沿略残蚀，宽约7.5厘米。龛左、右沿外侧竖直壁面中部各开一方形浅龛，高22厘米，宽21厘米，深2厘米。龛口内缘高91厘米，宽82厘米，至后壁最深39厘米。左右

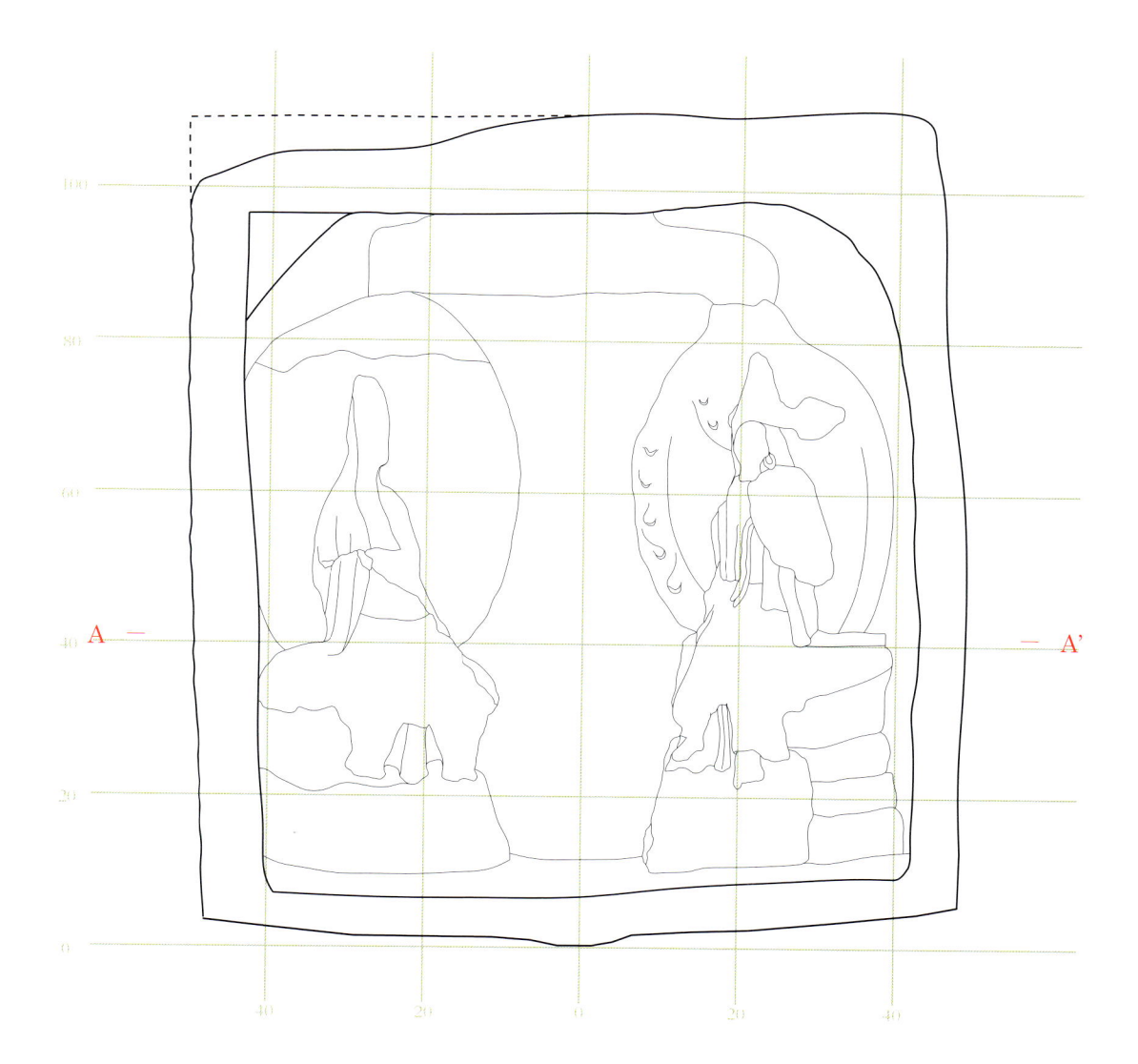

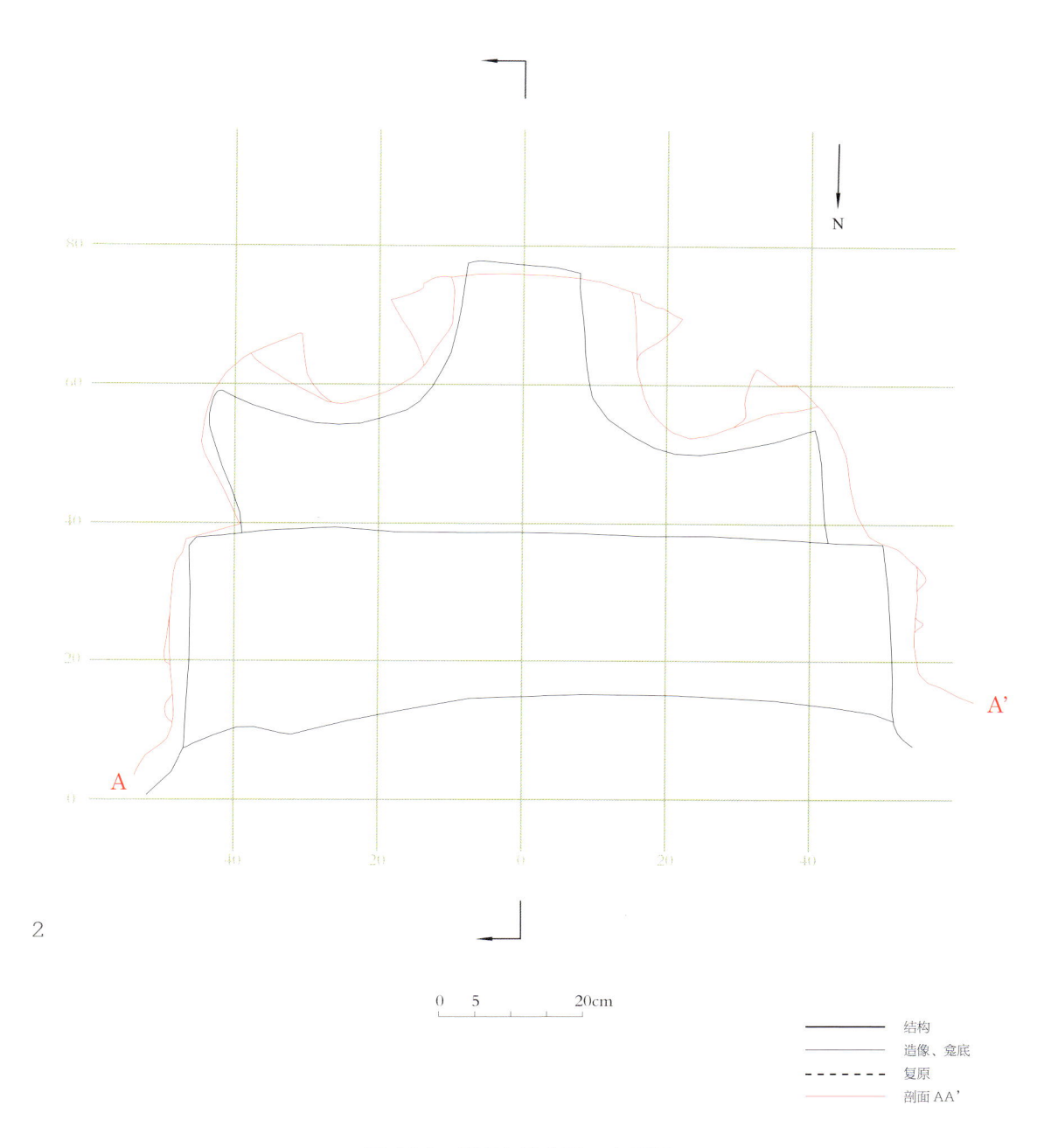

图 194　第 79 号龛平、立面图
1　立面图　2　平面图

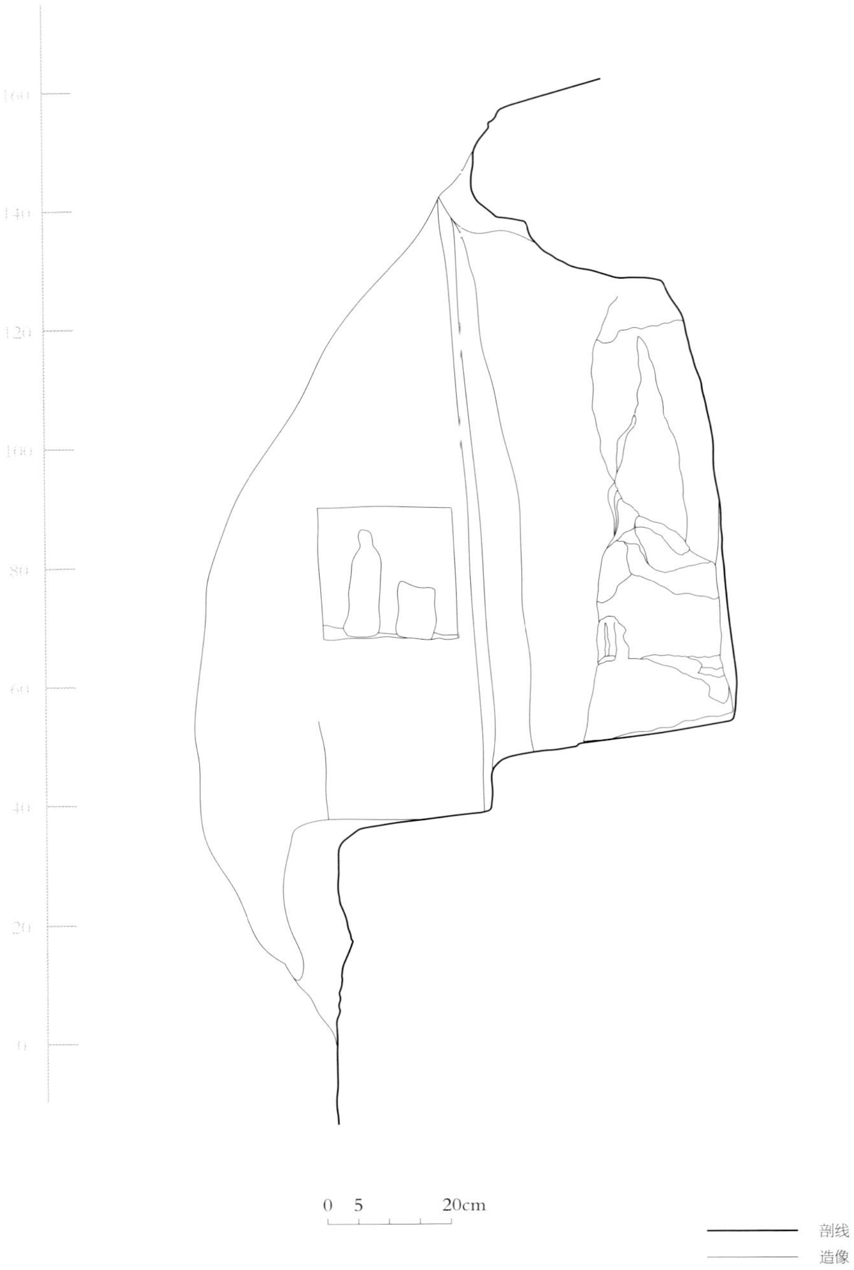

图195　第79号龛剖面图

上角凿三角形斜撑，高12厘米，宽13厘米，斜边弧形；低于沿面1厘米。

　　龛底　略呈半圆形。

　　龛壁　弧壁。壁面中部与龛顶略垂直相接，左右上端与龛顶弧面相交。

　　龛顶　近似平顶，呈半圆形。

三　造像

　　龛内刻像6身。正壁并刻菩萨坐像2身，左、右沿外侧浅龛内各刻立像2身（图194-1、图195；图版Ⅰ：263、图版Ⅰ：264、图版Ⅰ：265）。

　　左菩萨像　坐像高56厘米。浮雕火焰纹桃形头光和椭圆形身光，均略残；头光横径23厘米，身光最宽38厘米。头残，似梳髻，存作结的冠带，戴圆形耳饰。头部左侧存圆形遗迹，似杖首。面残，胸饰璎珞，上着披巾，下着裙。双手残，善跏趺坐于束腰莲座上。座略残，通高29厘米。

　　右菩萨像　坐像高50厘米。浮雕椭圆形身光，最宽40厘米。头毁，着袈裟，左手残，右手曲于胸前，手残。似善跏趺坐于束腰座上。座略残，高29厘米。

　　二像头顶上方龛顶残存华盖遗迹，残宽52厘米，高10厘米，深21厘米。

浅龛立像　残毁，仅可辨躯体轮廓；残高23厘米。

四　晚期遗迹

龛内保存灰白色涂层。

第十六节　第80号

一　位置

位于第79号龛左下方。左距壁面转折边缘50—62厘米，右距壁面边缘217厘米；上距第79号龛63厘米，下距地坪100厘米。龛口北向，方向2°。

二　形制

单层方形龛（图196；图版Ⅰ：266）。

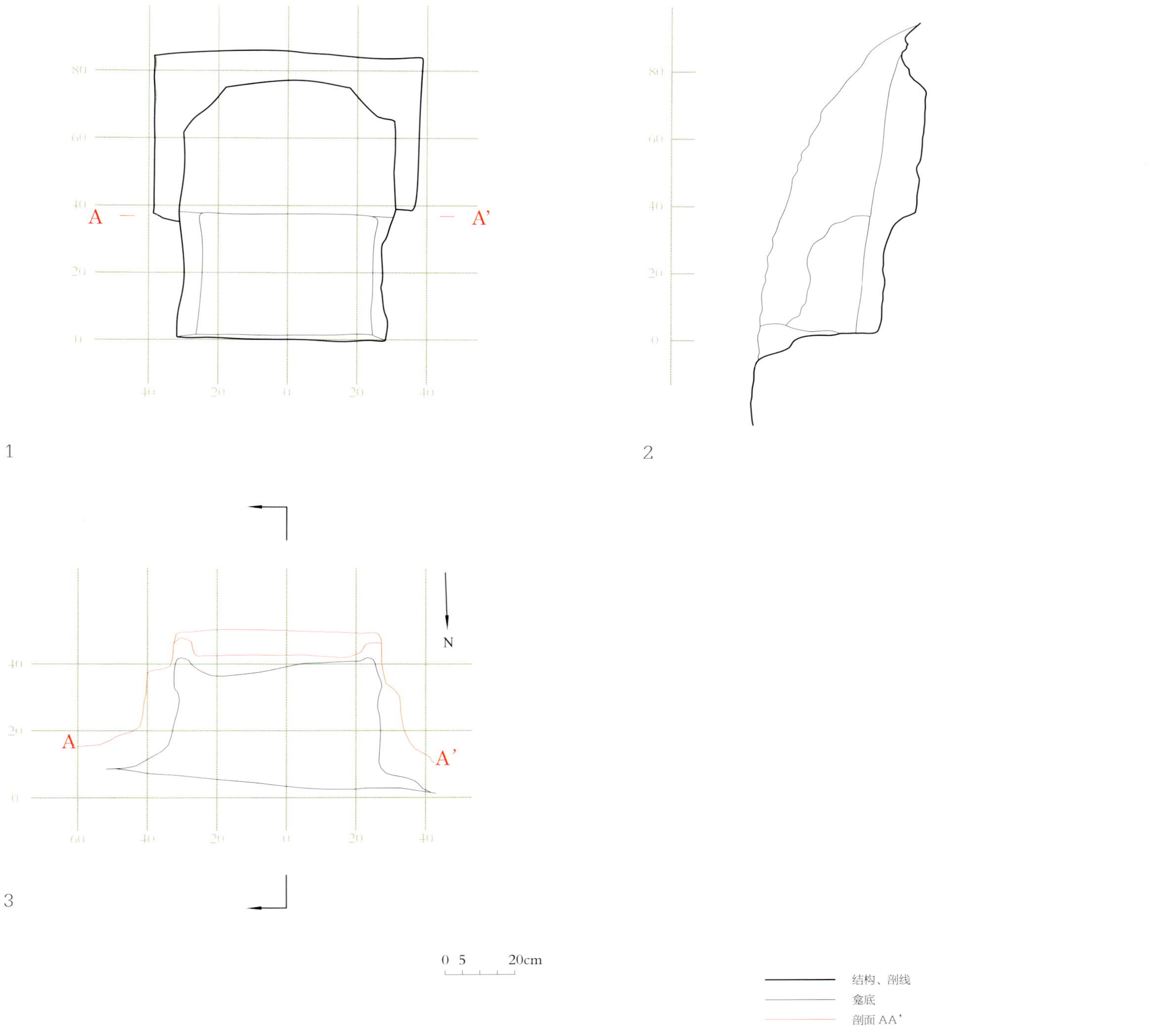

图196　第80号龛平、立、剖面图
1　立面图　2　剖面图　3　平面图

在岩体表面平直凿进最深约30厘米形成龛口。龛制未完工，仅凿出上部龛口、龛沿。龛口方形，外缘高86厘米，宽75厘米。龛沿宽约7厘米。龛口内缘高74厘米，宽60厘米，至后壁最深约10厘米。内缘左右上角凿出三角形斜撑，略残。龛底方形。龛正壁竖直，与左右侧壁垂直相接，与龛顶亦垂直相交；左右侧壁与龛顶弧面相交。正壁下部存外凸的方形凿面，高34厘米，宽50厘米，深10厘米。凿面左右侧与龛左右侧壁间形成竖直的凹槽。龛顶部分残脱。

三 造像

无。

第十七节 本章小结

一 形制特点

本章第68—78号龛及第70-1号龛排列于西向的崖壁上，下层共五龛，第73号龛位于当中位置，龛形较大，其余四龛（第70-1、70、75、76号）龛形较小；第70-1号龛位于崖壁左侧末端，龛小且显局促。中层四龛（第69、71、72、74号）龛形大小相当。上层三龛（第68、77、78号）龛顶略与岩顶齐平，由于顶部受风雨侵蚀较重，其龛顶均残毁严重。第79、80号龛位于北向的壁面上，此两龛左侧尚余较宽壁面未作刊刻，从第80号龛开凿尚未完工的情况看，这一壁面的开龛造像因为某种原因而中止了。

本章14个龛中，除第70、70-1号龛龛形残毁较重无法确认，第75号龛为单层圆拱龛外，其余各龛均为单层方形龛。方形龛均在龛口上方施作三角形斜撑或保存有斜撑遗迹。

二 年代分析

本章无一龛保存有造像纪年题记，但从其龛形、各龛排列布局状况，尤其从造像风格特征而言，可以较明显地区分出两种不同的造像风格特征。比照北山佛湾前后蜀和宋代造像特征，我们将第68、69、71、72、74、77、78、79、80等9个龛列为前后蜀时期，将第70、70-1、73、75、76号等5个龛列为宋代龛像。

三 题材内容

第68号　龛内主尊像及两胁侍像皆残蚀不辨。定为"残像龛"。

第69号　龛内坐像残蚀不辨。定为"残像龛"。

第70号　龛内坐像面部已剥蚀，但从其斜披络腋，着半裙，以及游戏坐于山石座等特征推断，应为"水月观音龛"。

第70-1号　龛内现存的11身立像中，第二排当中一像较为突出，为一六臂菩萨像，该菩萨像两上手上举执物，两中手置腹前，右下手执羂索。其余各像疑为菩萨像。故定此龛为"六臂菩萨龛"。

第71号　龛内二坐像风化残损较重，从二像现存的衣饰特征和左像右手持柄的遗迹看，推测是"观音、地藏龛"。

第72号　与第71号龛题材相似，亦为"观音、地藏龛"。

第73号　本龛主尊像残损，左右胁侍分别是手托摩尼宝珠的地藏菩萨和手持净瓶的观音菩萨，从前述第52、53号等龛造像题材的组合来看，本龛主尊像应是阿弥陀佛。龛口外左右侧壁的9身立像，应是供养人像。故定本龛为"阿弥陀佛、观音、地藏龛"。

第74号　主尊为一托钵佛像，两侧胁侍像残蚀不辨。定为"残像龛"。

第75号　龛内立像面部已残毁，从衣饰特征可辨为一菩萨像。定为"残像龛"。

第76号　龛内二立像残损较重，定为"残像龛"。

第77号　龛内主尊像和两胁侍像均残蚀严重，但主尊可辨于腹前结定印，定本龛为"残像龛"。

第78号　龛内主尊像和两胁侍像均残蚀严重，定为"残像龛"。

第79号　龛内两坐像残损较重，从残存的衣饰特征判断，定为"二菩萨龛"。

第80号　开龛未完成，无雕像，为"空龛"。

四　晚期遗迹

（一）构筑遗迹

本章西向壁面的第68号龛外左侧，第78号龛外右侧存有大小相当的两个梁孔，表明壁面前曾修建过保护性建筑。

（二）妆绘遗迹

本章第69、73、74、75、76、79号等6龛内保存有少许灰白色涂层。

第八章　第81—100号

第一节　本章各编号位置及相互关系

如前所述，从"U"形巷道北口转至南区石窟北端崖壁，中间有四条竖向构造裂隙，将崖面分为五个部分。本章介绍的第81—98号等18个编号，位于第四、五部分崖壁上，即佛湾南区石窟北段（图197、图198）。左侧部分为一外凸岩体。此岩体西北向壁面，开凿第81—84号龛（图版Ⅰ：267）。其中，第81、82号龛纵向布置于壁面左侧，第83、84号龛水平布置于壁面右侧，且所占壁面较多。外凸岩体东北向壁面开凿第85—89号龛（图版Ⅰ：268）。其中，从左至右，上部布置第86、88号龛，下部布置第85、87、89号龛。

外凸岩体右侧壁面依势开凿第90—98号龛（图版Ⅰ：269）。以自然裂隙为界，第90、91号龛纵向布置于裂隙左侧壁面，第92—98号龛布置于裂隙右侧壁面，从左至右，上部布置第92、94、96、97、98号龛，下部布置第93、95号龛。

本章第99、100号两个编号，位于佛湾空隙地中部东侧岩体，相邻布置，左为第99号龛，右为第100号龛。第99号龛左侧，有石梯道路通向北山文物管理区办公区域。

第二节　本章各编号所在岩体软弱夹层和裂隙的分布

本章各龛所在岩体共有较为明显的四条软弱夹层带和一条裂隙。

一　软弱夹层带

第一条　始于第82号龛左上方，向右发育，经第83、84号龛壁下部，止于第84号龛右沿外侧。全长约510厘米，最宽约13厘米。

第二条　始于第83号龛上部，向右发育，沿转折壁面，止于第86号龛正壁中部。全长约390厘米，最宽约20厘米。

第三条　始于第90号龛左上方，向右水平发育，止于第94号龛上方。全长约353厘米，最宽约15厘米。

第四条　始于第91号龛壁面左上角，向右水平发育，止于第93号龛左沿。全长约210厘米，最宽8厘米。

二　裂隙

裂隙位于本章外凸岩体右侧岩体中部，上至岩顶，下至地坪，局部发育呈泥质状，长约480厘米，最宽15厘米。

第三节　第81号

一　位置

位于外凸岩体左上方。左距岩体边缘约50厘米，右距第83号龛28厘米；上距岩顶约85厘米，下距第82号龛54厘米。

龛口西北向，方向301°。

二　形制

单层方形龛（图199；图版Ⅰ：270）。

龛口　在岩体表面平直凿进最深约7厘米，形成龛口。龛口方形，外缘高90厘米，宽67厘米。龛左沿大部残，残宽7.5厘米；右沿、上沿残损，分界不明；下沿部分残，最宽4厘米。龛口内缘高75.5厘米，宽59厘米，至后壁最深18厘米。内缘左右上角凿三角形斜撑，略蚀，高12厘米，宽12厘米，斜边弧形；低于沿面0.5厘米。

龛底　略呈横长方形。

龛壁　正壁竖直，与左右侧壁弧面相交，正壁与龛顶略垂直相接；左右侧壁与龛顶弧面相交。

龛顶　近似平顶，稍残。

三　造像

龛内刻坐像1身（图199-2；图版Ⅰ：270）。像残蚀较重，坐像高58厘米，可辨躯体轮廓。头略左侧，似戴披帽。头部右侧存桃形遗迹（似杖首）。双手毁，似舒相坐于须弥座上。座残，通高30厘米。座前存部分并蒂莲遗迹。

四　晚期遗迹

龛正壁左侧存灰白色涂层。

第四节　第82号

一　位置

位于第81号龛下方。左距壁面边缘55厘米，右距第83号龛16厘米；上距第81号龛54厘米，下距地坪85厘米。龛口西北向，方向299°。

二　形制

单层方形龛（图200；图版Ⅰ：271）。

龛口　在岩体表面平直凿进最深约27厘米，形成龛口。龛口方形，上部毁；龛口残高68厘米，宽58厘米，至后壁最深16厘米。

龛底　呈横长方形。

龛壁　正壁竖直，与左右侧壁垂直相交。

龛顶　毁。

三　造像

龛内刻立像2身，略残损（图200-1；图版Ⅰ：271）。

左像　立像高63厘米。线刻圆形头光，部分毁，边缘刻火焰纹。头顶残，戴披帽，面圆、细颈。身着袈裟，下着裙。左手持宝珠，手及珠部分残；右手握锡杖，杖首刻于头右侧，杖柄残断。跣足（略残）立于单层仰莲台上。台高5厘米，直径23厘米。

右像　立像高60厘米。线刻圆形头光，部分毁，边缘刻火焰纹。头毁，存作结的冠带遗迹。上着披巾，下着裙。披巾垂腹前两道，

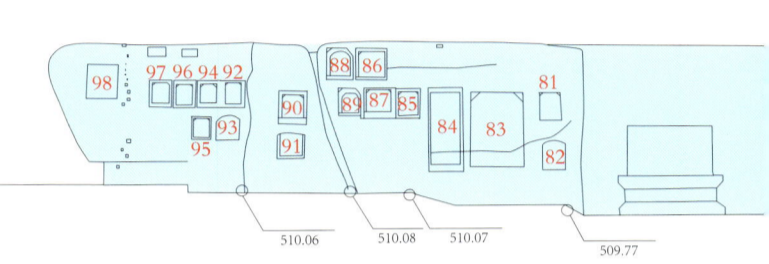

图 197　第 81—100 号在本卷龛窟中的位置图

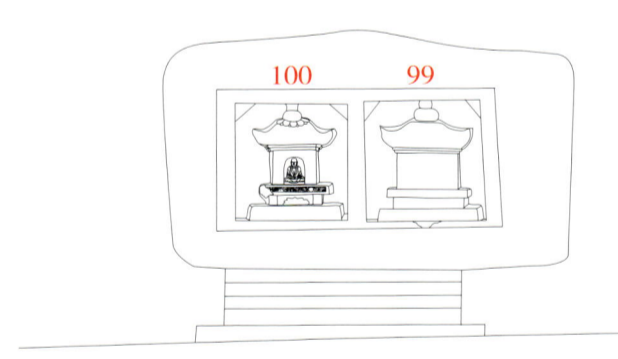

图 198　第 81—100 号位置关系图

独　立　岩　体

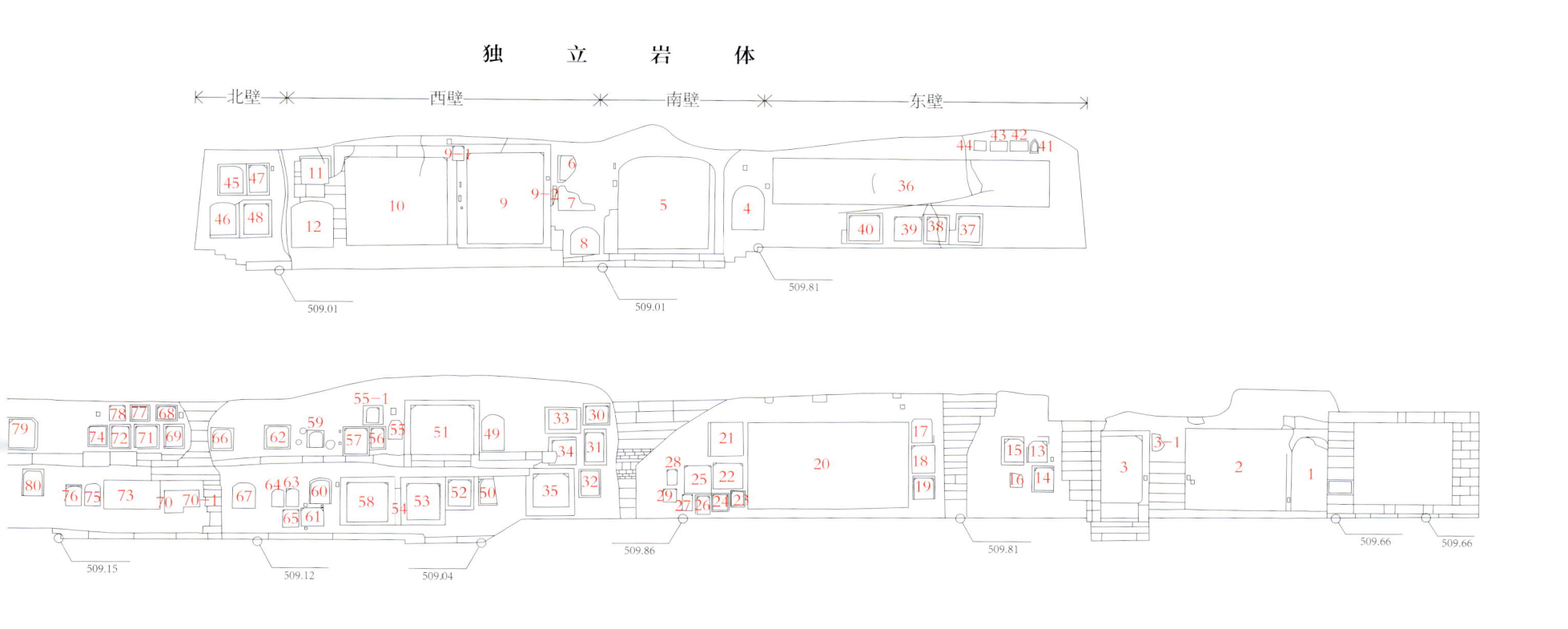

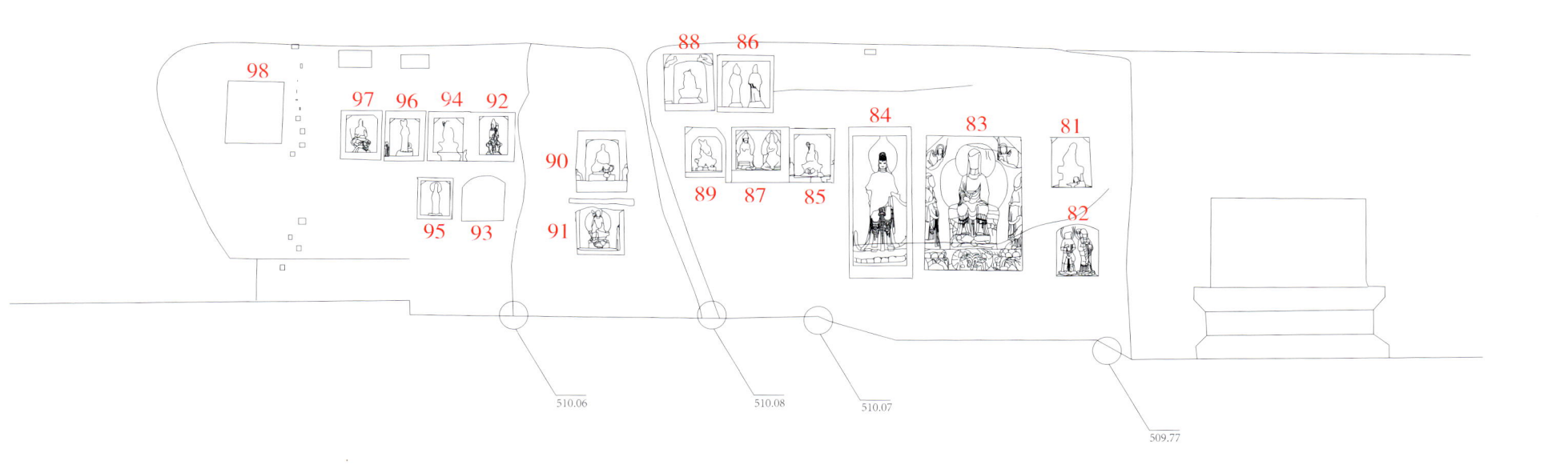

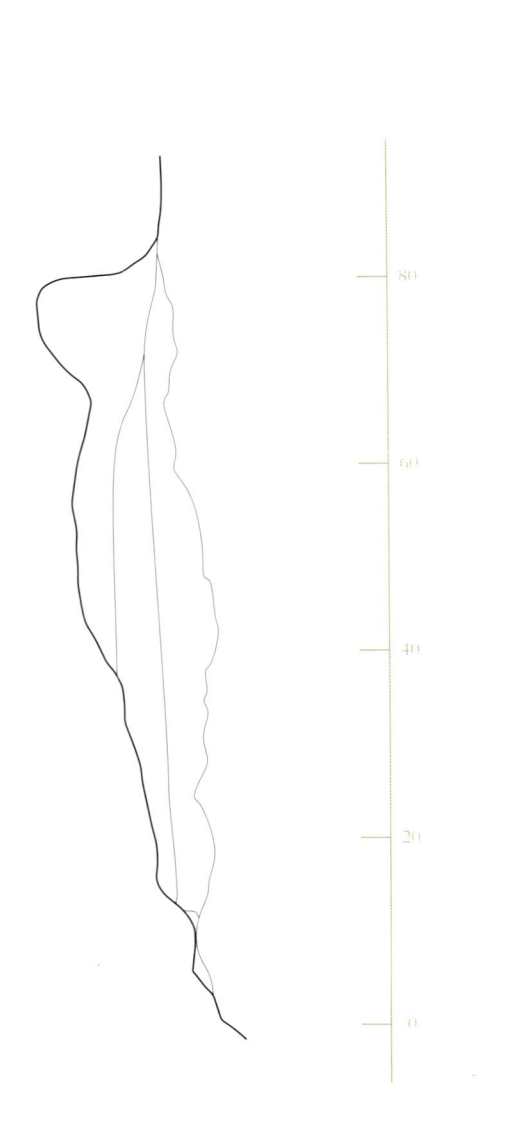

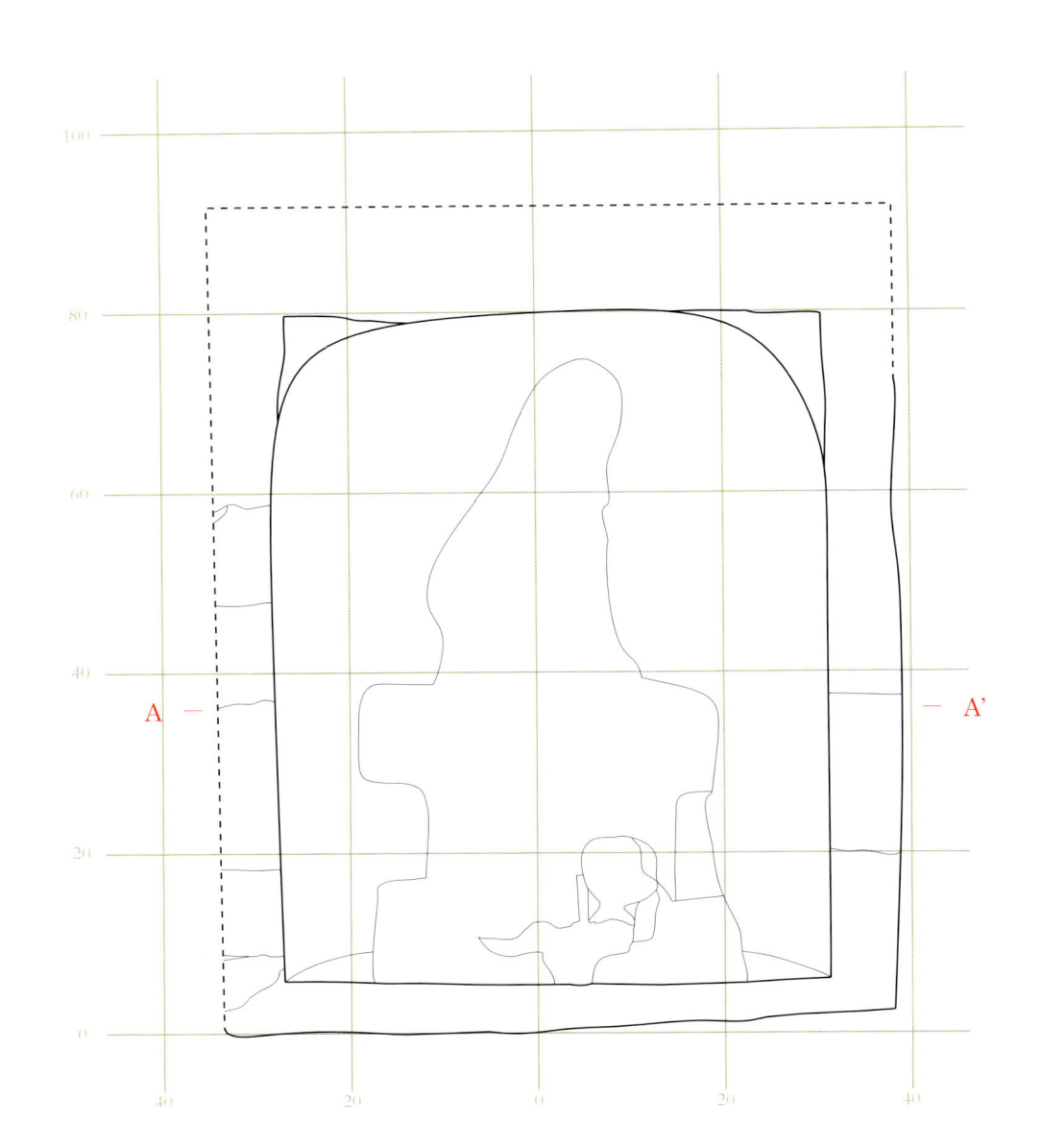

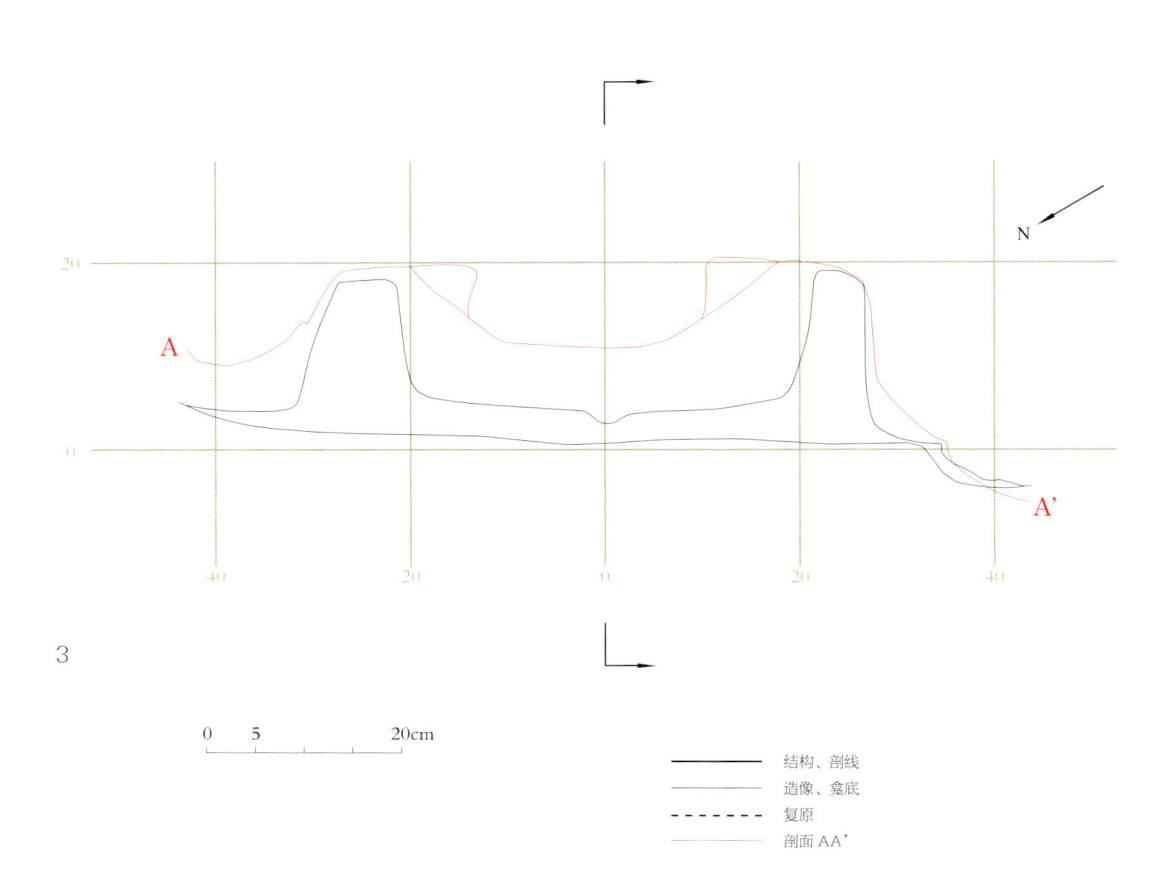

图 199　第 81 号龛平、立、剖面图
1　剖面图　2　立面图　3　平面图

图 200　第 82 号龛平、立、剖面图
1　立面图　2　剖面图　3　平面图

第八章　第 81—100 号

似敷搭前臂后垂于体侧。左手下垂持物，右手于胸前持物，双手及物皆残。跣足（稍残）立于单层仰莲台上。台高5厘米，直径23厘米。

四　晚期遗迹

龛外左侧10厘米处存开龛遗痕，壁面竖直，略内凹，存粗大的凿痕。龛下方32厘米处凿出狭长的平台，凿痕明显，台面下距地坪53厘米。

龛内存灰白色涂层。

第五节　第83号

一　位置

位于第82号龛右侧。左与第81、82号龛比邻，分别相距28、16厘米，右紧邻第84号龛；上距岩顶103厘米，下距地坪84厘米。龛口西北向，方向312°。

二　形制

单层方形龛（图201、图202、图203、图204；图版Ⅰ：272、图版Ⅰ：273、图版Ⅰ：274）。

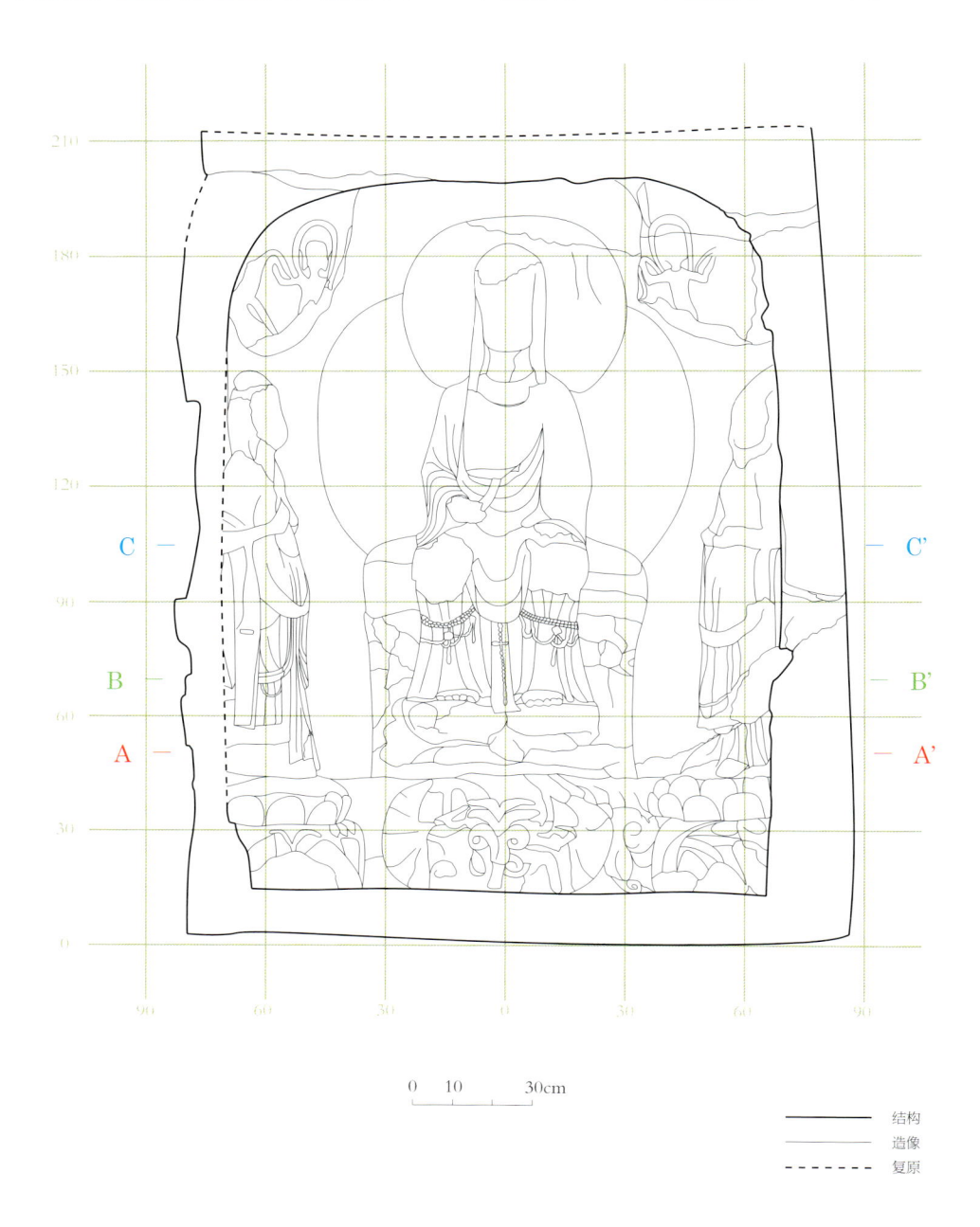

图201　第83号龛立面图

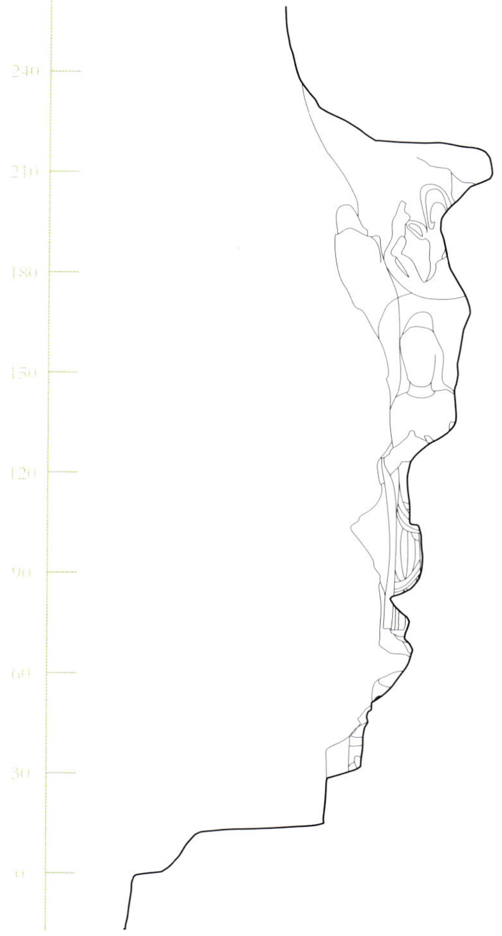

图 202　第 83 号龛平、剖面图
1　剖面图　2　平面图

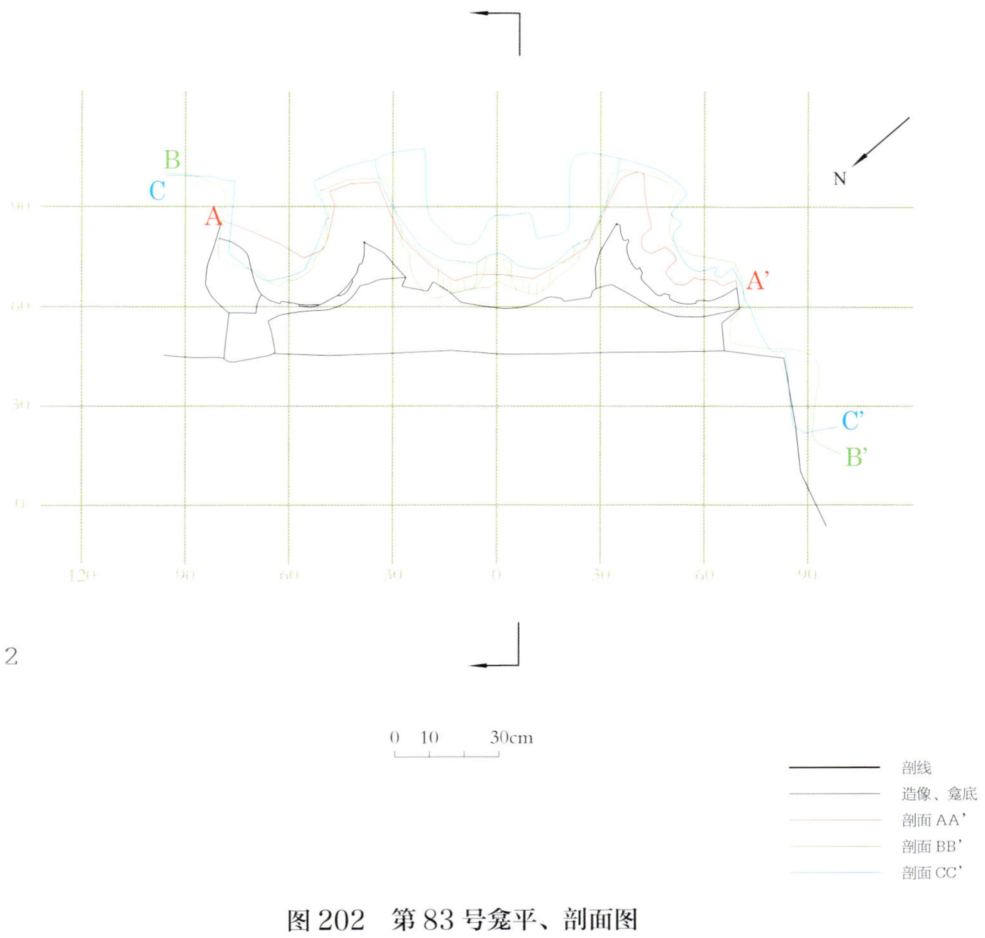

第八章　第 81—100 号

龛口　在岩体表面平直凿进最深约55厘米，形成龛口。龛口方形，左沿上部残蚀较重，下部保存较完整，宽约20厘米。右沿毁。上沿残蚀、剥落，与崖壁分界不明。下沿宽16厘米。龛口内缘残高191厘米，宽130厘米，至后壁最深52厘米。龛左沿内侧凿出宽7.5厘米的平整面，上部已毁，保存的下部高56厘米。龛内缘左右上角存三角形斜撑遗迹。

龛底　呈半圆形。

龛壁　弧壁，壁面中部与龛顶略垂直相交，左右上端与龛顶弧面相接。

龛顶　平顶，略呈半圆形；部分残。

三　造像

龛内刻像5身（图201；图版Ⅰ：272）。中刻主尊菩萨坐像1身，左右侧壁各刻胁侍立像1身，壁面上方左右相向各刻飞天1身。

主尊菩萨像　坐像高120厘米，头长29厘米，肩宽30厘米，胸厚14厘米。有圆形素面头光和身光，横径分别为54、92厘米。头似披巾，面蚀，身着袈裟，下着裙。腰带长垂至足间。裙摆饰三道珠串璎珞，中道贴于腰带上，左右两道悬挂坠饰，绕于双膝。左臂残毁，右手持莲茎下端，莲苞遗迹存于头光左侧。跣足踏莲，善跏趺坐于高方座上。座通高60厘米，最宽65厘米，深35厘米。座前刻并蒂仰莲及闭合莲叶。

左胁侍像　立像高约110厘米（图203；图版Ⅰ：273）。浅浮雕圆形头光（残），边缘刻火焰纹。梳髻，面残，双肩及胸残。上着披巾，下着裙。披巾于腹前交叠，再敷搭前臂后下垂体侧。双手于胸前似持物，手及物残。软弱夹层带右斜向过膝及小腿部位，致膝和小腿残蚀甚重。跣足（右足毁）立于双层仰莲台上。莲台高12厘米，最宽38厘米。台下刻山石，高20厘米。

右胁侍像　立像高约110厘米（图204；图版Ⅰ：274）。腰束带，上饰珠串，长垂至双足间。裙摆上存"人"字形璎珞，左右各三道绕膝隐于身后，下部皆垂挂珠串、坠饰。双足毁。其余特征及保存状况与左菩萨略同。莲台部分残，残高10厘米，最宽33厘米。台下刻山石，高18厘米。

左飞天像　残高14厘米（图版Ⅰ：275）。头及下身毁，身纤细，衣饰不明。披巾环状绕于头后，经双腋后飘。双手屈肘外展，握披巾。像置于云纹内，云部分残，云尾上飘龛顶。云头残宽33厘米，厚15厘米。

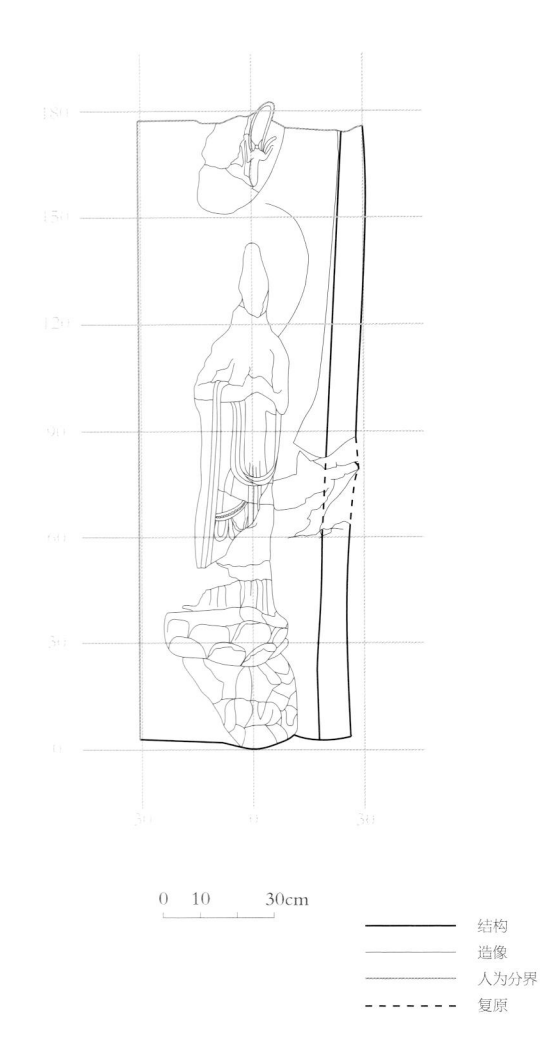

图203　第83号龛左侧壁立面图 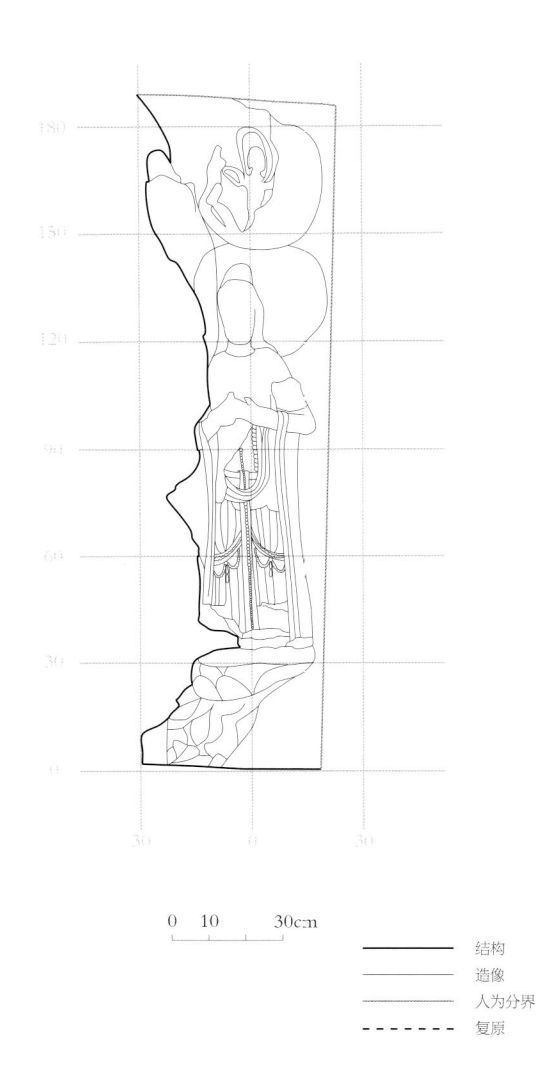　　　　　　　　　图204　第83号龛右侧壁立面图

右飞天像　残高19厘米（图版Ⅰ：276）。梳髻，面蚀，身纤细，胸以下毁，衣饰不明。披巾环状绕于头后，经双腋后飘。左臂毁，右臂屈肘外展，握披巾。像置于云纹内，云部分残，云尾上飘龛顶。云头残宽23厘米，厚15厘米。

四　晚期遗迹

龛内存红色和灰白色涂层。

第六节　第84号

一　位置

位于第83号龛右侧。左紧邻第83号龛，右距壁面转折边缘11—30厘米；上距岩顶85厘米，下距地坪74厘米。龛口西北向，方向323°。

二　形制

单层方形龛（图205、图206、图207、图208；图版Ⅰ：277）。

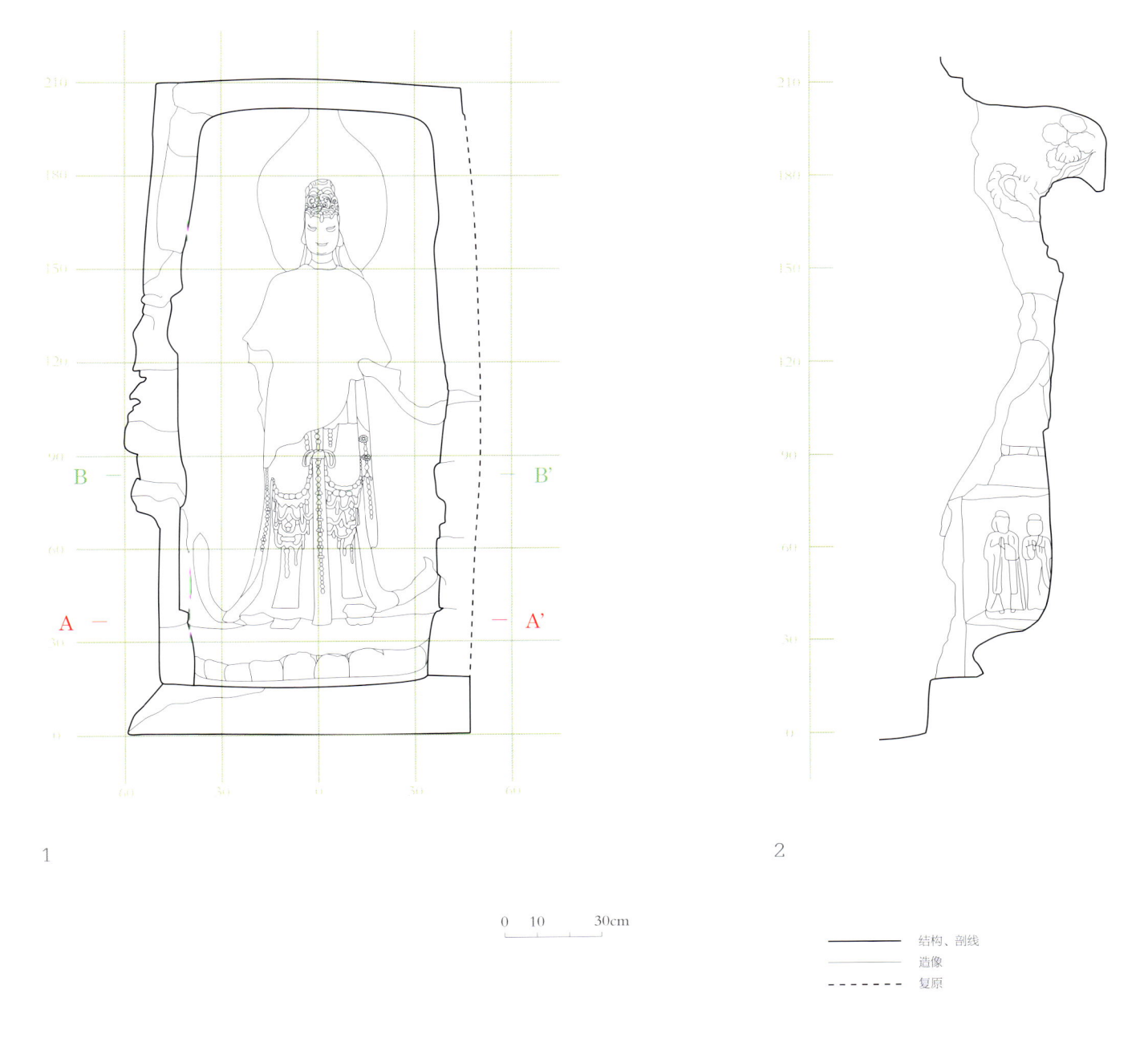

图205　第84号龛立、剖面图
1　立面图　2　剖面图

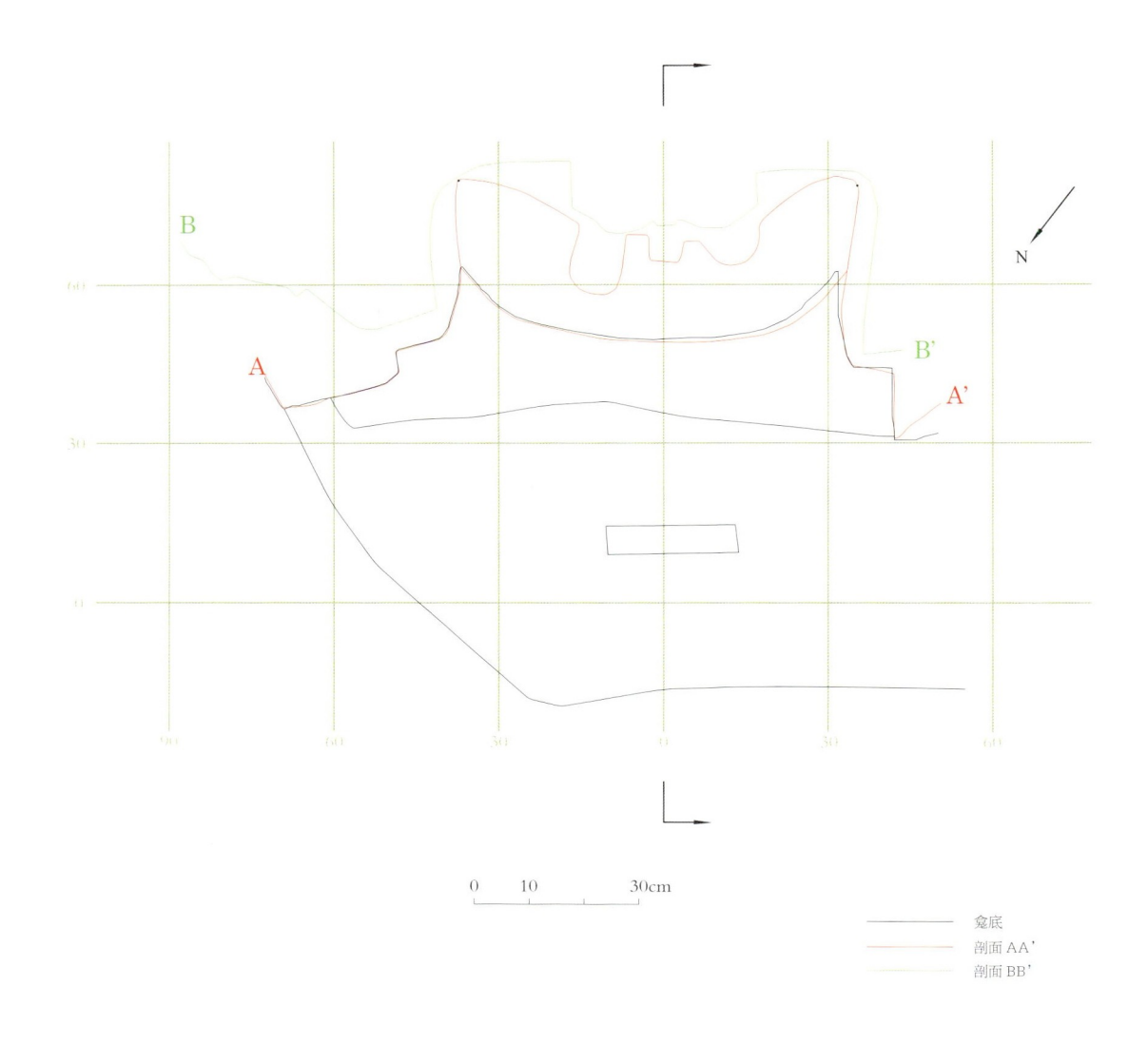

图 206　第 84 号龛平面图

龛口　在岩体表面平直凿进最深约56厘米，形成龛口。龛口方形，外缘高212厘米，宽91厘米。龛左沿大部毁，仅存底部少许，宽8.5厘米，高11厘米。右沿中上部已毁，保存下部，宽6厘米，高59厘米。上沿部分残损，残宽9厘米。下沿较完整，宽18厘米。龛口内缘高185厘米，宽约73—77厘米，至后壁最深33厘米。

龛底　略呈"凸"字形，前端宽出左、右沿13厘米。

龛壁　正壁竖直，与左右侧壁略垂直相交。壁面与龛顶略呈弧面相交。左右侧壁中下部各对称开凿两个方形浅龛，上下相对应，形制相当。其中，上龛高53厘米，残宽29厘米，深3厘米；下龛高33厘米，宽25厘米，深3厘米。右下浅龛保存较为完整，余三龛残损较重。

龛顶　近似平顶，呈半圆形。

三　造像

龛内存像8身。正壁刻主尊菩萨立像1身，左右侧壁上部各刻飞天1身，中下部浅龛内共存供养人像5身，其中，上浅龛各刻像1身，左下浅龛存像1身，右下浅龛刻像2身（图205-1、图207、图208；图版Ⅰ：277）。

主尊菩萨像　立像高146厘米，头长26厘米。浮雕桃形火焰纹头光，残蚀较重，横径42厘米。梳髻，戴卷草冠。脸长圆，眉眼细长，小口微启。戴耳环，下垂珠串（略残）。细颈。双肩、胸、腹剥蚀残脱，上身衣饰不明，下着裙。腿间刻作结长垂的腰带，上饰璎珞。双腿内侧各刻一道下垂的璎珞，绕双膝后隐于身后；璎珞于双膝处悬挂三重坠饰。体侧存两段下垂的披巾，端头上扬，表面亦饰璎珞。双足残，立于仰莲台上。台部分损，残高14厘米，最宽71厘米，深33厘米。

菩萨像头光两侧刻有数朵菩提树叶，风蚀略重，可辨遗迹。

飞天像　2身，对称刻于云纹内。左飞天身长25厘米，梳髻，仰脸，面蚀，袒上身，下着裙。披帛绕于头后，过双腋飘于体侧。左手不现，右臂屈肘前伸。右飞天已蚀，可辨遗迹。

左上浅龛像　立像高52厘米。头大部毁，似戴冠。身躯左侧毁，上身衣饰不明，下着裙，双手毁，着鞋。

左下浅龛像　立像残高25厘米，残毁甚重，可辨头戴展脚幞头（图版Ⅰ：278）。

图 207　第 84 号龛左侧壁立面图

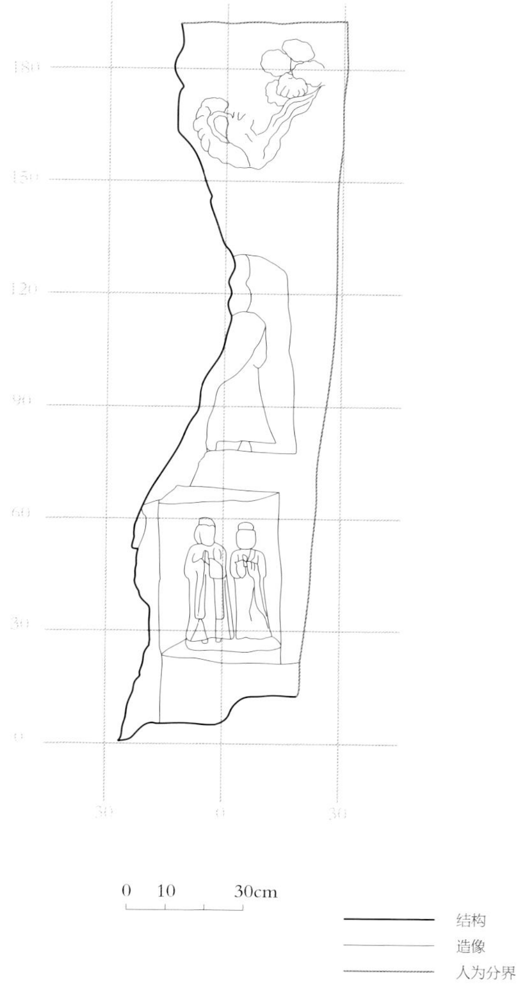

图 208　第 84 号龛右侧壁立面图

右上浅龛像　立像残高38厘米，残毁甚重，存左肩及两小腿，可辨其下着裙，足鞋。

右下浅龛像　2身，皆为女像，特征相近。立像高约30厘米，梳髻，面蚀，上着对襟窄袖衫，下着裙，双手合十，着鞋（图版Ⅰ：279）。

四　晚期遗迹

龛内存红色和灰白色两种涂层。

龛外下方凿出平台，与第83号龛龛口下部处在同一平整面上。台面凿一方形凹槽，长24厘米，宽5厘米，深7厘米。

第七节　第85号

一　位置

位于外凸岩体东北向壁面左下方。左距壁面转折边缘约2—17厘米，右距第87号龛6厘米；上距岩顶约89厘米，下距地坪185厘米。龛口东北向，方向31°。

二　形制

单层方形龛（图209；图版Ⅰ：280）。

图 209　第 85 号龛平、立、剖面图
1　立面图　2　剖面图　3　平面图

龛口　在岩体表面平直凿进最深约4—9厘米，形成龛口。龛口方形，外缘高76厘米，宽64厘米。龛沿保存较完整，宽9厘米；仅左沿下端略残。龛口内缘高54厘米，宽43厘米，至后壁最深15厘米。内缘左右上角凿三角形斜撑，高8厘米，宽7厘米；斜边弧形，低于沿面1厘米。

龛底　略作"凸"字形，前端外凸，较左右沿面外凸约10厘米。

龛壁　正壁竖直，与左右侧壁略垂直相接；壁面与龛顶弧面相交。

龛顶　近似平顶，略残。

三　造像

龛内刻像2身（图209-1；图版Ⅰ：280）。其中，正壁刻菩萨坐像1身，右沿下部刻立像1身。

菩萨像　残坐高29厘米。像残毁甚重，可辨轮廓。头部右侧存桃形杖首。座为须弥座，部分残，残高15厘米，宽29厘米，深10厘米。座前刻并蒂莲（略残）。

右沿像　残毁甚重，仅辨轮廓，残高22厘米。

四　晚期遗迹

龛内存留少许灰白色涂层。

第八节　第86号

一　位置

位于第85号龛右侧上方。左距壁面边缘约100厘米，右距第88号龛9.5厘米；上距岩顶28厘米，左下方为第87号龛，竖直相距21厘米。

龛口东北向，方向31°。

二　形制

单层方形龛（图210；图版Ⅰ：281）。

龛口　在岩体表面平直凿进最深约15厘米，形成龛口。龛口方形，外缘高81厘米，宽73厘米。龛左沿底部略残，其余基本完整，宽7厘米；右沿较完整，宽10厘米；上沿略残蚀，宽8厘米；下沿外凸，部分残，残宽5—7厘米，较左右沿外凸12厘米。龛口内缘高60厘米，宽56厘米，至后壁最深17厘米。内缘左右上角凿三角形斜撑，已蚀，可辨遗迹。

龛底　略呈横长方形。

龛壁　弧壁，与龛顶弧面相接。

龛顶　券顶，稍残。

三　造像

龛内刻立像2身（图210-1；图版Ⅰ：281）。

左像　立像残高55厘米。头毁肩残，身剥蚀较重，上身衣饰不明，下着裙。披巾垂腹前二道，再下垂体侧。腰带长垂至足间。双

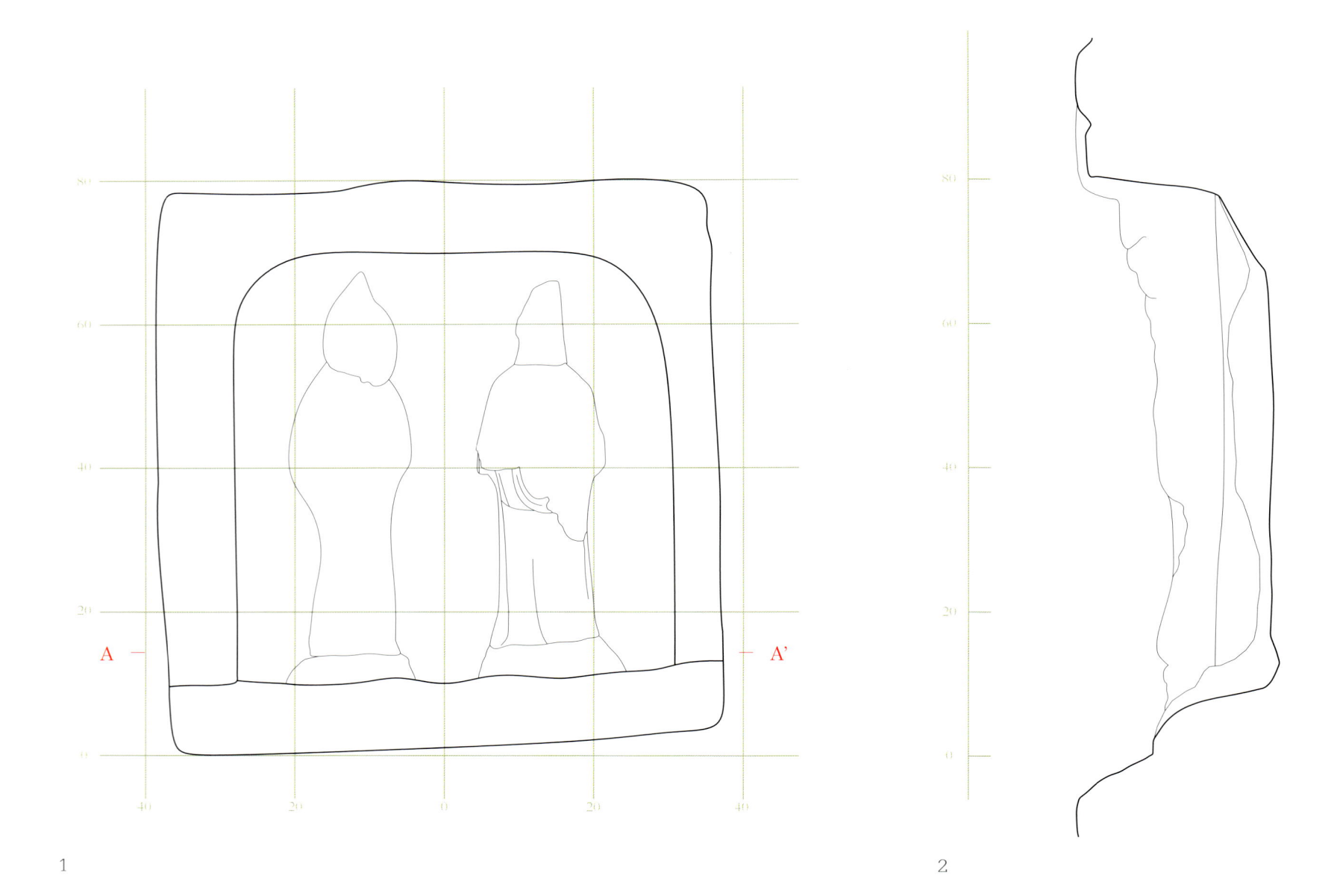

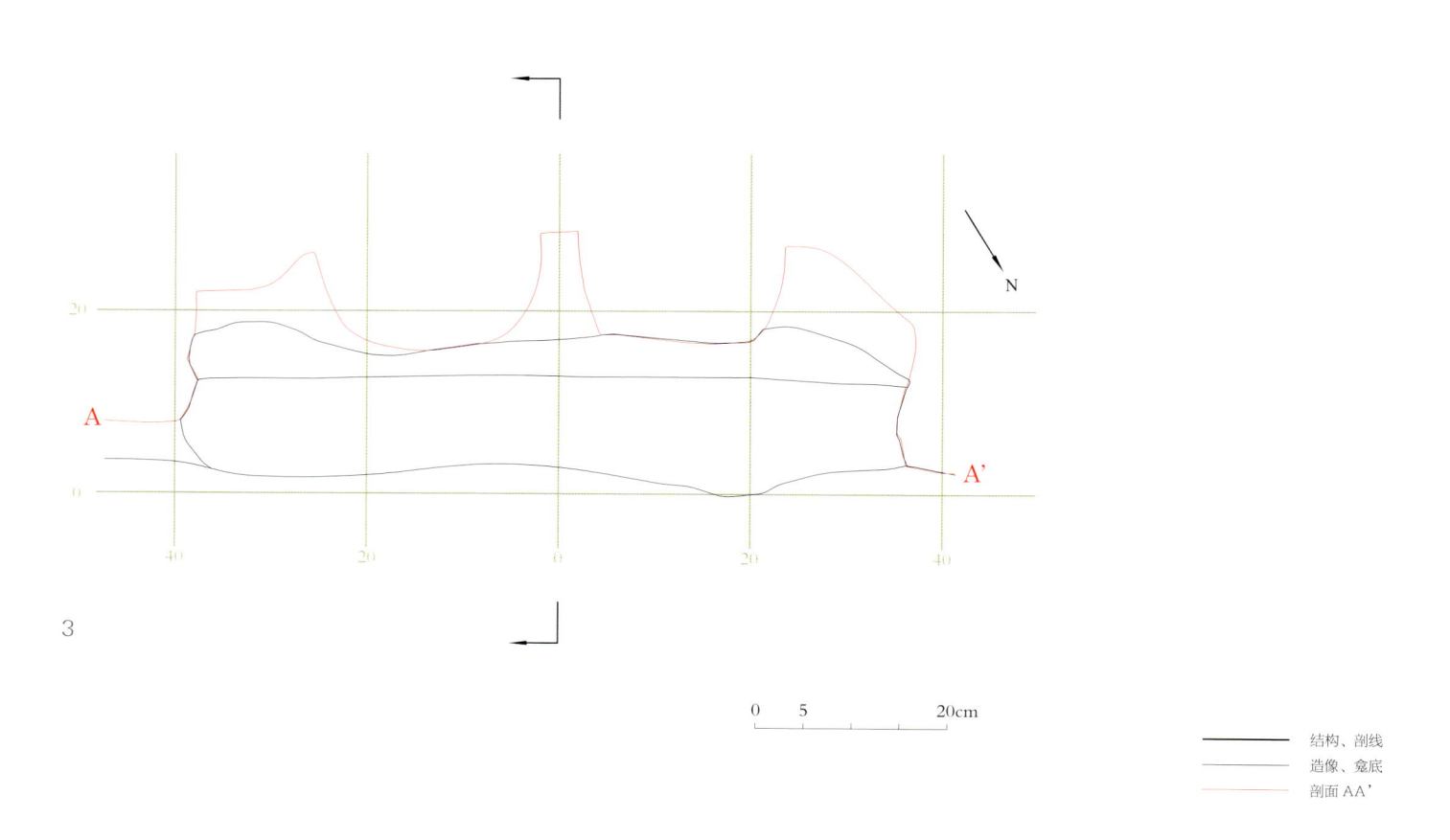

图 210 第 86 号龛平、立、剖面图
1 立面图 2 剖面图 3 平面图

手残。双足毁，似立于圆形低台上。台大部残，残高3厘米。

右像　立像残高55厘米，仅存轮廓。

第九节　第87号

一　位置

位于第85号龛右侧。左距第85号龛6厘米，右距第89号龛10.5厘米；上距第86号龛21厘米，下距地坪187厘米。龛口东北向，方向32°。

二　形制

单层方形龛（图211、图212；图版Ⅰ：282）。

龛口　在岩体表面平直凿进最深约7厘米，形成龛口。龛口方形，外缘高78厘米，宽68厘米。龛沿完整，左沿宽5厘米，右沿宽5厘米，上沿宽6厘米，下沿宽18厘米，且较左右沿外凸7厘米。龛口内缘高56厘米，宽57厘米，至后壁最深22厘米。内缘左右上角凿三角形斜撑，高8厘米，宽7厘米，斜边弧形；低于沿面2厘米。

龛底　呈"凸"字形。

龛壁　左右侧壁与正壁、龛顶弧面相接。正壁与龛顶略垂直相交。

龛顶　近似平顶，方形。

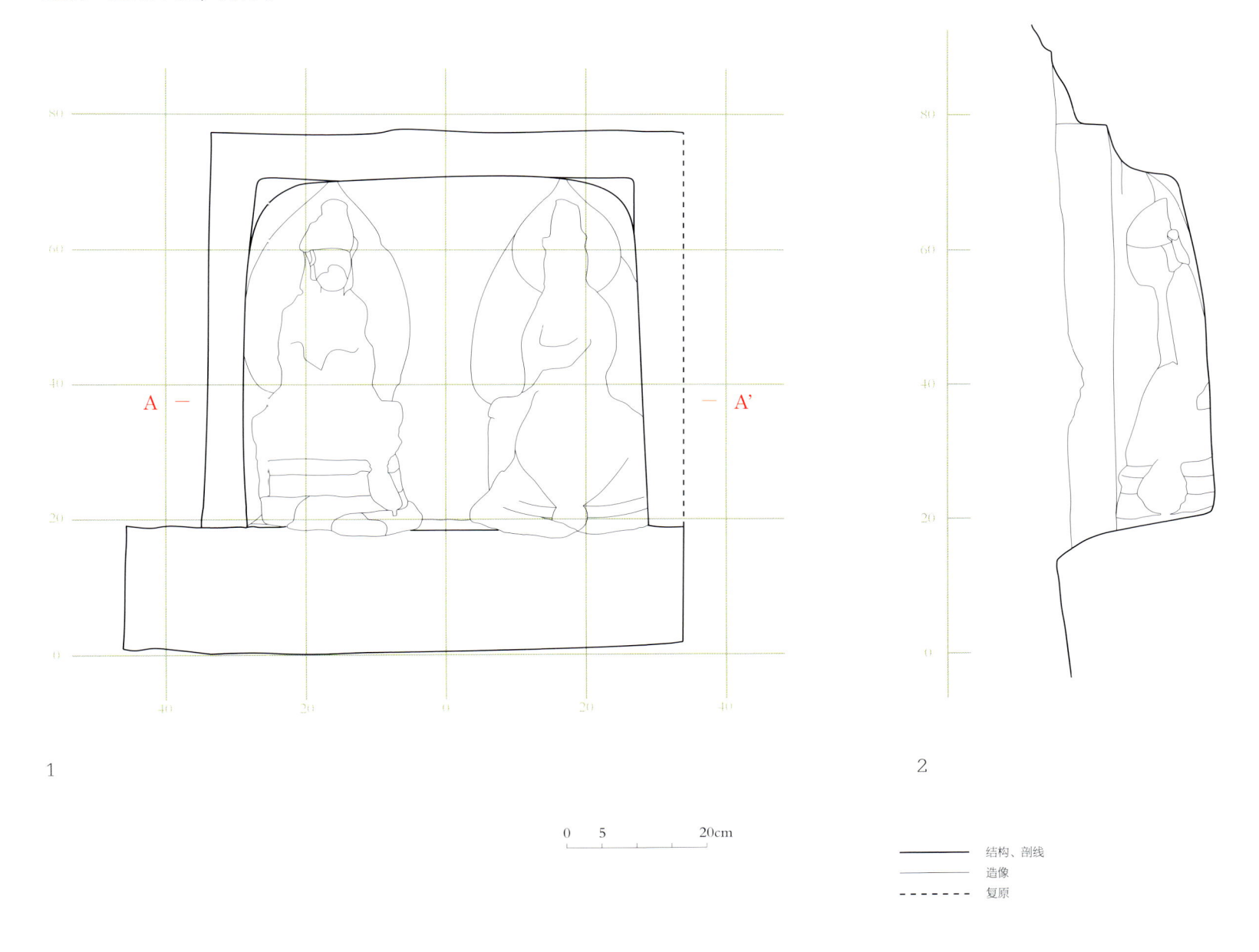

图211　第87号龛立、剖面图
1　立面图　2　剖面图

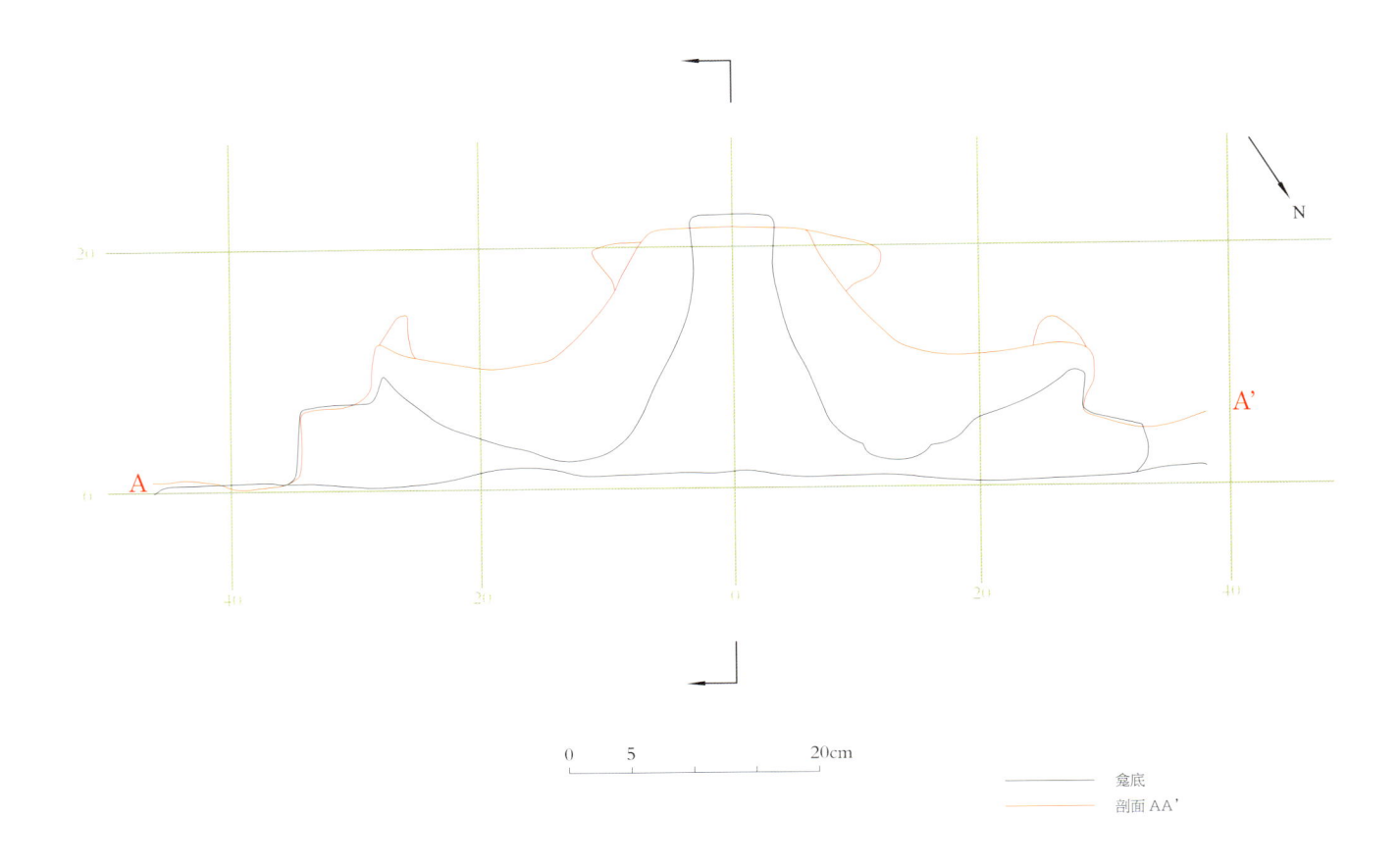

图 212　第 87 号龛平面图

三　造像

龛内刻坐像2身（图211-1；图版Ⅰ：282）。

左像　坐像高29厘米。浅浮雕桃形头光和椭圆形身光，残蚀略重；头光横径17厘米，身光最宽25厘米。像残毁甚重，细节不明，仅可辨头冠遗迹。座部分残，残高19厘米，最宽23厘米，深10厘米。座前刻并蒂莲（大部残）。

右像　坐像高30厘米。浅浮雕桃形头光和椭圆形身光，残蚀略重；头光横径16厘米，身光最宽23厘米。梳髻，鬓发绕耳，戴冠，冠带作结下垂。面蚀，身残，衣饰不明。双手残，似置腹前。双腿毁，坐式不明。座为束腰座，部分残，残高19厘米，最宽21厘米，深12厘米。座前刻并蒂莲，大部残。

四　晚期遗迹

龛内存灰白色涂层。

第十节　第88号

一　位置

位于第86号龛右侧。左距第86号龛9.5厘米，右距壁面边缘约95厘米；上距岩顶约29厘米，右下方为第89号龛，竖直相距约17厘米。

龛口东北向，方向33°。

二　形制

单层圆拱龛（图213；图版Ⅰ：283）。

龛口　在岩体表面平直凿进最深约15厘米，形成龛口。龛口圆拱形，外缘高80厘米，宽67厘米。其外右上角存三角形斜撑，高8厘米，宽7厘米，深6厘米。龛沿略蚀，宽约10厘米。龛口内缘高55厘米，宽45厘米，至后壁最深14厘米。龛右沿外侧中部开凿圆拱形浅龛，部分残；龛口残高26厘米，宽15厘米，深3.5厘米。

龛底　呈横长方形。

龛壁　壁面竖直，正壁与左右侧壁和龛顶皆略垂直相接，左右侧壁与龛顶弧面相交。

龛顶　券顶，略残。

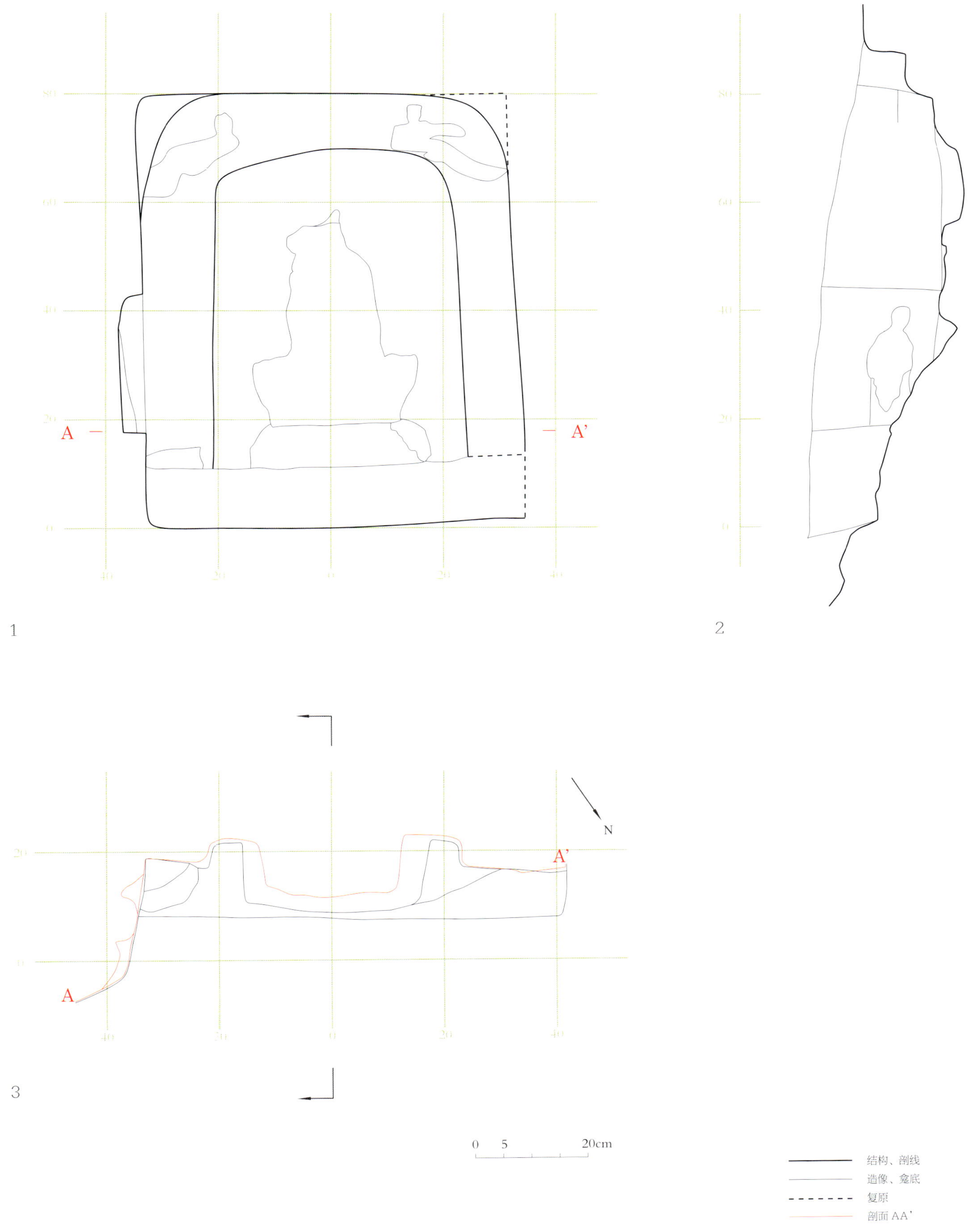

图213　第88号龛平、立、剖面图
1　立面图　2　剖面图　3　平面图

三　造像

龛内刻像4身（图213-1；图版Ⅰ：283）。其中，正壁刻主尊坐像1身，龛沿左右上角各对称刻飞天1身，龛外浅龛内刻立像1身。此外，龛右沿底部存造像遗迹（似兽），高6厘米，宽9厘米，细节难辨。

主尊像　残坐高约23厘米。像残毁甚重，细节不明。须弥座大部残，残座高18厘米，最宽30厘米，深9厘米。

飞天像　两身飞天皆残蚀甚重，仅可辨轮廓。其中右侧飞天存部分下身躯体。

浅龛立像　残高18厘米。像残毁甚重，仅辨裙摆。

四　晚期遗迹

龛内存灰白色涂层。

第十一节　第89号

一　位置

位于第88号龛右下方。左距第87号龛10.5厘米，右距壁面边缘约70—108厘米；右上方为第88号龛，竖直相距17厘米，下距地坪约195厘米。

龛口东北向，方向31°。

二　形制

单层圆拱龛（图214；图版Ⅰ：284）。

龛口　在岩体表面平直凿进最深约22厘米，形成龛口。龛口外侧右上角刻三角形斜撑，高10厘米，宽10厘米，厚3.5厘米，斜边作弧形。龛口呈圆拱形，外缘高68厘米，宽56厘米。龛沿左右及上沿略蚀，宽约10厘米，下沿宽7厘米，较左右外沿外凸10厘米。龛内缘高55厘米，宽49厘米，至后壁最深15厘米。龛右沿外侧凿出方形浅龛，龛口略残，高22厘米，宽10厘米，深2厘米。

龛底　呈"凸"字形。

龛壁　竖直壁面，正壁与左右侧壁和龛顶皆垂直相接，左右侧壁与龛顶弧面相交。

龛顶　券顶，略残。

三　造像

龛内刻像2身（图214-1；图版Ⅰ：284）。其中，正壁刻主尊坐像1身，龛外右侧浅龛刻立像1身。

主尊像　坐像高29厘米。头毁，右侧存杖首轮廓。身残毁甚重，衣饰不明。左手残，似置于腹前，右手毁。左腿毁，右腿垂于座前。跣足（稍残）踏仰莲。座为须弥座，部分残，通高16厘米，宽28厘米，深12厘米。座前刻并蒂莲（部分残）。

浅龛立像　立像残高20厘米（图版Ⅰ：285）。像头残，身残蚀甚重，可辨其着宽袖长服。

四　晚期遗迹

龛内存白色涂层。

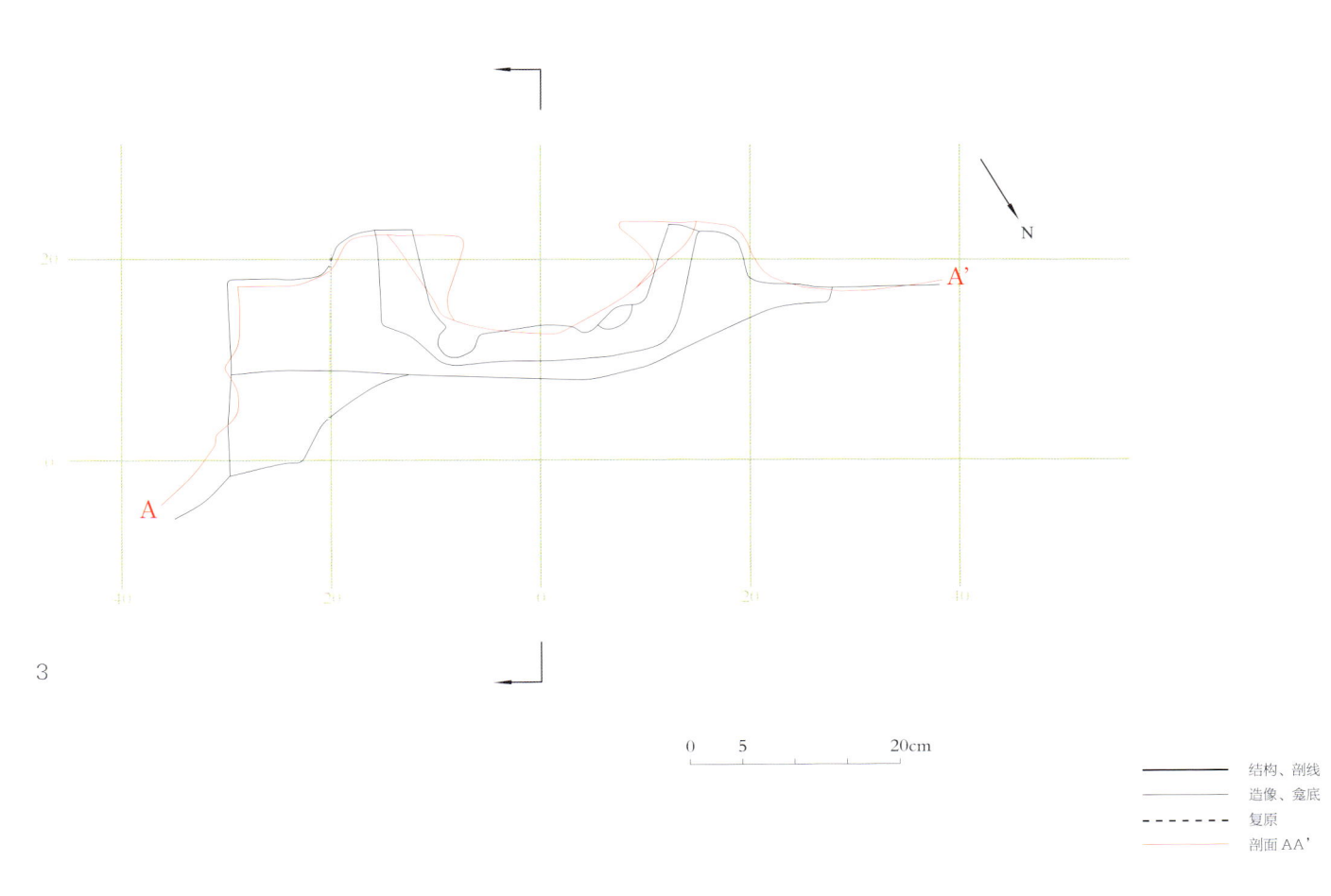

图 214　第 89 号龛平、立、剖面图
1　立面图　2　剖面图　3　平面图

第八章　第 81—100 号

第十二节　第90号

一　位置

位于外凸岩体右侧壁面左侧中上部。左与第89号龛水平相距约94厘米，右距第92号龛约111厘米；上距岩顶约129厘米，下距第91号龛约26厘米。

龛口西北向，方向304°。

二　形制

单层方形龛（图215、图216；图版Ⅰ：286）。

龛口　在岩体表面平直凿进最深约4—10厘米，形成龛口。龛口方形，外缘高86厘米，宽68厘米。龛沿略残损，左右沿及上沿宽11厘米，下沿宽17厘米，较左右沿外凸约9厘米。龛内缘高58厘米，宽45厘米，至后壁最深17厘米。内缘左右上角凿三角形斜撑，略残。龛右沿外侧壁面开方形浅龛，龛口略残，高约29厘米，宽17厘米，深4厘米。

龛底　呈"凸"字形。

龛壁　壁面竖直，正壁与左右侧壁和龛顶皆垂直相接，左右侧壁与龛顶弧面相交。

龛顶　近似平顶，方形。

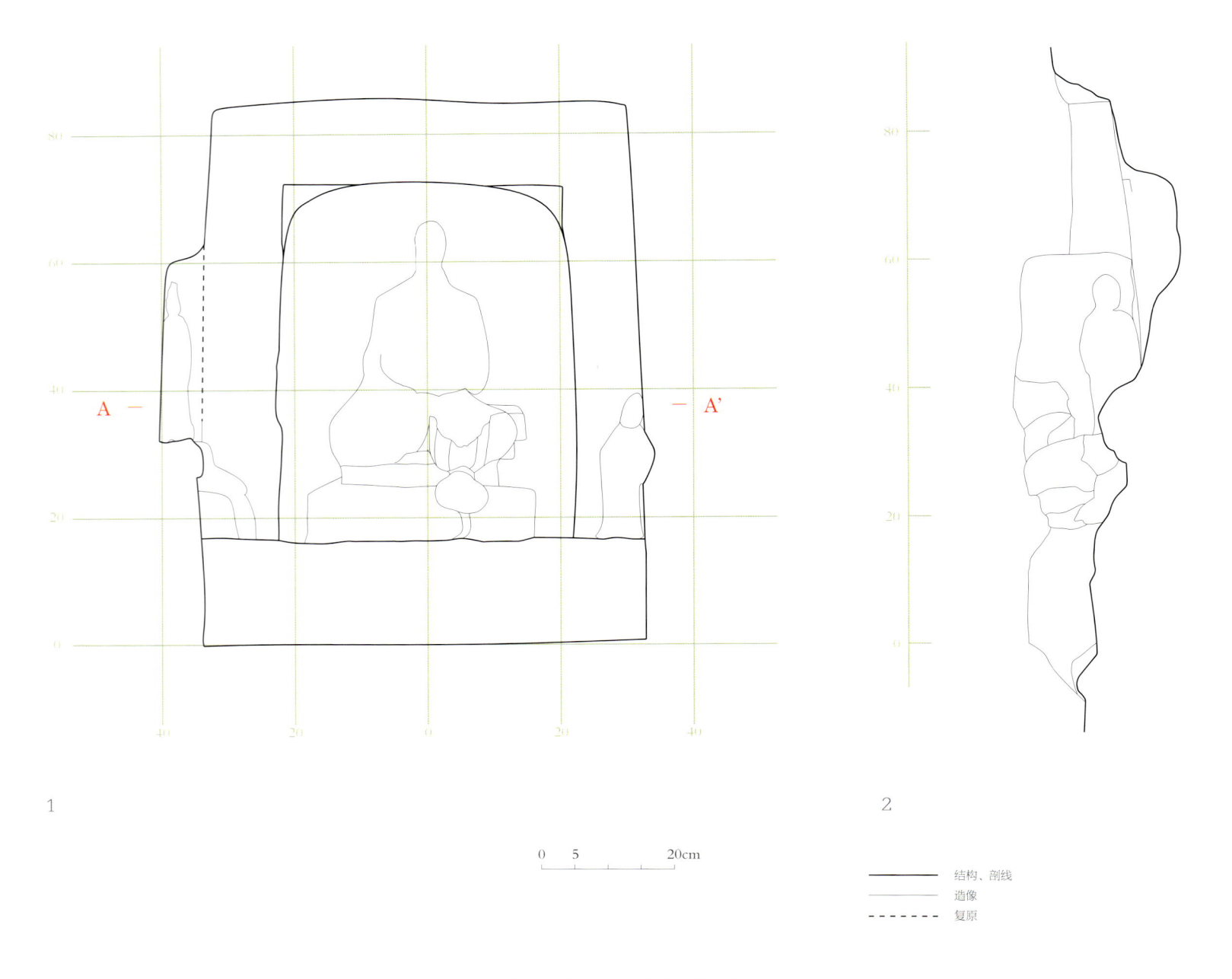

图215　第90号龛立、剖面图
1　立面图　2　剖面图

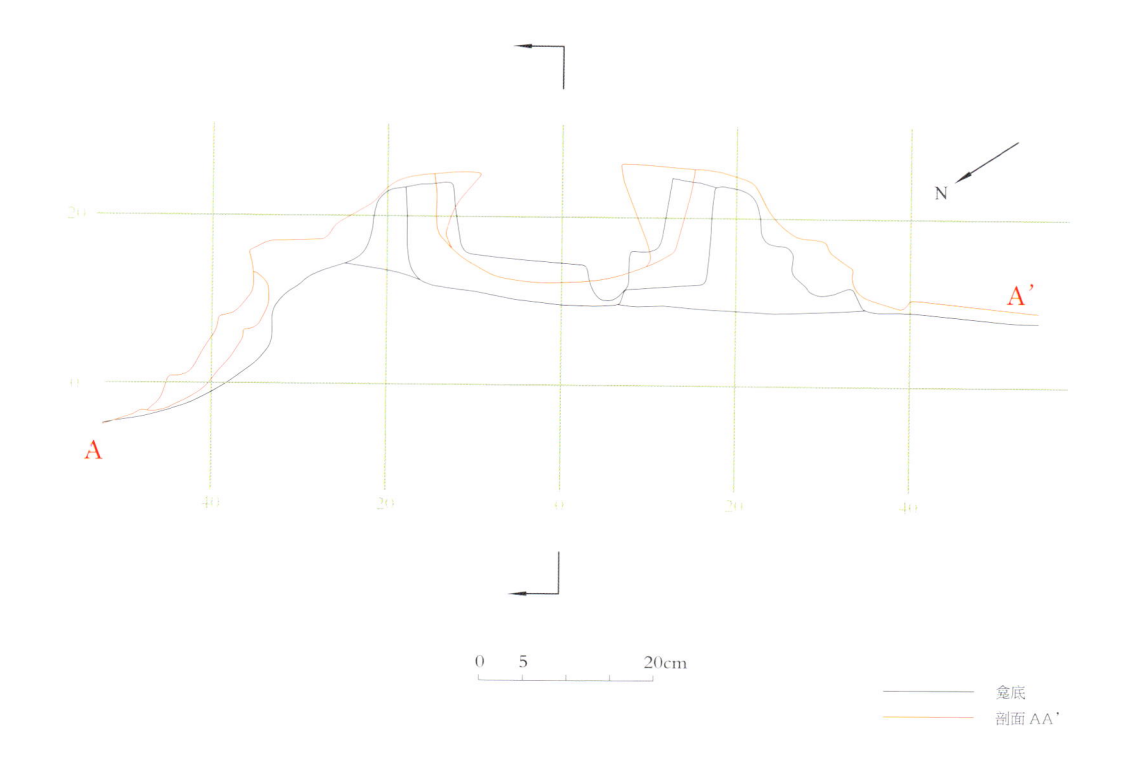

图216　第90号龛平面图

三　造像

龛内刻像3身（图215-1；图版Ⅰ：286）。其中，正壁刻主尊坐像1身，左沿下部刻立像1身，右沿外侧浅龛内刻立像1身。

主尊像　坐像高22厘米。头毁，身残蚀甚重，上身衣饰不明，下着裙。左臂残，右手（残）似抚膝。垂左小腿，跣足（部分残）踏仰莲，右腿大部残。左舒相坐于须弥座上。座通高21厘米，宽28厘米，深13厘米，座前存带茎仰莲一朵，略残。

左沿立像　立像残高约24厘米。像残蚀甚重，可辨轮廓，细节不明。

浅龛立像　立像残高24厘米。像风蚀较重，细节难辨。

此外，右沿底部存有高约10厘米的造像遗迹，自龛底右向弯曲，上部略宽厚，下部略细圆，形如喇叭。

第十三节　第91号

一　位置

位于第90号龛下方。左距壁面边缘27—53厘米，右距第93号龛120厘米；上距第90号龛26厘米，下距地坪87厘米。龛口西北向，方向300°。

二　形制

单层方形龛（图217；图版Ⅰ：287）。

龛口　在岩体表面平直凿进最深约20厘米，形成龛口。龛口方形，上部已毁，外缘残高63厘米，宽67厘米。左、右沿宽6—7厘米，下沿较窄，宽2厘米。下沿外凿出平台，与龛口等宽，高8厘米，深10厘米。龛内缘高54厘米，宽56厘米，至后壁最深14厘米。

龛底　略呈横长方形。

龛壁　左右壁与正壁弧面相交；壁面上部毁。

龛顶　毁。

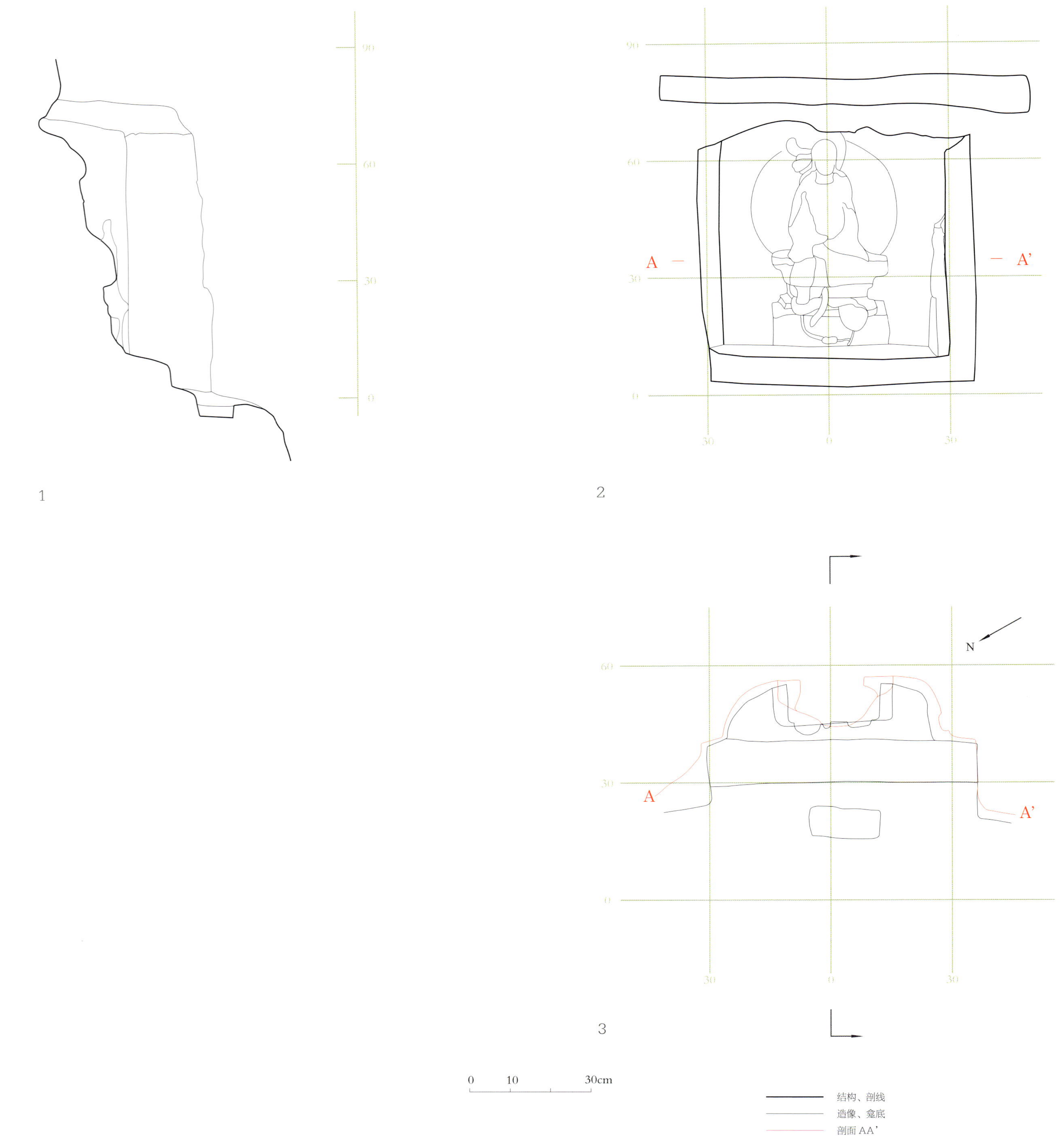

图217 第91号龛平、立、剖面图
1 剖面图 2 立面图 3 平面图

三 造像

龛内刻像2身（图217-2；图版Ⅰ：287）。其中，正壁刻主尊坐像1身，左侧壁刻立像1身。

主尊像 坐像高28厘米。浅浮雕圆形头光和身光，头光略残，横径12厘米；身光横径32厘米。头部分残，戴披帽，面蚀。头部右侧存杖首遗迹。身残蚀剥落，上身衣饰不明，下着裙。左手置腹前，略残，右手（残）曲于胸前。双腿及膝部残，左腿横置台面上，右腿垂踏仰莲，右舒相坐于须弥座上。座部分残，通高23厘米，宽27厘米，深13厘米。座前刻并蒂仰莲（略残）。

左侧壁像 残高20厘米（图版Ⅰ：288）。像残蚀较重，仅辨轮廓，立于方台上。台高14厘米，宽7厘米，深3.5厘米。

四　晚期遗迹

龛口上部残毁边缘横向凿一方槽，上距第90号龛6厘米。槽口（右端残蚀）高10厘米，残宽约98厘米，深约3厘米。龛外下方凿出平整面，长156厘米，最宽28厘米。其中部凿一方形凹槽，长17厘米，宽7厘米，深约10厘米。

第十四节　第92号

一　位置

位于第90号龛右侧。左距第90号龛111厘米，右距第94号龛7厘米；上距岩顶约100厘米，下距第93号龛13厘米。龛口西向，方向268°。

二　形制

单层方形龛（图218、图219；图版Ⅰ：289）。

龛口　在岩体表面平直凿进最深约5—18厘米，形成龛口。龛口方形，外缘高69厘米，宽58厘米。左沿较完整，宽6.5厘米；右沿外侧毁，分界不明，现宽6.5—8厘米；上沿较完整，宽7厘米；下沿右侧略残，残宽7厘米。龛内缘高53厘米，宽43厘米，至后壁最深14厘米。内缘左右上角凿三角形斜撑，高8厘米，宽7厘米，斜边弧形，低于沿面1.5厘米。

龛底　略呈半圆形。

龛壁　弧壁。壁面与龛顶弧面相交。

龛顶　近似平顶，方形。

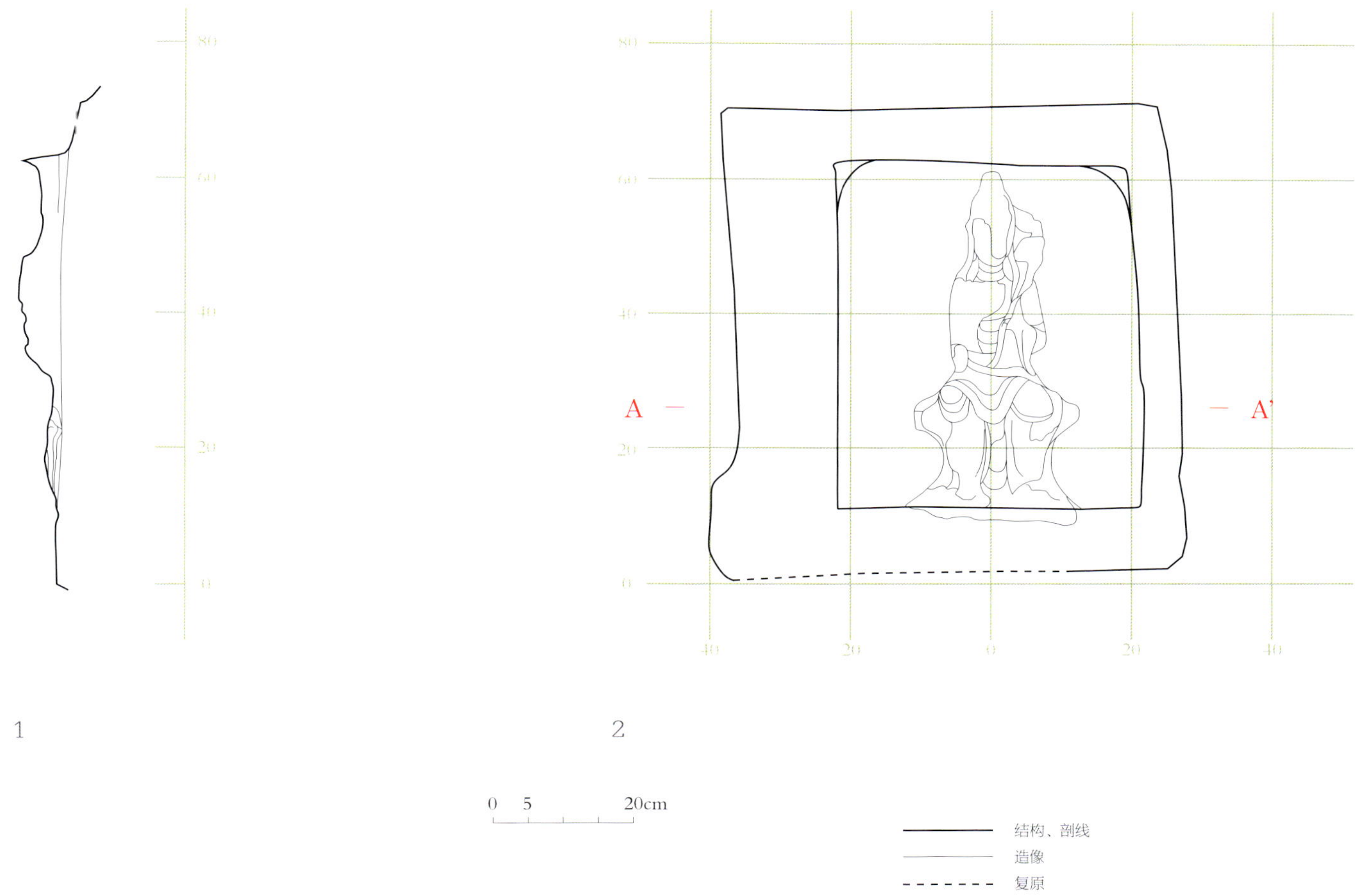

图218　第92号龛立、剖面图
1　剖面图　2　立面图

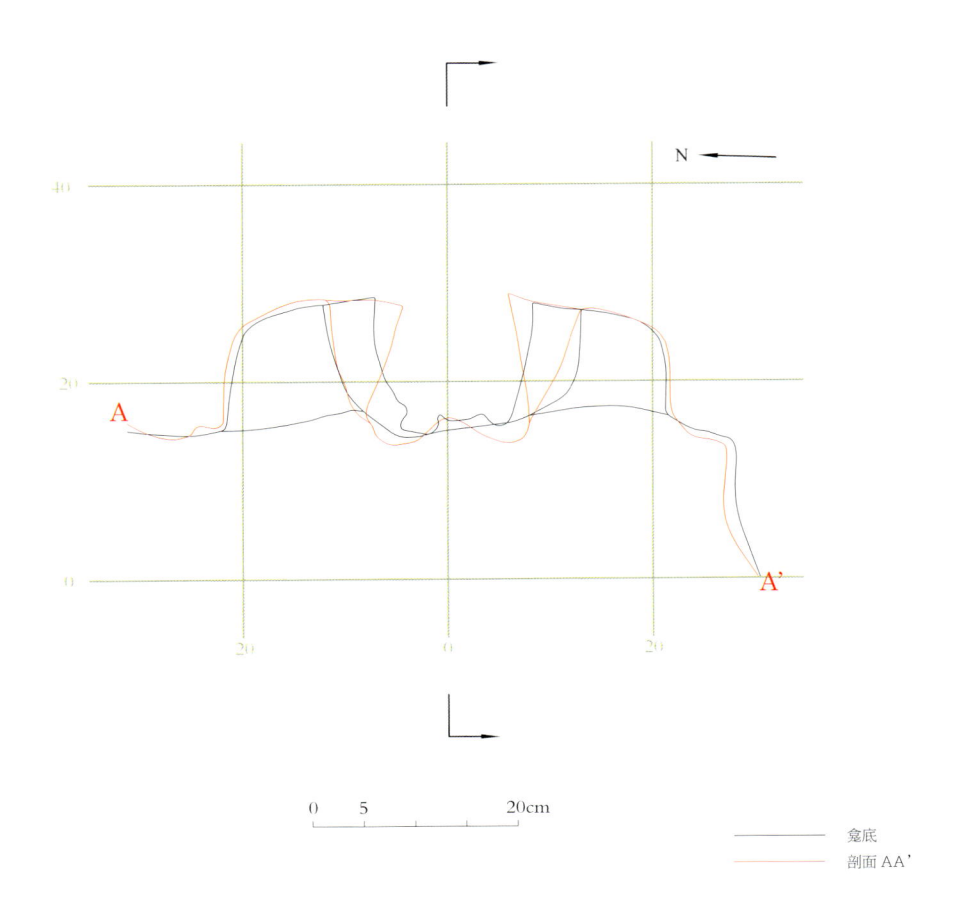

图 219　第 92 号龛平面图

三　造像

龛内刻菩萨坐像1身（图218-2；图版Ⅰ：289）。坐像高32厘米，头长13厘米，肩宽12厘米，胸厚5厘米。高髻，罩披巾。面残，戴耳环。身细，右肩及胸部剥蚀。上着袈裟，下着裙。双手（部分残）持带茎莲。善跏趺坐于须弥座上，双足大部残。座残，通高16厘米，最宽21厘米，深14厘米。

第十五节　第93号

一　位置

位于第92号龛右下方。左距第91号龛120厘米，右距第95号龛10厘米；上距第92号龛13厘米，下距地坪139厘米。龛口西向，方向265°。

二　形制

单层圆拱龛（图220；图版Ⅰ：290）。

龛口　在崖壁直接开凿形成龛口。龛口呈圆拱形，残损甚重，残高63厘米，宽59厘米，至后壁最深30厘米。

龛底　略呈方形，外侧残脱；内侧中部被部分凿毁。

龛壁　正壁竖直，中部略内凹，与左右侧壁弧面相接，与龛顶略垂直相交；左右侧壁与龛顶弧面相接。

龛顶　券顶。

三　造像

无。

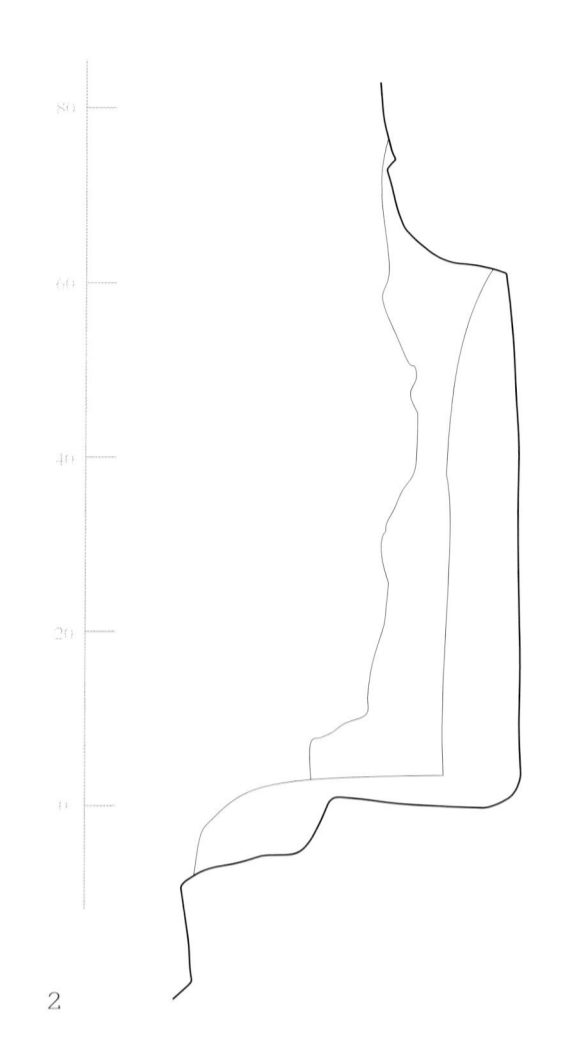

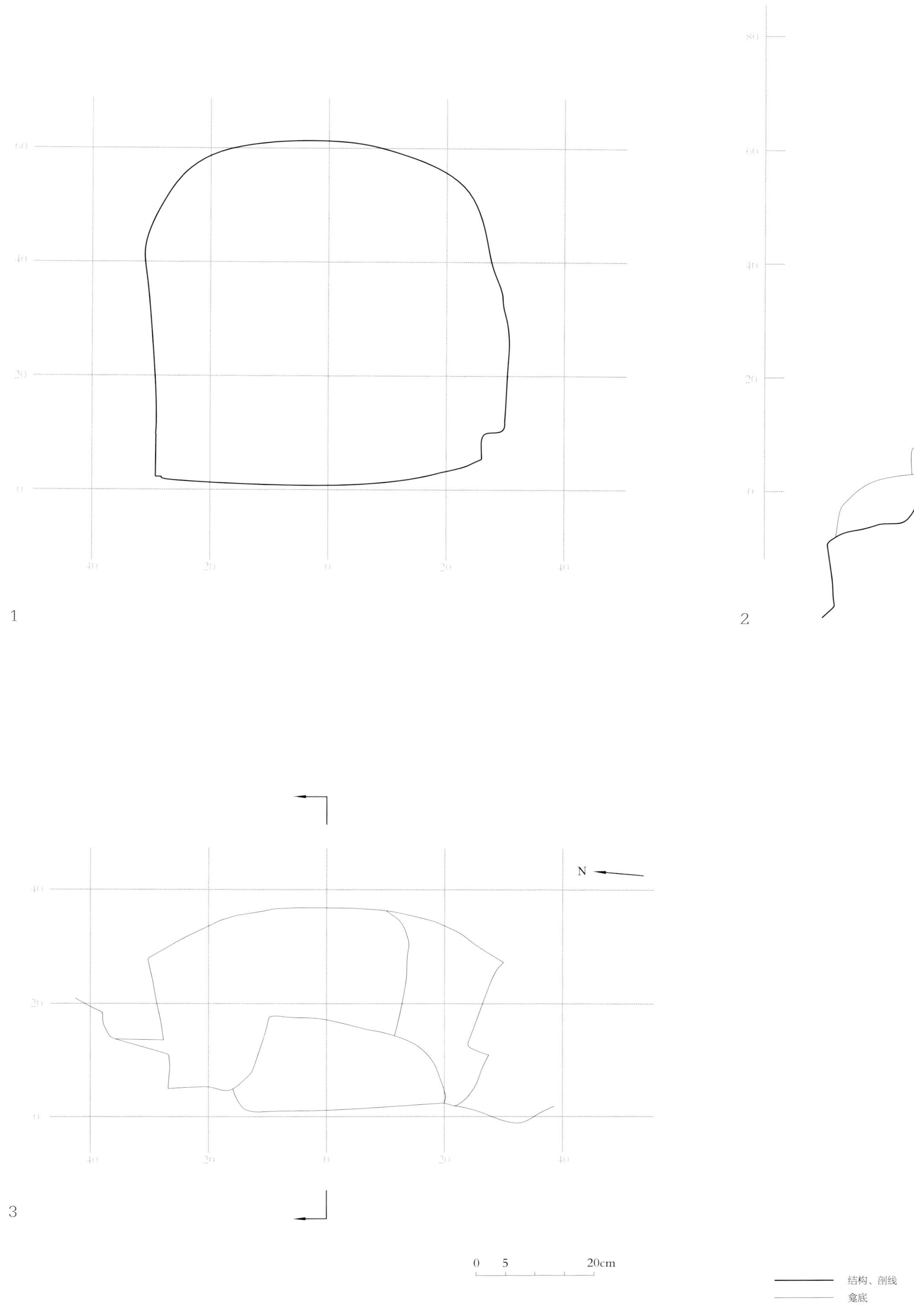

图 220　第 93 号龛平、立、剖面图
1　立面图　2　剖面图　3　平面图

第十六节　第94号

一　位置

位于第92号龛右侧。左距第92号龛7厘米，右距第96号龛5厘米；上距岩顶103厘米，右下为第95号龛，与其竖直相距16厘米。龛口略西向，方向258°。

二　形制

单层方形龛（图221、图222；图版Ⅰ：291）。

龛口　在岩体表面平直凿进最深约3厘米，形成龛口。龛口方形，外缘高70厘米，宽52.5厘米。龛左沿宽7厘米；右沿大部残，残宽6厘米；上沿略剥蚀，宽10厘米；下沿部分残脱，宽10厘米。内缘高52厘米，宽39厘米，至后壁最深11厘米。内缘左右上角刻三角形斜撑，高8厘米，宽6厘米，斜边弧形，低于沿面1厘米。

龛底　略呈半圆形。

龛壁　弧壁。壁面与龛顶弧面相接。

龛顶　近似平顶，方形。

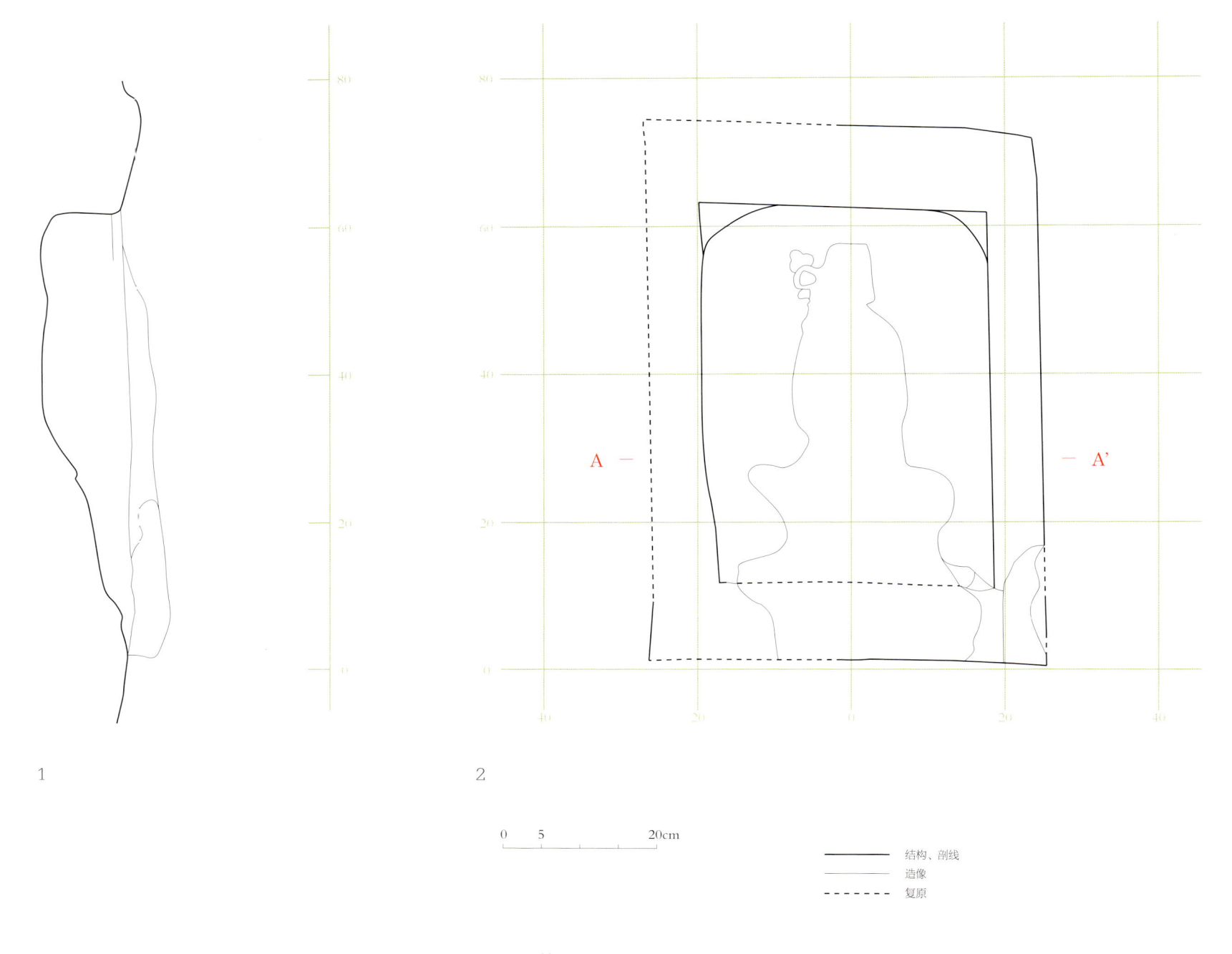

图 221　第 94 号龛立、剖面图
1　剖面图　2　立面图

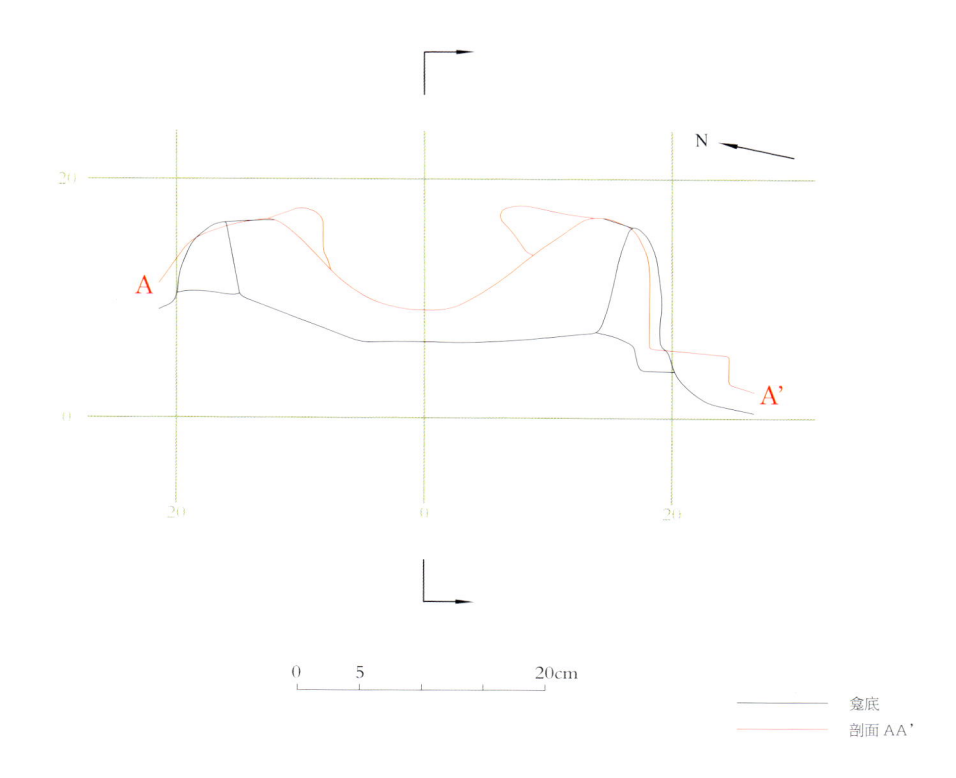

图222　第94号龛平面图

三　造像

龛内刻像2身（图221-2；图版Ⅰ：291）。其中，正壁刻主尊坐像1身，左沿下部刻立像1身。

主尊像　坐像高约30厘米。像残毁甚重，仅辨轮廓。像头部右侧存桃形杖首。座为须弥座，残损甚重，通高17厘米。

左沿像　残高17厘米。像残损较重，仅辨轮廓。

四　晚期遗迹

龛内存灰白色涂层。

第十七节　第95号

一　位置

位于第93号龛右侧。左距第93号龛10厘米，右距壁面转折边缘约111厘米；上竖直相距第94号龛16厘米，下距地坪138厘米。龛口西南向，方向260°。

二　形制

单层方形龛（图223；图版Ⅰ：292）。

龛口　在岩体表面平直凿进最深约15厘米，形成龛口。龛口方形，外缘高60厘米，宽49厘米。沿面均残蚀，左沿、右沿、上沿均宽4厘米，下沿残蚀严重，残宽约2厘米。内缘高53厘米，宽41厘米，至后壁最深11厘米。内缘左右上角凿三角形斜撑，残蚀略重。

龛底　略呈半圆形，残脱较重。

龛壁　弧壁。壁面与龛顶弧面相接。

龛顶　似券顶，略蚀。

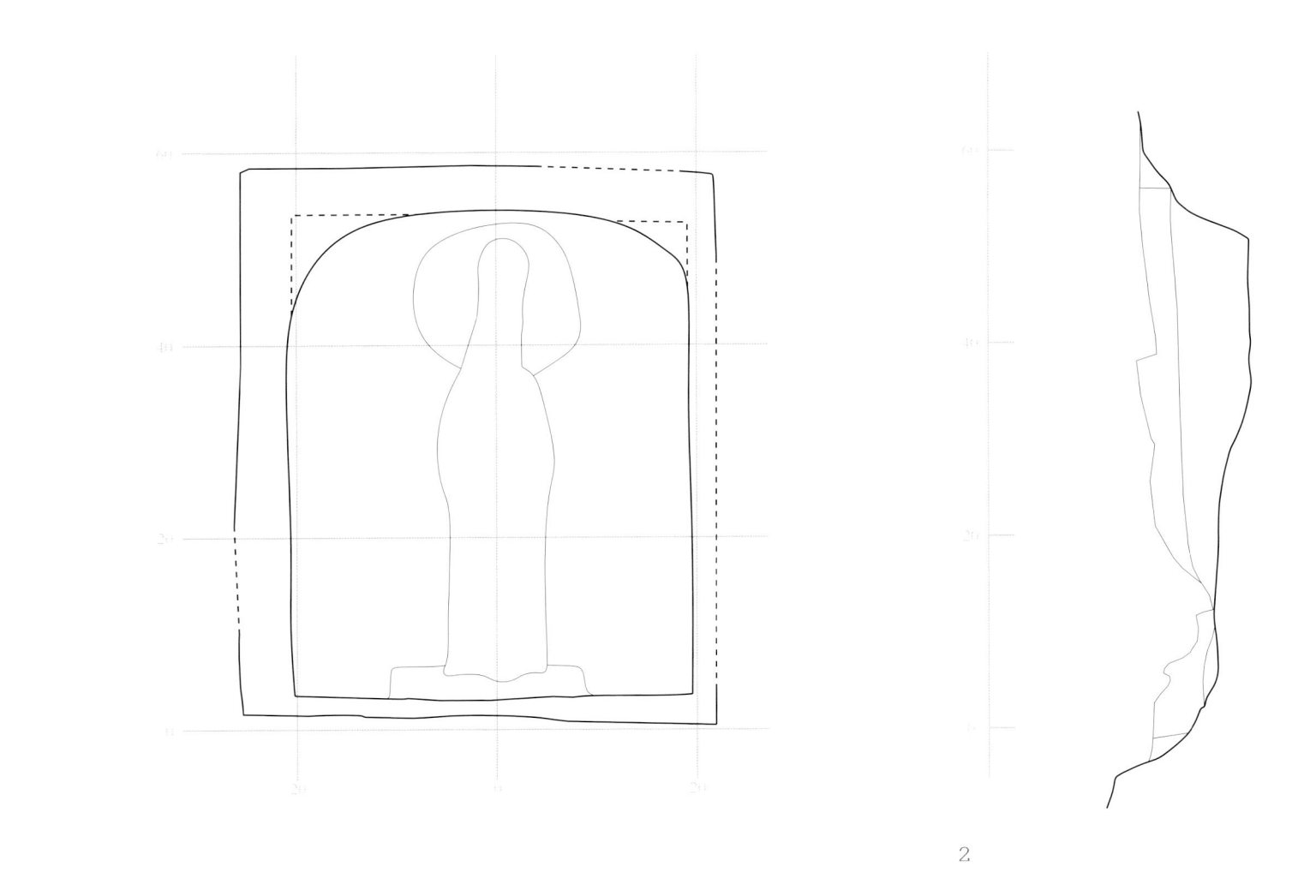

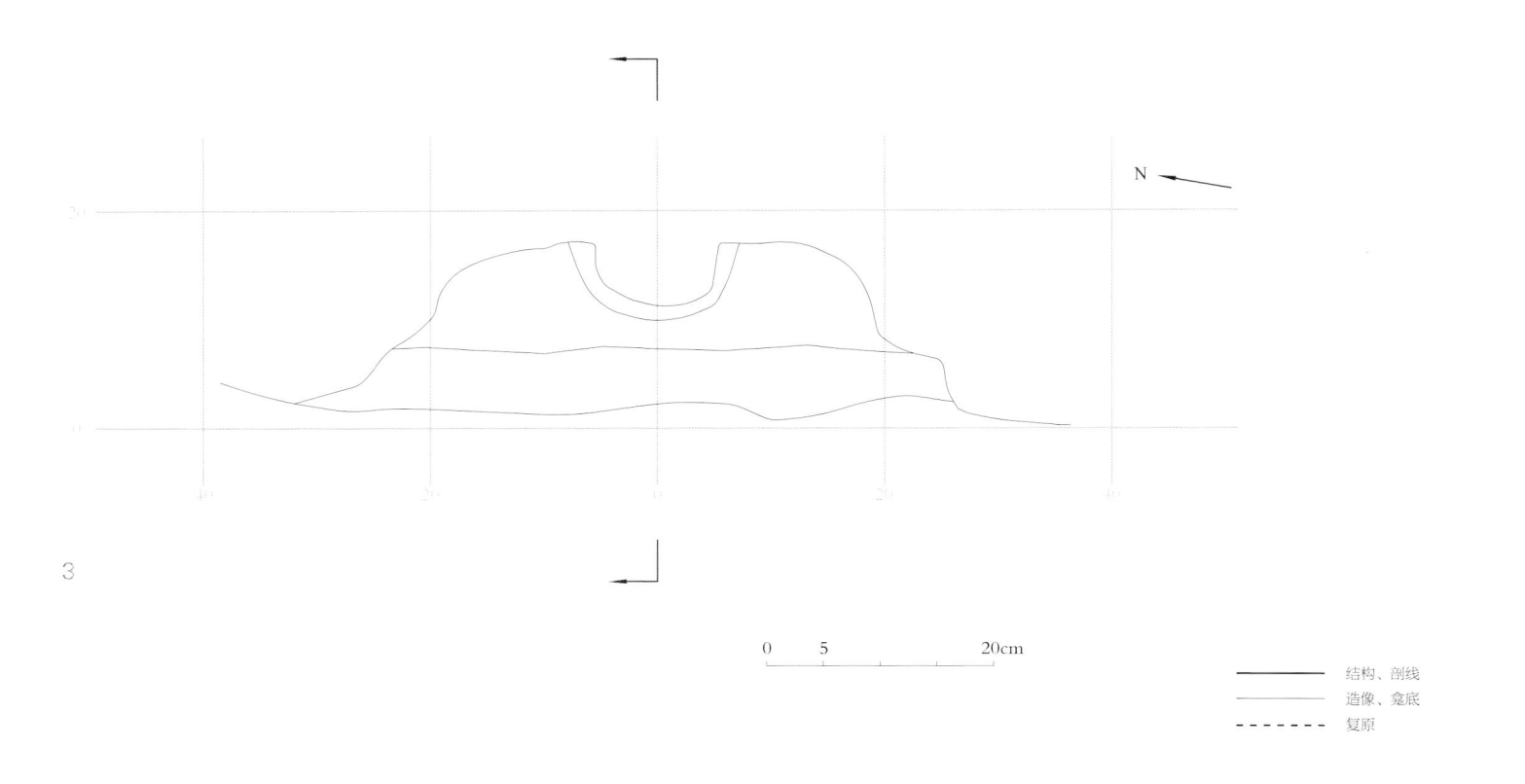

图 223　第 95 号龛平、立、剖面图
1　立面图　2　剖面图　3　平面图

三　造像

龛内刻立像1身（图223-1；图版Ⅰ：292）。像高43厘米。浅浮雕圆形素面头光遗迹，直径16厘米。头毁身残，仅辨轮廓；立于低台上。台残蚀，高约2厘米，最宽16厘米。

第十八节　第96号

一　位置

位于第94号龛右侧。左距第94号龛5厘米，右距第97号龛5厘米；上距岩顶约103厘米，左下方为第95号龛，与其竖直相距10厘米。

龛口西北向，方向292°。

二　形制

单层方形龛（图224、图225；图版Ⅰ：293）。

龛口　在岩体表面平直凿进最深约4厘米，形成龛口。龛口方形，外缘高70厘米，宽53.5厘米。左沿中下部残毁，上部保存完整，宽6厘米；右沿及上沿保存完整，宽8厘米；下沿左侧残，存宽约8厘米，且较左右沿外凸5厘米。内缘高54厘米，宽39厘米，至后壁最深14厘米。内缘左右二角凿三角形斜撑，高7厘米，宽7厘米，斜边弧形，低于沿面1.5厘米。

龛底　呈"凸"字形。

龛壁　正壁竖直，与左右侧壁略垂直相交；壁面与龛顶弧面相交。

龛顶　近似平顶，略呈方形。

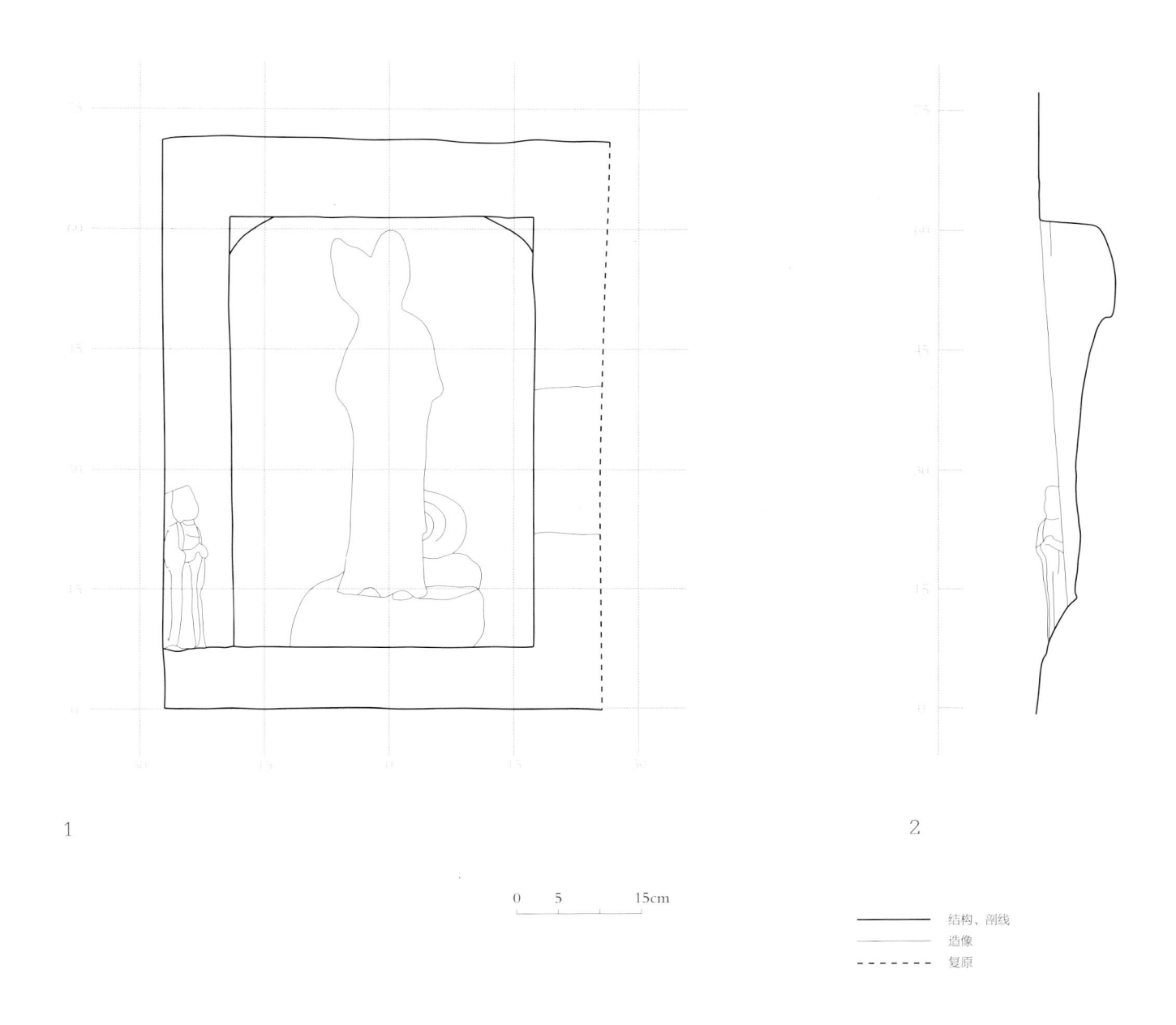

图224　第96号龛立、剖面图
1　立面图　2　剖面图

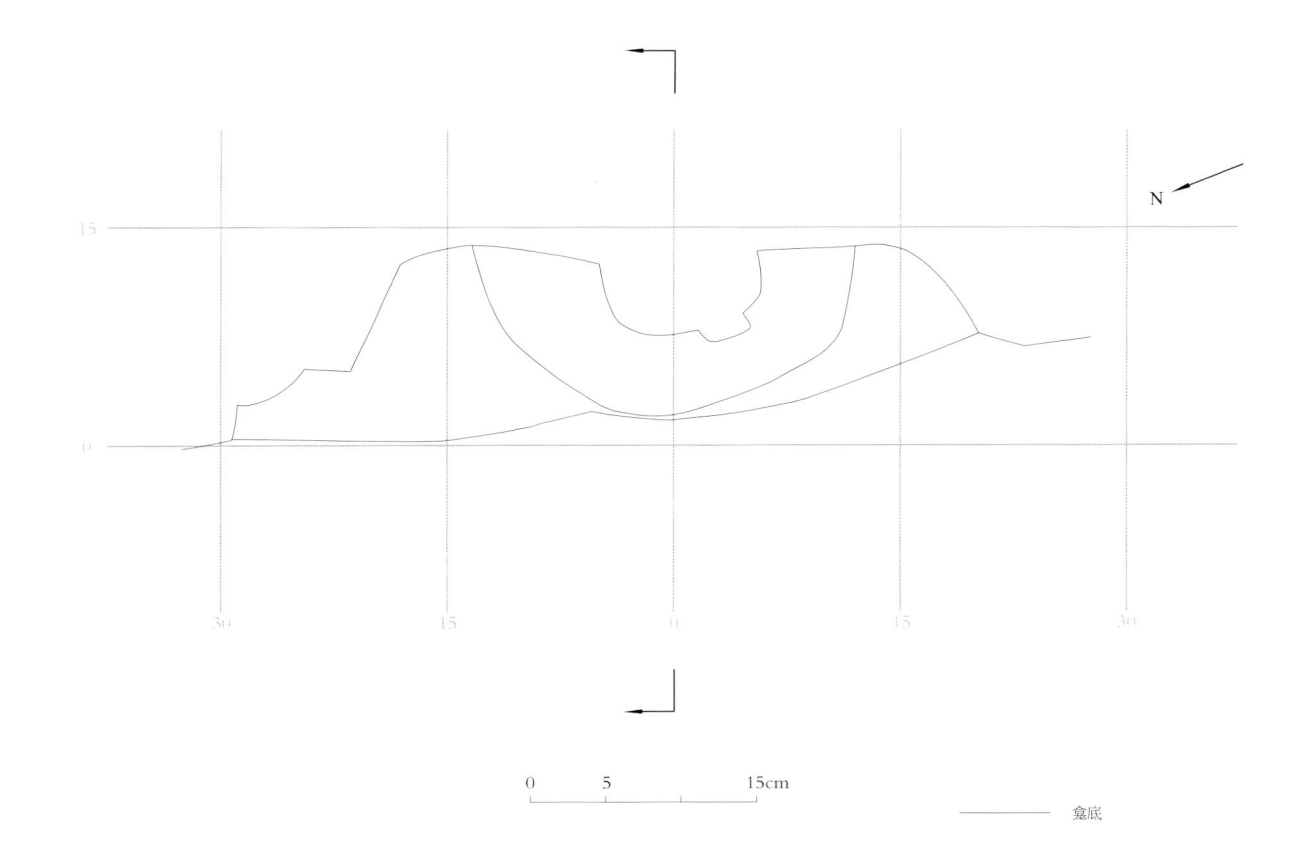

图 225　第 96 号龛平面图

三　造像

龛内刻像2身（图224-1；图版Ⅰ：293）。其中，正壁刻主尊立像1身，右沿下方刻立像1身。

主尊像　立像高46厘米。头毁身残，头右侧存杖首遗迹。衣饰不明，可辨裙摆，身左侧下方存部分飘带，作圆弧状，飘带下方似刻云纹。像立于圆形低台上，足残。台部分毁，高约6厘米，最宽24厘米。

右沿像　立像高20厘米，为女像，左向侧身直立。梳髻，面残。上身内着抹胸，外着对襟服，下着裙；双手于胸前持物，手及物残。

第十九节　第97号

一　位置

位于第96号龛右侧。左距第96号龛5厘米，右距壁面转折边缘约14厘米；上距岩顶约90厘米，下距地坪198厘米。

龛口西北向，方向290°。

二　形制

单层方形龛（图226；图版Ⅰ：294）。

龛口　在岩体表面平直凿进最深约17厘米，形成龛口。龛口方形，外缘高72厘米，宽55.5厘米。龛沿保存基本完整，宽约8厘米；下沿较左右沿外凸9厘米。内缘高52厘米，宽41厘米，至后壁最深16厘米。内缘左右上角凿三角形斜撑，略蚀。

龛底　呈"凸"字形。

龛壁　正壁竖直，右下部残脱，与左右侧壁略垂直相交，正壁与龛顶略垂直相接；左右侧壁与龛顶弧面相交。

龛顶　平顶，方形。

三　造像

龛内刻坐像1身（图226-1；图版Ⅰ：294）。坐像高28厘米。浅浮雕背光，仅存右下部少许。头毁，身蚀，上身衣饰不明，下着裙。左手（部分残）举胸前，右手抚膝，手残。双腿部分残脱，可见左小腿下垂，跣足踏仰莲，坐于须弥座上。座残，通高17厘米，宽24厘米，深约12厘米，座前刻仰莲，略残。

此外，龛左沿下方存一方台遗迹，高约6厘米，宽6厘米，深约6厘米。

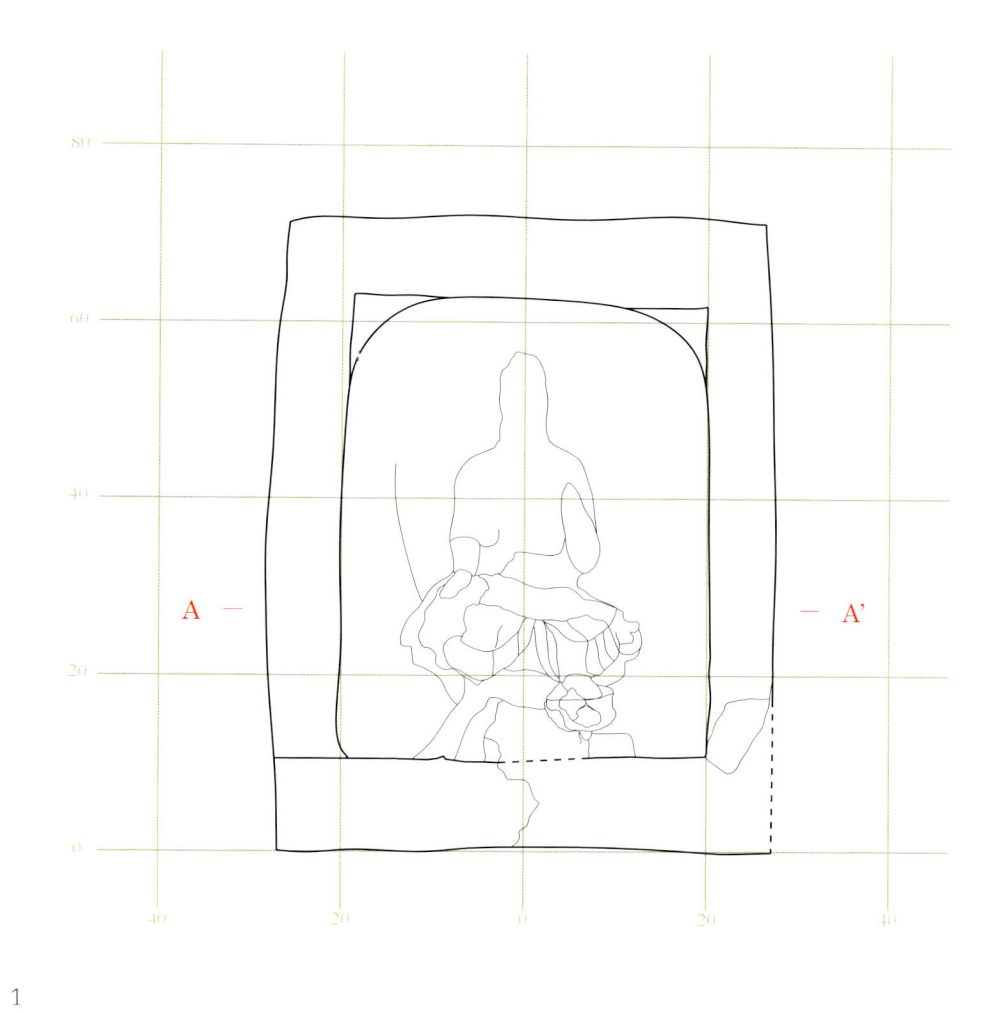

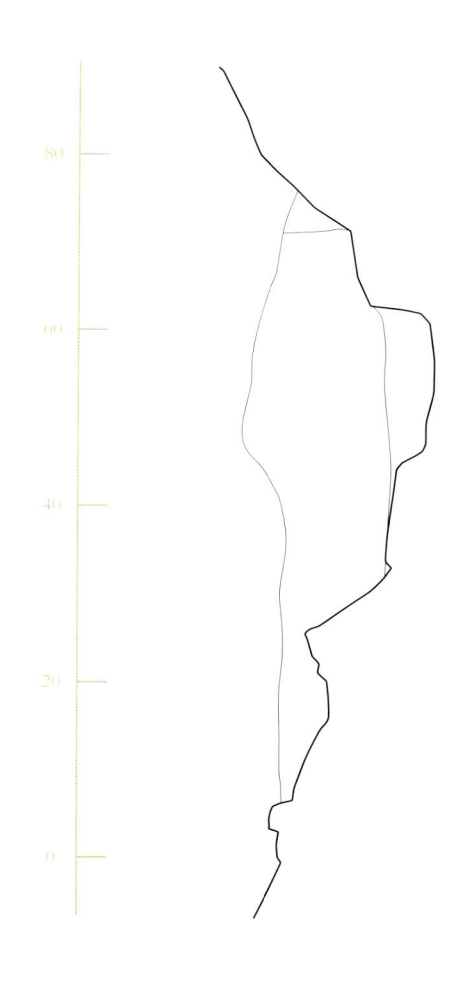

图226　第97号龛平、立、剖面图
1　立面图　2　剖面图　3　平面图

第二十节　第98号

一　位置

位于第97号龛右侧转折壁面上部。左距壁面转折边缘约70厘米，右距壁面转折边缘约28厘米；上距岩顶约62厘米，下距地坪218厘米。龛口西北向，方向334°。

二　形制

单层方形龛（图227；图版Ⅰ：295）。

在岩体表面平直凿进最深约10厘米，形成龛口。龛口方形，高94厘米，宽78厘米，至后壁最深10厘米。龛底呈横长方形。龛壁竖直，打磨平整，略残脱。龛顶为平顶，部分残。

三　造像

无。

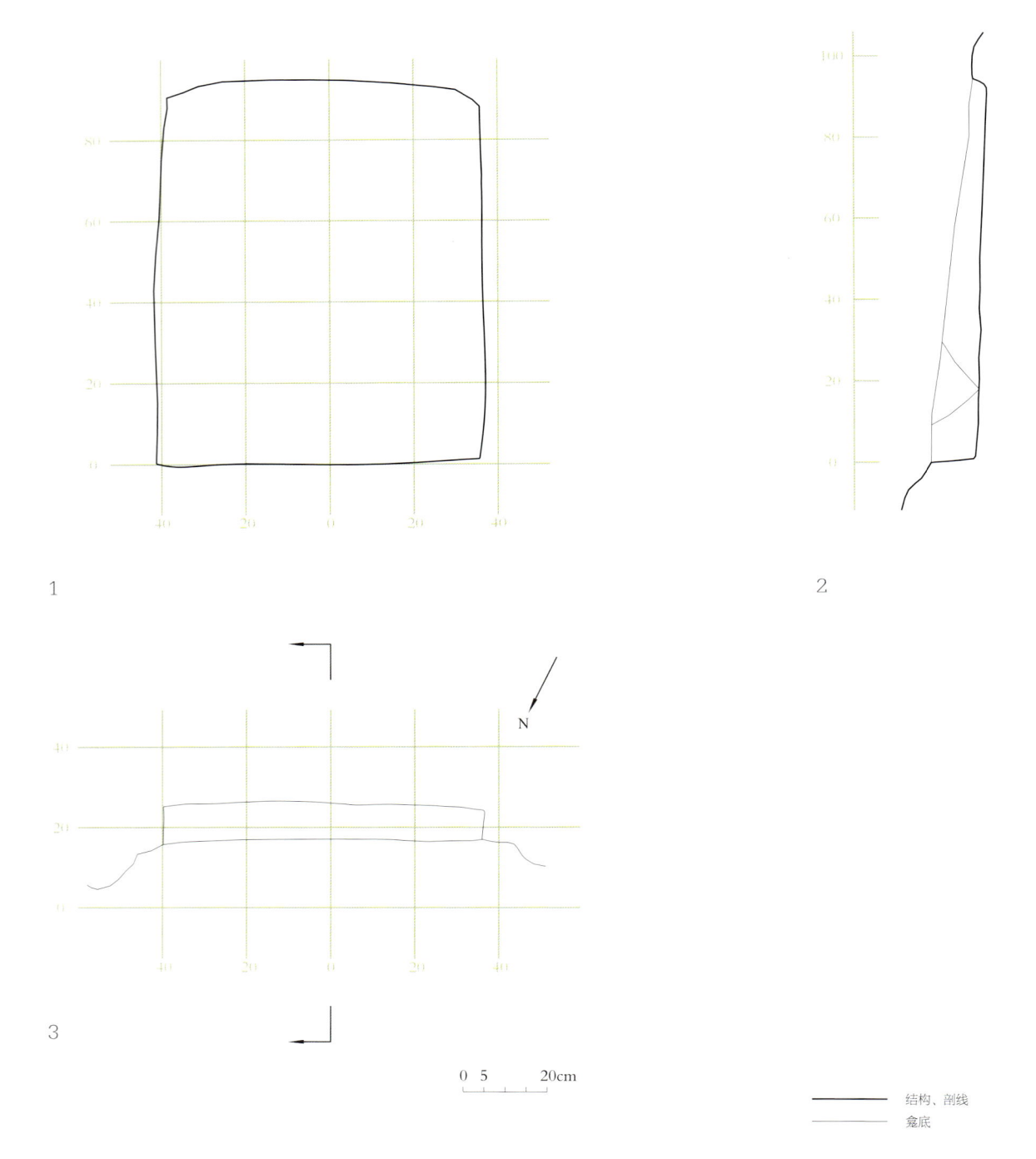

图 227　第 98 号龛平、立、剖面图
1　立面图　2　剖面图　3　平面图

第二十一节　第99号

一　位置

位于佛湾南北两区之间空隙地中部东侧岩体左侧。左距通向北山文物管理区办公区域石梯道路堡坎约41—52厘米，右与第100号龛紧邻，上距石梯堡坎下缘约28—51厘米，下距地坪约47厘米（图版Ⅰ：296）。

龛口西北向，方向300°。

二　形制

单层方形龛（图228、图229；图版Ⅰ：297）。

龛口　龛与第100号龛在同一开凿界面内。于岩体表面平直凿进最深约64厘米，形成龛口。龛口方形，外缘高152厘米，宽158厘米。龛沿保存基本完整，左沿宽18.5厘米，右沿与第100号龛左沿共用，宽16厘米；上沿宽12厘米，下沿略窄，宽9厘米。龛口内缘高133厘米，宽128厘米，至后壁最深52厘米。内缘左右上角凿三角形斜撑，高20厘米，宽17厘米，斜边平直；低于沿面1厘米。

龛底　呈横长方形。

龛壁　左右壁与正壁垂直相交，与龛顶弧面相接；正壁与龛顶略垂直相交。

龛顶　平顶，呈方形。

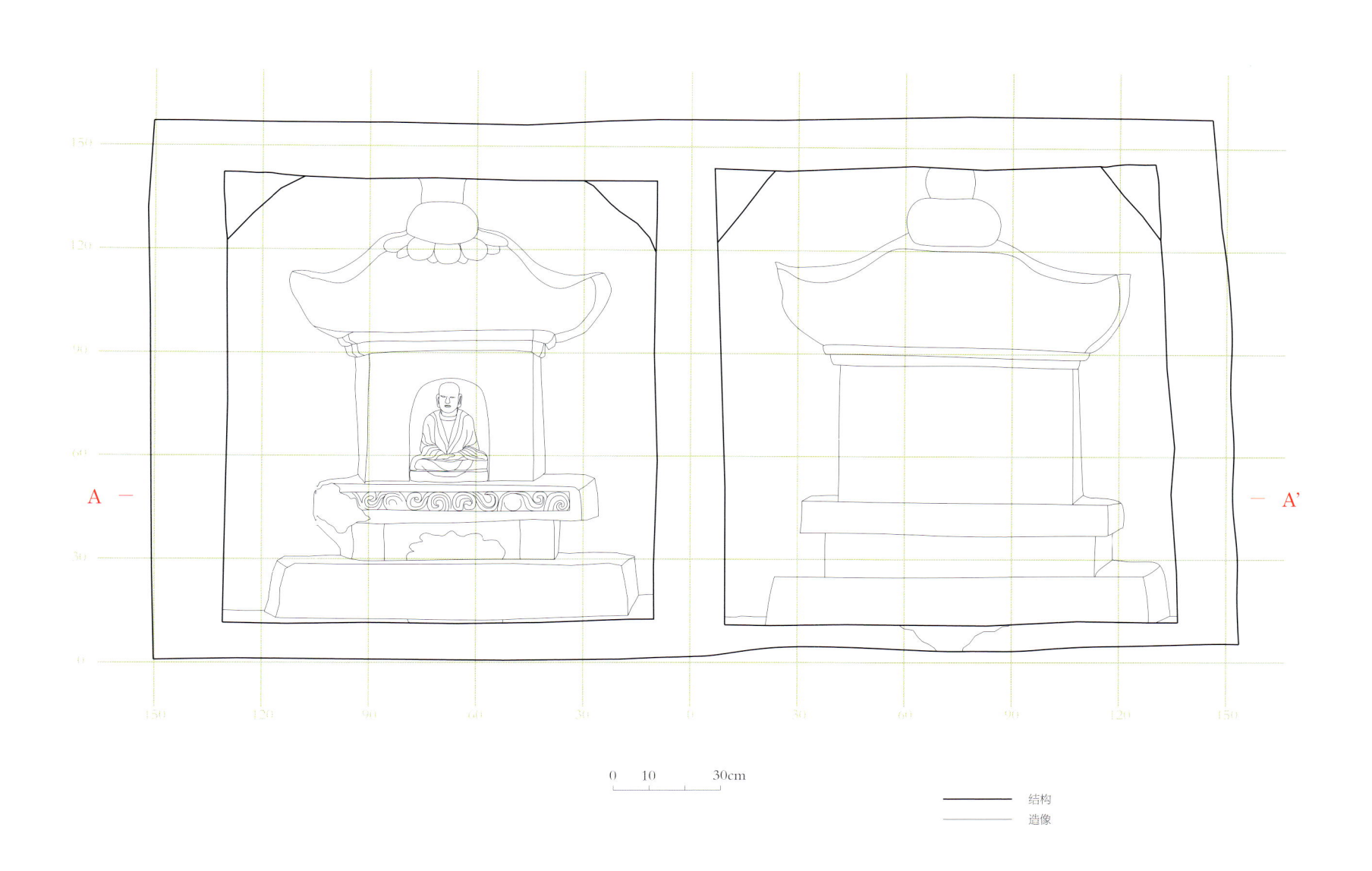

图 228　第 99、100 号龛立面图

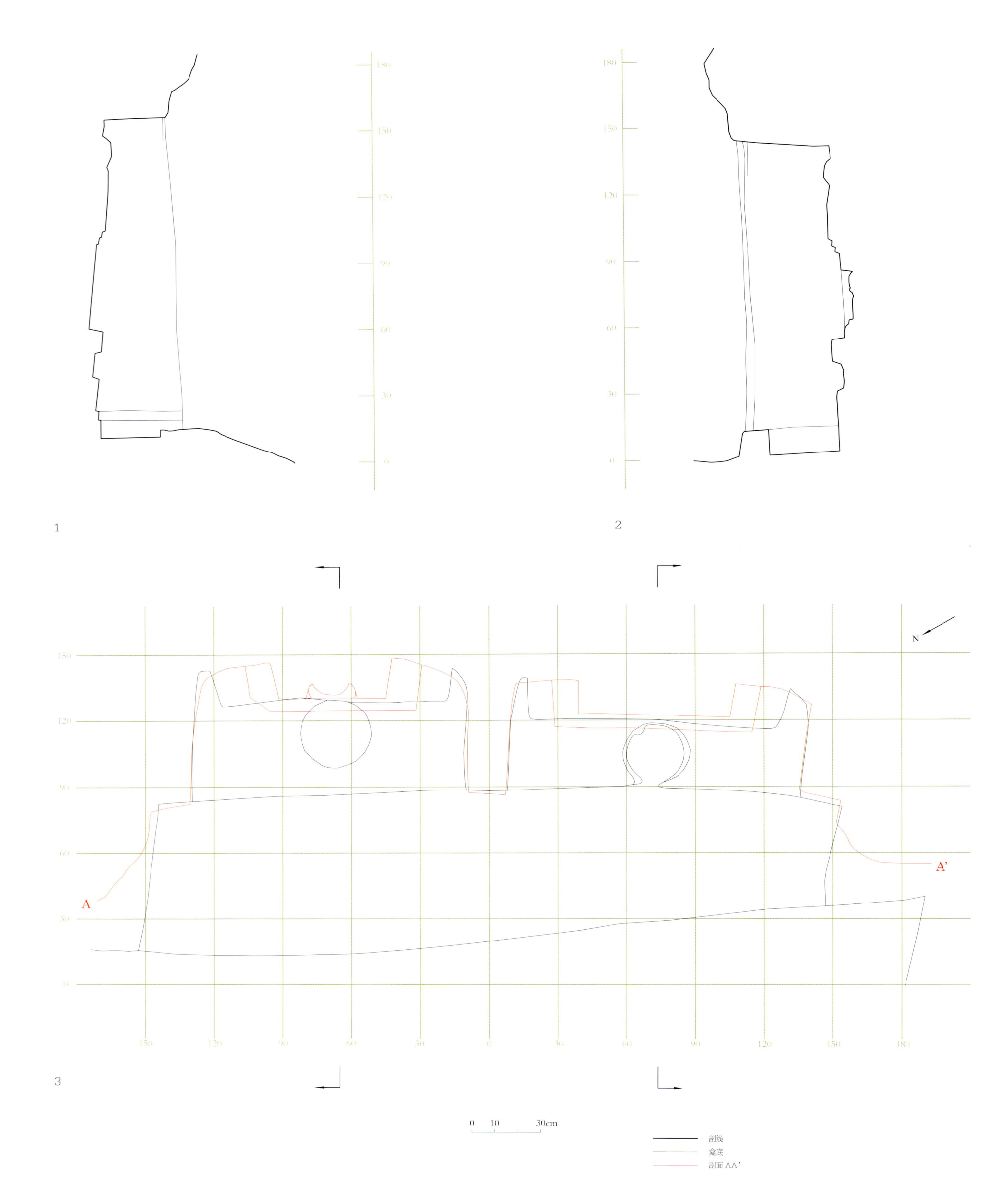

图 229　第 99、100 号龛平、剖面图

1　第 99 号龛剖面图　2　第 100 号龛剖面图
3　第 99、100 号龛平面图

三 造像

龛内刻仿木楼阁式单檐塔1座（图228；图版Ⅰ：297）。通高130厘米，分塔基、塔身、塔刹三部分。塔基须弥座，高36厘米，最宽107厘米，深21.5厘米。塔身方形，素面，高39.5厘米，宽54.5厘米，厚13.7厘米。其上两阶叠涩挑出塔檐，翼角微翘。最上为圆珠式塔刹，通高21厘米。

龛底中部凿一圆坑，直径28厘米，深40厘米。

第二十二节 第100号

一 位置

位于第99号龛右侧。左与第99号龛紧邻，右距条石墙体约43厘米；上距后世修建的石梯下缘约53厘米，下距地坪约40厘米。龛口西北向，方向300°。

二 形制

单层方形龛（图228、图229；图版Ⅰ：298）。

龛口　龛与第99号龛在相同的开凿界面内。于岩体表面平直凿进最深约64厘米，形成龛口。龛口方形，外缘高157厘米，宽154厘米。龛沿基本完整，左沿即第99号龛右沿，宽16厘米，右沿宽18厘米；上沿宽13厘米，下沿宽12厘米。龛口内缘高131厘米，宽120厘米，至后壁最深58厘米。内缘左右上角凿三角形斜撑，高16.5厘米，宽19厘米，斜边平直；低于沿面1厘米。

龛底　呈横长方形。

龛壁　左右侧壁与正壁、龛顶弧面相交；正壁与龛顶垂直相接。

龛顶　平顶，略呈半圆形。

三 造像

龛内刻仿木楼阁式单檐塔1座（图228；图版Ⅰ：298）。通高126厘米，分塔基、塔身、塔刹三部分。塔基须弥座（略残），高38.5厘米，最宽98厘米，深24厘米；其上枋线刻方框，内阴刻卷草纹。塔身方形，高38.5厘米，宽46厘米，深18.5厘米。正面开圆拱浅龛，高31厘米，宽22.5厘米，深8.5厘米，内刻坐像1身（图版Ⅰ：299）。坐像高27厘米，光头，圆脸，身着双层交领衫，双手于腹前结印，结跏趺坐于方台上；台高3.5厘米，宽22厘米，深8厘米。塔身上部以两阶叠涩挑出塔檐，翼角起翘。最上为圆珠式塔刹，通高17.5厘米，底部饰覆莲瓣一周。

龛底中部凿一圆坑，直径30厘米，深27.6厘米。

四 晚期遗迹

龛内存灰白色和红色涂层。

第二十三节　本章小结

一　形制特点

本章20个编号，开凿于佛湾南区北段第四、五部分崖壁和佛湾南北区石窟之间空隙处的东壁上。其中，第83、84号龛是本章最大的龛像，占据第四部分岩体西壁的显著位置，且凿建进深最大；第81、82号龛纵向列于其左侧边缘壁面。第85—89号龛排列于第四部分岩体北壁上部，布列规整，形制相当，比邻而居。第90—97号龛从南至北排列于第五部分岩体的西壁中部，龛制浅小。第98号龛位于第五部分岩体的北向壁面，临近岩体边缘。第99、100号龛紧邻排列于佛湾南北区石窟之间空隙处的东侧岩体西壁，龛制相当，系一组双龛。

本章20个龛，除第98号龛为较浅的方形碑龛外，其余19个龛可分为单层圆拱龛和单层方形龛两种。其中，圆拱龛3个，包括第88、89、93号龛；方形龛16个，包括81—87、90—92、94—97、99、100号龛等。方形龛大多在龛口左右上方施作三角形斜撑或保存有斜撑遗迹。

二　年代分析

本章20个编号，均未保存有造像纪年题记。第98号龛为碑龛，开凿浅，保存差，年代难以判定。其余19龛从其龛形、各龛排列布局状况分析，第81、82、85—91、93—97号等14个龛为同一时段开凿营建，结合其主要表现出地藏、观音的造像题材，推测此14个龛的开凿年代大致在前后蜀时期。

第83、84号两龛龛形较大，进深均大于本章其余各龛，且第83号龛左右壁开凿浅龛，以此雕刻供养人像，此种布局系本章新出现的表现方式。第83、84号龛造像虽仍以观音为表现题材，但其花冠式样、璎珞装饰、云纹特征等均与上述14龛相差较大，而与佛湾北区南段宋代龛像风格相近，推测这两龛应晚于前后蜀时期，为宋代龛像。第92号龛观音像也与第83、84号两龛的观音像相似，应是宋代开凿。

第99、100号两龛所刻的单檐小塔，与大足地区现存的部分清代僧人墓塔形制相似，推测其为清代所凿。

三　题材内容

第81号　龛内主尊头似戴披帽，舒相坐于须弥座上，头部右侧存桃形遗迹，疑为杖首，应为"地藏龛"。

第82号　龛内左主尊头戴披帽，左手似持宝珠，右手握锡杖，应为地藏像。右主尊保存有菩萨像的着装遗迹，应为观音像。结合佛湾第71、72号龛类似的题材组合，此龛为"观音、地藏龛"。

第83号　龛内主尊为菩萨像，头戴冠、罩巾、手持莲茎，善跏趺坐。其头顶左右刻飞天飘飞。左右壁为站立的胁侍菩萨。结合主尊造像特征，将此龛定名为"观音龛"。

第84号　龛内主尊头梳髻，戴两重卷草高冠，下着裙，双膝处装饰繁复璎珞，应为观音像，故将此龛定为"观音龛"。

第85号　龛内主尊损毁较重，从其头部右侧保存的桃形杖首遗迹判断，并结合本卷相似的龛像（如第63、81号龛），推测为"地藏龛"。

第86号　龛内二立像残损难辨。定为"残像龛"。

第87号　龛内二坐像保存较差，从其残存的头冠、身姿和身后背光等遗迹推断，定为"二菩萨龛"。

第88号　龛内坐像残损难辨。定为"残像龛"。

第89号　龛内坐像残损，从残存的遗迹推断，定为"地藏龛"。

第90号　龛内主尊呈坐式，残损难辨。左右立像均蚀。定为"残像龛"。

第91号　龛内主尊头戴披帽，右手持锡杖，右舒相而坐，应为"地藏龛"。

第92号　龛内主尊梳髻戴冠，手持带茎莲花，善跏趺坐，将此龛定名为"观音龛"。

第93号　龛内无造像。为"空龛"。

第94号　龛内为一坐像，表层剥蚀，从残存遗迹推断为"地藏龛"。

第95号　龛内为一立像，表层剥蚀，难以辨识。定为"残像龛"。

第96号　龛内主尊损毁较重，定为"残像龛"。

第97号　龛内为一左舒相残坐像，难以辨识。定为"残像龛"。

第98号　为一方形"空龛"。

第99和100号　龛内各刻一单檐小塔，第100号龛塔身正面刻有一僧人坐像，估计是清代北山寺院某僧人的影像，龛底所凿的圆坑，极有可能是瘗埋僧人骨灰所凿，因此，我们将此两龛定名为"舍利塔龛"。

四　晚期遗迹

（一）构筑遗迹

本章第94号龛上方壁面存有方形梁孔，第97号龛右侧存有一列纵向的不规整孔洞，表明壁面前曾修建过简易的保护性建筑。

第84、91号龛底前侧凿有方形凹槽，估计是后期信众为供养龛像插放香烛所凿。

（二）妆绘遗迹

本章龛像大多规模浅小，造像、妆绘保存较差，仅能辨识以灰白色涂层作底层彩绘装饰；此外，第83、84、100号等3龛造像另存有少许红色涂层。

图书在版编目（CIP）数据

北山佛湾石窟第1—100号考古报告. 上册 / 黎方银主编；大足石刻研究院编. —重庆：重庆出版社，2018.8
（大足石刻全集. 第一卷）
ISBN 978-7-229-12678-0

Ⅰ. ①北… Ⅱ. ①黎… ②大… Ⅲ. ①大足石窟－考古发掘－发掘报告
Ⅳ. ①K879.275

中国版本图书馆CIP数据核字(2017)第228182号

北山佛湾石窟第1—100号考古报告　上册
BEISHAN FOWAN SHIKU DI 1-100 HAO KAOGU BAOGAO SHANGCE

黎方银 主编　　大足石刻研究院 编

总 策 划：郭　宜　黎方银
责任编辑：杨希之　夏　添
美术编辑：郑文武　夏　添　周　瑜　吕文成　王　远
责任校对：何建云
装帧设计：胡靳一　郑文武
排　　版：肖蜀侠

重庆出版集团
重庆出版社　出版

重庆市南岸区南滨路162号1幢　邮政编码：400061　http://www.cqph.com
重庆新金雅迪艺术印刷有限公司印制
重庆出版集团图书发行有限公司发行
E-MAIL:fxchu@cqph.com　邮购电话：023-61520646
全国新华书店经销

开本：889mm×1194mm　1/8　印张：44.5　插页：2
2018年8月第1版　2018年8月第1次印刷
ISBN 978-7-229-12678-0
定价：1600.00元

如有印装质量问题，请向本集团图书发行有限公司调换：023-61520678

版权所有　侵权必究